振兴海業

繁荣經濟

江澤民

一九九四年

七月四日

管好用好海洋
振兴海洋经济

为海洋局三十周年题

李鹏

一九九四年六月

国务委员宋健接见'93国际深海采矿管理培训班合影

中美海洋和渔业科技合作联合工作组第十二次会议

庆祝国际海洋学院中国业务中心成立

中国大洋矿产资源研究开发协会

在中国接受培训的联合国学员领取结业证书

“大洋一号”远洋科学调查船

大型综合海洋采矿实验室

模型集矿机集矿试验

6000m水下自治机器人

下放深海拖曳式光学探测器

环境研究的"基线"调查

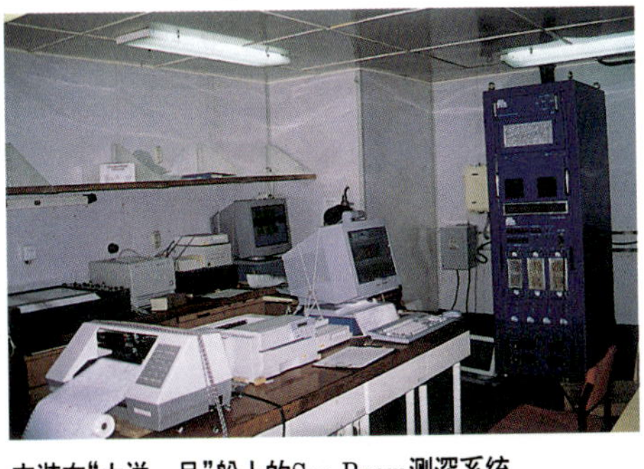

安装在"大洋一号"船上的Sea Beam测深系统

深海拖曳式声波探测器

30m扬矿系统

国家海洋局极地考察办公室

中国极地考察工作咨询委员会会议

"八五"科技成果鉴定会

北极考察现场

国际SCAR会议(1994年)

长城站建站十周年纪念

“雪龙”号首航南极

中国科学院海洋研究所

第五届国际藻类学术大会会场

1994年第五届国际藻类学术大会在青岛召开

1994年6月26日—7月2日，由国际藻类会组委会主办，中国科学院海洋研究所承办的第五届国际藻类学术大会在青岛召开。有包括我国在内的38个国家和地区的共460多名专家、学者参加了大会。

国家"八五"科技攻关专题成果鉴定会现场

曾呈奎院士在查阅资料

曾呈奎院士获得的"烟井新喜志奖"的奖牌

秦蕴珊院士在查阅资料

曾呈奎院士获"烟井新喜志奖"

1995年6月5日，中国科学院院士、第三世界科学院院士、著名海洋生物学家、中国科学院海洋研究所名誉所长曾呈奎研究员在北京召开的"太平洋第十八届科学大会"上，被授予"烟井新喜志"奖，以表彰他六十余年来在海藻生物学特别是海藻栽培生物学方面的卓越贡献。这是我国科学家首次荣获太平洋科学大会大奖。

赵进平研究员在北极的工作现场

圆满完成首次北极科学考察

1995年5月11日，参加我国首次北极科学考察的青年科学家、中国科学院海洋研究所物理海洋学研究员赵进平圆满完成了历经40天的考察任务。北极冰是北极地区影响北半球气候和全球变化最重要的环境因子，此次北极考察主要是进行海洋学和海冰动力学的调查研究。取得了有关北极的冰、雪、水、泥、冰的漂移、海水的温度、盐度、海流及海洋化学等大量资料和数据，为北极冰的预报和进一步发展冰—海—气耦合研究打下了基础。

中国科学院院长给张福绥研究员授奖

“八五”科技攻关课题获丰硕成果

“八五”期间，中国科学院海洋研究所共承担国家重点科技攻关项目28项。其中：主持二级课题5项、三级课题22项，参加主持三级课题3项，承担子专题3项，均较好地完成了攻关任务。该所以第一承担单位完成的攻关课题共取得了22项重大成果，有4项居国际领先地位，18项达国际先进水平。

科技成果验收会现场

近海平台和管线场址调查与评价

该项目是中国科学院首次获得联合国开发计划署(UNDP)在资源环境方面资助的项目。通过引进关键技术设备，不仅在仪器设备和技术方法上有了重大突破，而且通过现场调查，积累了丰富的实践经验，增强了我国在近海场址调查方面的技术能力，极大地提高了我国科技人员的水平。项目的最终成果提出了“近海平台和管线场址调查与评价规范草案”，填补了我国在该领域的空白，获1995年度中国科学院科技进步奖二等奖。

秦蕴珊研究员当选为中国科学院院士

中国科学院海洋研究所原所长、著名海洋地质学家秦蕴珊研究员，从事海洋地质研究40多年，建立了我国陆架区海洋沉积模式，提出了中国陆架发育的四个发展阶段理论，开拓了大洋风尘沉积研究的海洋沉积学新领域，成为我国海洋沉积学方面研究的代表人物之一。是中国科学院海洋研究所继童弟周、曾呈奎、毛汉礼之后第四位当选中国科学院院士的科学家。

含碘保健食品

海藻活性碘的应用—活性碘海藻晶

海藻中的有机态活性碘化物是极富保健和疗效的有效成份。中国科学院海洋研究所在进行了大量基础研究的基础上，研制成功一种新型食品添加剂—活性碘海藻晶，可用于生产具有保健功能的食品和药品，对防治碘缺乏症(IDD)、促进儿童智力发育具有现实的社会意义和巨大的经济效益。目前已在我国严重缺碘地区推广应用。

张福绥研究员获“陈嘉庚农业科学奖”

1995年6月7日，在中国科学院第八次院士大会和中国工程科学院第三次院士大会上，中国科学院周光召院长向著名海洋生物学家、中国科学院海洋研究所张福绥研究员颁发1995年度“陈嘉庚农业科学奖”。以表彰他几十年来从事贝类养殖生物学研究及促进我国贝类养殖业的发展所作出的巨大贡献。

从南美引进的白对虾

南美白对虾人工授精技术和育苗工艺研究获得成功

南美白对虾是世界优良养殖虾种之一。中国科学院海洋研究所自1988年引入我国以来，分别对种虾的水环境驯化、雌雄对虾性腺催熟、对虾产卵条件和规律控制、安全取精荚、精卵质量快速鉴别、人工试管授精及贴荚授精等进行了研究。1992年8月培育出我国第一批全人工繁殖的南美白对虾种苗；1993年9月通过自然交配和人工授精相结合的方法，培育出第三代南美白对虾幼体。目前已在我国南方海域试验推广应用。

国家海洋局南海分局

我国“大洋一号”船在东太平洋执行多金属结核调查任务，图为进行6000m自治水下机器人的海上试验

全国人大常委会环资委副主任杨振怀在海洋局陈炳鑫副局长和南海分局梁松局长等领导的陪同下视察中国海监七大队

广东海洋界在广东科学馆举行学习、宣传《联合国海洋法公约》座谈会

广州海洋预报台预报人员为出海船舶的“气象导航”进行天气会商

前进中的青岛海洋大学

海洋药物研究院

中国工程院院士、青岛海洋大学校长、海洋药物学家管华诗教授在工作

1996年1月，国家海洋药物工程技术研究中心在青岛海洋大学成立

来自荷兰的专家与海洋大学药物与食品研究所的科技人员进行学术交流

海洋生命学院

成立"联合国教科文组织中国海洋生物工程中心"协议书签署仪式

联合国教科文组织(UNESCO)中国海洋生物工程中心于1995年7月13日在青岛海洋大学海洋生命学院成立。它的主要任务是：为东亚和东南亚地区青年科学家开设短期培训课程；接受访问学者；在本地区起科技带头作用。

"联合国教科文组织中国海洋生物工程中心"第二期培训班

"联合国教科文组织中国海洋生物工程中心"主任、青岛海洋大学海洋生命学院海洋生物系主任徐怀恕教授获国家教委科技进步一等奖、山东省拔尖人才、省优秀教师、省科技先进工作者。享受政府特殊津贴

岛海洋大学

海洋地球科学学院

在"东方红2号"考察船上进行海底取样

院长扬作升教授向"211工程"专家组介绍地球科学院学科建设

院长扬作升教授与美国俄勒冈大学副校长、海洋地质学家凯勒教授洽谈两校海洋地质合作研究

国家海洋局海洋技术研究所

改革开放，团结奋斗，把海洋技术所建设成国家海洋局最重要的技术研究基地。

张登义

1995.11.1.

国家海洋局局长张登义在考察海洋技术研究所工作时的题词

海洋技术研究所是国家海洋局重要的技术研究基地。三十多年来，研究和开发了多种海洋观测技术和仪器设备，先后承担并圆满完成了多项国家重点科技攻关项目及国家海洋局、海军和地方政府下达的众多科研任务。现已具备了从空中到海面，从水上到水下利用多种观测和通讯手段对海洋环境进行立体监测监视的技术与实力，并在海洋水文气象自动观测、遥感遥测、水质地质取样、水下声学定位、海洋波力发电以及计算机应用等技术方面形成了自已的专业特色。这些技术与设备在我国的南极考察、大洋锰结核调查、南沙建站、全球海平面变化研究、海洋资源开发和灾害性海冰监测速报、海洋环境监测和近岸、港口工程以及国防建设中发挥了重要作用。

在"七五"、"八五"期间先后承担并圆满完成多项国家重点科技攻关项目。图为专家考察、验收8KW摆式波力电站

继小型海洋资料浮标后，又成功地研制了波浪浮标和漂流浮标。图为科技人员在为投放漂流浮标做准备

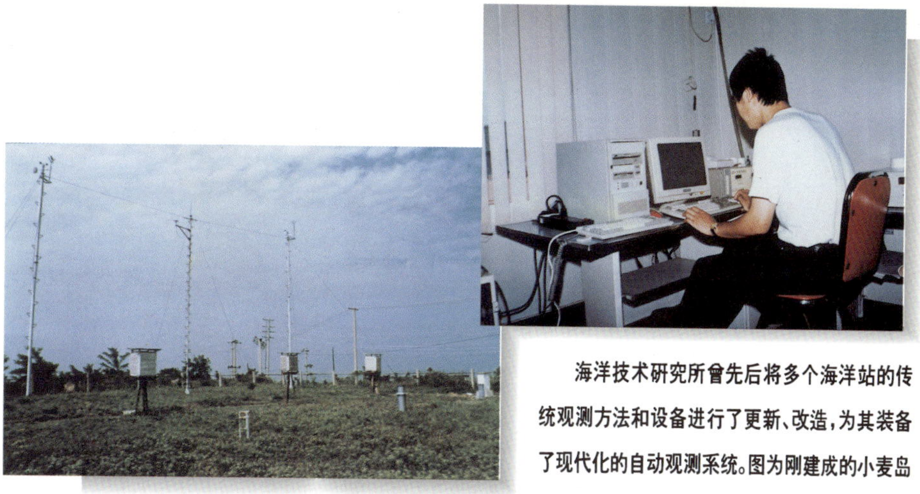

海洋技术研究所曾先后将多个海洋站的传统观测方法和设备进行了更新、改造，为其装备了现代化的自动观测系统。图为刚建成的小麦岛气象自动观测站的室外传感器和室内数据接收处理系统

在航空遥感测量中使用的数据实时传输系统(左为机上发送站、右为地面接收站)

科技人员正在安装拖曳体声学定位系统的水下传感器

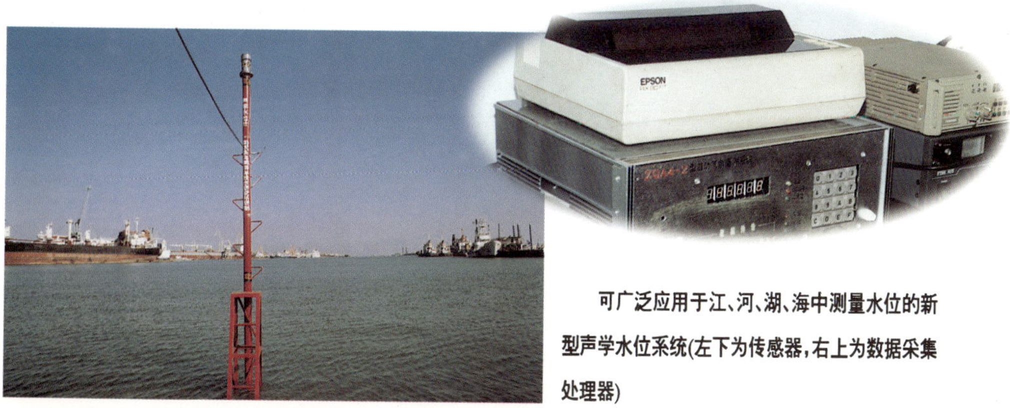

可广泛应用于江、河、湖、海中测量水位的新型声学水位系统(左下为传感器，右上为数据采集处理器)

国家海洋局第二海洋研究所

国家海洋局第二海洋研究所

国家海洋局第二海洋研究所创建于1966年，是一座综合性的海洋研究、开发机构，主要从事海洋环境与资源的调查、研究，海洋工程的勘测、设计和海洋产业的开发，为我国海洋综合管理、海洋灾害防御和海洋环境保护提供科学依据，为国民经济建设服务。

该所海洋学科齐全，设备先进，科技力量雄厚。现有副研以上科技人员155人，是硕士、博士学位授予单位和招收点。获有国家部局颁发的大型海洋工程勘察设计专项证书、海洋环境质量评价甲级证书、国家计量认证合格单位证书和海洋测绘甲级证书。30年来，承担了国家"863"、国家专项、国家科技攻关和省部级重点项目等近千个，获科技进步奖125项，其中国家级一、二等奖6项。尤其是改革开放以来，该所积极投身经济建设主战场，先后承担了秦山核电站、三门核电站前期论证、FIAG光缆路由调查、宝钢马迹山25万吨级矿石中转码头工程可行性研究等地方建设项目数十项，为海洋经济的发展和腾飞作出了重要贡献。

该所先后与美、德、法、日、澳、荷等国家在海洋各领域进行了广泛的学术交流和合作研究，蜚声于海内外。

中科院院士、海洋二所所长苏纪兰教授

地址：浙江省杭州市西溪河下九号　　邮编：310012
电话：(0571)8076924 (总机)　　(0571)8064174
传真：(0571)8071539　　电挂：杭州3152

海洋二所在海洋遥感技术应用研究上取得了多项重大成果，其中海洋水色遥感和航天SAR海洋遥感研究居国内领先地位，部分成果达到国际领先水平。图为卫星接收天线

海洋二所承担的大洋多金属结核研究"八五"项目通过专家鉴定验收

"八五"期间海洋二所承担并完成了各类海洋工程任务数十项，获部级工程勘测设计金银铜奖6项。图为该所勘察设计建造的栅栏式防波堤

FG－辐射能灶具是海洋二所研制的一种新型节能产品。该产品利用船上发动机废气热能制做熟食品、烧开水，适用于渔船、运输船(包括禁止明火的中小型运油船)

海洋二所自80年代初开始进行大洋多金属结核资源勘查研究。图为施放深水照相机

FLAG(环球光缆)系统路由调查

国家海洋信息中心

中心领导制定远景规划

国家海洋信息中心创办于1958年，隶属于国家海洋局，是由国家海洋资料中心、海洋科技情报研究所(含海洋档案馆)、国际海洋学院中国业务中心、海洋空间信息研究开发中心四个业务系统组成的国家综合性海洋信息技术研究和公益性服务部门。其主要任务是组织协调全国海洋信息工作，负责各类海洋信息的搜集、处理、贮存和服务，建设各类海洋数据库，提供各类海洋信息产品和信息服务。

该中心现有职工520余人，其中具有高级职称的科技人员94名，中级职称的科技人员178名，已初步形成了一支从事各种海洋信息处理和各类海洋信息产品服务的技术骨干队伍。拥有Sun1000服务器4台，Sun工作站14台，各种型号的微机上百台及各种辅助设备，拥有大幅面冲纸机、悬挂式冲卷机、轨道式放大机、高精度扫描仪、热升华彩色打印机、广播级电视片制作系统、光盘检索系统、3200–78型绘图系统、卫星接收系统等先进设备。馆藏国内外各类海洋数据资料800GB，中外文图书10万多册，期刊3000多册。中心现已与世界上32个国家和地区的170余个单位建立了经常性业务和技术合作关系。

海洋信息是宝贵的财富。国家海洋信息中心将优质、高效地为国内外朋友提供各类海洋信息和海洋信息产品服务;愿与世界海洋组织、各海洋国家和地区加强业务往来、信息交换和交流，并真诚欢迎国内外朋友以各种形式的合作与联合，共展世界海洋信息事业的鸿图。

中心办公大楼外景

联合国水科学和渔业情报系统咨询委员会会议

地址：天津市河东区六纬路93号　　邮编：300171

电话：(022)24300871　　24305213

传真：086–022–24304408　　电传：23138　NODC　CN

地理信息系统产品制作

国际海洋学院中国业务中心在天津成立

中心部分图书期刊出版物

国家海洋局第三海洋研究所

海洋三所办公楼之一

该所创建于1959年，是一所综合性海洋研究机构。主要从事海洋环境资源调查、开发和保护，海洋环境质量评价，海洋工程勘察设计，海洋生物技术等研究。在海洋仪器研制、海气相互作用、海水痕量元素分析、海洋生态学、海洋生物工程、地质年代学、风暴潮数值预报、赤潮与海洋环境保护、污水处理技术等方面富有特色。近年来，在海洋工程建设和技术开发服务方面完成了经济建设部门委托的项目200多项，获得了明显的社会、经济和环境效益。

该所科技力量雄厚，学科、专业配套，仪器、设备、设施先进；现有各类科技人员近400人，其中高级科技人员157人，中级科技人员142人；持有国家环保局颁发的甲级环境评价证书，建设部颁发的大型海洋工程勘察设计专项证书和收费资格证书，国家技术监督局颁发的计量认证合格证书；是国家批准的硕士学位授予单位。

该所同美国、日本、加拿大、德国以及港台等30多个国家和地区建立了广泛的科技交流和合作研究。

该所将一如既往地以严肃、严格、严谨的科学态度，实事求是的工作作风，积极热情地为经济建设部门提供优质服务，为海洋科学和海洋产业的发展做出新贡献。

所长：曾锡鸿
党委书记：林清海
地址：厦门市大学路178号　　邮编：361005
电话：(0592)2085880　　传真：(0592)2086646
电挂：2111

三所科技人员设计的工业污水处理系统

三所近年获得的部分资格证书、科技获奖证书和论著

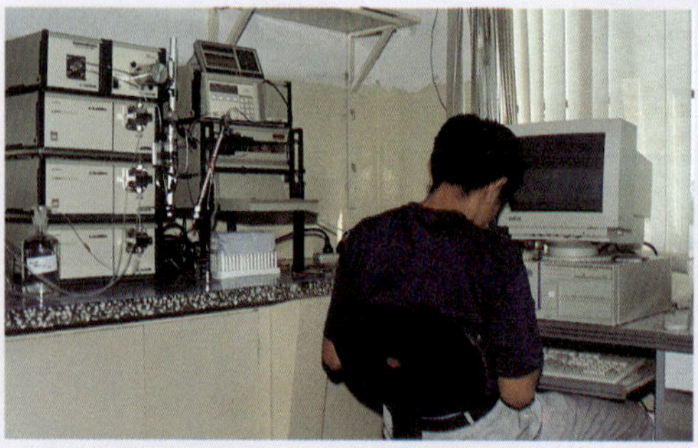

三所海洋工程勘察设计中心人员用586微波导航定位系统实地勘察

三所海洋生物技术人员正在进行研究

《中国海洋年鉴》编委会

《中国海洋年鉴》第四届编委会于1995年11月在江苏省无锡市举行，国家海洋局副局长、编委会主任杨文鹤主持会议，江苏省科委副主任姚应才和无锡市科委副主任舒介民到会表示祝贺并讲了话。

参加会议的编委会成员或其代表及编辑部人员

1994～1996
《中国海洋年鉴》编纂委员会
成 员 名 单

（均以姓氏笔画为序）

责任编辑：刘　勃
编辑部主任：徐　杰
分篇责任编辑：徐　杰　罗嘉尧　卢明生

编 辑 说 明

《中国海洋年鉴》是由国家海洋局主办、我国各涉海部、委、局、省有关部门与单位协办并共同编写的综合性、资料性、史册性工具书。其宗旨是全面、客观地反映中国海洋界各部门、各行业、各地区在海洋资源开发、海洋环境保护、海洋权益维护、防灾减灾及海洋科学技术等方面的最新进展和所取得的重大成就，以及发生的重大事件和重要活动，真实地留下编年的记载，为管理人员和科技人员了解中国海洋事业的发展史略提供丰实的资料，为发展我国的海洋事业、促进我国国民经济建设服务。

1995年11月，中国海洋年鉴编委会第三次工作会议在江苏省无锡市举行，会议对《1991～1993中国海洋年鉴》工作进行了总结，指出了存在的问题，并对总体框架设计进行了修改和调整。

调整后的框架仍设10个篇目，它们是：(1)综合篇；(2)产业篇；(3)地方篇；(4)海洋管理篇；(5)海洋公益事业篇；(6)海洋科技与教育篇；(7)极地篇；(8)国际海底篇；(9)国际合作篇；(10)附录。全书收集了1993～1995年间的各种海洋事件、事实和资料，并对1993年卷本未收入的1992年前的重要事件及进展作了简要补充。

为便于阅览，在内容编排格式上注意标题的设置和规范化。本《年鉴》共设四级标题：一级为各篇篇名，二级为各篇下的部分名称，三级为各部分下的题目名称，四级为年鉴的基本条目(加黑体括号)。以上前三级标题后均加有相应的英文名称，以便开展国际交流。

本《年鉴》是社会大协作的产物，是全国几十个部门、几百名海洋工作者共同努力的结晶。在整个组稿、审稿、编辑过程中，得到了国家各有关部门领导机关的支持，得到了各部门各单位的积极合作，得到了海洋界著名人士、专家、学者的热情指导和帮助。这里应特别指出的是，有些单位除了在工作上给以大力支持外，还在经费上鼎力相助，使得本《年鉴》得以顺利出版。在此我们一并表示衷心的感谢。

鉴于《中国海洋年鉴》内容涉及面广，是跨行业、跨地区、跨部门的海洋出版物，资料的搜集难度较大，资料不够全面在所难免。加之我们的编辑水平有限，人员又少，因此，在框架设置、内容选取、行文体例等都可能存在这样或那样的问题。敬请关心、爱护《中国海洋年鉴》的各界专家、领导和广大读者批评指正，帮助我们改进工作，使《中国海洋年鉴》越办越好，共同为迎接21世纪的中国海洋事业做出新的贡献。

中国海洋年鉴编辑部

1997年7月

目 录

海洋油气业

海洋运输业

海洋盐业和盐化工

海洋船舶业

滨海旅游业

其他海洋产业

地 方 篇

海 南 省

广西壮族自治区

广 东 省

福 建 省

浙 江 省

上 海 市

江 苏 省

山 东 省

河 北 省

天 津 市

辽 宁 省

吉 林 省

台 湾 省

香港、澳门

海洋管理篇

海洋综合管理

海洋资源管理与保护

海洋环境保护

海洋技术监督

海洋公益事业篇

海洋环境监测、观测

海洋环境预报服务

海洋信息管理与服务

海洋新闻与出版

海洋科技与教育篇

海洋调查

海洋科学研究

海洋技术

海洋教育

极 地 篇

极地考察

国际海底篇

国际海底综述

国际合作篇

附 录

CONTNETS

GENERAL

MARINE INDUSTRIES

LOCAL MANAGEMENT

MARINE MANAGEMENT

MARINE PUBLIC WELFARE FACILITIES

MARINE SCIENCE AND TECHNOLOGY & MARINE EDUCATION

POLAR

INTERNATIONAL SEABED

INTERNATIONAL COOPERATION

APPENDIXES

综　合　篇

General

沿海社会经济概况
Survey of Coastal Socioeconomy

【概况】 沿海11个省(市、自治区)是我国人口最多、经济最发达的地带。它的陆地面积占全国总面积的13.3%,人口占全国的40%,经济总量超过50%,外向型经济占80%以上。

近几年沿海地区经济持续快速发展,1993年11个省(市、自治区)国内生产总值为18 242.18亿元,1995年增加到32 202.51亿元,两年增加了13 960亿元。1995年人口比1993年增加760万人。各省(市、自治区)比较而言,广东省经济发展居首位,1995年其国内生产总值达5 381.72亿元,占沿海经济总量的16.7%。其次是江苏省和山东省,其国内生产总值均超过5 000亿元。再次是浙江省、河北省、辽宁省、上海市、福建省等。

1993～1995年,沿海从事海洋生产劳动的人员数量,从总体上看有所增加,其海洋社会劳动者的人数从1993年的363.06万人增加到1995年的364.18万人,增加1万多人。但从各海洋产业看,社会劳动者人数各有增减,其中海洋渔业、滨海旅游业和海洋石油业人员增多(海洋渔业社会劳动者增加主要由于群众渔业劳动力增加所致);而海盐业、海洋交通运输业、海滨采矿业人数减少。从各海洋产业的职工人数看,海盐业、海洋交通运输业、海滨采矿业、海洋渔业等,职工人数都减少了,其中尤以海盐业、海洋交通运输业减少为甚,他们当中的大部分人员转向第三产业或从事其他相关的劳动。而海洋石油业、滨海旅游业等新兴产业职工人数则有较大增加,这是由于深化改革和产业结构调整的结果。

(许启望)

表1 沿海省(市、自治区)社会经济统计

项目	国内生产总值(亿元)			工农业总产值(亿元)						人口(万人)		
				工业			农业					
年份	1993	1994	1995	1993	1994	1995	1993	1994	1995	1993	1994	1995
辽宁省	1 808.15	2 584.20	2 793.37	3 532.99	4 615.30	5 280.22	442.70	602.10	761.80	3 982.85	4 007.20	4 033.99
河北省	1 566.63	2 147.49	2 849.52	2 623.97	1 995.60	2 282.05	511.29	796.33	1 147.83	6 334.10	6 387.71	6 436.51
天津市	536.10	725.14	920.11	1 401.84	1 838.09	2 230.69	70.62	94.97	133.25	887.73	890.55	894.67
山东省	—	3 872.20	5 002.34	—	8 220.30	8 906.72	—	1 387.03	1 857.48	8 620.41	8 652.63	8 701.16
江苏省	2 754.49	4 057.39	5 155.25	7 096.46	9 826.50	12623.34	875.37	1 335.23	1 686.78	6 967.27	7 020.54	7 066.02
上海市	1 509.93	1 971.92	2 462.57	3 320.05	4 255.19	4 529.85	96.20	140.24	182.47	1 294.74	1 298.81	1 301.37
浙江省	1 698.04	2 666.86	3 524.79	3 972.37	5 784.93	8 207.86	499.70	707.21	891.71	4 313.30	4 341.20	4 369.63
福建省	1 028.14	1 685.34	2 160.52	1 547.78	2 252.30	2 638.52	395.26	591.35	765.38	3 099.17	3 126.87	3 164.63
广东省	3 225.30	4 240.56	5 381.72	5 237.09	7 288.97	9 720.55	899.03	1 218.62	1 445.48	6 581.60	6 691.46	6 788.74
广西区	788.05	1 241.83	1 606.15	905.94	1 380.68	1 735.83	390.11	537.21	743.50	4 438.00	4 493.00	4 502.11
海南省	225.15	331.00	364.17	152.47	164.75	176.81	121.87	170.00	202.52	682.00	691.40	702.42

表 2　全国海洋产业总产值和海洋劳动者统计

项　目	全国主要海洋产业产值（亿元）			海洋社会劳动者人数（万人）			海洋职工人数（万人）			海洋群众渔业劳动力（万人）		
年　份	1993	1994	1995	1993	1994	1995	1993	1994	1995	1993	1994	1995
总　计	978.78	1 707.3 (775.8)	2 463.85 (1107.33)	363.06	349.30	364.18	130.02	110.65	111.68	232.95	238.65	252.30
海洋渔业	601.93	913.3 (450.9)	1 176.87 (611.98)	239.71	246.05	257.39	6.67	7.40	5.09	232.95	238.65	252.30
海洋交通运输	140.53	207.9 (98.6)	581.77 (225.97)	44.32	41.89	40.75	44.32	41.89	40.55			
海洋盐业	36.84	45.5 (20.5)	47.70 (19.78)	37.00	14.83	14.70	37.00	14.83	14.70			
海洋石油	60.49	96.9 (39.8)	136.70 (55.24)	3.24	3.23	3.58	3.24	3.23	3.58			
海滨砂矿	0.65	0.53 (0.2)	0.63 (0.11)	0.21	0.08	0.12	0.21	0.08	0.12			
滨海旅游	138.34	321.6 (141.3)	364.76 (160.26)	33.51	37.97	41.77	33.51	37.97	41.77			
沿海造船	—	121.6 (24.5)	155.42 (33.99)									
海洋环保	—	—	—	3.59	3.81	4.04	3.59	3.81	4..04			
海洋服务	—	—	—	1.12	0.98	1.83	1.12	0.98	1.83			

注：1. 表 1、表 2 统计均未包括台湾省、香港和澳门。
　　2. 表 2 中括号数字为增加值。

（许启望）

（上接第 7 页）合理开发和保护环境。

海洋资源如同陆地资源一样，虽然很丰富，但也不是取之不尽用之不竭的。长期以来，人们错误地认为自然资源是无价的，可以随便开采，任意使用，因此造成了对资源的破坏和浪费。为改变这种状况，各国都在研究解决这个问题，其中很重要的一个新思路，是对资源进行经济管理。要对资源进行价值核算和评估，变资源无价为有价，利用价值来调节资源供求关系，并把资源纳入国民经济核算体系，以保持资源的合理和持续利用。我们目前也在做这方面的工作，包括海域有偿使用和海岸带资源资产化管理等，目的在于建立一种与市场经济相适应的海洋资源管理机制。根据国务院的授权，财政部和国家海洋局颁布了《国家海域使用管理暂行规定》，这项管理工作，主要依靠地方来实施，所以希望大家共同努力。海洋资源管理和环境保护的重要性大家很清楚，现在有些沿岸海域污染相当严重，主要原因是由于沿海城镇和工矿企业大量的生活污水和工业废水未经处理直接向海洋排放，造成沿岸海域水质和底质恶化。因此，我们要呼吁社会各界千万不可把海洋当作“垃圾桶”、“废水缸”，如果不加强管理，后患无穷，将最终影响海洋开发的发展，结果欲速则不达。今后要重点解决陆地污染源的控制、海洋污染的监测、预防和整治。这方面有管理问题，也有很多科技问题，需要科技支持，所以希望各地都重视这个问题，在制定“科技兴海”规划时一定要统筹考虑，做到开发与环境同步进行，协调发展。　　（此处有删节）

特 载
Special Contributions

海洋事业需要有个大发展

（邓楠同志在1993年全国海洋局长会议上讲话的一部分，有删节）

党的十一届三中全会以来，我国海洋工作取得了引人瞩目的显著成绩。海洋管理、科技、航运、渔业、盐业、海洋油气开采、滨海旅游、海水淡化及综合利用等在国民经济建设中发挥了越来越重要的作用。我国海洋产业总产值从1979年的64亿元，发展到1991年的531亿元，10年间翻了3番。这些成绩的取得，与海洋战线同志们的辛勤劳动分不开。回顾过去，展望未来，摆在全国海洋工作者面前的任务仍然十分艰巨，肩负的责任更加重大。

我国是一个海洋大国，管辖海域广阔，海洋资源丰富，蕴藏着巨大的开发潜力。在国民经济的总体发展中，海洋开发利用具有重要的现实意义和深远的战略意义。然而，目前我国的海洋产业产值还不足世界海洋产值的2%，我国的海洋开发利用水平与我国海洋资源的拥有量和海洋大国的地位极不相称，也与我国的经济腾飞极不适应，海洋产业在整个国民经济中还是个薄弱环节，远不能满足国民经济的需要。当前，向海洋索取财富，变海洋资源优势为经济优势，已是人类的共识。世界海洋国家，特别是发达国家都相继把目光投向海洋，把海洋开发利用作为基本国策，发展海洋技术，加速海洋开发的步伐。所以说，全人类面临的人口、资源、环境三大问题，几乎都可以从海洋中找到出路。下一个世纪将是海洋世纪。因此，迅速形成与我国大国地位相适应的海洋综合开发能力，切实加强海洋资源的研究、开发已迫在眉睫，而且势在必行。我们一定要充分认识海洋工作的重要性和迫切性，要有光荣的使命感和紧迫感。

我国海洋工作与国际上发达国家相比，差距是相当大的。尤其是现在公海的资源已成为国际开发的热点，而我们这方面却异常薄弱，所以要到公海去，到南极去。在海洋环境方面，我们面临着严峻的挑战。海洋开发和海洋环境保护怎样才能进入良性循环？陆源污染怎么解决？海上污染怎么解决？这些方面都有待于我们去研究。我们对海洋灾害的认识和防灾手段上还需要加强。在科学技术方面，无论是环境探测技术、资源调查技术、海水养殖技术等也都存在着一定的差距。我们的海洋管理也非常薄弱，与海洋工作的整体水平和我国经济发展的要求都很不适应。所以，海洋事业必须要有一个大的发展。

海洋工作必须以发展海洋经济为中心，海洋管理必须调动中央和地方两个积极性。围绕“权益、资源、环境和减灾”几个方面，以海洋管理和公益服务为主线，依靠海洋科学技术进步，重点抓好海域使用管理，这样才能使海洋工作有一个大的发展，才能适应我国经济腾飞对海洋工作提出的要求。海洋开发具有综合性强、投入大、技术复杂、效益高等特点，现代海洋产业是知识、技术、资金密集型的综合性产业，因此，海洋工作涉及多领域、多行业和多部门，其管理工作离开了地方和部门的支持是无法进行的。希望国家海洋局在今后工作中，要进一步加强宏观管理，加强综合协调指导，以推动我国的海洋工作持续、健康的发展。

近几年，沿海各省、区、市及计划单列市加强了对海洋工作的领导，根据本地区所具有的海洋资源优势、区位优势和科技优势，把经济建设的指导思想由单纯开发陆地，转移到陆海整体开发上来，提出了“科技兴海”、“蓝色计划”等一系列战略措施，这对促进我国沿海地区社会经济的全面发展做出了积极的贡献。希望各地能结合本地区的实际情况采取有力的措施，因势利导，以科技为先导，进一步促进本地区的海洋开发工作，为推动我国海洋事业上一个新台阶做出新的贡献。

大力推进科技兴海工程　争取海洋经济再上新台阶

（严宏谟同志在全国科技兴海经验交流会上的讲话　1994年11月）

这次在山东召开全国“科技兴海”经验交流会，对我来说是一次学习的好机会。听了各地的经验介绍，特别是到潍坊、烟台、威海等地，亲眼看到山东在建设“海上山东”、实施“科技兴海”方针的指导下取得的巨大成就，很受鼓舞和启发。

一、关于我国海洋开发面临的新形势

现在国际上许多有识之士都认为"21 世纪是海洋开发的新世纪"。这个"新世纪"的含义是什么？我理解，那就是到 21 世纪，世界海洋开发将有一个飞跃的发展，国际海洋形势会发生很大变化。首先，从国际海洋经济形势来看，过去十几年中，尽管世界经济发展缓慢，但海洋经济一直保持着每 10 年翻一番的高速增长势头。1980 年世界海洋开发总产值为3400亿美元，1990年已超过 6 700 亿美元，有人估计到 2000 年有可能达到 15 000 亿美元。目前海洋经济发展的一个显著特点，就是新兴的高科技海洋产业发展很快，特别是海洋油气业、海水养殖业等。1992 年海上石油产量已达 9 亿多吨，占世界石油总产量的 30%，估计到本世纪末可达 13 亿 t，那时比重可能上升到 40%以上。海洋渔业正在向农牧化发展，目前海水养殖产量约 800 万 t，有人估计随着海洋生物工程的发展，再过 20 年养殖产量可能达到 3 000 万 t，而未来 50 年内海洋农牧化生产将超过捕捞渔业，成为海洋渔业的主体。深海采矿到 2010 年左右可能进入商业化生产阶段，形成一个新的高科技产业，那无疑会对整个海洋经济产生重大影响。其次，从二次大战后特别是 60 年代以来，围绕着以争掠海洋资源为核心展开的国际海洋权益斗争，使得国际海洋法律制度发生重大变革。到今年 11 月 16 日，《联合国海洋法公约》将正式生效。《联合国海洋法公约》确立了大陆架、200 海里专属经济区属沿海国管辖，国际海底及其资源是全人类共同继承的财产，联合国将实施管理。围绕国际海洋资源的重新分配和海洋权益的分享而展开的国际海洋斗争形势，将会在新的条件下变得更加突出和复杂。因此在建立国际海洋新秩序的过程中，世界海洋地缘政治有可能出现新的格局，我国将在维护海洋权益和国土资源方面面临严峻挑战。第三，1992 年 6 月，联合国环境与发展大会通过了《21 世纪议程》等重要文件，该议程所提出的"可持续发展"的新思想，已成为世界各国关于环境与发展的共同行动纲领，不但促使各国走上可持续发展的道路，还将是各国加强合作、促进经济发展和保护环境的新开端。由于海洋在地球上所处的重要地位，海洋开发与保护在《21 世纪议程》中也被纳入全球可持续发展的轨道。在今后若干年内《21 世纪议程》将在世界各国逐渐进入具体操作阶段。另外，1993 年 12 月，联合国教科文组织在巴黎开会通过了一个议案，并已获联合国经济及社会理事会的通过，将提交联合国决定 1998 年为国际海洋年，议案的主要内容是强调海洋在造就地球生命所起的决定作用，为开展海洋资源开发和管理方面创造有利的条件。这在国际海洋史上还是第一次。国外海洋界人士认为，开展国际海洋年活动，反映出全球海洋意识的高涨，也意味着从现在起到 21 世纪，国际海洋活动将进入一个活跃时期。

在我国，改革开放 15 年来，海洋事业也发生了巨大变化。这 15 年是我国海洋经济发展最快最好的时期，海洋经济以每年高于国民经济平均速度发展。1993 年我国主要海洋产业总产值已超 1 000 亿元，翻两番的目标大大提前。根据最近完成的《全国海洋开发规划》预测，到本世纪末，我国海洋经济有可能以更高的速度增长，达到 2 300亿至 2 500 亿元。从海洋产业看，三大传统海洋产业持续快速发展，我国海盐产量连年保持世界第一，海洋渔业产量上升到世界第二位，海运船队也进入世界十大海运国家行列。新兴的海洋产业迅速崛起，海上油气生产已初具规模，今年石油产量估计可达 600 万 t，预计到 1997 年可达 1 000 万 t，提前实现规划目标。我国滨海旅游业 15 年前几乎为零，现在其年收入已居海洋产业的第三位，在海洋经济中具有举足轻重的作用。此外，滩涂开发利用、海水利用、海洋化工、海洋能源开发等，也都有一定基础。与此同时，国家在加强海洋综合管理、环境保护、防灾减灾以及发展海洋科学技术等方面，也取得了前所未有的进展，为保障海洋开发，促进沿海社会经济发展做出了贡献。沿海各地为我国海洋事业的发展也发挥了极大的作用。现在从各级领导到广大群众，对海洋的价值和认识都发生了重大转变，变海洋资源和区域优势为经济优势，已成为大家的共识和行动，一场前所未有的开发利用海洋的活动已在沿海各地广泛展开。总而言之，15 年来，我国海洋事业取得了辉煌的成就，这是有目共睹的。但是，相对于世界发达国家海洋开发形势和我国海洋开发潜力，从总体上看，我国海洋开发利用水平比较落后，人们的海洋意识和海洋国土观念还比较淡薄，还不能适应国民经济和社会发展的需要。面对跨世纪转折的新时期，我们面临的形势既是挑战，又是机遇。必须按照党中央制定的发展战略，抓住机遇，加快发展，争取经过几年的努力，使我国的海洋事业登上一个新台阶，以崭新的面貌迎接 21 世纪的到来。

二、关于海洋开发与海洋科技

海洋开发与陆地开发截然不同，难度很大，对科技依赖性很大，必须要有与海洋特殊环境相适应的全新技术，因此，世界各地均把海洋开发列入当代高科技领域。

从当前国外的发展态势看，海洋高科技的主攻方向是深海开发技术、海洋生物技术和海洋监测探测技术。但是，各个国家根据自己国家的具体情况，海洋科技的主攻方向也不尽一致。那么，我们国家到底在今后 5 至 10 年中海洋高科技向哪些方面发展呢？我认为：

一是海洋生物技术。这是向海洋要食品、要物品，是我国发展大农业战略的一部分，在这方面我国应主要在实现海洋农牧化和进行海洋药物开发上下功夫。重点研究优良养殖品种的培育、性别控制、养殖新技术、病害防治等。要将基因工程、细胞工程和传统技术相结合，并加以充分利用，在某些方面取得突破性进展。在海洋药物开发方面，重点是研究海洋生物的天然物的利用，从海洋生物中提取抗癌、抗菌、抗衰老物质，制造新药品和保健食品。而且，许多新药品和保健食品是从海洋水产品加工的废弃物中提取的，变废为宝，我国许多科研单位已有很多尝试，并取得了一些成果。在这方面，抓紧研究，组织攻关，是大有可为的。

二是海水直接利用和综合利用技术。我国是个缺水的国家，特别是北方沿海城市地区更为严重，制约了这些城市和地区经济的进一步发展，因此，沿海水资源开发，也是一个战略性问题。首先要发展海水直接利用，即以海水代替淡水作为城市工业冷却水，这将能节省城市工业用水的70%，以海水代替淡水作城市生活冲厕用水，将能节省城市生活用水的35%。这两项措施是解决城市缺水的一个重要出路。这里面有大量的技术问题，如防腐问题、循环问题、材料问题等需要解决，当然也有大量行政协调方面的工作。其次要发展海水淡化，特别是利用海洋本身可再生能源进行海水淡化，是解决沿海特别是海岛淡水来源的一个重要措施。对此，要加强膜技术和海洋能源转化技术的研究。再就是发展海水化学资源及深加工。从海水中提取钾、溴、镁、锂、铀等，并积极促进其产业化。我国海盐产量世界第一，要加紧海水制盐后残余母液苦卤的利用研究，力争在海水提钾、海水提溴等方面有所突破，抓紧工业化试验，并尽快在全国推广。

三是海洋矿产资源勘探开发技术。在我国主要是海洋石油天然气和深海多金属结核的开发技术。海洋石油工业是技术密集的高科技产业，海洋石油勘探开发需要多学科的综合技术，涉及的技术面很宽，要求也比较高。我国海洋石油工业发展较快，在开发中形成了十大配套技术体系，在海洋油气开发中发挥了很大的作用。今后要在海洋三维数字地震勘探、数控测井、边际油田开发等方面加强研究。大洋多金属结核当前主要是抓紧矿区勘探，采、选、冶技术也要加紧研究。

四是海洋环境监测技术。海洋开发受到海洋特殊环境的严重制约，因此，在海洋开发中加强对海洋环境的监测预报和各种环境要素的信息服务是十分重要的。当前，我国应加强建设、完善由天基、空基、岸基、海面、水下平台等传感器组成的海洋立体监测系统，力争在"九五"期间发射我国自己的海洋水色卫星和地形卫星，加强遥感应用研究，使我国的海洋环境监测上一个新台阶，以适应开发和减轻防治海洋灾害及国防工程的需要。

当然，在其他方面如交通运输、港口建设、海洋捕捞、海洋工程等都有大量的科技问题需要解决。

在总体上，我国海洋高科技与国外先进水平相比还比较落后，据有关专家估计大体要落后10至15年。我国目前海洋开发总体水平不高，很大程度上是受开发技术制约。因此，在今后十几年内，要使我国海洋开发有一个飞跃发展，关键是依靠科技进步，大力发展海洋科技特别是高科技，走"科技兴海"的路子。这次会议研讨这个问题，是抓住了关键，既有现实意义，对海洋经济的发展也将产生深远影响。

三、关于"科技兴海"的技术政策

这几年"科技兴海"在各地已经兴起来了，而且取得了明显效益，成绩很大。现在是如何巩固和发展的问题。对此，我想提出以下几点意见：

1."科技兴海"各地要因地制宜，统筹规划，突出重点，起点要高。从全国来说，本世纪内，海洋开发主要包括海洋油气、海洋捕捞和养殖、港口和海运、海盐和海洋化工、滨海旅游、滨海采矿等6个领域，与其相应地要开展深海油气开发技术、海洋生物技术、海水综合利用技术、海洋探测技术等科研工作。但是，对于沿海各个地区来说，资源特点不同，社会经济科技条件各异，各地区要在国家总体规划指导下，根据自己的特点和优势，统筹规划，确定不同的发展目标。在这方面，山东省的经验很好，他们把开发重点放在四大新兴产业上，即耕海牧渔海洋农牧化、海盐和海洋化工、海洋药物和海洋食品，从科技开发起步，组织科技攻关和成果转化，形成了一条龙科技为产业发展服务的新格局。在这里，我想提一个建议，能否在沿海联合开办若干区域性和专业性的海洋开发技术服务中心或工程技术中心，联合一批优秀人才和先进技术设备，既搞研究开发，又为生产服务，以高起点的科研为生产服务，以服务促进科研。这样有利于科研与生产结合，保障和提高海洋开发水平和能力，使"科技兴海"落到实处。

2.狠抓海洋科技产业化。"科技兴海"，关键在于科技成果的转化，实现海洋科技产业化。所谓海洋科技产业化，主要包括两个方面：一是海洋科技特别是高科技成果商品化，实现规模生产，形成新的海洋科技产业；二是海洋产业的科技化，应用高科技对传统海洋产业进行技术改造，不断提高产品的科技含量，从而提高生产水平和经济效益。目前我国海洋科技产业化能力还很薄弱，科技成果商品化的转化率不到30%，有许多科技成果未能投入实际应用。这是一个很大的浪费，也是影响科技兴海的一个突出问题。究其原因，主要是产业化的运行机制不完善，因此，要逐步建立从研究、开发、生产、销售、服务等产业过程的衔接转化机制。由于海洋科技特别是高科技开发研究是高风险、高投入的事业，风险很大，单靠科研机构孤军作战是难以承受的，可以借鉴国外由政府、产业界、科技界联合投资开发的一些经验，寻找一种适合我国国情的科技产业化运行机制。

3.创造海洋高科技产业化的孵化器。孵化器这个概念在国外高科技产业界很流行，目的在于通过这个孵化器扶植、催化具有广阔市场、经济效益前景看好的高科技产业，使其尽快发展成熟。其主要作用是：(1)起中介、桥梁作用，即从事高科技成果引进，科研项目委托；(2)为科技成果商品化创造优化的软、硬环境，即创造投资(或贷款)、产品推销、信息服务等优良环境；(3)咨询服务，进行市场调查和产业化预测等。现在一般认为创办"科技园"是孵化器的一种比较好的形式，一些发达国家借鉴科技工业园的成功经验，兴办"海洋科技园"作为发展海洋高科技产业的孵化器。我国目前正在天津开发区创办国内第一个海洋科技园。各地区也可以考虑在这方面进行试验，共同探索推进海洋科技产业化的路子。

最后，我想说一点，在抓好"科技兴海"的同时，要重视海洋综合管理，搞好海洋资源管理和环境保护工作，使海洋资源开发和环境保护协调发展。海洋开发要走可持续发展的道路，即在充分开发利用海洋，为当代人服务的同时，必须高度重视海洋资源管理、 （下转第4页）

专 文
Monograph

“八五”时期海洋工作的回顾

杨文鹤
(国家海洋局,北京)

1991 年至 1995 年是我国国民经济和社会发展第八个五年计划时期,也是我国人民贯彻党的基本路线,沿着邓小平建设有中国特色社会主义道路,不断深化改革、国民经济取得持续快速增长的时期。“八五”期间,我国国民生产总值年均增长 12%。1995 年达到 5.76 万亿元,提前五年实现了比 1980 年国民生产总值翻两番的战略目标。这个时期的海洋产业,不但交通运输、捕捞、盐业等传统海洋产业有了迅猛发展,而且海洋油气业、海水养殖业和海洋旅游业等新兴产业迅速兴起。海洋产业的总产值由 1990 年的 438 亿元增加到 1995 年的 2 460亿元,由 1989 占我国国民生产总值的 1.7%上升到 1995 年的约 4%。海洋经济已经成为我国国民经济成分中不可忽视的组成部分。由于经济的发展对海洋需求的急剧增长,国务院有关部门和沿海省、区、市政府已经把海洋工作列入了重要的议事日程,一些地方政府提出了建设海洋经济大省的战略目标。一个全面开发利用海洋、努力发展海洋经济的时代已经到来。

我国是一个海洋国家。按照 1994 年 11 月 16 日生效的《联合国海洋法公约》的有关规定和我国的主张,应该划归我国管辖的海域面积相当于我国陆地面积的 1/3。用好管好这一大片海洋国土,不仅是捍卫国家主权、维护海洋权益的需要,更是我国经济实现持续、快速、健康发展的长远利益所在。因此,党和国家对海洋事业十分重视。1994 年 7 月,在国家海洋局成立三十周年之际,江泽民主席题词:“开发海洋,振兴海业”,李鹏总理题词:“管好用好海洋,发展沿海经济”,并且将“加强海洋资源调查,开发海洋产业,保护海洋环境”列入 1995 年 9 月召开的党中央十四届五中全会通过的《中共中央关于制定国民经济和社会发展“九五”计划和 2010 年远景目标建议》中,从而确立了海洋工作在经济和社会发展中的地位,明确了国家发展海洋事业的大政方针。

1991 年 1 月 8 日,在北京召开了首次全国海洋工作会议,通过了《九十年代我国海洋政策和工作纲要》,并由国家计委和国家海洋局联合发文转发全国。《纲要》提出了“以开发海洋资源,发展海洋经济为中心,围绕权益,资源,环境和减灾四个方面开展工作,保证海洋事业持续,稳定,协调发展”的基本指导思想。五年来,我国海洋事业有了新的发展,海洋工作取得了可喜的成绩。

一、海洋法律制度建设取得重大进展

立法是海洋管理的基础,是采取行政、经济管理手段的法律依据。我国海洋法律制度的建设起步较晚,在“八五”以前,虽然在交通、渔业、环保等方面颁布了一些法规,但却是行业性的单项法规。1992 年 2 月 25 日,第七届全国人民代表大会常务委员会第二十四次会议通过并颁布了《中华人民共和国领海及毗连区法》。这是我国第一部有关海洋方面的基本法规,是继 1958 年我国政府关于领海声明以后,对领海法律制度作出全面规定的一部重要的海洋基本法律。它对捍卫我国领海主权和毗连区管辖权,维护国家安全和海洋权益提供了有力的法律保证。

1993 年 5 月 31 日,财政部和国家海洋局联合颁发的《国家海域使用管理暂行规定》,对我国内海、领海的水面、水体和海底实行了海域使用证制度和有偿使用制度。这对于保证海域的合理利用和可持续开发,提高海域使用的社会、经济和生态环境的整体效益有着重要的意义。为此,海南、河北、辽宁、江苏、山东以及大连等省市地方政府也纷纷制订和颁布了本地区的海域使用管理规定,从而使对海洋这一国有资源的开发利用走上了法治的轨道。

“八五”时期,海洋管理方面的单项法规建设也有重大进展。如 1995 年国家海洋局先后颁布了《海洋自然保护区管理规定》、《海洋预报警报发布管理规定》等。与此同时,国家海洋局还会同有关部门完成了《中华人民共和国专属经济区和大陆架法》、《中华人民共和国涉外海洋科学研究管理规定》等法规的议订和送审。

在国家加强海洋立法的同时,沿海地方人民政府也加快了海洋法规建设的步伐。如《海南省自然保护区管理条例》、《江苏省海岸带管理条例》等都是在“八五”期间通过地方立法程序颁布的。这些法规的出台,对协调海上各类开发活动,调整各有关部门和各海洋产业之间的关系,实现综合开发和合理利用海洋资源,保护海洋

生态环境起到了重大的作用。

二、海洋综合管理不断加强

海洋开发活动是一项综合性强、涉及面广的新兴事业，不但需要有统一的政策指导，也需要有统一的规划来协调。为此，“八五”期间国家海洋局会同国务院有关部门和沿海地方政府编制了《全国海洋功能区划》和《全国海洋开发规划》，其中《全国海洋开发规划》经国务院批准，于1995年5月由国家计委、国家科委和国家海洋局联合发文全国执行。1995年，为了贯彻《中国21世纪议程》，在国家计委、国家科委的支持和指导下，国家海洋局会同有关部门编制了《中国海洋21世纪议程》，为海洋的持续开发利用和实施海洋综合管理提供了政策指南。

在海洋资源管理方面，《海域使用管理暂行规定》出台后，除全面推行了海域使用登记许可证审批制度以外，选择了部分岸段和岛屿进行综合开发试点，实行了海洋资源环境影响评价工作。在进行了海岸带资源资产登记试点基础上，开展了海岸带资源资产化管理制度等，使海洋资源的开发活动逐步走上合理和有序的轨道。

在海洋环境管理方面，由于认真贯彻《海洋环境保护法》、《海洋倾废管理条例》和《海洋石油勘探开发环境保护管理条例》，严格执行《1972伦敦公约》1993年16次缔约国协商大会通过的《关于禁止海上处置放射性废物和其它放射性物质》等三项决议和倾废许可证制度，选划了海洋倾废区38个，加强了对近海，特别是重点海域的监测、监视和管理，尤其是对石油平台现场油污的监控和检查以及平台周围海域环境监测评价，发布“巡航通报”和“中国近海环境质量年报”等，使我国海洋环境状况没有随着同期国民经济的高速增长而同步恶化，不仅在一定程度上减缓了海洋整体环境质量严重退化的势头，局部海区环境还有所改善。到“八五”末，我国已建成国家级海洋自然保护区15个，地方级海洋自然保护区45个，总面积达129万公顷。

为了全面准确掌握我国近岸海域环境污染和破坏程度，使海洋环保工作更好地为沿海经济服务，1995年国家海洋局依法对全国陆源排污状况尤其是部分重点海区陆源排污状况，组织实施了一次大规模的调查监测。结果表明，我国海洋污染80%来源于陆源排污，年排污总量达86亿吨。因此，控制陆源排污刻不容缓。

随着沿海地方海洋开发活动的增多，海洋经济的迅速发展，地方海洋管理体制也不断健全。部分省市不但建立了海洋行政管理机构作为政府的职能部门，而且还组建了海洋管理执法队伍。尤其是1995年中央编制委员会在中编发[1995]11号文中明确指出：“在转变职能的基础上，理顺分局与地方海洋机构的关系，将海岛海岸带及其近岸海域的海洋工作下放给地方政府”。为此，全国沿海11个省区市和4个计划单列市以及大部分沿海市、地区、县都建立了海洋管理机构。尽管机构名称不一，隶属关系有别，机构级别不同，但都在履行着政府的海洋综合管理职能，实施对管辖责任海区的综合管理。可以预见，随着海洋产业的迅速发展和海洋开发世纪的到来，一个由中央与地方分级管理相结合、综合管理与行业管理相结合的比较完善的海洋管理体制也将逐步形成。

三、海洋观测网初具规模，海洋环境预报和灾害警报能力提高

海洋观测网络在“七五”建设基础上，“八五”期间，加强了对海洋观测站的基础和能力建设，调整优化了海洋站点，对海洋台站常规观测仪器及微机全面更新，海洋观测资料采集、数据处理、信息传递基本上实现了计算机化。通过对海洋资料浮标的应用和研究，并对“八五”期间研制的浮标进行了技术改造，使得浮标技术上了一个新台阶，可靠性有了很大的提高。此外，还发展了航空遥测和卫星遥感的应用，基本上形成了由海洋观测站、海洋观测船、调查船、海洋资料浮标、雷达测冰站、海监飞机和卫星遥感组成的立体海洋观测网。海洋环境观测资料数据在沿海经济开发区选划、海洋环境评价、资源评估、海洋与海岸工程、海洋石油勘探开发、减灾防灾、沿海工业基地以及核电站建设中发挥了重要作用。

在海洋环境预报和灾害警报方面，“八五”期间除加强国家海洋预报中心、各海区预报台建设的基础上，还先后在广西、厦门建立了国家和地方相结合的海洋预报台，开始形成国家——海区——省区三级组成的海洋环境预报台站网。海洋环境预报技术有了较大的提高，特别是经过“八五”科技攻关项目“灾害性海洋环境数值预报及近海环境关键技术研究”，青岛、上海、广州三个区台装备了高性能计算机工作站，数值预报基本上达到了准业务化水平，其中海浪、风暴潮等数值预报技术达到和接近国际先进水平，许多科研成果获得国家和部门科技成果奖。预报为沿海经济建设服务也取得了良好效果，特别是灾害性海洋环境预报，如1992年和1994年发生在我国沿海地区两次特大风暴潮灾的准确预报，为有关部门防潮抗灾决策提供了有力的保障，有效地减少海洋灾害的损失。

“八五”期间，海洋环境预报部门还不断拓展预报服务领域，积极开展专项预报，为海上交通运输、海洋工程建设、海洋油气、海洋捕捞、海水养殖、海上旅游等提供环境预报和评价，取得了一定的社会效益和经济效益。

四、海洋科技学术工作取得新进展

1993年2月18日，由国家科委、国家计委、国家海洋局和国务院经贸办公室联合发布了《海洋技术政策要点》。这是继国务院发布能源、交通、农业、环保、信息等14个领域技术政策之后的又一个新领域技术政策。它对于引导海洋科技队伍形成整体力量，重点发展海洋探测和开发技术，有选择地发展海洋高新技术，适当安排重大海洋基础研究，使我国海洋科学技术在本世纪末逐步接近世界先进水平，满足开发海洋资源、保护海洋生态

环境和维护我国海洋权益的需要起到了积极的作用。

“八五”期间，国家在海洋科技领域安排的重大科技项目有：“灾害性海洋环境数值预报及近海环境关键技术研究”、“大陆架及邻近海域勘查和资源远景评价研究”、“全国海岛资源综合调查与开发试验”、“大洋多金属结核资源勘探开发”、“南极研究”、“南沙海域资源环境调查”、“海洋能源技术开发”和“高性能有机分离膜技术”等。经过五年攻关，取得了一批重要的成果，其中，“灾害性海洋环境数值预报及近海环境关键技术研究”，进一步完善和发展了灾害性海洋环境业务化数值预报方法和技术，提高了预报时效和精度，奠定了全国海洋环境预报系统的基础，使我国灾害性海洋环境预报工作上了一个新台阶。“全国海岛资源综合调查与开发试验”，从1988年底开始至1995年完成，前后历时8年。调查的海陆面积达21万平方公里，查清了面积大于500平方米的海岛共6 961个，取得了最大量的、完整的、系统的原始数据、标本和样品，建立了我国第一个海岛资源数据库，编写了《全国海岛资源综合调查报告》以及若干专题研究报告。“南极研究”项目在“八五”期间完成了4次南极考察和3次南大洋调查，完成了“中国南极考察科学研究”和长城站、中山站的基础地质调查和填图，编制了1：500万南极洲地质图和菲尔德斯半岛地貌与第四纪地质图、土壤图，提出了普里斯湾水域磷虾资源开发模式等，使我国的南极研究进入国际先进行列。“大洋多金属结核资源勘探开发”，自1991年3月联合国批准我国提交的矿区申请而成为国际海底先驱投资国和大洋矿区登记国以后，“八五”期间由地矿部和国家海洋局组织对我国登记的15万平方公里矿区进行勘探，经4个航次的海上综合调查，采用了国内外90年代高科技手段，从15万平方公里的矿区内圈定出10.5万平方公里面积的下阶段勘探目标区，为最终确保我国7.5万平方公里的富矿区奠定了可靠基础。“高性能有机分离膜技术”，在80年代末期已经有了较大发展，卷式和中空纤维反渗透装置的脱盐率达到95%以上，并建成了海岛地下苦咸水等为代表的一大批示范工程。“八五”期间，该技术有了更快的发展，尤其是反渗透复合膜和高脱盐率海水淡化膜，取得了重大突破，使我国成为世界上除美、日等发达国家外能够生产此类膜产品的少数国家之一。

五、积极参与国际海洋事务，扩大了国际合作与交流

自1973年联合国召开第三次海洋法会议以来，经过了20多年的努力，1982年由159个国家签署的《联合国海洋法公约》(简称《公约》)于1994年11月16日生效。截至1996年2月止，已批准《公约》的国家达85个。《公约》的生效和世界各国相继批准，标志着人类和平利用海洋和全面管理海洋的新的历史时期已经到来。我国是《联合国海洋法公约》的签署国，对《联合国海洋法公约》的制定发挥了积极的作用，全国人大常委会也正在准备审议和批准。为了实施《联合国海洋法公约》和对人类共有的国际海底进行管理和仲裁，自1982年《公约》签署以后，联合国建立了“国际海底管理局和国际海洋法法庭筹备委员会”(简称海底筹委会)。由外交部、国家海洋局和地矿部组成的中国代表团出席了每年春夏两季召开的两次会议，为维护我国和发展中国家的利益，为国际海底制度的建立，特别是对《公约》第十一部分的修改作出了不懈的努力。1995年，国际海底管理局和国际海洋法法庭正式成立。经反复协商，我国作为最大投资国(B类)进入理事会也已成定局，我国还将推荐一名海洋法专家参加国际海洋法庭法官的竞选。

1992年6月在巴西里约热内卢召开的联合国环境和发展大会通过了《里约环境与发展宣言》、《21世纪议程》和《关于森林问题的原则声明》等重要文件，并开放签署了联合国《气候变化框架公约》和《生物多样性公约》，体现了当今人类社会可持续发展的新思想，反映了关于环境与发展领域合作的全球共识，迎接人类社会面临的共同挑战。为适应和贯彻环发大会的原则，1972年生效的《防止倾倒废物及其他物质污染海洋的公约》(《1972年伦敦公约》)进入了全面修订的新阶段。自1993年起，经过3年，每年两次会议的反复谈判和磋商，终于在1995年第18届公约缔约国协商会议上就公约适用范围、预防原则、可考虑倾倒物质名单以及享受主权豁免船只履约等问题达成了原则一致的意见，草拟了《1996年议定书》(草案)，准备提交1996年缔约国特别会议审议通过。由国家海洋局、外交部和交通部组成的中国代表团出席了历次的会议，并为公约的修改和议定书的制订发挥了积极作用。

我国作为联合国教科文组织政府间海洋学委员会的执行理事国，在“八五”期间进一步加强了与它的合作，积极参与了全球海洋观测系统(GOOS)的建立，并提出了包括日本海、黄海和东中国海在内的东北亚区域监测计划。1990年，政府间海洋学委员会西太平洋地区分委会成立，我国的专家被选为副主席，1994年接任为主席，为推进西太地区合作作出了努力。

南中国海潜在冲突问题研讨会是加拿大资助、南海周边国家参加的学术会议组织。从1990年起每年轮流在印度尼西亚等国举行一次研讨会。我国本着“主权属我，搁置争议，共同开发”的解决南沙问题的基本方针，提出了建立“海洋信息交流中心”等一些积极的方案。1994年春，在杭州还成功地举办了有亚洲11个国家参加的海洋环境科学讨论会，受到境外学者一致好评。

此外，我国还积极参与了亚太经济合作组织(APEC)海洋资源保护工作组工作，并于1995年在北京成功地组织了APEC海洋资源保护工作组第七次会议。1994年，受国际海洋学院(IOI)委托在天津成立了“国际海洋学院中国业务中心”，并在国内举办了多次国际培训班，受到发展中国家学员的好评，扩大了我国的影响。

在积极参与国际海洋事务的同时，“八五”期间我国海洋科技双边合作也有了进一步发展，新签订的有中法(国)、中加(拿大)、中俄(罗斯)、中西(班牙)和中韩(国)

等两国政府间的海洋科技合作议定书或备忘录。

“八五”期间，双边科技合作的大型项目有：“中美海气相互作用研究(TOGA)”、“中美海气相互作用/海气耦合响应试验(TOGA/COARE)”、“中德南海海洋沉积速率合作研究”、“中德南海季风实验”、“中日副热带环流合作调查研究”等。1995年，中韩双方在青岛还建立了“中韩海洋科学共同研究中心”。

“八五”期间，通过联合国驻华机构，引进一些资金，开展了一些合作项目。如国家海洋局和厦门市合作，得到联合国开发计划署(UNDP)和国际海事组织(IMO)批准的“东亚海域海洋污染预防和管理”项目中的厦门示范区项目，到1995年止，到位资金20万美元，是东亚区三个示范区中进度最好的一个，还为越南、印度尼西亚、肯尼亚等11国的学员进行了培训。“黄海大海洋生态系保护行动计划项目”是世界银行将要资助的项目，已完成计划制订，并与韩国合作正式向“世行”UNDP提交了贷款申请。此外，江苏、浙江舟山等为海岸带和海岛资源开发去西班牙、加拿大考察，促进了沿海省区市的对外海洋科技与经济合作。

综上所述，“八五”期间国家的海洋工作取得了可喜的成绩，海洋事业有了新的发展，海洋在国家的经济和社会发展中的地位和作用日益突出。如果说，我国的改革开放为海洋事业带来了蓬勃生机，那么临近世纪之交的大好形势，定将为我国的海洋事业带来腾飞！

21世纪的海洋可持续发展战略

——简介联合国《21世纪议程》、《中国21世纪议程》海洋部分和《中国海洋21世纪议程》

杜碧兰　　韩忠南
(国家海洋局海洋发展战略研究所，北京)

一、21世纪议程的拟定背景和目标

本世纪以来，随着科技进步和社会生产力的极大提高，人类创造了前所未有的物质财富，加速推进了文明发展的进程。与此同时，人口剧增、资源过度消耗、环境污染、生态破坏和南北差距扩大等全球性问题日益突出，严重地阻碍着经济的发展和人民生活质量的提高，继而威胁着全人类的未来生存和发展。在这种严峻形势下，人类不得不重新审视自己在发展社会经济中所走过的历程，从而认识到无节制的消耗大量资源和能源并以损害环境作代价的传统发展模式已不能适应当代和未来发展的要求，必须谋求一条能够促进人口、资源、环境、经济和社会协调发展的道路。为此，联合国于1992年6月在巴西里约热内卢召开了环境与发展大会。会议通过了《里约环境与发展宣言》、《21世纪议程》、《关于森林问题的原则声明》等重要文件，并开放签署了《联合国气候变化框架公约》、《联合国生物多样性公约》。其中的《21世纪议程》，作为保护全球环境和促进社会经济持续发展的新时代的行动纲领，更为世人所瞩目。

《21世纪议程》不但论述了当前存在的紧迫问题，也为下一世纪的挑战作好准备。它的总目标是努力克服贫困、饥饿、病痛、文盲和贫富悬殊现象，改善日趋恶化的生态环境系统，将经济、社会的发展与资源、环境保护相协调，建立促进可持续发展的全球伙伴关系，创造更安全、更繁荣的未来，以满足人们的基本需要并提高他们的生活水平和质量。为了实现这个目标，各国必须制定相应的战略、计划、政策、行动方案和程序，同时也需要提供广泛的国际合作和支持。在这方面，联合国系统可以发挥关键作用，其他国际、区域和次区域组织也应作出贡献。此外，还应该谋求最广泛的公众参与，鼓励非政府组织和其他团体积极参加工作。

中国是发展中国家，要提高社会生产力、增强综合国力和提高人民生活水平，必须把发展经济放在首位，各项工作都要以经济建设为中心。中国人口基数大，人均资源少，经济和科技水平还比较落后，在这样的条件下快速发展经济，必然会承受来自资源和环境方面的压力。走可持续发展的道路，也是中国当前和下一世纪发展的自身需要和必然选择。中国政府只有遵循可持续发展的战略思路，从国家整体的高度上协调各方面的行动，才能达到既保持高速、稳定发展，又保护自然资源和改善生态环境的目标。中国政府为了认真履行在联合国环境与发展大会上所作的承诺，于1994年3月完成并批准了《中国21世纪议程》。它已成为中国制定国民经济和社会发展中长期计划的指导性文件，在所制定的《国民经济和社会发展“九五”计划和2010年远景目标纲要》中得到了具体的体现。

二、　海洋成为21世纪议程的重要领域

无论是联合国《21世纪议程》还是《中国21世纪议程》都把海洋问题作为重要领域进行了探讨，《中国海洋21世纪议程》则比较全面地阐述了中国海洋未来的可持续发展战略目标和行动。

海洋是全球生命支持系统的一个基本组成部分，也是一种有助于实现可持续发展的宝贵财富。海洋对全球

环境的影响非常大,被誉为全球环境的调节器。海洋吸收4/5的太阳能,海洋植物依靠太阳能每年生产360亿t氧,大气中70%的氧来自海洋;海洋是二氧化碳的储存器,它的含量比大气中含量高60倍;海洋每年蒸发淡水44亿km^3,使大气的水分每10~15天完成一次更新;海洋还有较强的净化能力,能分解和清除各种有害物质。海洋中蕴藏的资源,包括空间资源、生物资源、矿产资源和水化学资源,非常丰富,有些物质的储量甚至比陆地还多得很多。从本世纪60年代开始,人类就进入了大规模开发利用海洋的时代。除传统产业(渔业、海运业和盐业)有了较快的发展外,一批新兴产业(海洋油气业、海水养殖业、滨海旅游业、海水综合利用和海洋化学工业等)正在崛起。世界海洋产业的总产值一直在迅速增长,1980年为3 400亿美元,1990年为6 700亿美元,2000年可望超过15 000亿美元。海洋经济已成为世界经济不可忽视的重要组成部分,我们在谈论全球经济、社会可持续发展问题的时候自然在很多方面要涉及到海洋领域。事实上,在全球陆地资源日趋紧张和环境不断恶化的今天,已有越来越多的人把眼光转向海洋。特别是1994年11月16日《联合国海洋法公约》生效后,将有1.3亿km^2的近海(占海洋总面积的35.8%)被沿海国家以200n mile专属经济区和大陆架等形式划为管辖海域,对国际海底矿产资源也将建立国际社会共同管理的制度。世界上多数国家,尤其是沿海国家更加关心海洋资源、环境的开发利用,一个全面认识、开发利用和保护海洋的新世纪即将到来。

现代海洋开发处在迅速展现其巨大经济效益的同时,也带来了一系列的资源与环境问题。目前,近海渔业资源捕捞过度,使海洋生物资源受到了严重的破坏;入海污染物总量不断增加,某些近海水域污染加剧,生态环境日益恶化;开发技术和设备落后,资源利用不尽合理,经济效益不高;地区间经济发展不平衡,人们收入差距越来越大;人口过快地向沿海地区集中,使该地区在资源、环境利用方面的压力更加突出;全球气候变化和社会经济活动增多使海洋灾害出现频率增加。总之,海洋不但对沿海国家经济和社会的发展有重大的影响,而且本身也存在是否可以持续发展的问题,这就是联合国《21世纪议程》和《中国21世纪议程》给海洋以高度重视的原因所在。至于《中国海洋21世纪议程》,它则是《中国21世纪议程》在海洋领域的深化和具体化,对海洋可持续开发利用具有更强的针对性。

三、《中国21世纪议程》海洋部分和《中国海洋21世纪议程》简介

1. 关于《中国21世纪议程》海洋部分

在该议程第14章"自然资源保护与可持续利用"中共设有8个方案领域,其中方案领域F直接讲到海洋资源的可持续开发与保护。而方案领域A"建立基于市场机制与政府宏观调控相结合的自然资源管理体系"和方案领域B"在自然资源管理决策中推行可持续发展影响评价制度"所讨论的内容也与海洋可持续发展问题密切相关。本章特别强调,需要建立一个适应市场经济条件,以综合管理为主、综合管理与部门管理相结合的海洋综合管理体系,以及一套相应的管理法规。在第15章"生物多样性保护"中则提出了一系列涉及海洋生态系统的目标和行动,其中最为关心的是湿地、珊瑚礁、红树林、河口区等生态系统的保护,以及对生物多样性特别是海洋珍稀、濒危动植物的保护。第17章讲的是"防灾减灾",海洋灾害是其中列举的七大类灾害之一。本章共设了3个方案领域:提高对自然灾害的管理水平;加强防灾减灾体系建设,减轻自然灾害损失;减少人为因素诱发、加重的自然灾害。

2. 关于《中国海洋21世纪议程》

本议程共含11章,全面阐述了中国未来海洋可持续发展的问题。这里就其主要内容作一简要介绍。

战略和对策。议程提出总的战略目标是:建设良性循环的海洋生态系统,形成科学合理的海洋开发体系,促进海洋经济持续发展。议程提出的战略原则有:以发展海洋经济为中心,适度快速发展经济,海陆一体化开发,科教兴海,以及各行各业协调发展等。基本对策则是本议程提出的各种行动方案的高度概括。

海洋产业的可持续发展。海洋产业的发展除了受到海洋资源潜势的制约外,还决定于它本身的结构和布局,以及它和海洋环境之间的关系。高效、持续、稳定发展的产业必然伴随着优化的产业结构和科学、合理的产业布局,而且绝不会污染和破坏环境。本议程第二章围绕改善和优化海洋产业结构、合理调整海洋产业布局、开展清洁生产等方面的问题提出了相应的行动方案和目标。

海洋与沿海地区的可持续发展。沿海地区是经济、社会、文化最发达,人口最密集的地区,它的发展在很大程度上依赖于海岸带空间资源、海洋生物资源和海水资源的开发利用。统筹规划海岸带资源的开发利用,是实现沿海地区可持续发展的必由之路。本议程第三章设有3个方案领域,即海洋为沿海地区发展拓展空间,海洋为沿海地区发展提供水资源,以及海洋为沿海地区发展提供食物资源。

海岛可持续发展。中国岛屿众多,面积大于500km^2的岛屿共有6 500多个,其中有人居住的岛屿400多个。海岛是联结陆域国土和海洋国土的海上基地,兼备陆海两类资源。中国海岛资源潜力较大,是发展海洋经济和沿海地区经济的宝贵财富。在海岛开发过程中,必须重视创造优越的硬环境和软环境,特别重要的是创造改革和开放的软环境。为了达到海岛可持续发展的目的,必须加强海岛综合管理;合理、适度地开发海岛资源;同时要重视生态环境的保护;尤其要重视那些在保持生物多样性中能发挥重要作用的岛屿。本议程第四章共设有4个方案领域,这就是:海岛经济开发;海岛资源和环境保护;无人岛屿的管理和保护;海岛基础设施建设和社会发展。

海洋生物资源保护和可持续利用。中国海洋渔场总

面积超过 280 万 km^2，海洋生态系统多种多样，既有典型的红树林、珊瑚礁、河口等生态系统，又有众多的港湾，成为近海生物繁衍、生长的摇篮。中国是世界上的海洋渔业大国之一，海洋捕捞年产量已超过 760 万 t。然而，海洋渔业活动中也存在不少问题，主要表现在近海捕捞过度，渔业资源严重衰退；某些重要的海水养殖区和产卵繁殖场受到污染，种群结构发生变化；某些典型海洋生态系统受到严重破坏，生物多样性减少。为了保证海洋生物资源的可持续利用，必须加强生物物种和生态环境的保护，有计划地建立一批海洋自然保护区，完善海洋生物资源和环境保护法规，加强对资源开发利用的管理，力争恢复与保持海洋生态系处于良好状态。本议程第五章设有 4 个方案领域：200n mile 专属经济区生物资源养护和管理；沿海渔业资源管理；海洋自然保护区和海洋特别保护区建设与管理；海洋生物多样性保护。

科学技术促进海洋可持续利用。海洋的可持续开发利用依赖于科学技术的支撑，正是因为现代科技进步的作用，海洋开发才进入了高速发展的新阶段。科教兴海是海洋可持续发展的巨大推动力量。开展海洋基础科学研究的同时，必须侧重海洋应用科学技术的研究，尤其要大力进行海洋资源调查研究，海洋开发技术和产业化研究，海洋资源、环境保护技术研究，以及海洋开发中的服务和保障技术的研究。第六章设有 4 个方案领域：海洋可持续利用的科学基础；探索新的、可开发的海洋资源；提高海洋开发技术水平；发展海洋服务和保障技术。

海洋环境保护。人类直接或间接把物质和能量引入海洋，有可能造成环境污染，水质下降，生物资源遭受破坏，甚至危及人类健康。随着沿海经济迅速发展和海上活动增多，海洋污染也日趋严重，并最终影响到海洋和沿海经济的持续发展。运用行政、法律、经济和科技手段，防止、减少和控制陆上和海上活动对海洋环境的污染损害，建立、健全海洋环境污染监测、监视系统，恢复和保持海洋环境最佳状态，已成为海洋环保工作的基本任务。第八章共设 5 个方案领域：防止、减轻和控制陆上活动对海洋环境的污染损害；防止、减轻和控制海上活动对海洋环境的污染损害；重点海域的环境整治与恢复；海洋环境污染监测监视能力建设；完善海洋环境保护法律制度。

海洋防灾、减灾。中国海域自然灾害频繁，灾情严重。随着沿海经济迅速发展，人口密度剧增，海洋灾害造成的经济损失也呈急剧上升趋势。防灾、减灾任务很重，这是一项庞大而又复杂的系统工程，只有采取大规模综合措施，才能有效地减轻海洋灾害带来的人员伤亡和经济损失。第九章设有 3 个方案领域：海洋观测系统的建立和完善；海洋预报、警报系统建设；加强海洋防灾、减灾工作。

国际海洋事务。海洋是一个整体，局部海域发生的生态和环境问题往往会影响邻近海域甚至涉及更广的区域和全球；海洋环境广阔而又严酷，开发利用海洋需要大量资金和技术投入，只有依靠国际合作与协调，才能顺利进行。第十章含 7 个方案领域：国际海洋立法；公海生物资源保护和利用；国际海底矿产资源研究与开发；海洋科学研究的国际事务；海洋环境保护的国际事务；极地考察与和平利用；亚太和西太地区性海洋事务合作与交流。

公众参与。海洋资源、环境的开发利用和保护，单靠政府部门的力量是不够的，还必须有广大公众的参与，这包括教育界、传媒界、科技界、企业界及沿海居民的参与，而基层政府在组织公众参与方面则起着特殊的作用。第十一章设有 4 个方案领域：教育界的参与和大众传媒的介入；科技界的参与；海上作业人员和生产劳动者的参与；基层政府的作用。

我国近年海洋经济发展的特点

许启望
（国家海洋信息中心，天津）

1995 年，中国主要海洋产业的总产值达 2 452.57 亿元，增加值为 1 097.46 亿元，占沿海市、县国内生产总值的 6.75%。与 1990 年海洋总产值相比翻了一番多，年平均增长 24%，高于国民经济增长速度。总的看来，近几年海洋经济呈现出良好的发展势头。

一、海洋经济发展特点

1. 生产快速发展，基础设施建设取得新成就

进入 90 年代以来，传统海洋产业持续快速发展。海洋渔业自 1993 年产量突破 1 000 万 t 跃居世界第一之后，1995 年又增加到 1 439.1 万 t。渔业产值达约 1 177 亿元，居各海洋产业之首，年平均增长 21.6%。1995 年沿海主要港口货物吞吐量达 21.6 亿 t，海运货运量达 4.01 亿 t，营业收入 582 亿元，年平均增长 24%。海洋盐业总产值 47.7 亿元，年平均增长 8%。新兴的海洋产业正在迅速崛起。海上石油生产已初具规模，1995 年石油产量达 928 万 t，天然气 3.8 亿 m^3，油气总产值 136.7 亿元，年平均增长 45.27%，是海洋产业中发展最快的一个产业。滨海旅游业 1995 年外汇收入折合人民币 364.8 亿元，年平均增长 29.26%。旅游业收入已成为海洋产业的第二大户。

在生产快速发展的同时，基础设施建设也取得新进

展。沿海港口建设步伐加快，1994年生产性泊位增加到1 056个，其中深水泊位359个，与1990年相比，两者分别增加89个和75个。海运船舶数量也有明显增加，1994年沿海运输船舶达2 505艘，总载重吨位达843.2万t，远洋运输船舶达1 497艘，总载重吨位1 838万t；特别是集装箱运输能力增长迅速，沿海港口已建成42个集装箱泊位，吞吐能力达424TEU，集装箱运输量达434万TEU。为发展远洋渔业，近几年加速了渔船的更新换代和技术改造，1994年远洋渔船比1990年增加了700多艘，总计已达914艘，总功率50万kW，形成一支有一定实力的远洋渔业船队。沿海涉外旅游饭店由1990年的620家增加到1994年的1 794家，接待能力大大增强。

2."科技兴海"是促进海洋经济发展的主要动力

近几年国家提出了"科技兴海"的方针政策，沿海各地掀起"科技兴海"热潮，面向海洋开发主战场，加强了科技研究与开发。科技产业化的进展极大地推动海洋经济的发展。1990～1994年，全国各海洋产业部门和科研机构，共完成重要科技研究与开发项目800多项，其中有70%属于应用和开发研究，一半以上成果获省部级科技奖。约有40%以上的科研成果已在生产中得到应用和推广，创造了更高的经济效益。例如，交通部门在天津、大连等18个沿海主要港口推广应用上海集装箱多式联运系统工业性试验的科技成果，应用计算机实现管理现代化和运输生产作业自动化，引进先进港口设备和大型集装箱船舶，进行港口集装箱装卸机械、集装箱船舶的更新换代等，从而加快了集装箱货物在港口的周转和及时出运，仅此一项估计去年就增加盈利10多亿元。石油部门研制设计的"胜利2号步行式钻井平台"，是一项高新技术，为解决极浅海地区油田勘探开发难题作出重大贡献，1992年获国家十大科技奖。我国研制建造的一艘52 000t储油轮，达到国际先进水平，荣获国家科技进步一等奖。此外，在物探、钻探、测井等方面，采取引进与自主开发研究相结合，取得100多项技术成果，并在海上勘探开发中应用。我国海洋石油生产由1990年的146万t迅速升到1994年的721万t，科技进步是个关键因素。在海洋渔业生产特别是海水养殖方面，针对近年来虾病害严重的局面，加强了病害防治技术研究和技术成果推广应用力度，优化养殖模式等，使对虾养殖生产在经历了两年的大减产之后，1994年开始得到明显的恢复，产量已接近1990年的水平。另一方面，重视捕捞渔业的技术改造，更新和改造渔船，推广使用先进网具和船上制冷技术，装配渔船助渔、导航仪器设备等，使传统渔业生产技术有较大的进步，从而保证渔业生产的持续发展。

3.主要海洋产业的经济效益逐年有新提高

由于目前评价海洋经济效益还缺少规范的评价指标体系及数据，这里仅选择了部分相关的和有可能获得数据的指标进行初步分析，作为评价经济效益的参考。这些评价指标包括：人均产值、全员劳动生产率、人均实现利税以及产品销售率等(见下表)。

统计分析表明，近几年我国的海洋经济效益在总体上逐年提高，各海洋产业的发展速度与效益同步增长。例如，海洋产业的人均产值1990～1993年的平均增长率为24%，海洋产业总产值的平均增长率为18%，两者基本上是同步增长的。在几个主要海洋产业中，经济效益最好的是海洋石油产业，其次是滨海旅游业，海洋交通运输业排位第三，其后是海盐业、海滨采矿业。海洋石油业虽然起步较晚，但进入规模生产后，显示出新兴产业的勃勃生机。它的人均产值和全员劳动生产率处于较高水平，人均实现利税增长幅度较大，产品销售率高，经济效益显著提高。1993年，海洋原油销售收入外汇5.7亿美元，人民币2.5亿元；对外承包服务收入外汇7 000万美元，人民币2.56亿元；向国家上交利税外汇1 900万美元，人民币1.32亿元。滨海旅游业也是80年代发展起来的新兴产业，其人均产值、全员劳动生产率、人均实现利税等指标都较高。特别应该指出，滨海旅游业具有低耗能、高效益的特点，其投入产出比高达1∶4.6，它的发展还带动了相关产业和地区经济发展。同时，滨海旅游业对于改善投资环境，促进对外开放，美化自然环境，推动沿海城市建设等方面都起着不容忽视的作用，因此具有显著的经济、社会、环境综合效益。海洋交通运输业是我国海洋经济的主导产业，近几年经济效益也稳步提高。其人均产值由1990年的2.32万元提高到1993年的3.17万元，在各主要海洋产业中排位由第四位上升到第三位；全员劳动生产率1990年为540.4×10^4 t·km/人，1994年提高到731.2×10^{4}t·km/人，平均每年增长7.9%；但其人均利润有所下降。在海洋渔业方面，尽管对虾养殖连续两年遭受病害袭击产量下降，但总体经济效益仍呈上升趋势。这是因为捕捞业持续发展、水产加工业发展以及市场价格的调节作用。但是应该看到，海洋渔业的发展是属于政策补偿性的，是依靠政策和价格导向，消耗大量生产要素资源，由自然资源维持的，因此海洋渔业生产的投入产出效益仍然较低，其投入产出比为1∶1.5。另外，国有渔业公司经济效益不如群众渔业，前几年亏损企业多。但到1994年深化改革，改善经营管理，企业开始出现扭亏为盈的可喜局面。海盐业近几年经济效益有所下降，其人均产值和全员劳动生产率均呈下降趋势，人均实现利税虽有所增加，但也不高。其主要原因是海盐生产产大于销的状况已持续4个年头，产销失衡，宏观失控，影响了整体经济效益。海滨采矿业由于生产规模小，技术设备落后，在海洋经济中的地位一直不高，近几年生产滑坡。

4.海洋交通运输在整个交通运输结构中的地位显著提高

近几年来，海运货物运输量稳步增长，平均运距不断增长；港口生产保持良好的态势，特别是国际集装箱运输和港口吞吐量、外贸货物吞吐量等持续增加。由于海洋交通运输的快速发展，大大改变了长期以来的落后状况，使得水运业在整个交通运输业中的地位显著提高。1990年交通运输中还是以公路、铁路为主，水运所占比重很小。而到1994年则发生了重大变化，水运货物运输量已超过铁路和公路运输，成为货物运输的主体，促进了交通运输行业内部结构的调整和优化。

海洋经济效益分析表

	人均产值（万元/人）		全员劳动生产率（万元/人）		人均实现利税（万元/人）		产品销售率（%）	
	1990	1993	1990	1994	1990	1994	1990	1994
海洋渔业	1.08	2.51	0.32	0.58		0.18	100	100
海洋交通运输业	2.32	3.17	540.4×10^4 t·km/人	731.2×10^4 t·km/人	0.63	0.60		
海盐业	2.55	1.00	1.45	1.40	0.16	0.33	100	100
海洋石油业	3.79	18.67	6.4	17.4	0.08	0.43	100.4	98.5
滨海旅游业	2.44	4.13	5.5	7.48	0.43	1.04		
海滨采矿业	2.44	3.10						

二、存在的主要问题

1. 海洋产业结构有待进一步优化

改革开放十几年来，我国海洋产业结构发生着积极的变化。但是由于种种原因，迄今传统的海洋产业仍占主导地位。1994年海洋渔业产值占整个海洋产业总产值的一半以上，加上海洋交通运输业和海盐业，三大传统产业的产值占整个海洋产业总产值的71.8%。而新兴的海洋产业仍较弱小，其产值在海洋产业总产值中的比重只占28.2%。按三次产业分类法，1994年我国海洋产业的第一、第二和第三产业的比例为5.8：0.9：3.3。可见第一产业比例过高，第二产业幼稚，第三产业还比较落后。海洋产业结构现状，反映出目前我国海洋经济结构尚未实现现代化，其根本原因还是技术上的差距。因此，要加强产业政策指导，重视发展高新技术产业和加速传统产业的技术改造，逐步推进海洋产业结构的现代化。

2. 少数海洋产业生产状况不佳

主要是海滨采矿业和海运业中的客运量存在明显的滑坡。海滨采矿生产由于生产规模小，技术设备落后，成本高，在市场竞争中处于不利地位，近几年生产不景气，产量产值明显下降。海运客运量也由于条件差、航班少、运期长及管理等原因，不适应快捷、舒适的现代化社会节奏的需求，与铁路、航空等交通工具相比竞争力下降，客源大量减少。另外，我国海洋渔业生产目前仍以群众渔业为主，集约化程度低，是影响渔业经济效益进一步提高的一个大问题。国有渔业企业虽是骨干，但由于管理等种种原因，亏损企业多，1994年虽开始好转，要实现根本的转变仍需继续作出更大的努力。总之，应该进一步深化改革，针对存在的问题，研究适应对策，以改善技术设备和经营管理，恢复其活力。

3. 要重视海洋环境保护和减灾防灾

近几年由于国家加强了对海洋环保的管理，总的看来，海洋环境是在向好的方向发展，但是近海污染问题仍比较严重。1993年沿海地区工业废水直接排入海洋的量仍保持在5.4亿t以上，其中经过处理达标率只有27.9%。另外，近海有些水域水质富营养化现象有逐年增加之势，1993年赤潮发生达19次。另一方面，随着沿海经济发展，海洋灾害也明显加重，1994年仅风暴潮灾害造成的直接经济损失就超过100亿元。因此，在发展海洋经济的同时，必须加大海洋环境保护和防灾减灾工作的力度，以保护海洋环境健康和减轻灾害损失。

试论海岛的可持续发展

钮因义
（国家海洋信息中心，天津）

1996年5月全国人大常委会批准了《联合国海洋法公约》，这标志着14年前我国参加并签署的这个新的海洋法公约和以此建立的新的国际海洋法律制度在我国正式生效了。

1994年3月国务院通过了《中国21世纪人口、资源、环境与发展白皮书》（简称《中国21世纪议程》）。作为对《21世纪议程》承诺和行动纲领，可持续发展战略正式写进了1996年3月人大通过的《中华人民共和国国民经济和社会发展"九五"计划和2010年远景目标纲要》，与科教兴国战略同为国家重大发展战略。可持续发展战略是一项功在当代、利在千秋的事业。

我国是大陆国也是海洋国,《联合国海洋法公约》生效和实施可持续发展战略,对我国海洋事业说,它标志着一个机遇与挑战同在的新时期的开始。实现可持续发展战略,实施海洋可持续发展将是这个时期首要的基本任务。

我国是多海岛国家。海岛与海洋法公约关系更为直接而密切,海岛更能反映海洋的本质和特性。以海岛重点探讨实施海洋可持续发展问题可能更有代表性。

根据《联合国海洋法公约》,我国可以拥有近 300×10^4km^2 的领海和管辖海域,约占全部国土面积的 1/4。通过前不久结束的全国海岛资源调查,基本查明了我国海岛的基本情况。我国有众多的海岛、岛礁和沙洲,分布区域广。岛区跨 38 个纬度,15 个经度。岛屿的分布不均衡而有特色,极大部分海岛集中分布在离大陆海岸 5km 以内近岸海域,只有部分海岛和岛礁成团成簇地分布在远离大陆外海;海岛总数的 89%分布在长江口以南海域,在长江口以北海域的海岛只占总数的 11%;海岛区的气候条件和环境条件南北差异很大,各岛的基本状况也很悬殊,面积大于 $4km^2$ 的海岛只占海岛总数的 0.2%,有常住人口的海岛、有淡水的海岛只占总数的 70%左右。岛区的自然环境和政治环境都比较复杂,自然灾害多,周边国家多。

海岛区位优越,资源多样、丰富,可再生资源多。但是在重陆轻海的思想影响下,海岛经济上的重要性长期被忽视而只强调了它的军事价值,被列为军事禁区。除了少数大岛外,其余的都没有摆上应有的位置,致使经济长期滞后。这种状况,改革开放以来已有改善但未根本改变。海岛能否实施可持续发展,提高认识成了首要的举措。

一、重新认识和评价海岛的地位和作用

海洋和海岛一直被视为是国家安全的天然屏障,国防的前哨。这一看法当然是对的。但是,在新的海洋法律制度下,在《联合国海洋法公约》生效后,认识停留在这个水平上就不够了,认识应有新高度。应该从国家主权、海洋权益高度去认识海岛的重要地位和作用。《联合国海洋法公约》赋予了海岛新的法律地位和功能,海岛成为国家海洋管辖权和海洋权益的标志和象征,它固然是国防前哨,更重要的它是国家主权的象征。它的存在即表示国家主权的存在。有的孤悬外海的弹丸小岛,在此之前可能被认为有它无它无足轻重,而今却不同了。它的存在和归属,可能决定一大片海域管辖权和海洋权益的得失。这就不仅是关系到当代人而关系到后代人的大事了。从这个高度去审视海岛,就能不仅认识海岛的总体而且能认识海岛的个体对国家重要性,也才能不仅从整体上而且从个体上正视海岛发展的必要性作出适应时代要求的抉择。因此,从现在起要在全民中开展深入持久的海洋观宣传教育。从认识论和思想观念上树立起这样的观念:我国全部海岛(包括岛礁、沙洲)及周围海域都是我国主权或管辖权管辖的国土。人人尤其是主管海洋的各级领导、各个行政和企事业单位人员、海洋科技工作者及一切涉海人员,都只有关心、爱护、建设海岛的义务而无损害、破坏海岛的权力。

海岛与海洋一样一直被认为是取之不尽、用之不竭的资源宝库,开始为生存从中取得资源,以后则为了从中获取更多财富,用最简单、快捷的方法,甚至不择手段、不计后果地榨取资源,海洋,特别是海岛已受到了严重威胁。海岛面积有限、资源有限、生态十分脆弱,极易遭受破坏,一旦破坏就很难恢复,这一点,近些年来认识的人越来越多了,开始关心环境生态因无序开发造成的严重后果和海岛的未来了;开始把海岛的发展同未来前景预测结合起来了,在海岛开发中注意到了资源保护的重要性,提出了开发资源与保护资源并举,坚持经济效益、社会效益、生态效益统一,要谋求资源的永续开发利用等方针原则,发展要顾及后代和未来,不能牺牲环境求发展,认识上有了很大提高。

可持续发展是当今世界重大课题,它走的是一条人口、经济、社会、环境和资源相互协调的,既能满足当代人需要,又不对后代人的发展构成威胁的道路。可见可持续发展和持续发展不是一回事,也不能把可持续发展理解为追求持续的高速度增长。资源的永续利用,不能牺牲环境发展,这仅是持续发展的目标而不是可持续发展的目标。持续发展与可持续发展既有联系又有区别。持续发展是就经济而言,而可持续发展就不仅包括经济,而且还包括社会生活的各方面,包括当代人和后代人的需要、国家主权和海洋权益、人口素质、自然资源生态环境与发展结合等基本内容。我国海岛可再生资源多、生态环境尚属良好、有可持续发展的基础。然而海岛的经济、社会还很落后,环境开始遭受到挑战,这个现状只有靠实施海岛可持续发展才能改变。海岛实施可持续发展有需求、有条件、有可能,这是唯一正确的抉择。

二、海岛可持续发展的政策抉择

可持续发展要求实现人口、经济、社会、环境与资源协调共同进步的目标,对海岛来说要在近期初步建立既能满足当代人需要,又不削弱后代人满足其需要的能力发展的海洋第二经济带——海岛经济区(带)。为实现这个目标,需要长期的持久的艰苦努力,政策的抉择极为重要。改革开放以来,为海洋事业的快速、健康发展,从政策方面做过大量工作,提出不少思路,发表了海洋技术政策蓝皮书,从现在来看它们仍有指导作用。对海岛而言,需要按可持续发展的要求 ,结合海岛的特点加以具体化。海洋事业涉及的部门多、行业多、产业门类多,它们之间有工作和利益方面的冲突,敏感点多,在海岛发展中这类问题就更多了。它们只能靠政策来引导和缓解。政策抉择要有正确的思想观念作指导。

海岛可持续发展是以海岛资源、生态的可持续开发利用为基础的。所以必须坚持海岛开发与保护并重,保护优先,保护生态环境优先于保护资源的原则。要用长远观点、全局观点来对待和处理开发与保护之间的矛盾。对近期(当代人)有利而长期(后代人)不利,对局部

有利而对全局不利的事坚决不做；近期（当代人）虽无明显效益，而对可持续发展确属必需的，看准了的事就坚决去做。保证可持续发展有可靠的、牢固的基础。

海岛的情况千差万别，海岛可持续发展必须坚持因岛制宜的指导思想和发展原则。海岛开发是以个岛为基础的。个岛开发要根据其基本属性所划定的功能来进行，有何资源开发何种资源，宜兴什么产业就发展什么产业；发展个岛的支柱产业和优势产业去带动宜在个岛发展的其他产业，形成个岛最佳的产业构成和经济模式，不要去套用其他个岛的产业结构和经济模式。沿海城市发展的成功经验应该借鉴，但海岛发展必须走自己的路。

可持续发展要以经济的可持续发展为前提。个岛开发了，发展了，并不等于可持续发展的目标就能实现。要实现总体目标还必须以个岛的开发为基础，发展连岛、岛群、群岛开发，发展不同规模的经济区，直至形成全海岛经济区，实现可持续发展目标。在推进连岛、岛群、群岛开发时仍然要坚持因岛制宜的原则，经过严密论证，可连则连，顺其自然，不可拔苗助长，急功近利。

海岛经济门类全，各种产业都有各自的产业政策和行业政策。海岛有海岛的特点，在执行行业政策时要考虑海岛的特点。

农业当前还是海岛的支柱产业之一，有的海岛以农业为主，以农为生。海岛耕地有限，凡宜农海岛应合理配置海岛土地利用中的农业用地。海岛农业必须依靠科技改良土壤，改造技术，提高单产；发展主体农业、生态农业，出路在于生物工程化。海岛农业发展关键是转变思想。把思想认识从海岛农业只是为了解决海岛粮食自给自足问题转变到农业是海岛的主要产业上来，从海岛农业只生产初级产品转变到农业生产的种、养、加一条龙上来，从海岛农业只是种植业转变为产业化农业上来。

渔业是海岛的主要支柱产业。渔业要坚持捕养并重、以养为主；发展远洋捕捞，控制近海捕捞，发展立体养殖，工厂化养殖，海岛渔业出路在于农牧化。

工业，海岛工业必须优先发展就近取材、节能节水，无污染工业；积极发展高新技术产业，应用新技术改造传统加工业、修造业。修造业要相对集中，适当控制。加工业要向精细加工转轨，加强海水综合利用、海洋能利用技术的开发、试验、产业化。海岛工业出路在于集体化、电子化、高新技术化。

海岛具有发展第三产业的优越条件，应优先发展海运业、旅游业。旅游业要有岛内交通的支持。港口资源、旅游资源是海岛的优势资源，可以永续利用但必须善为保护。港口资源开发利用要经科学论证、严格审批，防止大港小用、优港劣用。严格禁止采沙毁林等有悖于可持续发展要求的行为。

我国海岛地理位置重要，区位十分优越。区位优势是一种无形的资源，应该给予充分珍惜，加以充分开发利用。

海岛可持续发展在实施过程中，应坚持对外开放政策，增加开放海岛，扩大开放程度，制定优惠政策；同时，始终要处理好近期（当代）利益和长期（后代）利益关系，经济核算与资源存量的关系；物质文明与精神文明的关系，可持续发展战略与科教兴国的关系，要妥善协调行政管理、行业管理、综合管理三者关系。

三、强化海洋管理

要使海岛可持续发展能顺利有效地运作，必须不断加强管理。从综合管理而言，当前要加强几个方面工作。

1. 加强宣传教育。宣传《联合国海洋法公约》、可持续发展战略，宣传与海岛有关的全国性法规如土地法、教育法、环境保护法等，普及海洋知识，增强全民海洋意识、海洋国土意识、海岛意识、海洋法制意识等。

2. 编绘海岛分布形势图，编制海岛功能区划和海岛可持续发展规划，建议并参与海岛名称和海岛行政区划审定工作。

3. 加强海岛管理。建议设立中央、地方两级海洋（海岛）协调委员会（组）非常设机构，在国家、省市海洋综合管理部门设海岛专管人员，加强海岛综合管理功能和协调功能，设立海岛专业委员会，推动海岛研究学术活动。

4. 加强海岛立法工作。包括海岛法规的研讨、起草和执法工作。海岛综合管理方面的法规，要结合海岛的特点，但不能有悖于有关资源、环保、人口、教育、产业等方面的全国性法规。

5. 加强海岛发展必需的基本设施建设，开发和兴建一些连岛连陆海堤、桥梁、隧道、电厂、蓄储水工程等骨干工程，增强海岛的综合实力。引进和开发农业、渔业等方面的高新技术和实用技术。

向海洋高技术进军　迎接海洋世纪到来

李允武
（国家海洋局海洋技术研究所，天津）

一、吹响向海洋高技术进军的号角

1995年对于中国海洋界是个重要的里程碑。在人大通过的《中华人民共和国国民经济和社会发展“九五”计划和2010年远景目标纲要》中，第一次把海洋技术列入高技术研究开发范畴。相应地在《科技发展“九五”计划和到2010年长期规划》中，含有海洋高技术及其产业化工程，提出要“利用海洋高技术，开展维护海洋权益和公益服务技术研究，加强海洋资源开发利用技术和海洋环境监测技术研究”。《中国海洋21世纪议程》论述了我国的海洋观：“21世纪将是人类全面认识海洋、开发海洋和保护海洋的新世纪。海洋对于人类生存和发展所产生的重大作用愈来愈突出，尤其是海洋对全球环境的影响和海洋在全世界经济发展中的地位和作用日益受到重视”。

国家科委组织与海洋有关各部门和专家经过长期慎重论证，1993年起草了“关于我国海洋高技术研究开发的建议”，建议将海洋技术列入“863计划”。选择的目标是“大力发展为海洋国土调查和专属经济区划界及海洋油气资源开发所需的关键高技术，适当发展减轻海洋灾害及海洋生物资源开发所需的关键高技术，力争总体上在本世纪末达到90年代中期世界先进水平，并将主要技术成果应用于海洋产业和相关产业”。确定2个主题和9个专题：主题1为海洋探测技术，包括海底地形地貌测绘技术、三维地震成像技术、海洋环境监测技术等3个专题；主题2为海洋资源开发技术，包括数控成像测井技术、水下多相流油气开采技术、海洋边际油气资源开采技术、海洋生物优良品种开发技术、深海工作站和深潜器技术、极浅海油气资源开发技术等6个专题。1994年内，由各有关部门分别组织各专题进行方案论证。此建议经国务院批准。

1995年，科委组织海洋高技术专项启动，优先启动了3个专题，其内容是海域地形、地貌、地质构造探测技术，海洋石油地球物理测井成像技术，海水养殖动物细胞工程育种技术。在海洋高技术研究开发的“九五”计划中，还准备设置海洋环境要素监测技术、海洋边际油气资源开发技术和水下多相流油气开采技术等3个专题，对海洋生物方面，安排虾、贝三倍体培育技术的中试，转基因真鲷牙鲆苗种的培育和安全养殖，海洋生物活性物质的研究与应用开发两项研究。还计划建立各专题的工程技术研究中心，作为高技术研究开发基地。

在“九五”国家科技攻关计划中，列入了3个项目：(1)海岸带资源环境利用关键技术研究：包括污染监测预测及防治、养殖容量与优化模式、动力环境及其灾害预测、综合管理技术和信息系统。(2)海水资源综合利用关键技术研究：包括海水直接利用、节能型海水淡化、海水化学资源利用、海藻提碘。(3)海洋可再生能源发电：振荡水柱和摆式波浪发电、潮流发电。

国家还组织“科技兴海”计划。一些省，如山东，还执行建设海上山东计划。

这样，从高技术、科技攻关和科技兴海三个层次向海洋技术进军，将使我国海洋技术以前所未有的规模和速度发展，成为海洋产业发展的技术支撑。

二、海洋技术及其产业化概况

我国海洋产业的总产值增长很快。以当年价计算，1980年为80亿元，占全国国内总产值的1.8%；1990年为444亿元；1993年为979亿元，占总产值的3.2%；1994年为1 485亿元；1995年增加到2 290亿元。据典型地区调查，科技进步因素在产值增长中所占比重为40%。从产业结构看，仍没有摆脱以传统产业为主的状态，第一、第三产业所占比重远大于第二产业。以1994年为例，水产业以857亿元的产值稳居第一，旅游业322亿元，交通运输业172亿元，其次才是油气业97亿元，盐业36亿元，砂矿0.5亿元。与世界海洋产业相比，还不足其5%，结构大不相同，油气与水产业的地位恰好与国外相反。几个主要方面的技术发展概况及其产业化的情况各有特点，大致如下：

1. 海洋环境观测服务

我国现有海洋环境观测手段与我们参加的GOOS计划要求还有相当大的差距。经过两次全国海洋仪器会战，物理海洋要素观测仪器和海上采样工具都曾研制出来。但近年来因缺乏科研经费支持，市场又被外国垄断，越来越落后于世界水平。现场观测用的化学、生物要素仪器更是薄弱环节。80年代用引进的英国数据浮标与自行研制的浮标形成由十余个站构成的近海观测网，不久大部损坏，只剩下3个。单参数漂流浮标刚研制出来。岸边、岛屿观测站网中自动化站只占其5%。我国自己的海洋水色卫星尚在筹备发射，现在只能接收国外卫星资料开展海洋应用工作，为海洋预报和渔场速报提供资料。GPS定位系统已在海洋界普遍使用。海洋观测数据已开始借助ARGOS卫星传输。已用引进和国产的微波、光学仪器从飞机上观测海冰、渔场温盐，监视海面污染和侵权行为。声学探测技术发展比较迅速，测深仪、海底地层剖面仪、侧扫声呐、图像声呐、声学多普勒海流剖面仪、水下定位系统、水下通讯系统的技术水平与国外相比还有一定特色。水下机械人已成功地用在大洋锰结核调查和近海工程、水利工程中。

我国的海洋信息系统和海洋预报系统已初具规模，开发了适合我国情况的海洋预报模式，信息系统已成为世界三大中心之一，已具备了进行国内外信息和预报服务的能力。但因观测手段落后，观测数据严重缺乏，影响了两个系统的有效工作。因此近海工程和海岸工程的前期都要业主自己做局部海域的调查，运行时自己观测必要的环境资料。这些高技术市场多为国外技术咨询公司占领，国家海洋局、中国科学院的一些海洋研究所和天津海岸带开发公司凭借技术实力能夺得一部分市场。而仪器设备几乎全都是进口的，据1995年不完全统计，美国产品进口超过1 000万美元，而国内海洋仪器的合同额折合成美元还不足20万！

海洋观测服务的环境效益显而易见，是海洋工程的支撑技术，本身也能形成有相当大产值的高技术产业。

2. 海洋生物技术及水产业

在海洋捕捞业中，研究近海对虾、中上层鱼类资源评估和可持续利用，配合渔政管理，实行休渔制，使已枯竭的带鱼等资源有所恢复。开辟了非洲、白令海等远洋渔业。

围绕培育高产、优质、抗病的鱼虾贝藻新品种开展研究。在国际上首次将螺旋藻中分离的藻胆蛋白基因转入海带和紫菜；培育了裙带菜单克隆无性繁殖系；应用酶解紫菜单细胞技术于生产采苗。在海洋动物方面，完成了皱纹盘鲍、牡蛎的多倍体诱导；培育了三倍体中国对虾；利用DNA重组技术将带有AFP启动子的鲑鱼生长激素转入牙鲆受精卵，培育出转基因牙鲆；用鱼的生长激素转入细菌生产饲料添加剂等。针对养殖中出现的病害，研究生态养殖、抗病抗逆的品种、鱼虾病的防治等，都已取得一些成果，并在生产中推广。已开发出一批有抗肿瘤、降血压作用的活性物质，藻酸双酯钠、降脂抗栓药甘糖脂、免疫增强药海力特等已批量生产。还开发了用甲壳素制造人工皮肤的技术。

我国海洋水产产量1995年已达1 443万t，居世界第一。养殖发展迅速，产量已有417万t。但技术含量不高，近海捕捞过度，养殖业单产低，病害和污染造成的赤潮使生产不稳定，深加工、保鲜仍是薄弱环节。

3.海洋石油业

自1982年起，走了改革开放、对外合作的道路。通过引进、消化国外先进技术，以及国内地质勘探、石油工程科技攻关，使高技术与生产结合，科技水平紧跟国际水平。形成了含油气盆地资源评价和勘探目标评价，海上地震采集、处理、解释，水平井、大斜度井及复杂地层钻井，海上油气田完井及延长测试，油气田数值模拟和油藏评价，复杂油气田开采，油气田工程设计、建造和安装，海上油气管铺设，环境条件调查及预报等10大配套技术；以及寻找复杂地质条件下大中构造油气田，自营开发海上油气田，专业技术服务承包海上作业，开拓海外石油资源等4大能力。利用外资45亿美元，从工程中承包获得收入14亿美元，现有资产总值168亿元。形成合作与自营并举的局面，现掌握地质储量油12亿t、气1 800亿m^3，12个油气田投产，6个正在建设，有1 000万t油和40亿m^3气的年产能力，劳动生产率12万元/人·年。我国油气业还没有形成海洋主导产业。近海地质复杂，需要开发适合这种条件的边际油田和极浅海油田钻采技术。

4.海水资源利用

传统的盐业产量居世界第一，海盐年产2 100万t。除了机械化集盐、塑膜苫盖外，采用的新技术不多。综合利用苦卤制钾、溴、镁的规模不大。

海水直接利用于工业，主要是作为冷却水用于火电厂及核电站，年计70多亿m^3。闪蒸、反渗透、电渗析、超滤、微滤等海水淡化技术均已取得成果，形成了亿元规模的产业。成本仍偏高，限制了它的推广使用。

5.大洋矿产

我国已在国际海底局登记了太平洋C—C区矿区，1995年又派船进行了调查。

6.海洋可再生能源发电

江厦潮汐电站继续运行。通过科技攻关，研建了振荡水柱式、摆式两种波浪实验电站，容量尚小。

由此可见我国海洋技术发展不平衡，而技术成果的推广和产业化困难是通病。

三、对我国海洋高技术和海洋产业发展的建议

中国高技术产业化研究会海洋分会组织专家研讨，从专家提出的真知灼见中归纳出以下建议：

1.要把海洋观念提到足够的高度

现在我国各级领导已经认识到海洋的重要性，但还远远不够。国家领导人全都亲自参加全国环境大会，环境观念已成为国策。而海洋是影响环境的最活跃的因素，海洋产业在国民经济中将举足轻重。海洋观念也应提到与环境观念一样的高度。建议配合联合国国际海洋年，召开全国海洋大会，国家领导人在会上阐明海洋观，使举国上下把建设300万km^2海洋国土的大事落到实处。

2.调整优化海洋产业结构

以高技术改造传统产业，形成新兴产业。重点发展油气、水产、交通、旅游，积极发展观测服务、海洋药物、海水资源利用，努力开展海底采矿、海洋能利用，提高第二产业在海洋产业中的比重。在各种产业中也要加大技术含量较高的部分，注意深加工。

在这一工作中，要加强国家的宏观管理，编制发展计划，制订产业政策，配置科技和经济力量，建立示范区，引导各地的科技兴海活动，还需要采取措施保护民族工业。

3.通过高技术产业化发展海洋产业

海洋产业的效益应从经济、社会、环境效益三者综合考虑。海洋产业是高投入、高风险，也是高收益的产业，需要高技术的支撑。可以借鉴美、日建立“官、产、研”三位一体机制的办法，把研究、开发、生产、销售、服务衔接起来，成为一条龙。建立动态联盟，成立非营利性的公司，共同出资，共担风险，从形成的新产品中取得收益。有了受益的主体和高科技产业化的实体，才能使海洋高科技产业化落到实处。

4.贯彻可持续发展的战略

发展海洋产业，必须避免对资源的破坏和对环境的污染。如保护渔业资源，注意养殖业中的生态问题，治理溢油，控制陆源污水及废物。对海岸带和海域的使用要科学规划与管理，适合办什么就办什么，不能“群龙闹海”。

向海洋高技术进军的号角已经吹响，开始出现科技兴海的形势。一个海洋产业大发展的新世纪一定会到来。

1993～1995年 大 事 记
Chronicle of Events

1993年

1月13日 国家海洋局在北京举行新闻发布会，国家海洋局副局长陈炳鑫向新闻界通报海洋综合管理和公益服务业绩。

1月22日 中共中央政治局常委、国务院副总理朱镕基视察舟山，并强调要加快开发海洋。

1月25～29日 在曼谷召开的联合国教科文组织政府间海洋学委员会西太平洋分委会第二次会议上，国家海洋局第二海洋研究所教授苏纪兰当选为该分委会主席。

1月 国家海洋局在北京主持召开“黄海大海洋生态系保护行动计划”中外专家咨询会议。这次行动计划是全球环境基金——“船舶废弃物处理项目”的一部分。

2月23日 在巴黎举行的联合国政府间海洋学委员会第十七次大会上，国家海洋局第二海洋研究所教授苏纪兰当选为海委会第四副主席。

2月 中国首家省级海洋高新技术园区落户天津，塘沽海洋高新技术园区启动建设。

3月1日 在《中华人民共和国海洋环境保护法》颁布10周年之际，国务委员宋健在中南海就海洋环境保护问题接受记者采访。

3月 国务院总理李鹏签署国务院第109号令，正式发布《中华人民共和国船舶和海上设施检验条例》。

3月 全国政协委员、国家海洋局局长严宏谟在政协会上呼吁“加强海洋开发利用和综合管理”。

4月13日 在湛江港附近海域“湛游188”号个体旅游船发生特大海难事故，37人死亡。

4月 中国最大的海上油田——南海流花11－1油田投入总体开发。

4月 国家海洋局第一海洋研究所教授吴宝玲被世界权威刊物“海洋生态进展杂志”编委会聘为顾问后，又被联合国生态学研究所聘请为生态学部委员。

5月2日 执行中国大洋矿产资源研究开发协会DY85－2航次开辟区勘探任务的国家海洋局东海分局“向阳红16”号科学考察船，于凌晨5时05分在东海海域被塞浦路斯籍货轮“银角”号撞沉，共有3人在这次事故中遇难。

5月23～25日 中国造船工程学会第五次全国会员代表大会在北京召开，会上选举产生了中国造船工程学会第五届理事会。中央军委副主席、中国造船工程学会名誉理事长刘华清接见了会议代表。

5月31日 《国家海域使用管理暂行规定》颁布施行。

5月 国务院副总理邹家华视察中国海洋石油南海西部公司并发表重要讲话。

5月 海军海洋测绘研究所建成世界最大的海洋重力数据库，其数据量达1 800万个。

6月14～17日 太平洋海洋科学技术大会(PACON)93’中国研讨会在北京召开，中、外科学家和学者200余人参加会议。

6月21日 国务院副总理姜春云视察青岛海洋大学。

6月 由中国减灾十年委员会、民政部、联合国开发计划署主办，国家海洋局等11个部委局协办的中国灾害管理国际会议在北京召开，国家主席江泽民为大会发来贺信，国务委员、中国国际减灾十年委员会主任罗干出席会议并讲话。

6月 沿海水产养殖发生大面积“虾瘟”，损失惨重。

7月14日 1993年全国海洋局长会议在丹东举行。国家科委副主任邓楠出席并讲话，国家海洋局局长严宏谟作了《全面推进海洋工作，促进海洋经济发展》的报告。

8月2日～9月4日 中国远洋运输总公司“银河”号货轮在驶往海湾国家途中遭美国军舰无理刁难，耽误船期33天，中国对此提出强烈抗议并要求赔偿。

8月3日 根据《中华人民共和国渔业法》和《中华人民共和国渔业法实施细则》的有关规定，农业部发布了《浮拖作业渔船管理暂行办法》。

8月5日 广州海洋渔业公司“穗渔116”号等7艘渔轮在中国领海范围内的南沙渔场进行捕捞作业时被马来西亚武装劫持。

8月7日 天津市人民政府第7号令发布了“天津市防止拆船污染环境管理实施办法”。该规章是天津市第一个海洋环境保护地方性专项行政规章。

8月20日 中国自行设计建造吨位最大的15万t散货船“萨马琳达”号在大连建成下水。国务院副总理李岚清发了贺电。

9月17日 《中华人民共和国水生野生动物保护实施条例》经国务院批准施行。

9月19日 中国海洋石油南海西部公司自营的北部湾涠洲11－4油田建成投产。油田高峰年产油60万t。

9月26日 中国海洋石油渤海公司自营的辽东湾绥中36－1油田生产试验区部分投产，国务院副总理邹家华参加了投产仪式。油田首批投产井5口，日产原油700多吨。

9月28日 国家海洋局授予广西壮族自治区海洋开发保护管理委员会办公室海洋监察管理权仪式在南宁举行。

9月 大港油田张巨河人工岛开钻，这是中国第一座人工岛。

10月3日 钱塘江观潮发生特大惨案，数百人被潮水卷入江中，50人死亡。

10月8日 由中国海洋石油南海东部公司和日本新南海、新华南、日矿珠江口石油开发株式会社组成的JHN石油作业集团，合作开发的南海珠江口陆丰13－1油田正式建成投产。油田建设采油平台一座，有10万t浮式生产储油轮和油轮内单点系泊装置一套，高峰年产量100万t。

10月25～29日 农业部在湛江召开全国对虾养殖工作会议。

10月 农业部水产司召开全国对虾养殖工作会议。会议总结交流了近年来发展对虾养殖生产和防治病害的经验、教训，认真分析对虾养殖面临的形势，并就今后生产持续发展的政策、技术管理措施进行了讨论。

11月5日 由中国大洋矿产资源研究开发协会和国际海洋学院联合举办的首期为国际海底管理局培训政策、管理和项目规划人员的国际深海采矿管理培训班在京举行结业典礼。国务委员宋健在人民大会堂会见了培训班班主任、坦桑尼亚前总理瓦里奥巴先生和国际海洋学院主席鲍基斯女士，并接见了培训班全体学员及部分教员。

11月30日 由国家海洋局、中国海洋学会和中国大洋矿产资源开发协会联合在上海举办“中国国际海洋开发技术设备展览会”。

11月 全国海上救助专用通信网正式建成联网。

11月 《海洋环境预报与海洋灾害预报警报发布管理规定》颁布实施。

11月 联合国开发计划署在厦门召开“东亚海域海洋污染预防和管理项目第一次政府间协调会”。联合国开发计划署、联合国环境规划署、国际海事组织等6个国际组织，东亚海域10个国家代表及中国国家海洋局等部门的代表出席了会议。中国厦门湾在会议上被选为该管理项目的示范区

12月10日 中国海洋石油总公司与壳牌勘探、派克顿公司在北京签订了东海26/19区块石油合同，面积3 700km²。

12月 1993年上海港货物年吞吐量达1.76亿t，进出口上海港的国际航行船舶超过1万艘次。上海港荣升世界第三大港地位。

1994年

1月5～8日 全国农业工作会议在北京召开，会议确定中国渔业近期发展的方针是：“快速发展养殖，稳定近海捕捞，积极扩大远洋，狠抓流通加工”。

1月10日 中国海洋石油总公司副总经理陈炳骞首次在北京接待台湾中国石油公司为主体的“台湾中国技术服务社”大陆访问团。这是海峡两岸石油公司经过44年隔绝后的一次接触。

1月12日 国家海洋局发布海洋行业标准部门检定规程公告(第五号)。

2月4日 东海近海部分海域石油勘探国际招标结束，中国海洋石油总公司共与7个国家15家公司组成的9个投标集团，签订18个石油合同和物探协议，占招标区块的90%，中标面积为64 246km²。

2月19日 中国海洋石油总公司主办的《中国海洋石油报》，经国家新闻出版署批准，正式创刊。

2月22日 北京海事卫星地面站通过工程验收。

2月24～26日 首届“大洋地质勘查与研究成果交流会”在北京召开。

2月 中国政府正式接受《1972伦敦公约》缔约国1993年第16次协商会议通过的《关于禁止海上处置低放射性物质和其它放射性废物的决议》、《关于逐步停止工业废物海上处置的决议》和《关于海上焚烧的决议》等三项决议，国家海洋局副局长杨文鹤就此接受新闻记者采访。

3月8～10日 由中国农业部水产司与美国阿拉斯加大学联合举办的“第三届环太平洋渔业会议”在北京召开。出席会议的有中国、美国等11个国家和组织。会议期间，中国代表团分别与美国、俄罗斯、越南、加拿大4国代表举行了双边会议。

3月28～29日 中、日渔业联合委员会第18次会议在北京举行。

4月7～8日 全国海岛可再生能源开发学术研讨会暨第五届海洋能源利用研讨会在广东省南澳岛召开。

4月22日至5月8日 国务委员陈俊生率中国政府农业代表团出访摩洛哥和毛里塔尼亚，重点考查了西非远洋渔业情况，对中国远洋渔业的发展作了6点指示。

4月 中国船级社获得国际船级社协会颁发的《质量体系合格证书》。这标志着中国船级社质量体系已同国际通告标准接轨。

5月5日 在由卫生部召开的卫生新技术项目推广会上，青岛海洋大学楼宝城教授发明的“海肤康皮膜”获推广证书，该产品质量达到国际水平。

5月5日 中国海洋石油总公司购买美国阿科公司在印尼马六甲海峡合同区32.58%的石油产品分成合同权益，在美国洛杉矶签字。这是中国海洋石油总公司开拓国际市场，投资海外的第一个项目，也是该油田合同的最大股权者。

5月8～11日 “’94中国国际渔业展览会”在深圳国际渔业展览中心举行。

5月28日 交通部正式批准开通北海至越南海防、鸿基两市的海上客运航线。

5月 《中国21世纪议程》第一批60个优先项目首先滚动实施，“中国自然资源与环境动态监测网络建设与研究”、“海岸带城市化及其环境遥感监测”、“生物多样性监测网络建设”、“海上溢油防治”等与海洋有关的项目榜上有名。

6月8～10日 中、韩两国政府间渔业专家第二轮会谈在北京举行。中韩双方就渔业协定、渔船海上事故处理、渔船紧急避难、黄海捕鱼秩序以及其他共同关心

的问题进行了会谈，签署了《会谈纪要》。

6月13～14日 在北京国际会议中心召开的"中国生物多样性保护行动计划"发布大会上，国务委员、国务院环境保护委员会主任宋健宣布，"中国生物多样性保护行动计划"已经国务院环境保护委员会正式批准发布。

6月20日 在1994年南极"仲冬节"来临之际，国家主席江泽民致电慰问各国南极考察站和考察队员。

6月27日 受国际藻类学会及其第五届学术大会国际组委会(IOC)的委托，国际藻类学术大会在青岛召开。来自36个国家和地区的460余名专家、学者参加了会议。

6月28日 国务院批准"农业部职能设置，内设机构和人员编制方案"，决定原农业部水产司与渔政渔港监督管理局合并，设立渔业局，对外保留中华人民共和国渔政渔港监督管理局的牌子。

6月29～30日 "全国虾病综合防治工作会议"在大连市召开。会议交流了全国各地对虾养殖生产及病害防治情况，研究探讨了对虾病害中、后期防治以及尽快恢复和发展对虾养殖业的有关措施。

6月 中国工程院宣告成立，丁德文等海洋科学家被聘为首批院士。

7月6日 经农业部和民政部批准，中国渔船船东互保协会正式成立。其宗旨是通过组织渔船船东参加相互保险，共同承担在生产过程中发生的意外风险所造成的财产损失，并向会员提供安全保障服务，增强会员的防灾抗灾能力，维护会员的合法权益，保障渔业生产的顺利进行。

7月15日 国务委员陈俊生主持会议研究中国远洋渔业发展问题。决定了有关扶持远洋渔业的方针政策和相关部门的工作分工。外交部、国家计委、财政部、农业部、外经贸部、税务总局、海关总署以及国务院研究室等部门的负责同志参加了会议。

7月18～21日 中、俄渔业部长会谈在北京举行。农业部张延喜副部长和俄罗斯渔委会副主席鲁特尼科夫就中国渔船在鄂霍茨克公海捕鱼等问题进行了磋商。

7月22日 国家海洋局隆重举行建局30周年纪念大会，国家主席江泽民、国务院总理李鹏、中央军委副主席刘华清分别题词祝贺，江泽民的题词是"振兴海洋，繁荣经济"；李鹏的题词是"管好用好海洋，振兴沿海经济"；刘华清的题词是"探索海洋奥秘，发展蓝色产业"。

7月27～29日 第48届联合国大会在纽约审议通过了《关于执行1982年12月10日〈联合国海洋法公约〉第11部分的决议和协定》。中国常驻联合国首席代表李肇星大使代表中国政府签署了上述协定。

7月 国家主席江泽民、国务院总理李鹏、全国人大常委会委员长乔石、中央军委副主席刘华清等领导同志分别为甲午战争博物馆和甲午战争一百周年题词。江泽民为博物馆题写了馆名：中国甲午战争博物馆；李鹏的题词是：以史为鉴；乔石的题词是：铭记历史教训，加强四化建设，使祖国巍然屹立于东方，成为和平和稳定的坚实支柱；刘华清的题词是：甲午志士不朽，捍疆卫国光荣。

8月16日 "东北亚海洋监测网专家磋商会"在北京召开，来自日本、韩国、泰国、挪威和中国等6个国家的专家出席了会议。

8月18日 中国常驻联合国代表李肇星大使在联合国总部对《1993年船舶优先权和抵押权国际公约》作了"有待批准"的签署。

8月23日 农业部在广州召开"南太平洋金枪鱼渔业协调会议"。沿海有关省、自治区、直辖市、计划单列市渔业行政主管部门和中国水产总公司以及各主要远洋渔业公司的负责同志参加了会议。会议就促进中国南太平洋金枪鱼渔业持续、健康发展问题进行了研究。

8月26日 外经贸部、农业部联合召开部长办公会议，外经贸部部长吴仪、农业部部长刘江出席了会议，会议专题研究了加强合作、促进远洋渔业发展的问题。

8月 中国第一所海洋生命学院在青岛海洋大学诞生。

8月 河北省沧州市海岸带资源性资产产权登记试点工作取得成功，通过了由国家资产管理局、国家海洋局组织的验收。这标志着中国海岸带资源进入资产化管理的开始。

9月6日 国家海洋局局长严宏谟、副局长杨文鹤在北京会见新西兰政府科技代表团。

9月6日 为纪念中国南极考察10周年和邓小平同志"为人类和平利用南极做出贡献"题词10周年，国家海洋局举办了"中国南极考察首次好新闻评选活动"颁奖大会。全国人大常委会副委员长倪志福，国务委员、国家科委主任宋健等有关领导出席并讲话。

9月6日 国际航行学会第8届大会在北京召开，国务院副总理邹家华为大会发了贺信。

9月27日 《中国海洋报》创刊5周年，国务委员、国家科委主任宋健题词：推动海洋事业的旗手，连接涉海产业的桥梁。

9月30日 根据中日双方签署的《渤中28－1油田停产协议书》，渤海渤中28－1油田终止生产。该油田于1989年6月投产，共有生产井7口，至停产时累计生产原油76万t。停产后油田所有设施归中方，由中方一次性向日方支付补偿费。

9月 中国首家专门业务交易市场——上海远东船务交易市场开业。

10月1日 由国家海洋局组织编制的《海滨观测规范》国家标准(编号：GB/T14914－94)经国家标准技术监督局批准发布实施。

10月1日 由国家海洋局和总参谋部通信部共同制定的《中国人民解放军〈铺设海底电缆管道管理规定〉实施办法》施行。

10月11～14日 联合国水科学和渔业情报系统(ASFIS)的水科学和渔业文摘(ASFA)咨询委员会第23届年会在天津国家海洋信息中心(即ASFIS中国国家中心)召开。来自4个国际组织、8个国家的26名代表参加了首次在发展中国家举行的这次ASFA咨询委员会会议。国家海洋局副局长杨文鹤会见了代表并讲话。

10月13日 根据国家海洋局与国际海洋学院签署的关于设立国际海洋学院中国业务中心的谅解备忘录，国际海洋学院中国业务中心在天津国家海洋信息中心正式成立。出席成立大会的有国家海洋局副局长杨文鹤、天津市副市长李慧芬、国际海洋学院院长鲍基斯教授、国际海洋学院执行主席塞哥尔博士、国际海洋学院中国业务中心主任侯文峰。

10月14日 国务院总理李鹏、国家军委副主席刘华清视察海军大连舰艇学院。李鹏为大连舰艇学院45周年华诞题词：实现海军现代化，保卫祖国海防。

10月16日 国务院以国函[1994]111号文批复农业部、公安部、交通部、国家工商行政管理局、海关总署等部门联合发出的《关于清理、取缔“三无”船舶的通告》。农业部11月8日下发了《关于实施清理、取缔“三无”船舶通告有关事项的通知》。要求沿海各级渔业行政主管部门实施对无船名、船号、船舶证书、船籍港的“三无”渔业船舶进行清理、取缔，并将其管理工作纳入法制轨道。

10月18～20日 国家海洋局在福建省福鼎县主持召开“九五”海洋能利用技术发展计划研讨会。出席会议的有中央和地方政府的有关部门、高等院校、科研和设计院。

10月19日 国家科委、国家海洋局联合召开的首次“全国科技兴海经验交流会”在山东潍坊市举行。

10月25日 青岛海洋大学庆祝建校70周年，国务院总理李鹏、全国人大常委会委员长乔石、国务院副总理李岚清、姜春云、国务委员宋健题词祝贺。

· 10月26日 海洋环境监测工作开展15周年暨全国海洋监测网成立10周年纪念大会在张家界举行。

10月28日 中国第11次南极考察队随“雪龙”号启程。

10月 由中国海商法协会主办、上海海运学院承办的“’94国际海商法研讨会”在上海举行。

10月 中外合作开发的中国海上目前最大的天然气田——南海莺歌海盆地的崖13－1气田打成了第一口生产井，经测试，该井日产天然气226万 m^3，凝析油60桶，属高产天然气井。定于1996年元月1日正式投产，年产能力达34.5亿 m^3，其中27亿 m^3 供应海南省，保证稳产20年。

11月5～7日 农业部渔业局在辽宁省大连市召开了“全国国有海洋捕捞企业改革座谈会”。

11月16日 《联合国海洋法公约》正式生效，该公约涉及到海洋的所有方面和问题，其内容包括领海、海峡、群岛国、专属经济区、大陆架、公海、国际海底、保护海洋环境、海洋科研、技术转让、解决争端等17个部分，320条连同9个附件约25万字，是迄今为止的最广泛、最全面的管理海洋的国际公约。

11月16～17日 国际海底管理局第一届大会第一期会议在牙买加首都金斯敦召开，隆重庆祝《联合国海洋法公约》生效，庆祝国际海底管理局成立。联合国秘书长加利致开幕词。以外交部部长助理秦华孙为团长，国家海洋局副局长陈炳鑫、外交部条法司司长许光建为副团长的中国政府代表团出席了会议。

11月18日 位于南海珠江口15/22区块，由美国菲利普斯公司为作业者的西江24—3油田建成投产。高峰年产量130万t。

11月 中国海洋石油南海西部公司在南海北部湾盆地钻获一口高产油气井，日产天然气100 665m^3，原油1 221m^3。该井命名为涠12－1－2井。

11月 中国第一台无缆水下机器人“探索号”在西沙群岛附近海域成功下潜到水下1 000m深处，成为中国到达深海的先驱者。

12月6～8日 由国家海洋局编制的《海洋科学技术发展“九五”计划和2010年长远规划》专家座谈会在天津召开。国家科委、中科院、国家海洋局、国家教委、地矿部等部门26个单位的近50名院士、教授和专家出席了会议。

12月10日 中共中央总书记江泽民视察了中国海洋石油渤海公司。

12月10～15日 “’94全国水产加工展示交易会”在北京民族文化宫举行。国务院总理李鹏和中央书记处书纪温家宝、国务委员陈俊生为大会题词。参加本次展示交易会的有21个省、自治区、直辖市渔业部门，部属院校、中国水产总公司以及加拿大渔业投资访华团等共27个展团。

12月15～17日 全国海岛资源综合调查领导小组第7次(扩大)会议在海口市召开。

12月17日 国家海洋局发布第6号海洋行业标准公告。

12月19日 中国海洋石油总公司与美国阿科中国有限公司在京签订南海63/20区块石油合同，面积510km^2。这是中国海洋石油总公司自1982年开展对外合作以来签订的第100个合同和协议。国务院副总理邹家华、对外经济贸易合作部部长吴仪、国务院外事办公室主任刘华秋、国家计委副主任叶青等参加了签字仪式。

12月 外交部发言人陈健在记者招待会上就有关南沙群岛问题回答记者的提问，陈健说，中国对南沙群岛及其附近海域拥有无可争辩的主权。

12月 经过海军航保部队和广大科技工作者10年的共同努力，中国自行制造的第一个大型远程无线电导航定位系统——“长河二号工程”全部建成并开放使用，这标志着中国无线电导航定位技术跨入世界先进行列。

1995年

1月10日 18时09分44秒，北部湾海区(北纬20.5°、东经109.4°)发生里氏6.2级地震。

1月16～17日 农业部渔业局在北京召开“全国对虾养殖病害防治示范区工作会议”。会议确定将在沿海16个省、市、自治区和计划单列市建立农业部18个对虾养殖病害防治示范区，中央、地方共同给予经费支持。

1月20日 国家边防委员会办公室召集农业、外交、公安边防、总参和有关部门，研究部署和组织协调北部湾渔业安全生产问题。

1月28日　国务委员、国家科委主任宋健通过电话向正在南极执行科学考察任务的中国第十一次南极考察队全体队员祝贺春节。

1月　中国海洋学会第四次代表大会在西安市开幕。国家海洋局局长严宏谟继续当选为理事长，王颖、苏纪兰、杨文鹤、洪华生、胡敦欣、曾庆存、管华诗当选为副理事长。

1月　国务院总理李鹏出席“何梁何利基金首届颁奖大会”。著名海洋船舶设计专家、中国造船工程学会理事许学彦获“何梁何利基金奖”。

3月3日　《渔业法》修改领导小组召开第一次会议。国务院法制局、全国人大法工委、农业部政策法规司和海区渔政局等有关负责同志参加了会议。

3月6日　中国目前唯一可在极区大洋航行的大型破冰运载考察船“雪龙”号，完成第十一次南极科学考察任务，抵达上海港。

3月8日　出席在牙买加首都金斯敦召开的国际海底管理局第一届大会第二期会议的中国政府代表团，与有关代表团同时递交并公布了截止于1994年底在国际海底区域活动的投资数额，从而确立了中国作为8个最大海底投资国之一的地位。

3月20日　由南德集团出资300万元人民币设立的北极科学考察研究基金正式建立。设立在中国科学技术发展基金会的这笔款项，将用于资助中国首次北极科学考察队。此举首开了中国以民间集资方式开展重大科学活动的先河。

3月21日　国务院总理李鹏发布“中华人民共和国国务院令(第175号)”，发布《国际航行船舶进出中华人民共和国口岸检查办法》。

3月25日　中国第一个省级人民政府管理海洋的正厅级职能机构——海南省海洋厅在海口市举行挂牌仪式。

3月26日　首次远征北极点科学考察队在天安门广场授旗，科考队员将于3月30日启程。

3月27日　就菲律宾拆除中国在南沙一些岛礁上留下的测量标志的行为，外交部发言人陈健在北京就南沙群岛有关问题回答了记者提问。

3月27日　中国海洋石油总公司参股的印尼马六甲油田生产的原油3万t，运抵南京，这是中国产自国外运回国内的第一船原油。

3月29～31日　第三次全国海洋局长会议在福建省厦门市召开。

4月2～10日　以卓友瞻局长为团长的中国渔业代表团参加了在日本举行的中日渔业联合委员会第十九次会议。双方就1994年渔业协定执行情况，东海、黄海渔业资源评估，日本周边海域纠纷问题，联合国海洋法公约生效后中日渔业关系的新状态，其他国际渔业问题进行了磋商。

4月19日　中国船舶工业行业协会在武汉成立。中国船舶工业总公司总经理王荣生当选为首任理事长。党和国家领导人刘华清、薄一波、邹家华等为协会成立题词。

4月24日　“莱州湾东部滨海水域砂金调查及资源评价”项目在北京通过评审。以李廷栋院士为评审委员会主任的地矿部和冶金部有关专家认为：该研究报告是目前中国浅海砂金调查研究中一份很有应用价值的科研成果，其总体上达到国内领先水平。

4月25日　全国首例海滩采砂损害赔偿案在青岛海事法院开庭审理。

4月　联合国第49届大会通过决议，正式宣布1998年为国际海洋年。

4月　由广州海洋地质调查局研究所完成的隶属于国家攻关85－904项目“85－904－06－02”专题的“南海南部(16°N以南)大陆架及邻近海域油气资源远景综合评价”报告在青岛通过专家评审。标志着中国系统的油气地质研究和资源远景评价工作已经全面覆盖国土及所管辖海域。

4月　农业部以农渔发(95)6号文对原(92)农(渔政)10号文《关于东、黄、渤海主要渔场渔汛生产安排和管理的规定》中第三部分第(三)条“底拖网、定置张网休渔管理”的第1款和第5款作重要修改。

5月5日　中国首次远征北极科学考察队到达北极点。

5月10～11日　“世界海洋委员会亚太地区海洋研讨会”在天津国际海洋学院中国业务中心召开。

5月12日　“中、韩海洋科学共同研究中心”在青岛成立。

5月12日　中国海洋石油渤海公司自营的辽东湾绥中36－1油田第一期(试验区)开发建设工程全部建成投产。年产原油100万～140万t。

5月17～21日　由中国海洋学会、中国国际展览中心和中国贸促会山东省分会共同主办的“’95国际海洋开发展览会”在青岛举行。

5月29日　《海洋自然保护区管理办法》发布施行。

5月　中国科学院海洋研究所承担的国家“八五”重点科研课题“海藻碘应用研究——活性碘海藻晶”获突破性进展，研究人员从海藻中成功提取出活性碘，研制出海藻活性碘产品，使中国在这一科研领域达到世界领先水平。

6月　广州海洋地质调查局的“探宝号”海洋物探船东赴日本，执行日本石油株式会社地球物理地震调查，这是继1994年“探宝号”在日本东北新泻岸外圆满完成500km高质量二维地震海上采集任务之后，双方的再一次成功合作。

6月5日　中国科学院院士、著名海洋生物学家曾呈奎在第18届太平洋科学大会上获“畑井新喜志”奖。

6月8～10日　中、美海洋和渔业科技合作联合工作组第12次会议在天津国家海洋信息中心召开。中方以国家海洋局副局长杨文鹤为团长的28名成员和美方以国家海洋大气局助理局长奥斯坦索为团长的16名成员就中美海洋资料信息交换、海洋环境服务、海洋对全球气候的影响和海洋生物研究4个方面问题开展合作进行了讨论。双方取得共识，并签署了备忘录。

6月13～15日 亚太经济合作组织(APEC)渔业工作组第六次会议在北京召开。本次会议的代表来自中国、美国、澳大利亚、加拿大、日本、韩国、中国台湾省等16个国家和地区，APEC秘书处、FAO、东南亚渔业发展中心的代表也出席了会议。

6月16日和27日 南海珠江口惠州32－2、32－3油田建成投产。两油田相距5.5km，水深110m，建有一座井口生产平台，与惠州21－1、26－1油田共用一艘25万t浮式生产储油轮进行联合开发，高峰年产量可达150万t。

6月17日 “海峡两岸水产加工与流通研讨会暨经贸合作洽谈会”在上海举行。此次研讨会是自1990年第一次实现两岸渔业交流以来规模最大、层次最高的一次盛会。出席会议的学者、专家、企业界和各界代表400多人，其中台湾水产学会理事长曲铭等有关人士、企业家共82人。

6月20～30日 广州海洋地质调查局二海大队“海洋四号”调查船运用目前世界上最先进的测深系统Sea Beam 2100型多波束精细地形旁扫测量系统对南海北部海山进行了海上试验，获得了有关南海北部海山的彩色三维地形地貌图。

6月23日 江泽民总书记在国家有关部门领导和吉林省委书记张德江、代省长王云坤同志的陪同下，深入图们江地区视察工作。在听取了关于图们江地区开发建设情况的汇报后，亲笔题词：“开发珲春，开发图们江，发展与东北亚各国的友好合作关系。”

6月23日 率团来华参加亚太经济合作组织第六次渔业工作组会议的智利经济部副部长宠塞先生到农业部，双方就签定中智渔业协议和开展渔业贸易等事项进行了会谈。

7月1日 铁道部第二十工程局干部刘华，历时两年，徒步走完了中国18 000多公里的海岸线，抵达祖国海岸线最南端的广西北仑河口，成为中国万里海疆徒步考察第一人。

7月3日 第五届国际多毛类动物学术大会在青岛召开，来自30多个国家和地区的100多名专家学者参加了会议。

7月27日 “大洋一号”远洋科学考察船首航太平洋，执行为期近半年的多金属结核勘探任务。

7月 农业部自7月1日起在黄海北纬35°以南至东海北纬27°以北海域实行拖网渔船与帆张网渔船休渔。规定8月31日24时前各类拖网渔船和帆张网渔船一律不得离港；9月1日～10月31日伏季休渔船可以在底拖网禁渔线向东平推30n mile以东海域生产，但要认真执行幼鱼比例的规定。

7月 《全国海洋开发规划》经国务院原则同意，由国家计委、国家科委、国家海洋局联合行文印发全国有关省、自治区、直辖市人民政府以及国务院有关部门贯彻实施。

7月 严恺、袁业立、管华诗等海洋界14位专家当选为中国工程院院士。

8月4日 在联合国总部召开的“第六次联合国跨界和高度洄游鱼类会议”，通过了“1982年12月10日《联合国海洋法公约》有关养护和管理跨界鱼类种群和高度洄游鱼类种群的规定执行协定草案”。以渔业局局长卓友瞻为团长的中国代表团，针对协定草案有关条款的内容，阐明了中国政府的原则立场。

8月10日 中华人民共和国交通部发出通告：中国人民解放军将于1995年8月15日至8月25日在东海海域和海域上空进行导弹火炮实弹演习。

8月15日 以中国最大的纯碱生产企业山东潍坊纯碱厂和最大的原盐生产基地山东羊口盐场为龙头企业的山东潍坊海洋化工集团总公司正式成立，它是中国最大的海洋化工基地。

8月17日 中国第一台具有到达世界97%海域能力的“6 000米自治水下机器人”在太平洋中国大洋多金属结核开辟区圆满完成实测考察任务，它表明中国在研制水下机器人技术方面已跻身世界先进行列。

8月20日 广州港发生重大船舶溢油事故，一艘外籍油轮因操纵不当撞上广州石化厂油码头，致使该轮1 000多吨原油涌入珠江，并导致新港附近水域大火。

8月20日 辽宁省芷锚湾海域发生严重赤潮。

8月28日～9月9日 以中国海洋石油总公司副总经理陈炳骞为团长，由中国石油天然气总公司、中国石油化工总公司和中国海洋石油总公司28名司局院所负责人和专家组成的大陆石油代表团，应台湾中国石油公司的邀请，赴台参加了“第一届海峡两岸石油科技研讨会”。

8月 国家海洋局海洋技术研究所研制成功的国内第一台海上漂流浮标在南中国海投放试验成功。

8月 大连长海县浮筏养殖贝类发生大量死亡，损失达数亿元。

9月28日 俄罗斯驻华使馆首席参赞冈察洛夫拜见渔业局卓友瞻局长，双方就中俄渔业合作、两江渔政联合检查和召开中俄渔业合作混委会会议等方面问题交换了意见。

9月 全国海洋石油勘探开发环境保护管理工作会议在昆明市召开。为鼓励先进，于9月1日作出了“授予全国海洋石油勘探开发环境保护先进单位、先进集体、先进个人”称号的决定。

9月 中国海洋石油南海西部公司在北部湾钻涠洲12－1－3井，测试5个井段，累计日产油5 424m^3，天然气61.3万m^3，创出海上探井初产最高纪录。

9月 山东省委、省政府决定，撤销省水产局，并在省水产局的基础上组建省海洋与水产厅。

10月1日 《在中华人民共和国沿海水域作业的外国籍钻井船、移动式平台检验规定》由交通部颁布实施。

10月4～6日 第七届全国海岛市县(区)长联席会议在广东省南澳县举行。

10月9日 由中国国土资源开发促进会、中国国土资源保护基金会承办的“全国首次国土资源开发与保护研讨会”在北京召开，海洋资源开发管理与保护问题成为会议讨论的重要议题之一。

10月13～16日 16号热带风暴正面袭击广西沿海和桂东南地区，上述地区普降大到特大暴雨，导致山洪暴发，河水暴涨，30多个市、县受灾。

10月14日 国务院港澳办公室发言人发表声明表示，坚决反对港英政府单方面决定香港青洲填海工程动工。

10月16～22日 北太平洋海洋科学组织第四届年会在青岛召开。

10月18日 张登义出任国家海洋局局长、党组书记。原局长、党组书记严宏谟已超龄，离职。

10月 国家主席、中央军委主席江泽民，中央军委副主席刘华清，中央军委副主席张震、张万年、迟浩田等领导同志观看海上多兵种协同演习。

11月16日 "山东省海洋与水产厅"正式挂牌成立。

11月17日 在国际海事组织第19届大会上，中国以最高票数第4次连任该组织的A类理事国。

11月20日 中国第12次南极考察和"雪龙"号首次环球航行出航。

12月5～7日 以农业部副部长张延喜为团长和以俄罗斯渔委会副主席鲁特尼克夫为团长的两国代表团在莫斯科举行了第六次中俄渔业合作混合委员会会议。会议主要讨论中国渔船1995年下半年在俄专属经济区的生产情况和明年俄方给予中方捕鱼配额的数量、作业海域和补偿价格。

12月5～7日 由上海市造船工程学会与英国海贸集团联合举办的第八届国际海事技术学术会议和展览会在上海开幕。国务院副总理李岚清发了贺词，有23个国家和地区的400多家公司参展。德国劳氏船级社、挪威船级社、英国劳氏船级社、美国船级社和日本船级社等世界五大船级社也都参展。

12月6日 中国、朝鲜、俄罗斯、韩国和蒙古等5国代表在联合国总部托管理事大厅签署了3项关天开发图们江地区的国际性协定。这3项协定分别是：由5国代表共同签署的《关于建立图们江经济开发区及东北亚开发协商委员会的协定》、《图们江地区经济开发区及东北亚环境谅解备忘录》以及中、朝、俄3国代表签署的《关于建立图们江地区开发协调委员会的协定》。

12月12～14日 全国海岛资源综合调查领导小组第八次扩大工作会议在广西北海市召开。在此次会议上，《全国海岛资源综合调查与开发试验总成果报告》通过国家验收。

12月13日 执行中国大洋矿产资源研究开发协会DY85－5航次开辟区勘探任务的"大洋一号"考察船返抵广州。本航次首次使用了多波束测深系统、深海拖曳观测系统等高新技术，并成功地进行了中国"863"项目6 000m水下自治机器人的海上试验。

12月19～20日 中韩政府间渔业专家第四轮会谈在北京举行。双方就渔业协定草案，保护和管理黄海渔业资源，维持黄海作业秩序，海难救助及紧急避难，以及其他双方感兴趣的问题进行了会谈，并签署了《会谈纪要》。

12月21日 以日中渔业协议会会长尾岛雄一为团长一行三人，应邀在北京与中国渔业协会就中日渔协有关事宜进行了磋商。日方代表团介绍了日中渔业协议会机构变更情况，并向我提供了"海洋法制度研究会中间报告"。双方还研究确定了海上渔业事故的处理。

海 洋 法 规 选 编
Selected Marine Laws and Regulations

国家海域使用管理暂行规定

(1993年5月31日起施行)

一 总则

第一条 为加强国家海域的综合管理,保证海域的合理利用和持续开发,提高海域使用的社会、经济和生态环境的整体效益,根据国务院关于加强我国海域使用管理,实行海域使用证制度和有偿使用制度的精神,制定本规定。

第二条 本规定所称国家海域(下称海域),包括我国内海、领海的水面、水体、海床和底土。

海域使用系指使用某一固定海域三个月以上排他性开发利用活动。

第三条 本规定适用于转移海域使用权的我国境内外的部门、企事业单位、公司、其他组织和个人。

转移海域使用权的行为,包括海域使用权的出让、转让和出租。

海域使用权的出让,系指国家将海域使用权在一定时限内让与使用者,并由使用者向国家缴纳海域使用金的行为。

海域使用权的转让,系指海域使用者将其海域使用权再有偿让与其他使用者的行为。

海域使用权的出租,系指海域使用者作为出租人,将其海域使用权租赁给承租人使用,由承租人向出租人支付租金的行为。

第四条 海域属于国家所有。

国家鼓励海域的合理利用和持续开发,根据海洋政策、海洋功能区划和海洋开发规划,统一安排海域的各种使用。

对不影响其他开发利用活动的海洋增、养殖业,实行优惠政策。

对于改变海域属性或影响生态环境的开发利用活动,应该严格控制并经科学论证。

国家保护海域使用者的合法权益,任何组织和个人不得侵犯。

第五条 使用国家海域从事生产经营活动的,实行海域使用证制度和有偿使用制度。

使用国家海域从事非营利性公益服务事业和建筑、设置公共设施的,不实行有偿使用制度,但必须按本规定登记备案。

二 海域使用证制度

第六条 国务院海洋行政主管部门负责全国海域使用的统一监督管理。

沿海县以上地方人民政府海洋行政主管部门负责本行政区域毗邻海域使用的监督管理。

第七条 沿海县以上地方人民政府行政主管部门,根据国家海洋政策、全国海洋功能区划和海洋开发规划,会同其他有关部门,制定毗邻海域的海洋功能区划和海洋开发规划,作为实施监督管理的依据,并进行海域使用基本情况的统计。

第八条 使用海域从事生产经营活动的,在向沿海县级以上地方人民政府海洋行政主管部门提交海域使用申请时,应附具其向行业或项目主管部门申请立项的有关文书,并按要求提供相关文件、材料。本规定生效前,已经使用海域从事生产经营活动的,须于本规定发布之日起三个月内,向沿海县以上地方人民政府海洋行政主管部门进行登记,由该部门核发海域使用证。

第九条 审批海域使用申请,应依据如下原则:

1. 有利于维护国家安全;
2. 有利于海域整体功能的发挥和各种使用的协调发展;
3. 有利于海域及其资源的持续利用;
4. 有利于保护海域生态环境及资源;
5. 有利于保护海域的自然景观;
6. 有利于维护人民健康和生命财产安全。

第十条 使用海域一万亩以上的,由国务院海洋行政主管部门提出审查意见,报国务院批准。使用面积不足一万亩,由各省、自治区、直辖市和计划单列市以下人民政府海洋行政主管部门提出审查意见,报同级人民政府批准。沿海市、县人民政府的审批权限和管理范围,由沿海各省、自治区、直辖市和计划单列市人民政府确定。

第十一条 申请使用海域的,海洋行政主管部门在接到申请之日起两个月内给予答复。对同意使用海域的,发给海域使用证,确认海域使用权;对不同意使用海域的,海洋行政主管部门在前款规定时间内通知申请者,并说明理由。

在没有海洋行政主管部门的地区,暂由其上级政府的海洋行政主管部门代办海域使用申请的审查和海域使用证的发放工作。

第十二条 凡属下列情况之一者，需提前两个月到海洋行政主管部门重新办理海域使用证：

1.改变使用证规定用途的；

2.使用证有效期满需要续期的；

3.转让海域使用权的。

第十三条 海域使用权争议，由当事人协商解决，协商不成的，由当地人民政府调解。调解不服的，可以通过司法程序解决。在海域使用权争议解决之前，任何一方不得改变海域使用现状。

第十四条 海域使用登记表、海域使用申请表和海域使用证，由国务院海洋行政主管部门统一监制。

三 海域有偿使用制度

第十五条 凡按本规定在我国有偿转移海域使用权的，必须向国家缴纳海域使用金。海域使用金包括：

1.海域出让金

各级政府海洋行政主管部门（或财政部门）代表国家出让海域使用权时，按规定向受让人收取的海域使用出让价款（即海域使用权出让时的交易总额）。

海域使用期满，使用者因续期使用而缴纳的海域使用出让价款。

2.海域转让金

海域使用者转让其海域使用权（含连同海域设施一同让与）时，就所转让海域的增值额按规定比例向海洋行政主管部门或财政部门缴纳的部分海域转让价款。

海域增值额是指海域转让价款扣除海域转让者受让该海域时支付的全部价款和该海域设施重置费后的余额。转让海域的海域设施重置费，需经国有资产管理部门核准的评估机构评估。

3.海域租金

海域使用者出租海域使用权时，就其所获租金收入按规定比例向海洋行政主管部门或财政部门缴纳的费用。

第十六条 海域使用金的征收

1.海域出让金的征收标准，由各地根据具体情况制定，但每年每亩不得低于100元。

2.海域转让金按转让增值额不低于40%的比例上缴海洋行政主管部门或财政部门。具体上缴比例由各省、自治区、直辖市和计划单列市财政部门制定。

3.海域使用者将海域使用权出租给第三者时，按租金收入的20%，上缴海洋行政主管部门或财政部门。

4.海域出让金由获得批准使用海域的申请人缴纳；海域转让金由转让人缴纳；海域出租金由出租人缴纳。

第十七条 海域使用金可一次缴纳，也可按年度缴纳。凡未交足年度海域使用金的，海洋行政主管部门不得为其发放海域使用证。

第十八条 收取海域使用金，必须使用财政部门统一印制的海域使用金专用收据。

第十九条 海域使用金归中央政府和地方政府所有，其收入应全部上缴财政部门。其中：30%上交中央财政，70%留归地方财政。海域使用金由海洋行政主管部门代收代缴，没有海洋行政主管部门的地区，由财政部门负责征收。

海洋行政主管部门应在次月5日前将收到的海域使用金上缴财政部门。

第二十条 上缴地方财政的海域使用金，作为地方财政的预算固定收入；上缴中央财政的海域使用金，作为中央财政的预算固定收入。上述收入由各级财政统筹安排，主要用于海域开发建设、保护和管理。

“1993年国家预算收入科目”第十二类“其他收入”中增设第242（之二）款“海域使用金”，该款下设六个“项”级科目，即“海域出让金”（中央固定）、“海域出让金”（地方固定）；“海域转让金”（中央固定）、“海域转让金”（地方固定）；“海域租金”（中央固定）、“海域租金”（地方固定）。按规定征收的海域使用金，根据规定的预算级次，分别在本“款”各“项”级科目中反映。

“1993年预算支出科目”第二十五类“其他支出类”中增设第278（之二）款“海域开发建设支出”一个“款”级科目，本科目反映用海域使用金安排的海域开发建设、保护和管理等方面的支出。

第二十一条 企业转让或出租海域使用权所得的净收入，列入企业“其他业务收入”；行政事业单位转让或出租海域使用权所得的净收入，执行预算外资金管理办法。

第二十二条 各级财政部门可在不超过海域使用金5%的幅度内，为各级海洋行政主管部门核拨海域征管业务费。没有海洋行政主管部门而由财政部门负责征收的地区，财政部门可从海域使用金中提取2%的海域征管业务费。海域征管业务费执行行政事业单位预算外资金管理办法。

第二十三条 海域使用者在使用海域期间，因遭受严重自然灾害或者重大意外事故，需要给予减免照顾的，应由海域使用者提出申请、报当地海洋行政主管部门签署意见后，经财政部门批准，可在一定期限内减征或免征海域使用金。

除上述原因外，其他确有困难需要给予政策性减免照顾的，由各省、自治区、直辖市和计划单列市财政部门在不影响上缴任务的原则下，具体制定减征或免征海域使用金的条件和额度。

第二十四条 国家建设需要使用已经出让的海域时，原使用者必须服从国家需要。但建设单位应给原使用者合理的经济补偿。

第二十五条 外商投资企业中，中方以海域使用权作价投资的，其海域使用金由中方投资者缴纳。

第二十六条 海域使用金外汇收入到中国银行结汇后，外汇额度上交中央财政70%，留地方财政30%。如在海域开发建设、资源保护和管理过程中，确有必不可少的外汇支出，由地方海洋行政主管部门申报地方财政部门，由地方财政部门在海域使用金的留成外汇中解决，不足部分调剂解决。

第二十七条 本规定实施前已经使用海域的，除执行本规定第八条外，应于本规定生效当年始缴纳海域使用金。

第二十八条　沿海各省、自治区、直辖市和计划单列市海洋行政主管部门，应向同级财政部门报送海域使用金收入和支出结算年度报表。年度报表于第二年二月底以前报送同级财政部门，一式两份。

第二十九条　沿海各省、自治区、直辖市和计划单列市财政部门应向财政部报送海域使用金收入和支出年度决算报表，年度决算报表于第二年三月三十一日前（计划单列市应于第二年三月十五日前）报送财政部，一式两份。

四　其他

第三十条　违反本规定，有下列行为之一者，酌情给予警告、责令其补交海域使用金、补偿经济损失、吊销海域使用证或处以一万元以下罚款：

1. 未经批准擅自使用海域的；
2. 不按使用证要求使用海域的；
3. 未缴纳海域使用金的。

上述罚款收入，根据现行规定全部上交财政。

第三十一条　当事人对处罚决定不服的，可以在接到处罚决定之日起30天内，依法申请复议；对复议决定不服的，可在接到复议决定之日起30天内，向人民法院起诉。

当事人也可以在接到处罚决定之日起30天内，直接向人民法院起诉。

当事人逾期不申请复议，也不向人民法院起诉，又不履行罚款决定的，由作出处罚的主管部门申请人民法院强制执行。

第三十二条　沿海各省、自治区、直辖市和计划单列市财政部门、海洋行政主管部门可根据本规定制定实施细则，并报财政部和国家海洋局备案。

第三十三条　本规定由财政部、国家海洋局负责解释。

第三十四条　本规定自发布之日起施行。

海洋环境预报与海洋灾害预报警报发布管理规定

（国家海洋局1993年9月8日颁布）

第一条　为加强我国海洋环境预报与海洋灾害预报警报工作的管理，避免多渠道发布海洋环境预报与海洋灾害预报警报给社会活动造成混乱和不良后果，防止和减轻海洋灾害给人民生命财产和经济建设造成的损失，特制定本规定。

第二条　海洋环境预报与海洋灾害预报警报的发布是指通过公共信息和宣传媒介发布系统，包括广播、电视、传真、电传、报刊、预报单（表）、邮寄等方式公开发布海洋环境预报与海洋灾害预报警报和为海上经济活动提供专项海洋环境预报服务。

第三条　国家对公开发布海洋环境预报与海洋灾害预报警报实行统一发布制度，由国家和地方各级海洋环境预报部门负责发布。

国家海洋环境预报部门指，国家海洋预报台；国家区域海洋环境预报部门指，青岛海洋预报台、上海海洋预报台、广州海洋预报台；地方海洋环境预报部门指，各沿海省、自治区、直辖市、计划单列市海洋管理局（处、办）所属的海洋预报台、站。

其他组织和个人均不得向社会公开发布各类海洋环境预报与海洋灾害预报警报。

第四条　公开发布的海洋环境预报种类有：预测、预报、消息、速报、公报等；内容有：海温、盐度、潮汐、潮流、海流、海平面、水质等。公开发布的海洋灾害预报警报种类有：消息、预报、警报、紧急警报；内容有：海浪、风暴潮、海冰、海啸、赤潮、海上溢油扩散及其他海洋污染事件对海洋自然环境影响和变化情况。

第五条　公开发布海洋环境预报与海洋灾害预报警报范围是：我国沿海港口、海岸带、海岛、渤海、黄海、东海、南海及其邻近洋区。

第六条　国家和地方各级海洋环境预报部门，按照各自分管的责任海区，公开发布海洋环境预报与海洋灾害预报警报。

第七条　科研教学单位、学术团体和个人，研究海洋环境所得的预测结论和意见，可向国家和地方各级海洋环境预报部门提供或介绍，或在海洋环境预报部门主持召开的海洋环境预报会商会和专业会议以及学术刊物上发表，但不得以预报形式公开发布。

第八条　国家和地方各级海洋环境预报部门要重点做好海洋灾害的预报警报服务，在公开发布有重大影响的海洋灾害预报警报时，要向当地政府和有关部门报告，积极配合当地政府做好防灾抗灾工作。

第九条　新闻、宣传等机构在发表具有重大影响的海洋环境预测的新闻报道前，应该征得国家或地方海洋环境预报部门的同意。

第十条　国家海洋局对从事为海上经济活动提供专项海洋环境预报服务的单位，实行资格审查制度，并负责颁发专项海洋环境预报服务资格证书。

第十一条　对违反上述规定，擅自发布海洋环境预报与海洋灾害预报警报，且造成比较大的不良影响和严重后果的组织或个人，国家海洋局和沿海省、自治区、直辖市、计划单列市海洋局（处、办）有权予以追究。

第十二条　本规定由国家海洋局负责解释。

第十三条　本规定自发布之日起生效。

中国人民解放军
《铺设海底电缆管道管理规定》实施办法

(1994年8月22日发布,1994年10月1日施行)

第一条 为加强军用海底电缆的管理和保护,根据《中华人民共和国军事设施保护法》、《保护海底电缆规定》、《铺设海底电缆管道管理规定》及其实施办法,制定本实施办法。

第二条 本办法适用于在中华人民共和国内海、领海及大陆架上进行军用海底电缆路由调查、勘测、铺设、维修、保护及其它有关活动。

第三条 中国人民解放军在我国内海、领海、大陆架上铺设的通信及其它信息传递、输电用海底电缆,统称为军用海底电缆。

第四条 总参谋部通信部是全军军用海底电缆的业务主管部门(以下简称业务主管部门)。沿海大军区、海军司令部通信部(以下简称军用海底电缆管理单位)负责本辖区军用海底电缆的管理工作。

第五条 国家海洋局及其所属海区分局监督指导军用海底电缆的管理工作。军用海底电缆管理单位协助国家海洋局海区分局以及沿海省、自治区、直辖市海洋管理机构保护军用海底电缆的安全,查处破坏军用海底电缆的事件。

第六条 新建军用海底电缆经业务主管部门审批同意后,在路由调查、勘测实施前60天,向国家海洋局海区分局提出书面申请(一式5份),由海区分局相关的沿海省、自治区、直辖市海洋管理机构审批。战时急需新建的线路,其施工与申请可同时进行。申请书应包括以下内容:

(一)建设依据;

(二)军用海底电缆管理单位的名称、住所;

(三)路由调查、勘测区域、内容、时间和船舶名称;

(四)路由调查、勘测单位的名称、住所及主要负责人;

(五)调查、勘测路由选择的依据及说明。

第七条 军用海底电缆的路由调查、勘测应符合国家海洋局颁发的《海底电缆管道路由调查、勘测简明规则》的要求。

第八条 新建军用海底电缆路由调查、勘测完成后,于铺设施工前60天将申请书及《路由调查、勘测报告》等有关资料(一式5份),报国家海洋局海区分局,由海区分局商相关的沿海省、自治区、直辖市海洋管理机构审批。申请书应包括以下内容:

(一)海底电缆用途、使用材料、精确路线图和位置表、总长度、起止点;

(二)铺设工程的施工单位、施工时间、施工船舶;

(三)其它有关说明材料。

主管机关应自收到申请书之日起30天内作出答复。批准后应发给《海底电缆管道铺设施工许可证》。

第九条 获准的军用海底电缆路由调查、勘测和铺设施工,在实施作业前或实施作业中如需变动(包括路由、作业时间、作业方式等),应及时向相关的海区分局报告。如路由等变动较大,应报相关的海区分局批准。

第十条 新建军用海底电缆铺设完毕后90天内,军用海底电缆管理单位应填写《海底电缆注册表》一式4份报送相关的海区分局备案。军用海底电缆的文件资料属于军事秘密,均按机密以上文档保管,不得泄密。

第十一条 改造、维修军用海底电缆,军用海底电缆管理单位在向相关海区分局报告的同时进入现场作业,也可在修复后报告。路由变动较大的改造,应按本办法办理有关手续。

第十二条 军用海底电缆的报废及处理,由军用海底电缆管理单位逐级报业务主管部门批准后,报告国家海洋局相关海区分局。任何单位或个人不准擅自打捞、切断、拆除军用海底电缆。

第十三条 军用海底电缆的铺设、修理、改造、拆除,应维护海上正常秩序。

军用海底电缆的铺设、修理、改造、拆除工程遗留物,应当妥善处理,不得妨碍海上正常秩序,并将遗留物的情况报相关的海区分局。

第十四条 禁止在海图上标明的海底电缆位置两侧各2海里或划有禁止抛锚渔捞区(港内为两侧各100米)水域内抛锚、拖锚、拖网捕鱼、养殖或进行其它危及海底电缆安全的作业。

第十五条 军用海底电缆由业务主管部门根据其密级程度,确定公布的范围,商国家海洋局对外公布。军用海底电缆的公布分为:对外公布、内部(海洋、公安、边防、港监、渔政等部门)掌握两种情况。

第十六条 从事海上各种活动的作业者,应了解作业海区海底电缆的布设情况,在军用海底电缆两侧各2海里(港内为两侧各100米)范围内,从事可能危及军用海缆安全的作业,应事先与军用海底电缆管理单位协商并报相关的海区分局批准。

第十七条 在军用海底电缆登陆点附近禁止下列行为:

(一)在安全范围(海缆两侧各50米)内爆破,钻探,堆放、设置易燃物品,堆放笨重物品、垃圾、矿渣或倾倒有酸、碱、盐的液体。

(二)在陆地埋设段两侧各5米范围内进行建屋搭棚、围堤坝、建码头等建筑施工作业。

第十八条 铺设海底电缆、管道或其它海上作业,不得对现有军用海底电缆的维修造成妨碍;凡需迁移、交越已铺设的军用海底电缆,应与军用海底电缆管理单位协商(军用海底电缆管理单位应请示并征得业务主管理部门同意),报相关海区分局批准,并承担迁移、交越工程引起的费用等;与军用电缆交叉应大于45度角,平行最小间距应限制在2海里以上。

第十九条　新建军用海底电缆,如须迁改原有设施或造成捕捞、养殖等损失,军用海底电缆建设单位应根据损失情况作一次性赔偿。

第二十条　损毁军用海底电缆,肇事者应承担赔偿责任。赔偿责任包括:

(一)通信电路阻断所造成的直接经济损失;

(二)被破坏军用海底电缆修复费用;

(三)为处理损毁所进行的调查及由此而引起的其它费用。

第二十一条　对保护军用海底电缆做出成绩的单位和个人,主管机关和军用海底电缆管理单位应给予表彰和奖励。

第二十二条　在军用海底电缆进行施工、维修作业时,作业海域应有明显标志。过往船舶应予避让,擅自驶入作业海域造成作业器具损失的,应追究驶入船舶责任,赔偿由此造成的一切损失。

第二十三条　对违反有关规定和本办法,由国家海洋局海区分局按《铺设海底电缆管道管理规定实施办法》有关条款进行处罚。构成犯罪的依法追究其刑事责任。

第二十四条　海南省管辖海域内的军用海底电缆,由海南省海洋局按《铺设海底电缆管道管理规定》和本办法实施管理,行使国家海洋局海区分局的管理职责。

第二十五条　本办法由国家海洋局、总参谋部通信部负责解释。

第二十六条　本办法自1994年10月1日起施行。

国际航行船舶进出
中华人民共和国口岸检查办法

(1995年3月21日国务院发布施行)

第一条　为了加强对国际航行船舶进出中华人民共和国口岸的管理,便利船舶进出口岸,提高口岸效能,制定本办法。

第二条　进出中华人民共和国口岸的国际航行船舶(以下简称船舶)及其所载船员、旅客、货物和其他物品,由本办法第三条规定的机关依照本办法实施检查;但是,法律另有特别规定的,或者国务院另有特别规定的,从其规定。

第三条　中华人民共和国港务监督机构(以下简称港务监督机构)、中华人民共和国海关(以下简称海关)、中华人民共和国边防检查机关(以下简称边防检查机关)、中华人民共和国卫生检疫机关(以下简称卫生检疫机关)和中华人民共和国动植物检疫机关(以下简称动植物检疫机关)是负责对船舶进出中华人民共和国口岸实施检查的机关(以下统称检查机关)。

第四条　检查机关依照有关法律、行政法规的规定实施检查并对违法行为进行处理。

港务监督机构负责召集有其他检查机关参加的船舶进出口岸检查联席会议,研究、解决船舶进出口岸检查的有关问题。

第五条　船舶进出中华人民共和国口岸,由船方或其代理人依照本办法有关规定办理进出口岸手续。除本办法第十条第二款、第十一条规定的情形或者其他特殊情形外,检查机关不登船检查。

船方或其代理人办理船舶进出口岸手续时,应当按照检查机关的有关规定准确填写报表,并如实提供有关证件、资料。

第六条　船方或其代理人应当在船舶预计抵达口岸7日前(航程不足7日的,在驶离上一口岸时),填写《国际航行船舶进口岸申请书》,报请抵达口岸的港务监督机构审批。

拟进入长江水域的船舶,船方或其代理人应当在船舶预计经上海港区7日前(航程不足7日的,在驶离上一口岸时),填写《国际航行船舶进口岸申请书》,报请抵达口岸的港务监督机构审批。

第七条　船方或其代理人应当在船舶预计抵达口岸24小时前(航程不足24小时的,在驶离上一口岸时),将抵达时间、停泊地点、靠泊移泊计划及船员、游客的有关情况报告检查机关。

第八条　船方或其代理人在船舶抵达口岸前未办妥进口岸手续的,须在船舶抵达口岸24小时内到检查机关办理进口岸手续。

船舶在口岸停泊时间不足24小时的,经检查机关同意,船方或其代理人在办理进口岸手续时,可以同时办理出口岸手续。

第九条　船方或其代理人在船舶抵达口岸前已经办妥进口岸手续的,船舶抵达后即可上下人员、装卸货物和其他物品。

船方或其代理人在船舶抵达口岸前未办妥进口岸手续的,船舶抵达后,除检查机关办理进出口岸检查手续的工作人员和引航员外,其他人员不得上下船舶、不得装卸货物和其他物品;船舶进出的上一口岸是中华人民共和国口岸的,船舶抵达后即可上下人员、装卸货物和其他物品,但是应当立即办理进口岸手续。

第十条　卫生检疫机关对船舶实施电讯检疫。持有卫生证书的船舶,其船方或其代理人可以向卫生检疫机关申请电讯检疫。

对来自疫区的船舶，载有检疫传染病染病人、疑似检疫传染病染疫人、非意外伤害而死亡且死因不明尸体的船舶，未持有卫生证书或者证书过期或者卫生状况不符合要求的船舶，卫生检疫机关应当在锚地实施检疫。

第十一条　动植物检疫机关对来自动植物疫区的船舶和船舶装载的动植物、动植物产品及其他检疫物，可以在锚地实施检疫。

第十二条　船方或其代理人应当在船舶驶离口岸前4小时内(船舶在口岸停泊时间不足4小时的，在抵达口岸时)，到检查机关办理必要的出口岸手续。有关检查机关应当在《船舶出口岸手续联系单》上签注；船方或其代理人持《船舶出口岸手续联系单》和港务监督机构要求的其他证件、资料，到港务监督机构申请领取出口岸许可证。

第十三条　船舶领取出口岸许可证后，情况发生变化或者24小时内未能驶离口岸的，船方或其代理人应当报告港务监督机构，由港务监督机构商其他检查机关决定是否重新办理出口岸手续。

第十四条　定航线、定船员并在24小时内往返一个或者一个以上航次的船舶，船方或其代理人可以向港务监督机构书面申请办理定期进出口岸手续。受理申请的港务监督机构商其他检查机关审查批准后，签发有效期不超过7天的定期出口岸许可证，在许可证有效期内对该船舶免办进口岸手续。

第十五条　检查机关及其工作人员必须秉公执法，恪尽职守，及时实施检查和办理船舶进出口岸的申请。

第十六条　本办法下列用语的含义：

(一)　国际航行船舶，是指进出中华人民共和国口岸的外国籍船舶和航行国际航线的中华人民共和国国籍船舶。

(二)　口岸，是指国家批准可以进出国际航行船舶的港口。

(三)　船方，是指船舶所有人或者经营人。

第十七条　本办法自发布之日起施行。经国务院批准，1961年10月24日由交通部、对外贸易部、公安部、卫生部发布的《进出口船舶联合检查通则》同时废止。

海洋自然保护区管理办法

(国家科委1995年5月11日批准，国家海洋局1995年5月29日发布)

第一条　为加强海洋自然保护区的建设和管理，根据《中华人民共和国自然保护区条例》的规定，制定本办法。

第二条　海洋自然保护区是指以海洋自然环境和资源保护为目的，依法把包括保护对象在内的一定面积的海岸、河口、岛屿、湿地或海域划分出来，进行特殊保护和管理的区域。

第三条　任何单位和个人都有保护海洋自然保护区的义务与制止、检举破坏或侵占海洋自然保护区行为的权利。

第四条　海洋自然保护区的选划、建设和管理，实行统一规划、分工负责、分级管理的原则。

第五条　国家海洋行政主管部门负责研究、制定全国海洋自然保护区规划；审查国家级海洋自然保护区建区方案和报告；审批国家级海洋自然保护区总体建设规划；统一管理全国海洋自然保护区工作。

沿海省、自治区、直辖市海洋管理部门负责研究制定本行政区域毗邻海域内海洋自然保护区规划；提出国家级海洋自然保护区选划建议；主管本行政区域毗邻海域内海洋自然保护区选划、建设、管理工作。

第六条　凡具备下列条件之一的，应当建立海洋自然保护区：①典型海洋生态系统所在区域；②高度丰富的海洋生物多样性区域或珍稀、濒危海洋生物物种集中分布区域；③具有重大科学文化价值的海洋自然遗迹所在区域；④具有特殊保护价值的海域、海岸、岛屿、湿地；⑤其他需要加以保护的区域。

第七条　海洋自然保护区分国家级和地方级。

国家级海洋自然保护区是指在国内、国际有重大影响，具有重大科学研究和保护价值，经国务院批准而建立的海洋自然保护区。

地方级海洋自然保护区是指在当地有较大影响，具有重要科学研究价值和一定的保护价值，经沿海省、自治区、直辖市人民政府批准而建立的海洋自然保护区。

第八条　沿海省、自治区、直辖市海洋管理部门申请建立国家级海洋自然保护区时，应向国家海洋行政主管部门提交业经同级人民政府批准的建区申报书及技术论证材料。

国家海洋行政主管部门可向国务院提出建立国家级海洋自然保护区的建议。

国务院有关主管部门也可会同国家海洋行政主管部门提出建立国家级海洋自然保护区的建议。

国家海洋行政主管部门聘请各有关部门代表和专家组成海洋自然保护区评审委员会，负责国家级海洋自然保护区申报书及技术论证材料评审工作。申报材料经评审委员会全体委员半数以上同意后，由国家海洋行政主管部门按规定程序报国务院审批。

第九条　地方级海洋自然保护区建区建议由沿海省、自治区、直辖市海洋管理部门或同级有关部门会同海洋管理部门提出，经沿海省、自治区、直辖市海洋管理部门组织论证审查后，报同级人民政府批准，并报国家海洋行政主管部门备案。

第十条 海洋自然保护区的位置和范围由批准建立该保护区的人民政府划定。其具体位置和范围应标绘于图，公布于众，并设置适当的界碑、标志物及有关保护设施。

第十一条 海洋自然保护区的撤销、调整和变化，应经原审批机关批准。

第十二条 经批准建立的海洋自然保护区须设立相应的管理机构，配备专业技术人员。主要职责是：①贯彻执行国家有关海洋自然保护区的法律、法规和方针、政策；②制定保护区具体管理办法和规章制度，统一管理该区内各项活动；③拟定保护区总体建设规划；④设置保护区界碑、标志物及有关保护设施；⑤组织开展保护区内基础调查和经常性监测、监视工作，建立保护区工作档案；⑥组织开展保护区内生态环境恢复和科学研究工作；⑦开展关于海洋自然保护宣传教育工作。

第十三条 海洋自然保护区可根据自然环境、自然资源状况和保护需要划为核心区、缓冲区、实验区，或者根据不同保护对象规定绝对保护期和相对保护期。

核心区内，除经沿海省、自治区、直辖市海洋管理部门批准进行的调查观测和科学研究活动外，禁止其他一切可能对保护区造成危害或不良影响的活动。

缓冲区内，在保护对象不遭人为破坏和污染前提下，经该保护区管理机构批准，可在限定时间和范围内适当进行渔业生产、旅游观光、科学研究、教学实习等活动。

实验区内，在该保护区管理机构统一规划和指导下，可有计划地进行适度开发活动。

绝对保护期即根据保护对象生活习性规定的一定时期，保护区内禁止从事任何损害保护对象的活动；经该保护区管理机构批准，可适当进行科学研究、教学实习活动。

相对保护期即绝对保护期以外的时间，保护区内可从事不捕捉、损害保护对象的其他活动。

第十四条 海洋自然保护区内的单位、居民和进入该保护区的外来人员及船只，必须遵守海洋自然保护区的各项规章制度，接受海洋自然保护区管理机构的管理。

第十五条 在海洋自然保护区内禁止下列活动和行为：①擅自移动、搬迁或破坏界碑、标志物及保护设施；②非法捕捞、采集海洋生物；③非法采石、挖沙、开采矿藏；④其他任何有损保护对象及自然环境和资源的行为。

第十六条 未经国家海洋行政主管部门或沿海省、自治区、直辖市海洋管理部门批准，任何单位和个人不得在海洋自然保护区内修筑设施。对海洋自然保护区内的违章建筑，国家海洋行政主管部门或沿海省、自治区、直辖市海洋管理部门可责令拆除或恢复原状。

第十七条 在海洋自然保护区内从事科学研究、教学实习、考察等活动，应事先向该区管理机构提交申请和活动计划，经批准后方可进行。

从事前款活动的单位和个人应将其活动成果的副本提交海洋自然保护区管理机构。

第十八条 有条件开展旅游活动的海洋自然保护区，其活动区域和开发规划应经国家海洋行政主管部门或沿海省、自治区、直辖市海洋管理部门批准，旅游业务由海洋自然保护区管理机构统一管理，所得收入用于保护区的建设和保护事业。

开展旅游活动必须采取有效措施，防止损害保护对象。

严禁开展与保护区保护方向不一致的旅游项目。

第十九条 任何单位与国外签署涉及国家级海洋自然保护区的协议，以及外国人到上述保护区内从事有关活动，须事先报国家海洋行政主管部门批准。涉及地方级海洋自然保护区的，须经沿海省、自治区、直辖市海洋管理部门批准。

第二十条 违反本办法有关规定者，国家海洋行政主管部门或沿海省、自治区、直辖市海洋管理部门及海洋自然保护区管理机构可依据《中华人民共和国自然保护区条例》第三十四条、第三十五条、第三十八条有关规定予以处理。

第二十一条 本办法由国家海洋行政主管部门负责解释。

第二十二条 海洋自然保护区管理机构可根据本办法制定具体管理细则。

第二十三条 本办法自发布之日起施行。

在中华人民共和国沿海水域作业的外国籍钻井船、移动式平台检验规定

（1995 年 10 月 1 日施行）

第一条 为了保证海上船舶、海上设施具备安全航行、作业的技术条件，保障人民生命财产安全，防止沿海水域环境污染，维护国家权益，根据《中华人民共和国船舶和海上设施检验条例》（以下简称《船检条例》）和其他有关法律、法规的规定，制定本规定。

第二条 中华人民共和国船舶检验局（以下简称船检局）是依照《船检条例》及本规定实施各项检验工作的主管机关。

在中华人民共和国沿海水域作业的外国籍钻井船、移动式平台（以下简称外国籍钻井船、移动式平台）的各

项检验工作由船检局设置或指定的船舶检验机构(以下简称船舶检验机构)实施。

外国籍钻井船,指悬挂外国国旗,为勘探或开发海床下的资源,从事钻井、开发作业或为此服务的移动式海上结构物。

第三条 外国籍钻井船、移动式平台应持有有效的法定证书、入级证书和根据本规定取得的《检验合格证书》。

法定证书,指根据中国法律、法规和中国政府参加的有关国际公约的规定,外国籍钻井船、移动式平台必须具备的安全证书、防污染证书、吨位证书、载重线证书、起重设备证书等。

第四条 外国籍钻井船、移动式平台在开始作业之日10天以前,其所有人、经营人或其委托的代理人应向就近的船舶检验机构申请作业前检验,经检验合格并取得《检验合格证书》后,方可进行作业。

外国籍钻井船、移动式平台的作业期限超过一年的,其所有人、经营人或其委托的代理人应在《检验合格证书》签发之日起一年期限到期之日10天以前,向就近的船舶检验机构申请作业期间的定期检验。经检验合格并签署后,《检验合格证书》继续有效。

定期检验每年进行一次。

《检验合格证书》的有效期限根据作业时间或法定证书、入级证书的有效期确定。

第五条 外国籍钻井船、移动式平台的所有人、经营人申请作业前检验和作业期间的定期检验,应提交书面申请并附上相应的法定证书、入级证书复印件。

书面申请的内容应包括外国籍钻井船、移动式平台的名称、呼号、登记港、船级,进入中国沿海水域或到达作业的位置的日期、作业期限,申请人名称、地址、传真、电话以及拟安排检验的时间、地点。

第六条 申请人应事先做好交验的各项准备工作,并为检验提供必要的工作条件,包括提供海上交通工具等。

第七条 船舶检验机构根据船检局公布的《海上移动平台安全规则》(以下简称《安全规则》)所确定的检验项目,进行作业前检验或作业期间的定期检验。

申请人应根据检验项目要求,向船舶检验机构提供相应的资料。

第八条 船舶检验机构发现外国籍钻井船、移动式平台的技术条件不符合《安全规则》并确认不能颁发《检验合格证书》时,应向中国政府有关部门报告。申请人作出必要的改进,满足船舶检验机构要求的,按本规定第五条重新申请相应的检验。

第九条 对外国籍钻井船、移动式平台经作业前检验合格的,由执行检验的船舶检验机构签发《检验合格证书》;经作业期间的定期检验合格的,由执行检验的船舶检验机构在原《检验合格证书》上签注。

第十条 外国籍钻井船、移动式平台出现下列情况,《检验合格证书》失效,其所有人、经营人或代理人应按本规定向船舶检验机构重新申请作业前检验:

(一)法定证书和入级证书过期的;

(二)发生影响法定证书和入级证书效力的重大事故的。

第十一条 外国籍钻井船、移动式平台离开中国沿海水域后,《检验合格证书》自行失效。

第十二条 外国籍钻井船、移动式平台在中国沿海水域进行拖带航行,应按照《船检条例》及其他有关规定向船舶检验机构申请拖航检验。

第十三条 船舶检验机构实施检验,按照国家有关规定收取费用。

第十四条 对未持有《检验合格证书》或持失效的《检验合格证书》作业的外国籍钻井船、移动式平台,由中华人民共和国港务监督机构根据国家的有关规定予以处罚。

第十五条 本规定由中华人民共和国交通部负责解释。

第十六条 本规定自1995年10月1日起施行。

中华人民共和国航标条例

(1995年12月3日国务院令第187号发布)

第一条 为了加强对航标的管理和保护,保证航标处于良好的使用状态,保障船舶航行安全,制定本条例。

第二条 本条例适用于在中华人民共和国的领域及管辖的其他海域设置的航标。

本条例所称航标,是指供船舶定位、导航或者用于其他专用目的的助航设施,包括视觉航标、无线电导航设施和音响航标。

第三条 国务院交通行政主管部门负责管理和保护除军用航标和渔业航标以外的航标。国务院交通行政主管部门设立的流域航道管理机构、海区港务监督机构和县级以上地方人民政府交通行政主管部门,负责管理和保护本辖区内军用航标和渔业航标以外的航标。交通行政主管部门和国务院交通行政主管部门设立的流域航道管理机构、海区港务监督机构统称航标管理机关。

军队的航标管理机构、渔政渔港监督管理机构,在军用航标、渔业航标的管理和保护方面分别行使航标管理机关的职权。

第四条 航标的管理和保护,实行统一管理、分组负责和专业保护与群众保护相结合的原则。

第五条 任何单位和个人都有保护航标的义务。

禁止一切危害航标安全和损害航标工作效能的行为。

对于危害航标安全或者损害航标工作效能的行为，任何单位和个人都有权制止、检举和控告。

第六条 航标由航标管理机关统一设置；但是，本条第二款规定的航标除外。

专业单位可以自行设置自用的专用航标。专用航标的设置、撤除、位置移动和其他状况改变，应当经航标管理机关同意。

第七条 航标管理机关和专业单位设置航标，应当符合国家有关规定和技术标准。

第八条 航标管理机关设置、撤除航标或者移动航标位置以及改变航标的其他状况时，应当及时通报有关部门。

第九条 航标管理机关和专业单位分别负责各自设置的航标的维护保养，保证航标处于良好的使用状态。

第十条 任何单位或者个人发现航标损坏、失常、移位或者漂失时，应当立即向航标管理机关报告。

第十一条 任何单位和个人不得在航标附近设置可能被误认为航标或者影响航标工作效能的灯光或者音响装置。

第十二条 因施工作业需要搬迁、拆除航标的，应当征得航标管理机关同意，在采取替补措施后方可搬迁、拆除。搬迁、拆除航标所需的费用，由施工作业单位或者个人承担。

第十三条 在视觉航标的通视方向或者无线电导航设施的发射方向，不得构筑影响航标正常工作效能的建筑物、构筑物，不得种植影响航标正常工作效能的植物。

第十四条 船舶航行时，应当与航标保持适当距离，不得触碰航标。

船舶触碰航标，应当立即向航标管理机关报告。

第十五条 禁止下列危害航标的行为：

(一)盗窃、哄抢或者以其他方式非法侵占航标、航标器材；

(二)非法移动、攀登或者涂抹航标；

(三)向航标射击或者投掷物品；

(四)在航标上攀架物品，拴系牲畜、船只、渔业捕捞器具、爆炸物品等；

(五)损坏航标的其他行为。

第十六条 禁止破坏航标辅助设施的行为。

前款所称航标辅助设施，是指为航标及其管理人员提供能源、水和其他所需物资而设置的各类设施，包括航标场地、直升机平台、登陆点、码头、趸船、水塔、储水池、水井、油(水)泵房、电力设施、业务用房以及专用道路、仓库等。

第十七条 禁止下列影响航标工作效能的行为：

(一)在航标周围20米内或者在埋有航标地下管道、线路的地面钻孔、挖坑、采掘土石、堆放物品或者进行明火作业；

(二)在航标周围150米内进行爆破作业；

(三)在航标周围500米内烧荒；

(四)在无线电导航设施附近设置、使用影响导航设施工作效能的高频电磁辐射装置、设备；

(五)在航标架空线路上附挂其他电力、通信线路；

(六)在航标周围抛锚、拖锚、捕鱼或者养殖水生物；

(七)影响航标工作效能的其他行为。

第十八条 对有下列行为之一的单位和个人，由航标管理机关给予奖励：

(一)检举、控告危害航标的行为，对破案有功的；

(二)及时制止危害航标的行为，防止事故发生或者减少损失的；

(三)捞获水上漂流航标，主动送交航标管理机关的。

第十九条 违反本条例第六条第二款的规定，擅自设置、撤除、移动专用航标或者改变专用航标的其他状况的，由航标管理机关责令限期拆除、重新设置、调整专用航标。

第二十条 有下列行为之一的，由航标管理机关责令限期改正或者采取相应的补救措施：

(一)违反本条例第十一条的规定，在航标附近设置灯光或者音响装置的；

(二)违反本条例第十三条的规定，构筑建筑物、构筑物或者种植植物的。

第二十一条 船舶违反本条例第十四条第三款的规定，触碰航标不报告的，航标管理机关可以根据情节处以2万元以下的罚款；造成损失的，应当依法赔偿。

第二十二条 违反本条例第十五条、第十六条、第十七条的规定，危害航标及其辅助设施或者影响航标工作效能的，由航标管理机关责令其限期改正，给予警告，可以并处2 000元以下的罚款，造成损失的，应当依法赔偿。

第二十三条 违反本条例，危害军用航标及其辅助设施或者影响军用航标工作效能，应当处以罚款的，由军队的航标管理机构移交航标管理机关处罚。

第二十四条 违反本条例规定，构成违反治安管理行为的，由公安机关依照《中华人民共和国治安管理处罚条例》予以处罚，构成犯罪的，依法追究刑事责任。

第二十五条 本条例自发布之日起施行。

中华人民共和国海商法

（1992年11月7日第七届全国人民代表大会常务委员会第二十八次会议 1992年月7日中华人民共和国主席令第64号公布 自1993年7月1日施行）

目 录

1993～1995年关于海洋石油方面的法规

1.《海底长输油气管线投用许可办法》(中华人民共和国能源部，1993年2月25日发布)

2.《海洋石油作业系物管理规则》(中国海洋石油作业安全办公室，1994年1月7日发布)

3.《海洋石油起重船作业认可办法》(中国海洋石油作业安全办公室，1994年1月7日发布)

4.《海洋石油生产设施锅炉压力容器安全管理规则》(中国海洋石油作业安全办公室，1994年6月28日发布)

5.《海上油田(井)延长测试作业许可办法》(中国海洋石油作业安全办公室，1995年12月14日发布)

产　业　篇

Marine Industries

海 洋 渔 业
Marine Fishery

·专文·

中国远洋渔业的发展与展望

李健华
(农业部渔业局政策法规处,北京)

80年代中期中国第一支远洋渔业船队开赴西非捕鱼,揭开了中国远洋渔业发展的序幕。经过10年的艰苦创业,历尽艰难坎坷,中国远洋渔业从无到有,从小到大,从单一捕鱼发展到渔工贸综合经营,从开始涉足个别海域扩展到太平洋、大西洋和印度洋等世界三大洋,发展加快,规模扩大,经营水平不继提高,已成为中国外向型经济中的一支生力军,是中国境外投资最成功的产业项目之一。特别是"八五"期间,中国远洋渔业发展速度加快,1995年,远洋渔船发展到1 300多艘,35万吨位,年渔获量达85万t,与1990年相比,远洋渔船增长了5.9倍,吨位增长2.9倍,渔获量增长3.7倍。经过五年的快速发展,中国已成为世界主要的远洋渔业国家。

一

"八五"期间,中国远洋渔业发展有以下特点:

1.取得了良好的经济效益,成为海洋渔业企业新的增长点。据粗略统计,到目前全国远洋渔业总投资超过25亿元人民币,具备农业部批准远洋渔业企业资格的企业达50多家。从总体来看,多数企业和项目的经济效益良好,投资回报率较高,1995年,全国远洋渔业企业的国外经营收入总额达5亿美元。由于远洋渔业的开拓,原经营困难、甚至濒临破产的部分国有捕捞企业,找到了新的发展点,摆脱了困境,获得了新的发展。

2.开放度进一步扩大,提高了中国的国际渔业地位。发展远洋渔业,使中国直接参与了世界渔业资源的开发,实现了中国渔业由传统的"内向型"向"外向型"的转变。中国先后在白令海、鄂霍茨克海等公海开展了捕鱼生产,在国际公海资源的开发中,获得了应有的海洋权益,在国际多边协调与管理体系中,占有一席之地。在与沿海国家合作开发200n mile渔业资源方面,近年与中国合作的国家和地区不断增多,远洋渔业已分布于近40个国家和地区,生产区域持续扩展。这些国家通过发展与中国渔业合作,发展了本国的民族经济,从而增进了双方的友好关系。有的非洲朋友说,与中国的渔业合作是"南南合作"的典范。

3.增加了国内市场海水鱼的有效供给。远洋渔业的发展,既扩大了中国水产品的国际贸易,又为国内市场提供了大量的优质海水鱼。在远洋渔业起步之时,渔业部门就把增加国内市场海水鱼的供应作为企业的一项重要任务。"八五"期间,远洋渔业企业在积极开拓国际市场的同时,共运回100多万t优质海水鱼供应国内市场,仅1995年就运回了35万t,比1990年增加了近30万t。现在,在国内大中城市市场上,质量好、价格适宜的"远洋鱼"供应充足,为丰富市场、稳定鱼价作出了重要的贡献。

4.推进了中国渔业的产业优化和技术进步。发展远洋渔业是中国渔业对外开放的主要领域。首先,促进了海洋捕捞企业产业结构调整,优化了资产结构,提高了资产利用率,使企业生产经营实现了内外结合、优势互补、协调发展。其次,促进了企业技术进步。为了适应远洋渔业的发展,近十年来,国内已研制了多种新型渔船,加快了渔船渔机新产品的开发,通过引进先进的技术装备,在不长时间内,使中国拥有了一支3 000吨级现代化的大型加工拖网船队,初步掌握了大洋性生产作业技术和具有国际水准的鱼产品加工技术,缩小了中国与世界先进水平的差距。同时,还促进了国内渔船渔机工业的发展和产品出口,十年来,渔船渔机产品出口总金额达3亿多美元,为中国渔船渔机工业创造了发展机遇。此外还培养和造就了一支具有开拓精神和国际市场意识的企业家和经营管理、技术骨干队伍。

中国远洋渔业取得迅速发展的主要因素有以下几个方面:

一是从国情出发,自力更生,艰苦奋斗,走投资省、见效快、效益好、具有中国特色的远洋渔业发展路子。多数企业主要依靠利用原有设备、家底为主起步,对现有的渔船设备进行技术改造后带出去,靠存量资产起动,大大减少了初始投资。同时积极引进先进适用技术装备,如从国外引进少量的中国还不能制造的大型加工拖网渔船、加工运输船,较快地提高了中国远洋渔业的装备水平和生产能力,在不太长的时间内,形成了一支较大规模的远洋渔业船队。

二是采取灵活多样的国际渔业合作方式,重点开展与发展中国家的渔业合作，积极参与公海资源的开发。目前，中国在境外已建立了60多个独资、合资和合作经营的企业或代表处。在平等互利的基础上，根据合作国的具体情况和自己的优势，灵活地选择合作形式，如签定政府间渔业协定、开展民间合作等。在具体方式上，或直接支付资源费购买捕捞配额，或以信贷方式向合作方提供渔船设备，或通过为合作国建造小型渔船、冷库、养殖设施作为取得捕捞配额的补偿等等，取得了在合作国的捕鱼权。多样化的合作方式，推动了远洋渔业的发展。

三是以国际市场为导向，以远洋捕捞为主，积极开展多元化经营。在激烈的国际市场竞争中，随着与国际规则接轨，企业的观念得到了更新，企业在重点抓好捕捞生产的同时，调整经营策略，充分利用国际市场提供的各种贸易机会，积极开展渔工商综合经营，经营渔需物资，发展运输、加工等等，提高了远洋渔业企业的综合经济效益。

四是发挥中央和地方两方面积极性，以国有企业为龙头带动群众渔业，迅速形成生产规模。中国远洋渔业的发展先由中央直属企业率先起步，地方企业紧跟其后。发展初期以国有企业为龙头，带动了群众远洋渔业的发展，形成了依靠中央和地方两方面积极性，国有渔业和群众渔业两支力量共同发展远洋渔业的局面。特别是近五年，群众发展远洋渔业的势头很猛，如广东远洋渔业以群众渔业为主体，目前占渔船总数的90%以上。

五是国家产业政策的支持，为远洋渔业创造了有利的发展环境。"八五"期间，为了促进远洋渔业发展，国家在产业政策中明确将其作为重点扶持产业，在投资、渔用物资和自产水产品运回国内等方面，各级政府先后出台了一些政策和措施，鼓励和扶持发展远洋渔业，增强了远洋企业的自我发展能力和国际竞争力。

中国远洋渔业发展过程中，也存在一些突出的问题：一是行业协调管理与远洋渔业的快速发展不相适应。现在各地、各企业发展的积极性很高，但地区之间、企业之间的合作、协助不够，有时利益矛盾还十分突出，难以形成合力统一对外，应有的整体优势未能充分发挥出来。二是海上生产与后方基地不配套的问题日益突出。由于缺乏后方基地，海上生产与后勤服务不相配套，影响了总体经济效益，而且往往受制于人，企业利益流失较大。有的企业缺乏长远发展的思想和全局观念，未能正确处理好与合作国的关系，也造成了不良的影响。三是远洋渔业的科技投入少，资金紧缺，一些前期工作，如资源调查未能开展，后备渔场缺乏，发展带有一定的盲目性。四是入渔条件日益苛刻，入渔成本呈上升趋势，公海捕鱼制度也愈来愈严格，各种限制措施日趋具体化。此外，远洋渔业面临的市场风险、自然风险和政治风险也很大，竞争愈趋激烈。

二

从发展前景看，中国远洋渔业在直接开发世界资源、直接参与国际市场竞争方面，具有其他产业所没有的独特优势，积极而适度的发展，是中国扩大对外开放、促进经济发展的客观要求。今后一个时期的发展方针是：积极开拓，强化管理，综合配套，提高素质。应着重抓好以下几个方面的工作。

1.协调管理，抓好远洋渔业法规建设。有关部门要进一步加强配合，搞好宏观管理，统一对外，要着重抓好三个重点工作：一是本着既要与国际法规相接轨，又要从国内的实际情况出发，抓紧制订远洋渔业管理办法，建立健全许可制度，使远洋渔业尽快走上规范化的管理轨道。二是按照国务院的有关规定，严格项目的程序化管理，境外远洋渔业合作项目的审批和管理，必须先经农业（渔业）部门审核，再报经贸部门审批立项。三是要建立区域性的协调组织。目前已经建立的南太和北太两个区域性的协调组织，初步理顺了这两个地区远洋渔业的管理体制和企业间的关系，发挥了积极的作用，今后要在逐步建立区域性组织基础上，组建全国性的行业协会。

2.抓好基地建设，开展综合配套规模化经营。前些年，中国远洋渔业在起步阶段，主要是单一的渔船捕鱼。现在发展到相当的规模后，无论从自身的配套发展，还是从合作国的愿望考虑，都应该把国外基地建设和综合配套经营提上日程。基地建设要从实际出发，因地制宜，可先修建简易码头设施、冷藏加工设施以及渔船修造、网具制造和物资供应等等，根据条件和所在国的规定，可以独资建设，也可以与当地企业合作办，在一个国家有几家中国公司并存的，提倡企业联合投资办，推进远洋渔业企业由单一捕鱼向经营多元化、规模化的方向发展。

3.加强远洋渔业战略、法规、科技、信息等工作。要加强远洋渔业法规、市场、信息等方面研究，特别是要根据《联合国海洋法公约》的要求，认真分析新的世界海洋制度对远洋渔业可能产生的影响，加强远洋渔业发展战略和国际水产品市场的研究，为做好远洋渔业工作提供科学的决策依据。要围绕后备渔场的开发，重点加强资源调查工作，做好渔场预测工作。在捕捞技术上，尽快突破金枪鱼围网、中上层鱼开发，力争在"三南"（南太、南美和南部非洲）和"北太"等区域形成几个新的作业渔场。

4.平等互利，与有关沿海国建立良好的合作关系。现在和今后一个时期，与中国开展渔业合作的主要是第三世界的国家，这些国家经济都还比较落后。中国远洋渔业发展在指导思想上要明确，要在平等互利互惠的基础上，通过友好合作，共同发展，为中国远洋渔业长期稳定发展创造良好的国际环境。

5.培养和造就一支具有较高素质的远洋渔业管理和技术骨干队伍。近年，企业在实际工作中，已培养了一批业务骨干，但与远洋渔业发展的要求差距还很大，仍十分缺乏具有开拓精神，精通管理和国际贸易、法规，会外语的高层次的管理人才和较高水平的船长、轮机长，这是制约中国远洋渔业持续发展的重要因素。企业和政府，都要舍得在这方面投入，一是要十分重视在职人员的培训；二是在实践中锻炼培养；三是广开"才"路，要把一些具有国际金融、国际商贸和企业管理等方面知识和实践经验的专业人才吸收进来，建成一支高素质的、人才门类齐全的远洋渔业骨干队伍。

综　述
Summary

1993～1995 年，全国海洋水产总产值分别为 601.93 亿元、913.3 亿元和 1 176.87 亿元（其中 1995 年的增加值为 611.98 亿元）；海洋渔业产量为 10 760 402 万 t、12 414 915万 t 和 14 391 297 万 t；海洋捕捞业、海洋养殖业、水产品加工业都有较快发展，特别是远洋渔业发展较快。在渔业生态环境保护、渔业立法执法及渔港建设等方面也取得一定成绩（参见表 1～表 3）。

表 1　1993～1995 年海洋渔业生产概况

单位：t，hm²

年份	海水产品产量	海洋捕捞	海水养殖	海水养殖面积
1993	10 760 402	7 673 429	3 086 973	587 540
1994	12 414 915	8 958 917	3 455 998	653 530
1995	14 391 297	10 268 373	4 122 924	715 750

表 2　1993～1995 年海洋群众渔业组织、人口、劳动力情况

年份	渔业乡（个）	渔业村（个）	渔业人口（人）	渔业劳动力（人）		
				总和	专业劳力	兼业劳力
1993	313	3 722	5 109 633	2 329 479	1 613 138	716 341
1994	335	3 936	5 184 268	2 386 469	1 657 418	729 051
1995	325	4 225	5 267 392	2 514 682	1 743 057	771 625

表 3　1993～1995 年海洋水产品分类产量

单位：t

年份	鱼类	虾蟹类	贝类	藻类
1993	5 465 912	1 391 604	2 918 871	693 908
1994	6 474 091	1 709 187	3 236 071	745 170
1995	7 580 992	1 847 996	3 927 078	749 140

海水养殖业
Mariculture Industry

【概况】　“八五”后三年的海水养殖业是发展速度最快的产业之一。据统计，1992 年全国海水养殖产量为 242 万 t，1995 年海水养殖产量达到 412 万 t，“八五”后三年海水养殖产量每年递增速度近 20%。海水养殖产量中占比重最高的为贝类，1995 年产量达到 310 万 t，占海水养殖总产量的 75%，而藻类、鱼类、虾蟹类的产量分别为 73.9 万 t、14.5 万 t、11.6 万 t，占海水养殖总产量的比重分别为 18%、4%、3%。三年来，鱼、虾、贝、藻的年递增速度分别为 35.2%、-18.7%、24.7%、10.1%。

海水养殖业生产形势及其特点　1. 养殖规模继续扩大，苗种生产稳步发展。在市场经济的推动下，各地开发浅海滩涂的热情很高。据统计，“八五”后三年新增海水养殖面积 45.974 万 hm²，比 1992 年的 49.904 万 hm² 扩大近 1 倍，年递增速度为 12.8%，1995 年海水养殖面积已达 71.575 万 hm²。养殖规模扩大的主体是贝类和鱼类，年递增速度分别为 17.2%和 14.3%，藻类和虾蟹类的年递增速度分别为 11.8%和 1.1%。海水网箱养鱼规模居首位的广东省，三年来养殖规模扩大 3 倍，达到 10 万箱。滩涂贝类的增养殖以传统品种文蛤、杂色蛤、蚶类、蛏、牡蛎为主要养殖对象，沿海各地都加大了开发力度，是海水养殖产量的主要增长点。

苗种生产总的趋势是大宗品种如扇贝、对虾、海带等品种供求基本平衡，而鱼类、滩涂贝类及一些名优品种的苗种则供不应求。三年来扇贝和海带的年育苗量分别维持在 700 亿粒和 100 亿株左右；对虾育苗量从 1992 年的 764 亿尾降到 1995 年的 333 亿尾，年下降速度为 24.2%。减产地区为江苏以北省、市，原因一是对虾育苗室转产育河蟹苗；二是养殖池塘多数采取混养或稀放粗养，减少了用苗量。鲍鱼苗生产量 1995 年为 2 亿头，年递增速度为 37.7%。其他一些品种如泥蚶、石斑鱼类等的育苗量尚不能满足养殖生产的需要。

2. 名特优新品种养殖步子加快，品种结构进一步优化。在市场的导向下，各地加大了发展名特优新品种的力度。70 年代末，海带、贻贝的产量占海水养殖总产量的 80%，而鱼、虾、蟹、扇贝等名特优的产量所占比重不足 1%。90 年代初，海带、贻贝的产量所占比重下降到 30%，而鱼、虾、蟹、扇贝等名特优的产量所占比重上升到 23%。“八五”后三年鱼、虾、蟹、扇贝等名特优品种新增产量 126.4 万 t，1995 年名特优产量占海水养殖总产量的比重上升到 28.5%。三年来，海水网箱及工厂化养殖优质海水鱼、鲍鱼育苗规模及工厂化养殖都有较快的发展。新品种日本对虾的养殖已初具规模，南美白对虾的养殖也表现出较大的发展潜力。

3. 养殖模式优化，集约化程度提高。在海水养殖业从粗放型向集约型转变的过程中，各地普遍重视科技工作，通过抓好技术开发，不断提高劳动生产者的技术水平，逐步向结构优化要效益，向科学技术要效益，向科学管理要效益。一批先进的科研成果和技术正在逐步应用于生产，池塘多品种混养精养高产技术、浅海立体化养殖技术、工厂化养鱼养贝技术等已在中国沿海得到进一步的普及推广,有效地促进了养殖生产的发展。

4.广开投资门路,加大开发力度。在向市场经济转变的过程中,海水养殖的开发也被推向了市场。因海水养殖具有"短、平、快"的特点,也是"两高一优"农业中增效最显著的产业之一,因此吸引了社会各界、各类公司及外商的资金投入到开发海水养殖项目中来。三年来仅海南省外商投资开发水产养殖就有18家,共投入8 000多万元人民币和1 750万美元。各级政府的正确引导,社会各界的大力支持及各级水产主管部门的努力,使"八五"后三年海水养殖面积翻了一番。

海水养殖生产发展的主要成绩 1.对虾养殖生产得到恢复。对虾是中国沿海出口换汇的拳头品种,是沿海县及乡镇的经济支柱,自1993年虾病暴发以来,中国的对虾养殖业受到沉重打击。近两年,在各级政府及渔业主管部门的重视下,各地在抓好对虾病害防治示范区工作的同时,又因地制宜地实行精养、粗养、混养等养殖方式,并狠抓防病措施的落实,使对虾病害防治工作取得了较好成绩。1994年养殖对虾发病率比1993年下降10%,1995年比1994年又下降10%。盈利面积由1994年的60%上升到80%以上,产量也在逐年上升,对虾养殖业正在得到恢复。

2.病害防治工作掀起高潮。伴随着养殖规模的扩大和集约化程度的提高,在养殖环境日趋恶化的情况下,养殖病害的发生率越来越高。农业部为此于1995年11月在北京召开了全国会议,专题研究解决水产养殖病害防治问题,会议提出了"以防为主、防治结合"的指导方针。病害防治工作已得到各地的高度重视,许多省成立了病害防治工作领导小组。水产养殖病害防治体系建设也倍受重视,中央成立了全国水产养殖病害防治网络,许多省也成立了二、三级病害防治网络。农业部于1994年开始拿出专项资金,在重点省、市建设了一批病害防治中心,在病害防治中发挥了作用。天津市在全国第一个建立鱼虾病防治院,病害防治到位到家,深受养殖生产者欢迎。

3.重视技术规范的落实,单产水平提高。各地普遍重视科学技术在养殖生产中的作用,在挖掘内涵上加大投入,向精养高产要效益。1995年海水养殖单产水平达到5 760kg/hm²,三年提高近20%。最具代表性的是滩涂贝类管养和扇贝筏式养殖单产水平的提高,1995年贝类养殖面积比1992年增长60%,而产量则增长了94%。

4.立法步子加快,行业管理手段加强。强化苗种、饲料和渔药的质量监督管理是水产养殖生产发展的重要保障,沿海地区为此做了大量的工作。如福建省水产厅始终坚持同省防疫站、省质量监督部门联合对对虾苗种和饲料进行质量监测,对带病毒的虾苗禁止销售,对不合格的饲料产品通过新闻媒体予以曝光,取得了很好的效果。广西、上海等地也制定了地方性的管理办法,将水产种苗逐步纳入法制化管理的轨道。

制约海水养殖生产发展的不利因素 目前病害是影响海水养殖业健康发展的最大制约因素。养殖对虾病害自1993年在全国大面积暴发以来,养虾业蒙受了巨大的损失。1993、1994、1995年的发病率分别为76%、66%、58%。1995年扇贝等筏式养殖品种发病4 000hm²,直接经济损失达4.3亿元。海带、紫菜、鱼类、鲍鱼和滩涂贝类等也都有不同程度地病害发生。

表4 海水养殖面积(按水面类型分)

单位:hm²

年份	海水养殖总面积	浅海	港湾	滩涂
1993	587 540	87 520	154 840	345 180
1994	653 530	113 390	169 530	370 610
1995	715 750	131 760	159 420	424 570

表5 海水养殖面积(按品种分)

单位:hm²

年份	海水养殖总面积	鱼类	虾蟹类	贝类	藻类
1993	587 540	41 800	160 400	351 410	33 200
1994	653 530	56 730	160 220	397 850	35 110
1995	715 750	69 520	149 200	456 100	36 190

表6 海水养殖产量(按水面类型分)

单位:t

年份	海水养殖总产量	浅海	港湾	滩涂
1993	3 086 973	1 969 292	164 872	952 809
1994	3 455 998	2 105 350	209 873	1 140 775
1995	4 122 924	2 265 657	304 864	1 552 403

表7 海水养殖产量(按品种分)

单位:t

年份	海水养殖总产量	鱼类	虾蟹类	贝类	藻类
1993	3 086 973	71 672	104 438	2 221 468	681 483
1994	3 455 998	101 110	92 014	2 522 755	730 063
1995	4 122 924	144 957	115 881	3 099 099	738 503

(陈毅德)

苗种生产滞后也制约了海水养殖业的发展。目前,苗种普遍存在的问题是部分优良品种的种质退化;鱼类、滩涂贝类及一些名优品种的苗量严重缺乏。

再者养殖设施尤其鱼虾池的老化,严重恶化了生产条件和养殖环境,是造成单产下降和病害发生的根源之一。

另外,浅海滩涂养殖生产的开发利用,在部分地区还存在着无计划、不规范的现象,缺乏用法制手段进行规范和管理。

促进海水养殖业发展的主要措施 一是搞好病害

防治工作。要认真贯彻“以防为主，防治结合”的方针；加强养殖生产全过程健康管理及苗种、饲料、渔药的管理；加快病害防治体系和网络建设，建立一支高水平的病害防治队伍；增加科技投入，加强科技攻关，争取早出成果。

二是要加快原良种体系的建设步伐，以鱼虾贝藻的优良品种为对象，在沿海迅速建立一批原良种场；加大科技攻关力度，力争尽快突破鱼类、滩涂贝类及一些名优品种的生产性育苗技术。

三是抓好基础设施的改造工作。要制订改造池塘的长远规划和分年度实施计划，分期分批部署整治池塘及制定验收达标要求。制订优惠政策和措施，调动养殖生产者自觉改造生产条件的积极性。池塘改造的资金投入，除发动群众集资自筹外，还应积极争取计划、财政、农行等有关部门的大力支持，给予扶持。

四是尽快制订出全国的浅海滩涂养殖生产管理的法规，为浅海滩涂养殖生产的管理提供法律依据。近几年，这项工作已得到了沿海各省的普遍重视，一些省为此做了大量的工作。山东省人民政府于1992年发布施行了《山东省浅海滩涂养殖管理规定》，广东省人民政府于1994年发布施行了《广东省浅海滩涂水产增养殖保护管理规定》。

【对虾病害防治】 随着对虾养殖规模的扩大和集约化程度的提高，养殖环境的日趋恶化，病害随之而来。从1990年开始，对虾病害在中国沿海小范围发生，1993～1995年连续三年大面积暴发了传染性流行病，造成惨重损失。使中国从一个年产20万t并左右国际市场的养虾大国变成了对虾进口国。

一、养殖对虾病害流行情况

1993年全国对虾养殖面积15.4万hm^2，发病11.2万hm^2，占总养殖面积的76%，养殖对虾产量比1992年减产近12万t，盈利面仅为40%，直接经济损失35亿元，间接经济损失86亿元。该年度虾病的暴发，不仅使出口创汇和国家税收受到严重影响，以养虾业为支柱产业的县、乡经济不能正常运转，而且使众多虾农负债累累。1994年，全国对虾养殖面积15.1万hm^2，发病9.9万hm^2，占总养殖面积的66%，养殖对虾产量比上年减少2万多吨，盈利面为60%。1995年全国对虾养殖面积13.7万hm^2，发病面积8万hm^2，占总养殖面积的58%，养殖产量比上年增加1万多t，盈利面达到了80%以上。

二、病害流行的特点

一是发病规模大，范围广。1993年是养虾历史上发病率最高的一年，沿海11个省、市、区均有发病。二是发病率高，具有突发性和暴发性。从出现病症到开始死亡的时间很短，死亡率高，往往是措手不及，有的甚至是毁灭性的。三是发病品种和病害种类繁多。沿海养殖的中国对虾、斑节对虾、长毛对虾、墨吉对虾和日本对虾均有病害发生，主要有病毒病、细菌病、真菌病等，其中以病毒病危害最为严重。四是防治难度大。由于病原、病理、诊断等方面的研究不够，有效的防治技术还没有找到，因此，病害发生还无法得到有效控制。

三、病害防治采取的主要措施

1.以防为主，狠抓关键技术的落实。病害发生是由综合因素引起的，与养殖环境条件、水质、饲料、放养密度、管理水平都有密切关系。因此，各地积极开展虾池的改造，改善生态环境；建立合理的养殖模式，科学放养；推广优良养殖品种，提高种质抗病能力；加强水质监测，科学地投饵和用药。

2.加强科技攻关。1993年发生对虾暴发性流行病后，农业部组织了包括渔业系统、中国科学院和高等院校在内的近20个科研单位的专家参加联合攻关。通过研究，已在病原、传播途径等方面取得了一定突破。

3.加快病害防治体系建设。近几年来，病害防治体系建设在各地已经列上议事日程。农业部从1994年开始拿出部分专项资金，在重点省建设了一批病害防治中心，大部分省已经开始建设，有的已经开始运行，在病害防治中发挥了很大作用。

4.办好综合防治示范区。为了探索总结科学的对虾养殖模式和病害防治技术，农业部从1994年起在有关省选择了一些条件较好的养殖单位作为部级虾病综合防治示范区。许多地方还办了省级、县级示范点，集中人力、物力、财力，重点进行养殖模式的改革，探索适合中国国情的精养高产模式。

5.加强苗种、饲料和渔药的管理。苗种、饲料和渔药是养殖生产发展的物质条件，强化这三方面的管理，是防治养殖病害发生的重要保证。河北省为搞好对虾养殖生产，在苗种管理上对亲虾抽查检疫，苗种经检疫无病毒后方可出售、放养；对渔药、饲料厂家核发生产许可证，对经营单位核发经营许可证，无证不准生产、经营，并根据标准进行不定期的质量抽检，防止伪劣产品坑害虾农。由于采取了这些措施，全省1.9万hm^2虾池取得总产1万t、盈利1.2亿元的较好成绩。 （陈学洲）

【渔药】 渔药是指用于预防、治疗、诊断水生动植物病害，有目的地调节其生理机能并规定作用、用途、用法、用量的物质。

中国渔药的研究生产起步较晚，是在人、兽药业及化工工业的基础上发展起来的，经历了一个从无到有、从借用代用到专用的历程。50年代初，中国的鱼病专家提出了用生石灰清塘，这项较早的行之有效而又简单易行的疾病防治措施至今仍不失其特殊的实用价值。此后又逐步发展到利用茶粕、巴豆、鱼藤酮(精)等天然物质的清塘。从80年代开始，随着水产养殖规模的扩大，集约化养殖程度的提高，以及外来污染的影响，水产养殖病害日益严重。据不完全统计，目前全国每年水产养殖有10%～15%的面积受到不同程度的病害影响，水产品因病害减产约50万～60万t，并且有继续加重的趋势。为有效地防治病害，养殖生产对渔药的社会需求量越来越大，渔药生产厂家日益增多，许多兽药厂也纷纷转产渔药，促使渔药生产迅速发展。目前全国已有渔药生产厂家100多家，主要集中在山西、江苏、湖南、湖北、广东等地。生产的渔药及制剂达数百种，按作用大致可分为抗菌药、消毒剂、杀虫剂、环境改良剂、添加剂、激素、疫苗等。其中一些药品在养殖生产中应用已取得明显效果,深受养殖生产者欢迎。但从总体来说,渔药生产和兽药行业相比要落后得多,主要表现为一些渔药生产厂家规模较小,生产条件差,多为简单的手工操作;渔药专业产品较少,主要药物仍然依赖化学、医学、医药、农药和兽药等代用品;渔药生产厂家缺少既懂水产又精通药理的专家,渔药生产与实际养殖生产应用出现脱节现象。

目前,渔药管理是按国务院发布的《中华人民共和国兽药管理条例》及农业部发布的《兽药管理条例实施细则》执行。为加强渔药生产管理,农业部已确定黄海水产研究所、长江水产研究所和浙江省淡水水产研究所为新渔药临床试验单位,今后新开发、研制的渔药,必须经临床试验合格后方可办理批准手续。由于渔药的研制、生产与兽药有很大差别,随着渔药生产厂家和种类的大量增加,现在的管理办法已不适应渔药发展的需要,需要制定具体的渔药生产管理办法。还应建立相应的渔药质量监督和检测机构,加强渔药质量监督和检测工作。

(樊祥国)

海洋捕捞与新渔场开发
Marine Fishing and Development of New Fishing Grounds

【海洋捕捞】 海洋捕捞生产作为中国渔业的重要组成部分之一,多年来一直为推动渔业生产发展、保障水产品市场供应特别是优质海水产品的市场供应发挥着重要作用。

表 8 海洋捕捞产量(按品种分)

单位:t

年份	总捕捞量	鱼类	虾蟹类	贝类	藻类
1993	7 673 429	5 394 240	1 287 166	697 403	12 425
1994	89 958 917	6 372 981	1 617 173	713 316	15 107
1995	10 268 373	7 436 035	1 732 115	827 979	10 637

据统计,1993～1995 年全国海洋捕捞产量由 767 万 t 增长至 1 026 万 t,增长 33.8%。根据抽样调查,捕捞渔民年劳均收入由 10 850 元增长至 20 642 元,平均每年净增 3 264 元。至 1995 年底,全国沿海共有海洋捕捞生产机动渔船 26.562 万艘、936.77 万 kW(1 273.65 万马力),比"七五"末的 24.0182 万艘、654.83 万 kW(890.32 万马力)分别增长 10.6% 和 43.1%,形成了一支具有远洋、外海和近海渔场生产能力,并拥有一部分现代化渔船、渔机设备和一定科技水准的海洋捕捞生产队伍,在"八五"渔业生产发展中占有举足轻重的地位。

但是,海洋捕捞是以直接开发利用自然资源为主要手段的产业部门,受到渔业资源兴衰、更替、变化的制约和限制。特别是在建立社会主义市场经济体制大环境下,捕捞生产者调整作业主要取决于经济利益的驱动,捕捞生产主管部门如何适应市场经济的新形势,协调好发展生产与保护资源的矛盾成为亟待研究解决的问题。因此在当前近海渔业资源结构发生较大变化,传统经济品种资源进一步衰退的情况下,积极调整作业结构,开发新渔场、新品种和新资源,使捕捞生产逐步适应资源结构的变化,适应中国推动市场经济发展的宏观环境,是保证海洋捕捞业协调、稳定地发展,使捕捞生产、资源利用纳入良性循环的重要措施之一。

表 9 海洋渔船拥有量

单位:t

年份	渔船总数	机动渔船		非机动渔船	
		艘数(艘)	总功率(kW)	艘数(艘)	载重量(t)
1993	298 430	252 126	8 106 593	46 304	68 452
1994	302 805	259 297	8 394 107	43 508	60 747
1995	314 761	273 978	9 800 739	40 783	65 804

(陈毅德)

【新渔场开发】 近年来,由农业部组织或牵头组织在中国管辖海域或毗邻海域进行的具有一定规模的新渔场、新资源综合开发利用项目主要有如下 4 项:

黄东海鳀鱼资源的开发 从 1984 年开始,黄海水产研究所利用挪威赠给中国的"北斗"号资源调查船开展鳀鱼资源调查和探捕工作,并顺利完成了"鳀鱼资源、渔场调查及鳀鱼变水层拖网捕捞技术的研究"课题。1989 年冬开始,结合黄海所的研究课题,原农业部水产司连续三年投入资金和物资组织山东、江苏两省的国有企业和群众生产渔船进行鳀鱼越冬场的探捕生产,并同时对该项资源进行规模开发。

三年的探捕和开发取得了丰硕的成果:一是探明了黄东海区鳀鱼资源的蕴藏量为 300 万～400 万 t,年可捕量 50 万～60 万 t,具有可观的开发远景。基本查清了黄、东海区鳀鱼的资源状况、渔场分布、洄游规律和渔汛、渔期的有关情况,为进一步大规模商业开发做了基础工作。二是科研和生产单位互相配合,对捕捞鳀鱼的各种网具、捕捞技术和探渔仪器等进行了一系列的试验研究,在挪威提供的变水层拖网的基础上,创造性地研制成功适合中国实际、简单可靠、易于操作的系列型的变水层拖网及捕捞技术,填补了这一领域的空白。三是探捕生产带动了各生产单位的生产积极性,生产已形成一定规模。除对越冬场进行开发之外,黄东海大量群众渔船也对春、夏季沿岸的鳀鱼产卵、索饵群体进行开发利用。1993～1995 年,黄、东海区鳀鱼产量平均达到 43 万～45 万 t 左右,鳀鱼已成为黄、东海区重要的渔获品种之一。四是鳀鱼资源开发带动了海上保鲜、陆上加工技术的研究,并进一步促进了对鳀鱼鱼粉、鱼油药用、小包装食品等项技术的开发,基本形成了一个以鳀鱼捕捞为龙头,生产、加工、销售一条龙,前后方配套的新兴产业。

表10 海洋捕捞产量(按海域分)

单位:t

年份	总捕捞量	渤海	黄海	东海	南海	其他海域
1993	7 673 429	858 476	1 320 235	2 641 668	2 240 850	612 200
1994	8 958 917	905 315	1 486 616	3 275 124	2 600 909	690 953
1995	10 268 373	954 020	1 706 250	4 378 364	2 377 367	852 372

(陈毅德)

北太平洋鱿钓渔场的开发 1989年开始,由中国水产总公司所属舟山海洋渔业公司和上海水产大学率先进行日本海鱿钓渔业的试捕和开发。1993年农业部又委托上海水产大学开展为期3年的"北太平洋鱿鱼资源和捕捞技术及其装备的研究"项目,重点对北太平洋公海水域的鱿鱼资源进行资源调查和技术研究,采取行政、科研、生产相结合的方式,组织黄、东海区以国有渔业公司为主的捕捞企业参加规模化试捕生产。在上述单位的共同努力下,该项开发工作取得了重大突破:一是基本摸清了上述海域鱿鱼资源分布及其渔场、渔期和洄游规律;二是在研究、借鉴国外捕捞技术和装备的基础上,成功地开发研究了以国产8154型拖网渔船改装为基本形式的一系列的捕捞钓具、诱鱼灯具、风帆、尾锚等设备以及适用的捕捞技术;三是经过生产实践,目前已形成规模化生产,创造了较好的经济效益。1995年该品种产量达7万多t,比1993年增长3倍多,成为继外海马面鱼资源衰退之后,黄、东海区国有捕捞企业捕捞生产又一新的增长点。

南沙渔场的开发 南沙渔场渔业资源比较丰富,是中国南海区渔民的传统作业渔场。1985年,原农牧渔业部批准海南琼海的潜水采捕渔船开始恢复南沙渔业生产。近十年来,陆续对南沙西南部拖网渔场、岛礁区渔场进行了资源调查和生产性探捕,对相关的捕捞技术和渔船、渔机、冷冻、保鲜设备进行了研究和试验;组织南海三省区国有捕捞企业和部分群众渔业生产渔船赴南沙生产,取得了较好的经济效益,为维护国家的海洋权益也做出了积极贡献。

南沙生产规模以较快的速度发展,至1995年,南海三省区赴南沙生产的各类渔船近300艘,产量达20 000余吨,产值1亿多元。生产渔场由岛礁区扩大到西南部的陆架区;作业方式由单纯潜水采捕发展到底拖网、刺钓、采捕等多种形式,近年又在尝试用灯诱围网开发利用中上层鱼;渔获品种也由海参、螺贝类等海珍品发展到底层、中上层、岩礁性鱼类等众多品种。

东海外海中上层鱼类资源的开发 随着近海渔业资源结构的逐步变化,东海外海比较丰富的中上层鱼类资源有待于进一步开发。浙江、福建两省历史上就有中上层围网作业的传统,曾经达到过相当的规模,近年由于渔区经营体制的改革,使渔业生产单位规模小型化,又因为围网作业所需劳力多、劳动强度大、技术要求高、与同期的拖网作业比较效益低等原因而呈逐年衰减的趋势。为了保护近海底层鱼类资源,调整捕捞作业结构,自90年代开始,农业部就陆续以资金、物资等各种方式支持福建、浙江两省开发中上层的鲐鲹鱼。东海区的科研、生产单位也积极组织对中上层鱼的资源、渔场及其洄游规律进行调查,研究利用高速拖网、多船、单船围网等几种作业方式开发这种资源,并对相关的捕捞技术、渔机设备进行试验研究,促进了生产的发展,也为东海区伏季休渔期间的生产渔船开辟出一条新的生产出路。

东海区中上层鱼类的产量逐年增加,围网作业也正在恢复之中。1995年东海鲐鲹鱼产量为40万t,比1993年的16万t增长了150%;1995年浙江省有29组灯光围网船开发鲐鲹鱼,从7月7日至11月9日的四个月间,共生产鲐鱼1.74万t,产值3 000万元,单船最高产量1 500t,产值240万元,人均收入7万元,创近年来浙江灯围生产的新纪录,远高于同期拖网渔船的经济效益。

另外,沿海各地的国有捕捞企业和部分群众渔业生产单位积极投入远洋渔业生产,开发远洋和公海渔场,应视为中国捕捞生产队伍开发新渔场的延伸。

与此同时,沿海各地对一些地方性的鱼、贝、虾蟹类等地方小宗资源品种进行开发,也取得了一定的进展。

新渔场的开发利用有效地促进了海洋捕捞生产的发展,对保护近海渔业资源,调整作业结构起到引导和示范作用,是发掘潜在海洋蛋白资源,满足人类需求所采取的积极可行措施。

海洋渔业资源开发是一项系统工程,行政主管部门应适应当前的形势,充分发挥现有的宏观调控手段的作用,体现主管部门的工作方针和思路,促进生产的发展。近年的这几项资源开发在上述几方面逐步摸索出了路子,积累了一些经验:

1.采取行政、科研、生产单位相结合的开发与管理模式,实践证明这条路子是行之有效的,符合市场经济形势的要求;

2.资源开发与技术进步紧密结合,是加速海洋捕捞发展的前提。每一个新渔场、新品种的开发成功都带来捕捞技术上的一次飞跃和突破,填补了一项空白;

3.专业资源调查、科学技术研究与规模化生产紧密结合,使科学技术尽快形成生产力,尽快体现经济效益;

4.要发挥行业协会组织的自我管理功能,使其与主管部门的行业管理有机地结合在一起,寓服务于管理之中,为今后捕捞业的管理工作摸索出一条新路子。

(宋 钧)

水产品加工和综合利用
Processing and Multipurpose Use of Aquatic Products

【概况】 1993～1995年，中国水产品加工和综合利用取得长足发展，主要表现在：

1.新建企业多，水产品加工能力和产品产量大幅度增长。据1995年统计，全国水产系统有加工和综合利用企业4 778家，年加工能力达613.5万t,与1992年相比企业数增加了426家，冷藏能力104万t/次，制冰能力8.2万t/d,冻结能力7.1万t/d,三年间各增加了13万t/次、3.9万t/d和2.1万t/d,分别占全国(含商业、轻工、外贸等系统)总冷藏量、制冰量、冻结能力的20.8%、82%、78.8%;加工和综合利用产品总产量达到415万t,折合原料747万t,占水产品总产量的29.7%,比1992年提高2%。

2.加工和综合利用产品总产值在渔业及其工业总产值中的比重进一步提高。由于水产品精深加工和综合利用的发展和延伸，1995年加工和综合利用总产值达250.3亿元，占渔业及其工业总产值的17%,比1992年提高了2%,占渔业工业总产值的71.4%,比1992年提高了18.4%。水产品加工和综合利用已成为合理利用资源、提高水产品质量、丰富“菜篮子”、吸纳内地剩余劳力、增加农民收入的重要产业。

3.群众加工业迅速发展。1995年的群众水产加工企业已发展到4 111家，占全国加工企业总数的86%,而1992年群众企业只有3 100家，占全国加工企业总数的71.2%,3年群众加工企业增加了32.6%。

4.新产品开发取得明显效果。1994年12月在北京举办了“'94全国水产加工展示交易会”,会上展出的各类加工产品、名特优新产品1 100多种，大部分产品的内在质量、规格、包装装璜等都有较大改观，受到消费者好评。展示会上有75个产品获得优秀产品奖，有118个产品获得畅销产品奖。

5.水产品出口创汇持续上升。1993～1995年，出口水产品加工厂在国外申请卫生注册有突破性进展，在法国、意大利、希腊、西班牙、瑞典等国获准注册的水产加工企业1 291家(次);有420个养鳗厂及烤鳗厂在日本注册。1995年全国出口水产品换汇32.9亿美元，比1992年增长了96.2%,占当年全国各类食品出口换汇总额120亿美元的27.4%。

1993～1995年，全国水产品加工和综合利用在发展中面临的主要问题是：一是行业管理薄弱，缺乏统筹规划和信息交流，个别地方重复建设、一哄而起、一哄而散的现象依然存在；二是水产品加工与综合利用学科基础理论与应用技术研究力量较弱，行业发展缺乏必要的技术储备支持，维持生产的产品普遍已超过其生命周期；三是海水中上层鱼和贝类的加工仍是薄弱环节，中上层鱼食用加工品种很少，加工深度也不够，贝类的综合利用难以开展；四是企业经营管理水平亟待提高，粗放型管理、单一性经营、投入成本高、产出效益低、企业应变能力弱等，致使企业发展后劲严重不足。

针对以上问题，农业部渔业局于1995年8月召开了有18个重点省市参加的水产加工工作座谈会，提出了“九五”期间全国水产加工要“以市场为导向，以经济效益为中心，以技术进步为动力，合理有效利用渔业资源，增加品种，提高质量，加强管理，创立名牌，为实现渔业生产发展总目标，适应人民消费水平的逐步提高和消费结构的变化作贡献”的指导思想。并根据“九五”渔业发展规划要求，提出到2000年水产加工和综合利用产品总产量达到700万t,折合原料1 425万t,占水产品总产量的50%,水产加工和综合利用总产值达到850亿元，占食品行业总产值的12%。出口水产加工品70万t,占水产品总出口量的58%,创汇35亿美元，占出口水产品换汇总额的87.5%。为实现这个发展目标，将采取相应配套的政策和措施。

(林美娇)

海洋渔业生态环境保护
Protection of Marine Fishery Eco-evironment

【海洋渔业生态环境保护】 海洋渔业生态环境保护是指在鱼虾类的产卵场、索饵场、越冬场、洄游通道和鱼虾贝藻类的养殖场等渔业水域实施人工干预管理的生态环境保护。渔业水域生态环境是渔业资源赖以生存和发展的基础，搞好渔业水域生态环境保护是发展渔业不可缺少的条件。

1993～1995年，渔业资源衰退、渔业水域环境恶化是制约渔业发展的不可忽视的问题。目前全国海洋渔业水域的污染得到局部控制，但是渔业生态环境恶化的总体状况没有得到根本改善，并有逐渐加重的趋势，突发性污染渔业事故发生频繁，渔业资源和沿海的海水养殖业受到明显影响。

为保护渔业生态环境，使渔业资源得以永续利用，渔业得以持续稳定发展，农业部渔业局采取了有效措施，强化管理力度，保护渔业生态环境，防止污染和生态环境破坏。

渔业水域的生态环境管理 为贯彻《中华人民共和国环境保护法》、《中华人民共和国渔业法》、《中华人民共和国野生动物保护法》、《水产资源繁殖保护条例》等法律法规，颁布了《渔业水质标准》、《水域污染事故渔业资源损失计算方法》等规章，近期还将陆续颁布《贝类生态管理办法》、《养虾排水标准》、《渔业环境监测技术规范》等办法，并拟制定《渔业开发建设项目环境影响评价办法》、《养殖环境管理办法》等一系列渔业环境保护规章和管理制度，同时采取以下措施：(1)建立健全渔业生态环境管理体系，强化渔业环境管理。1994年成立了农业部黄渤海区渔业环境保护委员会，在沿海重点省、市渔政主管部门设立专门机构，专职负责渔业环保工作，其他省市在渔政处设专人负责渔业环保工作，形成强有力的管理体系。运用经济、法律和行政手段，研究制定渔业生态环境保护政策、法规、标准，强化对渔业环境的有效管理。(2)根据《渔业法》、“防止拆船污染管理条例”等法规和国家环保局的授权，开展对渔业污染事故的调查处理，维护渔民的合法权益，做到万元以上污染渔业事故都能得到及时调查处理。(3)建立健全全国渔业环境监测网。全国渔业环境监测网现有27个渔业生态环境监测站，对重点渔业水域开展了生态环境监测；对渔业生态环境和水产品进行经常性监测，并向国家及有关部门提出监测报告。对养虾水域进行监测，预报养殖水域渔业环境情况，预防病害发生，保护养殖业的发展。(4)建立重点渔业水域和水生生物类型的自然保护区，开展渔业开发项目的环境影响评价工作，保护海洋野生动植物，保护和合理利用渔业资源，维护渔业生态平衡。

渔业水域生态环境现状 黄海北部渔业水域渔业环境质量较好，基本符合或接近渔业水质标准。渤海的莱州湾局部渔业水域污染严重，油类污染超标率达50%以上，富营养化程度加重，营养盐水平偏高，无机氮平均值为历史最高值，特别是亚硝酸氮含量高，严重危害鱼虾类的生存。东海长江口、杭州湾及舟山渔场海域内无机氮超标率为100%，无机磷超标率为87%，无机氮和无机磷的严重超标是形成沿岸水域富营养化的主要原因。

海洋污染主要集中在河口、内湾、滩涂。河口污染使溯河性鱼虾资源遭到了破坏，产量大辐度下降，有的已经消失。有的内湾渔场荒废，滩涂贝类遭到严重破坏。渤海三大毛蚶场原年产毛蚶30多万吨，由于污染，多次发生大批死蚶，现已形不成产量。珠江口海区的污染日趋严重，栖息在该海区的鲷科、石首鱼科及带鱼、七丝鲚、鳓鱼、黄鳍马面鲀、中国对虾等几十种经济鱼虾类近年出现大批死亡。过去由深海洄游至该海区产卵繁殖的金线鱼、马鲛、真鲷等鱼类锐减，该海区著名的万山渔场已形不成渔汛。辽宁因特大洪水灾害，使黄海北部沿岸水域的盐度骤降，造成大面积养殖贝类突发性死亡。沿海赤潮的发生，也严重地危害渔业的发展。随着各地经济的发展和开发区的建设，一些重要渔业水域被挤占，天然渔业资源大幅度下降，有些天然渔业资源和养殖鱼类因受污染物影响，引起遗传特性、组织器官明显变化。

污染渔业事故 1993～1995年，据不完全统计，全国共发生海洋与淡水污染渔业事故近1 400起，其中涉及海洋渔业直接经济损失10多亿元。特别是因污染慢性影响造成的损失比突发性事件更为严重，这些隐性损失难以用准确的数字去统计，据专家估算，每年达几十亿元。

由于沿海多次发生船舶原油泄漏事故，局部海域污染严重，渔业资源和渔业生产都受到明显破坏。尤其是广东沿海重要渔业水域中石油烃含量已超过渔业水质标准的达85.3%。如1995年3月9日，韩国籍“春木一”号货轮与洪都拉斯籍“昌都一”号货轮在广东湛江港东头山岛东南海域约3km处相撞，“春木一”号货轮装载的苯乙烯泄漏。1995年8月20日，在广州市黄埔新港石油站，4万吨级的图瓦卢“JANJAJACOB”油轮装载原油2.8万t，在停靠码头过程中与码头相撞，致使油舱破裂原油泄漏，沿岸水产养殖遭受严重损失。

海洋污染事故有以下几个特点：(1)污染事故大幅度增加，污染区域逐渐扩大，沿海各省、自治区、直辖市都有污染渔业事故发生。事故中较大事故较多，近年特大事故、特别是百万元以上的恶性事故增幅较大。(2)沿海各省因船舶碰撞或触礁引起石油泄漏污染海域的事故连续发生，给养殖业造成极大危害。

强化渔业水域的渔业生态环境监测 在海洋渔业生态环境监测方面，农业部渔业局和沿海县以上各级渔政渔港监督管理部门，已成立了全国渔业环境监测网，加强对渔业水域生态环境的管理，目前全国渔业环境监测网内的各海洋渔业环境监测站，开展了对全国海洋渔业水域的渔业生态环境监测，并针对近几年虾病暴发情况，开展了养虾水域环境监测。辽宁省各监测站在黄海北部东沟、庄河、金州、旅顺和大连甘井子等养虾池较集中的地区测定渔业生态环境，同时，继续开展对大连湾水域赤潮跟踪监测工作，及时掌握大连湾内渔业生态环境变化状况。在山东省荣城市的桑沟湾水域开展了水域环境容纳量及环境质量的调查监测工作。针对养殖对虾和贝类大面积死亡的状况，在山东省乳山湾开展了渔业环境监测；在山东省的莱州湾进行常规监测，掌握了莱州湾及渤海中南部的水质情况。在青岛胶州湾开展了对虾池病害和环境关系的监测研究；在青岛市开展了对大姑河、丁字湾的污染监测。东海区开展了对海区养虾水质的环境监测，并开展了长江口、杭州湾、象山港、舟山渔场附近水域环境质量现状的监测和分析。对上海市、象山港、杭州湾水域的赤潮生物也开展了监测；对杭州湾水域的生物体内的放射性水平和象山港口赤潮生物也开展了监测。由于杭州湾附近石化企业较多，开展了对石油及油脂分解剂(消油剂)的生物监测。浙江附近海区结合虾病防治监测，重点对舟山渔场、宁波市象山港海区开展了养虾环境监测。福建沿海开展了对东山湾、同山湾、泉州湾的渔业水域环境的定期监测。南海区对大亚湾等十几个监测点开展了环境监测。各监测站同时对污染事故及急性死鱼事故进行调查。

因渔业水域生态环境恶化，水产品残毒和疫病已给人体健康和产品的销售带来影响。因此全国各渔业生态环境监测站开展了水产品产地和产品的渔业环境监测，进行水产品残毒与质量监控。 (王亚民)

【海洋珍贵濒危水生野生动物保护与自然保护区建设】 中国海域宽广，大小岛屿密布，为海洋水生野生动物的栖息及繁衍提供了优越的自然条件。在中国沿海海域中分布有儒艮、中华白海豚、斑海豹、砗磲、鹦鹉螺、文昌鱼、海马、海龟、玳瑁、棱皮龟、虎斑宝贝、冠螺、大珠母贝等珍稀海洋水生野生动物。此外，在中国沿海还分布有抹香鲸、灰鲸、蓝鲸、长须鲸、座头鲸、露脊鲸等鲸类。

海洋珍稀水生野生动物是一项宝贵的自然资源，具有很高的经济、科学、医学和文化价值。有很多物种不仅可以食用，味道鲜美，营养丰富，而且皮毛、骨骼、甲板、内脏还可以加工制做装饰品、工艺品、药材和工业用品，还有的物种是进行科学研究的珍贵材料。但由于过去对海洋水生野生动物资源的长期过度利用，滥捕滥杀和破坏其栖息地，使海洋水生野生动物资源遭到严重破坏，很多海洋珍稀物种已经处于濒临灭绝的危险状况。

为保护宝贵的海洋水生野生动物资源，拯救濒危物种，各级渔业行政主管部门多年来认真贯彻落实《中华人民共和国野生动物保护法》，做了大量工作，在国内外引起良好的反响。特别是1992年以来，水生野生动物保护工作立法执法、监督管理、自然保护区建设等方面都进入了一个新的阶段。

1993年经国务院批准，《中华人民共和国水生野生动物保护实施条例》颁布实行。为切实履行水生野生动物主管部门的职责，在实行政府职能转变和机构改革工作中，农业部于1994年在渔业局内设立了水生野生动植物管理处。在加强对海洋水生野生动物保护管理的各项措施中，建立海洋水生野生动物保护区是一项重要的措施。到1995年为止，渔业行政主管部门已在辽宁、福建、广西、广东、海南等省区建立了海洋水生野生动物自然保护区，主要保护对象为儒艮、砗磲、鹦鹉螺、红珊瑚、斑海豹、文昌鱼、海龟、玳瑁、大珠母贝等。海洋水生野生动物自然保护区的建立，使保护珍稀水生野生动物的法规得到了有效的贯彻执行，保护区自身建设也不断得到发展与加强。如广东惠东海龟保护区，1985年建立县级自然保护区，1986年升为省级自然保护区，1992年经国务院批准建立国家级自然保护区。该自然保护区建立以来，保护管理人员有效地制止了乱捕海龟、滥挖龟卵的违法现象，并对破坏自然保护区生态环境的违法行为进行了严肃查处。多年来共保护上岸产卵的海龟560头(次)，使334窝龟卵安全孵化，32 000多只小海龟平安入海。作为中国唯一的海龟自然保护区，其所取得的社会效益和生态效益受到了国内外野生动物保护界的充分肯定和高度赞扬。今后，随着中国水生野生动物保护事业的发展，海洋珍稀水生野生动物自然保护区的建设与管理工作还将进一步加强。（汪小炎）

渔港建设
Fishing Ports Construction

【**渔港建设**】 渔港是海洋渔业生产的基础设施，按国办发(1991)29号文《关于加强群众渔港建设》的要求，农业部会同国家计委、财政部等有关部门召开了一系列关于加强渔港建设的工作会议，制定了建设方针、政策和建设规划。渔港建设工作得到了沿海各级政府及渔业主管部门的重视，在全国掀起了渔港建设高潮。

渔港建设被纳入了各级政府的议事日程，各级渔业主管部门制定了五年渔港建设计划，并按国家重点建设一级群众渔港、地方建设二、三级群众渔港的总方针，建设资金实行“民办公助”的原则，国家、省(区)及市(县)计划、财政等部门都把渔港建设资金列入到计划和财政预算中，同时，建设单位采取了渔民集资、融资、股份制参与投资等多种形式的筹资办法，努力增加渔港建设的投入。1993年“八五”期间安排建设的渔港项目陆续开工建设，各建设单位组织技术人员，精心施工，严格管理。截止到1995年底，全国共投入渔港建设资金4亿元，竣工了一批渔港建设项目。

农业部增加对重点渔港建设项目的投资，“八五”期间安排一级渔港项目21个，总投资19 988万元，其中：国家投资4 987万元，地方配套资金15 001万元，新建防波、拦沙堤6 917m，码头3 400.9m，防波堤兼码头485m，护岸2 785m，疏浚港池、航道225.2万m^3，1995年竣工投产了11个一级渔港项目。另外，省、地、县安排二、三级渔港的投资2亿多元。经过努力，大大加快了渔港建设的步伐，初步改变了渔港建设落后的局面。国家导向资金的投入，对加大渔港建设的力度起到了重要作用，尤其是广东省政府做出了渔港建设十年规划，省、市及县财政拨出专款8亿元，用于整治建设52个渔港。各级地方政府给予了许多优惠政策，推动了渔港建设的步伐。

农业部在加大渔港建设力度的同时，加强对项目前期工作的管理，严格按《渔港总体规划编制办法》做好渔港总体规划工作，提高渔港建设水平。1993年以来，农业部“一级群众渔港建设规划评审组”组织了渔港建设项目的审查工作，使渔港建设逐步走向规范化、科学化。

沿海渔业主管部门在完成渔港建设任务的同时，努力探索渔港建设的新思路。山东、广东、海南等省把渔港建设与开发结合起来，以“建港促开发、开发带建港”，创造了许多新经验。如广东省的渔港建设开发项目实行对外招商引资的办法，山东省渔港建设结合水产品批发市场、渔民新村建设及浙江省通过渔港建设进行渔民新村统一规划、建设等做法，筹集了大量的渔港建设资金，拓宽了渔港建设的思路，使渔港功能更趋完善，成为当地经济及渔民安居乐业的“乐园”。

1995年农业部渔业局提出了“九五”期间渔港建设的总目标，力争本世纪末一级群众渔港建设任务完成57%，重点建设26个一级渔港建设项目，计划投入资金5.2亿元，建设一批现代化的渔港。（管 文）

【**渔港管理**】 根据国务院1989年第40次常务会议纪要关于渔港由农业部公布的规定，从1989年起，农业部对中国沿海渔港进行了重新认定，并公布了4批沿海渔港名称，共计898个。

渔港的管理，包括港监和港务两方面的内容。港监与港务的分工以水线为界，水下为港监，水上为港务。

《中华人民共和国海上交通安全法》、《中华人民共和国渔港水域交通安全管理条例》等法律法规规定，中华人民共和国渔政渔港监督管理机构，是对渔港水域交通安全实施监督管理的主管机关。目前，在沿海的11个省(直辖市、自治区)设有渔港监督机构，共计约435个，渔港监督人员约3 000人。

渔港水域交通安全监督管理的基本内容主要有：(1)监督各有关方面遵守国家的有关法律法规和规章制度，

并采取有效措施防止发生违法、违规行为;(2)根据国家的有关法律法规,制定渔港港章或管理办法,并监督各有关方面切实遵守;(3)划定渔港港区范围、港内(外)锚地、停泊区及进出港航道等,监督并确保上述水域的状态能满足船舶航行安全的要求;(4)规定船舶进出渔港应显示的特殊信号、航速、特殊避让要求等;(5)确保渔港助航标志、导航设施明显有效;(6)统一管理渔港岸线、码头和有关设施的使用,保证港区内消防、照明等安全设施处于正常使用状态;(7)审查批准渔港港区的水上、水下施工作业;(8)审查批准船舶装运危险货物进出渔港和进行装卸作业;(9)办理船舶进出渔港签证;(10)办理外国籍船舶进出渔港的审批、引航、安全管理等有关事宜;(11)防止有毒、有害、放射性物质污染渔港水域,调查处理污染事故;(12)纠正和处罚违法、违规行为。

关于渔港港务,目前中国渔港开展港务管理的不多,许多方面尚处于空白状况。随着中国改革开放的深入和渔业生产的快速发展,开展和加强渔港港务管理已是必要。

当前渔港管理也存在着不少问题,如渔港被随意侵占、挤占的现象很普遍,管理手段落后,渔港的规划建设如何与管理有机结合起来等。上述问题有些是有待于有关国家部门出台法律法规,以确定和保护渔港的法律地位;有些是需加强和完善内部管理。 (郑松传)

渔业执法
Fishing Law—Enforcement

1993年以来,中国渔业执法随着国家法制建设的逐步完善而得到不断加强,渔业执法手段在提高,威望和知名度在扩大。渔业执法为近年来中国渔业的持续快速发展发挥了保驾护航的作用。

1.渔业许可证制度在完善。农业部1989年颁布《渔业捕捞许可证管理办法》以来,捕捞许可证的管理在不断完善,并在逐步走上法制化、规范化、现代化的轨道。1993年,为加强许可证的发放管理,农业部在换发许可证时,对新许可证实行统一格式、统一填写规范、统一印制地点等办法,并正式启用了"农业部渔政渔港监督管理局捕捞许可证专用章"(1995年改为"中华人民共和国渔政渔港监督管理局捕捞许可证专用章")。同时,为加强南太平洋、北太平洋和日本海远洋渔业生产的管理,1994年,国家对进入上述海域的生产船实行远洋捕捞许可证和专项(特许)捕捞许可证的管理办法。这些措施,既完善许可证制度,也维护了渔场的生产秩序。

2.近海主要经济渔业资源保护工作有突破。近年来,渔业资源保护继续依靠禁渔区、禁渔期、保护区、伏季休渔、幼鱼比例检查等手段,突出抓了东黄海伏季休渔管理和渤海秋汛对虾管理。1995年,国家实行了新的伏季休渔制度,其特点是对7～8月实行了"一刀切",即:在黄海35°N以南至东海27°N以北的海域,不论禁渔区线内外,从事拖网和帆张网的所有渔船不论国有、集体和个体全面休渔;9～10月在同一海域的机动渔船底拖网禁渔区线向东平推30海里线以西的海域实行休渔,以东的海域实行幼鱼比例检查制度。由于各级政府重视,措施得力,效果明显,做到了"网入库、人上岸、船进港",近万艘应休的渔船违规率仅千分之几,取得了自1980年实行伏休以来最成功、影响最大、效果最好的一年。同时,为加强黄海中部对虾资源管理,1993年,国家在该海域设立了对虾亲虾休渔区;1995年,渤海秋汛对虾管理和清理拖网退出渤海,也收到了较好效果。由于改进了管理办法,加强了执法检查,在沿海县市的配合下,禁渔秩序明显好于前几年,违规渔船大大减少,对虾生产也取得了好成绩,捕捞量达2 800多吨。

3.渔船管理得到加强。1994年10月,国务院批复了农业部、交通部、公安部、海关总署和国家工商行政管理局五部委《关于清理、取缔"三无"船舶的通告》。渔业主管部门严格执法,对全国"三无"(无船名号、无船舶证书、无船籍港)渔船进行了全面清理、整顿。截止1995年底,共清查"三无"渔船5.4万艘(约占全国当年海洋渔业捕捞渔船总数的23.3%)。目前,凡清理、登记的"三无"渔船,95%以上已补办了有关证书、缴纳了各种规费。清理、取缔"三无"渔船工作取得了阶段性成果,改善了渔场作业秩序,达到了预期目的。

4.加强毗邻海区涉外渔业纠纷管理,维护了中国渔洋权益。随着《联合国海洋法公约》的生效及其他有关海洋的国际法规的不断产生,同其他国家一样,近年来,中国的涉外渔业纠纷在增加。针对这个问题,1994年11月,农业部颁布了"关于加强外海作业渔船管理的通告"4号令,规定了外海作业渔船必须具备三个条件和必须遵守四项规定。为贯彻此通告,渔业行政主管部门对外海作业渔船进行了严格管理,对违规者,一经发现,除处罚外,还要在沿海地区进行通报批评。这些举措,有效地加强了外海作业渔船的管理,维护了正常作业秩序,防止和减少了涉外渔业事件。与此同时,为了维护中国的海洋权益,作了大量工作。一是加大了对外籍侵渔渔船的打击力度。二是开展与周边国家的渔业谈判。三是为开发南沙渔业资源保驾护航。

5.执法队伍建设有进展。三年来,为提高渔业执法队伍素质和执法水平,举办了各种形式的法规和管理培训班,培训了大批的管理人员。同时,农业部黄渤海、东海、南海区渔政渔港监督管理局于1995年正式列入国家公务员系列。"收支两条线"经费管理方式正在积极争取,保障了渔业执法的顺利进行。 (钟小金)

海洋油气业
Marine Oil and Gas Industry

·专文·

海洋石油工业的现状与发展前景

罗 明
(中国海洋石油总公司,北京)

中国海上石油开采是80年代迅速崛起的新兴能源工业。十多年来坚持对外合作与自营并举的发展战略,通过大规模的对外合作,积极引进外资和国际先进的技术与管理方法,促进了海上油气勘探开发生产及下游利用等各项工作健康、持续的发展;同时努力筹措资金,不断加大自营勘探工作的力度,按照国际标准和规范进行海上油气田的开发建设。经过"六五"、"七五"的艰苦创业和不断开拓,到"八五"期间,海洋石油工业已进入一个高速、高效、持续发展的时期,原油产量年年大幅度增长,一年迈上一个新台阶;海上天然气的勘探开发也获得重大成果,已建成和正在建设一批海上天然气田。下游利用工作起步良好。总之,在以往非常薄弱的基础上,一个初具规模、独具特色的中国海洋石油工业已经形成,并以其丰富的油气资源条件、先进的技术、管理水平和雄厚的经济基础向世人展示了其良好的发展前景。

一 海洋石油工业发展现状

1982年根据国务院颁布的《中华人民共和国对外合作开采海洋石油资源条例》成立了中国海洋石油总公司(以下简称总公司),作为国家公司和独立法人,全面负责海上油气资源的对外合作业务,并享有进行海上油气勘探开发生产及销售的专营权。总公司成立以来,充分利用国家给予海洋石油的一系列配套政策,推动对外合作工作的深入开展,十多年来,通过四轮国际招标和持续不断的双边谈判,截至1995年底,共与16个国家和地区的62家外国公司签订了109个石油合同(协议),直接利用外资51.3亿美元,其中勘探风险投资29.9亿美元,开发投资21.4亿美元,与世界上众多的外国石油公司在平等互利的基础上建立了长期稳定的合作关系,并以良好的商业信誉和企业形象赢得合作伙伴的高度评价。通过对外合作和自营勘探,截至1995年底累计获得石油地质储量12.5亿t,天然气地质储量2 350亿m^3;海上已有17个油气田建成投入生产,还有一批油气田正在进行开发建设与评价。1995年海上原油产量达841万t,天然气3.75亿m^3;1996年海上将有两个中外合作的油气田建成投产,原油产量将突破1 000万t,可望达到1 300万t,天然气产量将达40亿m^3。截至1995年底,南海东部珠江口盆地已有7个中外合作的油田建成投产,形成年产500万t原油的生产能力。原油地质储量达2亿多吨的渤海绥中36—1油田A、B区已在"八五"期间建成投产,成为渤海地区原油生产的主力油田,该油田的J区开发建设正在进行中,"九五"期间将投入生产。南海西部崖城13—1气田于1995年底建成并投入试生产,1996年1月将正式向香港送气,标志着南海西部大气区的开发建设已迈出重要的一步。

在改革开放的基本国策推动下,海洋石油通过对外合作的窗口,引进、消化、吸收国际上先进的技术与管理方法,不断发展壮大自己,逐步形成具有国际水准和国内领先水平的、齐全配套的技术优势和海上作业能力,在承包对外合作项目中具有较强的竞争能力,已由单一的技术服务发展到能承担全方位、高水平的综合服务。目前总公司拥有物探、海上钻井、船舶、技术服务、海上工程、工程设计、测井等十多个专业公司,并与多家外国承包公司成立了合营公司,累计承包收入已达14.5亿美元。近年来随着自营工作的逐渐增多,各专业公司充分利用与发挥各自的人才、技术、设备优势,不断提高作业效率与质量,完全依靠自己的力量从设计到施工作业,出色地完成了许多自营油气田的开发建设。一些专业公司还努力开拓,参与国内外市场的竞争,甚至走出国门,承包国际海上工程项目,在增长自身竞争能力的同时,也获得了较好的经济效益。

二 海洋石油工业的发展前景

1991~1994年,我国原油产量仅递增1.5%,而需求增长率约6%~7%。"九五"期间以及2010年以前,随着国民经济的进一步发展以及产业结构的调整,我国石油需求的增长还要加快,根据这一形势和海洋石油发展的实际情况,总公司制定了油气并举,向气倾斜,增加储量,提高产量,开拓下游,发展海外,创新制度,强化管理,把总公司建成实力雄厚、上下游一体化、国际化的集团公司的"九五"以及后十年发展的总体战略。

油气并举,向气倾斜,增加储量,提高产量。进一步加大勘探力度,增加勘探投入,尽可能采用先进技术,使"九五"期间海上油气开发的有效经济储量有大幅度增加。在勘探开发政策上,要继续贯彻油气并举,向气倾斜的方针,在人力、物力、财力、政策等各方面采取切实有效的措施,把天然气的勘探开发放到优先的位置上。

开拓下游,发展海外。今后五年海上油气利用的下游项目和到海外投资勘探开发进入实施阶段,其投资额将占整个海洋石油投资总额的一半以上,这标志着海洋石油发展历史将进入一个新的阶段,即由单纯的勘探开发公司向上下游一体化的综合石油公司发展的阶段。将使总公司的整体效益和抗风险能力大大增强。

创新制度,强化管理。即借鉴现代油气公司体制,以企业集团形式建立海洋石油的现代企业制度,逐步形成既有中国特色又符合国际惯例的大公司体制。进一步理顺油公司与专业公司的关系,把专业公司逐步改造成"自主经营,自负盈亏,自我发展,自我约束"的有限责任公司。按照依托主业,调整结构,转换机制的思路,深化基地系统的改革。建立和推行严格的预算效益责任制度,开拓多种筹资渠道,贯彻以资金管理为中心的管理方针,健全决策程序和监督制度。

海洋石油"九五"期间及后十年发展的主要目标和任务是:

在勘探方面,"九五"期间要探明原油地质储量3亿t、天然气地质储量3000亿m^3,以满足到2010年油气产量增长和稳定的需要。为实现这一目标,将努力开拓油气开发新领域,寻找大中型油气田;在已知油气区内,优先勘探已开发油气田周围可共用现有生产设施的油气储量;重视勘探可以联合开发的中小油气田,以产生规模效益;重新认识评价已见油气的构造,增加可以开发的探明储量。

在开发生产方面,1995年,原油产量达到高峰年产1 300万t。"九五"期间平均年产1 000万t,后十年力争海上原油产量稳定在年产1 000万t;天然气生产能力1996年达到40亿m^3,2000年达到80亿~100亿m^3,后十年争取达到150亿~200亿m^3。"九五"期间海上将开发建设10个油气田(区),其中8个是自营油田。这10个油气田分布在渤海5个,南海西部4个,南海东部1个。"九五"期间海上油气田计划生产原油5 400万t,天然气260亿m^3。

在下游发展方面,"八五"末期,国家已同意海洋石油向下游发展,这是海洋石油发展里程中的一个重要转折,总公司将抓住机遇,加快上下游一体化的进程,在积极发展上游生产的同时,努力拓展下游产业,提高海洋石油的综合效益和抗风险能力,促使整个海洋石油的产业结构趋于合理和经济运转进入良性循环。"九五"期间,下游发展要以拓展企业业务范围,提高经济效益和竞争能力为中心,以大型、先进、规模经济为目标,重点建设一个基地(海南化肥基地)和一个企业(南海石化联合企业),有效利用两种资源、两种资金、两个市场,引进、消化吸收国际先进的科学技术与管理方法,加快企业建设步伐。同时有选择地参与老厂、小厂的改、扩、建,兴建有一定经济效益的中小型石化项目,开展深加工与精细化工项目的研究,使海洋石油逐步实现上下游一体化、国际化的经营格局。

在改革与管理方面,"九五"期间,要继续按照总公司集中统一,专业公司相对独立,基地系统逐步分离的思路推进整体改革。重点要加强油公司的建设,进一步明确母子公司关系。对勘探开发、销售等上游产业的公司实行高度集中的管理,采用分公司的体制。改革的方向是总公司将成为企业集团的集团公司,其下属分公司有勘探公司、开发生产公司、油气销售公司、国际公司等上游产业公司和研究中心。其下属子公司有炼油化工公司、化肥公司、电力公司等下游产业公司和各类专业公司以及基地服务公司。还要进一步调整和完善内部的管理制约机制,总公司要逐步形成和加强战略规划、资本运营、对外合作、技术支持、审计监督等油公司职能,充分发挥决策机构的作用。专业公司要逐步向自主经营自负盈亏的有限责任公司过渡。基地服务公司要通过调整结构,转换经营机制走向社会,逐步与地区公司脱离经济关系,形成依附于海洋石油主业的基地服务系统。另外要进一步完善油公司和专业公司甲乙方分离的管理方式,采取逐步放开内部价格和项目公开招标的办法,让专业公司在市场经济中成长壮大;油公司要精干、高效,增强项目管理、资金控制能力,提高管理素质。

中国海域辽阔,仅大陆架面积就有130万km^2,近岸分布着10个含油气盆地,地质分析和十多年海上油气勘探开发的实践表明,我国海上油气勘探的前景良好,但由于资金、技术及其他原因的制约,各海域的勘探程度较低,与海上油气业发达国家相比较,我国的海洋石油工业还处于初始阶段。因此海洋石油工业正方兴未艾,充满了勃勃生机。从"六五"、"七五"到"八五"的十多年间,海洋石油总公司一步一个脚印,不断探索,不断创新。相信在"九五"及下一世纪初,在国内外各界的支持帮助下,通过3万海洋石油员工的积极进取和努力工作,海洋石油工作将有一个更快的发展,为国民经济和社会发展作出更大的贡献。

综 述
Summary

与世界海上油气业发达国家相比,中国海洋石油工业起步较晚,并曾一度发展缓慢,但近十几年来发展迅速,一方面通过大规模的对外合作,吸引外资进行风险勘探;另一方面,不断壮大自己的力量,坚持对外合作与自营并举的方针,积极开展自营工作,使海上油气勘探开发与生产建设一年迈上一个新台阶,取得了令人瞩目的成绩。对外合作以前，海上原油年产量只有10万t左右，1995年年产原油已达840多万t。同时产业结构开始得到合理调整，石化、化肥等下游产业准备起步；海外油气发展有了实质性进展；企业的经济效益和科技、管理水平不断提高。海洋石油在“八五”期间始终保持持续、高速、高效的发展势头，已成为中国能源工业中一支充满生机与活力的新兴产业，并展示了良好的发展前景。截至1995年底，经过四轮国际招标和双边谈判，共与外国石油公司签订了109个石油合同与协议，直接利用外资51.3亿美元，其中勘探资金29.9亿美元，开发资金21.4亿美元。通过对外合作与自营，海上油气勘探开发生产取得重大突破。到1995年底，累计完成地震测线65万多千米，钻探井402口，其中合作242口，自营160口，获得原油地质储量12.5亿t，天然气地质储量2 350亿m^3。海上已建成投产17个油气田。海上原油产量已连续五年以年净增100～200万t的速度上升。同时，海洋石油劳动生产率和经济效益大幅度提高，1995年比1983年相比，人员只增加3%，而全员劳动生产率增长15.2倍；向国家累计纳税41.3亿元人民币；资产总值从17亿元增至280亿元人民币。“八五”期间，海洋石油产业已进入一个里程碑式的发展阶段，其主要标志：一是海上油气勘探开发已进入寻找经济有效储量和大幅度产量增长的阶段；二是生产建设资金从以借贷为主，进入自有资金比例日益增大的阶段；三是海洋石油企业已从生产型管理进入生产经营及资本经营管理的阶段。

1993年，海上完成地震采集工作量43 000km，完成探井19口，其中预探井18口，评价井1口，发现含油气构造7个，新增原油地质储量3 500万t，天然气地质储量150亿m^3。同时，海上有辽东湾的绥中36—1油田试验区、北部湾的涠洲11—4油田、珠江口的陆丰13—1等三个油田建成投产；另有7个油气田正在开发建设中；海上共有11个油气田进行生产，生产原油463万t，完成国家原油生产计划的128.7%，比上一年增长19.6%；生产天然气2.9亿m^3，完成计划的144.5%。

1994年，海上完成地震采集工作量39 924km，完成探井24口，其中预探井16口，评价井8口，获得油气发现11个；探井成功率69%，评价井成功率100%。新增原油地质储量3 200万t、天然气地质储量900亿m^3。位于珠江口盆地的西江24—3油田投入生产；另有12个油气田正在进行建设与续建；海上共有12个油气田生产，原油年产量达647万t，完成国家计划的122.2%，比上一年增长39.9%；生产天然气3.75亿m^3。

1995年，海上完成地震采集工作量74 336km，钻探井38口，其中预探井27口，评价井11口。获得5个油气发现；探明原油地质储量6 201万t，天然气地质储量980亿m^3。自营预探井发现率达到62.5%，评价井成功率达到100%。全年有渤海的绥中36—1油田B区、曹妃甸1—6油田，南海东部的惠州32—2、惠州32—3、西江30—2等5个油田（区）投入生产，有7个油气田在建和完成开发项目。海上共生产原油841.6万t，完成国家原油生产计划的129%，比上一年增长29.6%；天然气产量达到3.75亿m^3。这是近几年海上原油产量增长最多的一年。

“八五”期间，共完成25个重点科研项目，97项科研成果获海洋石油总公司科技进步奖；有8项科研成果获国家科技进步奖。目前已有200多项新技术达到国际水平。

（侯小颖）

海洋石油地球物理勘探
Marine Petroleum Geophysical Prospecting

【综述】 1993～1995年，共完成海上地震测线15.6万km。三年来海上地震勘探技术的进展如下：

1.更新采集装备：中国海洋石油总公司投入了大量的资金，对采集、处理、解释各项装备进行了更新。其中最突出的是采集装备的更新。为了适应海上三维地震勘探技术飞速发展的需要，已在三年内将海上主要地震勘探船全部改造（包括新建）成为具有多缆多炮及高分辨率采集能力的勘探船。其中最先进的“海上明珠号”，一次拖缆施工可以同时完成8条地震测线（双炮4缆），不但具备了国际市场上的竞争能力，更为重要的是由于施工成本的显著降低，使海上三维大面积连片测量得以实现。

2.三维地震的广泛使用：广泛应用海上三维地震技术，解决地质问题的能力明显提高，发现了许多过去不能认识的地质现象，如利用三维地震技术发现位于渤海中部的秦皇岛32—6油田。三年来，几次海上大面积的连片三维地震勘探（如北部湾涠西南凹陷东部、渤海湾渤西油田群的三维连片测量等），都已取得了良好效果。

3.使用高分辨率地震技术：高分辨率的地震采集与处理技术已广泛使用，取得明显效果。如在莺歌海盆地等处大面积施工，其勘探效果极为显著。它使2.0s处反射的分辨率从原来常规施工的50Hz提高到120Hz，同时用此种方法发现了用以控制气田储量的平点现象（气水分界面）。

4.人机连作处理技术：所引进的人机联作地震处理工作站，使解释与处理相结合成为了可能；解释人员可以亲自进行人机联作处理，随时改变各项处理的参数与流程，并可立即在屏幕上见到所处理的结果；结果使精细处理的质量大为提高。

5.特殊处理技术的提高：随着海上勘探工作的进展及大量油气田的陆续投产，对于特殊处理技术的需求也日益迫切，要求的标准也越来越高。该项技术目前已广泛使用，并成为上钻前必不可少的手段。为了做好该项工作，不但对引进的处理模块进行了深入开发，同时也自己研制了若干新模块。处理的重点是围绕高分辨率处理所开展的保真、去噪、谱白化等项处理工作。它不但应用于迭后处理，也已应用于化费机时较多的迭前处理。

6.储层解释技术的大量应用：在储层解释方面，已经将高分辨率技术与波阻抗处理技术结合起来，进行了大面积波阻抗剖面的成网连片解释。其中最为突出的是用波阻抗剖面进行砂体解释的研究，通过对彩色波阻抗剖面的成网连片解释，可以清楚地看出砂体的形态、范围及其变化趋势。

【海上与浅海地震采集装备的更新】 中国海洋石油地球物理勘探公司，从1993年以来，投入了大量的资金，完成了深海船队由模拟电缆到数字电缆、由单缆至多缆的改造，并且引进了海底数字电缆，使其技术装备能力和作业时效都达到了国际先进水平。

所采用的导航定位方法现在共有SKYFIX（卫星传输差分数据）、DELTAFIX、NR103三种先进的DGPS差分卫星导航系统，可以完成满足中国海上各种导航定位作业的需要。

在中国海域有一片大面积的海陆过渡带，这部分地区由于水深太浅，给地震采集作业带来很多困难。为此中海石油地球物理勘探公司建立了一个浅海船队，共有不同种类的地震采集队6个，以适应不同海域的需要；这些船队的装备在近年来也进行了重大的更新。

【海上高分辨率地震采集技术】 随着技术装备及软件方法的改进，海上高分辨率采集及处理技术在1993～1995年又有了进一步的发展。在采集方面主要可表现在以下几方面：

1. 用数字滤波器进行去假频滤波，以代替以往所使用的硬件模拟滤波，提高了滤波器的陡度，大大提高了不畸变的高频成分，即在同样采样率的条件下，能较模拟滤波保留更多的高频成分。

2. 采用24位模数转换的记录仪器～以往的记录仪多采用15或12位的模数转换，由于转换的动态范围较小，对输入信号大小有一定的限制。为了满足这一要求，专门设计了浮点增益放大器。这种设计方法同时也引进了一定的噪声，而且在某些特定条件下，其动态范围仍然不能满足要求。采用24位模数转换后，由于大大提高了动态范围，取消了浮点增益放大器，降低了仪器噪声。

3. 采用数字电缆。数字电缆由于其传输的是二进制脉冲，在传输过程中不会产生畸变及噪声。

4. 尽量减低采集噪声。

5. 采用高精度的气枪同步控制器。目前所采用的气枪同步控制器对同步信号的采样周期为0.1ms，对小枪阵的同步精度可达±0.5ms，大枪阵的同步精度为±1ms；最多可控制90支枪同步。

6. 采用先进的数字记录系统。所采用的美国Syntron公司最新一代的数字记录系统，最大记录道数可达1 000道，可进行0.5、1、2ms采样，数字包（陆上油田称为采集站）为24位模数转换，它除了具有电噪声低的优点外，同时由于其体积小，使其直径几乎与电缆相同，大大减少了数字电缆在水中作业时的噪声。

7. 采用高精度的定位系统。

【莺歌海盆地的高分辨率地震勘探】 1994年南海西部石油公司为搞清莺歌海盆地中央泥拱带浅层天然气藏的分布以及盆地西北斜坡带的超复、尖灭等地层及岩性圈闭，开展了高分辨率地震勘探，使2.0秒处的分辨率从常规剖面的50Hz提高到120Hz。经过高分辨率处理，发现了常规地震所未曾发现的隐蔽圈闭及河道切割等各种重要的地质现象以及可用以控制气田储量的主力气层的平点（气水介面）现象。此种用以标明极薄气层边界的平点现象，用常规地震方法是根本无法发现的。

【新港火山岩屏蔽区的地震攻关】 新港火山岩屏蔽区位于渤海西部海域，该区的区域构造位置对油气富集极为有利，经国内石油地质专家多次论证，一致认为是寻找大中型油气田的有希望地区。但是由于累计厚度达660m、单层厚度达130m的火山岩的屏蔽作用，多年来一直得不到该区的地震反射资料，成为勘探的“盲区”。

经三年来的地震勘探攻关，取得了克服火山岩屏蔽、多次波干涉和复杂海况施工等一系列技术经验。其主要方法为：(1)由于该区的复杂海况，采用平潮期施工作业方法，使用地震遥测数字记录系统，用新研制的高能低频空气枪阵及自制的252型高灵敏度检波器进行采集。(2)采用三大、三多、一高、一低的采集方法，即大能量、大偏移距、大排列长度，多炮组合、多道、多覆盖次数接收和高灵敏度检波器及低频激发频谱。(3)处理技术经验是以提高讯噪比为目的的三个强化，即强化去噪、强化压制多次波、强化提高深层能量。在处理模块中，采用了人工智能去噪、FKMUL去多次波、自动剩余静校正、FX域去噪、多项式拟合信号加强等先进处理模块。

【利用地震波速分析地层压力的预测系统】 钻前的地层压力预测资料，不但是寻找油气的具体依据，而且是确保安全钻井的重要讯息。海洋石油勘探开发研究中心研制的压力预测分析系统（CPAS）就是针对此目的而研制的。此种压力预测方法的原理是：在任何地质背景中，正常地层压力等于地下地层水的静水压力；若地层压力超过静水压力，则定义为“超压”。此时孔隙流体支撑着部分上覆地层的压力，岩石骨架的应力相对减少，地层的波速也相对减低。因此，根据地震波速的变化，可以预测地下的“超压”地层层段。

本系统具有交互解释计算与彩色成图的功能。并且在神狐9—1、锦州20—2、涠16—1、涠17—1、乐东19—1、崖13—1等构造上进行了实际应用，其压力预测的成果较好地反映了这些地区的实际钻井压力变化，为油气勘探开发提供了有用的信息。

【利用地震特征参数模式识别方法确定海上油气田的分布】 油气模式识别方法包括地震参数统计模式识别方法和神经网络方法两种。它可提取和应用自相关、自回归、功率谱和均方根振幅等多种地震信息特征参数，可应用上述地震参数及上述两种模式识别方法，对有井与无井地区进行油气预测。在自相关函数中可提取的特征参数有：主极值，极小值，主峰面积，延时内面积，自相关函数第一、二、三、四零值时间，三个正负旁瓣面积，下降度，主极值与次极值之比，主极值与旁极值之比，主极值的半周期宽度等。利用地震波功率谱可提取的参数有：功率谱的主频及其最大值、平均功率谱加权频率、百分比为定值B的功率谱频率、低频能量百分比、频率的二至四阶矩、半功率谱低频率、半功率谱高频率、第一峰值频率等。用自回归模型所提取的特征参数主要为其前6阶的自回归系数。

海洋石油勘探开发研究中心利用上述方法编制了在DISCO地震处理系统下的8个处理模块，可提取5类48种地震讯息特征参数。利用此种方法对南海神狐鼻状构造带进行油气预测，在4个局部构造上发现好的特征异常显示，它们与构造圈闭形态及砂岩分布基本吻合。

【储层目标地震资料保真处理新技术】　为了研究储层的特性，必须对地震资料进行高分辨率处理，尽可能地提高地震资料的分辨率。过去常用于高分辨率处理的有谱白化等各种技术。这些技术虽然能有效地扩展地震波的频谱，提高其分辨率，但在扩展有效波频谱的同时，不可避免地会同时扩展了干扰波的频谱。因此，在干扰较强的地区，影响了其使用效果。

渤海石油公司的同志针对上述问题，提出了一项新技术——自动频率补偿技术。其基本原理为通过给定期望输出的标准地震讯号的频谱，计算地震道的频率衰减补偿系数，实现对地震记录的频率补偿，使输出的地震记录趋于所要求的期望输出的频率分布形态。由于该技术具有保持信号的相位特性，保持信号的频率带宽和灵活调整频率补偿程度的特点，因此它能较好地应用于地震资料的高保真度、高讯噪比和高分辨率处理。该方法在渤海湾岐口18构造的储层目标处理中，取得了较明显的效果。在其局部放大的剖面上，可以看到经自动频率补偿处理后的地震剖面，与VSP(井中垂直地震剖面)吻合较好。由此说明它是一种较理想的提高分辨率的技术。

（赵亚明）

海洋油气勘探
Marine Oil and Gas Prospecting

【综述】　据国家对能源的需求，缓解东南沿海经济发达地区对能源的需求，1993年中国海洋石油总公司调整其油气勘探方针，明确为“油气并举、向气倾斜”，即在油气并重的同时，要在寻找天然气上下功夫。

1993～1995年，海上完成地震工作量15.6万km(其中3D的比重超过了1/3)。钻探井87口，发现了23个含油气构造。累计发现地质储量石油1.29亿t，天然气2 200亿m^3，目前海上已有19个油气田投产，中国海洋石油总公司进入了上、下游勘探，开发、生产一体化的新阶段。

通过三年的勘探工作，主要有下列发现：

1.在渤中地区北部，发现了地质储量逾2亿t的QHD32-6大油田。这是二度由外国作业者勘探无效后退回的区域。

2.岐口凹陷的岐南断阶带，不断扩大勘探成果，已初步形成渤西浅水地区小油田群体开发的新局面，为海上综合利用小的含油气构造的储量开创了新路。同时在辽南、渤中黄河口凹陷东部、沙垒田古潜山均有油气发现，形成了渤海海域拿油的主要场面。

3.东海海域对外招标后进行了地震与钻井工作，尽管只在少量井中发现油气，但证实了本区中生代地层的存在和其含油性的评估，为下一步的勘探提供了重要的地质信息。

4.珠三坳陷经过多年深入研究工作后，终于在WC8—3构造见到高产油气流，形成了新的勘探地区。珠江口盆地惠州凹陷油田边部又有新的层、块发现，扩大了油田地质储量。

5.莺—琼地区经过对泥拱带、断裂带下盘、披复带和河道砂体四大勘探领域进行钻探，发现中央泥拱带结构复杂，且含CO_2气体，但其浅层天然气潜力巨大。披复带和河道砂勘探因面临高压等工程问题，尚需深入工作，但莺—琼地区由DF1—1带动的气区形势更为明朗。

6.北部湾涠西南凹陷的涠东地区，陆续有油气多处发现，已形成油田群体开发局面。尤以W12—1—3井，日产油5 400万t、天然气61万m^3，为海上目前最高日产量井。

尽管海上油气工作有所发展，但勘探程度仍然很低，与丰富的油气资源量很不相称。需要做更多的工作。

【渤海海域油气勘探概述】　1993～1995年勘探工作有很大进展：

1.勘探工作仍以自营为主。三年中共作地震测线4.7万km，其中自营地震工作3.2万km，占总数的67%。钻探井和评价井共27口，其中自营钻井22口，占钻井总量的81%。合作区块仍以渤中地区为主，辽东湾地区尚未对外开放。

2.地震工作中，针对地下复杂的地质情况，3D地震工作占了较大比重。在4.7万km地震测线中，3D测线为3.1万km，占地震测线总量的66%，并且大部分为自营方式进行的。由于在构造钻探之前，都进行了精细的3D地震研究工作，使得本海区勘探成功率也大大提高，一般勘探探井成功率达到42%。

3.本阶段勘探目标主要集中于三个地区：岐口凹陷东南地区、渤中凹陷南北侧地区和辽东湾南部地区。经过三年的研究工作和钻探，均见到油气和找到上亿吨的油田，给渤海地区带来了第二个储量增长高峰。

辽北16—4N构造发现油气　在辽东湾北端，沿辽河有一支砂体插入辽中凹陷，其时代由北向南由老变新。为解决JZ20—2油气田补充气源，开始了邻近JZ20—2附近构造的勘探工作。

经勘探证实，沿辽中凹陷北端NE向分布的一串断层复杂化的鼻状构造砂体，需经过详细3D工作后，仔细布井方能找到油气。

辽南地区LD16—1含油气构造　LD16—1构造位于辽西低凸起南段，其北之SZ36—1大型油田的发现加速了对辽南地区的勘探。

1993年1月20日钻探LD16—1—1井，同年2月15日于2 059m完钻，井底地层中生界。该井于N_g和E_d组发现油气层，N_g组测试日产气11.9万m^3。同时该层有46m厚的油层，因生物降解作用使油质变稠，测试未获产量。由于该层面积大(19.5km^2)，预测石油地质储量7 000万t。这个发现，可望在辽南地区形成一个新的含油气远景区。

渤中北QHD32—6构造见高产油流 QHD32—6构造位于渤海西北部的石臼坨凸起上，该凸起被北面的秦南凹陷、东南面的渤中凹陷和西面的南堡凹陷所包围，西临冀东油田之马头营凸起，已有多处油田。QHD32-6构造面积大(明化镇组圈闭面积近90km^2)、油层厚、物性好、埋藏浅，经初步评估预测有逾1亿t地质储量，为渤海油区海上储量增涨的第二个高峰。

岐北CFD1—6—1井古潜山见油 渤中凹陷西部为沙垒田凸起，CFD1—6构造在其西北倾没端，介于岐口凹陷和北部的南堡凹陷之间，为太古界潜山构造，属残丘型、分布于南北两个已证实的生油凹陷间，应当有含油前景。

1993年10月7日钻CFD1—6—1井，日产原油470.7m^3，天然气5 625m^3，原油比重0.8602～0.8674 g/cm^3，终孔时仍未发现含水。

CFD1—6构造含油面积4m^2，预测地质储量1 000万t，是一个残丘型花岗岩古潜山油藏。该构造钻探成功是沙垒田凸起裙边带找油的重大突破，凸起的四周裙边带仍有广阔的勘探领域，进一步的寻找古潜山油藏将推进渤西地区的含油领域，发展其油田群体开发工作。

渤西地区岐南断阶多构造含油气 岐南断阶位于渤西地区岐口生油凹陷之东南侧，由海1和海4两条断裂组成的NE向展布大型断阶。岐口凹陷已由陆上大港油田勘探证实为富生油凹陷，海1和海4断裂为两条油源断层，在其上、下盘成排分布的圈闭和构造应当很有油气远景。过去已发现西端海4油田和东端QK18—1油田。

到1995年底，在岐南断阶较小范围内，已经发现QK17—2、17—1、18—5、18—9四个含油气构造，尽管单个构造油气储量仅数千万吨，但如果整体考虑开发工作，将有大的经济效益，这些工作推动了渤西地区油气的滚动勘探开发工作。

沙东南CFD18—2构造见油气 CFD18—2构造位于BP合同区内，该构造由于东(BZ28—1)、西南(埕北)和西北(海4)都有油田发现，故其勘探潜力很大。

1994年2月23日CFD18—2—1井开钻，电测解释沙二段有气层36m，油层33m，气举方式测试油层获日产16～24m^3原油，气层未测试。

该合同区退还后，经过认真研究，为扩大CFD18—2构造含油气范围，于其东高点布置另一口予探井CFD18—2E—1井，钻井中新井与CFD18—2—1井对比很好，解释油层共4层15.5m，年底时正准备测试。

CFD18—2含油构造东距BZ28—1油田60km，西距QK18—1油田90km，如果油气储量可观，则可联结成一油气区，减少开发工程的投资。

黄河口凹陷东侧BZ35—2含油气构造 BZ35—2构造位于渤海南部的黄河口凹陷东侧，它东连庙西凹陷，南北分别为渤南凸起和莱北低凸起所夹持，属于BZ35构造群中一个较完整的构造。

BZ35—2—1井电测解释沙河街组有油层3层9.5m，差油层2层2.5m，含油水层1层7m。用11.91mm油嘴求产获日产原油188m^3，天然气3 646m^3，原油比重0.9053，测试井段2 658～2 667m。后又在2 615～2 621 m处用相同油嘴生产，获日产原油162.2m^3，天然气6 115m^3，原油比重0.8721。

该井见油气为在黄河口凹陷东侧寻找油气提供了重要的地质依据。

【北黄海盆地油气勘探概况】 该盆地位于渤海之东海域，介于辽东、山东和朝鲜半岛之间，面积向东与朝鲜安州盆地(陆上)相连，估计大于3万m^2。

1966～1977年地矿部对该盆在作过零星重、磁力和地震实验工作。1977年原石油部海洋石油勘探指挥部(今渤海石油公司)作过3 884km地震。在这些资料基础上，该盆地被认为是一个中、新生代盆地，下第三系小于2 000m，中生界也只有1 000～2 000m，且为孤立分割的小凹陷。

近年来，朝鲜原油工业部曾两次与海洋石油勘探开发研究中心进行技术交流和讨论，涉及到本盆地。从粗略的交流中知道朝鲜方面已经在盆地东侧钻井十余口，且从侏罗系地层中获得几十吨原油(日产量)，由于采用数字地震，盆地沉积岩厚度将大于6 000m，由此勘探潜力也相应增大。

海洋石油勘探开发研究中心为充分利用老资料，曾多次采用新的地震处理技术(包括PROMAX工作站)进行重新处理，但终因原采集有效波能量太弱，深层仍不清楚。目前正准备新的计划，开展本盆地的研究工作。

【南黄海盆地油气勘探概况】 1993～1995年该盆地内勘探活动相对较少，仅在南部坳陷西侧的24/16区块进行工作。

该区块为原英国克拉夫石油有限公司(CLUFF OIL PIC)于1991年转让给莫尼门特公司(MONYMENT)。后者经过地震采集的处理和解释，1992年中方向该公司提供了井位建议书。

经仔细研究后，1993年4月FN23—1—1井开钻，在2 749m阜三段时完钻，未见任何油气显示。该井没有油气的主要原因为构造形成期晚于油气主要运移期，加之缺乏垂向断裂沟通深层生成的油气，水的矿化度也低，属于开放型的地下水动力环境，于油气保存不利。最后导致本井没有油气。

【东海/南海南部海域油气勘探概述】 **东海** 东海海域在1993～1995年工作中，有三方面的力量介入，分别在不同海域中进行油气勘探工作。

部分国外或地区的力量，在北部福江凹陷进行了一口井的钻探(韩国),未见到油气。在南端的钩北凹陷南部,台湾的中油公司进行了2口井钻探,具体成果不详。

主要的力量是中国海洋石油总公司东海公司进行着全海域的研究,从1992年6月发布东海招标至1995年,三年中共完成地震测线2.7万km,其中合作地震测线为2.5万km,占总量的92%。1995年开钻10口合作探井,未见油气。

“八五”期间,地矿部在东海的油气勘探,共完成海上油气钻井9口,总进尺达3.7万余米,海上地震勘探1.9万余千米,其中二维地震1万余千米,三维地震面积265km²(折合野外采集近9 000km)。完成地球化学勘探取样670个站位,海洋测深5 000km,累计处理地震资料14.3万标准千米。1995年利用IBM—3081计算机系统,成功处理了东海最大一块三维地震资料(总面积达113km²),表明地震资料的采集、处理和解释水平上了一个新台阶。

在完成的9口海上钻井中有6口井获得高产工业油气流,钻探成功率为66.7%,从而新增加一批可观的基本探明储量加控制地质储量。新发现了武云亭油气田和孔雀亭、春晓两个含油气构造,形成三个可发展成亿吨级大油气田的勘探开发目标区带。“宝云亭3井”的钻探成果达到了使宝云亭油气田升级扩储的目的,该油气田的油气储量于1995年1月通过国家储委的正式批准,从而促进了东海平北地区油气勘探进程,为加快东海第二个油气基地提供了资源保证。

南海 1.南海南部海域航空磁力测量。为配合南沙油气勘查专项的开展,由地矿部北京航空物探遥感中心,于1994年分两阶段(1994年1～6月和1994年7月～1995年4月)对南部海域110°00′～118°00′E,5°00′～20°00′N范围进行航空磁力飞行作业,完成总测线112 058.52km,覆盖面积94.66万km²。通过对采集的资料进行处理和解释,于1995年8月提交了南海南部航磁概查数据资料和基础图件,获得主要成果有:

(1)初步了解南海南部的磁性基底埋藏深度及基底性质和地壳结构;

(2)根据磁异线性延伸和异常带错动扭曲等特征,在南海南部发育有4组断裂:即NE、NEE、SN、NW向断裂;

(3)根据磁性基底埋藏深度,南海发育有22个凹陷,最小的面积2 000km²,最大的40 000km²,而万安盆地和曾母盆地因工区范围所限,只测到一小部分。南海南部广泛发育着中生代盆地,是寻找海上油气资源的有利远景区。

2.南沙X海域油气勘查。1996年2月7日至4月10日,地矿部广州海洋地质调查局派出“探宝号”、“奋斗四号”船,在南沙海区的中部进行地球物理概查,共完成主测线31条,联合测线12条;总完成工作量有多道地震10 820.80km,重力8 594.5km,磁力测量9 357.8km,测深10 820.89km。调查结果证实了南微盆地、康泰盆地、柏礁盆地的存在,为评价整个南沙海域的油气资源提供了宝贵资料。

与此同时,这两支主要队伍也向外国油公司介绍东海地质情况,积极准备西湖等地区的资料,以备国家批准后及时向外进行招标。

平湖油气田的开发研究和开发工程的启动工作也在进行中。

【东海海域第四轮招标合同区】 始于1992年6月30日发布招标通告的中国海域第四轮招标(东海海域),经过购买资料、评价、开标和谈判,从1993年10月签订第一个石油合同到1994年12月,全部18个合同区都签订了合同,结束了此轮招标工作。

表1 东海合同区探井数据表

序号	区块	作业者	井号	时间(年、月、日)		井深(m)		终孔地层	结论
				开钻	完钻	设计	实际		
1	33/31	TEXACO	WZ33—1—1	1994.12.31	1995.1.27	2 100	1 816	M_z	干井
2	41/17	JAPEX	FZ13—2—1	1995.2.6	1995.4.3	3 500	3 523	$K_?$	干井
3	33/08	CHEVRON	WZ15—1—1	1995.2.8	1995.2.23	1 900	1 926	M_z	干井
4	33/19	TEXACO	WZ23—1—1	1995.2.27	1995.3.13	2 500	2 400	$K_?$	干井
5	33/08	CHEVRON	WZ10—2—1	1995.4.2	1995.4.21	2 050	2 166	$K_?$	干井
6	33/05	TEXACO	TB13—1—1	1995.4.7	1995.5.28	3 600	3 585	E_1	干井
7	26/19	CHELL	ZJ25—1—1	1995.4.8	1995.4.28	1 817	1 817	E_2	干井
8	42/03	JAPEX	FZ10—1—1	1995.4.16	1995.5.23	3 500	2 076	E_1	干井

18个合同区块中,石油合同11个、物探协议6个,联合研究协议1个。

随后作业者进行了紧张的评价,从1994年12月31日位于33/31区块的第一口探井WZ33—1—1井开钻,揭开了东海合同区第一轮钻探工作。到台风到来前的1995年4月16日,42/03区块的FZ10—1—1井(第8口探井)开钻,结束了第一轮钻探工作,8口探井虽没有取得突破性进展,但积累了资料,加深了地质认识。

经过中外双方专家的研究，位于33/19区块的第9口探井，WZ20－1－1井于1995年11月13日又揭开了东海合同区第二轮钻探的序幕。此轮钻探区转向西带的丽水和椒江凹陷，预计其下第三系地层比已钻探的东带要发育，如果井位选择于凹陷中近油源处，应该有所突破。已钻各井数据如表1。

【珠江口盆地油气勘探概述】 1993～1995年，珠江口盆地大批油田投产伴随年产量大幅度上升，成为中国海洋石油总公司主要原油产地，但勘探工作处于低谷。

这三年总共完成地震工作2万余千米，其中自营地震工作1.4万km，占71%。尤以1994年和1995年这两年全部地震工作都是自营完成的。三年中仅钻井10口，只有一口井为自营探井(WC8－3－1)，并见到高产油气流。余下9口全部为合作井，6口预探井只在HZ32-3见到油层，其他5口全为空井。3口评价井也有1口未获油气。

HZ32－3油田附近勘探新领域获突破 位于珠江口盆地东部惠州凹陷与东沙隆起的北侧的ACT(AGIP、CHEVRON、TEXACO)集团16/08合作区，经多年勘探已发现HZ21－1、26－1、32－2、32－3等一批低幅度构造油田，也发现HZ33－2、33－1等含油构造。这些构造多为构造圈闭，单个储量较小。

为进一步扩大原油储量，提高已投产油田的经济效益，按作业者要求，中方采用SMOL(地震模拟Seismic modelling)等地震预测技术，对HZ32－3油田东北侧的K_{22}层岩性圈闭体的储层进行了预测，1994年11月经HZ32－3NE－1井钻探获得成功，证实K_{22}层为岩性油藏，控制原油储量500万t，从而扩大了储量。

珠三坳陷WC8－3构造见高产油气流 珠三坳陷属南海北部大陆架珠江口盆地西段的北部坳陷带上的一个坳陷，其东端已在珠一坳陷的惠州凹陷、陆丰凹陷和东沙隆起上获得油气。珠三坳陷仅在北部和南东部发现WC9－2凝析油田和WC19－1油田，但规模都不大。

WC8－3构造位于坳陷中部，为三凹陷交汇处的琼海凸起NE端上。以前该构造属于美国埃索公司勘探合同区的一部分，为扩展该区的油气前景，中方的专家一致与外方齐头进行研究工作。当1995年9月美方终止了该合同后，在中方人员集多年综合研究的结果，多方优选了井位，几经论证终于1995年10月22日开钻WC8－3－1井，该井设计井深3 500m，12月13日钻达3 300m完钻，经测井综合解释在珠海组和珠江组有油层37.6m。经多层测试后获日产原油1 378m^3，天然气36.3万m^3的高产。据评估，WC8－3构造控制可采石油储量828万m^3，天然气可采储量74亿m^3。

目前珠三坳陷已钻探19个构造，钻了探井25口，已发现两个油田和8个含油气构造。WC8－3构造获得高产油气流后，对推动该海区相邻的WC9－2和WC19－1油田的连片开发，具有重要的意义。

【琼东南盆地油气勘探概述】 为贯彻寻找南海西区气田，本盆地的直接任务为扩大Y13－1气田后备储量。

具体工作分为自营勘探与对外合作两部分进行。自营勘探以Y21－1披复背斜构造为钻探目标，终因工程技术和地层高压关系，未达到预期的地质目的，但显示了是一个含气构造，尤以浅层要加倍注意。

对外合作钻探了Y26－1和35－1，也因作业者对地下认识和经济效益而提前结束，暂时转入深入研究。

该盆地勘探程度低，勘探领域十分广阔，仍有很大的找气前景。

继续勘探Y21－1披复背斜构造 为扩大Y13－1气田储量，在1990年和1991年曾在崖南凹陷南侧同类型圈闭Y21－1上分别钻探了Y21－1－1和Y21－1－2井，都因钻遇高压气层发生井涌、井漏等事故，未达预期地质目的而被迫封井。经过钻探分析，已知可能有三套气层，很可能为一大气田，在深入研究后，于1993年10月，于原1井之东开钻第3口探井Y21－1－3井。

该井于1994年7月钻至4 688m崖城组时完钻，电测解释气层、差气层6层36m，但经测试为含气水层，分析由于高压和固井等原因，造成测试的复杂性，尚需深入研究。

Y35－1构造勘探见气显示和气层 Y35－1构造位于琼东南盆地崖南凹陷之南侧，为ARCO(ARCO CHINA INC)63/28合同区范围，为一近东西向分布的海底河道砂体构造。

1993年12月由作业者布置的第一口探井Y35-1-1井开钻，未达原设计目的。钻进过程中，曾中途电测解释5层57m气层和差气层，时代为中新统，未测试。

经作业者研究后，又于1井之西侧布置第2口探井Y35－1－2井，于1995年3月开钻，钻至5 282m中新统地层时，测井为薄气层，作业者认为无经济价值而完井。

通过两口井钻探，目的层段中有气测异常，且气层厚度大，孔隙度也好。由于原圈闭面积超过100km^2，估计含气面积也大，天然气储量会有数百亿m^3，是一个很有希望成为大气田的有利构造。

【莺歌海盆地油气勘探概述】 自从中国海洋石油总公司在找油气的战略方针上，明确了向气倾斜，并以南海北部大陆架之西区为寻找大气区的方向后，本盆地成为找气的重点。

在此期间，经过研究集中于盆地中南部的中央泥拱带上。该带为受挤压力，由深部之泥岩在高压驱动下，上拱而形成的各种形式的圈闭，如果深凹陷中之烃源没有问题的话，应当在压力释放的低压带—泥拱构造带上，找到天然气藏。

经过对泥拱带的勘探，发现和评价了两个天然气田(DF1－1和LD15－1)，发现了两个含气构造(LD20－1、21－1)、三个构造上有气显示(LT13－1、LD8－1、14－1)。

今后勘探工作中，应研究储层和CO_2的分布规律。

评价中央泥拱带北端DF1－1大型含气构造 该构造位于海南岛西部海域，莺歌海盆地中央泥拱带北端的一个大型泥拱背斜构造。在1991年11月和1992年7月先后钻探1、2号井均获高产天然气流。

在经过地震详细研究后，于1994年10月起，对该构造进行含气评价钻探工作。DF1－1－3井为评价井，1994年10月开钻，到1995年1月，共钻3、4、5三口评价井，一般获气层70余米，日产气21万～88万 m^3，为一高产气田。经反复测算和评审，上报国家储委的批准探明储量为801亿 m^3。

通过这些工作已初步证实，它是继陕北气田、Y13－1气田之后的又一个大气田，气田圈闭面积200多 km^2，储层最大厚度为50～80m，单井日产气量70万～90万 m^3。同时气田之气层埋藏浅(1 300～1 400m)、产量高、气层厚、规模大，是一个具经济价值的气田。这里需要注意的是气体成分中，有含量达30%～60%的 CO_2 气体。

该构造为多层组含气，为探其较深部的含气性，于1995年2月钻预探井DF1－1－6井或称DF29－1－1井，经测试日产气4万～24万 m^3，但含 CO_2 气高达80%，正在进一步研究中。

中央泥拱带南端发现LD20－1、21－1含气构造　继续勘探中央泥拱带的天然气藏。在北、中部发现DF1－1和LD15－1天然气藏后，于1994年3月钻探南端的LD21－1构造。LD21－1构造是一个简单的背斜构造，预探井LD21－1－1井见气层11.5m，测试获日产39.7万 m^3 天然气，但气体组分中含70%的 CO_2 气体。

1994年5月其北部的LD20－1－1井于构造之南高点开钻，解释有气层29m，测试获日产天然气20万 m^3，CO_2 占40%。

该构造之北高点面积大于南高点，1994年8月，于其上钻探评价井LD20-1-2井，解释有气层10m，经测试层获日产天然气5.7万 m^3、3.8万 m^3 和14.4万 m^3 及原油85 m^3。气体组份含 CO_2 从40%～70%，比较复杂。

发现和评价中央泥拱带中LD15－1含气构造　随着莺歌海盆地泥拱带北端的DF1－1构造发现高产天然气后，为扩大含气范围，又于南中部钻探了LD15－1构造。

该构造为一泥拱形成的穹窿状背斜构造，1993年2月LD15－1－1井开钻，于莺黄组井深2 541m完钻，电测解释有上百米气层和差气层。经测试最高气产量为73.5万 m^3，无阻流量可达389万 m^3。

经研究该构造面积较大，有80余 km^2，构造被NWW向断裂切割为北、中、南三个断块，发现井位于南断块上。为落实天然气储量，又在1994年2月和6月，分别于北块和中块，钻探两口评价井LD15－1－2A井和LD15－1－3井，均在莺黄组完钻，见到数十米气层，测试产量为83万 m^3 不等。CO_2 含量由30%～70%也不等。估计控制天然气储量近200亿 m^3。

【北部湾盆地油气勘探概述】　该盆地为中国海上最早进行油气勘探开发的盆地之一。经过多年勘探工作业已充分证实，北部湾盆地的涠西南凹陷之下第三系流沙港组，具有海上最好的生油层系。

为此，在充分评价和分析生油主要洼陷的基础上，选定涠东地区围绕主生油洼陷，大力寻找各类构造圈闭与砂体含油。

目前已在涠东地区的北部陡坡带上，找到了W5－2、6－1、6－3含油气构造；在中部断陷中，找到了重要的油气藏W12－1构造；在南部斜坡带上，找到了W12－2、12－8含油气构造。至此，涠东地区已逐渐形成滚动勘探开发的整体局面。

W6－1含油气构造评价复杂　W6－1构造位于涠西南凹陷东区北块一号断层下降盘的断阶上，是一个流沙港组地层覆盖在石碳系灰岩上的古潜山构造。

1994年1月在潜山高部位钻W6－1－3评价井，获日产天然气17万 m^3，凝析油33 m^3。地质综合分析，该潜山为一冲积扇体盖于其上，与灰岩风化壳共同组成储层，故对储层的认识是控制含油气性的关键，需深入研究。

W12－1含油构造评价　该构造位于涠东地区B生油洼陷中，为一凹中隆的半背斜构造。

1989年12月美国太阳公司在该构造上钻探了W12－1－1井，发现20m油层未试油而放弃。

经中方研究后，于1994年7月钻评价井W12－1－2井，在涠州组发现69m油层，经测试获日产原油1 700 m^3，天然气13.7万 m^3 的高产井。

1995年3月开钻第三口评价井W12－1－3D井，为一口大斜度定向井，在5月分于3 391m涠洲组完钻时，已钻遇6大气层，总厚度110m，经测试获日产原油5 422 m^3，伴生气61.3万 m^3，为目前海上最高日产量井。为扩展成果，又于1995年11月钻W12－1－4评价井，获19层120m油层；正准备测试。

通过3口评价井钻探，该构造含油气性质明显上升。目前认为是一个砂层集中，单层厚度大，油层物性好，分布均匀，含油饱满的油气构造。由于其原油比重小，油气比适中，故能高产。

涠东地区多构造见油　由于涠西南凹陷东区生油条件好，为寻找含油气构造关键在于好的构造圈闭与砂体储层的配合上。这几年在东区的南、北部分多个构造见油气：

1993年1月，于涠东地区南部斜坡带上钻W12－8－1井，测试获日产原油206 m^3，天然气5.9万 m^3。1994年于面积更大的东高点钻W12－8－2井，测试获日产原油364 m^3，储层为角尾组，物性很好。

1993年2月于W12－8构造之北，钻探12－2－1井，储层为流沙港组三角洲前缘砂体，测试获日产原油327 m^3，天然气1.9万 m^3，第一次找到了流沙港组自生自储的油气藏。

在涠东地区北部的陡坡带上，1993年11月，在W6－3－1井中，获日产11 m^3 原油，经研究认为只要找到好的储层段则油井日产量将大幅度提高。

1994年5月，在北部一号断层上升盘钻探W5－2－1井，在很浅的上第三系角尾组中，获日产14万 m^3 气和少量油花的结果。

经过涠东地区的钻探，发现了一批含油气构造，可望以涠12—1构造为中心，进行涠东地区联合开发的工作。

W10—3西—1井获高产油气流　该井距老油田W10—3只有4km，通过地质人员层序地层学的研究，为了解流三段鼻状构造含油情况而于1995年9月钻探该井。经测试获日产原油68m³，天然气9.5万m³的高产井。

该构造含油面积约5km²，在老油田周围找到了新的地质储量，将能充分利用原有油田开发生产设施，大大提高经济效益，显示了在北部湾找油的良好前景。

（赖万忠）

表2　油气勘探成果一览表

海区	区块	作业者	构造名称	井号	井别	水深(m)	完钻井深(m)	完钻时间	测试结果
渤海	自营	渤海石油公司	旅大16-1	旅大16-1-1	预探井	30.8	2 059.0	1993.2.15	原油7.95m³/d，天然气119 189m³/d
渤海	自营	渤海石油公司	歧口17-2	歧口17-2-1	预探井	5.7	3 804.0	1993.6.10	原油249.3m³/d，天然气10 535m³/d
渤海	自营	渤海石油公司	歧口17-2	歧口17-2-2	评价井	5.7	2 530.0	1993.10.17	油气流井
渤海	自营	渤海石油公司	歧口17-2	歧口17-2-3	评价井	6.4	2 802.0	1994.1.4	油气流井
渤海	中-日	日中石油开发株式会社	渤中35-2	渤中35-2-1	预探井	20.82	3 160.0	1993.2.9	原油380.15m³/d，天然气9 761m³/d
渤海	自营	渤海石油公司	歧口17-1	歧口17-1-1	预探井	5.4	3 570.0	1994.3.19	原油122.4m³/d，天然气52 235m³/d
渤海	自营	渤海石油公司	锦州14-4N	锦州16-4-2	预探井	19.2	4 200.0	1994.7.6	原油39.67m³/d，天然气63 071m³/d
渤海	10/15	英国BP公司	曹妃店18-2	曹妃店18-2-1	预探井	22.6	4 261.0	1994.6.10	原油23.2m³/d
渤海	自营	渤海石油公司	曹妃店1-6	曹妃店1-6-1	预探井	16.5	3 007.3	1993.12.22	原油470.69m³/d，天然气5 625m³/d
渤海	自营	渤海石油公司	曹妃店1-6	曹妃店1-6-2D	评价井	16.5	2 997.0	1994.11.1	油流井
渤海	自营	渤海石油公司	曹妃店1-6	曹妃店1-6-2DS	评价井	16.5	2 972.0	1995.3.15	油气流井
渤海	自营	渤海石油公司	绥中36-1	绥中36-1-14D	评价井	31.56	1 815.0	1995.3.27	油流井
渤海	自营	渤海石油公司	绥中36-1	绥中36-1-12	评价井	30.6	1 650.0	1995.12.24	油气流井
渤海	自营	渤海石油公司	绥中36-1	绥中36-1-23	评价井	31.2	1 700.0	1995.11.3	油流井
渤海	自营	渤海石油公司	秦皇岛32-6	秦皇岛32-6-1	预探井	21.0	1 976.0	1995.6.18	原油100.98m³/d
渤海	自营	渤海石油公司	秦皇岛32-6	秦皇岛32-6-2	预探井	22.0	2 070.0	1995.8.5	原油127.903m³/d，天然气17 492m³/d
渤海	自营	渤海石油公司	秦皇岛32-6	秦皇岛32-6-3	预探井	21.4	2 010.0	1995.9.22	原油341.03m³/d，天然气4 768m³/d
渤海	自营	渤海石油公司	锦州9-3	锦州9-3-8D	评价井	7.5	2 582.3	1995.6.18	油气流井
渤海	自营	渤海石油公司	歧口18-9	歧口18-9-1	预探井	7.2	3 175.0	1995.5.22	原油284.2m³/d，天然气127 891m³/d
渤海	自营	渤海石油公司	歧口18-19	歧口18-1-4DS	评价井	12.0	4 408.0	1995.12.25	油气流井
渤海	自营	渤海石油公司	秦皇岛18-2E	秦皇岛18-2E-1	预探井	24.0	4 001.7	1995.12.28	原油126.34m³/d，天然气299 278m³/d
珠江口	16/08	A.C.T作业集团	惠州32-3NE	惠州32-3-NE1	预探井	107.0	3 918.0	1994.11.14	未测试
珠江口	自营	东部石油公司	文昌8-3	文昌8-3-1	预探井	112.0	3 300.0	1995.12.3	原油1 401m³/d，天然气363 067m³/d
北部湾	自营	西部石油公司	涠洲12-2	涠洲12-2-1	预探井	36.53	3 075.0	1993.2.30	原油480.132m³/d，天然气20 497m³/d

（续表）

海区	区块	作业者	构造名称	井号	井别	水深(m)	完钻井深(m)	完钻时间	测试结果
北部湾	自营	西部石油公司	涠洲 12-8	涠洲 12-8-1	预探井	38.0	1 335.0	1993.1.13	原油 335.52m³/d，天然气 83 660m³/d
北部湾	自营	西部石油公司	涠洲 12-8E	涠洲 12-8-2	预探井	31.3	1 352.0	1994.2.18	原油 364.8m³/d
北部湾	自营	西部石油公司	涠洲 5-2	涠洲 5-2-1	预探井	37.0	901.0	1994.6.2	天然气 142 278m³/d，水 12.96m³/d
北部湾	自营	西部石油公司	涠洲 12-1	涠洲 12-1-2	评价井	33.8	3 211.0	1994.9.12	油气流井
北部湾	自营	西部石油公司	涠洲 12-1	涠洲 12-1-3D	评价井	35.8	3 381.0	1995.5.26	油气流井
北部湾	自营	西部石油公司	涠洲 12-1	涠洲 12-1-4	评价井	34.5	2 949.0	1995.12.26	油气流井
北部湾	自营	西部石油公司	涠洲 6-3	涠洲 6-3-1	预探井	32.8	3 625.0	1994.2.27	原油 11.5m³/d
北部湾	自营	西部石油公司	涠洲 6-1	涠洲 6-1-3	评价井	30.8	2 200.0	1994.3.26	油气流井
北部湾	自营	西部石油公司	涠洲 10-3W	涠洲 10-3W-1	预探井	41.8	2 261.0	1995.10.16	原油 700.5m³/d，天然气 12 771m³/d
莺歌海	自营	西部石油公司	乐东 15-1	乐东 15-1-1	预探井	103.0	2 541.0	1993.3.22	天然气 734 669m³/d，CO_2=16.6%
莺歌海	自营	西部石油公司	乐东 15-1	乐东 15-1-2	评价井	107.0	1 625.0	1994.3.1	气流井，CO_2=31%～60.5%
莺歌海	自营	西部石油公司	乐东 15-1	乐东 15-1-3	评价井	108.0	1 680.0	1994.7.7	气流井，CO_2=50%～70%
莺歌海	自营	西部石油公司	乐东 15-1	乐东 15-1-4	评价井	97.0	2 025.0	1995.11.12	气流井，CO_2=55.4%～90%
莺歌海	自营	西部石油公司	乐东 8-1	乐东 8-1-1	预探井	99.0	2 452.0	1993.11.20	天然气 12 216m³/d，CO_2=80%
莺歌海	自营	西部石油公司	乐东 20-1	乐东 20-1-1	预探井	89.0	1 793.0	1994.5.16	天然气 200 608m³/d，CO_2=40%
莺歌海	自营	西部石油公司	乐东 20-1	乐东 20-1-2	评价井	84.0	1 742.0	1994.8.20	气流井，CO_2=50%～58%
莺歌海	自营	西部石油公司	东方 1-1	东方 1-1-3	评价井	71.4	1 530.0	1994.10.24	气流井，CO_2=53%～66%
莺歌海	自营	西部石油公司	东方 1-1	东方 1-1-4	评价井	69.58	1 555.0	1994.10.24	气流井，CO_2=0.2%～1.8%
莺歌海	自营	西部石油公司	东方 1-1	东方 1-1-5	评价井	66.0	1 545.0	1995.2.27	气流井，CO_2=0.2%
莺歌海	自营	西部石油公司	东方 29-1	东方 1-1-6	预探井	68.7	2 025.0	1995.3.20	天然气 388 458m³/d，CO_2=77%～88%
莺歌海	自营	西部石油公司	岭头 1-1	岭头 1-1-1	预探井	51.0	3 391.0	1995.12.31	天然气 230 000m³/d
莺歌海	自营	西部石油公司	乐东 21-1	乐东 21-1-1	预探井	91.0	2 325.0	1994.4.9	天然气 397 309m³/d，CO_2=70%
琼东南	自营	西部石油公司	崖城 21-1	崖城 21-1-3	预探井	115.0	4 688.0	1994.7.4	天然气 10 251m³/d，水 760.3m³/d
琼东南	67/28	阿莫克东方石油公司	崖城 35-1	崖城 35-1-1	预探井	163.4	4 777.4	1994.7.16	未测试

（李增坤）

海洋油气开发与生产
Marine Oil and Gas Development and Production

【综述】 1993～1995 年为海洋油气田按计划大量进行开发建设和投产的时期，1992 年底海上只有 8 个油气田生产，到 1995 年底，整整翻了一番，海上已有 16 个油气田投入了生产，3 年累计生产原油 1 941 万 t，有下列特点：(1)年产油量大幅度增加和超过国家计划。1993 年国家计划海上产油 360 万 t，实际年产 453 万 t；1994 年计划产油 530 万 t，实际年产 647 万 t；1995 年计划产油 650 万 t，实际年产 841 万 t。三年计划产油 1 540 万 t，实际产油 1 941 万 t，超产 401 万 t，反应了海上高速开采使产量快速增加的好形势。(2)加强项目管理，使新油田按时或提前投产，保证了产量新增和递减的弥补。(3)老油田采用各种先进的增产措施，使之一直保持 4%～9%较高的开采速度，同时也使各油田保持高的开发指标，达到良好效果。(4)严格按照评价研究→开发建设→油田投产的顺序，科学的接替，保证海上油气田开发的效益。(5)大量高、新开发技术的使用，如 Y13－1 气田、LH11－1 油田都采用了当今世界一流的技术。(见表 3～5)

表 3　中国海上含油气构造开发现状

年	开发现状(构造)		
	评价研究	开发建设	投　产
1993	渤西油田群 CFD1-6 平湖气田 LF22-1	JZ9-3 HZ32-2/32-3 XJ24-3 XJ30-2 LH11-1 Y13-1	SZ36-1 (A区) LF13-1 W11-4
1994	SZ36-1(Ⅱ期) 平湖气田 LF22-1	JZ9-3 SZ36-1(B 区) CFD1-6 渤西油田群 HZ32-2/32-3 XJ30-2 LH11-1 Y13-1	XJ24-3
1995	SZ36-1 (D、F区) QK17-2 DF1-1 W12-1 平湖气田	JZ9-3 SZ36-1(J 区) 渤西油田群 LF22-1 LH11-1 Y13-1	SZ36-1 (B区) CFD1-6 HZ32-2/32-3 XJ30-2

【JZ9－3 油田评价进行工程建设】 该油田在基本设计中发现工程设施投资超过原预算，1993 年对原总体开发方案进行修正，修正意见为在 B 区之东、西部各置一生产平台，有生产井 43 口、注水井 9 口、水源井 2 口。1993 年底修正设计完成后，工程投资仍很大，油田没有经济效益。总公司于 1994 年 2 月 16～19 日，召开了 JZ9－3 油田基本设计审查会，经济评价仍不能令人满意，决定停止该油田开发工作，但仍要进行如开发方案到工程设计、钻井完井、采办和制造以及海上施工等重新研究工作，争取油田早日开发。

为落实产能，取得代表性流体参数，并在简化工艺可否不防砂完井上取得资料，经过认真研究，于 1995 年 5 月 20 日开钻一口评价井，录井和钻井取心都见到好的油气显示，经 4 层测试最高日产气 13 万 m^3，油 273m^3。8 月 15 日开始延长测试，到 10 月结束了延长测试工作。测定中当单井日产 500m^3 时，仍未见出砂情况，从而找到了油层出砂临界压力，排除了防砂的工艺措施；此外又找到两个气层，可作为平台的燃料，加上单井日产高于原设计，从而大大提高经济价值。目前正深入重新进行经济评价，使之早日决策开发。

(赖万忠)

表 4　中国海上油田原油产量表

海区	油田名称	年产油量(万 t)			油田总计(万 t)
		1993	1994	1995	
渤海	JZ9-3			1.4	1.4
	JZ20-2	9.2	12.0	11.4	33.5
	SZ36-1	12.0	68.4	111.2	191.7
	428W	3.3	3.1	2.4	56.6
	BZ28-1	10.6	7.2		76.1
	BZ34-2/4	37.7	37.5	29.3	208.0
	CFD1-6		1.2	1.7	3.0
	埕北	39.3	34.1	32.9	399.8
珠江口	LF13-1	13.4	89.2	65.5	168.2
	HZ21-1	88.3	72.6	41.8	408.9
	HZ26-1	182.3	204.1	145.2	721.4
	HZ32-2			44.1	44.1
	HZ32-3			68.0	68.0
	XJ24-3		6.7	166.8	173.6
	XJ30-2			24.6	24.6
北部湾	W10-3	44.1	41.4	30.3	299.2
	W11-4	12.6	69.4	64.4	146.5
总计		453.3	647.4	841.4	3064.3

【锦州 20－2 凝析气田】 该气田自 1992 年 8 月中北平台投产后，到 1993 年 8 月锦西大化厂调试正常，7 口采气井平均日供气量 122 万 m^3，符合大化厂合同要求日供天然气 120 万 m^3 的要求。

但从 1994 年 4 月到 1995 年 1 月在全气田投产的 7 口生产井中有 4 口见到黑油(S_4、MN_4、7D、2－3 井)。在

1995年9月6日的项目审查验收会上，研究组认为气田是复杂的，尤以复杂的气、油、水关系，针对中、南高点的差异提出了不同的解决办法：中高点排油采气，油气并举。南高点控油采气，控制气井生产压差。由于这样也达不到稳产和生产年限的设计要求，故应准备新区块为补充接替之用。专家小组经过审查已验收了"锦州20－2凝析气田动态分析及动态储量计算"报告，将进入实施阶段。

该气田1993～1995年年产油量分别为9.2、12.1、11.4万t，年产气量分别为3.04、3.85、3.80亿m^3。

【SZ36－1生产实验区全面建成投产】 生产实验区分为A、B两个区，A区由两个井口平台组成。到1993年8月31日AⅡ平台正式投产，投产井计16口，到1993年12月底，年产油量12万t。到1994年12月底，A区已有27口油井先后投产，年产原油68.4万t。1995年产油111.2万t，采油速度1.88%。

通过这些生产井钻探，钻遇的油层厚度比预计的要厚，从而增加了实验区的储量。同时也发现油层非均质性严重。

1995年5月12日，B区8口电潜泵井投产，标志着SZ36－1第一期（实验区）开发建设工程已胜利完成，至此，中国海上最大油田实验区已全面建成投产。通过这些钻探，现已有探明储量2.2亿t，进一步可望达到3亿t，年产油量在100万t以上。

据总体开发方案，SZ36－1油田将划分为A、B、C、D、F、J六个开发区，A、B区作为一期工程已建成；余下4区为二期工程，首先开发J区，并计划于1997年投入生产。

1995年9月5日，专家组审查并通过了由中国海洋石油生产研究中心编制的"渤海SZ36-1油田J区总体开发方案"，准于立项。

表5 中国海上油田开采综合数据表（止于1995.12）

油田	总井数（口）	开井数（口）			平均日产油（t）	含水井（口）	综合含水（%）	采油速度（%）	采出速度（%）	产油量（万t）	
		自喷井	机采井	合计						年产	累计
428西	4			0			94		23	2.38	56.49
埕北	52	8	29	37	834	35	78	1.60	19.0	32.90	399.00
BZ28-1	10			0					9		76.10
BZ34-2/4	26	12	4	16	685	3	37	1.1	8	29.20	208.00
JZ20-2	8	8		8	381			3.6	10	11.4	33.50
SZ36-1	47	3	12	15	463	7	3	1.8	3	111.2	191.70
CFD1-6	2			0						1.70	3.00
HZ21-1	15	3	6	9	1 313	8	63	3	26	42.60	409.70
HZ26-1	20	2	14	16	4 434	17	55	6.6	29	147.7	724.00
HZ32-2	6		5	5	2 256	3	39	7.90	4	44.80	44.8
HZ32-3	11	5	5	10	5 664	3	9	11.2	3	69.20	69.30
LF13-1	10	5	4	9	611	7	31	1.0	7.9	72.8	175.4
XJ24-3	10	10		10	5 824	7	25	8.7	7.3	179.00	185.00
XJ30-2	4		4	4	4 400		0.7	4	0.6	26.30	26.30
W10-3	16	3	2	5	35	3	43.9	0.08	12	13.90	209.70
W10-3N	3	3		3	36	3	43.2	0.17	11	14.90	86.90
W11-4	29		20	20	220	16	7.4	0.38	7	66.3	148.60
总计	273	62	105	167	27 155	112				866	3 049

【428西油田】 油田有生产井4口，由于平台结构和设备腐蚀老化、油井产量低，已于1995年11月弃井。1993～1995年生产量分别为3.3、3.1、2.4万t。该油田累计产油量为56.5万t。

【渤中28－1油田终止生产】 该油田自1989年6月

投产以来，已采出可采油量大部分原油，1993 年产原油 10.6771 万 t，1994 年产原油 7.2169 万 t，投产至终止时总计产原油 76.1560 万 t。采出程度为 9.53%，累计产气 89 314.70 万 m^3。

油田停产原因主要由于油藏压力下降，使油田生产时脱气严重，烧掉大量伴生气又影响作业者和生产设施的安全；同时又浪费大量天然气资源。由于减产使生产作业费的比率大幅度上升，致使油田生产难以维持。渤海石油公司于 1993 年 5 月向日方提出油田停产要求，1994 年 9 月 30 日终止了渤中 28－1 油田的生产。

【渤中 34－2/4 油田】 自 1992 年在油田北、中区块沙河街Ⅱ油组、Ⅲ油组采用不规则点状注水方式以来，到 1994 年已见到效果。同时未注水区块压力和产量均下降。该油田已投入开发的 5 个断块自上而下有 5 套含油层系，构成了 13 个独立开发单元。由于油层物性等地质差异，造成了各开发单元间差别很大。

1995 年计划产油 32 万 t，实际 29.2 万 t，为历年产油较低的一年，年综合递减率高达 22%。到 1995 年底止累积产油 208 万 t，产气 34 229 万 m^3，采出程度 7.86%，综合含水 27.1%，采油速度 1.08%。

1995 年 8 月又有一口注水井投注，使注水较平稳，但由于注水区块注采比过高，使吸水剖面不均衡，同时沙河街Ⅲ油组的高产井相继水淹停喷，机采井效果也差，故 1996 年要深入油田综合研究，认真划分开发单元，提高采油效率。

【渤西油田群开发建造工程正式启动】 渤西油田群联合开发区位于渤海西部近岸处，在歧口凹陷之南和沙南凹陷西端的歧南断阶带及其附近，以 QK18－1 油田为中心的 17km 半径范围内，面积约 900km^2，水深小于 10m。该区域内包括 20 个构造，目前已钻 9 个，发现了 5 个油田（QK18－1、17－3、18－5、17－2、CFD13－1），一般单个储量小（几百万吨到上千万吨），孤立开发无经济价值。此类小油田在渤海有 50 个之多，均属边际油田，其探明地质储量占到 2/3 之多，如果采用特殊的联合开发方法，将对海上油气发展起到很大的作用。

对 QK18－1、QK17－3、QK18－5 和 QK17－2 四个已知油田进行了一年多的深入、详细研究和反复论证后，1994 年 8 月正式向国家计委上报了“渤西油田群总体开发方案”，该方案以 QK18-1 油田为集输中心，混输海底管线上岸后分输，设计年产油 80 万 t，日产气 50 万 m^3，具体工程分二期，QK18－1、17－3 和 18－5 三油田为第一期，计划 1997 年 6 月投产；QK17－2 为第二期工程，计划 2000 年投产，最终年产能力为石油 100 万 t、气 4 亿 m^3。

1995 年 2 月 15 日至 17 日，中国国际工程咨询公司受国家计委委托，对上述方案进行了综合性评估；1995 年 7 月中海设计公司完成Ⅰ、Ⅱ期海上工程基本设计、8 月获通过，此时完成了工程确立；1995 年 8 月 30 日，该海上工程详细设计通过，进入工程实施阶段；1995 年 10 月 23 日渤西油田群开发建造工程正式启动，首批三座导管架在渤海平台公司开工建造。

【CFD1－6 油田】 油田位于渤海西部沙垒田凸起西北端倾伏部位处，1993 年 10 月 7 日在构造高部位钻 CFD1－6－1 井，见大量油气显示，11 月 16 日采用 9.92mm 油嘴裸眼中途测试，获日产 348m^3 原油和4 328 m^3 天然气，从而发现了该油田。

1994 年 4 月国家计委批准该油田采用试生产方式进行早期开发，为落实储量又于 1994 年 7 月 19 日钻 CFD1－6－2D 评价井，因位置不恰当，利用此钻孔于 1995 年 2 月 3 日采用降斜侧钻方法，开钻 CFD1－6－2DS 井，该井测试获日产油 361m^3，日产气 5 743m^3。

为搞清油田产能及地质储量，从 1994 年 10 月至 11 月对 CFD1－6－1 井进行了延长测试。

综合上述资料，该油田为一花岗岩古潜山小油田，面积仅 1.7km^2，地质储量仅 900 万 t，这种面积小，储量小的孤立小油田在渤海有 40 余个，为开发这一潜力，在快简结合、经济高效的原则下，进行孤立小油田的开发建设。从发现到 1995 年 5 月 28 日投产，只用了 17 个月时间。该油田只有 2 口生产井，高峰年产量 31 万 t，预计生产年限 5 年，可累计采油 110 万 t。

2 口井同时投产后仅 8 天，含水上升到 24.5%，原油日产水平由投产初期的 926t，急剧下降为 563t。投产 53 天时，含水高达 98.9%，日产油量下降到 7t。于 1995 年 10 月 30 日正式终止生产，历时 156 天，累积产油 1.78 万 t、产气 49 万 m^3、产水 4.4 万 m^3，经取水样分析为地层水。

【埕北油田】 1995 年是该油田正式生产的第 11 个年头，当年产油 32.9 万 t，日产水平为 903t，累计产油 399.9 万 t，采出程度 19.19%，采油速度 1.58%，综合含水 77.4%。

生产中暴露采油层非均质性严重，造成采出程度差别大和注水效果不佳。这些年来油田经历了自喷开采、水力射流泵开采和以潜油电泵为主的开采三个阶段。开采方针也从 1995 年前的“强采边部、稳定纯油区、保护气顶区”过渡到 1995 年的“全面注水”开采方针。

埕北油田具活跃的边水，数模结果水体在 1 000 倍以上，B 区受边水作用最大。目前 A 区部分井已产出注入水，油田地层压力和注水初期相比回升了 0.32MPa，可见注水已经起到作用。

【LF13-1 油田分批钻井投产】 按 ODP 方案油田采用分批钻井投产，适时注水，高速开采的原则进行开发。具体分二套开发层系，部署 13 口开发井（其中生产井 10 口，注水井 3 口），人工注水保持能量，采用电潜泵举升。

1993 年 3 月 30 日开钻第一口生产井到 8 月 7 日 6 口井完钻，然后逐渐试生产，到 11 月 10 日全部 6 口井投产。至 1993 年 12 月底累计产油 13.4 万 t，超产 53%，平均单井日产在 480t 以上。1994 年产油 89 万 t，超产

11%，采出程度 4.6%，综合含水 28.6%，采油速度 4.04%。

1995 年油田共投产 10 口生产井，全部开采 2 500 层，年产油 83.6 万 m^3，采油速度 3.3%，到年底累积采油 201 万 m^3，采出程度 7.96%，综合含水 31.3%，含水上升率 3.93%。

【LF22－1 油田投入开发工作】 1993 年 3 月召开了中外双方专家会议，通过对油田地质、油层物性和开发可行性的再认识，经过经济核算，初步认为该油田具有经济价值。同时对新采集的 4 310km 三维地震资料进行了处理和解释。1993 年下半年至 1994 年初，中方派出了专家小组参加油田开发评价的联合研究工作，具体开展了总体开发方案中油田地质和油藏工程研究，并进行了开发方案筛选和生产预测。

1995 年进行了总体开发方案批准前的准备，完成了油田评价工作。1995 年 9 月 15 日 CNOOC 与 AMPOLEX 石油公司签订了“关于中国南海珠江口盆地 17/22 合同区 LF22－1 油田开发补充协议”，双方同意 LF22－1 油田投入开发。

该油田距香港 250km，水深 330m，地质储量 1 800 万 t。计划用 5 口水平井通过水下系统及浮式生产储卸油装置进行生产，预计 1998 年建成投产，高峰年产量为 190 万 t，开发总投资为 2 亿美元。

【HZ21－1 油田】 油田自 1991 年 1 月全部生产井投产至今已有 4 年多，共有 4 个层状边水油藏和 2 个块状底水油藏投入生产，从单井开采单一油藏进入到合采阶段。

1995 年在进一步强化底水油藏开采，提高其采收率和实施高效堵水作业上已有成效。主要增产措施包括油井工作制度调整、补孔、自喷转气举、堵水等作业，增加初产油能力 1 619m^3/d，分别比 1993 年和 1994 年高出 76% 和 36%。目前油田累积产油已超过 ODP 预测的可采储量指标，同时综合含水基本稳定在 65%～69%，主力油层天然能量充足。

1995 年油田开井 10～15 口，年产油 42.6 万 t，超额完成 30 万 t 国家原油生产计划的 42%，到 1995 年底止，油田累积生产原油 409.7 万 t，采出程度 26.4%，综合含水 63.5%。

【HZ26－1 油田】 自 1991 年 11 月投产以来生产形势非常好，各年都超过计划完成产油任务(1993 年超额 25.6%，1994 年超额 36.1%，1995 年超额 18.2%)，目前累计产油 724 万 t，采出程度 29.7%。

尽管据最近的油藏数值模拟结果，HZ26－1 油田的原始地质储量比 ODP 报告之储量减少了 12.7%，但与 ODP 方案相比，目前实际产油能力远远高于设计油量，同时实际含水远低于预测含水指标。

油层何以有较高的产能，主要在于这些油层具有较高的水平渗透率和流度，水体比预测的大；边水油藏具有 40 倍水体，底水油藏水体则达到 150 倍，如此，油藏在开采中有充足地能量补充，使高速开采得以进行。

1995 年在提高底水油藏采收率上，其累积产油已超出 ODP 预测的最终可采储量的 8.2%，油田以 6%～9% 的采油速度进行开采，日产能力为 6 086～8 013m^3，比 1994 年提高了 3%～10%，同时油田综合含水上升缓慢，但油田采出程度却增加了 6%，主力油层的天然能量充足。

1995 年产油 147 万 t，油田累积产油已达 724 万 t，采出程度 29.7%，井口综合含水 55.2%，生产形势良好。

【HZ32－2/32－3 油田联合开发】 1993 年 1 月中国能源部批准了 HZ32－2/3 油田的总体开发方案，随即进行工程项目招标、设计、采办等工作，同时进一步落实了生产井钻井井位与顺序，12 月开始钻表层。

1994 年 HZ32－2 油田完井 7 口，HZ32－3 油田完井 9 口，最后一口井已在 1994 年 11 月完钻。

经讨论油田改为不注水开发，开发期 6 年，预计采收率可达 27%。

这两个油田相距仅 5.5km，同时又相邻已投产的 HZ21－1/26－1 油田，联合开发将利用已投产油田部分设施，并将达到延长已开发油田生产寿命相应降低操作费、提高油田经济效益。

1995 年 6 月 16 日 HZ32－2 油田投产，随后在 6 月 27 日 HZ32－3 油田也投入生产。两个油田采油速度较高(5%～8%)，故油井见水快，但采出油量也高。HZ32－2 产油量为 44.8 万 t，HZ32－3 产油量为 69.2 万 t。

【XJ24－3/30－2 油田联合开发】 按 ODP 设计要求，XJ24－3 油田开发先行一步。1993 年进行了 3D 地震采集、处理和解释，进一步落实了断层和核实了储量，开展了相应的数值模拟工作，同时调整了开发井位。与此同时进行了开发工程建设。

1994 年 8 月 8 日开钻第一口生产井，年底投产 2 口，完钻 4 口井。随后完成钻井，所以 XJ24－3 油田投产日期为 1994 年 11 月 18 日，累计到年底产油 6.7 万 t。该油田是一个高产油田，产油能力强(2 口井时日产能力 3 038m^3)，采油指数高。

油田投产后一直超产，据统计，1995 年前 6 个月的产量超出了 ODP 设计中油田全年产量。

XJ30－2 油田在 3D 采集研究后，对构造和储量进一步落实，在 1994 年相应对生产预测进行了调整，仍采用分批钻井、分批完井投产方式进行。1995 年 7 月开始钻第一口生产井后，到 1995 年 10 月 19 日正式投产。

两油田相距 12km，共用“南海开拓号”浮式生产储油装置联合开发。1995 年 XJ24－3/30－2 油田的产油量分别为 179 万 t、26 万 t。

【LH11－1 油田工程建设】 油田位于南海珠江口 29/04 合同区，距香港 220km，水深 200～300m。油田地质储量 20 075 万 m^3，是一个大型块状礁灰岩底水油藏。1993

年3月LH11－1油田ODP方案获中国能源部批准后，立即进行了大规模的工程招标和建设工作。当年主要进行浮式生产装置与水下系统招标和承包工作，年费用7 990万美元。1994年进行油轮改造，水下设施、上部设施的建造工作，并对部分设计进行了修改，到年底项目总进度已完成50%。1995年进行上述设施安装与调试，到6月完成10口开发井的予钻水平井工作。同时进行地质跟踪分析，11月进行海上安装工程。在整个工程中，已采用多项在国内和国际上第一次使用的新技术。该油田计划1996年4月投产。

【崖13－1大气田完成开发建设】 1992年能源部批准该气田总体开发方案，方案主要包括两座井口平台和14口生产井。北平台8口生产井，1996年1月投产供气。南平台6口生产井，2005年投产。年供气量35.7亿m^3，稳定供气20年，气田最终可采气量874.8亿m^3，采收率达81.2%。单井产能设计北平台日产气120万～140万m^3，南平台日产气60万～80万m^3。

在进行了招标等开发建设前期活动后，于1994年7月6日开钻第一口生产井崖13－1－A1井，测试二项式法无阻流量为1 152万m^3/d，指数式法无阻流量为1 875万m^3/d，比探井和评价井产能均高。最后一口生产井于1995年4月7日完钻，5月29日结束了全部生产井的完井作业工作。这样崖13－1大气田从销售开始经过了漫长的谈判过程，到1994年批准设计、采办、建造、安装工作，即将进入充气测试阶段。1995年9月28日气田进入第一口井正式开井充气试运转；1995年10月8日向海南三亚南山终端顺利通气，进入负荷测试；1995年10月24日向香港中华电力供气。到1995年12月底一切测试顺利，保证了崖13－1大气田1996年1月1日正式投产。

【涠10－3油田执行调整方案】 该油田自1986年8月7日投产以来，到1994年底已累计产油195.85万t，此时油田年产油16.78万t，综合气油比896m^3/t，综合含水19.34%，采油速度0.57%，采出程度11.77%，累计注采比为0.230。油田生产面临块间差异大、地层能量不足的矛盾。南块已处于全面高气油比生产状态，由于地层能量不足，目前已进入溶解气驱的晚期阶段，如此调整南块势在必行。1994年执行强采B平台井区，保护南块，挖掘中块西潜力的方针，同时采用以立足于完善注采井网和补充地层能量的调整方案，于1995年开始执行。

1995年井下作业30井次，还有1口新井完井投产。全油田累计采油210.76万t，采出程度12.67%，但各块开采不均衡，南块调整方案实施后，两口生产井产能和3口注水井的排液量和注水能力不如人意；中块注水明显受益；中块西由于油层压力低，加之物性差，油井挖潜难度增大。1996年将再作适度调整，以利油田正常生产。

【涠10－3N油田边开发边调整】 该油田1993年开井4口(N1、N4、N5、N6)，年产油28.34万t，综合气油比45m^3/m^3，综合含水5.14%，采油速度2.53%，采出程度8.5%。

涠10-3N油田1994年仍开井4口，年产油23.6995万t，综合气油比47m^3/m^3，综合含水10.6%，采油速度2.37%，采出程度9.24%。4口生产井中，N4、N5两井继续稳定生产，油藏压力稳定，反映底水能量充足。1994年4月19日N6水平井流压、套压、油压急剧下降而被迫关井，取样化验含水高达66%，井日产油量从见水前806m^3降至115m^3，该井无水采油期211天，无水采油量15.7729万t。

为保持产量，另钻新井。N7井于1994年9月20日完钻，由于灰岩潜山内幕不清，该井试油未获油流，N8井于1995年1月完钻未见有价值油流。

油田在3口井开采条件下，1995年产油15.03万t，采出程度达11.21%。但此时3口井均达中含水阶段，含水为40%左右，尽管压力有所回升，接近原始地层压力，但在开采上仍要有新措施。

【涠11－4油田投产】 按总体开发方案进行开发建设—建2座平台和钻井，该油田到1993年9月19日完钻10口生产井后投入生产，同时继续钻生产井，到1993年12月底已有15口生产井完成并相继投产，日产水平为2 600m^3/d。此时累计产油13.4万t，采出程度0.64%。

1994年生产井全部完井(包括28口油井、1口注水井)，累计投产油井28口，至1994年12月底，油田年产油70万t，累计生产原油83.3万t，采出程度3.99%。

1995年产油65.5万t，年采油速度3.14%，采出程度7.14%，油田累计产油149.3万t。

海洋油气开发工程
Marine Oil and Gas Development Engineering

【概述】 1993～1995年是中国海上油气田开发工程进入高潮的时期。崖城13－1、西江24－3、西江30－2、流花11－1、惠州32－2、惠州32－3、陆丰22－1、陆丰13－1等8个油气田为合作开发，作业者是外国油公司，中方派人参加开发工作。渤西油田群、绥中36－1A、B区、绥中36－1J区、锦州9－3、涠洲11－4等5个油田是自营开发的油田，作业者是中国海洋石油总公司。

这期间的合作油田，其开发工程，可称得上是世界一流技术。流花11－1油田，油稠、水深300多米、采用全新的水下系统，如水平采油树、湿式接头电潜泵、水下ROV自动测量、安装等，这些高新技术的组合是世界首创。投产一次成功，运行正常，被公认为世界海洋石油史上的第一例。崖城13－1气田，是世界海上第一流的大气田，800km海底管道，是世界海洋天然气管道第二长度，每天近1 000万m^3天然气输送到香港和海南，为香港的繁荣和发展起到很大作用。

【渤西油田群联合开发项目工程建设开始】 渤西油田群位于渤海西部海域，该油田群有20个构造，已钻探9个构造，发现了5个油田和2个含油构造。这5个油田是：歧口18—1、歧口17—3、歧口18—5、歧口17—2和曹妃甸13—1。2个含油构造是：海1和海17。探明石油地质储量1 905万t，控制石油地质储量2 697万t。该区断层多，圈闭小，单个油田开发经济效益差，但油田具有成群成带分布的特点，油田之间的距离又都在20km范围内，所以制定了渤西油田群联合开发的方案。联合开发的第一、二期工程，以歧口18—1油田为中心，联合开发歧口17—3和歧口18—5这两个小油田。其中歧口18—1北距塘沽41km，距最近海岸26km，水深10m；歧口17—3和歧口18—5油田，距歧口18—1油田17.4km，水深5.6m。主要工程设施有：歧口18—1井口平台、生活动力平台、注水平台各一座，歧口18—5井口平台一座，塘沽陆上终端一座，歧口18—1至陆上终端输气和输液管线各一条(长46.5km)，歧口18—5至歧口18—1一条油气水三相混输管线一条(长17.4km)。歧口18—1油田钻井5口，歧口18—5和歧口17—3两个油田共钻井9口。整个工程分海上工程和陆上终端两部分。工程投资预算为9 235万美元，73 362万元人民币。

1994年渤海公司编制了总体开发方案，1995年初海洋工程设计公司开始了海上工程的基本设计，7月基本设计完成。海上工程的详细设计同年9月开始，计划1996年5月底完成。三个导管架分别于1995年10月、11月、12月开工，计划1996年6月底前全部完工。1997年底投产，向天津市供气。

【崖城13—1气田投产】 崖城13—1气田是中国海洋石油总公司与美国阿科中国有限公司及科威特科佩克中国有限公司合作开发的气田。该气田位于我国海南岛南部水域，水深约89m，距三亚南山基地91km。含气面积52.02km²，地质储量1 077亿m³，是迄今为止海上发现的最大气田，也是在中国南海海域开发建设的第一个海上天然气项目。开发方案为在海上对输往香港的天然气进行脱水和加工处理，在岸上对产出的凝析油进行加工处理。该气田建井口平台一座，处理平台一座，两个终端处理厂(海南岛崖城南山和香港新界烂角嘴)，生产井6口，海底管线约860km。井口平台为四腿结构，在甲板上安装有可以独立运作的钻井设备和所有的井口控制设备。处理平台为八腿结构，在甲板上安装有天然气处理设施、压缩设施、发电装置、生活楼。海南岛岸上基地建有天然气和凝析油处理设施、凝析油储罐和外运装船设施、生活住房、办公室。香港降压站内建有天然气降压、加热、计量装置。海上平台到海南岛管线，长90km。海上平台到香港管线，长770km，是世界上第二长、按目前最高压力水平运行的周期性用气的海底管线。

该气田总体开发方案于1992年12月获得国家批准，工程总投资11.42亿美元，实际支出11.25亿美元。工程建设于1992年4月开始，1996年1月1日正式向香港商业供气。

【西江24—3和西江30—2油田投产】 西江24—3/30—2油田距香港东南136km，位于15/11合同区块。西江30—2油田距西江24—3油田东南12km，位于15/22合同区块。作业者为Philips公司。西江24—3水深100m，到岸距离为136km；西江30—2水深99m，到岸距离为135km。两油田各设一座钻采平台，生产井32口，注水井11口。通过海底管线，两油田共用一套转塔式可解脱单点系泊和一艘14万t的FPSO浮式生产储油轮，既有利生产，又减少了开发投资。

总体开发方案于1992年1月17日获得批准，西江24—3开发投资为28 241.2万美元，西江30—2开发投资为32 661.8万美元。

西江24—3油田和西江30—2油田分别于1994年11月16日和10月19日投产。

【流花11—1油田即将投产】 流花11—1油田位于南海珠江口29/04区块，距香港东南海面190km处，水深305m。作业者为AMOCO东方石油公司，油田地质储量为2.1145亿t，可采储量为1 708万t，是迄今为止中国海上最大的合作油田。油田总体开发方案1993年3月获得国家批准。设计生产井20口，高峰产液量每天30万桶，高峰产油量每天6.5万桶。生产年限15年。

流花11—1油田由于地处深水区，受潮流风暴流、海流特别是内波流的影响，使其开发工程面临了许多技术挑战。因此开发方案中采用了诸多石油天然气工业的最新开发技术和设备。

1993年项目组与Brown&Root公司签订了项目服务合同；与Reading&Bates签定了浮式生产系统的总包合同；与MODEC公司签订了浮式生产储油装置的总包合同；与FMC和SONSUB公司签订了水下系统的承包合同；购买了一条半潜式钻井船，经改造后作为浮式生产装置(即“南海挑战号”)；购买了一条旧油轮，经改造后作为浮式生产储油装置(即“南海胜利号”)。1994年又先后与新加坡的远东船厂签订了浮式生产装置改装合同；与裕廊(JURONG)船厂签订了浮式生产储油装置改造合同；与三巴旺公司签订了FPSO上部模块的制造合同；与中海平台制造公司签订了FPSO上部管架结构制造合同。

流花11—1油田经历了三年的建造计划于1996年3月29日投产。该项目开发总投资预算为65 300万美元，实际支出62 000万美元。

【惠州32—2和惠州32—3油田投产】 惠州32—2/3油田位于南海珠江口16/08区块南部，作业者为ACT作业集团。两个油田的总地质储量为1 825万t，可采储量为554万t，其中惠州32—2油田为232万t，惠州32—3油田为322万t。油田各上一座平台，惠州32—2平台装发电设施，惠州32—3平台装处理设施，平台之间用海底管线连接。

1993年1月，该项目总体开发方案获得批准，随即开始了项目的招标、评标工作，4月份总包合同授予Sembawong/Heeremac公司，工程设计工作分别由

KvaernerEarl&Wright(导管架工程设计)、Mustang(平台上部的工程设计)和R.JBrown(海底管线的工程设计)三家公司承担。惠州32—2/32—3油田分别于95年6月16日、6月27日投产,比原计划提前近140天。

该项目的开发投资预算为27 830万美元,实际支出24 900万美元,节约投资2 930万美元。产油量达57 000桶/d,比ODP方案设计的47 000桶/d,增加了10 000桶/d。

【绥中36—1油田试验区A区、B区先后投产】 绥中36—1油田位于渤海辽东湾南部海域,距辽宁省绥中县海岸最近距离约46km,水深约32m。它是海洋石油总公司自己发现、并按国际标准自行设计、自行施工的一个较大规模的海上自营油田。该油田油藏地质构造复杂,原油为重质稠油,且油田处于常年有流冰的海域,给开发工程带来一系列难题。为减少开发风险,总公司决定选择一块试验区先期开发。试验区控制面积5.8km²,动用石油储量5 919万t,12年采出量818.7万m³。工程设施方案的选择从1988年开始,最终确定了井口平台加生活动力平台、加单点系泊浮式生产储油装置、加海底管线和电缆的工程方案。

该试验区分A、B两区。A区由2座井口生产平台、1座生活动力平台、1座固定式单点系泊和1艘5.2万吨FPSU生产储油轮组成。B区为1座生产和生活平台。油井生产出来的油气通过气液分离后液体输到A平台进入缓冲罐然后再通过外输泵输往FPSU,气井的流体通过高压分离器分离后,天然气通过海底管线输到A平台供动力用气。FPSU是一艘生产储油装置,A、B两区由3km海底管线连接。打生产井38口,注水井10口,以电潜泵为主机械采油,最高年产原油100万t。

该油田总体开发方案于1989年5月获得国家批准。工程建设于1988年7月开始,1993年8月A区投产,1995年5月B区投产。

该油田开发总投资预算17 374万美元,54 080万人民币。实际工程投资15 798万美元,60 509万人民币。

【绥中36—1J区油田工程建设进入紧张实施阶段】 绥中36—1J区油田是绥中36—1油田生产试验区附近的一个区块,距A区平台仅1.5km,含油面积1.9km²,基本探明石油储量1 411万t,另外还有227万t差油层储量,总计石油地质储量1 638万t。1994年,在结合油田试验区的成功经验对绥中36—1油田二期总体开发方案进行了可行性研究后认为,首先开发J区最有效益。1994年11月23日开始J区总体开发方案研究,1995年10月4日总体开发方案获得批准。J区油田作为绥中36—1油田试验区的一个卫星油田,不设生产处理系统,物流通过海底管线送到试验区进行处理。最大限度地简化设施降低工程投资,平台按无人平台简化设计,简易井口平台有16口生产井,最高年产量33万t。项目总投资预算31 429万人民币、3 447万美元。1995年11月J区无人平台概念设计通过。1996年3月25日基本设计将通过审查。目前项目正处于紧张的实施阶段,计划1997年底投产。

【涠州11—4油田投产】 涠州11—4油田位于南海北部湾海域,距北海市103km,距现已投产的涠州10—3油田17km,油田水深42m。油田开发工程采用全海式方案,为提高油田生产经济效益,采用与涠州10—3油田联合开发方案,由一座井口平台、一座中心处理平台和海底管线/电缆构成。铺设一条长17km的海底输油管线到涠州10—3的井口平台,充分利用已投产的涠州10—3油田的单点系泊和浮式生产储油装置。中心平台共布井17口,其中生产井14口,注水井3口。井口平台共布井13口,其中生产井11口,注水井2口。开采期为8年,累计生产原油644万t,高峰年产油量50万t,经工程改造后将达到60万t。

该油田总体开发方案于1988年9月6日获得批准,1990年2月27日该油田的开发工程由新加坡贝克海洋能源有限公司总承包,贝克公司负责筹措由此发生的工程费用共计9 600万美元,中方将用油田生产的原油销售收入偿还。由于贝克公司未能按合同规定筹措到资金,为了避免更大损失,中方于1990年7月19日正式通知贝克公司终止合同。油田开发工程转为由中国海洋石油总公司自行筹措资金,1990年10月该项目重新启动。

项目详细设计由中国海洋工程设计公司承担。1990年10月20日正式开始,1991年底完成。1993年9月19日油田投产。该项目开发总投资预算为11 139.68万美元,2 861.98万人民币,实际支出1 0378.75万美元,5 872.01万人民币。

【陆丰13—1油田投产】 陆丰13—1油田位于珠江口盆地16/06区块,距香港东南250km,距蛇口基地220km,水深146.2m。作业者为日本JHN石油作业公司,中方股份25%。该油田总体开发方案于1990年9月获得批准,按照要求,工程总投资为22 200万美元,后根据项目实施情况,于1992年2月将费用预算调整为26 900万美元。实际工程总投资为30 089.3万美元。

油田开发工程原方案是井口平台、海底管线、单点系泊和浮式生产储油装置。由于在1991年平台/海底管线招标中,报价过高,JHN不能接受,因而选择了购买、改造壳牌未使用过的库存平台,工程方案也随之改为钻采综合平台、海底软管、单点系泊和储油轮。

该油田地质储量2 203万t,可采储量445万t,最高年产量97万t,生产井10口,注水井3口,开采年限7.5年。工程建设于1991年7月开始,1993年9月机械完工,10月投产。

(赖万忠)

海　洋　运　输　业
Marine Shipping

海上运输
Maritime Transport

【综述】 1993～1995 年,海洋运输交通业保持良好的增长势头,生产秩序正常,基本满足了国民经济和社会发展的需要。1993～1995 年其总产值分别为 140.53 亿元、207.9 亿元和 581.77 亿元(其中 1995 年的增加值为 225.97 亿元),从业职工人数分别为 44.32 万人、41.89 万人和 40.75 万人。

1993 年沿海主要港口货物吞吐量完成 6.56 亿 t,为 1992 年的 114.4%。其特点表现为:货物运输持续增长;客运回落;煤炭运输低速增长;原油运输进口大幅度上升;国际集装箱运输高速持续增长;港口呈南紧北松状态。沿海主要港口外贸进出口完成 2.1 亿 t,为年计划的 126.9%,比上年增长 13%;沿海地方港口外贸货物进出口完成年计划的 181.7%,比上年增长 35.5%。沿海主要港口全年到港外贸船 26 187 艘次,比上年多 5 614 艘次。

1994 年沿海主要港口完成货物吞吐量 6.9 亿 t,为 1993 年的 106%。主要特点为:货物运输稳步增长,平均运距延长;旅客运输继续以较大幅度下降;保证了能源、支农、抢险救灾等国家重点物资运输畅通;港口生产保持良好态势;国际集装箱运输和港口吞吐量增幅达 25%和 32%以上,居各类运输量和吞吐量之首。海运外贸进出口持续增长,完成外贸货物吞吐量近 2.7 亿 t,为年计划的 121.5%,比上年增长 6.3%,其中进口完成 14 542 万 t,出口完成 12 414 万 t;沿海主要港口外贸进出口完成 22 610万 t,比上年增长 6.6%;沿海其他港口外贸进出口完成 3 192 万 t,比上年增长 16%。沿海 14 个主要港口到港外贸船舶 26 829 艘次。

1995 年沿海主要港口货物吞吐量完成 8.02 亿 t,为上年的 107.8%。其主要特点为:货物运输呈现外贸运输行情较好,国内运输则相对平淡;港口生产保持继续增长的态势;国际集装箱继续保持高速增长。截至 1995 年底,全国从事沿海运输的企业 950 多家,拥有船舶 0.7 万艘,1 040 多万吨。海运外贸进出口持续增长,全年完成外贸货物吞吐量 32 092.6 万 t,为年计划的 130.8%,为上年的 114.9%,其中进口完成 16 732.6 万 t,为年计划的 124.1%,为上年的 115.1%;出口完成 14 360 万 t,为年计划的 139.6%,为上年的 115.7%。沿海主要港口外贸进出口完成 25 625.2 万 t,为年计划的 129.7%。沿海地方港口外贸进出口完成 4 042.1 万 t,为年计划的 183.6%。沿海 14 个主要港口全年到港外贸船 28 771 艘次。

"八五"期间,交通部门水路客运完成量 8.44 亿人次,旅客周转量 835.6 亿人・km,比"七五"期间分别下降 26%、3.90%。其中部属航运企业完成客运量 1.64 亿人次、旅客周转量 47.3 亿人・km,比"七五"期间分别下降 18%、10.2%。地方航运企业完成客运量 6.8 亿人次。"八五"期间水路客运的特点:沿海部分地区客运量呈增长趋势,如渤海湾客运量比"七五"期间增长 37.37%,浙江沿海客运量比"七五"期间增长 36.5%,珠江三角洲客运量比"七五"期间增长 66.9%;调整部分航线,沿海取消了几条长途航线,如大连—广州航线,同时也开辟了一些新航线,如大连—连云港,旅顺—蓬莱,芦潮港—镇海、普陀,金山—镇海,北海—海口等,此外还开辟了中韩、中日几条国际航线;高速船和客滚船发展较快。

表 1　1993～1994 年水上运输部门旅客运输量

年份	沿海		远洋	
	客运量(万人)	旅客周转量(万人・km)	客运量(万人)	旅客周转量(万人・km)
1993	3 179	437 024	415	72 841
1994	3 028	367 097	383	67 921

表 2　1993～1994 年水上运输部门货物运输量

年份	沿海		远洋	
	货运量(万 t)	货物周转量(万 t・km)	货运量(万 t)	货物周转量(万 t・km)
1993	17 600	31 643 536	12 508	91 339 132
1994	18 234	35 893 714	13 421	102 677 182

表 3　1995 年水运旅客和货物运输情况

项目	运量(万人,万 t)	与上年相比(%)	周转量(亿人・km,亿 t・km)	与上年相比(%)
旅客运输	2 358	−20.1	74	−15.8
货物运输	33 357	+4.8	15 131	+10.9

【海上国际集装箱运输】 1993～1995 年,通过加大港口码头建设,新建和改建集装箱码头,积极发展和扩大集装箱船队,改进管理等措施,全国集装箱港口吞吐量和船舶海运量都有较大幅度的增长。大连、天津、青岛、宁波、深圳等港口已能进行第三、第四代集装箱船舶作业。截至 1994 年底,中国的集装箱船队拥有的箱位数已进入世界

表4 1993年沿海主要港口泊位和吞吐量

地区	万吨级以上泊位数(个)	旅客吞吐量(万人)	货物吞吐量(万t)					
			合计	其中外贸	出口	其中外贸	进口	其中外贸
合　计	342	6 905	67 835	24 287	33 456	10 413	34 379	13 874
丹　东	1	—	100	28	49	26	51	2
大　连	32	438	5 959	3 588	4 503	2 704	1 456	885
营　口	7	—	683	555	501	392	181	163
秦皇岛	23	—	7 808	2 036	7 577	1 847	231	189
天　津	45	58	3 719	2 213	2 528	1 263	1 192	951
龙　口	3	26	631	69	374	63	257	6
烟　台	9	295	1 106	428	505	101	601	327
威　海	1	47	139	28	58	12	81	16
青　岛	24	45	3 545	1 554	2 365	675	1 180	880
日　照	5	—	1 317	304	1 246	251	71	53
连云港	16	—	1 417	672	1 149	428	268	245
上　海	67	1 245	17 596	4 252	4 924	901	12 671	3 351
宁　波	17	303	5 321	2 139	2 164	147	3 158	1 992
舟　山	2	1 058	403	107	140	3	263	104
海　门	—	27	401	9	22	4	379	5
温　州	2	166	532	22	121	13	411	8
福　州	5	21	891	221	230	114	661	108
泉　州	—	—	126	38	41	28	85	9
厦　门	6	33	921	418	223	165	698	253
汕　头	—	26	662	395	72	17	590	378
蛇　口	7	356	821	429	197	141	624	288
赤　湾	4	—	485	296	138	27	348	269
广　州	22	395	6 552	1 865	1 784	241	4 768	1 625
湛　江	18	21	1 953	1 056	573	266	147	790
海　口	—	150	580	166	123	29	457	137
八　所	4	—	384	16	347	11	37	5
三　亚	—	4	65	7	20	4	45	4
北　海	2	42	189	135	74	48	115	87
防　城	8	—	407	356	164	129	243	227
其　他	8	2 149	3 122	885	1 244	363	3 110	517

表5　1994年沿海主要港口泊位和吞吐量

地区	万吨级以上泊位数(个)	旅客吞吐量(万人)	货物吞吐量(万t)					
			合计	其中外贸	出口	其中外贸	进口	其中外贸
合　计	359	6 043	74 370	27 056	36 947	12 462	37 424	14 595
丹　东	1	—	83	22	40	19	43	3
大　连	32	481	6 212	3 412	4 746	2 626	1 466	786
营　口	7	—	764	627	583	468	181	159
秦皇岛	23	—	8 207	2 386	7 961	2150	247	236
天　津	45	52	4 652	2 597	3 507	1 726	1 145	871
龙　口	3	25	752	94	491	88	261	5
烟　台	9	300	1 266	544	553	130	713	414
威　海	1	81	296	77	111	35	185	41
青　岛	24	33	4 213	1 849	2 672	858	1 540	992
日　照	5	—	1 429	465	1 369	426	59	39
连云港	18	—	1 589	845	1 247	540	342	305
上　海	68	1 078	16 581	3 731	4 483	1 100	12 098	2 631
宁　波	17	388	5 850	2 406	2 417	227	3 433	2 180
舟　山	2	528	571	146	224	14	347	132
海　门	—	22	455	13	29	8	426	5
温　州	2	154	589	24	118	18	471	6
福　州	6	13	868	227	196	126	672	102
泉　州	—	2	558	92	195	33	363	60
厦　门	10	25	1 141	560	270	226	871	335
汕　头	—	20	708	489	67	14	641	475
蛇　口	8	307	949	535	229	162	719	373
赤　湾	5	—	717	513	152	43	566	470
广　州	22	361	7 158	2 021	2 184	345	4 974	1 676
湛　江	23	22	2 124	1 176	645	266	1 479	910
海　口	2	159	699	218	141	25	558	193
八　所	4	—	355	19	318	9	37	10
三　亚	—	2	79	12	15	1	64	10
北　海	2	—	215	139	74	47	140	92
防　城	8	—	463	446	199	189	264	257
其　他	12	1 990	4 827	1 371	1710	543	3 119	827

表6 1995年沿海主要港口泊位和吞吐量

地区	万吨级以上泊位数(个)	旅客吞吐量(万人)	货物吞吐量(万t)					
			合计	其中外贸	出口	其中外贸	进口	其中外贸
合计	394	6 502	80 166	30 986	39 267	14 148	40 899	16 838
丹东	4	—	—	—	—	—	—	—
大连	32	509	6 417	3 118	4 449	2 072	1 968	1 046
营口	8	—	1 155	850	855	571	300	279
秦皇岛	23	—	8 382	2 474	7 912	2 097	470	377
天津	45	504	5 787	3 534	4 551	2 547	1 236	987
龙口	3	33	851	219	548	209	303	10
烟台	9	317	1 361	723	585	230	776	493
威海	2	86	379	96	140	49	239	47
青岛	24	23	5 103	2 360	2 717	1 026	2 386	1 334
日照	10	—	1 453	608	1 308	526	145	82
连云港	20	6	1 716	1 065	1 250	632	466	433
上海	68	989	16 567	4 086	4 470	1 481	12 097	2 605
宁波	17	444	6 852	2 812	2 663	250	4 189	2 562
舟山	2	815	—	—	—	—	—	—
海门	—	20	474	17	20	5	454	12
温州	2	147	600	30	102	21	498	9
福州	6	15	1 032	275	272	178	760	97
泉州	1	2	—	—	—	—	—	—
厦门	10	20	1 314	719	335	250	979	469
汕头	1	13	716	430	76	16	640	414
蛇口	8	295	1 174	864	354	237	820	627
赤湾	6	—	776	544	219	51	557	493
广州	27	307	7 299	2 251	2 234	416	5 065	1 835
湛江	23	49	1 885	1 068	563	280	1 322	788
海口	2	148	468	175	152	39	316	136
八所	4	—	275	25	242	12	33	13
三亚	—	3	42	10	16	2	26	8
北海	2	39	202	109	66	40	136	69
防城	8	—	464	450	228	219	236	231
其他	27	1 718	7 422	2 074	2 940	692	4 482	1 382

前十名行列。

1994 年,全国港口集装箱吞吐量完成 507 万余箱(TEU),货物 3 385 余万吨,分别比上年增长 32.4%和 37%;船舶海运量完成 434 万余箱(TEU),货物 3 748 余万吨,分别比上年增长 25.64%和 21.1%。中国从事国际集装箱运输的航运公司 146 家,各类全集装箱船 318 艘,箱位 226 711 个(TEU);全国港口拥有集装箱专用泊位 42 个,设计吞吐能力 424 万箱(TEU);从中国港口开往世界各大港口的集装箱航线 106 条,基本上形成了海上国际集装箱运输体系。

1995 年,全国港口集装箱吞吐量完成 662.85 万箱(TEU),4 491.5 万 t 货物,分别比上年增长 30.7%和 32.7%,港口外贸进出口适箱货的集装箱化比重达到 52%,比上年提高 6%;国轮国际集装箱水运量完成 549.4万箱(TEU),货物 4 610.6 万 t(包括承揽第三国货载),分别比上年增长 26%和 23%。国际集装箱运输已具有较大规模。截至 1995 年底,参加国际集装箱运输的航运企业近 150 家,全集装箱船 318 艘,拥有 22 万多个箱位(TEU)。国家骨干船队中远集团总公司拥有全集装箱船 143 艘、17 万多个箱位。截至 1995 年底,全国共有 52 个集装箱专用码头,设计能力达到 533 万箱(TEU)。

由于集装箱运输的快速发展,进出口货物能及时交货提取,极大地促进了中国对外贸易的发展。

【全面开放渤海湾海上客运市场试点】 为适应经济发展的需要,加快渤海湾客运的发展,近几年交通部门组织了渤海湾海上客运市场开放的试点工作。1993 年 10 月公布了《全面开放渤海湾海上客运市场方案》,试点工作全面展开。该方案打破航区、条块分工限制,允许和鼓励多家航运企业经营同一条航线,公平竞争;积极稳妥地推进运价改革。这些措施的实行,使渤海湾海上客运发生了深刻的变化,形成了多家竞争、相互促进、快速发展的局面。经营渤海湾跨省客运和客滚运输的船公司已发展到 10 家,客运航线由 7 条发展到 11 条,航线、班次密度加大,布局基本合理。至 1994 年 8 月底,经营渤海湾跨省客运和客滚运输船舶达到 35 艘,24 716 个客位,986 个车位,分别比 1989 年增长 1.9 倍、0.83 倍和 11.3 倍。客运船舶已由单一的普通常规型客轮向客滚船、高速船等多种船型发展,船舶整体技术水平大为提高。但目前尚存有一些问题,统一开放、竞争有序的市场有待真正形成。

【中国远洋运输集团成立】 1993 年 2 月 16 日,中国远洋运输集团(以下简称"中远集团")在北京成立并举行招待会。党和国家领导人江泽民、李鹏等为集团成立题词,田纪云、薄一波、叶飞和交通部部长黄镇东等出席了招待会。

中国远洋运输集团的核心企业是中国远洋运输(集团)总公司(原名中国远洋运输总公司),广州、上海、天津、青岛、大连、连云港 6 个远洋运输公司,中国外轮代理总公司、中国船舶燃料供应总公司,中国汽车运输总公司等 160 多家企业组成中远集团的紧密层,150 多家企业组成半紧密层,约 400 家企业组成松散层。集团具有船舶运输、外轮代理、船舶燃料供应和公路汽车运输等 4 大主业。1993 年 12 月 31 日集团成立了集装箱总部,经营集装箱运输业务。中远集团在海外拥有 70 多家独资、合资企业及航运代表处,遍布亚、非、欧、美等五大洲,形成了以欧洲、美国、日本、香港为中心,进而向周边地区辐射的颇具规模的海外网络。1993 年,中国远洋运输(集团)总公司完成货运量 9 817.2 万 t,比上年增长 3.6%;货物周转量 4 791.2 亿 t·n mile,比上年减少 0.1%;集装箱运量完成 187.61 万 TEU,比上年增加 12.8%。1994 年,集团所属船队运量达 10 753 万 t,比上年增长 9.81%;货物周转量 5 389 亿 t·n mile,比上年增长 12.5%;集装箱运量达 260 万箱,比上年增长 39%。1995 年集团完成海运量 11 861 万 t,比上年增加 19.88%,提前 74 天完成全年 9 500 万 t 的计划,提前 40 天突破 10 500 万 t 的奋斗目标。完成集装箱运量 310 万标准箱,比上年增加22.93%。承运散杂货 7 288 万 t,比上年增加 28.61%。

沿海港口建设
Coastal Ports Construction

【综述】 1993 年沿海港口建设实际完成投资 45.76 亿元(包括天津、深圳盐田、厦门港投资,下同),为计划的 118.4%。其中,交通部投资 27.32 亿元,各省市投资6.04 亿元;天津港、深圳盐田港完成投资 12.4 亿元(未进交通部计划,实行行业管理)。共安排 17 个沿海港口大中型项目(内有 12 个合理工期项目),完成投资 34.69 亿元(内有合理工期项目完成投资 19.59 亿元)。秦皇岛港丙丁码头散粮泊位等陆续建成投产。1993 年沿海主要港口、地方沿海港口、陆岛运输港口总共建成 60 个泊位,其中深水泊位 19 个、中级泊位 9 个、小泊位 32 个,共形成吞吐能力 3 172 万 t。

1994 年沿海港口建设实际完成投资 37.27 亿元,为年计划的 125.1%。其中,交通部统一安排投资完成 32.07亿元,各省市安排投资完成 5.2 亿元(含天津、深圳盐田港)。安排沿海港口大中型项目 17 个(内:交通部安排的直属直供项目 14 个,各省市区安排项目 3 个),完成投资 34.76 亿元。1994 年建成重点项目 8 个,共建成泊位 81 个,其中深水泊位 20 个,中级泊位 21 个,小泊位 40 个,共新增吞吐能力 2 854 万 t。

1995 年,交通系统沿海港口大中型项目 11 个,其中重点建设项目 10 个,共建成深水泊位 12 个(不含天津、深圳盐田、厦门港),新增吞吐能力 470 万 t 和滚装车辆 19 万辆。至 1995 年底,交通系统沿海港口深水泊位数(含南京长江大桥以下港口泊位数)已达 412 个,总设计吞吐能力 7.117 亿 t。

【散粮码头建设上新台阶】 1993 年建成散粮泊位 2 个:秦皇岛丙丁码头散粮泊位和连云港庙岭二期工程散粮泊位,新增吞吐能力 370 万 t,这两个泊位均为利用日元贷款建设的专业化码头，具有机械化、自动化程度高，配套工程齐全等特点。它的建成，极大地提高了中国散粮水上运输的能力，能合理而迅速地对中国粮食进行分流。

连云港庙岭二期工程散粮泊位为3.5万吨级，设计吞吐能力200万t，工程设计、施工和试运转均由中日双方联合完成。秦皇岛丙丁码头散粮泊位为3.5万吨级，设计吞吐能力170万t，总长254m。

表7　1993～1995年交通系统竣工投产港口深水泊位

年份	项目名称	深水泊位数（个）	规模及功用	设计吞吐能力（万t）
1993	青岛港前湾一期工程煤炭泊位	2	5万吨级、3.5万吨级煤泊位各1个	1 500
1993	连云港庙岭二期工程散粮泊位	1	3.5万吨级散粮泊位	200
1993	南通港狼山港区二期工程通用泊位	2	1.3万吨级通用泊位	150
1993	张家港二期工程西港区	3	2.5万吨级木材、2万吨级煤、万吨级散杂泊位各1个	550
1993	秦皇岛港丙丁码头散粮泊位	1	3.5万吨级散粮泊位	170
1993	天津港新建东突堤工程(北侧)	6	万吨级钢铁泊位2个，万吨级散杂泊位4个	198
1993	锦州港二期工程	1	万吨级散杂泊位	30
1994	上海港外高桥一期工程	4	2.5万吨级集装箱泊位1个，1.5万吨级多用途泊位1个，2.5万吨级木材泊位1个，1.5万吨级矿建泊位1个	240
1994	汕头港3.5万吨级煤码头泊位	1	煤码头泊位	410
1994	广州港新沙港区前5个泊位	5	2万～3万吨级煤炭、煤(矿)通用、散化、杂货泊位各1个	910
1994	湛江港一区南二期工程	5	1万～2万吨级非金属矿、钢铁、杂货、集装箱、木材泊位各1个	200
1994	丹东港大东港二期工程	3	1万吨级杂货泊位	95
1994	唐山港2万吨级散货泊位	1	2万吨级散杂泊位	90
1994	福建湄州湾秀屿杂货码头	1	1万吨级杂货泊位	35
1994	厦门港东渡二期工程	4	3.5万吨级集装箱泊位1个，2.5万吨级煤炭泊位1个，2万吨级杂货泊位2个	350
1994	海南省马村港煤码头	1	3.5万吨级煤码头	90
1994	高栏港	2	2万吨级杂货泊位2个	250
1995	日照港二期工程	5	1万吨级和1.5万吨级杂货泊位各1个，1万吨级和1.5万吨级散杂泊位各1个，1.5万吨级杂货兼集装箱泊位1个	200
1995	连云港墟沟港区一期工程	2	1.5万吨级杂货泊位2个	70
1995	汕头港深水港区一期工程	2	20万吨级多用途和1.5万吨级杂货泊位各1个	120
1995	南通港狼山港区二期工程	1	2.5万吨级集装箱泊位	5万TEU
1995	营口港汽车滚装码头	1	1万吨级滚装泊位	19万辆
1995	威海南区万吨级通用泊位	1	1万吨级通用泊位	40

【天津港东突堤工程全面建成】 该工程投资人民币9亿元,外币1.4亿美元(世界银行贷款)。建设深水泊位12个,新增吞吐能力508万t。工程分南北两侧分阶段建设。南侧部分已于1990年竣工投产,北侧部分于1993年10月全部竣工。

北侧部分建成深水泊位6个,工作船泊位1个,码头为沉箱重力式,总长1 202m,其中深水泊位岸壁1 122m,工作船码头岸壁80m,共安放沉箱71个。在建设过程中,天津港在加强自身管理的同时,积极采用新技术,广泛采用国际招标,保证了工程建设的质量并按期完工。

【青岛港前湾一期工程建成】 该工程是国家重点建设工程之一,位于胶州湾湾口深水区,是青岛港开发的新港区。工程总投资为6.998亿元人民币和300.91亿日元,共建深水泊位6个,其中4个顺岸泊位于1992年竣工,2个煤炭出口泊位1993年投产。这两个煤炭出口泊位,分别为3.5万吨级和5万吨级,设计年吞吐能力1 500万t,两个煤码头泊位和防波堤建设合一,内侧靠船,外侧挡浪,是一项经济合理的技术措施。码头采用沉箱重力式结构,总长566m。

青岛港前湾一期工程的建成,使青岛港成为继秦皇岛港之后又一煤炭出口大港,对缓解秦皇岛港煤炭下水的压力和相应的铁路运输压力,具有极其重要的意义。

【连云港西大堤工程建成】 连云港西大堤工程是和连云港庙岭二期工程同期建设的拦海大堤。经8年奋战,于1993年12月胜利合拢,建成中国最长的拦海大堤和最大的掩护水域,彻底改变了连云港的泥沙条件和风浪条件,为连云港港口的发展提供了广阔的前景。该工程总投资1.575亿元,采用爆炸积淤和爆夯新技术,既克服了施工上困难,也大大降低了工程造价,建成大堤6.688km,形成掩护水域30km²。

【上海港外高桥港区一期工程建设】 上海港外高桥港区一期工程是全国港口建设的重点项目,1991年7月开工,1993年10月基本建成,投入试生产;1994年11月通过国家验收,投入正式生产,成为机械先进、配套设施齐全、标准最高的港区之一。工程建设深水泊位4个,码头结构按集装箱泊位设计,总长900m。现泊位分别为2.5万吨级木材兼矿建泊位1个,1.5万吨级杂货泊位1个,2.5万吨级集装箱泊位1个,1.5万吨级多用途泊位1个。新开辟底宽300m的航道8.6km。

上海港外高桥港区一期工程的建设是配合开发浦东的基础项目,它的建成是浦东开发重要的一步。

【厦门港东渡港区二期工程】 厦门港东渡港区二期工程是中央和地方合资建设的大中型建设项目,也是利用世界银行贷款建设的项目。工程于1989年10开工,1994年6月竣工并设入试生产,1994年12月通过国家验收。工程建设深水泊位4个:3.5万吨级集装箱泊位1个,2.5万吨级煤炭泊位1个,2万吨级杂货泊位2个。设计吞吐能力350万t,建成码头总长920m,堆场12万m²,其中煤堆场3.3万m²。它的建成,使厦门港成为闽南地区的主要口岸,对吸引外资、形成闽南经济带极为有利。

【湛江港一区南二期工程建成】 湛江港一区南二期工程是1990年开工建设的国家重点工程,1994年底全面建成,并通过国家验收。工程建设深水泊位5个及相应的铁路、道路、堆场和仓库等配套设施。5个深水泊位分别为1.5～2万吨级(水深11m)非金属矿、钢铁、杂货、集装箱、木材泊位各1个,设计吞吐能力200万t,总投资3.97亿元。

湛江港一区南二期工程建成后,湛江港深水泊位数达到23个,使湛江港成为具有集装箱专用泊位、功能齐全的大型港口。

【日照港二期工程建成】 日照港二期工程是利用第三批日本政府贷款建设的"八五"国家重点建设项目,共建设深水泊位5个,工程于1992年6月开工,至1995年9月,经3年多的建设,提前1年建成。工程建成沉箱重力式码头892.5m,斜坡防波堤1 040m,直立式防波堤54m及相应的设施。工程施工单位为交通部第三航务工程局。工程利用日元采购设备,均采用国际公开招标,既使工程节约了投资,也使工期有了保证。

【上海集装箱码头有限公司正式运行】 1993年8月11日,香港和记黄埔上海港口投资有限公司(HPSL)和上海港集装箱综合发展公司(SPCCDC)分别以10亿元注册资本,总投资额56亿元人民币,合资成立上海集装箱码头有限公司(SCT)。

上海集装箱码头有限公司(SCT)经营管理上海港的宝山、张华浜和军工路3个集装箱码头,有集装箱泊位7个;待改建的集装箱泊位5个;码头岸线总长1 400m,占地总面积858 000m²,码头前沿平均水深为10m。1994年,公司把5个散货泊位(张华浜2个,军工路3个)改建成集装箱专用泊位,1995年底完成。公司引进先进的设备和电脑系统,抓紧开拓货代、船代及集装箱运输业务。该公司的成立,将在一定程度上减缓港口现有设施不足的压力,使上海港的集装箱吞吐能力有明显提高。

支持保障系统建设
Construction of Support Systems

【"八五"期间海上安全监督系统设施建设】 "八五"期间中国水上安全监督管理手段有了一个较大的改革,其基础设施投资规模比"七五"期间增加了一倍多。截至"八五"期,全国海上干线有航标2 345座,其中灯塔966座,使沿海港口航标成链。上海海监局在福清湾抛设的4座大型助航标志——绞接式灯桩达到当代国际先进水平,并且开始在部分灯塔进行卫星遥测遥控技术的应用。沿海已有8个港口建立了交管系统，正在建设的还有2处，共建有16个雷达站。"八五"期间上海港区率先使用全球卫星导航系统差分设施(DGPS)，测距精度达到国际先进水平。中国海上搜救中心的技术手段得到了很大的发展，在海事卫星北京地球站建立以后，中国海上搜救中心配备了数种卫星遇险直通电传和直通电话，使船舶遇险报警迅捷。"八五"期间，建成了搜救卫星系统的中国任务控制中心和地面用户终端，使应急无线电示位标发出的遇险信息能够更快捷有效的传到搜救中心。

【上海港水上交通管理系统(一期)通过验收】 具有90年代世界先进水平，中国目前规模最大、功能最强、技术最复杂的船舶交管系统(VTS)——上海港水上交管(一期)工程，1994年6月通过交通部验收并正式交付使用。该系统是集雷达、通信、导航、计算机数据处理和显示于一体的高技术系统，也是目前世界上最先进的交管系统之一。系统包括横沙岛、长兴岛、吴淞口3个雷达站和吴淞VTS指挥分中心。设备由港口雷达子系统、微波传输子系统、高亮度显示和数据处理子系统、辅助设备子系统组成。

上海港水上交通管理系统(一期)工程，覆盖了从浏河口港界线到长江口灯船100多千米的水域，是船舶出入江海的水上交通要道。该系统可跟踪1 200个目标，船舶数据处理系统可存储2万条船的基本数据，并可编制航行计划和进行统计。该系统由交通部上海海上安全监督局组织建设，交通部水运规划设计院负责总体设计。它的建成标志着中国水上交通管理水平上了一个新台阶。

【海上交通通信设施建设】 北京海事卫星地面站，在1991年6月3日开通A型标准站的基础上，1993年7月1日又开通了C型标准站。A型标准站具有提供全球的海上、陆上和空中移动电话、传真、电传、低速数据传输及遇险紧急通信等传输功能。C型标准站具有提供电传、增强群呼及遇险电传等传输功能。两副直径为13m的卡塞格伦天线分别指向国际海事卫星组织在印度洋和太平洋上空的两个地球同步卫星，使北京海事卫星地面站的通信范围能覆盖印度洋、太平洋两个洋区。

为改变中国海上救助打捞通信落后状况和根据国际海事组织(IMO)实施"全球海上遇险和安全系统"(GMDSS)要求建设的烟台、上海、广州海上救助专用通信网工程，1993年11月15日全部建成并通过验收交付使用。广州海上救助专用通信网由广州救捞局通信中心和汕头、深圳、湛江、北海、三亚5个救助站通信台组成。烟台海上救助专用通信网由烟台救捞局通信中心和大津、荣城、秦皇岛3个救助站通信台组成。上海海上救助专用通信网由上海救捞局通信中心，外高桥辅助通信电台，温州、福州、厦门3个救助站通信台组成。

【交通保障系统建设】 1995年，交通部对支持保障系统建设实行倾斜政策，加大投入，加快工程建设进度。1995年建成了青岛港前湾港区交管系统和天津港交管系统。广州港新沙港区交管系统完成了设力求安装调试并试开通。截止1995年，沿海已有大连、秦皇岛、天津、烟台、青岛、连云港、上海、宁波、广州等9个港口建立了船舶交管系统。1995年继续海上关键部位和重点港口、航道航标的新建、改建，完成了一批灯塔、灯桩的新建、重建和改造、加高、换装，增设了一批浮标。到1995年底，中国海上干线航标达2 800多座，其中灯塔、灯桩800座。1995年大连长兴岛、烟台银锣岛和苏山岛、海南木栏头灯塔通过竣工验收并正式交付使用。1995年还完成了北方海区大连鹿岛、营口台子山、青岛小青岛灯塔，东海海区连云港羊窝头、镇海七里屿、温州东瓜屿、福州牛山灯塔，南海海区溶尾角、涔州、大星山灯塔，海南锦母角、临高角、北士岛、兵马角灯塔和一批灯桩的改造、重建。1995年继续重点建设海监、救捞基地、码头和专用船舶，建成了湛江、汕头、营口海监工作船码头和上海、汕头、天津救助码头。截止1995年底，海监系统已拥有各类监督船艇1 300多艘，初步形成了大中小结合的现场管理力量，配合现代化地通信设施，形成了水域监控管理网络；救捞系统也拥有各类救捞船舶160多艘，其中包括远东地区最大功率的拖轮和最大的浮吊船。1995年10月中国海上搜救心计算机搜救指挥辅助系统通过初步验收并投入使用。

海洋盐业和盐化工
Marine Salt Industry and Salt Chemical Industry

【综述】 1993～1995年，全国共产盐8 301.44万t，平均年产2 767.15万t，盐产总产量居世界第二位。其中海洋盐业三年共产5 938.4万t，平均年产1 979.5万t，海盐产量仍居世界第一位(表1)。海盐产量连续三年居高不下，造成了供大于求的局面。1995年全国海盐区海盐生产情况为：北方盐区，天津221.4万t，河北333.8万t，辽宁210.9万t，江苏227.1万t，山东510.4万t；南方盐区，浙江66.8万t，福建72.3万t，广东25.6万t，广西7.6万t。1995年海盐盐化工产品品种已达60种，产量达60万t。盐田水产养殖由于虾病蔓延，盐田养虾大大萎缩，转为养殖鱼、贝类。据沿海海洋管理部门统计，1993～1995年全国海盐工业总产值分别为36.84亿元、45.5亿元和47.7亿元(其中1995年的增加值为19.78亿元，利税总额为56 282万元)，从业职工人数分别为37.00万人、14.83万人和14.70万人。

1994年2月20日，国务院发出"关于进一步依法加强盐业管理问题的批复"(国函[1994]13号)，提出对食盐实行专营，依据该"批复"精神，成立了中国轻工总会盐业管理办公室，主管全国盐业管理工作。《食盐专营办法》将通过立法程序得以实施。为了加强食盐专营工作，盐业部门加大了盐政执法力度，组成18 000人的执法队伍，为整顿盐业市场秩序，打击各类违法行为，稽查私盐、劣质盐和假冒碘盐，有效地推进了食盐专营体制的建立。同时，治理、取缔冲销食盐市场的平锅盐取得一定成效。

盐税改革，由原来的单独税种，改为资源税和增值税，使其税种和其他产品一致。

为了有效控制中国碘缺乏引起的危害，实现到2000年消除碘缺乏病目标，实施食盐加碘是最经济、有效、安全的措施。1994年8月20日，国务院颁布了《食盐加碘消除碘缺乏危害管理条例》；1994年9月经国务院批准，国务院办公厅转发了《中国2000年消除碘缺乏病规划纲要》。该《纲要》要求在"八五"期间基本实现食用盐全部加碘，合格碘盐食用率达75%。经过二年多的全国盐业行业的努力，启动了食盐加碘工程，1995年供应食用碘盐达到78%，完成了第一阶段目标的要求。(果文会)

【海盐生产】 随着科学技术的进步，海盐生产技术水平、抗御自然灾害的能力都有了很大的提高，自然灾害给海盐生产带来的影响日趋减小。1993～1995年，由于气象条件有利于海盐生产，使海盐产量连续三年居高不下(表1)。然而，海盐产量的持续增长，并没有给行业、企业带来预期的经济效益。盐业连续几年的产大于销，造成企业库存积压，销盐不畅，浪费严重，企业处境十分困难。针对如此局面，行业管理部门提出了严格控制原盐产量的十条措施，生产企业积极响应，采取减少灌池面积、提前结束秋晒、存盐于池等办法，限制产量，提高质量，取得一定效果，1995年海盐产量比1994年减少了276.8万t，盲目超产的势头得以控制。海盐年生产能力亦有一定幅度的下降。

(赵建国)

表1　1993～1995年海盐产量

单位：万t

年　份	1993	1994	1995
全　国	2 114.6	2 050.3	1 773.5
北方盐区	1 903.5	1 839.8	1 584.7
南方盐区	211.1	210.5	188.9

表2　1995年沿海海盐区面积

单位：hm^2，t/hm^2

地区		总面积	生产面积	杂地面积	单产
北方盐区	合计	392 001	330 736	54 144	46.7
	辽宁	66 977	61 760	5 217	34.0
	山东	118 673	96 062	22 611	53.7
	河北	78 452	75 768	2 684	43.9
	天津	39 261	37 933	1 328	58.2
	江苏	89 517	67 212	22 304	44.9
南方盐区	合计	50 521	39 349	1 172	47.7
	浙江	13 385	11 329	2 056	59.1
	福建	16 524	12 210	4 306	50.9
	广东	11 190	8 271	2 918	31.4
	广西	4 997	3 626	1 371	20.9
	海南	4 425	3 905	520	40.9

【海盐盐化工】 1993～1995年，中国海盐盐化工业是在困难中前进的。据不完全统计，海盐盐化工从业人员7万人，已形成一定生产能力的化工产品品种60种，产品总吨位60万t，年创工业总产值5亿元，年实现利税4 400万元。但是，苦卤综合利用仍沿袭"兑卤蒸发法"的老工艺，能耗高，成本高，效益差。南方海盐区的盐化工生产基本停止。探索新工艺、开发新产品、调整产品结构已成为目前海盐盐化工业的当务之急。

近5年中国海盐区年产量约1 800万t，每年可副产苦卤1 400万m^3,为盐化工生产提供了丰富的原料。但目前苦卤利用率只有30%～40%,浪费了资源,污染了环境。为改变生产困境,全行业提出了"以钾盐生产为突破口,溴系列深加工产品开发为主"的发展思路。

钾盐生产新工艺,即以苦卤为原料直接制取硫酸钾,现已在3个盐化工厂试验生产,取得初步成效。

制溴工业水平近两年提高很快,产量迅速增加,1995年溴素产量已达33 840t,居世界第五位。目前,用溴量最大的是制药、灭火剂、染料和阻燃剂。制盐行业利用溴素生产的溴素二次产品主要有1211、十溴联苯醚、四溴双酚A、溴化锂、二溴醛、氢溴酸、溴酸钠、溴酸钾、三溴、四溴乙烷等近30种。 (黄 伟)

表3 1993～1995年海盐区主要盐化工产品产量

单位:t

年份	地区	氯化钾	溴素	氯化镁	无水硫酸钠
1993	辽宁	7 428	620	62 942	15 019
	山东	2 725	18 566	40 527	15 383
	河北	6 386	1 611	53 467	/
	天津	15 513	2 443	125 126	42
	江苏	9 157	1 011	87 327	/
	浙江	88	4	2 052	/
	广东	/	/	492	/
	合计	41 297	24 255	371 933	30 444
1994	辽宁	7 274	556	53 753	15 071
	山东	608	25 811	33 291	10 558
	河北	6 302	1 423	55 866	/
	天津	17 419	2 543	137 024	532
	江苏	12 081	848	103 813	/
	合计	43 684	31 181	383 747	26 161
1995	辽宁	4 429	326	27 648	7 531
	山东	3 320	2 553	36 050	13 409
	河北	5 323	1 057	40 040	/
	天津	17 480	29 154	138 776	735
	江苏	11 627	750	77 689	/
	合计	42 179	33 840	320 203	21 675

【加碘盐】 1991年3月,中国政府在世界儿童问题首脑会议通过的《儿童生存,保护和发展世界宣言》和《执行90年代儿童生存,保护和发展世界宣言行动计划》上签字,承诺到2000年中国实现消除碘缺乏病的目标。

中国碘缺乏病区人口4.25亿,分布在所有的省份。降水碘、土壮碘含量从东南沿海至西北内陆呈递减趋势。

消除碘缺乏病最直接、最经济、最有效的途径是通过食用盐为载体,加入碘剂,供全国人口食用,最终消除碘缺乏病。

碘盐产销 中国加碘盐的生产和销售,自60年代起步至消除碘缺乏危害项目开始的1993年,实际年产、销量仅达330万t左右。1993年以后,中国盐业总公司逐年增加了加碘食盐的生产加工和市场安排。据统计,1994年加碘盐的产销量达360万t,1995年产销量猛增到522万t,增长了43.8%,加碘盐占食盐的比率达到78%,而且加碘浓度也由1993年以前的(20～50)$\times10^{-6}KIO_3$,增加到了$50\times10^{-6}I^-$以上(见表4)。1995年国家财政补贴2 800万元供应的295tKIO_3满足不了碘盐加工量的需要,盐业企业自己出资2 000余万元人民币,购买碘剂200t,基本满足了碘盐加工及市场供应。

但是,中国的加碘盐生产设备陈旧落后,加碘不均,产品合格率低,尤其是加碘盐0.5～1kg的小包装,全部都是手工包装,卫生条件差,劳动负荷重,急需进行技术改造。 (下转86页)

海洋船舶业
Marine Shipbuilding

综述
Summary

【概况】　“八五”以来，中国船舶工业总公司(以下简称“中船总”)30万职工抓住改革开放的机遇，努力拼搏，开拓进取，工业总产值、造船产量、出口创汇、利税总额、基本建设和技术改造投资等各项主要指标全面超额完成了“八五”计划，船舶工业获得了持续、快速、协调发展。

1.造船生产快速发展。“八五”期间，造船生产结束了“七五”期间一直在六七十万吨上下徘徊的局面，每年以二三十万吨的产量稳步增长，连续迈了几大步，累计造船667万t，比“七五”翻了一番，平均每年递增达22.5%。其中万吨级以上大型船舶比重占88%，比“七五”高22%，表明中国造船业正在大步向大型化方向迈进，自行设计建造的15万t散货船已批量出口。各企业围绕缩短造船周期这个船舶工业发展中的关键问题，重点抓了生产技术准备和生产设计的深化，大力推广新工艺、新技术，有重点地进行了五大船厂和主要配套厂薄弱环节的技术改造，积极学习国外先进造船技术和管理经验，使造船周期普遍缩短，大幅度提高了造船产量。1992年结束了造船产量长期徘徊在60万～80万t的状况，实现年造船产量110万t。1993～1995年，中国船舶工业总公司系统造船生产继续保持快步发展，累计完成造船产量471.9万t，比1990～1992年造船产量总和256.9万t高出215万t，增幅达83.7%。1995年，各企业造船开工、上船台、下水、交船四大节点实现率已达到90%以上，骨干企业造船产量增幅较大。绝大部分船舶均能在签字交船后迅速投入营运，交船整体完整性水平大大提高，造船周期也大幅度缩短。全公司万吨级以上船台从1990年年平均一个船台建造1.2条船提高到1994年的2.5条船；万吨级以上船舶从平均生产周期559天，平均船台周期201天，分别缩短为不到500天和约160天。在周期缩短的同时，完工交船的情况大有好转，相当一部分船厂完工船舶均能做到签字交船后即离开码头投入营运，交船完整性大为提高。在船用关键设备制造方面，更新换代不断加快，自主开发能力提高，在性能、标准等方面逐步实现了与国际接轨。在完工船舶中，除个别船东有特殊要求外，绝大多数都配装了国产船用主机，不但替代进口，还实现了船用大功率柴油机的单机直接出口。

2.修船生产持续高速发展。船舶工业三大支柱之一的修船业在“八五”期间取得了高速发展的好成绩。各船厂累计完成各类船舶修理5 100艘，产值54.5亿元，修船产值年均递增21.2%，产值和利润分别为“七五”期间的2.4倍和2.8倍。国内远洋船修理累计完成675艘、产值6亿元，外轮修理完成1 279艘、产值27.6亿元，直接创汇2.5亿元。1993～1995年累计完成修船产值35.2亿元，比前三年总和的23.4亿元增长11.8亿元，增幅达50.4%。外轮修理迅速发展，所占比重不断增加。1995年修船创汇1.06亿美元，全年外轮修理产值占修船总产值的比重已超过一半，达到54.8%，其中北海船厂、澄西船厂外轮修理所占比重分别高达78.5%和70.7%，标志着骨干修船企业在开拓国际修船市场方面取得显著成绩。修船基础设施水平有了较大提高。相继建成投产了澄西船厂10万吨级浮船坞、广州文冲船厂10万吨级干船坞、山海关船厂10万吨级修船码头以及沪东造船厂通过合资方式在上海崇明改建成的10万吨级浮船坞。这些项目的完成，使总公司修船能力特别是大型船舶修理能力迅速提高，向大型化和国际化方向发展。“八五”期间，总公司外轮修理产值达到修船总产值的一半以上，承接了世界30多个国家和地区的上百家公司外轮修理业务，完成了包括货轮、油轮和集装箱船、滚装船、渔业加工母船、工程船等一批现代化、技术附加值较高的船舶修理和改装工程。作为修船主要考核指标的坞修期，已经达到或接近先进修船国家水平，一般为5～6天，最短的只有4天，在周期和质量上都具备了一定的国际竞争力。

3.非船舶产品生产稳步发展。“八五”期间，全公司非船舶产品产值完成172亿元，比“七五”增长1.3倍，年均递增14.6%。1993～1995年累计完成118.2亿元，比前三年合计75.6亿元增加42.6亿元，增长幅度为56.3%。根据产业政策和国民经济发展的需要，开发出了24大类、几千个品种的非船舶产品并形成了一批支柱性重点产品，进入了冶金、电力、石化、水电、煤炭、城建、烟草、轻工和医疗器械等十多个行业和领域。集装箱、蓄电池、烟草机械、铁路车辆、陆用柴油发电机、大型钢结构等产品产值在1亿元以上，一批市场前景较好的产品正在稳步发展。总公司发挥集团优势和综合经济技术优势，承接和完成了一批国家大型重点工程项目和技术装备，其中有清江隔河岩升船机和福建水口升船机成套设备，867—Ⅱ卫星发射塔架，上海南浦、杨浦和徐浦大桥钢结构，岩滩水电站320t水轮机转子等重大项目。

4.船舶外贸再创佳绩。“八五”累计出口创汇26亿美元，比“六五”、“七五”两个五年计划总和高出28%。出口船舶306万t，比“七五”翻了一番。1993～1995年共完成出口船129艘、220万t，比前三年的133.4万t增加了86.6万t，增长64.9%。三年出口成交共计29.6亿美元。1995年，共承接出口船244万t，占当年全部新接船舶订单总量的98.4%，超过“七五”期间五年承接出口船订单的总和，成交额达17亿美元，90%以上的订单来自发达国家和地区。总公司已形成了以船舶大宗产品出口为主、外轮修理和机电产品出口为辅，多元化发展的外向型新格局。船舶外贸出口已成为全公司生存和发展的重要依托，出口额在工业总产值中的比重由“七五”末的24%提高到“八五”末的33%。

1995年12月3日，中国首次向世界第一造船大国日本出口的两艘万吨级散货船在天津造船公司交船和下水，标志着中国造船业质量和水平的新的提高。“八五”末，全公司造船产量比80年代初翻了两番，在世界造船产量中的地位从第16位上升到第4位，使中国成为世界上重要的造船国家之一。

在国际船舶市场竞争日趋激烈、国内船舶订单有所减少的情况下，总公司根据“立足国内、面向世界”的方针，努力开拓国内外两个市场，在船舶经营方面仍取得了显著成绩。1993年共承接124万t新船订单，1994年新接163万t船舶订单，1995年在国内船订单仅有几万吨的困难形势下仍承接了248万t新船订单，保持了新接船舶订单数量世界前三位的好成绩。1993～1995年共承接新船订单535万t，比前三年承接新船订单量的464万t增加71万t。目前，总公司各船厂手持船舶订单量超过400万t，骨干船厂两年内的生产任务已经落实。

（范　斌）

表1　1993～1995年中国船舶工业总公司主要经济指标完成情况表

（均按1990年不变价计算）

项　目		单　位	1993	1994	1995	合计
工业总产值		亿元	118.3	134.0	151.0	403.3
其中	船舶类产品	亿元	74.4	81.7	93.1	249.2
	修　　船	亿元	10.4	11.4	13.4	35.2
	非船舶产品	亿元	33.5	40.9	44.5	118.9
出口产值		亿元	29.1	35.8	53.3	118.2
销售产值		亿元	131.3	130.2	151.7	413.2

表2　1993～1995年中国船舶工业总公司主要产品完成情况表

项　目	1993	1994	1995	合　计
造船完工(艘/万t)	201/132.5	193/164.4	173/175	567/471.9
其中：出口船舶(艘/万t)	25/107.9	49/82.5	49/67.5	123/257.9
柴油机(台/万kW)	901/81.4	946/87.7	762/74.6	2 609/243.7
船用精密导航仪表(台套)	436	514	339	1 289
集　装　箱(只)	8 568	42 779	45 181	96 528
电　冰　箱(台)	65 965	56 116	32 921	155 002

船舶建造
Shipbuilding

【中国最大船舶下水】　1993年8月20日，15万t散货轮“萨玛琳达”号在大连下水。该船是中国自行设计、建造的最大吨位船舶，由大连船舶设计研究所按挪威船级社规范设计，大连造船新厂建造，船东是比利时考贝尔弗莱特公司。该船总长270m，型宽44m，型深24m，吃水16.3m。主机为B&W6S70MC，功率14 300kW，航速14kn，为无限航区。该船设无人机舱，自动化程度较高，装有世界上最先进的“全球海上遇险安全系统”，无论船舶总体性能还是结构强度、机电设备均具有当代世界先进水平。

【“鸿明”号气囊方式下水】　深圳市首次建造的钢质船舶“鸿明”号152英尺集装箱驳船于1993年7月采用气囊下水方式在深圳大鹏湾下水。该船由深圳船舶工业贸易公司承接并直接监造出口香港，由重庆造船厂在深圳大鹏湾深贸公司所属深圳采油平台厂工地建造完成。该船总长46m，型宽19.8m，型深5.04m，吃水4m，载重吨2 400t，船体重量700t，最多可装载20英尺标准集装箱120只。此类型船由于船体体积大，没有主机动力，因而经济实用，是目前穗、深、港、澳水域上的重要运输工具。

【3.5万吨级浅吃水肥大型散货船通过鉴定】　1993年12月23日，3.5万吨级浅吃水肥大型散货船“宁安一号”通过了鉴定。该轮是国家“七五”重大技术装备攻关计划

项目“煤炭海运系统”重点船型——3.5万吨级浅吃水肥大型散货船双桨型的首制船。该船由上海船舶研究设计院设计，渤海造船厂建造，船东是上海海运(集团)公司。鉴定认为，该轮是适合中国浅吃水港特点的优秀船型，性能优良，经济效益高，建造质量好，主要技术性能已经达到国际上同类船型的先进水平。

【中国首台600m无人缆控“水下机器人”诞生】 1994年1月，中国自行研制的首台智能型“水下机器人”首次水下模拟救援试验获得成功。这台重量仅1吨多的潜水装具，在水下不仅可自如地上浮下潜、前后移动、左右旋转，而且能自动测航、定向、定位、定深，并且会自动绕开障碍物，能完成诸如切割、打磨、清洗、敲击、开阀门、电焊、接管等技术活，还能完成抓举180kg物体等重体力活。中国船舶工业总公司702所担负了这台“水下机器人”的总体设计任务，并与中国船舶工业总公司709所、华中理工大学、哈尔滨船舶工程学院等单位一道，历经3年时间研制成功。它可以应用于水下救生、沉船打捞、海洋地貌勘探、海上石油钻探、海底施工检测、水库作业、大坝水下修补、渔业布网等国民经济领域，为中国开发海洋资源提供了保障。目前，智能型“水下机器人”仅在英、美、俄等少数国家研制成功并投入使用。该台600m无人揽控“水下机器人”的研制成功，标志首中国水下尖端技术进入了一个新领域，潜水系统研制已跨入了世界先进行列。

【新一代自由降落救生艇研制成功】 由北海船厂游艇分厂自行设计制造的新一代救生艇——BH—F7.0自由降落艇，于1994年7月经过原型艇试验并通过了英国劳氏船级社和中国船级社的认可。该艇长7.05m，宽2.86m，型深1.6m，乘员26人，可配备在各种油轮、货轮及钻井平台上，是一种具有90年代国际先进水平的救生设备。该艇经过自由降落、漫水、淹覆等近20余项性能试验，达到了SOLAS 1983年修正案的要求。该型艇目前在世界上仅有欧洲少数几个国家可以制造，在亚洲仅北海船厂一家。

【国产新型豪华旅游船问世】 一种新型长江豪华旅游船首制船“维多利亚一号”于1994年6月24日在江西江州造船厂离厂驶向重庆港。该船是适应三峡旅游热而开发的以接待外国游客及港澳同胞为主的新型豪华旅游船，是集观景、摄像、游乐、饮食及住宿为一体的安全舒适的旅游交通工具。该船总长87.5m，型宽14.4m，型深3.5m，载客152人，航速28km/h，由长江船舶设计院设计。该船采用长江节能双尾船型，外形美观，内部装璜豪华讲究，相当于四星级宾馆的标准。

【全铝自控水翼高速客船交船】 1994年9月7日，具有当今世界先进水平的中国首制全铝合金自控水翼客船“北星”号，在上海交给了香港远东水翼船务有限公司。此举不但填补了中国设计建造高技术高速客船的空白，而且标志着中国自行设计建造的铝合金高速船舶已开始打入国际市场。该船为适航性较好的高速船舶，艏艉底部装有由计算机自动控制、可自动调整升力的新型水翼，高速时，水翼升力把整个船体托出水面进入翼航状态，最大航速42kn，在2.1m浪高里的纵横摇倾侧角小于2°，垂向运动加速度小于0.1g，可在9级风、4级浪的状态下安全、舒适航行。该船船长30m，型宽8.6m，采用喷水推进，满载排水量118t，可一次载客300人。该型船设计和建造难度相当大，目前只有美国和日本两个国家成功建造。而已建造4艘该型船的日本，所依靠的是向美国购买的技术专利。目前在世界各地投入运营的全铝自控水翼客船只有30余艘。“北星”号已通过美国船级社验船认可。

【“迎宾4”号营运成效显著】 广州黄埔造船厂于1992年12月为长江航运集团蛇口船务公司成功建造的中国第一艘162客位全铝合金双体侧壁式气垫船——“迎宾4”号，经过两年的商业性营运，创下了蛇口至香港单程航行最快达45min、日载运量超过1 000人的纪录。与该公司其他进口高速船相比，该船航率最高、速度最快，通过了香港海事处检查并获得了《高速客船速度豁免证书》。它以平稳、舒适、高速、准时赢得了声誉，成为该条航线上的一颗明珠。在珠江三角洲及港澳地区投入航运的多艘铝合金高速客船中，唯有该船是中国制造，打破了外国高速船的垄断局面。

【“东方皇后”号旅游船下水】 中华造船厂为香港东健发展有限公司建造的第二艘国内最豪华的长江三峡旅游船“东方皇后”号于1994年10月18日下水。这艘投资逾千万美元、按陆地五星级酒店标准设计的豪华旅游船设计先进，线型美观，总体布置合理，航行快速、平稳、安全，适应长江三峡水浅、流急、弯多的特点。

【新型导弹护卫舰交船】 根据中、泰两国政府协议建造的$F_{25}T$新型导弹护卫舰首舰“纳来颂恩”号于1994年12月15日在中华造船厂签字升旗。该舰由中国船舶工业总公司701所设计，中华造船厂建造。舰体呈全封闭型，提高了全舰的防化学武器、生物武器、原子武器的攻击能力。舰上装有的燃气轮机—柴油机联合动力装置及国际上先进的电子和装备系统，使该舰具有较强的对空、对海及反潜作战能力，是一艘具有国际先进水平的现代化战舰。经过航行试验所取提的多项数据表明，“纳来颂恩”号舰总体建造质量获得国外服务商的高度评价。该舰从下水到交船仅用了17个月，达到了中国同类舰船施工周期的先进水平。

【第一艘万吨级江海直达散货船交船】 被列为国家“八五”重大技术装备科技攻关项目的1.2万吨级江海直达散货船“春江海”号，1994年12月12日在上海签字交船。这是国内第一艘万吨级江海直达散货船，可24小时不候潮自由进出长江口。它可溯流载货直抵武汉。它的交付使用，标志着长江中下游的货运业已从江海联运步入了江海直达的新时代。该船由上海长江轮船公司订造、上海船舶研究设计院设计、芜湖造船厂建造。702所和上海交通大学担任船型实验研究工作。该船为浅吃水肥大型船型，总长153m，型宽23m，型深11m，设计吃水6.5m，航速可达12.9kn，续航力4 000n mile，船上装有世界上最先进的全球海上遇险安全系统。该船投入营运后，主要担负着西煤出江、北煤进江、矿砂进江的运输任务。它将以裕溪口—北仑港为正常航线，部分御载后可直达武汉。万吨级江海直达货船的诞生，将缓解中国陆路运输的压力，加速南方各省的能源建设进程。由于该船型性能优良，有着广阔的应用市场。

【“远望三”号航天测量船交船】 集中国90年代造船工业、电子工业高科技于一体的万吨级航天测量船——“远望三”号于1995年3月28日在江南造船厂正式交付中国卫星发射测控系统部海上测控部使用。“远望三”号是中国新一代航天测量船，与80年代初建成的远望一、二号姐妹船相比，总体性能和建造水平都有很大提高。该船总长180m，型宽22.2m，满载排水量10 792t，艏部有侧向推进装置，主辅机自动控制为微机网络实时控制系统，可实时显示各种动态参数。该船入ZC级，可航行于世界三大洋。该船交付使用，不仅为中国海上测控队伍增添了新的生力军，而且使中国海上测控水平跻身于世界先进行列。　　（范　斌）

船舶科技
Shipbuilding Science and Technology

【液压高空作业平台研制成功】 上海东海船厂和704所联合承担的国家重点企业技术开发项目——液压高空作业平台于1993年4月16日在上海通过部级鉴定。该平台的整机行走、转台360°回转、臂架伸缩、变幅、升降、车轿顶升、扩张以及斗盘180°回转等主要功能均为液压传动。该平台的最大举升高度为21.8m，比现行产品要高出3m多。该平台是修造船生产的重要设备，也广泛适用于建筑、矿山、桥梁、航空等行业的高空作业。

【高速客船设计制造通过评审】 由中船总主持的国家“八五”重大技术开发项目——高速客船设计制造评审验收会在广州黄埔造船厂召开。评审结论认为，由黄埔造船厂、中国船舶工业总公司708所等单位承担的高速客船设计制造技术开发项目对162客位、250客位、400客位侧壁式气垫船在船体建造、焊接、涂装技术等方面的研究填补了国内空白，其主要科研开发成果居国内领先水平并达到国际80年代后期先进水平，特别是1992年中国第一艘自行设计建造的162客位侧壁式双体气垫船在黄埔造船厂完工交船，并作为第一艘登记入CCS级的全铝合金焊接主船体的高速客船投入营运，标志着中国高性能船舶的设计建造技术已日趋完善，并向国际先进水平靠拢，打破了华南珠江水系粤港澳高速客运航线完全由进口高速船垄断的局面。

【模块化造船研究课题通过鉴定】 国家技术监督局和船舶总公司的重要科研项目——模块化造船研究课题于1994年1月通过鉴定。该课题由广州广船国际股份有限公司和上海船舶研究设计院共同完成。该课题主要是针对被国家列为重大技术装备攻关项目的3.5万t浅吃水散货船在“八五”期间需要量大、急需上批量的现状而进行的，对这批船开展综合标准化、采用模块化造船。经过两年多努力，经在3.5万t浅吃水散货船上进行实船运用，证明该研究成果在缩短船舶设计、建造周期方面效果显著，与没采用模块化造船相比，船台周期可缩短40天左右，属国内先进水平。模块化造船能显著缩短船舶设计周期和建造周期，不仅可以降低成本、提高建造质量，而且提高了船舶可靠性和安全性。

【新型冷藏/集装箱船船型设计研究通过鉴定】 1994年5月8日，由上海船厂承担的“八五”国家重点企业技术开发项目——新型冷藏/集装箱船船型设计研究在上海通过专家评审。评审结论认为，该项目整体研究水平属国内领先，其中一些课题研究成果填补了国内空白，达到了国际同类技术水平。主要研究成果表现在：30万、40万、60万立方英尺新型冷藏/集装箱船的主要技术性能指标接近或达到了国际先进水平，可作为一种新船型系统推向国内外造船市场；通过消化、吸收国外先进技术，掌握了冷藏船间接式或直接式制冷系统的先进设计方法；解决了舱盖开启时延伸量的吸收和下甲板舱盖收藏高度受到限制的难题；解决了独立设计大侧斜桨的关键技术，并达到了国际先进水平。

【中小型标准船研究通过验收鉴定】 国家重点企业技术开发项目——中小型标准船研究分别在江州造船厂和芜湖造船厂通过鉴定，标志着中国中小型标准船研究又有新的成果。该项目以先进性、实用性为目标，历经两年多的时间，共研究开发了2 300t江海直达经济型货轮、230TEU集装箱船、4 000t多用途船、3 000t自航自卸船等一批中小型标准船舶。该项目鉴定意见认为，中小型标准船具有经济、多用途、江海联运、节能、操作方便、安全可靠等优点，是中小航运企业极有推广价值的理想船型。

【第三代平头涡尾船型研究通过鉴定】 由华中理工大学船舶系研制的第三代平头涡尾船型于1994年10通过鉴定。鉴定结果表明，该船型属国际首创，其稳定性和快速性均达到当前国际领先水平。华中理工大学船舶系从1988年开始研制第三代平头涡尾船型，其推进效率达0.89。根据该船型建造的内河快速运输船“伯爵”号在1993年5月正式投人试运营后，一直保持良好状态。

【中国船舶工业总公司首次制定国际标准】 1995年11月在北京召开的ISO/TC8—船舶与海上技术国际标准化技术委员会第14次会议上决定，由中国船舶工业总公司负责制定《散货船修理质量标准》，这是该公司负责制定的第一个国际标准。来自世界主要造船大国日本、美国、德国、挪威及中国等10个国家和国际海事组织、国际船级社联合会以及国际港口协会的27名船舶标准化专家参加了会议。中国船舶工业总公司除了负责制定《散货船修理质量标准》之外，从1995年起，该公司704所还承担ISO/TC8/S4《舾装和甲板机械》分技术委员会秘书处工作，这表明中国在国际标准化活动中起到越来越积极的作用。 （范 斌）

船舶工程建设 Ship Engineering Construction

【大连20万吨级船坞主体竣工】 1994年9月，列入国家重点建设项目的大连造船新厂20万吨级船坞工程历经两年半的艰苦施工后宣告完成。该20万吨级船坞全长365m，宽80m，深12.7m。该船坞由中国船舶工业总公司上海第九研究设计院承担设计，交通部一航局中标施工，船坞工程于1989年3月正式施工，船坞主体工程于1992年3月开始施工。在施工过程中，克服了地质结构复杂、资金、材料供应紧张等不利条件的影响，采用双排桩围堰、帷幕灌浆、高压定喷等先进施工技术，不但使工程质量好，而且也加快了工程施工进度。

【"衡山号"10万吨级浮船坞建成投产】 1994年12月18日，船舶总公司第一座10万吨级浮船坞"衡山号"在澄西船厂建成投产。该浮船坞坞长257m，型宽52m，型深18.5m，举力3万t，是中国目前坞身最长的浮船坞，它的建成投产弥补了中国修船业缺少10万吨级浮船坞的空白。该船坞由一艘26万吨级的旧油轮改建而成，仅用了一年半的时间就改建成功，节省了大量资金。该浮船坞装备先进、性能良好，采用了具有世界先进水平的自动化控制系统，不仅沉浮时间短、稳性好，还大大节省了人力。

【国内10万吨级最大修船干坞投产】 广州文冲船厂10万吨级修船坞于1995年3月8日正式建成投产。该坞是国家"八五"重点工程，是目前国内最大的修船干坞。该船坞由中国船舶工业总公司第九设计研究院设计，交通部第四航务工程局第二工程公司承建船坞的主体工程、文冲船厂建造坞机和坞门，全部工程总投资3亿元。该船坞长300m，宽62m，深11.9m，配有三台大型排水泵，能在3小时内将坞内18万多立方米的水排干，每年可承修3.5～15万吨级各类船舶60艘。该船坞设计独特，可同时并列修理两艘6万吨级巴拿马型船或3.5万吨级浅吃水船。同时，在国内首次设计建设下坞道路，以便车辆驶入坞内作业。

【10万吨级浮船坞在沪建成】 1995年9月10日，一艘10万吨级浮船坞"华东号"在崇明张网港滩涂上改建成功并顺利下滩，从此结束了上海不能进坞修理10万吨级船舶的历史。该10万吨级浮船坞是由香港华润集团华厦企业有限公司、沪东造船厂等共同投资组建的。该船坞是由一艘24万吨VLLL进行拆解改建而成，由上海船舶设计院设计，沪东造船厂承担施工建造。该船坞总长255.9m，浮箱长252.6m，坞宽53m，坞墙内宽45m，型深18.45m，最大沉深16m，抬船举力超过3万t，注排水时间仅2h。沪东造船厂首创了在滩涂改建浮船坞的先例。

海洋平台建设 Offshore Platforms Construction

【"埕岛中心一号"多功能多井采油平台下水】 1994年9月，中国首次研制的多功能多井采油平台"埕岛中心一号"生产试验平台，在青岛北海船厂自行设计制造的翻转滑道上成功下水。这是继"胜利二号"钻井平台之后该厂为胜利油田建造的第2个采油平台。该平台由胜利石油管理局钻井工艺研究院、胜利设计院与北海船厂联合设计，北海船厂造船分厂负责建造安装调试。该平台集采油、原油处理、储油、输油于一体，是专为开发浅海油区配备的新型平台。它由生产试验平台和辅助平台两部分组成，中间有一座30m长的栈桥联接，配有一整套采油流程系统及各种专用设施，可储油2 000m³。平台通过4根钢结构桩腿可升至水面以上7m；在平台不动的情况下，平台上的井位可横向移动7m，满足钻多口井的需要。

【中国第一座海上煤炭转载平台建成】 中国第一座浅海煤炭转载平台于1994年9月在江苏扬州建成，这将对中国海上物资运输方式产生重大影响。海上煤炭转载平台是用于浅海区大型运煤船过载的自航特种船舶。该平台是交通部"七五"重大科技攻关项目。它由两个长85.4m、宽8.3m的船体，通过3道强力龙门架连接成一个27m宽的整体平台。该平台双机双桨推进，排水量3 520t，航速7kn，续航力48h，自持力15昼夜。平台具有3 000kW电站以及发电功能，配备两套由25号抓斗卸煤机、给料机、输送皮带和装船机组成的独立的煤炭转载系统，设计年转载煤炭200万t。该平台的建成，不仅填补了国内空白，也成为世界上第四艘同类型的平台。

（范 斌）

滨 海 旅 游 业
Coastal Tourism

【综述】 1993～1995 年，中国旅游业发展较快，1994 年提前完成“八五”计划，1995 年再次全面超额完成全年工作计划，来华旅游入境人数和旅游外汇收入两项主要经济指标分别居世界第 9 位和第 10 位，均较 1994 年向前进了一位。在此期间，滨海旅游业也有很大的发展，在海洋各产业中，滨海旅游业已成为第三收入大户。1993～1995 年，滨海旅游业总产值分别为 138.34 亿元、321.6 亿元和 364.76 亿元(其中 1995 年的增加值为 160.26 亿

表 1 1993～1995 年沿海主要城市接待的海外旅游者情况

城市名称	1993 年总计			1994 年总计			1995 年总计		
	人数(人)	人天数(人天)	平均停留(天)	人数(人)	人天数(人天)	平均停留(天)	人数(人)	人天数(人天)	平均停留(天)
天津	109 358	579 597	5.30	167 947	713 344	4.25	200 629	801 492	3.99
秦皇岛	17 146	41 150	2.40	21 269	47 738	2.24	26 322	68 719	2.61
大连	108 551	477 624	4.40	118 582	581 052	4.90	131 118	669 987	5.11
上海	1 248 421	3 495 579	2.80	1 321 824	4 893 299	3.70	1 367 850	5 210 343	3.81
南通	19 482	56 498	2.90	23 912	72 443	3.03	29 556	100 342	3.39
连云港	3 891	17 120	4.40	3 923	14 641	3.73	4 488	18 290	4.08
杭州	459 620	965 202	2.10	410 202	835 809	2.04	441 262	910 058	2.06
宁波	66 000	105 600	1.60	73 207	129 418	1.77	80 538	141 762	1.76
温州	16 338	45 746	2.80	23 575	51 423	2.18	22 923	85 586	3.73
福州	162 741	569 594	3.50	129 680	438 399	3.38	127 669	426 731	3.34
厦门	276 371	1 022 573	3.70	230 445	733 696	3.18	254 409	1 365 622	5.37
泉州	291 716	1 721 124	5.90	308 694	2 896 500	9.38	348 153	1 259 469	3.62
漳州	15 531	35 721	2.30	29 189	153 309	5.25	24 745	134 583	5.44
青岛	94 284	282 852	3.00	124 290	407 584	3.28	173 314	610 666	3.52
烟台	19 514	37 077	1.90	24 052	56 236	2.34	51 302	264 228	5.15
威海	36 936	54 981	1.49	70 344	102 271	1.45	82 094	140 047	1.71
广州	1 869 685	3 178 465	1.70	2 030 815	4 269 045	2.10	2 080 106	4 448 270	2.14
深圳	1 690 272	2 704 435	1.60	1 863 908	2 610 702	1.40	2 219 139	3 331 729	1.50
珠海	435 830	610 162	1.40	418 941	564 735	1.35	421 732	640 514	1.52
汕头	182 536	401 579	2.20	129 270	277 936	2.15	114 565	246 482	2.15
湛江	33 161	6 322	2.00	18 875	53 006	2.81	13 462	33 702	2.50
中山	319 306	465 308	1.46	297 684	423 265	1.42	274 338	454 225	1.66
北海	4 615	10 615	2.30	5 942	12 358	2.08	5 075	13 181	2.60
海口	127 083	228 749	1.80	126 984	221 540	1.74	187 351	405 534	2.16
三亚	43 635	65 453	1.50	44 576	66 135	1.48	49 220	75 242	1.53

表 2 1993～1995 年沿海主要城市旅游外汇收入

单位：万美元

年 份	1993	1994	1995
合 计	242 714	378 400*	433 088
天 津	6 515	10 529	13 275
唐 山	12	535	—
秦皇岛	227	460	749
大 连	9 156	11 508	13 028
丹 东	92	539	582
锦 州	25	104	81
营 口	44	125	154
盘 锦	2	30	25
锦 西	6	38	44
上 海	79 557	85 000	93 942
南 通	479	942	1 114
连云港	238	359	238
盐 城	12	70	—
杭 州	8 073	11 852	14 519
宁 波	1 281	1 833	2 127
温 州	327	713	1 360
嘉 兴	81	509	591
绍 兴	71	732	1 075
舟 山	267	1 319	1 958
福 州	4 863	—	5 594
厦 门	8 065	—	17 903
莆 田	366	—	—
泉 州	2 020	—	16 512
漳 州	184	—	1 764
宁 德	4	—	—
青 岛	4 948	—	9 227
烟 台	341	—	1 629
潍 坊	101	—	217
威 海	489	—	1 139
东 营	4	—	—
广 州	41 703	68 500	85 215
深 圳	39 520	68 069	85 813
珠 海	14 850	23 000	24 392
汕 头	4 658	7 766	7 923
佛 山	2 318	5 723	—
江 门	2 048	5 747	6 128
湛 江	511	738	766
茂 名	18	108	144
惠 州	389	2 008	2 250
汕 尾	—	—	239
阳 江	7	70	72
东 莞	507	5 400	5 865
中 山	2 191	5 350	5 769
潮 州	—	—	1 005
揭 阳	—	—	574
北 海	81	—	170
海 口	5 838	—	6 857
三 亚	225	—	1 059

* 1994 年合计数中福建、山东、广西、海南资料为估算值。

元)，从业人员为 41.77 万人、33.51 万人和 41.77 万人。滨海旅游城市在中国旅游业中占据着重要的地位。1994 年和 1995 年滨海旅游城市的国际旅游外汇收入和接待海外旅游者人数排列在全国前 15 位的城市是上海、深圳、广州、珠海、厦门、泉州、杭州、天津、大连、青岛等 10 座城市。

国内旅游发展明显加快，1995 年全国国内旅游人数和旅游收入分别比 1994 年增长 20.0%和 34.4%。国内旅游已经成为中国旅游业发展的新增长点。从 1994 年实施“五天半”工时制到 1995 年实施“双休日”，使以大中城市为中心的周边旅游活动得到迅速的发展，海滨、海岛成为人们周末休闲渡假旅游的目的地之一。

海外旅游促销工作主要围绕“’94 文物古迹游”和“’95民俗风情游”为主题展开，与“’95 山水风光游”形成了完整的观光型产品系列。

“旅行社质量保证金制度”的实施、“关于加强旅游区环境保护工作的通知”的颁发、创建和评选“中国优秀旅游城市”工作的启动，使旅游行业管理工作进一步深化，促进了旅游环境质量进一步改善。

【“’94 中国文物古迹游”大型旅游年活动】 1994 年，国家旅游局和国家文物局联合举办了“’94 中国文物古迹游”主题旅游年活动。共推出 14 条旅游路线：孔子周游列国线、秦始皇东巡线、三国战略线、唐僧取经线、文成公主进藏线、鉴真和尚东渡线、穆斯林古迹线、成吉思汗转战线、唐诗宋词碑记线、马可·波罗游中国线、徐霞客旅游线、李自成进京线、乾隆皇帝南巡线和末代皇帝出京线。1994 年 1 月 1 日在北京故宫举办了大型仿古朝政和宫廷活动仪式，拉开了“’94.中国文物古迹游”的序幕。沿海各地也举行了各种活动，吸引了大量中外游客。

·辽宁省·辽宁省旅游部门与文化部门共同组织举办了一系列有关辽宁文物古迹的旅游活动和旅游路线：沈阳仿古旅游活动——冬季皇家冰上趣游、宫廷祭祀、皇陵祭祖等旅游活动项目；大连旅游文化娱乐交流——赏槐会仿古民俗活动、国际服装节中华历代服饰展览、甲午战争百年纪念等活动项目；鞍山大佛节和千山庙会；丹东凤凰山会和长城游；锦西兴城海会和九门口长城会、朝阳红山文物展、阜新查海文物展等。“中华 5 000 年文明古迹游”——阜新查海玉龙文化、朝阳红山人类文明起源文化；“辽西古迹游”——锦西秦始皇碣石宫、九门口长城、兴城古城、锦州义县万佛堂石窑、奉国寺、北镇庙与康熙乾隆皇帝东巡遗迹；“清前史迹游”——沈阳故宫、福陵、昭陵和抚顺新宾永陵等；“万里长城线”——丹东虎山万里长城起点——锦西九门口；“末代皇帝旅游线”；“大连近代战争史迹游”等旅游路线。

·山东省·“’94 山东文物古迹游”共推出 10 条旅游路线：孔子周游列国线、秦始皇东巡线、徐霞客旅游线、乾隆皇帝南巡线、拉蒂·慕之路、水浒之旅、孔子家乡修学旅游、徐福故里游、山东道教之旅、古代碑刻书法之旅。同时在济南举办了山东文物精品展；在曲阜举办了孔子周游列首游式、’94 国际孔子文化节和孔子国际儒学研讨会；在泰山举办山东书法文物展；在淄博市举办春秋后李车马博物馆开馆仪式；在烟台举办徐福东渡首游式等一系列丰富多采的旅游活动。

·浙江省·“’94浙江文物古迹游”推出了两条新的旅游路线：浙江古文化旅游线和浙南山水风情游。杭州市依托良渚文化博物馆，推出介绍良渚文化、吴越文化、南宋文化的“江南文化博古游”。在吴昌硕诞辰150周年，举办中国书法旅游和馆藏书画展、中日书法(画)交流活动。各博物馆举办仿古制品展卖活动。宁波市借助国家历史文化名城的优势，推出由“宁波—梁祝文化公园—河姆渡遗址博物馆—上林青瓷越窑遗址—保国寺”组成的“宁波历史文化名城怀古游”。同时在余姚河姆渡文化遗址博物馆举办文物古迹资源考察恳谈会和推出了由7 000年历史的河姆渡文化遗址、北宋古建筑保国寺、镇海海防遗址、全国最古老的藏书楼天一阁等文物保护单位构成的“宁波文物古迹旅游线”。

·福建省·福建省充分利用“’94中国文物古游”主题旅游年的宣传，结合福建与台湾隔海相望的地理区位优势和与台湾在血缘、宗缘等方面的亲缘特点，以及福建在沿海对外经济、贸易、社会、文化交流中具有历史传统优势的特点，成功地举办了几项具有轰动效应的旅游促销活动。包括“’94妈祖文化旅游节”、“’94中国福建伊斯兰文物古迹游”和“空海大师赤岸登陆古迹游暨纪念堂落成庆典活动”。并推出10条旅游专线：妈祖出海游、朱熹讲学游、海上丝绸之路旅游线、徐霞客入闽旅游线、马可·波罗入闽旅游线、空海入唐(闽)线、唐诗宋词碑记线、郑成功光复台湾线、千年古刹旅游线和客家入闽线。

·秦皇岛·在山海关举办了“山海关长城节”大型旅游促销活动。

【“’95中国民俗风情游”大型旅游年活动】 “’95中国民俗风情游”将全国划分为7个民俗风情区域：北方风情卷、中原民俗画廊、大漠丝路情怀、江南水乡风物集锦、西南民族风情、一江两湖漫游和南国风景窗，同时以定时定点的旅游产品形式组织举办了海南国际椰子节、潍坊国际风筝会、曲阜国际孔子文化节等多项旅游精典节庆活动。北京、上海、杭州、无锡、扬州、成都、广州、桂林等城市与全国侨联、中央电视台共同举办了“天涯共此时——海内外同胞欢度中秋”大型游乐活动；在上海举办’95中国民俗风情游民族服饰展销、演示活动等十余项大型旅游节庆活动和民俗风情游饮食文化周活动。

沿海各省、市凭借本地海洋旅游资源特色，在“’95中国民俗风情游”中分别举办了富有地方传统文化色彩的民俗风情旅游活动。

·山东省·推出一系列集民俗 、古风、风光和参与于一体的多项专项旅游产品。有鲁中农家民俗游、胶东海滨渔家风情游、孔孟故里民俗遗风游、山东民间工艺观赏游、鲁菜美食游、运河怀古游、春节风情游、元宵节风情游、民间舞蹈观赏游、地方戏曲欣赏游等专项旅游活动。

·浙江省·在“’95中国民俗风情游”中浙江省以滨海城市为依托组织十大旅游节庆活动。在杭州举办了’95浙江净慈寺迎新吉祥钟声活动、探梅访古迎新、杭州中日传统文化节、杭州西湖国际游船节、徐福东渡节，在绍兴举办了兰亭国际书法节、祭禹活动，在海盐举办了“’95中国国际钱江观潮节”。此外在兰溪举办了黄大仙故里风情节。宁波市围绕本地旅游资源特色和土特产品推出了5台重戏：民俗节庆观光游、名城名胜购物节、“邱二村农家乐”活动、古风古貌鉴赏游、奉化国际龙舟赛暨经贸会。

·福建省·“’95福建畲族风情旅游”在宁德市举行。海外十几个国家和地区的旅游客商以及浙皖粤赣等十几个省市的畲族宗亲近3万人参加了活动。全省推出8条民俗风情旅游专线：畲族风情游、客家风情游、闽南风情游、古越族风情游、茶乡风情游、闽东风情游、伊斯兰风情游和妈祖故里风情游。

·辽宁省·辽宁省“’95民俗风情游”以大连为龙头，举办了大连赏槐会、国际服装节和国际马拉松比赛。在沈阳举办国际民间舞踏节、鞍山千山大佛节、丹东杜鹃花会和葫芦岛兴城海会等7项成熟的旅游节庆活动。

·上海·在上海老城隍庙豫园旅游商城天裕楼博览厅举办了“’95上海豫园旅游文化纪念品博览会”。“上海黄浦旅游节”是上海市唯一的国家级旅游节庆活动，集购物、游乐、美食、观光、文化等于一体，是上海向海内外展示海派旅游魅力和申城情景风采的大型旅游节庆项目。

·广州·在“’95民俗风情游”大型旅游活动中，由国家旅游局和广东欢乐节组委会联合举办了“’95中国旅游艺术节暨广东欢乐节”。

【旅行社质量保证金制度】 1995年1月1日，国家旅游局颁布了国家旅游局第2号令“旅行社质量保证金暂行规定”和第3号令“旅行社质量保证金暂行规定实施细则”，并从宣布即日起在全国旅行社行业实行质量保证金制度。旅游行政管理部门分级设立旅游质量监督管理所。负责全面受理投诉和旅行社质量保证金赔偿事件的办理及协助旅游行业管理部门开展旅游市场的检查工作。从7月1日起，各级旅游质量监督管理所正式挂牌运行。在“中国旅游报”上公布了已缴纳质量保证金的一、二类旅行社名单。国家旅游局第4号令“旅行社质量保证金赔偿暂行办法”从即日实行。此后国家旅游局又陆续颁发了“全国旅游质量监督管理所机构组织与管理暂行办法”和“旅行社质量保证金财务管理暂行办法”等文件。

自旅行社质量保证金制度正式实施以来，全国各级旅游质量监督管理所共接到投诉1 240多件、受理案件达90%以上，理赔资金约180万元。旅行社质量保证金制度标志着旅游质量管理工作步入法制化的轨道。

【关于加强旅游区环境保护工作的通知】 1995年，国家环保局、国家旅游局、建设部、林业部和国家文物局联合颁发了“关于加强旅游区环境保护工作的通知”。“通知”按照现行管理体制，提出“谁主管、谁负责”的环境保护工作管理原则和在旅游区实行开发建设与环境保护协调同步的方针；“通知”要求加强对旅游区环境质量的研究和管理；开发建设项目应遵守环境保护规定和生态影响评价技术规定；加强旅游区内的环境基础设施建设和旅游生态环境建设；加强对旅游区的自然保护工作和环境卫生及文物古迹的监督管理；建立、健全环境保护管理机构；广开渠道筹措污染防治资金；积极开展环境保护宣传教育与培训工作等9项工作。

【创建和评选“中国优秀旅游城市”活动】 为了不断推动全国旅游业的高质量创优工作，努力建设一个良好的旅游环境，提高旅游城市的总体接待水平和服务质量，国家旅游局决定从1995年起开展创建“中国优秀旅游城市”活动。第一届“中国优秀旅游城市”的评选范围是接待海内外旅游者较多、影响较大的城市。参与评选的城市，要求每年接待海外旅游者5万人次以上、国内旅游者50万人次以上，或拥有’97中国旅游年推出的35个中国旅游王牌景点的城市。

目前由各省、自治区旅游局推荐的滨海旅游城市有16个：大连、天津、威海、秦皇岛、杭州、宁波、泉州、青岛、烟台、广州、深圳、珠海、海口、三亚、北海和防城港。

（李　亮）

（上接77页） **加碘盐项目** 1995年2月25日国家计委批准中国加碘盐工程项目的总体可行性报告，批准的项目总规模为食盐加碘能力818万t/年。总资金9.8亿元人民币，其中：世界银行贷款2 700万美元，央行贷款1.9亿元，碘盐基金1.9亿元，其余为地方自筹。食盐加碘工程的主要设备由加碘和包装两类设备组成。加碘设备通过一年多的科研开发，基本定型，该项目将采用117套加碘机，形成818万t的食盐加碘能力。

包装设备分为大包装和小包装两种。其中，50kg规格的大包装机将引进12台，国产机37台，形成350万t的包装能力。0.5～1.0kg规格的小包装机将引进130台立式包装机，同时引进制造技术生产120台消化吸收小包装机，还将引进2台0.5kg规格的纸盒包装机；另外还将采用国内的立式小包装机350台，合计能力308万t。上述设备的采购全部采用国际、国内竞争性招标的办法，节省了一定的资金，确保了加碘盐的包装质量，同时也确保了设备的机械性能。机型实现了系统化，有利于维修和更新换代。

国内培训 1995年，全国制定了5 295人的国内培训计划。其中，国家级培训1 095人，由地方五个培训中心共举办25个培训班，完成了全部培训任务，国家级的培训为省级培训提供了教材和培训了师资，推动了加碘盐项目的开展。省、企业培训了4 200人。

国际支持 中国加碘盐工程得到了联合国国际组织的支持，主要支持者有联合国儿童基金会、工业发展组织、世界卫生组织、开发计划署、世界银行等国际组织。国际组织的支持主要体现在培训工作、信息网络建立、专家咨询等项工作。

（任长安）

表4　碘盐生产、销售情况表

（单位：万t）

年份	1993	1994	1995
销食盐	842	655	665
销碘盐	330	363	522
碘盐/食盐(%)	39.1%	55.3%	78.4%
加碘浓度	$(20\sim50)\times10^{-6}$ KIO_3		$(40\sim50)\times10^{-6}I^-$
碘盐合格率	—	—	71.78%*

* 此为盐业部门抽检盐厂、销售企业的数据；卫生部门抽检为50%。

其他海洋产业
Other Marine Industries

海洋滩涂围垦
Enclosing Tideland for Cultivation

海南 海南省滩涂围垦是在潮间带上进行围填开发的特殊的海域使用方式，其审批、管理严格按照海域使用的审批管理制度。1993～1995年，海南省经济快速发展，滩涂围垦为缓解土地紧张、开拓新的经济开发模式起了很重要的作用。三年全省共围填滩涂3 605.92hm²。在区域上呈现东部开发较热、西部开发较慢的特点；开发方式上表现出经济政策调控下市场经济为导向的特点；在规模上反映出资金分散而形成的小规模、项目多、开发程度不深的特点；在管理上逐步从无序状态不断走向合理有序、制度健全的管理。其开发利用有5种方式：护岸堤建设、绿化用地、码头建设、房地产开发和海水养殖。

海南省所处的地理位置使之经常遭受风暴潮的袭击，护岸堤建设作为一种岸滩防护工程是非常必要的防护手段。围填面积为1993年313.66hm²，1994年6.59hm²，占滩涂围垦的8.88%。1993年三亚市在三亚湾围填0.5hm²滩涂进行绿化，1993～1995年海口市在沿海一带先后围填320hm²建设万绿园和滨海公园等设施，给公众提供优美的休闲娱乐场地。

海南省四周环海，岛屿港湾众多。数量多规模小的码头提供了便捷的海上交通和渔船停靠设施。1993～1995年，随着码头数量的渐趋饱和，其建设规模逐年下降，1993年17.53hm²，1994年10.63hm²，1995年3.29hm²。占滩涂围垦总量的71%。

海洋渔业是海南省农业经济的主要组成部分，随着捕捞向养殖业发展，滩涂围垦的海水养殖发展迅速。围填建虾池和养殖基地的企业大规模海水围垦养殖与个体渔民的养殖同步发展。1993年围垦775hm²，1994年围垦1 025hm²，1995年围垦1 136hm²，共计2 936hm²，占滩涂围垦总量的81.42%，是滩涂围垦的主要开发方式。

（熊仕林）

广西 广西海岸曲折、地势相对平缓，以泥沙、淤泥海滩为主。1993～1995年，广西沿海地区围海造地又一次大范围、高频率地出现在广西的海岛、海岸带沿岸，围海造地的用途与60和70年代的围垦有很大不同，已不再是用于种植业，而是主要进行港口、码头、旅游和房地产开发。据不完全统计，3年来共围海造地180km²以上，且有多项围海造地工程仍在进行中或即将进行。

（刘　斌）

广东 1.滩涂资源概况

广东海洋滩涂资源面积有2 042km²，其中珠江口以东（粤东）为156.8km²，占全省滩涂面积8%；珠江口为505.2km²，占24%；珠江口以西（粤西）为1380.5km²，占68%。滩涂面积大于100km²的市、县共计7个：湛江市及辖区（335.7km²）、雷州市（229.4km²）、徐闻县（197.4km²）、台山市（170.7km²）、珠海市（157.6km²）、阳江市（含阳东、阳西县）（130.6km²）、遂溪县（128.8km²）。主要分布在珠江口两岸、漠阳江河口、雷州湾及韩江河口区。由于河口区不断淤长，新增面积每年约600hm²。

广东潮间带滩涂有多种类型：岩礁、砾石滩、泥滩、沙滩、红树林滩，东沙群岛还有珊瑚滩等。

2.滩涂围垦情况

从1949～1990年40多年间，共围垦海涂面积约12万hm²，集中于珠江口番禺、中山、珠海，磨刀门口的斗门、新会，广海湾的烽火角，镇海湾的海晏，漠阳江口，雷州市的东里，九洲江口以及韩江三角洲的澄海、饶平、潮阳，主要用于扩大农田面积。由于各垦区的自然条件差异较大，围垦措施不尽合理，致使围垦的成田率不高，过分强调扩大农田的需要，围垦对海水养殖、海水晒盐、港口航道的影响重视不够，造成一些不利的影响。据调查，围垦后经济效益很好的约1/3，经济效益一般的约1/3，经济效益差、遗留问题较多的也是1/3。在70年代中期，基本上是过早围垦，近年来又出现一个极端即超标围垦，影响上游排洪内涝。80～90年代，围垦速度放慢，基本上围垦集中于珠江口的番禺、中山、珠海，磨刀门口的斗门、珠海，崖门口的斗门、新会、台山。城市经济建设用地矛盾十分突出，填海造地、围垦用地已由农业转向工业用地。

3.滩涂的开发利用状况

随着社会主义市场经济的发展，原来十分粗放的海水养殖，“八五”期间逐步改造为精养的虾池、鱼池、蟹池，加高加固堤围，改善围内排灌设施，建成有一定规模的海水养殖基地。过早围垦的澄饶联围（48.6km²）、龙营围（12km²），因势利导，综合开发，改造为汕头的综合水产养殖基地和廉江万亩对虾养殖基地。雷州市南渡河口的东里，经过加高加固堤围，完备排灌系统，成为雷州湾最大的水产养殖基地之一。

进入90年代的围垦，已从农业用地、渔业用地、盐业用地走向为港口、工业用地等多种类型。特别是作为港口、城市工业围垦（填海造地）用地，来势很猛，从80年代末到“八五”期间，一直没有停止，已经动工填海造地的有：南澳岛后江湾、柘林湾的三百门、大亚湾海岛联港开发、大鹏湾盐田、伶仃洋东岸、伶仃洋西岸、万山群岛海区、横琴岛、珠海西区、台山海晏、东海岛北岸、阳江的吉树港等。按规划到2010年，广东省港口、工业填海造地达260km²。

广东省丰富的海沙滩资源，已成为重要的填海浴场旅游基地，90年代初起步建设，到“八五”末期已上规模的有：南澳岛青澳湾、大亚湾的霞冲、碧甲、大鹏湾的大小梅沙、上川岛飞沙滩、下川岛王府洲、海陵岛的大角咀、十里艮滩、东海岛龙海天海滨浴场、南三岛的艮滩海滨浴场等。 （徐国旋）

福建 福建省人多地少，粮食不足问题突出，但滩涂资源丰富，滩涂地势平坦，土质肥沃。到1995年底，全省已建成大小围垦工程931处，总面积123.67万亩[注：1亩＝0.0667公顷(hm^2)，下同]，形成可垦地105.11万亩，水域面积18.57万亩。目前，可垦地已开发利用95.26万亩，利用率为90.6%，水面已利用69.83%，目前垦区内已利用水域和土地面积占围垦总面积的87.5%，其中种植面积53.75万亩，养殖面积15.97万亩，盐田面积11.632万亩，修建地面淡水库0.58万亩，垦区内林、路、渠和建设用地13.33万亩。全省已建成的围垦工程中，围垦面积最大(4.13万亩)的是连江大官坂围垦工程；最大的排洪流量(2 400m^3/s)是罗源送山围垦工程；软淤层厚最深(17.4m)建堤的是福清过桥山围垦工程，海堤合拢口冲刷最深(－24.3m)的是莆田后海围垦工程。

（王伯仓）

浙江 浙江省地少人多，历来十分重视海涂围垦工作。省政府为加强围垦工作，设置了副厅级的省围垦局，并于1993年发布了“关于建立造地专项基金制度的通知”[浙政发(1993)251号]，省财政、土地管理、围垦等3个厅、局制订了“造地专项基金实施办法”。至1995年底，全省已下达造地专项基金5 100万元，有力地支持了围涂造地建设。

1993～1995年，浙江省的海涂围垦取得了良好的成果，全省合计围涂55.10km^2(8.26万亩)，全部得到了及时的开发利用。3年间，在历年围成的土地上，共生产了粮、棉、油、水果及水产品等约300多万t，直接产值约50多亿元；垦区的乡镇企业、工业产值达300多亿元。

浙江省新围海涂的农业综合开发近年来也有很大的发展。浙江省农科院土壤肥料所、浙江农业大学土壤化学系等单位在上虞新围垦区进行大面积(6 000亩)的农业综合开发实验的结果表明，通过4～5年的综合治理，不仅生态环境获得了改善，主作物棉花的皮棉亩产可达100kg左右，单位面积产量可较内地棉区高出80%以上，产投比可达到2以上。 （范延恺）

上海市 1993～1995年，上海市共完成滩涂围垦4万亩，其中1993年为7 100亩，1994年21 600亩，1995年为11 600亩。滩涂围垦以崇明县最多，南汇县和奉贤县次之，金山县、宝山区和浦东新区滩地资源较少，但也有少量滩涂围垦。从围垦土地的利用来看，近几年来趋向于多功能、高效益方向发展，更侧重于市政建设、工业、旅游用地，已在筹建的浦东新机场就将围垦利用17 000亩滩涂。另外，1995年南汇县在芦潮港实施一项大规模沿海滩涂围垦和建造人工半岛的计划，设想分三个阶段实行，第一阶段固滩围地，在南汇嘴头向南筑丁坝到0米线(已开工)，然后向东筑顺坝到－5米线(约4km)；第二阶段，筑南汇嘴向大戢山方向长潜导堤，拦矩长江泥沙；最后潜堤从岸边向海分段加高成出水导堤，堤北淤积成陆，形成新的岸线，建成人工半岛，可获得数十万亩土地。

（胡 辉 谢以群 沈焕庭）

江苏 江苏省现有沿海滩涂6 521km^2，由潮上带、潮间带和辐射沙洲三部分组成，占全国滩涂面积的25%。第一部分潮上带，共有面积2 613km^2，占滩涂总面积的40%，一般高潮位已不上潮，基本具备围垦条件。目前已围1 947km^2，占滩涂总面积的30%。第二部分潮间带，面积约2 661km^2，占滩涂总面积的41%。第三部分辐射沙洲，面积约1 247km^2，占滩涂面积的19%。

沿海滩涂已建立了35个乡镇和2 600多个企业，初步建成粮棉、林果、畜牧、对虾、鳗鱼、文蛤、紫菜、盐业、芦苇等具有滩涂特色的、多产业的商品生产和出口创汇基地。

表1 江苏省沿海滩涂开发利用情况(截止1995年)

单位：km^2

滩涂总面积	已利用总面积			
		养殖用总面积	种植用总面积	其他用面积
6 521	2 613	838	307	1 468

表2 1994年江苏省滩涂开发生产情况

单位：t，万元

社会总产值				产量					各项税收
合计	工业	农业	其他	粮食	棉花	淡水鱼	紫菜(干品)	贝类	
787 325	378 147	356 138	53 040	182 642	8 017	29 925	5 013	50 986	17 239

（姜农支）

山东 山东沿海滩涂广阔，滩涂总面积32.2万hm^2，0～10m深的浅海水域约82.0万hm^2，已围垦开发利用的滩涂面积近12.0万hm^2。滩涂资源丰富，主要经济动物有蛤仔、文蛤、四角蛤蜊、毛蚶、泥蚶、牡蛎、中国蛤蚶、青蛤、缢蛏、斑玉螺、脉红螺、扁玉螺等。其中莱州湾毛蚶资源因开发过度已显著减少;丁字湾的泥蚶因环境恶化而出现危机。目前滩涂开发海水养殖的品种主要有对虾、滩涂贝类(包括杂色蛤、文蛤、缢蛏、牡蛎、泥蚶等)和少面积的池塘养鱼。对虾养殖面积最多时达5.4万hm^2,但是近几年养殖对虾连年暴发疾病,发病急,死亡快,损失惨重,严重挫伤了虾农的积极性,对虾养殖的面积和产量急剧下滑。1993年对虾养殖面积4.227万hm^2,产量2.3万t;1994年养殖面积4.381万hm^2,产量1.46万t;1995年养殖4.17万hm^2,产量1.47万t。养殖区域主要分布在烟台、威海、潍坊及黄河口地区。贝类养殖由于市场看好,育苗养殖技术得到突破,已由过去单纯的捕捞发展为护养、滩养、池塘混养、池塘精养等多种养殖方式。1993年贝类养殖面积6.263万hm^2,产量96万t;1994年养殖面积7.42万hm^2,产量106.6万t;1995年养殖面积7.256万hm^2,产量126.1万t。养殖区域主要分布在威海及黄河口地区。

山东沿海适宜晒盐的滩地分布广阔,特别是滨州地区及潍北沿海。前者潮滩最宽处长达20km,后者潮滩与滨海平原联成一片。两地区气候干燥,年蒸发量达1 750～2 430mm,降水量不到560mm,日照时数达2 600～2 800小时。丰富的地下卤水资源是山东省重要的海洋资源,地下卤水分布面积达1 794km^2,最大埋深80m,浓度为海水的3～6倍,总储量达74亿m^3。1993年盐田面积11.529万hm^2,产量707.2万t;1994年盐田面积11.558万hm^2,产量663.8万t;1995年盐田面积11.867万hm^2,产量516.5万t。 (王继业)

河北 河北省沿海滩涂面积1 167.9km^2,其中泥质底质825.8km^2,泥沙质底质311km^2,砂质底质28.4km^2,岩礁底质2.7km^2。潮间带生物163种,具有经济价值的有7种,为四角蛤蜊、文蛤、青蛤、大连湾牡蛎、光滑蓝蛤、彩虹明樱蛤和托氏帽螺。目前尚未进行滩涂围垦。滩涂开发利用情况是:滩涂养殖利用59万亩,盐田利用116.21万亩,港口、浴场、疗养院、保护区,公园等也占去了部分滩涂。 (河北省海洋局)

海水综合利用与淡化技术
Technologies for Seawater Multipurpose Use and Desalination

【高性能膜材料及其应用研究】 国家"八五"科技攻关计划85—10—04课题"高性能膜材料及其应用研究",下设7个专题,经全体人员近5年的刻苦攻关,全面达到了合同要求的指标,使中国液体分离膜技术有了较大的进展和突破,取得了长足的进步。

01专题为反渗透复合膜研制。该专题在复合膜用支撑膜和超簿层的制备技术、复合膜全套工业性制造设备的设计方面取得了重要突破,获得了反渗透复合膜制备技术的全套硬件和软件,所成膜性能在1.0～1.5MPa压力下,对500mg/L进料,脱盐率达94%±1%,水通量4±1mL/cm^2·h。该成果为国内首创,为复合膜技术进一步提高奠定了良好基础。

02专题为中、高盐度苦咸水淡化用膜和组器研制及应用。该专题完成了Φ150mm中、高盐度苦咸水淡化用中空纤维组件和相应的小型淡化装置的研制,组件定型为HRC—H—150型,在进料为25 000mg/LNaCl、操作压力5.0MPa、水温25℃和回收率30%的条件下,组件产水量4.2m^3/d,脱盐率不小于99%;装置产水量14m^3/d,脱盐率不小于98%。该组件和装置的研制属国内首创,为高盐度营咸水淡化提供了所必须的设备,为进一步进行海水淡化打下良好的基础。

03专题为高性能超滤和微滤膜及组器研制,主要解决耐温耐溶剂、低分子量截留等问题。该专题开发了多种新型膜和组器,主要有拉伸聚乙烯中空纤维微孔滤膜(孔径0.1μm)和组器;尼龙6、PAN和PVDF三种微孔滤膜(孔径0.15～0.45μm)及相应的褶筒式滤芯;切割分子量为1 000～5 000的耐温中空纤维超滤膜和组件以及相同切割分子量范围的卷式超滤膜及其组件等。这些膜和组件的研制成功,提高了处理效果,将产生极大的经济和社会效益。

04专题为膜技术在医药卫生高纯水系统中的开发应用研究,分别在北京协和医院和繁昌制药厂进行,与相应的多效蒸馏水机进行并列运行比较,两地均采用二级反渗透的工艺路线。经运行考核,该系统出水水质完全符合中国药典(1995年版)和美国药典(23版)指标要求,比多效蒸馏法节能75%、节水50%。该项研究进一步扩大了膜技术在医药卫生系统中的应用,为膜法制备注射用水被药典早日认可打下了坚实的基础。

05专题为膜技术在改造传统生产工艺中的应用研究,由膜技术在油田注水中工业性示范试验和在啤酒工业中应用研究两部分组成。油田注水精细处理用膜元件达到美国瑟克贝克公司同类元件水平,用替代膜元件(流量105m^3/h)的油田注入示范装置出水符合注水要求;研制的啤酒专用膜元件及工业示范表明在降低浊度、除酵母和除菌方面达到进口膜的水平。这些开发为微滤技术在这两个领域的推广应用创造了良好条件。

06专题为膜在工业技术系统工程中的研究,并在国家液体分离膜工程中心进行了验收。该专题完成使工程中心具备承担国家科技攻关和其他国家重大科技项目的科研能力,具备产出大型项目设计软件、配套技术和示范工程的能力,具备年产值1 000万元以上的中试生产能力,膜技术产品达80年代国际水平,部分达国外90年代先进水平。该专题的完成为工程中心的进一步发展奠定了良好基础。

07专题为聚丙烯中空纤维装置回收含氨废水中氨的研究,经在齐鲁石化近半年的现场试验,证实了该过程的可行性,为进一步扩大试验创造了一定的条件。

(高从堦)

【聚丙烯中空纤维膜】 浙江大学以聚丙烯为原料,采用"应力场结晶"新技术,不需溶剂和添加剂,通过热处理拉伸和定型后制得了中空纤维膜,这使中国继美国、日本和德国之后成为世界上第4个拥有此制备技术的国家。该膜具有化学稳定性好及价格便宜等优点，用该纤维膜开发的系列中空纤维膜式水净化装置，可用于家用净水器、饮料和食品行业水净化及化工分离等领域，已取得了明显的经济和社会效益。（鲁学仁）

【反渗透法制取纯净水】 国家海洋局杭州水处理中心，1995年底已全面完成了国家“八五”科技攻关项目，CA和CTA膜、中空纤维式组器性能有较大提高，在制备纯水、锅炉补给水以及苦咸水淡化等方面得到了普及应用。目前在电子、医药和饮料行业，应用反渗透法制取纯净水已成为主要过程技术。

从1993年开始，国内市场风行喝“太空水”饮料，根据市场的需求，杭外冰处理中心开发出新一代制备纯净水的二级反渗透装置，并形成产水量为0.5～30t/h的系列机组。主要工艺过程为原水过滤→活性炭→软化→精滤→一级反渗透→二级反渗透→臭氧消毒→微孔过滤→流水线装瓶。该工艺的突出特点是革除了离子交换除盐系统，不需酸碱再生，防止了对环境的污染，并可将自然水一次连续流程制备成国家标准纯净水，总除盐率99%以上，水质可达10μs/cm以下，口感极好，打开了国内市场，填补了中国制取太空水设备的空白。（陈培祺）

【中空纤维超滤膜及超滤装置】 超滤是一项以分子或粒子大小为基础的分离技术，在较大的溶质被截留时，小于滤膜微孔径的物质随溶剂滤出，该法操作简单无相变，能耗低、无须添加化学试剂。

超滤分离物质分子量范围为500～1 000 000dalton。国家海洋局海水淡化与综合利用研究所近年来开发的中空纤维超滤膜在食品、医药、电子、生化等行业得到了广泛应用，对水中细菌、藻类、肢体悬浮物等截留率近100%。

以该膜制成的HDZC系列超滤净水装置经北京、天津、深圳等十余省市卫生部门检测，其净化水质、细菌学指标和浊度远远优于国家饮用水标准。该装置获北京国际博览会金奖。

HDZC中空纤维超源装置可根据用户需要提供各种水通量。水通量为1～10t/h的HDZC装置现已在天津、北京、深圳、海南等地稳定运行多年，性能优良。

【家用净水器】 城市自来水的主要消毒方法是氯化杀菌。水质越差，投氯越多。美国环保专家经过调查证明饮用经过加氯处理的自来水与某些顽症发病率升高有关。世界卫生组织发现20余种肿瘤的产生与饮水有关。

国家海洋局海水淡化与综合利用研究所研制并生产的“蓝十字”家用净水器，集现行市场销售家用净水器的优点，采用当代高科技成果，辅以多种形式预处理，形成一套完整的自来水净化程序。该家用净水器系列产品的特点是：

1. 最先进的膜过滤净化技术，中空纤维膜可有效地滤除水中胶体、悬浮物、细菌、病素，提供高洁净度无菌生饮水。

2. 最先进的吸附材料——活性炭纤维；它具有高度发达的微孔结构，吸附速度快、容量高。能有效地去除水中的异味、色度、重金属、游离氯、氯代烃及其他有机物，提供深度净化水，可调节人体神经功能。

3. 采用非氯型广谱饮水消毒剂，能瞬间100%地杀死霍乱弧菌、大肠杆菌、伤寒菌、甲肝病毒、艾滋病毒等多种病菌和病毒，对人体细胞无损害。

“蓝十字”家用净水器系列产品现已进入市场，用于家庭、宾馆、医院及其他公共场所，净化性能优良。

（汤纪忠）

【卷式超滤器及装置】 国家海洋局海水淡化与综合利用研究所于1990年受天津市科学技术委员会的委托，研制系列平板超滤膜，1991年通过专家鉴定。在此基础上，该所又组织了卷式超滤器和微孔滤膜的研制与开发，目前均已形成规模生产能力。产品的外型尺寸为长1 000mm、直径100mm，截留分子量的范围为6 000、10 000、20 000、50 000、70 000、100 000 dalton，截留率高于90%。

卷式组件由膜片、原水流道网、净水流道网、多孔中心管、不锈钢管壳体、ABS工程塑料封头等部件构成。滤器的流动形式为错流过滤，由于具有薄流动腔室，导流网又兼具湍流促进器的作用，因此，运行时流体在膜表面有良好的水力学状态，能抑制流体中杂质在膜表面的沉积所造成的污染，使滤器的流量性能得到了改善。同时，卷式器还具有膜填充密度大、结构紧凑、安装方便等优点。该产品经天津市卫生防病中心测试，达到了饮用水的卫生要求，并核发了产品卫生鉴定证书。

卷式装置已在饮料行业用于矿泉水等的生产，在制药行业已成功地用于右旋糖酐等高分子量制剂的分子量分级和纯化，在化工部门已用于电子抛光液的颗粒分级和浓缩以及其他产品的纯化等工程项目，性能稳定，效果良好。（张永泰）

海洋能源开发
Ocean Engergies Development

【概况】 中国有18 000多千米海岸线，6 500多个岛屿，蕴藏着丰富的多种海洋可再生能源。中国是世界上建造潮汐电站最多的国家，最近几年在海洋波浪的研究与开发利用方面进展较快，并进入世界先进行列。“八五”后期建成中国第一个岸式波力实验基地——大万山20kW岸式波力实验电站，小麦岛8kW摆式波力实验电站，5kW浮式后弯管波力发电船等，属国家科委“八五”攻关项目。目前，世界上达到实用化、商业化的波浪能利用技术，只有用于海上导航设施的小型波力发电装置。自80年代末，交通部将海上灯浮标逐步采用波力发电作为浮标电源技术改造政策以来，在中国沿海航道和港口的灯浮标已有近200座用上了波力发电装置，1994年又在珠江口伶仃洋水道增设了一座采用波力发电系统的大型灯船——马友石灯船。国内已有三座采用波力发电的大型灯船，首先将先进的后弯管波力发电技术用于实践，得到世界航标导航界的称赞。中国科学院广州能源研究所保持着国内唯一的一支从事波浪能研究的专业队伍，先后承担了国家自然科学基金委、国家科委、中国科学院、交通部等20多个研究项目，1995年与挪威、葡萄牙签订了为期三年的合作协议，与日本合作开发的后弯管漂浮式波能装置已取得成果，并在1994年出口一套后弯管波力发电浮标到日本。“八五”期间建成的大万山岸式波力发电实验基地，为“九五”研建100kW岸式波力电站完成了技术准备。“八五”期间对具备万千瓦级开发前景的潮汐电站站址进行了可行性研究，由于一次性投资太大，尚未开工建设新的潮汐电站。江厦潮汐试验电站的堤坝加高了1m，增加了电站的出力，有意向在尚未安装机组的第六号机坑，安装新型的全贯流水轮发电机组。1994年10月国家海洋局在福建省福鼎县召开“九五”海洋能源利用发展计划研讨会，肯定了海洋能是当今世界新能源的重要组成部分，是一个持久、可再生、清洁的能源，建议“九五”期间在闽、浙两省沿海建造1～2座万千瓦级潮汐电站。

【大万山20kW岸式波力实验电站】 站址设在珠江口大万山岛的20kW岸式波力实验电站于1994年5月完成全部土建结构工程，经历了1994、1995年两年台风多次袭击，安然无恙。1995年12月完成波力发电机组的安装，1996年1月开始海上实验，达到与柴油发电机并网向用户供电的能力，是中国第一个海上波能利用试验基地。“八五”期间，该项目在原3kW振荡水柱(OWC)波能转换装置的气室基础上增设了过渡气室、破浪锤、安全阀，并将机组的安装高度升高离海平面20m，保证波力发电机组在大风浪下能安全运转。新设计的波力发电机组采用中国科学院广州能源研究所独创的矩扇形对称翼空气透平，转轮直径为1m，与中国科学院电工所研制的20kW变速恒频交流发电机直联。实海况下试验表明，在1 200～2 000r/min转速范围工作，性能匹配良好，有较高的效率，当平均波高$H_{1/10}=1.5$m，平均波周期$T=5$～6s时，平均输出电功率$N=3$～5kW，最大输出电功率$N_{max}=14.5$kW。与日本、英国、挪威等国已建成的同类型OWC岸式波力电站相比较，大万山20kW岸式波力实验电站的关键技术，例如振荡水柱气室，对称翼空气透平，以及波能转换的基础理论研究都达到国际先进水平，为“九五”期间在中国建100kW级的岸式波力电站打下了基础。该试验基地可为研究实海况下波力电站运行状况，对波浪能装置性能评价和改进设计提供重要依据。

【5kW后弯管波力发电船】 该研究项目为中国科学院广州能源研究所波能小组与日本波能专家益田善雄先生合作，在造波水池对11种模型方案进行了1 350种不同组合方案的试验，对比观察不同形状和不同质量等参数对浮体模型性能的影响，发明了收缩后伸型后弯管波力发电浮体，其波能转换最佳效率$\eta=75.8\%$，特性较为平缓。根据模型试验结果，设计制造了水上长16.6m、水下长9.2m、宽5.1m，排水量19.6t的浮体，于1996年1月锚系在珠江口桂山岛附近水面进行海上试验。从1996年1月25～27日记录到的两组数据表明，最大输出电功率为5.7kW。该装置采用矩扇形对称翼空气透平，转轮直径为0.8m，与MEF－5型无刷爪极发电机直联，输出直流电，额定电压为110V，向蓄电池充电。该装置为目前世界上装机容量最大的浮式后弯管波力发电装置。后弯管波力发电装置是80年代中期出现的一种新型的波能装置，具有效率高，建造方便，机动性强，适用范围广等优点，在边远海岛有广泛的运用前途。需要进一步研究解决的是输电问题，使大功率浮式波力发电装置实用化。

【航标灯用的波力发电装置】 “八五”期间，中国科学院组织所属电工所、上海冶金所、力学所与广州能源所合作对BD型航标灯用波力发电装置做较大的改进，研制成功的BD102A和BD104型新一代航标灯用波力发电装置，在总体结构的优化、轴密封的可靠性、透平与发电机性能的匹配、耐海水盐雾腐蚀方面都达到国际先进水平，提高了装置在海上的工作寿命，大大推进了波力发电装置产业化、商品化的进展。自1992年以来，4年内向沿海航道和港口提供了142台新一代的航标灯用波力发电装置，无一台要求返修。波力发电装置作为灯浮标理想的长效电源，就地取能，使航标灯灯光明亮稳定，大大改善了海上助航条件，减免了航标工人在海上补给更换电池等繁重而且危险的劳动。目前年产约50台，为交通部在全国沿海导航浮标推广应用的产品。1994年，一台BD104型装置首次出口到日本，可望打入国际市场，获得更大效益。

【摆式波力实验电站】 由国家海洋局海洋技术研究所“八五”期间在青岛小麦岛研建的8kW摆式波力实验电站，借助天然礁石，设计成具有喇叭口的水室，在波浪作用下，推动摆板，把波浪能转换成摆轴的正、反向旋转的机械能。该装置引入石行试验室(集团)专利技术STS三端换能器，具有全方位动态响应特性，无论输入轴正转、反转或交变旋转，高速或低速都可以通过程序控制指令，控制其能量转换，将不规范的机械能转换成规范的电能。该机构比传统的液压式或调速式机电转换结构简单，运行可靠。在小波况的实海况下试验，当波高为$H=0.3$m时，输出电功率为$N=0.916$kW，该装置的波能转换效率达到预期的效果。

【全贯流水轮发电机组】 列入国家科委“八五”攻关项目的全贯流水轮发电机组于1995年6月在广东省梅县祥兴寺低水头电站投入运行。水电站设计水头为2.8m，单机额定出力为140kW，额定转速为167r/min。3台机组总装机容量为420kW。该机型是可供潮流电站应用的新型低水头机组，用于低水头电站，比常规的轴流式水轮机或灯泡式水轮机电站投资可降低15%～20%。该项研究解决了轮缘密封等关键技术，采用的水压推动密封块，使得轮缘上下两端水压力自动平衡，改进了国外惯用的压缩空气推动密封块调节气压来保持平衡的办法。实验室模型试验表明，轮缘密封的漏水量为 0.1L/s，摩擦功率损耗为 0.3kW。该装置不足之处是，目前仅在小型低水头河川电站试验，采用的是大功率平皮带增速机构和常规的发电机。对大容量（大于 500kW）的全贯流水轮机，应该研制带轮缘的新型发电机。　（高祥帆）

海滨固体矿产资源开发
Beach Solid Mineral Resources Development

【概况】 1995 年，全国海滨砂矿总产量为 94 352t（广东 832t，海南 91 124t，广西 2 396t）。其中金红石产量为 2 101t，钛铁矿 90 116t，锆石 1 871t，独居石 264t。全国海滨砂矿保有储量为 162 244 万 t，累计探明储量 164 137.3万 t。1993～1995 年全国海滨砂矿产值分别为 0.65 亿元、0.53 亿元和 0.63 亿元（其中 1995 年的增加值为0.11亿元），从业职工人数分别为 0.21 万人、0.08 万人、0.12万人。

【莱州湾东部砂金调查及自源评价】 莱州湾是位于渤海最南端的一个海湾，“八五”期间，海洋地质研究所对其海湾东部约 1 000km² 范围内进行了地球物理（浅地层剖面，高精度磁测，旁测声呐和水深测量）和地质钻探等综合调查及资料整理，业已查明其基底由太古代胶东群片麻岩系和中晚元古代花岗闪长岩与二长花岗岩组成，局部分布古生代蓬莱群和新生代第三代系黄县组地层。区内第四系广布，中更新统——全新统松散沉积物厚 0～70m 不等，由陆向海变厚，中下部以陆相沉积为主，上部以海相沉积为主（厚 2～11m）。基底断裂构造以 NNE、NE 向为主，NNW、NW 向次之，新构造运动表现为整体下降，形成龙口湾断陷和多级断阶构造。近代海底地晚由陆向海分为水下岸坡（水下沙坝，水下浅滩，水下沙咀，海蚀洼地，剥蚀—侵蚀残丘等），水下堆积平原。基底岩面的总趋势是由岸向海方倾斜，NE－SW 向的基底隆起与沟谷相间分布，晚更新世形成诸多古河床，可与近代岸边水系相接。

经对区内海底表层沉积物中金的金属量测试资料分析，圈定了 6 处金的金属量异常，经对地质钻孔沉积物中金的金属量测试分析，发现 23 处金的金属量异常点。经对地质钻孔中沉积物自然重砂分析，发现含砂金样品 54 个，单样最高品位 0.7263g/m³，砂金矿层最大厚度 2.91m。

经对调查区及相关陆区地质，地球物理，地球化学，重砂调查资料综合分析研究，于调查区内圈定了两个成矿远景区；探求了区内砂金资源量并指出了可供进一步普查勘探区段。

调查区内砂金具有如下地质特征：

1. 砂金分布的地貌单元比较广泛，但以近岸地貌为主

砂金分布的地貌单元有水下沙坝、河口水下三角洲，埋藏河谷及滨岸沙堤。其中滨岸沙堤的海相层内，砂金品位可达 0.2715g/m³，河口三角州相沉积物中砂金品位达 0.2460g/m³，古河床沉积物中最高品位 0.7263g/m³。

古河床为砂金富集的主要场所，在更新世及其之后，区内大部分地区才开始下沉并接收沉积，在其之前的基岩面起伏较大，沟谷纵横，含金碎屑物质由高处运移至低谷处进行富集。区内较为明显的为晚更新世古河谷，诸多水系流经该区，此时为低海面时期，该区仍为一片陆地，由于侵蚀基准面下降，河流朔源侵蚀不断的将含金碎屑物质运移至现今埋藏的河谷中，在水动力有利的河床中进行富集。

2. 赋存砂金的沉积物以较粗粒级类型为主

砂金广泛分布于各种沉积物类型中，从粗粒级至细粒级均含砂金，但不同沉积物类型含砂金品位不同：细粉砂含砂金品位为 0.0158～0.0209g/m³，砂质粉砂为 0.0007～0.0396g/m³，细砂为 0.0330g/m³，粘土粉砂质为 0.0162g/m³，粉砂质 0.0045～0.2061g/m³，砂 0.0004～0.7263g/m³，砾砂为 0.0130～0.2469g/m³。可见，砂金品位随沉积物粒度变粗有逐渐增高的趋势，凡达工业品位的样品，多为砂、砾砂，个别为粉砂质砂和砂质粉砂。

3. 砂金成因类型以冲—洪积型为主，海积型为次

本区砂金成因类型与所处分沉积物成因类型相对应，有海积、冲—洪积和残坡积类型，其中以冲—洪积型和海积型富集程度相对较高。

海积型砂金具有自海底沉积物中自上而下广泛分布的特征，但仅在滨岸沙堤和水下三角州中砂金相对较富集。

冲—洪积型砂金亦是有广泛分布的特点，但未见在基岩面上数米内富集的那种规律性，而多在每个沉积旋回底部较为富集。这可能与当时的物源条件和沉积环境有关，特别是河床的多次改道，形成沉积物由粗到细的多个沉积旋回，砂金大多在每个沉积旋回底部的较粗级沉积物中富集。

4. 砂金的形成时代主要为晚更新世和全新世

区内大部分地区自中更新世以来才开始接收沉积，形成冲—洪积相和海相沉积物，砂金广泛分布于中更新世以来的各个时期，但以晚更新世砂金品位较高，全新世次之。

中更新世，区内呈整体下降趋势，仅在北部海区接收冲—洪积相沉积，沉积层厚度大于 6m，沉积物分选和磨圆度差，反映快速堆积特点，砂金品位 0.0162g/m³。

晚更新世，全区普遍接收沉积，沉积层厚度 20～26m，主要为具多旋回沉积的陆相冲—洪积层，砂金分布较为广泛，含砂金样品品位均大于 0.01g/m³，单样最高品位 0.7263g/m³。

全新世早期，区内沉积了厚 1～3m 的陆相冲—洪积层及部分潮上带沉积层，单样品位 0.0001～0.2469 g/m³。

全新世中晚期，主要为滨岸浅和潮上带沉积，厚 2～

11m，砂金广泛分布，但品位一般较低，一般为 0.0007～0.0099g/m³。

5. 砂金主要形成在第四纪较温暖的时期

古气候的冷暖交替变化，能够引起水动力条件的改变，并导致风化强度的变化，从而加速含金地质体的风化剥蚀作用，进而影响碎屑沉积物中含金量的变化。

经对地质钻孔中第四系测年数据，气候变化曲线与含金层位对比分析，含砂金层位主要分布在晚更新世末次间冰期(12.70 万～7.50 万年)，玉木亚间冰期(4.20万～2.00万年)和冰后期中晚全新世几个暖期，个别含砂金层位分布在冷暖交替时期。

上述几个时期，气候温暖潮泾，雨量冲沛，水系发育，含原生金地质体经受源化剥蚀，其碎屑物质向低洼处运移，尤其在洪水期，近岸陆区水系将剥蚀的含金碎屑物质向海方运移，在古河床、水下三角州、水下岸坡等水动作用下的有利地形部位形成局部富集。

6. 构造运动和断裂构造对砂金的分布起着宏观控制的作用

构造运动，特别是新构造运动，从某种意义而言，它造就了区内不同时期的地貌，并控制着水文网络的展布。

本区为一长期缓慢抬升区，含金地质体长期遭受风化剥蚀，直到新生代以来，在调查区东部龙口湾才开始下沉并接纳第三纪黄县组沉积，而西部的局部地区到中更新世才开始下沉接收沉积，从而形成砂金的局部分布，直到晚更新世全区才普遍下沉，形成晚更新世和全新沉积，并在其中形成砂金的局部富集。

由于新构造运动的不均衡性，区内形成多级构造断阶，在方水动力条件有利的断阶陡坎下形成砂金富集。

断裂构造往往发育成为断裂谷，在此基础上发育成为河流，区内部分水系为一在段裂谷基础上发展起来的，这些水系成为输送近岸陆区含金碎屑物质的主要渠道，使其在古河床中形成砂金富集。

7. 海区砂金主要来源来自陆区岩金及其矿化体和次生金

莱州湾东部近岸陆区含金地质体广泛分部，主要有破碎带蚀变岩型，含金石英脉形，变质热液破碎带蚀变岩型岩金矿和第四系冲一洪积型，残坡积型砂金矿。

近岸陆区岩金及砂金矿位于现今海岸仅数千米或数十千米，有的矿体延伸入海，砂金遍布近岸诸多入海的水系中，这些含金地质体的碎屑物质在内、外动力作用下，经搬运进入现今海区，与海底含金碎屑物质一道，在水动力进一步作用下，于有利的地貌部位进行富集。

通过对陆区岩金矿体、残坡积砂金、河流中不同区段冲洪积砂金和海积砂金的物理化学特征对比可以算出，金粒随搬运距离的增加，粒度由粒变细，片状金增加，不规则状金减少，金粒表面磨蚀现象增多，金粒表面颜色由淡黄为主变为由金黄为主，成色由低变高，杂质减少。这一总的变化趋势及砂金中金粒伴生元素与岩金中金粒伴生元素基本一致等特征，反映了砂金主要来自陆缘区岩金矿体或矿化体。如区内诸流河流域内似岩金矿体中的细粒金占 34%～44%。中粒金占 14%～20%，板片状金占 26%～35%，不规则状金占据 17%～30%。而河流冲洪积砂金细粒仅占 5%，中粒占 45%以上，不规则状金仅占 2%～4%。板岩状金达 45%～50%以上。滨岸沙堤和水下岸坡中的海积型砂金几乎均为板片状细粒金，中粒金和不规则状金极为罕见。

国内外大多学者在论述砂金成因时，往往把岩金中金粒细、砂金中金粒粗这一现象视为砂金为化学成因的论据之一。对此，通过对岩金矿样采用溶矿法处理后，使金粒不至于被破坏，而保留其原始状态，测试结果表明，仍有较多的原生金矿中含有一定比例的中粗粒金，这些岩金矿床经风化剥蚀形成的松散物质，在外动力的进一步作用下，金粒将按其自身重量进行重力分异和筛沉积作用，较大粒金搬运不远即在残坡积及近矿源河流段进行沉积，而细粒金则可漂移数十千米，所以导致河流中较粒砂金多于岩金矿体的中粗粒金，而微细粒金则分布在远离矿源的河段和浅海区。

福建省地质矿产厅目前已完成“海洋矿产资源的开发与利用”科研项目，该研究成果表明，在金门岛至泉州湾以东、澎湖岛西北的海底表层沉积中发现有大片锆石(含金红石，独居石等)异常，其异常的中间部位已达工业品位。

在滨海区已发现石英砂矿产地 54 处，该省现已成为全国最大的石英砂生产、供应基地，目前已探明的玻璃用石英砂保有储量位居国内前列，铸型砂居全国之首，水泥用标准砂成为中国唯一大型水泥用标准砂。闽江、九龙近海口河段及海处水下浅滩蕴藏有丰富的建筑用砂资源。

(谭启新)

【海洋矿产资源管理】 1993～1995 年，国务院及国务院地质矿产主管部门发布了一系列有关矿产资源管理的法规，这些法规包括对海洋矿产资源的管理，主要有：

1. 1994 年 2 月 27 日，国务院令第 150 号发布了《矿产资源补偿费征收管理规定》，其中第二条规定：“在中华人民共和国领域和其他管辖海域开采矿产资源，应当按照本规定缴纳矿产资源补偿费。”该规定对矿产资源补偿费的缴纳、征收、使用、管理及法律责任等作出了具体规定。

2. 1994 年 3 月 26 日，国务院令第 152 号发布了《中华人民共和国矿产资源法实施细则》，其中第四条规定：“在中华人民共和国领域及管辖的其他海域勘查、开采矿产资源，必须遵守《中华人民共和国矿产资源法》和本细则。”该实施细则对矿产资源的勘查、开采等作出了具体规定，建立了矿产资源勘查、开采的审批、登记制度。

3. 1994 年 10 月 17 日，地质矿产部文件地发[1994]164 号发布了《矿产资源勘查成果有偿使用管理试行办法》，其中第二条规定：“在中华人民共和国领域及管辖的其他海域依法取得的矿产资源勘查成果，依据本办法实行有偿使用。”该办法建立了矿产资源勘查成果的有偿使用制度。

4. 1994 年 12 月 28 日，地质矿产部令第 19 号发布了《矿产资源勘查成果登记管理办法》，其中第二条规定：“探矿权人在中华人民共和国领域及管辖的其他领域内进行矿产资源勘查，获得可供进一步勘查和开发利用的勘查成果，可依据本办法向矿产资源勘查成果登记管理机关申请登记，以获得矿产资源勘查成果登记证书，享有优先取得成果登记范围内新发现矿种的探矿权，优先取得成果登记范围内矿产资源的采矿权。"该办法的实施，为维护矿产资源探矿权人的合法权益，促进矿产资源勘查市场的发育奠定了基础。

5.1995 年 6 月 14 日，地质矿产部文件地发[1995] 125 号发布了《矿产资源勘查区块划分及编号办法》。该办法对地质矿产勘查工作的区块划分及编号作出了具体规定，实现了勘查管理工作的科学化和规范化。

上述一系列法规的发布与实施，为海洋矿产资源管理提供了法律依据。近几年来，我国在海洋矿产资源(包括海洋油气)勘查、开发的登记管理以及海洋矿产资源补偿费的征收等许多方面都取得了很大的成绩。

(张海启)

海洋药物与保健食品开发
Marine Medicines and Health Care Foods Development

【概况】 海洋药物学是一门研究海洋药物资源，海洋生物活性物质的贮量、分布、作用以及作为药物系统的研究与开发，同时也包括药物工艺工程化研究的学科。当前海洋药物研究的内容包括：海洋现代药、海洋中药及中成药、海洋卫生材料、海洋保健食品及海洋药用添加剂等诸方面。

海洋药物学是一门新学科，1993～1995 年，是海洋药物与海洋保健食品研究与开发快速发展时期，在几个主要领域都取得了突出的进展，并在人才教育及海洋药物的工程技术研究条件建设方面，向前迈进了一大步，这对促进这一领域的发展具有巨大的深远意义。尤应指出的是，中国药学会海洋药物专业委员会及中国海洋湖沼学会药物学分会共同发起在 1994 年 10 月于山东烟台召开了"第四次中国海洋湖沼药物学术、开发研讨会"，会议收到并交流论文 212 篇，这些论文无论在数量上，还是在质量、水平上都是历届会议中最高的。会议论文反映了中国海洋药物界的新动向：

1. 国际前沿的海洋湖沼生物工程技术，在海洋湖沼医药开发研究中得到应用，并取得一批国际领先水平的研究成果。

2. 资源利用不断拓宽领域。如螺旋藻及杜氏盐藻；甲壳质及其衍生物；贝类及牛磺酸等营养活性物质；棘皮动物的粘多糖及生殖腺的开发；鱼油中 EPA、DHA 及角鲨烯等，均已逐渐形成系列产品。

3. 海洋湖沼医药新兴企业，从南到北，成批涌现，已形成了强大的开发势力，创造出巨大的社会及经济效益。

【发现一批海洋生物活性物质】 1. 据 1993 年《中国海洋药物》所载，杜罗喜等报道了无齿蚌 *Anodontw* 中得到的 HB 有效成分对小鼠 S_{180}、EAC2 种移植性肿瘤模型的抑制作用，其抑制率分别为 81.8%和 79.3%。方金瑞报道了海洋耐碱、嗜碱放线菌的分离探索和筛选抗菌物的初步研究，发现嗜碱放线菌 2B 能产生丁酰苷毒类物质。谭锐等完成了 7α 和 7β－羟基 β 谷甾醇的半合成，这两种海藻甾醇类物质对人早幼粒白血病细胞(HL－60)具有分化诱导活性。施锐等研究发现拟海龙水提取物具有促进正常人外周淋巴细胞转化作用和抑制人瘤细胞(Hela，ECA－109)，肺癌细胞的作用。曹元等对牡蛎提出的生物活性进行了研究，发现它有明显的强化 γ－射线杀灭癌细胞效应，放射增敏率达 34.5%～52.6%(P<0.01)。藏东莲对褐藻氨酸生理活性进行了研究，发现它对大鼠无胚胎毒性致畸作用。

2. 据 1994 年《中国海洋药物》所载，许实波等从软珊瑚 *Cnvularia Viridis* Croy and Gaimard 分离到 5 种不饱和酯环的二萜化合物，药理试验显示它们均具有体外对抗肿瘤的作用。姜国辉等研究发现硫酸甘糖酯可通过抑制凝血系统和激活纤维蛋白的溶酶系统而发挥其抗血栓作用。许益民报道海马和海龙中脂类物质的研究，分析结果可见海马和海龙中磷脂类化合物含量丰富，脂肪酸中尤以不饱和脂肪酸为主。蒋苏洪等报道了甲壳胺和卡拉胺在溶液中反应生成不溶于水的复合物，此复合物具有一定的抗凝血性。陈菊娣等报道花刺参酸性粘多糖的分离、纯化，并对其理化性质和组成结构进行了研究。杨小双等对细枝竹节柳珊瑚的乙醇浸膏用硅胶快速层析分离，共得到 4 个化合物。波谱鉴定为柳珊瑚甾醇，22－epihippuristanel，神经酰胺和鲨肝醇。俞振良首次报道中国对虾水提液对大鼠平滑肌的收缩作用，并证实其作用机理是兴奋 5－HT 受体。季宇彬等报道羊栖菜多糖对 L615 小鼠多种酶活性的影响，羊栖菜多糖的这些作用可能是其抗白血病的机理之一。黄亦武等报道甲壳胺及 N－乙酰葡萄胺对体外培养的人成纤细胞的抑制作用，以及甲壳胺在动物体内的生物降解。张尔贤等报道鼠尾藻醇提取物的生理活性和生物化学研究，发现它能抑制体外食管癌细胞株，同时对粒细胞有激活作用 。俞振良等研究表明紫贻贝水提液对大鼠离体子宫收缩作用，而这种作用是由于兴奋了 CL－体的结果。季宇彬等报道了复合海藻合剂的抗癌作用。于力等报道用 $CaCl_2$ 做激活剂，控制好温度、酸度，可用 25%乙醇从鲍鱼消化道中提出蛋白水解酶。张尔贤等报道用发光分析法对鼠尾藻多糖消除氧自由基作用观察结果，实验结果证实，鼠尾藻对氧自由基有较强的消除活性。

3. 据 1995 年《中国海洋药物》所载，蔡心涵等试验证实了藻蓝蛋白的确具有光敏作用，且无毒副作用，是一种理想的光敏剂。万新祥等从日本小球藻 *Chlorlla hirataill* 中分离提取 EPA，结果表明这种小球藻脂质中 EPA 含量高达 28%。毛文君等分析 12 种海藻硒含量及其分布特点，发现褐藻中硒含量比绿藻和红藻的低，硒主要存在于蛋白质和氨基酸中。林永成等报道了 Juncellin A 水解产物的制备及其对肺癌 A－549 细胞的活性。初步药理试验显示，水解产物 JA_1－JA_2 浓度在 30～50μg/ml，具有抑制肺癌 A－549 细胞生长的活性，而对正常人细胞的生长无影响。季宇彬等报道羊栖菜多糖 SFPS 对 S_{180}荷瘤小鼠的红细胞的免疫功能有促进作用。杨晓林等研究发现，从海带中提取的褐藻糖胶在体外可诱导白细胞介素－1(LL－1)和丙型干扰素(IFN－r)产生；体内给药可增强各类淋巴细胞功能，促进对绵羊红细胞的初次抗体应答。何雅军等报道文蛤提取物对小鼠迟发型超敏反应具有双向免疫调节作用。尚雪原等报道了二十碳五烯酸在体内、体外均有明显抗栓作用，并能增强纤溶活力，缩短优球蛋白溶解时间，抑制花生四烯酸诱那导的大鼠血小板聚集。张贞丽等研究小海石化学成分与镇咳作用，发现小海石除含碳酸钙外，还含有一定量的镁盐及少量的钠硅、铁盐，其镇咳作用明显效果与蛇胆川贝的作用相似。

4. 据 1994 年《第四次中国海洋湖沼药物学术开发研讨会论文集》所载，杨尚军对铁钉菜化学成分进行研究，在索氏提取器中用石油醚浸泡，然后再用醋酸乙酯提取，经波谱分析共鉴定出 8 种化合物。项辉等报道了从南海海绵 *Dysidea fragilis* 中提取多氯二肽系列化合物 DN_5，DN_{1653}具有显著降低血压作用。彭文铎等报道柳珊瑚酸对胆碱酯酶的抑制性质，柳珊瑚酸是从中国南海柳珊瑚(*Suberogorgia* sp.)中分离的三环十一烷倍半萜类新结构物。许实波等报道海蛾甲醇提物有抗血栓作用，对甲醇提取物进一步分析，共分离出 9 种化合物，进一步药理研究认为抗血栓的主要有效成分是其中的牛磺酸。窦昌贵等报道文蛤提取物使小鼠 S_{180}实体瘤的重量减轻，使 EAC 腹水瘤小鼠生命延长。中国药科大学海洋药物研究室报道毛蚶水解液对环磷酰胺所致骨髓损伤小鼠能促进骨髓有核细胞的增殖，增强血细胞再生功能，显著增加外周血中网织红细胞的比例。升高白细胞，促进网织细胞向成熟红细胞转化。于志洁等报道鲨鱼骨用盐水浸泡提取，乙醇分级沉淀、超滤、冷冻干燥，不同组分的提取物均具有一定的抑瘤作用。沈先荣等将鲨鱼软骨用盐酸胍抽提 48 小时，丙酮分级沉淀、超滤，SephadesG－75 柱层析等步骤得到鲨鱼软骨多糖，该多糖能抑制 Hela 细胞和 QGY7703 细胞，而对肿瘤起抑制作用。孙靖等报道海带活性物质 A 具有降压、降血脂、抑制血小板聚集作用。于力等报道采用离子交换层析和凝胶过滤等方法从金环蛇毒分离出一抗癌组分，对 S_{180}、ARS 抑瘤率达 54%、56.9%。孙谧等研究了扇贝水解液中胶原蛋白生物活性，发现其胶原蛋白中羟脯氨酸含量高，对皮肤衰老有延缓作用。张朝晖等研究中药海龙乙醇提物的生物活性，药理研究表明其乙醇提取物有激素样作用。李华等对海星进行研究，发现海星生殖腺中含有丰富的蛋白质、不饱和脂肪酸，脱毒后可食用；海星多糖有抗癌活性。刘兆乾等报道螺旋藻提取物有抗癌、抗辐射作用，发现螺旋藻的抗辐射和提高机体免疫功能的物质是蛋白多糖。

5. 据 1995 年《青岛海洋大学学报》所载，薛长湖等报道由鳕鱼排制备活性钙。

6. 据 1993 年《营养学报》所载，马晓英研究盐藻提取物对小鼠肿瘤免疫的影响，证明盐藻中的胡萝卜素有抗肿瘤转移和刺激免疫系统功能的作用。

【新研制成功的海洋新药】 1. 华仁集团已先期投入几百万元资金，生产微藻硒多糖系列产品。

2. 珠海海洋滋补食品有限公司生产了牡蛎全营养片是纯天然海洋药物，该药可明显改善中晚期肿瘤患者的全身症状，并有升高血象、清肺化痰的作用。

3. 广西北海市珍珠公司海洋生物制药厂生产的珍珠系列药物从片剂、散剂、丸剂、膜剂、滴眼剂、口服剂至注射液 30 多种。

4. 山东省海洋药物科学研究所药厂的海洋新药“海康”，已出口到港台地区。

5. 中科院海洋所范晓研制成海藻碘片。现已大批量生产，该药能增进儿童健康、改善婴幼儿因缺碘而造成智力低下的状况。

6. 舟山制药厂生产的海墨止血片，为乌鱼墨制成，对妇女功能性子宫出血、月经过多总有效率达 90%以上，已出口海外。

7. 多烯康胶丸为鱼油中提取的含 EPA 和 DHA 的乙酯，降血清甘油三酯效果明显，国内已有几家开始生产。

8. 上海中药制药二厂生产的冰糖哈土膜油已远销东南亚，它有补虚、益精功效，常用于产后体虚症状。

9. 山西运城市新民中医院使用鱼鳔生精丸，治疗不育症，取得良好效果。

10. 沈阳光大制药厂从蛇岛的腹蛇中分离的蛇毒，制成抗栓酶制剂，已用于镇痛及抗癌方面的临床研究。

11. 由青岛药物研究所研制的东方蓝宝、中华海宝，系由海洋生物和名贵中药组方而成，现已完成了药效学和毒理试验，很快就要进入临床观察期。

12. 烟台中策药业有限公司生产的“佳钙宝”对人体安全可靠，无任何毒副作用，1993 年荣获“首届中华人口奖”。

13. 青岛华海生物保鲜技术开发有限公司开发的“麦姬”系列产品，是从海洋生产中提取生物活性成分加工精制而成，它对真菌所带来的皮肤损害，有较好疗效，有效率达 95%。

【新研制开发的海洋保健食品】 1. 广西北部湾药厂生产的海赐宝口服液具有增强有机体 SOD 活性抗衰老，抗疲劳的作用。

2. 上海莱福股份有公司生产的生命口服液，贝尔婷胶囊内含 β－胡萝卜素、维生素、微量元素等成分。它有益于儿童生长、中老年保健，该产品荣获 1994 年第五届亚太国际贸易博览会金奖。

3. 海贻口服液是以贻贝为主要原料制成的，具有治疗与滋养双重功能。

4. 浙江舟山东朗海洋保健品公司生产的金贻贝胶囊具有调阴阳、补肝肾、填精血的功效。

5. 厦门海洋科技开发有限公司研制生产的“海洋宝”天然医药系列产品，对中老年人的延年益寿、青少年的生长发育等具有辅助食疗与营养保健功能。

6. 由山东禹王制药有限公司生产的“忘不了”DHA 胶丸能健脑增智，并具有较强的防止心脏血管疾病等作用。

7. 螺旋藻粉是以螺旋藻为原料而制得的产品。其蛋白含量高达60%～70%，并含有多种维生素和微量元素，对增强人体健康和提高身体素质具有良好的作用。

8. 北京可瑞生物工程开发公司以天然螺旋藻和主要原料开发出可瑞藻福康(SP－92)临床保健佳品，具有提高机体免疫力、增强化疗效果。

9. 广西北海珍珠公司以珍珠水解物，配以黄精、枸杞子等中草药而制成的复方珍珠口服液具有健脾益气、益智养颜、延缓衰老的功效，产品被消费者评为'93受欢迎推荐新产品。

10. 浙江乐清海洋生物保健品公司开发的鲸鲨保健饮料，能健脑益智、生精明目、养血调经、延缓衰老。

11. 厦门立洲食品有限公司开发的三和营养保健胶囊，系海洋生物与陆生生物相融合的低热保健食品，具有保健与医疗的功用。

12. 无锡维思达保健品有限公司开发的维思达DHA鱼油精健脑胶丸，能调节人体多种机能，提高大脑智商，适合各个年龄段的人服用。

13. 广东汕尾市金海宝有限公司以鲍鱼、冬虫夏草为原料，精制而成的天然健康食品，具有改善免疫功能、延缓衰老的作用。

14. 金海马养生液是用海马和枸杞等为原料生产的滋补营养液。

15. 浙江省玉环县保健品实业公司开发的东方鳖精营养液，含有多种必需氨基酸、微量元素、维生素等，营养成分十分丰富。

16. 山东招远生物工程公司以海藻、牡蛎等多种海洋生物为主要原料，采用科学方法加工精制而成的天然保健食品"海力康"兼有营养保健双重功效，是婴幼儿、老年人理想的保健食品。

17. 上海药物研究所以海藻为主要原料研制的"海尔滋"是一种理想海洋天然保健饮料。

18. 珠海巨人高科技集团推出的"巨人健脑"、"巨人β—胡萝卜素"等系列产品取得了良好的社会效益和经济效益。

19. 宁波金鹰生物制品公司从海藻中提取碘等元素，制成"海露"饮品，是缺碘地区人们急需的饮品。

20. 天津市海洋保健食品公司出品的壮骨粉是中老年人补钙营养佳品。

21. 上海中药二厂在食用蛋白水解液中添加滋补中药，制成水产保健滋补品，促进人体对蛋白质的生物利用度，填补了中药水产保健产品的空白。

22. 山东省长岛县以海藻为主要原料开发出海藻系列产品：减肥宝、海藻茶、海带可乐、海带脯、海带饼干，深受广大消费者欢迎。

23. 深圳海王药业有限公司以海胆为原料加工制成的纯天然海洋保健滋补品，具有显著的补肾壮阳、滋阴补血等作用。

【新成立的海洋教学研究与生产机构】 1. 青岛海洋大学1993年成立了海洋药物化学专业，开始招收专科生，1995年开始招收本科专业。

2. 中山大学成立海洋药物化学系，许实波教授任系主任。

3. 厦门海洋渔业开发股份有限公司和国家海洋局三所合资创办"厦门海洋渔业公司"。海洋保健食品是其业务内容之一。

4. 青岛金城集团与中科院青岛海洋所组建华仁集团，联手实施"蓝色工程"。开展海洋药物与海洋保健食品的研制与开发。

5. 青岛海洋大学将校内多个海洋药物研究机构联合在一起，于1995年成立了海洋药物研究院。

6. 经国家科学技术委员会论证批准，"国家海洋药物工程技术研究中心"已于1995年立项，从1996年起在青岛海洋大学组建，三年建成。

（管华诗　李八方　方玉春）

地　方　篇

Local Management

海南省
Hainan Province

综述
Summary

【概况】 1993～1995年是海南省海洋事业为迎接21世纪的挑战，积极打基础、努力求发展的重要时期。在这一阶段，尽管全省海盐业生产发展不稳定、生产规模呈萎缩趋势，但海洋水产业、海洋交通运输业等传统海洋产业，经技术改造后，得到了快速发展。滨海旅游、海洋公益服务等新兴海洋产业也取行了前所未有的成绩。尤其是以崖13－1气田开发为代表的海洋油气产业经过"八五"期间的基础建设，"九五"期间投产后，它将对海洋经济乃至全省经济产生深刻影响，并有可能带动和促进一批与油气开发相关产业的进步与发展，成为海南国民经济发展中的重要支柱产业之一。

海洋是海南经济发展的重要物质基础和战略优势资源之一，也是海南扬长避短、再创特区经济新优势的关键所在。1993年下半年以来，随着国家经济宏观调控作用的不断加强，海南房地产"热"开始逐渐降温，许多大中型集团公司纷纷调整经营方向，走多元化发展道路，像中国寰岛集团、兴宝集团、东方实业、海洋产业、航空旅业等公司主动把企业发展的重点转移到海洋产业。到1995年底，在省工商部门注册的海洋开发企业就达253家，引进注册资金124.29亿元，外币16亿美元，投资领域遍及港口、海运、养殖、油气开采、化工、旅游、药物、造船、海洋服务和海洋高科技等众多产业，是发展海洋经济的重要依托。

1995年全省海洋产业总产值为73.9亿元，比1993年增长106.4%，年均递增率达43.7%。

【深化体制改革，不断完善地方海洋综合管理机构】 1995年3月，在省委书记、省长阮崇武倡议下，在国家海洋局的大力支持下，经国家编委正式批准，海南省海洋局历经六载中央与地方双重管理体制后，"改局设厅"划入海南省政府机构序列，成为中国第一个正厅级地方海洋综合管理机构。它的成立不仅大大调动了地方政府管海、用海的积极性和主动性，也为全面贯彻国家海洋发展战略、促进地方经济发展、强化海洋综合管理力度提供了更为有利的组织保证。

为了引导海洋产业的健康发展，合理布局海洋生产力，积极调整海洋产业结构，1993年受海南省政府委托，省海洋局和计划厅共同编制了《海南省海洋开发规划》，为海南的海洋开发和海洋产业发展描绘了宏伟蓝图。1993年下半年，为了贯彻落实《海南省海洋开发规划》，海南省海洋局进一步组织专家编制了《海南省发展海洋产业"9386"工程》，把实现海洋开发规划的战略思想和任务，具体落实到海洋开发的八大领域近40个重大项目之中，并提出了实施"9386"工程的6项保障措施，使建设"海洋大省"这一奋斗目标更加清晰，增强了人们为之奋斗的信心和勇气，"建设海洋大省"已日益成为全省民众的基本共识。1995年，为了响应国家"科技兴海"号召，在省政府的领导下，省海洋厅与省科技厅联合组织专家学者编制了《海南省科技兴海规划》报告，并于1995年11月在海南省科技大会上进行了全面布置，受到沿海地方政府和企业的高度重视。该规划报告作为海南省海洋开发的科技保障，必将大大促进海洋开发进程，成为海南省海洋开发由粗放型向集约型转变的重要里程碑。

【海洋综合管理得到进一步加强】 1. 在维护国家海洋主权方面：(1)1994年以省长阮崇武为团长的海南省政府赴南沙海域巡视慰问团再次代表海南省政府顺利巡视了南沙海疆，体现中国主权所在，是海南省建省以来省政府赴南沙巡视规格最高的一次。(2)积极协助省政府支持国家开发北部湾中越海域划界谈判前期工作。(3)较好地通过外交途径和平解决了菲律宾政府在中国南沙"美济礁"以武力扣压琼海市62名渔民事件。

2. 在海洋资源管理方面：(1)自1993年起，国家海域有偿使用制度和许可证制度在海南省全面铺开，到1995年底，全省共批准海域使用项目81项，使用海域面积1 547hm²。(2)1995年，全面整顿了沿海地区圈围海滩、设卡收费问题，把海滩还给公众，收到良好的社会效益。(3)在加强三亚珊瑚礁、万宁大洲岛两个国家级海洋自然保护区建设的同时，1995年底经澄迈县政府批准成立了花场湾县级红树林海洋自然保护区。(4)海砂资源的管理在海口、琼山、文昌、三亚等市得到进一步完善。

3. 在海洋环境保护方面：(1)1993～1995年共受理倾废申请27宗，批准倾倒总量达566万m³；批准铺设琼州海峡海底光缆、崖13－1气田至三亚输气管道和美兰机场跨海输油管道等，有力地支持了省重点工程的建设。(2)对重点海湾的环境监测由过去的海口湾，扩展到洋浦湾、三亚湾，并对陆源入海排污口进行了全面调查。

4. 在减轻和防御海洋自然灾害方面：(1)1993年重新核准海南岛重点岸段警戒水位，并由省政府发布了《海南省风暴潮警报的暂行规定》。(2)1994年8月15日全面并网开通海南省海洋灾害预警通讯网。(3)1993～1994年先后建立了万宁乌场验潮井和三亚海洋站，改善了海南省海洋台站分布格局，完善了减灾防灾网络。

（潘建纲）

海洋资源的开发利用
Development and Utilization of Marine Resources

【海洋水产业】 1993～1995年，海南省海洋水产业得到稳步发展，1995年全省海水产品总产量达35.54万t，总产值29.84亿元，分别比1993年增长23.8%和76.99%，年均分别递增11.3%和33.0%。1993年海洋捕捞生产面临生产资料涨价、近海传统渔场资源衰退的严峻形势，全省各地积极筹措资金，更新改造一批中深海作业渔船，增强了开发外海渔场的生产能力。1993年海南省海洋渔业总公司首派3艘渔轮赴贝劳共和国从事金枪鱼垂钓作业，赴哥伦比亚从事拖虾生产，捕捞总产量59t，创汇22万多美元。1995年全省有远洋渔船13艘，当年捕捞产量290t，创汇184.5万美元。全省有机动渔船12 542艘，计15.41万吨位、38.14万kW。潭门、新盈、海尾等渔港得到更新改造。1995全年海洋捕捞产量34.1万t、产值24亿元，分别比1993年增长23.1%和63.3%。海水养殖业是海南发展"两高一优"热带农业的重点，群众性的海水养殖热潮再次高涨。1995年全省海水养殖面积达6 931hm^2，养殖产量1.48万t，产值达3.89亿元，分别比1993年增长45.4%、37%和277.7%。1995年全省有水产品加工企业132家，年加工能力达32.33万t。省水产加工厂精深加工产品珍珠、参芪鱼肝油琼脂分别获1994年海南国际保健食品博览会金奖和1994年全国水产加工展示交易会畅销产品奖。

【海洋交通运输业】 1993～1995年，海南省海洋交通基础设施不断加强，先后完成了海口港一期扩建工程、马村港3.5万吨级专用煤码头和金牌港车客渡码头等重点基础设施。到1995底，全省主要港口有泊位53个，其中万吨级泊位11个；海口新港1000吨级航道、清澜港5000吨级航道和秀英港航道得到养护和整修，全省航道维护良好，全年通航率达98%以上。近年新开辟海上航线5条：白马井至广西北海滚装船航线，海口至广东湛江豪华船航线，三亚至越南岘港旅游航线，海口至深圳蛇口滚装船航线，海口至广西钦州客运航线等，进一步加强了海南与境外的海上联络，初步形成了一支功能齐全、种类众多的海上运输体系。但近年受市场因素影响，海运业发展较不稳定。1995年全省港口综合吞吐能力为1 132万t，实际完成港口货物吞吐量1 335万t，分别比1993年、1994年减少货物吞吐量1.6%和11.7%，其中海口港吞吐量为468.5万t、八所港276.4万t、三亚港42.6万t、洋浦港53.9万t、海口新港415万t。全年实际完成社会旅客周转量115 208人·km，比1993年增加4倍。

【滨海旅游业】 海南旅游业主要集中分布在环海南岛沿海地区，以热带滨海风光观察、度假休闲为特点。1993～1995年，全省滨海旅游业呈持续发展态势，是海南第三产业发展中的龙头产业。1995年接待海内外游客361.0万人次，比1993年增长28.8%，年均递增13.5%。其中国内游客328.2万人次，增长28.5%，年均递增13.4%；入境游客32.8万人次，增长37.2%，年均递增17.1%。在入境旅游者中，外国人6.5万人次，比1993年增长54.8%；港澳同胞14.0万人次，增长0.7%；台胞11.4万人次，增长117.9%；华侨0.8万人次，增长33.3%。主要海外客源国依次为新加坡、日本、美国、泰国、德国、英国、加拿大、意大利、澳大利亚。按新的统计标准测算，1995年全省旅游创汇50 158万元人民币，比1993年增长42.4%；营业收入达12.9亿元，比1993年增长27.7%。

近年新开辟的滨海旅游景点有：(1) 海口市长流组团海南高尔夫球俱乐部；(2)位于桂林洋旅游开发区的海南世界漫游乐园；(3)桂林洋泰国花果园；(4)文昌铜鼓岭海星旅游城；(5)琼海市万泉河沙洲岛旅游开发区；(6)万宁县春园湾国际旅游中心；(7)三亚市海坡旅游度假区；(8)蓝洋温泉旅游城；(9)琼山东山野生动物园；(10)三亚海洋动物园等。

【海洋油气产业】 南海崖13—1气田开发，经过三年半时间的建设，于1995年10月顺利建成，并试运行投产一次成功，开创了海南海洋油气产业的新篇章。崖13—1气田是中国迄今所发现的最大气田，也是世界级的大气田。该气田是1983年由中国海洋石油总公司和美国阿科公司合作发现的，含气面积53.85km^2，地质储量1 077亿m^3，经济可采储量850亿m^3。1992年4月该气田由中国海洋石油总公司、美国阿科公司和科威特国家石油公司对外勘探公司合作投资开发建设，总投资11.3亿美元。按照售气合同规定1996年1月1日正式向香港送气，作为发电燃料；3月1日起正式向海南岛供气。该气田年产天然气34亿m^3，其中29亿m^{3}供香港，5亿m^{3}供海南省，日供气量141.6万m^3，稳定供气至少20年。海南利用这一气源在三亚市南山镇投资1.5亿元建成一座10万kW的发电厂，年用气1.2亿m^3；在八所投资25亿元建成一座年产30万t合成氨、52万t尿素的大型化肥厂，年用气量3.8亿m^3。

崖13—1气田的开发利用主要由5大部分组成：(1)两座海上生产、处理及生活平台于1995年4月完成海上安装，为从1995年5～9月的海上连结、调试和试运投产工作打下坚实的基础；(2)1993年12月～1994年6月，完成了从气田通往香港的长780km直径为71cm的海底输气管道敷设；(3)建成从气田通往海南岛南山镇的长91km直径为35cm的海底管道；(4)位于香港新界烂角嘴的降压计量站；(5)位于三亚市以西40km处的南山生产操作基地。南山基地是崖13—1天然气田的重要组成部分，建立该基地的目的是接受并处理由海上生产平台通过海底管道输送海南省的天然气及气田产出的全部凝析油。随着崖13—1气田的开发和利用，海南的经济建设将进入一个崭新的发展阶段。

【海水制盐业】 海南省现有制盐企业19家，其中省属盐场3家。1993～1995年全省原盐生产因受市场影响，产量逐年下降。1993年全省原盐产量为34万t，1994年原盐产量为26.45万t，1995年为18.85万t，比1993年减少45.5%，年均递减26.2%。原盐销售渠道，80%原盐销往省外，以广东、广西为主要销售区，少量出口香港，省内销售量较少，仅占20%左右。1995年国有盐场工业产值7 538万元，实现利润1 843万元。同时，省盐业部门还积极开发新产品，开展多种经营。省盐务局与东方盐场共同研制的日晒矿物盐通过省级鉴定并投入批量生产；与省食品科研所联合开发从盐藻中提取螺旋藻营养米粉、面条、保健盐和螺旋藻冲剂、口服液、胶囊等深加工新产品，也正在积极寻求合作企业，准备联合批量生产。

【滨海砂矿采掘和加工业】 海南省是中国滨海砂矿富集区之一。80年代，由于群众性的小采矿点盲目发展，“采富矿、弃贫矿”的作业方式，一度使砂矿资源造成极大浪费。近年来，为了提高经济效益，保护滨海环境和资源，国家对砂矿开采加强了统一管理，群众性乱采滥挖现象得到控制。但目前由于砂矿处理工艺水平较低，产品主要以原料销售为主，企业经济效益较低。1994年乌场钛矿减亏84万元，南港钛矿减亏56万元，沙老钛矿减亏37万元，清澜钛矿增亏106万元。主要砂矿产品产量：钛精矿9 377t，比1993年下降32%；锆英石1 816t，下降1%；锆英精矿粉267t，下降1.1%；金红石255t，增长3.8%；独居石239t，增长30.3%。主要产品销售量：锆英石6 585t，比1993年增长495.1%；金红石493t，增长59%；钛精矿9 689t，下降43.7%；独居石1 413t，锆英精矿粉326t。1995年国家“八五”重点科技攻关项目“海南岛海滨砂矿钛锆资源综合利用”，自1992年开始组织攻关，现已完成，并取得丰硕成果，为海南省滨海砂矿的综合利用带来了新的希望。 （潘建纲）

海洋经济对外合作
Marine Economic Cooperation with Foreign Countries

【海洋经济对外合作】 1993～1995年，海南省海洋经济对外合作总的态势是在调整中持续、稳步发展。至1995年底全省经国务院和省政府批准设立的开发区共25个，其中临海工业开发区6个，滨海旅游开发区14个，综合开发区5个，规划面积301.74km²，共投入资金194亿元人民币、5.95亿美元，其中基础设施投资63亿元。近年虽受国家宏观调控影响，建设资金比较困难，但由于采取一些优惠政策，投资环境不断改善，海洋经济对外合作仍取得一定成绩。招商引资由小客商转向大财团、跨国公司，由主要吸引内资转向吸引外资，由主要吸引港澳地区和东南亚国家资金转向吸引世界各地的资金，由引进小型项目转向引进大中型项目；开发建设由动态开发转向功能开发，由“遍地开花”转向重点开发，有力地促进了沿海地区经济发展。

【洋浦临海开发区】 洋浦临海开发区是海南开发建设的“重中之重”，现已建成洋浦电厂，并与全省电网并网发电；开通程控电话2 200门，数字微波通信线路240路，无线寻呼1万门，移动电话150门；土地平整完成65%，生活和施工用水得到保障；建成两个2万吨级、1个3 000吨级泊位，年吞吐能力100万t，被国务院批准为一级开放口岸。开发区基础设施日趋完善，已经具备大规模开发建设的条件。为了进一步加快洋浦经济开发区建设，1994年7月21日，洋浦经济开发区管理局发布《促进洋浦土地房地产开发经营的若干优惠办法》，共10条，对开发区内土地使用权、土地转让、出租和联营权及其开发利用中的税收减免等方面提供了更为优惠的政策保障。

【亚龙湾国家旅游度假区】 亚龙湾国家旅游度假区是经国务院批准的国家级旅游度假区，该区规划总面积18.6km²，1993～1994年共征用土地700hm²。有几十个国家和地区的上百家客商前来考察、洽淡投资事宜。1994年又有香港建材公司胡绩伟先生加盟亚龙湾开发，大大加快了亚龙湾旅游区的开发进度。土地转让和合作开发协议，已投入基础设施建设资金1.2亿元，完成滨海大道2km，建成长1.93km的雨水和污水排水管，长6km的给水管，安装应急通讯系统中继线88门，10万V施工供电线路系统投入运行；批准入区项目3个，计划投资35亿元，亚龙湾广场、亚龙湾高尔夫球场、海辉度假村、凯莱度假村、海洋俱乐部、商业中心等项目纷纷开工或建成，尤其是1995年底竣工的亚龙湾广场作为“’96中国旅游度假休闲在海南”的活动中心将受到人们的关注。

【清澜港经济开发区】 清澜港经济开发区位于文昌县清澜湾旁，规划面积30km²，现已出让土地1 600多公顷，开工项目127个，总投资16亿元。区内基础设施建设初具规模，具备了开发建设的硬环境条件。清澜港年吞吐能力超过60万t，日供水5 000t水厂已建成，12.5万kW发电系统与全省电网联网，1 000门程控电话竣工使用，城市干道部分建成。

【桂林洋经济开发区】 桂林洋经济开发区位于琼东北部，由国营桂林洋农场招商开发，是集农、工、贸、旅于一体的综合性开发区。该开发区已投入基础设施建设资金3亿多元，道路、供电、通讯等初具规模，基本满足建设需要。已开工项目76个，建成项目20多个。工业起步区占地67hm²，投入基础设施建设资金1亿元，进区企业30多家，引资合作成立的新大洲摩托车股份有限公司1994年创利税7083万元，居全省工业企业第6位，投资1亿元的中亚铝厂也已建成投产。

【崖13－1南山终端站】 崖13－1南山终端站为中国目前最大的海洋天然气田开发配套而建，占地32.67hm²，总投资8 400万美元，其中，中国海洋石油总公司投资51%，美国阿科公司投资49%，建设码头和工艺处理设施。该工程于1994年2月动工，1995年下半年建成,是崖13—1气田开发的重要基础工程之一。

【临高和邦石油化工工程】 临高和邦石油化工工程位于临高县马袅半岛,由外商独资兴建,工程总投资约20亿美元,分三期建设。主要建设项目有:年加工能力600万t的综合炼油厂,年吞吐能力3 047万t的港口,总容量240万m^3的原油和成品油储运基地,总装机容量30万kW的自用电厂,日供水20万t的水厂,行政生活区及45万t乙烯工程等。该工程于1994年初正式动工,至年底,累计完成投资9亿元,首批46台(件)大型炼油设备运抵现场,总建筑面积1.7万m^2的大型标准仓库投入使用。整个工程预计1997年7月建成投产。

【海南天然气化肥厂】 海南天然气化肥厂位于东方县八所临海工业开发区,占地35hm²,计划总投资16.93亿元,建设规模为年产合成氨30万t、尿素52万t,是海南省以崖13—1气田开发为原料供应源的重点工业项目之一。该项目于1993年5月动工,将于1996年4月建成。

【南山燃气电厂】 南山燃气电厂由海南南山电力股份有限公司兴建,位于三亚市崖城镇南山四马村,占地面积26.42hm²,规划装机40万kW,并留有扩建余地。一期工程计划投资5.09亿元,其中,进口设备3805.7万美元,国内配套工程1.28亿元,引进美国TPM公司2台套FT8双联机组(容量10万kW),配套油罐6个(总容量1.4万m^3)。一期工程于1993年8月正式动工,1994年2月第一台机组并网发电,12月第二台机组并网发电,是海南省利用崖13—1气田为供气源的又一个临海重点工程项目。 (潘建纲)

沿海海洋环境保护
Coastal Marine Environmental Protection

【海洋倾废管理】 1993～1995年,海南省各级管理部门加强海洋倾废管理的力度,加强对倾废区周围海洋环境水质的监测工作,派海洋监察员随航或租船进行巡航监视。依法行政,严格管理,使海洋倾废管理步入制度化、正规化的轨道。

1993年度全省受理倾废申请11宗,签发13张三类疏浚物倾倒普通许可证,总量为331.05万m^3。

1994年度全省受理倾废申请11宗,签发12张三类疏浚物倾倒普通许可证,总量155.69万m^3。

1995年度全省受理倾废申请5宗,签发5张三类疏浚物倾倒普通许可证,总量为80.7万m^3。

【铺设海底电缆管道管理】 1993年审批、监督铺设琼州海峡海底光缆工程;1994年监督崖13—1天然气项目海南海域内的路由管道铺设工程;1995年审批海口美兰国际机场铺前湾过海输油管道路由调查、勘测报告。

【海洋石油勘探开发环境保护管理】 组织执法人员对省辖海域石油平台进行防污工作检查,严格审查各类防污报表和溢油应急计划等。1993年2月,对停泊在牙龙湾进行维修保养的石油平台登临检查;1995年11月,登临检查崖13—1石油生产平台,对该平台进行了投产前的环境保护检查。

【加强重点港湾水质监测】 开展重点海域、港湾的水质监测是搞好海洋环境保护的一项重要内容。以往由于条件的限制,海南省重点港湾水质监测仅限于海口湾,1993年下半年增加了洋浦湾。在经费困难的情况下,1994年拨出专项经费,组织专业人员,对海口湾、洋浦湾、三亚湾三个重点港湾进行水质监测。完成了45个测站,21个项目,共获2 819个水质数据,在开展水质监测的基础上,建立了省海洋环境质量通报制度。

1995年对全省陆源入海排污口进行调查,共收到有关表格25份,数据435个,编写了调查报告。

(符文海)

【海洋自然保护区】 海南省于1990年9月经国务院批准,建立了两个国家级海洋自然保护区(三亚珊瑚礁自然保护区和大洲岛海洋生态自然保护区),于1995年12月经澄迈县人民政府批准,建立了澄迈花场湾红树林自然保护区。目前正在申报建立琼海珊瑚礁、麒麟菜海洋生态自然保护区,西沙群岛海洋自然保护区等海洋类型自然保护区。

近几年来,海南省的海洋自然资源和环境的保护、海洋自然保护区的建设、管理做为整个自然保护工作的一部分,开展了具有海洋和本省特色的工作。

在自然保护区建设方面,建立了两个国家级海洋自然保护区的管理机构,充实了管理人员,兴建了管理机构办公和保护区标志碑等基础设施,并配备了一批交通工具、执法管理和监视监测仪器设备。开展了对保护区的日常巡视和监测工作,处罚了几十起违法违章事件,收缴了一批违法作业工具、物品,并妥善处理了管理纠纷、船舶漏油、外籍人员未经批准进入保护区考察等偶发事件。各地海洋管理人员还利用新闻媒介,宣讲政策,向所在地方的群众宣传海洋资源和环境保护的意义,起到了海洋保护综合治理的作用。

三亚、琼海等地还开展了收缴渔民违法抓获、采挖的海龟、珊瑚等保护动物,并进行放生活动。

为使重要的海洋资源和环境得到更好的保护和恢复,海洋科研人员开展了有关珊瑚移植及生态恢复、金丝燕生态、琼东上升流、赤潮生物等课题的研究和试验工作,并已取得一定的成果。

经过几年的养护,海南省海洋自然保护区内的珊瑚礁及生态群落、金丝燕种群等都已得到了明显的恢复,保护区的海洋生态环境、岛屿植被、鸟类种群等均保存完好并有发展。

为使海洋自然保护工作走上综合、良性循环的发展轨道,海南省在国家海洋局的支持下,在三亚等地建立了海洋保护、管理和合理开发综合示范区,开展了政府管理

与企业相结合，进行在社会、环境、经济效益方面取得综合成效的试验工作。（陈　刚）

海洋防灾减灾
Marine Disasters Prevention and Mitigation

【**海洋灾害**】　1993～1995年，影响海南岛的台风有7次，登陆的有5次，8～9月份出现频次最多，达67%（见表1）。这三年台风暴潮相对较弱，但台风巨浪造成较大损失。9508号台风在万宁一陵水之间沿海登陆，大连水运公司一艘1.5万t货轮被巨浪冲击触礁搁浅，船体破裂；仅乌场港大小渔船近百艘被打翻，死亡11人。9516号台风巨浪袭击莺歌海渔村，造成4人死亡，打沉渔船75艘，损坏及失踪渔船133艘，毁坏网具9 513件。

【**海洋预报服务**】　1994年下半年省海洋预服台增加“巨浪警报”预报项目，进一步拓宽海洋预报内容，受到社会各界欢迎。同时，“海南经济广播电台”播出“海浪预报”，通过新闻媒介传递海洋预报产品的密度及覆盖面加大，社会效益较好。此外，组织举办两期全省性的“海洋防灾减灾知识”学习班，学习台风路径图标示方法、《潮汐表》查算方法、电台维护知识、海浪、风暴潮预报基本概念等，对海洋预报产品的迅速传递、正确应用起到积极的作用。几年来，省海洋预报台各单项预报的准确率均在90%以上，服务工作迅速及时，成绩显著，连续三年被评为省局先进单位，1995年被国家海洋局评为观测预报系统先进单位。

表1　1993～1995年影响和登陆海南岛台风频次表

年份	5月		6月		7月		8月		9月		10月		11月		全年	
	影响	登陆	影响	登陆	影响	登陆	影响	登陆	影响	登陆	影响	登陆	影响	登陆	影响	登陆
1993						1	1		1						2	1
1994			1		1		1			2					3	2
1995							1	1		1	1				2	2
合计			1		1	1	3	1	1	3	1				7	5

【**海洋预报台建设**】　1991年5月份海洋预报台VSAT卫星小站建成并正式投入使用，海洋预报资料传输手段实现现代化，大大提高了海洋预报分析的时效。同年下半年，“海浪预报电视图像制作传输系统”建成使用，解决了海洋预报产品靠人工剪贴、传递，既费时落后又不安全的问题。

【**海洋防灾减灾通讯网的建设**】　在省政府的大力支持下，1993年6月至1994年8月投入28万元建成以海口为中心台、文昌、琼海、万宁、陵水、三亚、乐东、昌江、儋州、临高、澄迈等10个沿海市县和西沙、清澜、乌场、莺歌海、东方5个海洋站为分台的省海洋防灾减灾预警通讯网，使海洋防灾减灾系统工程建设踏上新的台阶，为海洋预报产品的快速传递及各级领导指挥抗灾救灾提供了有利的条件。

【**海洋站建设**】　三亚海洋站于1993年4月建成并开展地面气象、表层水温、盐度等项目的观测；1994年6月三亚验潮井建成并开展潮位观测记录；1993年7月万宁乌场验潮井重建工程完工并启用观测。这些站点和验潮井的建设，填补了海南岛东、南部海岸风暴潮监测工作的空白，进一步完善了海洋站网的建设。

【**海洋站测报工作**】　组织完成了海洋站观测员上岗考核工作，36名观测员取得上岗合格证。完成台站管理体制和布局的调整工作，测报工作正常开展，测报质量年错情率保持在0.10%以下。新国标《海滨观测规范》于1995年7月1日正式执行，省各站测报工作保持与全国的统一性和连续性。1995年11月台站技术改造工作完成，海口、秀英、东方、三亚、乌场、清澜、西沙等站安装了SCA5－1型自记水位仪和XFY1－1型自记测风仪及部分386微机，台站测报工作自动化程度大为提高。

【**重点港湾水质监测工作**】　完成海口湾每年3月、7月、10月三项国家海洋局指令性水质监测任务。此外还自筹经费，开展三亚、洋浦二湾的水质监测工作，定期向地方政府发出水质通报，为沿海经济建设和领导决策提供科学依据和当好参谋。

【**海洋调查和资料管理**】　根据省政府批复的《海洋调查和海洋资料管理的请示》，对进入省辖海域进行海洋调查的国内外、省内外的单位、团体、个人实行许可证制度。三年来，克服困难和阻力，审查办证5张；重新制订了办证程序和呈报了实施细则，有效地维护了海南省的权益。

地方海洋立法与管理
Local Marine Legislation and Management

【概况】 1993～1995 年，主要进行了地方规章《海南省国家海域使用管理规定》的草拟、送审工作。经省政府同意，该规章列入了 1993 年、1995 年省政府立法计划。海南省是海域使用管理工作开展较早的省份，沿海 12 个市县先后制定了各自的海域使用管理规定，探索出了一套符合海南实际情况的经验和作法，立法基础十分成熟。目前，该规章的送审稿已基本草拟完成。在该稿中，对全省海域的规划管理、审批权限、申请和审批程序，海域使用金的交纳以及违反规定的法律责任等，都作了较为明确、全面的规定，从而使海域管理规定更加明细化，更符合海南省实际情况，增加了可操作性。该规章预计 1996 年可望出台。 （仇付强）

【标准计量和质量监督】 大力宣传国家标准，坚决贯彻执行新规范、新标准，在海洋台站测报、预报和各种海洋调查工作中全力开展质量监督工作，对海洋仪器设备定期组织检定，确保观测、监测、调查、预报资料产品的质量的准确、可靠、达标。

沿海地方海洋科学研究
Marine Scientific Research in Local Coastal Areas

【科学研究状况】 这三年，海洋科技的组织管理不断得到了完善，成立了海南省海洋开发规划设计研究院、海南省海洋开发研究所等海洋科研机构；积极引进了一批各层次的海洋科技人才，改变了过去只有为数不多的水产科技人员的人才紧张状况。海南的海洋科技力量得到了很大的加强，海洋科技的投人也得到了较大幅度增加。海洋科学研究领域不断拓宽，取得了一批海洋科研成果。积极组织发动企业公司参与开发海洋高新技术，实施高新技术成果的应用开发，加快了一批海洋科研成果向现实生产力的转化。改造了一批传统海洋产业的技术装备，有力地促进了海南省“科技兴海”战略的实施。

三年来，实施海南省自然科学基金资助的海洋科研项目 4 项，省科技厅使用科技“三项”经费安排的省重点科技项目 6 项，市县的科技“三项”经费安排的省重点科技攻关项目 7 项，受国家自然科学基金资助的海洋项目 3 项，实施星火国家级计划项目 3 项，承担国家级火炬计划立项的海洋项目 2 个，省级火炬计划立项项目 1 个；通过省部级鉴定的科技成果 10 多项；获得省科技进步奖的海洋科研成果计 6 项（其中三等奖 4 项，四等奖 2 项）。

【中国海湾志·海南省海湾】 国家海洋局“八五”期间重点科技攻关项目之一，由海南省海洋厅主持，国家海洋局第一、第二、第三研究所共同协助完成。该成果收录海南省沿岸海湾 16 个，依次为海口湾、铺前湾、清澜湾、龙湾、小海湾、石梅湾、新村港、牙龙湾、榆林湾、三亚湾、棋子湾、后水湾、金牌湾、马袅湾、澄迈湾。各海湾资料的录入，在充分分析历史文献和最新野外调查成果的基础上，从自然概况、气象气候、海洋水文、周边地质和地貌、沉积物和泥沙、海洋化学、海洋生物资源和海湾开发利用综合评价等 8 个方面进行了详细、客观的描述。全书共计 70 万字，附图 129 幅，表格 331 张，是海南省有史以来第一部以反映省海湾基本自然环境要素为主、全面反映海湾基本特征的著作。它的完成，对海南省有关部门和沿海各级政府制定海湾开发利用规划、审批海湾开发项目、科学合理地开发利用规划，加速地方经济发展，具有十分重要的现实意义。

【海南省海洋开发规划】 该《规划》由海南省政府委托省海洋局和省计划厅共同主持编制，国家海洋信息中心、海南大学、海南省体制改革办公室、海南省政府社会经济发展研究中心、海口市城市规划研究所等单位参与了编制工作，是第一部全面系统地论述海南省海域海洋资源综合开发利用的规划报告。《规划》收集到有关科研调查报告、专题规划报告等科学文献 600 余篇、图件 500 多幅。通过对海南省自然环境、自然资源、区位条件和社会经济发展需要等方面的综合评价，按照海陆开发并举、超常规发展、突出重点综合利用、依靠科学技术进步提高开发水平、海洋开发与环境保护协调发展等 5 项原则，采取定性与定量相结合、远期目标与近期项目相衔接的技术方法，勾画出海南省海洋开发的宏伟蓝图；并就重要开发地区及其海洋产业发展方向、海洋国土整治的任务和要求以及实现规划的主要措施等进行了阐述。该《规划》成果包括：海南省海洋开发规划报告、海南省海洋规划图、海南省海洋开发规划基础数据统计表和海南省海洋开发规划工作报告。1993 年 12 月 20 日，该《规划》成果通过省级鉴定。

【海南省海岛资源综合调查】 该调查是国家“八五”重点科技攻关项目，由省政府十几个省直厅局、13 个市县人民政府有关负责人组成了海南省海岛资源综合调查领导小组，成立了由 11 个厅、局、大专院校、科研技术单位的业务骨干组成的省海岛资源综合调查大队，调查工作开始于 1989 年 10 月，1994 年 10 月完成。此次调查外业作业调查历时 2 年半，于 1992 年 6 月结束，共调查 318 个岛屿，其中重点调查 49 个，概查 269 个。海上布设站点 352 个，获得了一批重大发现和调查成果，是海南历史上规模空前、范围广阔、学科众多、历时较长的一次综合性科学调查活动。1994 年 12 月，调查成果通过专家组和省政府的评审验收。最后形成的调查成果为：全省调查综合报告 1 份，约 170 万字，专业调查报告 34 份，共 131.4 万字，专题报告 31 份，共 17.3 万字；完成资料汇编 1 190 份，数据 21 万个，归档 268 卷，编著款目 7 238

条，编制著录28册；绘制原图882幅，收集照片资料1 600多张，海岛本底录像资料1本，编写《海南省海岛名录》1册；汇编《海南省海岛开发试验可行性研究报告》1册；归档、著录13个专业组调查的原始材料522份，有原始数据169万个；采集标本、样品及文物共2 000多件，建海洋标本室一个。

【海南省“科技兴海”规划】 为贯彻落实1994年10月在山东召开的全国“科技兴海”经验交流会精神，为实施“科技兴海、以海兴琼，建设海洋大省”战略，海南省成立了以省海洋厅和省科技厅为主的海南省“科技兴海”规划领导小组，领导编制了此规划。该成果的完成，对增强全省人民的海洋意识，依靠科学技术，在更高的水平、更深的层次上，把海洋科技优势转化为经济优势，科学、合理地开发利用海洋资源，保护好海洋环境，加速全省海洋经济的发展，具有重大的意义。

【海南岛沿海警戒水位的确定】 为核准和确定全省主要港口及人口稠密岸段的警戒水位，经省政府批准，下发了琼府办〔1991〕239号文，由省“三防”总指挥部、省海洋局牵头组织全省有关单位开展了全省的主要港口和人口稠密岸段警戒水位的重新核准和确定工作。确定了海南岛沿海21个港口及岸段的警戒水位，遍及全岛沿海地区。该项目首次在国内提出了更完整、合理、科学的警戒水位确定原则、确定标准和确定计算方法，填补了全省沿海绝大多数地区未定过警戒水位的空白。因全岛沿海绝大部分地区从未制定过警戒水位，每年因台风、暴潮袭击而造成巨大的损失。该项目应用之后，可以预先采取积极的措施，防止或减少台风暴潮的损失，其社会效益和经济效益极为巨大。

【海洋药物——海肤康皮膜开发】 海肤康皮膜是以从珍贵的海洋生物中提取的生物大分子物质为主要原料，经特殊工艺制成的治疗皮肤创伤、烧伤及皮膜溃疡疾病的膜状临时皮肤代用品。

海肤康皮膜由青岛海洋大学严格按照国家海洋生物制品的有关标准，历经10年，研制成功具有国际先进水平的高新科技专利成果。海南省海洋局于1993年购买了该项专利，并于同年获得海南省卫生厅鉴定，批准投入生产。

海肤康皮膜具有加速创面愈合的作用，能使创面形成一个最佳的修复内环境，防止创面污染、细菌侵入和蛋白质丢失。与异体皮、异种皮比较，价格低廉，易于携带，常温保存，使用方便。开启包装即可贴敷，直到愈合不必更换，减少了病人的痛苦和医疗费用。产品一经推出即引起了医学界的关注，1994年3月被卫生部列为卫生部高新技术推广成果。目前国内已有北京积水潭医院、同济医科大学附属同济医院、附属协和医院、湖南医科大学附属二院、上海瑞金医院、安徽医科大学附属一院、福建医学院附属协和医院、河北医科大学第三附属医院、西安医学院第二附属医院、吉林省人民医院、海南省人民医院、海南工人医院等100多所医院使用海肤康产品。

开发海肤康皮膜系列产品，利用其特点制成海肤康护创指套。在因游泳造成各种指端损伤时，使用海肤康护创指套，不需缝合和植皮，只需清创止血，加压包扎，不缩短指骨，无并发症。在伤指的塑形、运动功能和感觉功能的恢复方面具有其他传统治疗方法无可比拟的优点。现国内多家医院已把它作为临床上治疗指端损伤的首选和常规方法。海肤康护创指套产品资料已收入“W. W. W网络”进入国际资讯高速公路网，通过代理商，产品已发往台湾、新加坡、马来西亚、美国加州烧伤治疗中心、巴西巴西利亚外科医院和比利时布鲁赛尔陆军医院使用，反应良好。公司已授权美国注册的“海肤康”代理商“Vanming”公司向美国权威机关美国食品药物管理局申请产品注册。

资料统计
Data Statistics

表2 海南省海洋开发资料统计

项目		1993	1994	1995
海洋捕捞产量(t)		276 915	313 896	340 580
海水养殖产量(t)	鱼类	275 397	321 491	374 886
	虾蟹类	15 647	22 298	19 004
	贝类	14 606	18 615	22 032
	藻类	9 557	9 605	7 827
沿海货物运输量(万t)		1 254	1 390	1 967
海洋旅客运输量(万人)		797	83	653
沿海主要港口货物吞吐量(万t)	海口港	580	699	469
	三亚港	65	79	43
	八所港	384	355	273
	洋浦港	50	52	54
	沿海小港	278	326	465
海盐生产(万 hm^2,万t)	面积	0.43	0.43	0.43
	产量	34.61	26.45	18.85
海盐化工产量(t)	盐酸	2 109	149	
	烧碱	1 072	52	
滨海钛矿产量(万t)				21.10
滨海旅游人数(万人次)	国内	255.44	264.87	328.24
	国外	23.97	24.73	32.78

（潘建纲）

广西壮族自治区
Guangxi Zhuang Autonomous Region

综述
Summary

【概况】 广西壮族自治区是中国唯一濒海的少数民族自治区。广西沿海地区地处北纬20°54′～22°28′，东经107°29′～109°46′，其大陆海岸线全长1 595km，直线距离为185km，海岸线曲直比高达8.6：1。广西沿海拥有1 005km² 滩涂，500m² 以上岛屿651个，20m水深以内浅海6 488km²，10km² 以上港湾8个（含与广东省交界的英罗港）。沿海地区从东到西行政区划分为北海市（辖3区1县）、钦州市（辖2区2县）、防城港市（辖2区1县）。1995年人口508.8万，占广西全区人口11.3%。陆域面积11 573km²，占广西全区土地面积23.6万km²的4.9%。沿岸从东到西有123条中小河流，其中独流入海的有南流江、钦江、大风江、茅岭江、防城河、北仑河等22条，年均径流量约为250亿m³。广西沿海地区地处北回归线以南，气候基本属于南亚热带海洋性气候（焦金斯大陆度小于50）。冬无严寒，夏无酷暑，年均气温为21.8～22.6℃；干湿季节分明，雨量丰富，地域分布不均，东部年均降雨量1 646mm，西部年均降雨量为2 823mm；日照充足，年均日照时数为1 561～2 253小时；季风明显，冬季盛行干冷的东北季风，夏季盛行湿热的西南和东南季风；灾害性天气较多，主要灾害性天气有热带风暴、暴雨、低温阴雨、强风等，年均受热带风暴影响2.3次。沿岸潮汐类型为非正规全日潮和正规全日潮，最大潮差6.25 m，平均潮差2.42 m。近海海水盐度19.31～32.09，pH值8.00左右，表层平均水温为14.0～30.7℃，溶解氧4.39～6.08mL/L，含溴量达60×10⁻⁶。

广西海洋资源丰富。曲折的岸线和众多的港湾水道使广西沿海有天然港群之称，可建万吨级深水泊位120个以上，全部开发后年吞吐量可达1.4亿t，已开发利用不到7%。濒临的北部湾不仅是中国著名的渔场，也是海洋生物物种资源的宝库，据调查有鱼类500多种、虾类200多种、头足类近50种、蟹类190多种、浮游植物近140种、浮游动物130多种，其中儒艮、中国鲎、文昌鱼、海马、海蛇、海参等属珍稀或重要药用生物，石斑鱼、对虾、牡蛎、青蟹是名产，举世闻名的合浦珍珠就产于这一带海域。广西沿海滩涂还分布有面积占全国40%左右的红树林、涠洲岛周围浅海的珊瑚礁，这两类重要的热带生态系具有极大的科研和生态价值。北部湾盆地油气蕴藏量丰富，已开发的油气田有涠10—3、涠6—1、涠11—4。滨海地区矿产资源丰富，已知有28种，主要有：石英砂矿远景储量10亿t以上，陶瓷用陶土矿保有储量约为300万t、石膏矿保有储量3亿多t、石灰石矿保有储量1.5亿t。潮汐能丰富，有18处港湾具有装机容量500kW以上的条件，有4处年发电量可超过1亿度。风能丰富，年有效风能约为2464～3022 kW·h/m²。滨海旅游资源丰富，继1992年10月国务院批准设立北海银滩旅游度假区，1993年国务院又确定了涠洲岛发展外向型旅游的主调，涠洲岛度假区总体规划已经自治区人民政府组织评审通过，1995年自治区人民政府批准涠洲岛旅游度假区为自治区级旅游度假区；防城港市江山半岛亦被批准为省级旅游度假区。

表1 广西沿海国民经济情况

内容	单位	北海市辖区			钦州市辖区			防城港市辖区			合浦县		
		1993	1994	1995	1993	1994	1995	1993	1994	1995	1993	1994	1995
年末总人口	万人	23.40	24.37	47.93	107.50	108.39	109.76	52.12	52.81	53.81	106.92	107.86	86.16
国内生产总值(当年价)	亿元	21.91	32.86	49.14	22.31	34.53	40.21	13.68	20.40	25.76	33.23	43.99	40.79
第一产业	亿元	3.12	4.03	10.99	13.01	17.87	22.55	4.41	7.50	9.90	12.77	17.09	16.83
第二产业	亿元	10.73	15.34	15.82	4.87	7.47	6.48	2.91	5.10	5.08	9.78	12.90	11.80
第三产业	亿元	8.10	13.49	22.33	4.42	9.19	11.17	6.35	7.80	10.78	10.67	14.00	12.16
农业总产值(当年价)	亿元	5.84	8.08	20.01	18.82	27.73	38.30	6.82	11.63	15.83	20.15	27.60	28.37
全部工业总产值	亿元	19.82	27.67	44.28	17.45	24.42	21.29	5.33	11.93	19.29	29.66	42.94	34.90

注：1995年合浦县3个镇划归北海市管辖。

【**沿海行政区划调整**】 1993年5月23日，经国务院批准，撤销防城各族自治县和防城港区，设立防城港市(地级)，以原防城各族自治县和防城港区的行政区域为防城港市的行政区域，由自治区直接领导；将钦州地区的上思县划归防城港市领导；防城港市辖防城、港口两个区和上思县。

1994年6月28日，经国务院批准，撤销钦州地区和县级钦州市，设立地级钦州市，由自治区直接领导。钦州市辖钦南、钦北两个区和原钦州地区的灵山县、浦北县。12月17日，国务院批复同意广西壮族自治区对北海市辖区行政区划作如下调整：(1)撤销北海市郊区，设立银海区；(2)新设铁山港区；(3)扩大海城区的行政区域。

表2 广西壮族自治区有关海洋开发资料统计

年份		1993	1994	1995
海洋捕捞	产量(t)	303 006	396 513	498 192
	鱼(t)	241 179	295 235	388 003
	虾(t)	4 262	7 458	10 499
	贝(t)	20 711	44 661	44 779
	蟹(t)	35 409	45 309	59 505
	藻(t)	72	87	35
海水养殖	产量(t)	45 358	75 364	147 514
	面积(hm^2)	17 210	29 900	41 000
	对虾(t)	2 058	3 797	5 420
	贝类(t)	39 012	65 354	129 110
	鱼类(t)	1 834	2 511	7 927
	藻类(t)	/	/	75
海洋货物吞吐量(万t)		694.96	771.84	920.88
海洋旅客运输(万人)		43.25	49.68	45.52
其中：北海市(万人)		41.64	48.13	39.10
沿海主要港口货物吞吐量(万t)	防城港	407.16	463.00	464.00
	北海港	189.45	214.60	201.00
海盐	产量(万t)	11.78	11.08	7.64
	面积(hm^2)	4 996.6	4 995.2	4 997
海盐化工产品	生产面积(hm^2)	3 739.9	3 738.2	3 625.9
	粉洗盐(万t)	0.65	0.41	
	粉洗精盐(万t)	0.65	0.55	1.10
沿海砂矿产量(万t)		572.30	3 264.10	27.80
北海市国际游客人数(人)		4 615	5 940	5 075

【**海岛调查及开发试验**】 25万字的《广西海岛资源综合调查报告》于1995年终审定稿，至此广西海岛资源综合调查结束，此次调查共采集样品15 998个，采集标本15000号，共获得数据42万多个，汇编资料181卷，编制图幅140幅，档案立卷513卷，著录2 077条，形成专业调查研究报告13份、200多万字。从1990年起，在国家科委和全国海岛办的支持下，海岛资源综合开发试验工作逐步开展，取得了较好的经济效益和社会效益，4个试验项目获利税92.57万元，创汇9.4万美元。试验的成功也带来了显著的社会效益，带动了一批养殖专业户的发展，如钦州湾牡蛎吊养已达260多公顷，产值3000多万元；马氏珠母贝人工育珠项目的开展解决了500多岛民的就业。

(沈玉芸)

海洋资源的开发利用
Development and Utilization of Marine Resources

【**海港建设**】 1993年广西沿海港口建设主要工程有：钦州港(湾)$1^{\#}$、$2^{\#}$两个万吨级码头，防城港过渡段中级泊位，北海新港区$3^{\#}$、$4^{\#}$两个万吨级泊位，北海港国际客运码头和合浦沙田港、东兴开发区竹山港码头等。1995年8月又开工建设防城港$0^{\#}$万吨级泊位工程。1994年完成海港建设投资21 878万元。1995年完成海港建设投资4 048万元。

钦州港两个万吨级起步码头工程 位于钦州市的沟岭。1992年8月动工兴建，1994年1月完成主体工程，进港24.3km航道和港池等配套工程亦于1995年5月竣工投入使用，累计完成投资20 219万元。已形成港口年吞吐能力90万t，结束了钦州有海无港的历史，实现了孙中山先生生前的遗愿。

防城港过渡段中级泊位 属于原已建成8个万吨级泊位相配套工程，包括有5 000吨级泊位2个；2 000吨级泊位1个；1 000吨级泊位2个。该工程1993年12月开工，5个泊位1994年12月竣工通过验收，使防城港新增吞吐能力90万t。

北海新港二期工程$3^{\#}$、$4^{\#}$泊位 建设3.5万吨级、2万吨级泊位各1个，与原先建成的2个万吨级起步码头相连接。码头为沉箱卸荷板结构，由交通部水运规划设计院设计。1992年9月开工，计划总投资25 201万元，至1995年末累计已完成投资为20 686万元。

北海国际客运站码头 按一等客运站标准建设，建客货轮泊位3个，滚装船泊位5个。1993年9月开工，计划总投资7 940万元，至1995年末累计完成投资1 554万元。

沙田港码头 位于北海市合浦县，主体建成1 000吨级滚装船高、中、低水位3个泊位，包括500吨级泊位2个，300吨级泊位8个。港区总面积23.7万m^2。1991年9月动工，1993年12月竣工，计划投资856万元，建成后年吞吐能力为30万t。

东兴开发区竹山港码头　属地方边贸码头，位于中越界河的北仑河口。计划建设500吨级件杂货船泊位2个，150吨级煤码头泊位16个，计划投资2 447万元。1993年12月动工建设，至1995年末累计完成投资1 369万元，建成后港口年吞吐能力100万t。

【海洋运输】　1993年广西投入沿海运输各类船舶790艘、32 266载重吨、3 249客位。沿海运输完成货运量101万t、货物周转量32 344万t·km。广西海洋运输公司近海运输1993年完成货运量25.3万t、110 464万t·km。投入港澳线运输的有234艘、93 871载重吨、120客位，全年完成货运量109万t。1993年3月，防城港开通了至越南海防市的海上旅游航线，“防城号”豪华客轮投入营运。同年4月，继北海至海口航线开通后，又新开辟了北海至洋浦车客轮渡航线。1993年沿海客运量26万人，旅客周转量达722万人公里，分别比1992年增长504%和152%。全自治区1993年海港吞吐量为693万t，边贸货运增多。防城港年吞吐量首次突破400万t达407万t，北海港年吞吐量达189万t，海港生产、效益明显提高。

1994年广西沿海运输有各类船舶722艘、36 297载重吨、4 022客位。北海至港澳海上特种专用船航线、北海至越南海防、鸿基海上客运航线和防城—新加坡、防城—泰国集装箱班轮航线开通，运力结构得以调整。沿海完成货运量139万t、货物周转量25 954万t·km。广西海洋运输公司1994年完成近海运输33万t、196 669万t·km。投入港澳航线运输有297艘船、118 700t、120客位，船舶艘数和吨位比1993年分别增长26.9%和26.4%，当年完成货运量119万t。北海恒通船务公司、北海诺亚方舟船务有限公司4艘高速客轮竞相投入营运后，客运增长势头不减，客运量比1993年增长57.6%。其中国营北海海运公司的客运量从1993年的5万人猛增到1994年的10万人，主要是北海至海南往来人员和到北海旅游度假的人数增多。防城港当年吞吐量为462.5万t，北海港年吞吐量首次突破200万t大关达214.6万t。

1995年广西投入沿海运输有657艘、30 247载重吨、2 823客位。沿海运输完成货运量144.6万t、货物周转量2.68亿t·km。广西海洋运输公司1995年完成近海运输19.1万t、244 649万t·km，拥有万吨级轮4艘、8.1万t运力。而广西海港吞吐量首次出现下降，客运受西南地区及广西与海南省交流增多的影响，沿海客运量比1994年增长近一倍，出现了明显的反差。

（黄德彰）

【海洋渔业】　1993～1995年，海洋水产业保持持续发展势头，1995年海洋水产品总产量为645 706t，比1992年的284 300t增长1.27倍。近年来，沿海各地加大海水养殖的开发力度，仅1995年投资了6亿余元，使海养面积增至410km²，产量147 514t，产值17.6亿元。分别比1992年增加1.80倍、5.22倍和5.24倍。其中，文蛤养殖面积114km²，产量6.7万t；大蚝151km²，收获4.9km²，产量5 660t；对虾48km²，产量5 420t。北海市水产实业总公司引进食品加工技术，生产的蟹肉丸、墨鱼丸、鱼丸、虾丸、红带子丸和文蛤软包装等6种新产品获国家绿色食品证书标志；与日商合作生产的美味鱼糕、四喜鱼糕、八珍鱼糕和蟹柳获得自治区优质产品称号。（冯秉东）

【沿海旅游业】　1993～1995年，广西沿海地区累计接待海外过夜旅游者2万多人次，创汇500万美元；接待国内游客500多万人次，回笼人民币5亿多元，旅游总收入合计约6亿元人民币。

旅游景区规划、建设　北海市涠洲岛、合浦县南国星岛湖、防城港市江山半岛先后被批准为省级旅游度假区，其旅游度假区总体规划也已先后获评审通过，从而使其旅游开发加快了步伐。涠洲岛度假区已筹备建设水厂、电厂、码头、道路、娱乐度假中心、影视艺员村等项目，意向投资总额超亿元。南国星岛湖度假区建成了宾馆、娱乐中心、餐饮购物店等接待设施并已投入使用；另外，还与中央电视台《水浒》摄制组签订合同，自筹资金3 000万元，建设《水浒传》外景基地。江山半岛度假区11km环岛公路全线建成通车，水电、通讯等基础设施基本成形，其月亮湾、大平坡等处景点初具规模。

北海银滩国家旅游度假区分为东区、西区进行建设，3年累计内联外引资金数亿元。东区主要进行了平整土地、开通道路、编制人工岛规划等项工作。西区进行了现有景区（点）的完善、配套，先后建成海滩公园、亚洲首屈一指的大型音乐喷泉雕塑、恒利海洋娱乐运动旅游中心等一大批项目。先后举办了“银滩焰火晚会”、“休闲度假在银滩”、“银滩之夏”等大型系列活动，吸引了无数游客。还理顺了银滩管理体制，改善了银滩旅游环境。钦州市召开了龙门72迳旅游景区开发论证会，开辟了72迳水上旅游线。防城港市防城区建成了伯南公园，东兴区开发建设了金滩旅游度假区。

旅游宾馆建设　在旅游景区（点）开发建设的推动下，旅游宾馆建设也取得了长足进展。北海市新建成了香格里拉大饭店、富丽华大酒店东楼、利源国际大酒店等一批旅游宾馆；防城港市建成了金海岸宾馆、伯南宾馆、南城宾馆；钦州市在建大力神宾馆、金湾大酒店。除已建成和在建的宾馆外，还有不少的宾馆进行了扩建或改造。已营业的宾馆饭店中，许多经过评审，取得了涉外定点资格或评上了星级，逐步实现了与国际接轨。

旅游队伍建设　各市（区）、县建立健全了旅游行政管理机构。旅行社数量不断增加，其中北海国旅升格为一类旅行社。旅游从业人员队伍逐步壮大，服务质量日益提高。北海市通过开展“微笑在北海”、“青工技术比武”、“烹饪大赛”等活动，有效地提高了旅游企业员工素质和业务技术水平，受到了中外游客的赞誉。　（余小军）

【广西海洋农牧场示范工程】　为实施“科技兴海”战略，1995年6月，广西海洋开发保护管理委员会办公室提出了广西海洋农牧场示范工程，简称“牧海工程”，并被列入了自治区人民政府的科技八大工程。其宗旨是“九五”期间在广西近海和沿海三市范围内，依靠科技进步，通过实施“牧海工程”，引导和推动广西的海水养殖业向海洋农牧化方向转变，大幅度提高广西海水养殖产业的科技水平，以促进广西海洋经济的快速、协调发展和海洋生物资源的可持续利用。到2000年，使广西海水养殖产业的科技进步贡献率由目前的约30%提高到60%，海洋渔业产值超百亿元。具体内容包括：(1)引进、驯化和培育20个优良品种，每年成功推出1～2个具有产业化规模的拳头品种；(2)引进、开发和推广100项先进、通用的海洋增养殖配套技术；(3)建设15个左右不同类型的海洋农牧示范场，逐步形成一个高起点、高水平、高效益的海洋农牧场示范体系；(4)建设和完善3～5个综合性苗种培育基地、1～3个综合性人工配合饵料生产基地、1个工程科研实验、中试研究中心；(5)引进、培养300名高级海洋水产科研、管理和经营人才以及1000名以上的生产技术人员。 （覃立团）

【广西近海水深地形测绘】 1994年10月～1995年4月，国家海洋局第一海洋研究所对广西近海0～15m水深的海域进行了1：5万水深地形测绘工作。“广西近海水深地形测绘”是广西壮族自治区人民政府批准的《广西沿海开发海洋前期计划》的一项重要内容，得到了国家海洋局的支持。这种全省规模的沿海水深地形测绘 在国内尚属首次。国家海洋局第一海洋研究所采用先进的GPS卫星定位、测深、成图设备及测量方法，仅用了一年多就完成了全部的外业测量和内业整理工作。该项目的成果为广西海洋开发、保护、管理提供了最新、最基础的图件，对维护国家权益、促进广西海洋开发、建设出海大通道都有重要意义。 （梁 群）

沿海海洋环境保护
Coastal Marine Environmental Protection

【海洋自然保护区】 1993～1995年，山口国家级红树林生态自然保护区完善了管理机构，完成了保护区的界、碑、桩等标志，配备了交通工具，架设了一条海上木质长廊，组织了保护区小区规划制订、红树林区生物区系调查、红树林引种、栽培等科研项目和栉江珧人工养殖、红树林生态旅游等适度开发活动，开展了大量的宣传教育工作，对于有效地保护和合理开发利用红树林生态系的资源和环境起到了重要作用。北仑河口海洋自然保护区调整了管理机构，充实了管理人员，加强了管理力度，组织了“红树林人工栽培中试”和“红树林区青蟹生态养殖”项目，协助有关单位开展了“北仑河口演变现代过程和河口整治研究”和“北仑河口综合整治研究”等项目，人工栽培了600多亩红树林，对于恢复和保护该区域的生态环境、维护中国海洋权益起到了积极作用。

1994年，自治区人民政府正式批准颁布了《山口红树林生态自然保护区管理办法》和《北仑河口海洋自然保护区管理办法》，为两个海洋自然保护区的管理提供了法律依据。1995年，自治区财政在海洋事业费中增加了海洋自然保护区业务补助费专项。 （孙书贤）

【防灾减灾预警预报系统】 1994年12月，根据广西壮族自治区领导的指示，自治区科委会同自治区水电厅、气象局，组织有关单位的技术人员，开展广西防灾减灾预警预报系统（以下简称防灾系统）的建设工作。其目的是利用先进科技，建立广西完整的防灾减灾预警预报系统，提高灾害（主要是洪涝灾害）预警预报的准确率和时效性。建设防灾系统的主要内容是建立联接广西水文、气象、海洋等部门预警预报系统的广域计算机网络。由自治区防汛抗旱指挥部、水文水资源局、气象台、海洋监测预报中心、主席办公室组成骨干网络，实现信息资源共享，随时调阅各部门的实时、历史信息，为政府指挥防灾抗灾提供全面科学的决策依据。为加强防灾系统建设的组织领导，自治区成立了由自治区一名副主席任组长的自治区防灾减灾预警预报系统领导小组，自治区政府并为此拨出340万元专款。预计1996年汛期防灾系统可投入运行。 （林卫江）

【钦州湾海洋综合管理平行示范区】 钦州湾位于广西沿海的中段、北部湾的顶部，海湾面积380km²，具有发展港口、水产和滨海旅游业的优良条件，目前仍处于相对未受污染的状态。随着湾周边区域人口的增加和港口、电力、钢铁等大批计划建设项目的相继上马，钦州湾海洋资源与环境正面临着巨大的威胁。为了促进该区域海洋资源、环境的有效管理，自治区海委办于1995年6月专门邀请了全球环保基金（GEF）、联合国开发计划署（UNDP）、国际海事组织（IMO）共同组织的东亚海域海洋污染防治项目负责人、国际海事组织高级官员蔡程英博士到钦州湾进行了为期6天的访问考察，并组织专人进行了调研。1995年12月东亚海域海洋污染防治项目执行委员会正式批准在广西钦州湾建立海洋综合管理平行示范区。该平行示范区主要与厦门示范区挂钩，拟通过建立综合协调管理机制，完善有关法规制度，编制大比例尺功能区划和海洋开发规划，完善监测网络，建立保护区和海洋管理信息系统等手段，提高钦州湾沿岸海洋综合管理的能力，增进沿海经济发展的持续性，获得区域最佳的生态、社会和经济效益。东亚海域项目将为该平行示范区提供必要的技术咨询、信息和培训机会，并协助从其他国际机构争取援助和支持。 （孙书贤）

海洋灾害
Marine Disasters

【海洋灾害】 1993～1995年，登陆和影响广西的台风、热带风暴有7个，均出现暴雨和大暴雨天气过程，产生了大风和洪涝灾害，共造成直接经济损失达50多亿元。

9309号台风 1993年8月21日在广西阳江市西部地区登陆后，向偏西方向移动影响广西。桂南沿海陆地出现7级阵风9级、涠洲岛出现8级阵风10级的大风天气，并出现暴雨和大暴雨天气过程。据统计全区有19个县市、298个乡镇受灾，死亡15人，倒塌房屋13 624间，损坏房屋326 307间，直接经济损失达5.3亿元。

9403号热带风暴 1994年6月8日在广东省海康县登陆后向北偏西方向移动，途经广西境内，桂南沿海陆地出现5级阵风8级、涠洲岛出现8级阵风10级的大风，并出现暴雨和大暴雨天气过程，造成洪涝灾害。仅北海市倒塌房屋1 592间，损坏3 717间，死亡1人，受灾农田2.41万hm^2、养殖田0.11万hm^2，损坏海河堤35.35km，决口128处，直接经济损失1.304亿元。

9405号热带风暴 1994年7月4日在广东电白县登陆后向偏北方向移动进入广西境内，4～6日桂南沿海出现暴雨和大暴雨天气过程，造成洪涝灾害。南流江下游8个乡镇严重受灾，被洪水围困8.6万人，紧急转移0.93万人，倒塌房屋921间，损坏1 700多间，死亡1人，受灾农田28 788hm^2、养殖田1 807hm^2，直接经济损失2.306亿元。

9505号强热带风暴 1995年7月31日在广东汕头市登陆后继续向偏西方向移动，进入广西境内与北部湾辐合带云团合并，使桂南沿海出现6天连续暴雨和大暴雨天气过程，造成洪涝灾害。仅北海市就有129个村镇受灾，被洪水围困18.87万人，紧急转移1.36万人，倒塌房屋7 181间，损坏1万多间，淹没农田4.4万hm^2，养殖田8 700hm^2，损坏小水库12座、海河堤96.2km，海河堤决口690处，冲毁公路桥涵10座，损坏公路156km，全市停产半停产企业417个，直接经济损失4.62亿元。

9516号强热带风暴 1995年10月12日进入北部湾南部海面后转向偏北，13日下午在广西合浦县西部沿海地区登陆后向偏北方向移动。受其影响，桂南沿海陆地出现8级阵风10级、涠洲岛出现10级阵风12级大风，并出现暴雨和大暴雨天气过程，造成大风和洪涝灾害。据统计，全区有30多个县市受灾，受灾人口300多万人，倒塌房屋8.5万间，死亡75人，淹没农田44万hm^2，直接经济损失37亿元。 （孔宁谦）

地方海洋立法与管理
Local Marine Legislation and Management

【海洋立法】 1993～1995年，广西壮族自治区发布的与海洋有关的法规、规章共7项。1994年4月11日自治区人民政府发布《广西壮族自治区航道管理办法》；1994年7月1日自治区人民政府发布《广西壮族自治区北仑河口海洋自然保护区管理办法》和《广西壮族自治区山口红树林保护区管理办法》；1994年9月21日自治区人民政府办公厅发布《关于奖励外引内联开发海洋渔业和沿海经济有功人员的若干规定》；1994年11月26日广西壮族自治区第八届人民代表大会常务委员会第十二次会议通过《广西水生野生动物保护管理规定》；1994年12月15日自治区人民政府发布《广西壮族自治区水产苗种管理办法》；1994年12月21日自治区人民政府发布《广西壮族自治区乡镇运输船舶安全管理办法》；1995年3月29日广西壮族自治区第八届人民代表大会常务委员会第十四次会议通过《广西壮族自治区测绘管理条例》。

广西壮族自治区海洋开发保护管理委员会办公室、财政厅根据国家海洋局、财政部1993年5月联合颁发的《国家海域使用管理暂行规定》，结合本地实际情况，联合起草了《广西壮族自治区海域使用管理条例》，于1994年2月报送自治区人民政府审查，1994年7月自治区人民政府通过该条例，并提请自治区人民代表大会常务委员会审议。沿海市县也先后起草了《国家海域使用管理暂行规定》的实施细则，并报送当地人民政府审查。

【钦州港海洋倾废区】 1993年4月，国家海洋局南海分局依照1985年4月1日实施的《中华人民共和国海洋倾废管理条例》的有关规定，在广西壮族自治区钦州港划定一个疏浚泥临时倾倒区，为一主一辅2处。主临时倾倒区选在拦门沙航道偏东方5m等深线以外海域，即东经108°37′48″～108°39′12″，北纬21°31′48″～21°33′12″，东西宽2.35km，南北长2.6km，面积约6.1km^2，平均水深6.4m，拦门沙段抛泥运距6～7km。辅临时倾倒区选在拦门沙航道偏西5m等深线以外海域，即东经108°32′、北纬21°32′，半径为500m的海区，面积约0.8km^2，拦门沙段抛泥运距3km。

【海洋环境监视】 成立广西海洋环境监视网以来，广西的海洋资源、环境保护工作得到了加强。在各级领导关心和支持下，各监视网成员单位密切合作、协同作战，对广西沿海海洋环境、资源开发活动进行监视、监测，对破坏环境、损害资源的行为和事件及时调查、取证、通报，并向有关部门提出处理意见或建议，做了大量工作。据统计，3年来共处理重大事件10多起，发布通报、简报14期。有力地促进了广西海洋环境、资源的保护工作，获得了当地群众和有关政府领导的称赞。 （刘 斌）

【海洋倾废管理】 广西海洋倾废管理起步较晚，至1995年底，沿海有3个疏浚物临时倾倒区。广西海洋监察大队在1993～1995年期间，共核发倾倒许可证12本，批准总倾倒量128万m^3。除了受理海洋倾废申请外，广西海洋监察大队还经常性地到各港口监视、检查。1995年对广州浩业疏浚工程公司无证倾倒海洋疏浚物的违法行为处以罚款2万元。 （李林辉）

【海洋管理机构】 随着中国政治体制改革的推进，广西海洋管理机构也逐步健全，走向成熟。为加强广西的海洋综合管理，1993年3月22日自治区人民政府批准在原广西海洋资源研究、开发、保护领导小组和原广西海洋管理处的基础上成立广西海洋开发保护管理委员会，下设办公室处理日常事务。1993年6月2日，自治区人民政府又指令赋予广西海洋开发保护管理委员会办公室13条职责，明确其为主管广西海洋事务的行政职能部

广东省
Guangdong Province

综述
Summary

【概况】 广东面临南海,大陆海岸线长达 3 368km,沿岸 10m 等深线以内的浅海和滩涂面积 126.76 万 hm^2,海域面积辽阔。地处热带亚热带,气候适中,非常适宜于海洋生物的生长繁殖,南海油气储藏和滨海砂矿资源丰富,很多具有工业开采价值。海水盐度较高,适宜制盐。沿海港湾有 100 多处,自然景观和人文景观都很有特色。

“八五”期间,广东把发展海洋经济作为增创新优势、增强总实力的战略工作来抓,省委、省政府十分重视海洋开发工作。1993 年召开了第一次全省海洋工作会议,首次提出了要通过发展海洋产业,把海洋资源优势转化为经济优势,使海洋产业逐步成为国民经济的支柱产业之一。在全省范围内掀起了开发海洋的高潮。

为了切实加强海洋开发的综合管理,1994 年 5 月,广东省委、省政府在机构改革中,撤销了省水产局、省海洋局,组建了广东省海洋与水产厅,主管全省海洋综合管理与水产工作。使海洋管理工作有了组织上的保证。

1995 年 7 月,广东省委、省政府召开了第二次全省海洋工作会议,研究部署加快发展海洋渔业,并以此推动整个海洋经济的发展。会后,作出了《关于加快发展海洋渔业的决定》,从政策、资金等方面,倾斜支持发展海洋渔业。1995 年,全省海洋产业产值 647.21 亿元,占当年国内生产总值的 12%,其中:海洋渔业产值 210.10 亿元,海洋运输业产值 127 亿元,海洋油气业产值 61.4 亿元,滨海旅游业 215.82 亿元,海洋盐业产值 1.09 亿元,海洋修造船业 31.48 亿元,传统海洋产业和新兴海洋产业并驾齐驱,协调稳步发展。

1993 年以来,特别是成立广东省海洋与水产厅之后,广东海洋工作坚持以发展海洋经济为中心,积极推进海洋综合管理,逐步开展各项海洋工作。

1. 落实海洋管理机构,加强队伍建设。多方争取沿海各地党政机关的重视和支持,沿海市县基本都设立海洋与水产局,职能与省对口,初步形成了海洋与水产业的统一管理体系。省成立了广东省渔政海监检查总队,现有 1 000多人,船员 200 多人,汽车 40 辆,检查船艇 132 艘,约20 312kW,担负全省的渔政海监检查管理任务。成立了广东省渔船渔港监督管理总队,担负管理全省渔船

门,负责对广西管理海域、海岸带、沿海岛屿的海洋活动实施综合性规划、区划、监察、海域使用审批等海洋综合管理。

1993 年 10 月 1 日,国家海洋局授予广西海洋开发保护管理委员会办公室对广西邻近海域的海洋监察管理权,并在广西南宁市举行了授权仪式。同时,自治区编制委员会办公室下文批准成立广西海洋监察大队和广西海洋监测预报中心,与国家海洋局北海中心海洋站一起实行三块牌子一套人马,由广西壮族自治区和国家海洋局南海分局双重领导,以广西壮族自治区为主。

经过 3 年的努力,沿海干部、群众、企业、事业单位和各涉海部门的海洋意识得到提高,海洋综合管理和海洋资源可持续利用观念逐步深入人心,海洋开发秩序初步得到规范,促进了广西沿海地区以大西南出海通道建设为龙头的经济发展。 (刘 斌)

【广西海洋监测预报中心】 广西海洋监测预报中心是 1993 年 9 月在原国家海洋局南海分局北海海洋管区基础上成立的。与广西海洋监察大队实行一个机构、两块牌子、一套人员。下设广西海洋预报台、北海海洋站、涠洲海洋站、防城港海洋站。海洋站主要职责是按照国家海洋观测规范开展海浪、潮汐、海水温度、盐度等海洋要素观测。广西海洋预报台经过两年多的建设,海洋预报所需基本软硬件设备已全面进入业务运行状态,已具备发布台风、风暴潮、海浪、海温等部分海洋要素预报的能力和手段,于 1996 年 2 月 1 日开始进行不间断内部试预报。

(林卫江)

【涠洲岛旅游度假区管委会】 根据国务院有关文件精神,为加速涠洲岛的经济建设及旅游资源的开发,北海市人民政府于 1994 年 7 月下文成立了北海涠洲岛旅游度假区管委会。管委会在涠洲岛总体规划出台后,积极开展对外宣传、招商引资工作,就涠洲电厂、客运码头、环岛公路、南湾填海工程、起步区接待基地、海水养殖等项目签订了意向及协议,并着手进行项目的前期工作。还按总体规划要求及用地审批程序对出让土地进行了重新登记及清理。同时,对度假区内一些违反总体规划进行搭建及破坏度假区自然环境的不良现象进行制止和查处。通过度假区管委会的积极工作,涠洲岛旅游度假区总体规划已经自治区人民政府组织评审通过并以自治区人民政府桂政发[1995]84 号文批准涠洲岛旅游度假区为自治区级旅游度假区,涠洲岛旅游度假区的开发建设将掀开崭新的一页。 (王晓林)

渔港监督管理工作。

2. 抓紧制定海洋开发规划。根据国家海洋局《中国海洋 21 世纪议程》的指导思想,召集有关涉海部门,共同制定《广东省海洋产业发展总体规划》,目前已进入了论证阶段。海洋渔业先走一步,已经拟就了大亚湾等 12 个海湾的连片开发规划。

3. 建立海洋环境监测网络,开展重大污染事故的调查处理工作和沿海工业建设项目的环境影响评价工作。现在全省重点海区、江河沿岸已设立 22 个监测点,并在湛江、珠江口、汕头建立环境监测中心站。除珠江口中心站正在筹建外,其他站、点业已正常开展工作。初步形成广东海域的海洋环境监测网络,为查处污染事故和陆源污染物入海提供依据。调查处理了一批突发性的重大污染事故。如韩国“木春 1”号在湛江港海域泄漏苯乙烯、“粤油 101 号”在汕头港海域泄漏原油、图努瓦籍油轮在黄埔港流漏原油、“大庆 212”油轮在湛江港泄漏原油及深圳市水晶玻璃厂溢漏柴油等事故。积极主动地参加了一系列重大沿海工业项目的环境影响评价工作,承担建设项目的技术论证,并作为海域管理者的代表介入项目的活动中,对项目造成的海洋环境污染问题,提出了保护海洋环境与资源的措施和方法,并在实践中形成了一套操作性较强的环评制度。

4. 加强海洋自然保护区的管理工作。除对国家级惠东县港口海龟自然保护区、省级大亚湾水产资源自然保护区和雷州市的白蝶贝资源自然保护区进一步完善管理体制、投放资金、增配监管人员外,还对全省沿岸的红树林、珠江口的中华白海豚、湛江市硇洲岛海洋生态等进行了初步调查,计划建立湛江市硇洲岛海洋生态型自然保护区、珠江口中华白海豚资源保护区。

5. 加强法制建设,争取出台《广东省海域使用管理规定》。按照依法治海、依法兴海的发展思路,广东从 1993 年开始,便着手草拟《广东省海域使用管理规定》,把贯彻《国家海域使用管理暂行规定》和实际情况结合起来,为全面实施海域使用管理提供法律依据。

渔业立法工作取得新的成效。1994 年 7 月 6 日,广东省第八届人民代表大会常务委员会第九次会议通过《广东省渔港管理条例》,这是中国第一部渔港管理的地方法规,1994 年 9 月 1 日起施行。

6. 积极实施“科技兴海”战略。探索并初步形成科技产业化的体系,促进科研部门与生产部门的紧密联合。着重抓紧培育以海洋开发为重点的高新海洋技术产业,积极筹建湛江海洋大学,加快海洋科技人才的培养。

7. 完成了海岛资源综合调查。于 1995 年 10 月完成了广东省海岛资源综合调查和开发试验报告。广东省岛屿 1 431 个,其中面积大于 $500m^2$ 的有 759 个,海岛面积为 1 592.62km^2,岛岸线 2 414km。几年来,海岛调查成果已在地方政府决策、社会经济发展规划、科研工作以及经济建设中发挥了一定的作用,收到较好的社会效益和经济效益。

(郑增豪)

海洋资源的开发利用
Development and Utilization of Marine Resources

【港口建设与海上运输】 1993～1995 年,沿海各市重视港口建设,港口基本建设和技术改造加快。1995 年,全省拥有沿海港口 52 座,年货物吞吐量 14 500 万 t。沿海主要港口广州港、湛江港、汕头港、蛇口港、赤湾港和妈湾港等拥有码头泊位 936 个,其中万吨级泊位 84 个,码头泊位长 59 519m。较之于 1992 年,沿海主要港口增加泊位 43 个,增加本港货物吞吐能力 2 324 万 t。1995 年,沿海主要港口货物吞吐量 9 552 万 t,占全省港口货物吞吐量的 73.89%;旅客吞吐量 664.4 万人,占全省港口旅客吞吐量的 23.77%。沿海主要港口 1995 年集装箱吞吐量 539 491 箱,比 1994 年增长 42.4%。随着广州港、湛江港、汕头港、深圳盐田港和珠海高栏港的扩建,以珠江三角洲港口群和东西两翼港口群形成的港口体系日趋完善。

1995 年,广东省沿海营运船舶 4 896 艘,载重 1 630 574t,功率 1 035 593kW。其中从事南北航线煤炭运输船舶 14 艘,载重 501 670t;从事液化气运输船舶 13 艘,载重 12 478t;从事琼州海峡客运船舶 7 艘,车辆运输船舶 22 艘。1995 年完成南北航线煤炭运输 1 800 万 t,完成进口粮食接卸 353.5 万 t。外贸货物吞吐量增长较快。1994 年,广州港本港完成货物吞吐量 5 411.1 万 t,外贸吞吐量完成 2 021.4 万 t,占 37.4%;湛江港本港完成货物吞吐量 1 833.9 万 t,外贸货物吞吐量 1 121.3 万 t,占 61.1%;汕头港完成货物吞吐量 708 万 t,完成外贸货物吞吐量 488.7 万 t,占 69%。

1994 年,广州远洋运输公司完成货运量 1 964 万 t,比 1992 年增长 47.4%;货运周转量 96.21 亿 t · n mile,增长 41.3%;承运集装箱 91 万 TEU,增长 3.04 倍。航区继续扩大,该公司已航行到过 147 个国家和地区的 1 279个港口,航线遍布世界各地。 (郑焕松)

【海洋渔业】 海洋渔业分布于沿海 38 个市县。1995 年,全省海洋渔业产量 197.2 万 t,产值 210.1 万元,分别比 1992 年增长了 33.8%和 310%。

海水养殖和远洋捕捞成为广东海洋渔业新的增长点,整个海洋渔业经济发生了深刻的变化。

1. 海洋捕捞渔业生产力水平显著提高。1995 年,广东海洋捕捞生产渔船达 5.6 万艘、182.28 万 kW,其中,机动渔船达 4.92 万艘,占 88%;基本实现渔船机动化。许多渔船装备了雷达、卫星导航仪、定位仪、探鱼仪、对讲机等先进的助渔导航设备。广东渔船装备的总体水平已经接近香港渔船的水平,在国内处于领先地位。

2. 海水养殖开发的广度和深度有了很大发展,1995 年海水养殖面积 11.6 万 hm^2,比 1992 年扩大了 2.22 万 hm^2。全省浅海滩涂的开发利用率达 15%,比 1992 年增加了 2.9 个百分点。海水养殖改变了粗放经营的生产方式，建立和发展了网箱养鱼、池塘精养对虾、筏式吊养牡蛎、贻贝等生产基地，使海水养殖的生产水平与经济效益大幅提高，走出了一条具有广东特点的海水养殖发展路子。

3. 远洋渔业等外向型渔业初具规模。经过周密的前期准备，广东远洋渔业从1993年起进入了快速发展的阶段，到1995年，广东省外派出远洋渔船256艘，主要分布在西非、西南太平洋等多个国家和地区。全省远洋渔业产量达12万t，经济效益尚好。

4. 渔业社会化服务水平明显提高。1994年，广东省人民代表大会通过了《关于加快渔港建设议案》，决定连续10年从省财政中，每年划出2 000万元，并要求市、县、乡（镇）三级各配套2 000万元，共8 000万元，专项用于渔港建设。现经过实施二年，投入达2亿元，广东渔港建设长期滞后于生产需要的局面可望得到有效的改善。此外，还配套建立了一大批渔船修造、渔具加工和冷藏运输设施，基本满足了海洋渔业生产发展的需要。

5. 渔民生活显著改善。1995年渔民人均收入达4 210元，比1992年增加98%。

广东沿海渔民温饱问题已得到解决，相当部分渔民居住条件有了较大改善，有的达到小康水平。沿海渔区社会稳定，渔民安居乐业。（郑增豪）

【盐业生产】 广东省海盐区分布在粤东、粤西沿海的18个县（市、区），至1995年底，共有国营盐场12个，其中省属盐场4个、集体盐场205个，全省盐工盐民约2.5万人。1993～1995年，全省盐田生产面积分别为8 600、8 586、8 272hm²；1995年受自然灾害及恶劣气候条件影响，产量从1993年的36.36万t下降至25.55万t。

近两年来，通过实施《广东省盐业管理实施办法》、《广东省征收新盐田开发建设补偿费办法》和《广东省食盐生产批发证管理办法》，加强了对盐业生产和资源的保护管理。

调整产品结构，建设"三高"盐田。根据本省的实际情况，确定盐业生产发展方向要从量的增长向质的提高转移。从1995年开始，对全省现有盐田进行摸底排队，分类指导，对分散、落后、缺乏发展前途的小盐场积极引导转产，全年共转产380.4hm²；对大块连片，有技改价值的分批规划建设成高产量、高质量、高效益的"三高"盐田，逐步实现"食盐精细化、工业盐定点生产"的新布局。调整产品结构，通过对原盐的深加工，实现盐的社会效益与经济效益的同步增长，至今已开发出营养保健、汤料、禽畜、特种盐等多个系列共30多个品种，1993～1995年分别实现利润128.7万元、345.8万元、300.5万元。

此外，抓好碘盐加工供应工作也取得了较大的成效。为确保"中国2000年消除碘缺乏病规划纲要"的实施，制订了"实现全民食用碘盐的具体行动计划"，全省盐业企业充分利用现有生产能力，进行碘盐加工，供应市场。1993～1995年加碘食盐加工产量分别为6.02万t、8.21万t、11.45万t。至1995年底，全省已全面推开碘盐的生产和供应工作。（江　毅）

【沿海旅游资源开发】 广东的沿海旅游资源丰富，岸线漫长，曲折多弯，品位较高的滨海旅游区达20多处，如南澳青澳湾，深圳大、小梅沙，珠海外伶仃岛，九洲岛，台山上、下川岛，阳江海陵岛，湛江东海岛等。深圳、珠海、汕头等滨海城市已成为该省重要的旅游城市，在广东旅游业中起着窗口、通道、纽带的作用。

1994年6月，省政府批准设立南澳青澳湾旅游度假区、汕头北山旅游度假区、深圳湾旅游度假区、东莞威远岛旅游度假区、珠海九洲岛旅游度假区、台山川岛旅游度假区、阳江海陵岛旅游度假区、茂名水东湾旅游度假区、吴川吉兆湾旅游度假区、湛江东海岛旅游度假区等10个沿海度假区。目前，各滨海旅游度假区已大部分进入招商引资阶段。阳江海陵岛旅游度假区已签订旅游项目81个，合同总投资55亿元，晨鸥度假村、金沙湾大酒店、皇宋螺城、宋太傅张比杰墓祠、银波酒店等一批旅游接待设施相继建成开业，开辟了各具特色的天然海滨浴场3个，1995年接待游客达100万人次。深圳湾旅游度假区在原有景点的基础上，继续推出新的旅游项目，1994年6月，世界之窗落成，该景区占地48万m²，投资5亿元人民币，建有景点118个，将世界奇观、历史遗迹、古今名胜、自然风光、民居、雕塑、绘画以及民俗风情、民间歌舞表演汇集于一园。湛江东海岛旅游度假区引进资金6亿多元，建有外商活动中心、高尔夫球场、龙水岭娱乐场、东海度假村等接待设施，水电、交通、通讯等基础设施也同步配套完善，接待能力大大提高，仅1994年中秋节就接待游客达8万人次。

1993年，广东沿海各地入境旅游者3 279.2万人次，1994年增至3 426.78万人次，1995年高达3 615万人次。广东沿海各地旅游外汇收入也逐年递增，1993年10.63亿美元，1994年18.88亿美元，1995年22.44亿美元。随着旅游业持续、快速发展，饭店、交通、购物、娱乐等设施得到相应配套和完善。1994年9月，广深高速公路正式通车，同年12月，广深准高速铁路建成开通。至1995年12月31日止，广东沿海各地已有饭店726座，拥有客房9.89万间，床位19.98万个。

（李光豪）

【海上油气勘探与开发】 1993年，南海东部石油公司、南海西部石油公司以及中国石油开发公司继续分别在珠江口盆地、北部湾盆地、莺歌海盆地、琼东南盆地进行石油与天然气的勘探开发工作，共完成地震测线30 491.56km，开钻14口，完钻13口，总进尺为33 696m。在北部湾盆地和莺歌海盆地的勘探工作取得了新的发展。在北部湾盆地涠12－2构造钻探，遇到良好油层。在莺歌海盆地井段试产，也发现了丰富的天然气藏，由于在该盆地还有一批同类型的地质构造，因而预期在该盆地具有较好的勘探前景。

在石油开采方面，1993年，在粤石油企业海上开采原油产量达340.94万t，比上年增长15%，其中南海东部石油公司采油284.11万t，南海西部石油公司采油

56.83 万 t。1995 年原油产量达到 560 万 t。

（郑焕松）

特区、开发区和开放城市
Special Zone, Development Zone and Open Cities

【经济特区】 位于沿海的深圳、珠海、汕头三个经济特区在 1993～1995 年中，继续发挥了改革开放的排头兵作用，改革和发展取得了新的成就。

投资环境进一步完善 3 年中，3 个经济特区固定资产投资累计 1253.88 亿元，其中，深圳 701.87 亿元，珠海 262.72 亿元，汕头 289.35 亿元，年均增长速度分别是 25.36%、21.53%和 45.9%。一批大型或较大型的基础设施项目陆续竣工投入使用。深圳东深供配水工程竣工，妈湾和南山电厂建成投产，盐田港和广深高速公路建成通航通车；珠海港两个 2 万吨级的码头和珠海机场建成通航，珠海大道及其 6 座大型桥梁、西区大型供水工程、洪湾发电厂等大型基础设施也相继建成投产；汕头海湾大桥、广梅汕铁路全面建成通车。

3 个经济特区在投资环境的硬件日臻完善的基础上，还积极优化软件投资环境，通过开办外商投资服务中心等措施简化办事程序，提高办事效率，改进服务态度等，受到了外商的欢迎。

对外开放水平日益提高 随着投资环境的不断优化，国际知名的大企业、大财团纷纷前来特区投资基础产业、高新技术产业、第三产业和现代化农业项目。利用外资的质量不断提高，结构更趋合理。3 年中，3 个经济特区实际利用外资 92.59 亿美元，其中，1995 年为 33.11 亿美元。外贸出口持续增长，3 个经济特区外贸出口累计 583.25 亿美元，其中，1995 年深圳外贸出口为 205.27 亿美元，连续 3 年居全国大中城市首位。

经济体制改革取得重大进展 3 年中，3 个经济特区按照建立社会主义市场经济体制的思路，不断深化经济体制改革，企业体制改革迈出了新步伐。3 个经济特区共选择了 51 家企业率先进行建立现代企业制度试点。其中，深圳 33 家，珠海 11 家，汕头 7 家。经过探索和实践，取得了明显的成效。目前，一些成熟的做法已开始在非试点企业中推广。深圳的口岸管理体制改革已进入实施阶段，简化了口岸通关查验手续，建立了电脑查验网络。对外国旅游团进入深圳特区实行 72 小时免签证。金融体制改革取得新成绩。深圳在整顿和规范 16 家城市合作信用社的基础上，通过资产评估进行产权重组，成立了全国首家城市合作商业银行。珠海、汕头积极引进外资银行，并加强了对企业外汇账户及资产负债比例管理。与此同时，3 个经济特区还在计划、价格、流通、外贸、工资、劳动人事、社会保障等改革方面有新的进展，初步形成了社会主义市场经济体制的基本框架。

综合经济实力显著增强 3 年中，3 个经济特区共实现国内生产总值 2 849.77 亿元。其中，1993 年为 674.18 亿元，1994 年达 923.29 亿元，1995 年突破 1 252.3 亿元。工业生产持续增长，3 年中，3 个经济特区工业总产值（不变价）共实现 3 675.4 亿元。1995 年比 1992 年增长 1.51 倍。财政收入稳步增长，3 年中，3 个经济特区预算内财政收入共 333.76 亿元，1995 年比 1992 年增长 1.09 倍。市场繁荣，商贸兴旺，3 年中，3 个经济特区社会消费品零售总额共 1158.67 亿元，1995 年比 1992 年增长 1.41倍。目前，3 个经济特区的综合实力已经进入中国大中城市前列，初步形成了以高新技术为龙头的先进工业、发达的第三产业和现代化农业组成的经济体系。

【沿海经济开发区】 1993～1995 年，广东沿海的经济开发区发展很快，国务院正式批准设立的经济技术开发区由原来的 2 个发展到 4 个，即广州、湛江和 1993 年 5 月批准设立的广州番禺南沙及惠州大亚湾经济技术开发区。国务院先后批准设立的高新技术产业开发区 6 个，经广东省政府批准设立的沿海和海岛经济开发试验区 19 个。到 1995 年底，广东沿海共有各种开发区 29 个，这些开发区均保持了良好的发展势头。

经济技术开发区稳步健康发展。广州、湛江经济技术开发区，已形成了较大的规模，进入了速度、效益同步发展阶段。1993～1995 年，两个经济技术开发区投入开发资金 88.36 亿元；实际利用外资 9.57 亿美元；吸收内资 26.3 亿元；实现工业产值（不变价）分别为 222.5 亿元和 123.33 亿元，合计约 345.83 亿元，出口创汇 12.45 亿美元；财政收入为 31.06 亿元。

南沙、大亚湾两个经济技术开发区从 1993 年 5 月设立以来，投入建设开发资金 2.44 亿元。至 1995 年底，已建成投产的企业 340 家；实现工业产值 42.24 亿元；外贸出口 2.35 亿美元，财政收入 2.44 亿元；实际利用外资 2.17 亿美元；目前，有一大批项目正在建设中。

中山火炬等 6 家经国家批准的高新技术产业开发区已成为广东沿海新的增长点。这些开发区依靠高新技术开路，速度、效益并举，取得较好的成绩。如中山火炬高新技术产业开发区，1995 年引进高新技术项目 51 项，利用外资 1.57 亿元，全年实现工业产值 40 亿元，出口创汇 2.2 亿美元，税收 1.02 亿元，分别比 1994 年增长 66%、57%和 21.7%。

经广东省政府批准在沿海设立的 19 家经济开发试验区，1993～1995 年，集中人力、物力、财力，狠抓能源、交通、通讯等基础项目建设，投入建设开发资金 107.55 亿元，大部分已在开发区的范围内实现了三通一平。充分发挥沿海和海岛的区位优势，多元化引进资金。至 1995 年底，共签订合同 1 211 宗，协议引进外资 58.92 亿美元；实际引进外资 13.7 亿美元，引进内地资金 113.65 亿元。沿海经济开发试验区大部分已初步成为当地经济发展的龙头，经济实力不断壮大。至 1995 年底，已投产的企业达 1 598 家，实现工业产值 123.33 亿元，出口创汇 5.85亿美元。

【沿海开放城市】 1993～1995 年，广州、湛江两个沿海开放城市国民经济持续、快速、健康发展，综合经济实力迈上新台阶。广州、湛江两市3年累计实现国内生产总值3 635.83亿元，其中，1993年为905.04亿元，1994年达1 178.08亿元，1995年增至1 552.71亿元；工业总产值(不变价)分别为4490.53亿元和777.2亿元，合计达5267.73亿元，其中，1993年为1 320.02亿元，1994年达1 754.88亿元，1995年突破2 192.83亿元；农业总产值达554.16亿元，其中，1993年为138.85亿元，1994年达163.79亿元，1995年增至251.52亿元；两市财政收入分别为241.21亿元和48.73亿元，合计达289.94亿元。

对外贸易有较大发展。两市3年外贸出口总额分别为148.87亿美元和9.61亿美元，合计达157.88亿美元。其中，1993年为37.25亿美元，1994年达54.54亿美元，1995年增至66.09亿美元。两市3年中累计签订外商直接投资协议6 004项，协议利用外资金额为234.64亿美元，实际利用外资分别为57.65亿美元和5.65亿美元，合计达63.3亿美元，其中，1993年为16.46亿美元，1994年达22.44亿美元，1995年增至24.38亿美元。

（徐运富）

沿海海洋环境保护
Coastal Marine Environmental Protection

【海洋倾废管理】 1993～1995年，由国家海洋局南海分局及其下属的海洋管理机构共签发海洋倾倒普通许可证(正本)169本，特别许可证1本，批准倾倒疏浚物5 471.5万 m^2，碱渣9万t，油类100kg。为适应广东沿海经济发展的需要，在原有国务院批准设立的海洋倾倒区基础上，国务院又于1993年批准设立了湛江港疏浚物倾倒区。此外，国家海洋局南海分局根据建设工程单位的申请，经论证并商有关部门，1993～1995年依照《中华人民共和国海洋倾废管理条例》及其实施办法批准设立了12个海洋临时倾倒区，封闭4个海洋临时倾倒区。至1995年底，广东近海共有各类倾倒区20个。

为加强海洋倾废管理，国家海洋局南海分局先后制订了《海洋倾废管理审批程序》、《海洋临时倾倒区选划审批管理办法》等一系列规章制度，并对已批准使用的海洋倾倒区进行监测。1995年，根据对内伶仃岛东南疏浚物倾倒区的监测结果，对该倾倒区实施了分小区管理的办法，合理利用该倾倒区的空间资源，延长使用寿命，解决了深圳西部港口群疏浚物的出路。对香港来我海域倾倒疏浚泥，1994～1995年，共签发香港地区来我海域倾倒许可证(正本)10份，批准倾倒疏浚泥283.5万 m^3。

（吴进孝）

【海上油田及平台防污】 根据《海洋石油勘探开发环境保护管理条例》及其实施办法，国家海洋局南海分局对南海北部石油勘探开发的钻井平台、采油平台及其辅助设施的环境保护工作实施监督管理。目前南海区已投入生产的油(气)田11个(其中广东近海8个)，1993～1995年生产原油累计1 786万 m^3，排放含油污水1 086万 m^3，超标排放含油污水12万 m^3。

表1　广东近海海上倾倒区一览表

名称	位置
内伶仃岛东南疏浚物倾倒区	113°49′12″E，22°25′N～113°50′36″E，22°25′N～113°51′12″E，22°23′N～113°50′E，22°23′N连线内
九澳岛东南疏浚物倾倒区	以113°36′12″E，22°06′24″N为中心，半径520m范围内(供澳门港内航道疏浚泥倾倒)
淇澳岛东北疏浚物倾倒区	113°40′～113°43′10″E，22°27′18″～22°30′N范围内
黄茅岛疏浚物倾倒区	113°38′30″～113°40′30″E，22°01′～21°58′N范围内
淇澳岛东南疏浚物倾倒区	113°43′～113°44′E，22°19′～22°21′N的范围内
南海三类废弃物倾倒区	115°10′～115°15′E，21°40′～21°45′N的范围内
大鹏湾疏浚物倾倒区(试验)	114°32′10″E，22°24′25″N为中心，半径0.5n mile的范围内
汕头港疏浚物倾倒区(临时)	116°48′30″～116°52′30″E，23°10′30″～23°14′30″N范围内
汕尾港疏浚物倾倒区(临时)	115°18′48″～115°20′12″E，22°42′12″～22°43′12″N范围内
三百门疏浚物倾倒区(临时)	117°10′～117°12′E，23°30′～23°31′N的范围内
黄茅岛碱渣倾倒区(试验)	113°34′30″～113°36′30″E，21°55′～21°58′30″N范围内
荷包岛疏浚物倾倒区(临时)	113°08′～113°10′E，21°47′～21°49′N的范围内
水东港疏浚物倾倒区(临时)	111°02′56″～111°04′47″E，21°22′35″～21°23′26″N范围内
湛江港疏浚物倾倒区	以110°45′E，20°53′N为中心，半径为1n mile的范围内
亚士德水道疏浚物倾倒区(临时)	以110°22′18″E，21°06′N为中心，半径为520m的范围内
江洪港疏浚物倾倒区(临时)	109°38′～109°39′E，20°59′～21°00′N的范围内
珠海电厂疏浚物倾倒区(临时)	113°14′～113°16′E，21°45′～21°47′N范围内
马鞭洲原油码头港池航道疏浚物倾倒区(临时)	114°41′30″～114°44′E，22°22′30″～22°25′N范围内
二洲岛南疏浚物倾倒区(临时)	114°16′～114°17′30″E，21°54′～21°55′30″N范围内
海门港疏浚物倾倒区(临时)	116°39′～116°40′E，23°06′～23°07′N范围内

1993～1995年，南海北部石油勘探开发作业区共发生小型溢油事故13次，其中：作业者主动报告10次，中国海监飞机发现3次。累计溢油量约12t。各作业者根据油田的开发规模，先后在油田现场和后勤基地配备围油

栏、撇油器、化学消油剂和喷洒设备等。南海区的围油栏总长度约 2 535m(其中防火围油栏 400m),化学消油剂约 61t。几年来,国家海洋局南海分局加强对海上钻井作业使用油基泥浆和油田配备化学消油剂的管理,建立核准制度;加强对油田和钻井平台的现场防污染检查和监督,派出海洋监察人员 35 人次,登检海上作业平台 26 次,保证了国家有关环保法规的贯彻和执行。

【海洋污染事件】　随着海洋运输、海洋石油开发和沿海工业的发展,海洋污染事件也呈上升趋势。据不完全统计,1993～1995 年广东近海发生较大的海洋污染事件 10 余宗,仅 1995 年就有 6 宗较大的海洋污染事件,造成污染损失约 19 228 万元。

海洋污染事件由以船舶溢油污染为主逐步转向多类型的污染。1995 年 2 月 27 日,位于深圳市南山区的华晶玻璃瓶有限公司,由于油库筏门失灵,导致 10 多 t 重油泄漏,对附近 2 000 多亩养蚝场和 600 多亩基围虾塘造成污染。1995 年 6 月 18 日位于珠江口石油开发区的西江 24－3 油田由于渔船拖网作业拉断油田输油管道,导致原油泄漏污染海洋环境(由管道断裂造成污染)。1995 年 5 月 16 日在珠江口外伶仃岛东发现大量漂油并造成附近岛屿油类沾污的污染事件,则是广东近海首例由于船舶在海上违章过驳油类造成的污染事件。

表 2　广东近海主要污染事件

时间	地点	事故	损失
1995.6.18	珠江口石油开发区	西江 24－3 油田输油管线	修复损失 200 多万美元,污染损失未统计
1995.2.27	深圳南山	华晶玻璃有限公司油库漏油(10 多万 t)	污染蚝场、基围虾塘,经济损失 300 多万元
1995.3.9	湛江港	韩国"春木 1 号"与洪都拉斯"昌都 1 号"碰撞,漏苯乙烯 230t	污染损失约 3 395万元
1995.5.16	外伶仃岛东	海上过驳漏油	污染海岛,造成养殖损失近 200 万元
1995.7.13	汕头港	粤油 101 移泊碰撞漏油	造成养殖、捕捞等损失近 100 万元
1995.8.20	广州港	图瓦卢籍"TANTA JACOB"油轮漏油约 150t(原油)	造成污染损失达 5 291 万元
1995.12.5	湛江港	大庆 212 油轮因碰撞泄漏原油 60 多吨	造成渔业损失约 345 万元

【海洋监察】　1993～1995 年,国家海洋局南海分局共派中国海监船对广东沿海巡航 52 艘次,累计 463 工作日,巡航里程 4 万 n mile;派出中国海监飞机 113 架次,累计 353 飞行小时。巡航监察的重点为海上倾倒区、海上石油开发区、港口、航道、锚地、陆源排污口、水产养殖区。在派出中国海监船和飞机巡航的同时,南海分局及其下属海洋管理机构还派出海洋监察员 500 多人次登检海洋石油平台、海洋倾倒船,及时纠正违章行为,对巡航监察中发现的各种违章案件及时作了处理。

1995 年,珠海海洋管区还成功地调解了由于珠海发电厂不到位倾倒疏浚泥造成附近水产养殖损失而引起的索赔纠纷案,这是目前广东首例由海洋倾废主管部门调解的倾倒索赔案。

【海洋权益管理】　国家海洋局南海分局会同有关部门审查了香港策略性污水排放计划可行性研究的地质钻探方案,经粤港双方磋商并经国家海洋局及有关部门批准,粤港双方于 1993 年 7 月 3 日在香港签署了《粤港关于香港策略性污水排放计划的海洋水文水质及地质测量备忘录.补充备忘二号》。地矿部第二海洋地质调查大队与港方顾问公司合作承担了地质钻探工作。在钻探作业过程中,南海分局派出海洋监察员对整个作业过程和样品出境实施了监督。

此外,南海分局还审查了中日合作南海三分量磁力测量项目,并对震源(炸药)及其相关作业提出了要求。1995 年 8 月 14～22 日,南海分局还派船对南沙群岛的万安、李准滩附近海域巡航监察。

【海水质量监测】　南海区的近海海水质量监测分 3 月、7 月和 10 月份 3 次进行。3 月份监测的海域为粤东、粤西、珠江口和北部湾,7 月份监测的海域为粤东、粤西、珠江口、北部湾和海南岛周围,10 月份监测海域为珠江口。近海海水质监测共设测站 45 个,1993～1995 年累计测站 285 个,共获得监测数据 12 900 多个。根据监测结果,南海近海的海水仍主要受无机氮、活性磷酸盐和油类的污染,其中珠江口海域的无机氮年平均值均超过第三类海水水质标准。其他物质的浓度除铜的个别样品在 1993 年 3 月超过标准外均低于第一类海水水质标准的最高允许浓度。主要污染物质超标情况如下:

1. 无机氮:1993 年平均超标率 78.2%,1994 年平均超标率 70.3%,1995 年平均超标率 70.3%。

2. 活性磷酸盐:年平均超标率 1993 年为 46.5%,1994 年为 46.5%,1995 年为 46.5%。

3. 油类:年平均超标率 1993 年为 57.2%,1994 年为 21.4%,1995 年为 21.4%。

珠江口海域的污染程度仍较其他海域严重。

(张和庆)

【海洋自然保护区】　至 1995 年,广东省海洋、海岸带和海岛上建立的自然保护区共有 10 个,其中国家级的 4 个,它们是:珠海市内伶仃岛猕猴保护区(包括深圳市福田红树林、鸟类);台山市上川岛车旗岭南亚热带常绿阔叶林、猕猴自然保护区;惠东县港口镇海龟自然保护区;南澳岛国家森林公园。省级自然保护区 6 个,它们是:大亚湾水产资源繁殖保护区;珠海市担杆岛、二洲岛猕猴保护区;廉江市高桥红树林保护区;广州市七星岗海蚀遗迹保护区;南澳县鸟屿鸟类自然保(下转第 131 页)

福建省
Fujian Province

综述
Summary

【概况】 福建省海域辽阔，面积达 13.6 万 km^2，比全省陆地面积还大 12%左右，全省大陆岸线绵延曲折，直线距离 535km，曲线长度 3 051km，约占全国岸线总长的 18.1%，居全国第三。全省有大小港湾 125 处，天然深水良港 6 处，这些良港水深港阔、不冻不淤，可建 5 万～10 万 t 深水泊位。福建沿海岛屿离大陆较近，全省大潮高潮时面积大于 500m^2 的岛屿有 1 546 个，居全国第二。岛屿岸线长达 2 811.8km，岛屿面积 1 324.1km^2，有人居住的岛屿 101 个，人口 136.7 万。海岛周围海域具有丰富的海洋资源，如莆田湄洲岛已被批准成为国家级旅游度假区，东山岛已为海滨度假避暑胜地。

福建省沿海凭借其临海优势，已开发成为福建经济最发达地区之一，闽东南沿海将成为海峡西岸最繁荣地带。全省沿海从北到南行政区划分为宁德、福州、莆田、泉州、厦门、漳州 6 个地市，共 27 个沿海县市。1994 年，全省人口 3 126.87 万人，沿海总人口 1 744.68 万人。全省工农业总产值为 2 843.65 亿元，其中工业总产值 2 252.3亿元，农业总产值 591.35 亿元，全省国内生产总产值1 685.34亿元，其中第一产业 372.58 亿元，第二产业739.52亿元，第三产业 573.24 亿元。

1993～1995 年，福建省的海洋经济得到了较快的发展，在福建省委、省政府提出"再创海的优势、大做海的文章、建设海洋大省"和实施"科教兴海"战略方针指引下，全省沿海掀起了一股前所未有的海洋开发新热潮。海洋水产业、海洋运输业、港航建设、盐业、滨海矿产、滩涂围垦、滨海旅游业等都有了新的发展。1995 年，全省海洋水产品产量达 224.2 万 t，比上年增长 11.9%，全省主要港口吞吐量达 3 351.6 万 t，比上年增 长 11.63%，海盐总产量达 72.25 万 t。1994 年接待境外游客 84.45 万人次，旅游创汇 4.5 亿美元。1995 年滨海矿产产量 1 355.68 万 t，滩涂围垦面积累计达 123.67 万亩。

1993～1995 年，沿海对外开放又有了新的发展，形成了以闽东南开发为龙头的新格局，外向型经济得到进一步发展。到 1994 年底止，全省累计批准外商投资 15 823家，累计合同外资金额 296.94 亿美元，实际利用外资 96.9 亿美元。1994 年，全省累计开业投产的三资企业 8 005 家，三资企业自营出口 41.5 亿美元，增长 38.2%，占全省出口总值的 51.5%。历时数年的海岛资源综合调查的完成，为全省海岛开发建设、发展外向型经济提供了丰富的资料和科学依据。海洋综合管理工作得到了加强。在省直有关部门的配合下已经制定了《福建省海域使用管理暂行办法》，并已上报审批，使福建海洋管理逐步走上依法管理的轨道。海洋环境保护、海洋自然保护区的管理和建设、海洋防灾减灾工作以及海洋科技与教育工作都有新的进展。随着"九五"计划的实施，福建的海洋工作将走上新的发展阶段，以新的姿态迎接 21 世纪的海洋世纪的到来。 （李 正）

海洋资源的开发与利用
Development and Utilization of Marine Resources

【海洋水产资源】 福建省海域辽阔，海岸线漫长曲折、港湾众多，浅海滩涂面积广，海水水质肥沃，浮游生物多，饵料丰富，为鱼虾贝藻繁衍生息提供了良好的生栖地，为浅海滩涂的水产养殖提供了良好的环境。1993～1995 年福建省的海洋水产业迅速发展，连年增产增收，海洋水产品产量分别达 171.36 万 t、200.4 万 t 和 224.2 万 t，分别比上年增 长 16.9%、17%和 11.9%，其中海洋捕捞产量为 122.24 万 t、144.35 万 t 和 162 万 t，分别增长 17.3%、18.1%和 12.22%；海水养殖面积分别为 112 万亩、117 万亩、125 万亩，分别增长 5.86%、4.46%和 6.84%；海洋水产品养殖产量为 49.12 万 t、56.05 万 t、62.2 万 t，分别增长 16.0%、14.1%、10.97%；全省水产品加工产值分别为 13.4 亿元、35.3 亿元和 49.2 亿元，分别增长 91%、265%和 39%；全省水产品出口创汇 1993 年为 2.18 亿美元，1994 年达 4.5 亿美元。特别是 1994 年，福建的水产业取得了突破性进展，全省水产品总产量在 1993 年增产 30 万 t 的基础上又增长 36 万 t，增长 19.0%。连续增幅之大为福建水产业发展史上所罕见。1994 年全省渔业产值达 153.06 亿元，比上年增长 27.0%，占全省农林牧渔业产值的 25.9%，继续居农林牧渔业第二位。全省年人均水产品占有量 70.8kg，居全国之首，是全国平均水平 17kg 的 3.16 倍。

1993～1995 年，浅海滩涂开发方面取得了新的进展。1994 年就新增浅海滩涂开发面积 5 万亩。福建传统的蛏、蛤、蛎、贻贝、海带、紫菜等大宗品种养殖势头不减。对虾养殖经过推行病害综合防治、优化养殖模式等措施，出现了转机，虾塘利用率达 95%以上。鲍鱼养殖已在沿海推广，1994 年全省工厂化养鲍面积达 3 万多 m^3。全省海水网养鱼快速发展，1994 年产量达 1.13 万 t。养鳗业从沿海向内陆地区大面积转移，1994 年全省养鳗面积 1.76万亩，产鳗 3.37 万 t，现行价产值 40 多亿元。

海洋捕捞业取得了明显的成效，1993年全省克服了渔用柴油价格暴涨和其他渔需物资大幅度提价等困难，全年产量仍达122.24万t，近3年来，通过渔船技改、作业调整，近海作业结构调整进一步合理，外海作业规模逐步扩大，新源新品种得到进一步利用。远洋渔业长足发展，远洋船队不断扩大，形成了以群众渔业为主体，以南太平洋海域为发展重点的新的远洋渔业格局。

水产品加工业也取得明显成效，全省水产加工业以经济为中心，以深度加工、综合开发大宗产品为突破口，大力调整水产加工结构，发展既有国内市场，又能开拓国际市场的产品。1993年全省水产加工产值达13.4亿元，加工产品达32.7万t，1994年加工产值猛增到35.3亿元、加工产品34.9万t，1995年达49.2亿元，加工产品达57.8万t，加工产品大部分出口并畅销国内市场。

外向型渔业的发展再上台阶。全省水产业利用地域、品种、市场、资源等优势，吸引外资和开拓国际市场并举，境内和境外合作相结合，外向型渔业再上台阶。1993年，全省共兴办水产三资企业94家，总投资9 571万美元，其中合同利用外资7 976万美元，1993年底全省水产三资企业达330家，合作领域不断拓展，1994年新办三资企业49家，共投资6 972万美元，其中合同利用外资0.61亿美元，至1994年全省共有水产三资企业379家，总投资3.52亿美元，合同利用外资2.66亿美元，合作领域遍布海洋捕捞、水产养殖、水产加工诸业。

表1 1993～1995年福建省水产状况表

年份	1993	1994	1995
海洋水产品产量(万t)	171.36	200.40	224.20
海洋捕捞产量(万t)	122.24	144.35	162.00
海水养殖面积(万亩)	112.00	117.15	124.98
海水养殖产量(万t)	49.12	56.05	62.20
网箱养殖(万箱)	5.20	8.50	
贝藻类养殖面积(万亩)	65.43	67.02	87.80
贝藻类养殖产量(万t)	4.80	8.50	
外海捕捞产量(万t)	9.15	6.10	5.10
养鳗产量(万t)	2.30	3.37	
水产加工产值(亿元)	13.40	35.30	49.20
水产品出口创汇(亿美元)	2.18	4.50	

【海洋运输与港口建设】 1993～1995年，福建省海运企业加快转换机制和调整运输结构步伐，海洋运输生产呈持续发展势态，1993～1994年全省海洋运输轮、驳船完成运量为1 130万t和1 450万t，分别增长51.7%和28.3%。货物周转量174.3亿t·km和220.0亿t·km，分别增长86.5%和26.2%，客运量115万人次和43万人次，旅客周转量8 819万人·km和6 241万人·km，全省重点骨干国有海运企业省轮船总公司全年完成海洋货运量586.81万t和825万t，货物周转量127.47亿t·km和165.6亿t·km，外贸货物运输完成货运量231.76万t和455.73万t，分别增长223.4%和77.4%。

海洋船舶运力不断发展，全省海运企业以市场为导向，大力发展海上运力，至1994年全省已拥有海洋机动船2 290艘，119.6万吨位和18 126客位，其中远洋运输船舶196艘，58.14万吨位。地市属航运企业在广泛调查国内外市场、预测国内外航运发展的情况下，以合资、合营、单船承包等方式大力发展海上运力，全年平均投入运力达72.98万吨位，增加34.74万t，提高390.9%。海上集装箱运输再上新台阶。集装箱运输近年来发展迅速，1993和1994年全省拥有集装箱运输船26艘和32艘，净载重量有57 102吨位和68 259吨位的海上集装箱运力。1994年，完成集装箱运输量89 418标箱，货运量82.53万t，全省海上集装箱船航行线主要为国际海运支线，1994年开辟有6条国际海运往返航线。

1993～1994港口建设有了新的发展，港口建设持续增长，全省沿海港口吞吐量分别达2 679万t、3 002.33万t和3 351.6万t，分别比上年增长43.9%、12.1%和11.63%，其中1993～1994年外贸货物吞吐量分别完成818万t和921.36万t，分别增长41.3%和12.6%。

“八五”期间，福州港和厦门港相继建成集装箱专用码头，进一步改善基础设施条件，促进外向型经济的发展，到1994年达到35.58万箱，以年均46.9%的速率持续稳步增长，厦门港和福州港集装箱吞吐量均跻身全国集装箱港口吞吐量前10名。

1993年，福建省港航建设完成建设项目39项，完成投资额3.6亿元，完成了福州新港区一期万吨级两个泊位，7 500吨级客运码头1个泊位，福清湾3万吨级航道航标工程等一大批港航项目，至年底全省沿海港口已拥有200吨级以上码头泊位131个，其中万吨级深水泊位16个。1994年，全省港航基建项目共34项，其中港口工程13项，航道工程4项，陆岛交通工程12项，竣工投产的项目有厦门轮渡二期工程，莆田秀屿万吨级杂货码头、闽江下白石3000吨级杂货码头等8个项目11个泊位，新增吞吐能力501万t。一些港口前期工作进展顺利，泉州港务局跃入全国中型港口行列。

表2 福建省沿海港口货物吞吐量

单位：万t

	1993	1994	1995
福州港	939.66	914.39	1 032.3
厦门港	940.39	1 166.50	1 313.9
泉州港	469.54	558.06	680.5
赛岐港	111.53	139.68	67.8
涵江港	57.23	82.12	92.1
漳州港	153.47	125.47	116.6
总　计	2 679.09	3 002.33	3 351.6

【滨海旅游资源开发】 滨海旅游业是福建省旅游业的重要组成部分，全省大多数旅游收入主要集中在沿海地区。1993～1994 年，福建省的沿海旅游业有了较快的发展，全省接待境外旅游者分别为 88.03 万人次和 84.45 万人次。其中外国人为 19.3 万人次和 19.94 万人次；台湾同胞分别为 34.80 万人次和 27.22 万人次；港澳同胞分别为 32.04 万人次和 34.39 万人次；华侨 1.89 万人次和 2.90 万人次。全省旅游创汇 1.63 亿元和 4.5 亿美元；旅游接待创汇数在全国各省市中连续 6 年保持第 4 位。1994 年国内旅游人数 1300 万人次，收入 13.6 亿美元，分别比上年增长 16%和 13%。旅游市场的促销、行业管理、基础建设、人才培养等也有新的进展。为把旅游业的发展纳入科学有序的轨道，省旅游局还专门组织力量进行调查研究，编写《全省旅游发展规划》，并多次召开各地市旅游局长、旅行饭店总经理、有关部门领导会议，广泛征求意见，通过了有关专家学者的评审鉴定。在旅游市场开拓方面，1993 年，全省旅游部门根据国家旅游局的统一部署，开展内容丰富、形式多样的“'93 福建山水风光游系列活动”，如举办“'93 中国武夷山风光旅游活动月活动”，厦门举办“山海风光旅游月”和东山举办“第二届关帝节”等。1994 年，福建省旅游局组织了妈祖旅游文化节等 6 个大型促销活动，特别是 5 月由省旅游局和莆田市人民政府、妈祖文化基金会联合举办的“'94 妈祖文化旅游节”，国家旅游局领导、省领导以及来自台湾省和香港、澳门、东南亚、日本、美国等国家和地区的来宾，与国内游客近万人参加这次活动，大大丰富了莆田妈祖文化旅游的内容，促进湄洲海岛旅游业的发展。1994 年，在旅游行业管理方面，以饭店星评、旅游安全及旅行业年检为重点，全省旅游市场开始步入法制化管理轨道。企业经营方面，1994 年全省旅游企业经营状况改善，直接创税达 2.24亿元。在旅游硬件建设方面，多渠道投资特别是引进外资加强旅游设施建设效果突出，至 1994 年底，全省共签订旅游外资项目 133 个，合同金额 12.93 亿美元。

表 3 福建省旅游接待人数

单位：人

年份	1993	1994
华 侨	18 922	29 010
港澳同胞	320 388	343 905
台 胞	348 037	272 194
外国人	192 997	199 394

（苏国华）

【滨海矿产资源开发】 福建沿海地区已发现勘查的矿产种类有金属、非金属和地热与矿泉等 60 多种矿产。具有工业利用价值的固体矿产约 100 处。据统计，沿海地区 12 种矿产居全国前五位，占全省居全国前五矿种数的 60%。其中居全国第一位的有型砂、水泥标准砂、建筑砂、建筑用花岗石；第二位的有叶蜡石；第三位的有饰面花岗石、砖瓦粘土、明矾石、高岭土；第四位的有玻璃用石英砂、岩棉用玄武岩；第五位有砂线石。沿海地区有 12 种矿产在全省占重要地位或绝对优势，其中 5 种属于运输量大的非金属建材矿产：石英砂、建筑砂、花岗石材、高岭土、叶蜡石。利用较多且又大宗的矿产是砂、石、土，特别是建筑上用的石材和雕刻工艺品用的叶蜡石及日用陶瓷用的高岭土在国内外均有一定的影响，并有一定的出口。

石英砂矿：福建滨海的石英砂及闽江、九龙江、晋江内河石英砂成矿地质条件好，物质来源丰富，砂质优良，开采条件好，综合利用率高，对福建省发展硅砂工业、基本建设及开展国内外贸易等均具有比较优越的条件。滨海砂现有矿产品 10 余种，已探明的储量有 17 多亿 t，主要有玻璃砂、铸造型砂、标准砂、化纤砂、建筑砂、压裂砂、过滤砂、研磨用砂、电气砂等。1995 年产量 1 200.38 万 t，产值 13 718.74 万元。其中玻璃砂产量 50.12 万 t，产值 3 132.26 万元，主要供应省内玻璃厂用砂，除此，每年还供应上海耀华玻璃厂 18 万 t 优质玻璃砂生产浮法玻璃，并有少量出口；标准砂产量 5.87 万 t，产值 1 490 万元，供应全国 5 000 多家水泥厂使用，并已投入国际市场；型砂产量 18.6 万 t，产值 180 万元，曾向全国 600 多家机械厂提供近 30 万 t 铸造用型砂，创产值 500 多万元；建筑砂产量 1 080.98 万 t，产值 7 119.72 万元，其中出口 100 多万美元，主要销往上海、江苏等地，部分销往香港、日本。

花岗石石材：福建沿海地区花岗石矿产资源极为丰富，几乎县县均有采场。建筑石材是福建建筑业主要用材之一，储量居全国第一位。饰面用花岗石材在沿海已发现六大系列 100 多个品种。花岗石材开采利用在沿海遍地开花，现有大小工厂 3 000 多家，1995 年开采量 4 621.598 万 m^3，产值 55 718.95 万元，其中饰面用花岗石采产量 95.832 万 m^3，产值 42 156.40 万元。年产板材约1 200多万 m^3，占全国板材总产量的 1/5，居全国第二位。驰名中外的“石雕之乡”惠安县已成为全国最大的石雕出口基地。建筑用花岗石，沿海也广泛用于民用建筑和基础设施。产品除满足本省需要外，还远销世界各地。

高岭土：高岭土是福建省现有经济潜力的优势矿种之一，主要分布在沿海的龙海、南安、同安、宁德等县市。储藏量丰富，现已探明储量近 9 000 万 t。由于区内高岭土质量优良，储量大，为本省沿海陶瓷工业提供了充足的原料来源。沿海高岭土矿山计 190 处，1995 年产量 49.56 万 t，产值 1 442.25 万元，产品除满足本省陶瓷工业需要外，还销往广东、温州、北京、上海、江苏、江西及台湾省，有的还少量出口国外。

叶蜡石：叶蜡石为福建省优势非金属矿产资源之一，主要分布于沿海地区福州、福清、罗源、福鼎、连江等县市，全省已探明储量 2 500 万 t，其中 90%以上分布在福州周围。区内叶蜡石资源量大，矿石质量好，应用领域广，不仅广泛用于工业部门，而且还是优良的石雕工艺原料，发展前景广阔。福建叶蜡石开发历史悠久，寿山石雕名扬中外，是福建省主要名优出口创汇产品之一，在日本及东南亚一带具有广阔市场。除此之外，在省内主要供陶瓷工业和耐火材料工业用，同时还大量供应省外，主要用于陶瓷、白水泥、耐火材料及玻纤等工业，还有部分矿石供港台及国外市场。1995 年产量达 105.73 万 t，产值 2 263.099万元，已接近日本近年的开发水平。

【海水制盐与盐化工】 福建省现有 227 个制盐场分布于沿海 21 个市、县，其中国营盐场 19 个，乡镇盐场 72 个，村营盐场 136 个，盐田总面积 1.25 亿 m^2，原盐生产能力 90 万 t。1995 年全年产盐 72.23 万 t，销量 76.68 万 t，其中省内销盐 51.37 万 t(食盐 20.61 万 t)，省外 19.14 万 t，出口 6.16 万 t。全行业实现产品销售收入 35 301 万元(不含增值税)，上缴税收 5 408 万元。全省盐业运销企业实现销售收入 18 942 万元，实现税收 1 313 万元。

盐业生产坚持“以销定产”、“扶优限劣”原则，按市场需求，调整生产布局，调整品种结构，提高产品质量。全省初步形成了惠安以北的盐场以生产工业用盐为主，惠安以南的盐场以生产食用日晒细盐为主，出口盐以惠安、平潭、晋江等盐区为主的生产布局，促进全省盐产品生产朝着产销量平衡、品种适销对路的方向发展。在提高品种档次上，优质细白盐、日晒盐逐步替代普通食盐，多元营养盐、强钙精盐、加碘盐、调味盐等新一代食盐系列品种不断丰富食盐市场，满足消费者的不同需求。产品质量明显提高，大部分盐区严格按照工业盐和食用盐生产工艺组织生产，北线盐区的两碱工业盐的质量已稳定在氯化钠含纯 92%左右，全省各产区都能生产适合市场需求的日晒细盐。

全民食盐加碘基本实现。到 1995 年年底，全省已建立加碘盐加工厂 20 个，形成加碘盐能力 20 万 t，加碘盐含碘量合格率达 70%以上。各碘盐加工企业，充分利用现有设备和条件，努力提高碘盐质量，同时加强对加碘全过程的监督与管理。

全省盐业进出口工作牢固树立行业一盘棋的思想，在省外盐调运下降的情况下，积极开拓国际市场，采取“巩固传统市场，开拓、培植新市场”的经营方针，抓住菲律宾市场需求较旺的信息，集中精力、人力和资金，协调好盐场与地方口岸、港务部门的关系，积极做好出口工作。1995 年累计出口菲律宾 3.97 万 t，既占领了国际市场，为国家增创外汇，又促进有关盐场产品质量的提高，同时还缓解了惠、晋、南、同盐区产品库存之间的矛盾。对稳定盐业产销秩序起到了积极推动作用。

利用晒盐后的母液，可提取氯化钾、溴素、氯化镁等 30 多种化工产品及其系列产品，并可生产出许多国民经济建设中急需产品。全省有盐卤化工厂 6 个，年生产能力为氯化钾 1 300t，溴素 120t。但因工艺落后，管理水平低，成本太高，有的已转产或停产，现仅存莆田盐场化工厂和平潭盐厂化工厂。

沿海对外开放
Coastal Opening to the Outside World

【概况】 福建省委、省政府按照中央提出的对外开放向高层次、宽领域、纵深化发展的要求，结合全省对外开放发展的实际，确定了加快闽东南经济发展的战略，加快实行自由港的某些政策，使厦门经济特区成为闽东南地区的发展龙头，通过完善落实办证管理、开辟领事馆区、推动保税区和保税生产资料市场建设，建立与国际市场接轨的金融体系和服务体系，辐射全省外向型经济的发展；加快闽东南地区的发展步伐，充分运用经济特区、经济技术开发区、保税区、台商投资区、沿海开放城市和经济开放区的政策优势，强化综合功能，建设一批外向型的沿海城市群，高起点地吸引国际跨国公司和大财团的资金和技术，培育新的经济增长点。

1993～1995 年，外商来闽投资呈现领域广、规模大、起点高、效益好的特点，其中大型跨国公司达 60 多家，包括日立、松下、长江等公司。1993、1994 年全省新签外商投资合同分别为 4 714 和 3 026 项，合同外资金额分别为 113.71 亿和 72.3 亿美元，实际利用外资分别为 59.78 亿和 37.64 亿美元。

1993 年，全省外贸进口总额为 65.75 亿美元，1994 年达 133.32 亿美元，跃居全国第三位。1993 和 1994 年三资企业自营出口额分别为 30.04 亿和 41.51 亿美元，分别占全省出口总值的 51.5%和 50.4%。

闽台经贸合作又有新进展。闽台之间已初步形成了产业互有分工、优势互为补充、生产要素优化配置、信息资源互相分享的局面。到 1994 年底，全省已累计批准台商投资企业 3 569 家，合同台资金额 49.86 亿美元，实际利用台资 20.08 亿美元，已开业台资企业 2661 家，其中台商投资 1 000 万美元以上的项目 6 个。全省累计签定对台渔工劳务合同 8 869 份，共派渔工 56 302 人次。台商在福建省农业投资已达 10 多亿美元，占全省农业利用外资的 60%。

1994 年沿海重点地区的对外开放令人瞩目：厦门经济特区在实施自由港某些政策方面进行了深入的探索，窗口作用和辐射功能日益增强，在引进外资、发展对外贸易、调整产业结构方面继续走在全省前列。福州保税区和厦门象屿保税区加快建设进度，在完善基础设施、拓展进出口贸易、转口贸易、保税加工方面取得了明显进展。特别是国务院特区办和海关总署确定将福州新港区划入福州保税区，从而使福州保税区成为全国第一个拥有港口的保税区。福州经济开发区建区 10 年来累计批准三资企业 394 家，总投资 15 亿美元，合同外资 9.89 亿美元，实现工业总产值 113 亿元，其中外商投资企业产值占 70%，实现出口总额 7.38 亿美元。此外，福清融侨经济技术开发区有 8 项指标进入全国同类开发区前 10 名。

【闽东南经济区】 闽东南地区包括福建沿海地区的福

也逐步向客观定量化和自动化方向发展。

中长期海温数值预报模式的改进 在“八五”期间，国家海洋环境预报中心王立治等研制的“西北太平洋海表温度中长期数值预报业务化系统”有以下几个方面的改进：

1.预报模式的更新：“七五”期间开发的模式为二维距平模式，“八五”期间以 Galerkin 法为基础，从三维海洋动力、热力学方程出发构造了具有海洋自由面的σ坐标下的三维海洋距平方程组，此模式能够考虑由铅直距平流动通过海温气候场的铅直非均匀性而引起的温度平流变化以及当海面剧烈降温时可能发生的由海水静力不稳定引起的温度对流调整。因此该模式能够适应像西北太平洋这样水深变化大与热力层结时空变化剧烈的特点。

2.为了与三维距平模式相匹配，利用目前能够得到的西北太平洋海域温盐剖面数据分析得到了 0.5×0.5 网格上不大于 400m 水深的温盐气候场，并由此诊断计算了上层地转流场。

3.在计算海面热力过程参数化时，吸收了青岛海洋大学提出的一种用相对湿度估算云量的半经验方法，考虑了云量对海洋加热的影响。模式中所需的海温初始场，使用了与常规海温统计预报相同的人工检验分析的海温初始场。这一初始场资料包括沿海的海洋站数据、浮标数据和船舶报数据，经具有丰富资料分析经验预报员的检验分析，其准确性和代表性好于一般的客观分析场，经过“八五”期间的预报试验和业务化运行，模式运行可靠，预报结果平均误差为 0.7℃。

短期海温数值预报模式研究 “八五”期间，青岛海洋大学研制的中国短期海温数值预报及近海异常海温预报模式研究有了突破性进展。

1.海温初始场的客观分析。引进了先进的数学计算模式，即首先利用四维变量资料同化技术，采用伴随法进行海温资料的误差判别，然后应用最优插值法实现海温初值场的客观分析。该法的应用，使海温初始场的精度较原用的逐步订正法提高 2℃，从而保证了异常海温数值预报精度的提高。

2.渤、黄海三维温流耦合模式的数值研究。该模式有三个特点：考虑了温流的耦合，体现了温流的相互作用，可同时计算温度场和流场；建立海温三维数值模式，可同时计算海面及下层温度和海流，不像已有模式那样过多地依赖于海温初始场；考虑了夏季平流、平均风场、M2 潮流及热带风暴等因素。计算结果表明，在 15m/s 风速情况下，表层温度可变化 1～2℃，风速加强时，水温可变化 3℃以上；流场为气旋式流动，上层向北，下层向南；水位存在逆时针波动，由济州岛逐步向苏北出现高水位；风暴中心的最低水位有滞后现象。该模式还体现了黄海区潮生陆架锋及表层冷水的分布特征。

3.中国海异常海温数值预报模式研究。该模式的特点有三：建立新的混合层参数化模式，纠正了已有模式出现上混合层不断变浅的缺陷；考虑了副热带环流引起的暖水辐聚，这将导致异常高温的出现。在处理中将暖水辐聚与温度平流分开，为独立考虑这一因子提供了理论依据，并提出一个合理简便的参数化方案；考虑了影响上混合层深度和温度的浅海效应；包括潮流混合的动力效应和导致吸收辐射变化的热力效应。合理处理吸收系数、卷出和卷入的关系，从而使异常海温的数值预报得以实现。

经过试验，求得各影响因子对海温变化的贡献，其中卷出效应和暖水辐聚分别占 12.93%和 3.27%，在预报异常高温时是不可忽视的，这正是该预报模式的创新之处。在异常低温试验中卷出效应占 8.85%，台风抽吸占 53.89%，也是不可忽视的。在出现异常海温的 40 个站位的预报试验中，预报绝对误差在 1℃之内的站点占 78.58%。该模式的研究成功在国际上具有特色，可视为短期海温数值预报研究的又一里程碑。准确的异常海温预报可增加渔获量、降低冰情灾害及预测赤潮的发生。在社会效益上异常海温数值预报模式的建立则表现为在第一代海表温度数值预报的基础上更上一层楼。它有助于推动海洋环流、跃层、海气相互作用以及气候预测等项研究的进展。

渔海况速报 1994 年，海洋环境预报中心和国家海洋局技术所合作，成功地在海南岛附近海域进行了渔海况测温速报试验。在南海观测现场及时地向渔业指挥部门提供了测温分析数据，并准确地提供了渔况分析资料，对海洋渔业捕捞生产起到了重要参考作用，产生了较好的社会效益，为在南海开展航空测温提供了经验。

海温分析预报产品发布形式灵活多样 海温预报分析产品除预报中心的大面积海温旬预报通过中央电视台、中央广播电台对外公开播发外，国家海洋局所属的三个分局的预报区台和中心海洋站都相继开展了自己所辖海区内的海温分析预报并采取多种灵活的形式，不但通过当地的电视广播播发，而且还通过卫星电视和电话信息台等途径向社会公众提供服务，引起了社会的关注，取得较好的社会效益，使海温分析预报产品逐步走上了为国民经济服务的主战场。 （张建华 张雁丽）

海冰预报
Sea Ice Forecast

【海冰预报】 渤海和黄海北部海冰预报是灾害性海洋预报项目之一，几十年来在海上交通运输、渔业捕捞及海上生产等方面发挥了重要作用。近年来随着海上油气资源的大量开采，海冰预报工作越来越引起生产部门的重视。为适应海冰预报工作的需要，从 80 年代后期就开始考虑海冰数据库的研究和建立工作，“八五”期间被列入国家重点科技攻关项目，经过 5 年的努力，目前已建立起中国唯一的海冰预报数据库，填补了国家的空白。海冰数据库的建立，不仅使预报员从资料堆里解放出来，而且实时性强，预报准确率也明显提高。

海冰数据库采用 ACCESS 关系数据库管理系统，ACCESS 关系数据库是加载在 WINDOWS 操作系统上的功能强大的关系数据库管理系统(RDBMS)，它可以集成

MICROSOFT 其他办公软件包，并可以使用 WINDOWS 操作系统上的各种功能，它充分利用 WINDOWS 操作系统的图文界面使其实现了图文并茂的操作，并支持汉字。

海冰预报数据库的主要内容有：(1)海冰数据资料包括海洋站冰情资料，破冰船冰情调查资料，航空冰情调查资料；(2)海冰图形资料包括破冰船调查冰情图，飞机常规观测冰情图，航空遥感冰情图；(3)海冰图像资料包括 NOAA 卫星历史黑白海冰图像，NOAA 卫星彩色海冰图像，飞机航空遥感图像；(4)与海冰有关的气象、海温资料包括海洋站气象资料，大洋海温场资料；(5)冰灾资料包括年度最大流冰范围，年度一般冰厚与最大冰厚，冰灾简史资料；(6)加工产品资料及预报产品包括对海冰、气象、海温资料的各种统计计算及绘图，图像处理的海冰分布图。

该数据库具有易学易懂，操作方便等优点。对数据库中的所有内容都可随心所欲地进行查询、打印和拷贝，对数据的添加、修改和删除也极为方便。对于图形和图像资料可随时调入 WINDOWS 平台(离开 ACCESS 系统)进行编辑，编辑后的内容 ACCESS 系统可自动更新，数据库还具有进一步开发与利用的开发手段，平时数据管理由海冰预报数据库平台完成，但也有一些海冰预报数据库不能完成的一些大范围的高级查询时，可在 ACCESS 平台上通过简单调用程序模块或直接使用 ACCESS BASIC 编程进行相应的开发。

另外，短期的海冰数值预报模式从“七五”就开始进行研究，“八五”期间又得到了进一步的完善，在“七五”的基础上又建立了冰与海洋混合层耦合模式，并应用质点—网格法以提高局地海域模式的分辨率，将预报时效增加到 1～5 天和 1～7 天，预报产品除了向用户传送外，也通过中央电视台向公众播放。

海冰在海洋中的变化属于长期的过程，海冰预报有年度预报、月和旬预报。为了更好地为用户服务，还增加了 5 天、15 天、20 天和 60 天的预报。要想把海冰的数值模式增加到 10 天甚至更长的时间，这是相当困难的。目前在海冰数据库的基础上，预报中心已着手海冰中长期的智能统计模式，解决中长期的海冰预报问题。

(张启文　邓树奇)

【南极海冰监测和预报】 南极海冰预报最大的难度是资料短缺、现场监测难度大；而预报要求范围广，预报内容多，预报时效要求长、中、短期预报都发布，此任务艰巨又急迫。由于该项任务的重要性被列入了“八五”国家攻关项目 905—05—06 课题“南极海冰监测和预报方法的研究”。经过“八五”期间的努力，目前已初步完成南极海冰立体监测系统，建立了海冰历史资料数据库和卫星云图库，并已开始发布南极海冰长期预报和现场海冰实况图。

南极海冰立体监测系统 该系统包括两站的卫星监测系统，船舶、地面站和飞机航测的常规观测。

1. 卫星遥感监测海冰的方法。1992 年 12 月 16 日在南极长城站建立了高分辩的卫星接收站，该站上所用的接收系统是由国家海洋预报中心遥感部“七五”期间研究成功的卫星接收微机化的小遥感系统。1993 年 1 月在中山站由国家气象卫星中心建成了卫星接收站。这两个站的卫星接收系统和性能基本相同。1993 年 1 月开始正式接收卫星资料，两站已记录了约 1 000 盘 525 兆字节的小磁带资料，为研究卫星遥感监测海冰的方法提供了基础资料。

为了处理由南极带回来的卫星资料，相应配置了与南极站上相同的接收处理系统，该系统的主要特点是依托于 MVP 图像版和 SONY(512×512)的监视器系统，并要求在 386 微机上 DOS 系统下进行工作。

从 1994 年度开始研究 WINDOWS 系统下的卫星接收系统，于 1995 年研究成功，并在 1995 年 11 月由第 12 次队到南极去更新原接收系统，特别是要解决中山站现场接收云图和冰图，向船上随时提供云图和冰图指导航行。

2. 随船和直升飞机观测。随船观测项目按照 WMO 认定的海冰观测规范进行常规现场观测，随船直接在冰区航行中的录像观测，制成了录像带。在普里兹湾用直升飞机进行了航线连续拍照，获得珍贵的航测系列冰图的照片。以上观测直接得到地面上的实测值，为处理卫星资料反演提供依据。

综合海冰数据库 该数据库由三个子库组成：(1) SIGRID 资料数据库；(2)微波资料数据库；(3)甚高分辨率(AVHAR)的卫星资料(南极两站)。前 2 个子库组成的历史资料数据库主要内容有：①海冰密集度分布图和动画显示系统。该系统可以连续的显示逐日、逐周、逐月的海冰密集度分布变化图；②应用软件系统。包括统计处理和应用程序；③产品库。即净冰面积指数和距平值以及各种统计值和与 ENSO、太阳黑子、海平面变化等各种交叉相关和谱分析结果等等；④输出系统。可以直接输出上述内容的各种图表和计算后的产品图。AVHRR 卫星图像库，存储了精选后的优质卫星图片，随时可以调出使用，并可直接由激光打印机输出。

南极海冰预报 1. 南极海冰年展望。从 1992 年开始在南极考察选定航线时发布海冰年展望，提供南极海冰总量的趋势预报，各冰区的海冰面积指数，海冰外缘线的趋势预报。已建立了以统计学为主的南极海冰长期预报模式，用于海冰现场预报。

2. 南极海冰现场预报。在南极两个站建立的高分辨率卫星遥感系统可以提供海冰图，特别是 1995～1996 年将改进了的 WINDOWS 卫星资料处理系统对两站原来的系统进行了改进，使图像的清晰度和处理速度分别提高了 16 倍和 20 多倍，能够在现场提供较清楚的冰图，显示出冰缝和海冰的分布状况，为船舶航行起到了指南的作用。

3. 南极海冰预报的网络系统。美国冰中心向全球发布两极海冰的中期预报，提供的形式有微机网络、Auotporing 系统、公告版形式和 Email 形式。中国已与美国建立了上述各种形式网络，取得不同的预报内容，然后通过卫星手段再转发到“雪龙”号船上。同时也进行现场观测，及时向美国冰中心传送现场实况资料。

（解思梅）

海洋气象预报
Marine Meteorological Forecast

【海洋气象预报】 海洋气象预报是海洋环境预报的基础项目之一，它的预报内容包括天气、风向、风力、能见度等等。当西北太平洋和南海有热带气旋生成时，将根据情况发布警报。目前中央气象台在新闻联播和午间新闻之后发布24～48小时的近海风向、风力预报和热带风暴（台风）警报。中国气象局的沿海海洋气象台也发布各自预报区域内的上述有关预报。国家海洋局的预报系统也从事海洋气象预报，这是其他海洋环境预报要素，如海浪、海冰、海温、风暴潮、海流的预报基础。

短期预报 短期气象预报的预报方法近3年来有较大的进展，除了常规预报方法外，数值预报模式已投入了业务（试）运行，特别是海面风的预报。海面风场数值预报系统是由数据处理、客观分析、大气模式和边界层模式组成。国家海洋环境预报中心对与北京大学等单位合作研制的五层模式进行了改进并耦合了一个二层的边界层模式，用其作海面风的预报，预报范围是10°～45°N、105°～155°E海域，格距是1°×1°。边界层模式采用阻尼定律和热量、水汽输送定律，在预报时刻由大气模式输给边界层模式所需的内参数摩擦速度U_*、温度尺度T_*和湿度尺度Q_*来计算海面风场。该预报系统从1989年开始运行至今，一直是稳定的。上述预报区域内预报风场对诊断风场的5年（1990～1994年）平均的绝对误差，24小时是2.7m/s、48小时是3.1m/s、72小时是3.3m/s。

南京大学大气科学系亦研制了海面风场的数值预报系统，该项研究是“八五”国家科技攻关85－903项目的专题之一。该系统也是由上述数据处理等4个部分组成的。数值天气预报模式由9层原始方程模式嵌套10层MM4中尺度模式构成，前者空间步长5°×5°，后者为120km。边界层模式是15层的诊断模式，在边界层中引入地转动量近似，成为四力平衡的半地转边界层模式。对于半地转模式不适用的低纬改用“塔层”风模式。该系统从1995年1月起在国家海洋环境预报中心进行了运行，结果表明，系统运行稳定可靠。对1995年1～3月大于8m/s的风进行了检验，预报风场对诊断风场的风向绝对误差和风速相对误差三个月的平均值分别是，24小时为15.3°、23.7%；48小时为25.7°、36.7%；72小时为36.0°、42.3%。经专家鉴定，整个系统的先进性、实用性达到了90年代初的国际水平。

上述两个预报系统仍在并行运行，但它们对台风都没有预报能力，因此，“八五”期间作为国家科技攻关85－903项目的专题之一，国家海洋环境预报中心研制了台风风场预报系统，系统中台风模式是三重移动套网格斜压模式，最小网格是95.25km，一种简单实用的资料同化方法被用于台风预报模式，即利用6小时实测台风资料和弱约束变分原理，修正和调整初始风压场。它提供的台风预报风场除直接给有关业务部门参考外，还为海浪模式、风暴潮模式提供强迫场。该系统从1994年开始试运行，1995年对21个编号台风进行了59次预报，风场预报结果较好地满足了海浪模式的要求，但与风暴潮模式的联接预报效果不十分理想，需进一步改进。就台风路径预报效果而言，经专家鉴定，1994～1995年的预报精度已达到目前国际上台风数值预报的先进水平。台风风场因实况资料较少而未进行定量检验。

中、长期预报 目前中国发布中、长期海洋气象预报的部门主要是国家海洋环境预报中心及其青岛、上海、广州、海口等海洋预报台。其预报发布范围为中国近海海区及其邻近海域。

中、长期海洋气象预报的主要内容是灾害性海洋天气和天气系统。具体包括：热带风暴（台风）、温带气旋、冷空气（寒潮）和海雾过程等。另外，有的海洋预报部门还根据预报海区特点和不同季节增加气温和降水量的预报。

中、长期海洋气象预报在预报时效上又分成旬预报和月预报，旬预报每月发布3次，月预报每月发布1次。另外，每年的四五月份还发布1次年度的热带风暴（台风）展望。在展望中重点给出当年发生在西北太平洋（含南海）的热带风暴总个数以及在中国登陆个数的预报值，同时还给出第一次和最后一次在中国登陆的热带风暴的可能发生时段以及5～12月各个月份的热带风暴发生和登陆的个数。

近年来，中、长期海洋天气预报的方法也在不断发展，并促进了预报质量的提高。在目前的业务化预报上所使用的方法中，主要是数理统计方法，其次还有天气学方法和数值预报产品的应用，特别是在中期预报中，对数值预报产品进行了天气学、统计学应用，在提高预报水平和延长预报时效上都起到了较大作用。

近几年，中国气象局所属的国家气候中心以及国家海洋局所属的有关部门，定期发布气候监测公报，重点对厄尔尼诺现象进行监测，并不定期组织厄尔尼诺现象动态分析和预测会商会，这对海洋短期气候预报起到重要作用。

（季晓阳　宋家喜）

【远洋航线预报】 远洋航线预报是国家海洋环境预报中心最具有特色的预报服务项目。其服务范围遍及太平洋、印度洋、大西洋。服务对象除了国家海洋局的远洋、南极考察船航渡期间天气－海洋预报服务、远洋考察船调查海区及南极考察站站区的天气预报服务外，还有远洋公司、交通部救捞局、渔业公司船舶的全球海洋预报保障。目前为止，国家海洋环境预报中心远洋预报室已承担了4次远洋调查、4次大气试验、中美海气联合调查8个航次、大洋锰结核考察、黑潮调查、在热带海域开展国际耦合海气响应实验（COARE）调查和世界大洋环流试验（WOCE）远洋航线及调查海区等的气象保障任务。

预报业务自动化 随着电子计算机等高技术产品的不断更新和发展，海洋环境分析预报业务正向自动化方向迈进，远洋极地预报初步建立了自动化系统。能与卫星遥感处理中心的网络系统联网，显示、分析卫星遥感图象，实现数据存储文档化，资料处理自动化，能快速计算发布海洋环境要素预报和海洋灾害警报。

天气与气候研究 每次南极考察船都要经过台风区，受到台风的威胁，南极考察的时间大都在11月底到翌年4月，这个期间正是南半球台风发生的季节。台风活动对于航行的船只威协很大。国家海洋环境预报中心对此作了重点研究。施国强与国防科工委89969部队协作，着重研究了太平洋中部南、北半球海域台风活动的规律，指出：11～4月在太平洋（150°E～150° W）南北半球都有台风活动，北半球的中太平洋每年平均有2.4个台风生成。南半球每年平均有6.0个台风生成。同时还对1993年夏季的台风路径特征进行了分析（包澄澜，施国强等，1994年）。

中国南极气象工作者十分注意南极暴风雪、大雾等恶劣天气发生、发展的规律的研究。姜德忠和胡胜利指出：影响中山站的主要天气系统有南极大陆极地冷高压和东移极地气旋，它们是造成中山站暴风雪，大风的天气系统。南极地区气候特征的研究，对制定和实施南极考察计划有重要的参考意义。黄耀荣和张文义指出：影响南极长城站的主要天气系统是绕极气旋。还有人对1994年南极长城站大风降温天气进行了分析（张文义，1995年）。南极对全球大气环流和天气气候影响的数值试验，目前在国内研究不多，有待于进一步开展。

在历次考察关键时刻灾害性天气系统的预报都起到了重要作用。例如：1994年11月底第11次南极考察的雪龙号船首航南极，当雪龙号驶出长江口按原定航线航行时，在航线前方有一热低压活动，预报员及时预报了热带低压的强度，并预计24时小时将发展成台风，建议雪龙号船在原航线的基础上改航向180度全速驶向赤道，结果躲过台风的影响。既节约了时间，又节约了经费，避免了12级以上台风的袭击。1995年11月20日至1996年4月1日，第12次南极考察雪龙船从新西兰至长城站航渡期间遇到三个强气旋。极地室气象组准确预报了气旋的位置、强度及大风浪天气，为雪龙号船提供了准确的天气预报，保证了科学考察的顺利进行。

（施国强）

海洋信息管理与服务
Marine Information Management and Service

·专文·

加速国家海洋信息系统建设,为海洋事业发展服务

侯文峰
(国家海洋信息中心,天津)

经过“七五”和“八五”的努力,我国的海洋信息工作取得了令人瞩目的成绩,主要是:已经基本完成了历史资料的标准化处理和计算机存储,实现了海洋资料处理的自动化,承担并完成了我国海洋环境资料数据库及服务系统、大陆架及临近海域信息库、大洋矿产资源数据库、滩涂环境遥感信息系统、区域海洋地理信息示范系统、中国海洋统计数据库、海岸带资源资产化评估、渤黄东海海洋环境图集等研究与系统建设项目,在海洋信息系统研究和开发领域积累了大量的实践经验,具备了国家海洋信息系统的建设基础。

一、国家海洋信息系统建设现状

国家海洋局利用第三批日元贷款,由国家海洋信息中心承建的国家海洋信息系统,自1993年开始论证、设计,到1996年,已完成了全部软硬件设备的安装、调试工作,完成了信息中心内部智能化网络布线和计算机网络的连接、联调、集成等工作,现已投入试运行。

1. 系统功能

国家海洋信息系统是一个由庞大数据库群体组成的系统工程,拥有国内海洋经济、世界海洋经济、海洋资源、海洋环境、海洋空间、海洋文献法规等海洋信息及其信息库;具有各类海洋信息的收集、传输、处理、存储、管理及信息产品服务等综合功能。能够制作各种媒体海洋信息产品,包括图形、图像、文字、声音、数据等。具有稳定可靠的国内外信息源渠道,拥有长期稳定的海洋信息和信息产品用户3万多个。

国家海洋信息系统是一个立体的网络体系,是以国家海洋信息中心为核心,通过国家公共数据通讯网络,纵向联结国家海洋局、各海区信息中心以及沿海省、市、自治区海洋管理部门;横向联结国家信息中心、有关海洋部门、海洋用户等的综合性海洋信息网。并通过Internet加入国际海洋信息交换系统,拥有Internet WWW服务器,可提供各类Internet联机服务。

国家海洋信息系统能够提供现代化的分析、预测、辅助决策、数据处理、信息咨询等综合服务;能为海洋综合管理提供有效的保证,包括海洋权益维护、海洋资源可持续利用、海洋环境保护、海洋防灾减灾、海域合理使用、功能区划、海洋经济综合评价等。

2. 系统结构

国家海洋信息系统由以下7个业务子系统和1个公共技术支持环境组成。即:

(1)国内外海洋经济信息子系统。国内外海洋经济信息子系统包括国内海洋经济信息和世界海洋经济信息两大部分。国内海洋经济信息部分是在现有全国海洋统计网基础上,新建沿海海洋信息采集网络,收集各类、各行业国内海洋的综合经济信息,分别建成沿海地区国民经济状况数据库、海洋产业活动数据库、海洋服务数据库、海洋市场经济信息数据库等数据库群。世界海洋经济信息部分主要依托Internet加入国际海洋信息交换系统,以及不定期的介质交换和沿海国家海洋经济年鉴、年报等手段,采集世界海洋经济信息,建成沿海国家海洋经济数据库群。

(2)海洋空间信息子系统。利用遥感、全球定位系统和海洋调查监测监视系统作为主要信息获取手段,在充实、可靠、高质量的数据信息基础上,完成海洋时—空数据库设计。

(3)海洋环境与灾害信息子系统。充分利用卫星、飞机、船舶、浮标、观测台站以及专题调查等多种信息采集手段,通过不同技术和方法的严格的质量控制、分类、排序、查询、删除和合并等作业程序,建设南森站、海洋站温盐、海浪、海流、潮汐、海洋化学、生物、地质、地貌、海洋地球物理、大洋锰结核、灾害等海洋环境和灾害基础信息库。

(4)海洋制图子系统。在已有自动化制图经验的基础上,建立一套全面、灵活、把海洋资料处理和等值线绘图输出融为一体的系统,在部分专业制图过程中逐步代替手工制图。

(5)海洋潮汐潮流分析预报子系统。

(6)海洋法规和科技情报信息子系统。

(7)海洋科技文献服务子系统。

(8)公共技术支持环境。公共技术支持环境通信网络系统是一个分布式、客户/服务器结构、符合TCP/IP

协议的网络体系。

国家海洋信息中心局域网络采用光纤主干网和中高速分支网互连的网络结构，即以100Mb/s传输速率的FDDI为标准建立中心主干网，以10Mb/s传输速率的IEEE802.3以太网为基准建立各业务系统分支网络，充分保证了网络上的资源、信息和软件的共享。

该局域网络已经开通，它是以3COM公司的智能控制中心Oncore和智能集线器Online为核心，配以SUN公司的网络管理软件SunNet Manager和Oncore管理软件Ondemand NCS(Network Control System)，动态跟踪、管理整个网络的运行状况，自动生成网络结构视图、子网视网及设备视图，实时显示当前任意一台设备端点的运行状态，可对每一设备端点及线路的状况进行测试和分析，并给出统计数据或图表、动态显示网络配置图和故障设备，并提供网络故障和配置管理接口。

二、国家海洋信息系统信息与信息产品服务

1. 国内外海洋经济信息服务

国内外海洋经济信息服务是在建成国内外海洋经济数据库群基础上，利用先进的、科学的统计分析预测软件——SAS系统，对国内外海洋经济状况进行统计、评价、预测、分析，以图、表、文字报告、刊物、简报，以及远程联机查询等多种方式提供综合服务。

主要信息产品包括：

(1) 海洋经济统计和预测分析产品(海洋经济统计年报，海洋经济统计年鉴，海洋经济统计分析报告和简报，海洋经济预测分析报告)。

(2) 海洋市场经济信息分析产品(市场行情通报，市场需求通报，市场经济快讯，市场经济信息综合分析报告)。

(3) 海洋经济开发环境评价产品(沿海经济环境现状分析报告，海洋经济开发综合评价报告)。

2. 海洋空间信息及其产品服务

充分发挥遥感技术应用的作用和优势，以地理信息系统为核心，对海洋环境、资源基础信息及相关的社会、人文、管理等开发活动信息进行综合全面的分析处理，结合先进的辅助决策模型，制作海洋环境资源现状、特性、资源评价、资源规划等各类信息产品，为海洋环境、资源综合评估，促进沿海地区经济的持续发展提供客观决策依据，为我国在海洋权益、海洋划界等重大问题上提供科学决策信息，为进行区域性的灾害定性评估提供应急建议。

主要信息产品包括：

(1) 海洋设施管理(主要海洋设施分布图，现有海洋设施类型、功能、服务目的、管理机关等基础信息，设施破坏事件处理方案建议)。

(2) 海洋自然资源管理(主要海洋矿产、油气资源分布，主要渔业资源分布，滩涂资源分布，红树林、珊瑚礁分布和现状，海洋保护区现状，海洋主要资源开发现状，自然资源非法开采与破坏处理方案建议)。

(3) 海域、海岛、海岸带使用管理(海域使用现状，海岸带资源资产化信息)。

(4) 海洋权益维护。

3. 海洋环境与灾害信息服务

准确反映我国海洋环境和环境质量状况、主要污染区、污染源(如倾废区、排污口、溢油区等)的现状及时空分布；分析主要海洋污染物质漂移扩散趋势；给出海域环境纳污承载能力分析结果和倾废区、排污口选划方案和优化布局建设等。并对发生的海洋污染事件进行损益评估，综合相关的法律，提出处理方案和对策。为海洋管理与环保部门掌握海洋环境状况、规划布局和海洋环境整治提供必要的信息产品。具有对突发性海洋灾害(如台风、风暴潮、大风、巨浪、重冰、海雾、赤潮等)的预警预报能力；通过对缓发性海洋灾害(如海岸侵蚀、海平面上升、涨水倒盐、生态环境污染等)信息的处理分析，能对可能发生的海洋灾害进行影响分析、经济损失分析，提出动态监测方案及防治对策，为海洋管理和经济产业部门服务；为海洋科学研究和国际交换提供服务。

主要信息产品包括：

(1) 海洋环境评价(海洋环境质量评价指标，海洋环境质量现状分析报告，海洋环境质量年报)。

(2) 海洋倾废区管理(海洋倾废区现状，海洋倾废区环境承载力分析，海洋倾废区选划方案建议，违章倾废处理方案)。

(3) 海洋排污管理(沿岸主要排污口现状，海洋排污损益分析，排污口优化布局，违章排污处理方案)。

(4) 海洋溢油处理(溢油区环境污损状况，海区溢油漂移、扩散趋势分析，溢油造成的经济损失评估及环境影响，溢油污损处理措施方案)。

(5) 防灾减灾(台风的历史状况统计、分析、图表，突发性海洋灾害预警预报，缓发性海洋灾害监测方案、影响分析报告，缓发性海洋灾害经济技术分析、防治与减灾对策建议)。

(6) 其他信息产品(海洋气象诸要素的统计和气象学分析图表、报告，海浪诸要素的统计、海浪状况分析，海洋地质地貌、泥沙运动状况和特征分析图表报告，海洋生物分类、分布特征统计、分析图表，海洋重磁资料图表和分析研究报告，海洋化学诸要素的统计分析图表报告)。

4. 海洋制图及产品服务

在建立海洋底图数据库，建设海洋等值线和特征图等绘图系统的基础上，用CAD绘图仪制作各种比例尺的地理底图。

主要信息产品有：

(1) 各种比例尺的海洋底图。

(2) 光盘地图。在研究数据处理和质量控制技术、数据统计和数据插值方法，保证数据的可靠性，地图绘制所需方法的准确性基础上，根据地图信息的特点，建立结构合理的海洋图集和光盘地图数据库。

(3) 西太平洋地形图。编辑国际有用水深数据联合目录，建立资料目录数据库。制定水深数据采集规定、格式及质量控制标准，建立海底地形命名及地名文件。

（4）海底地形图自动制图应用软件。

5. 海洋潮汐潮流分析预报服务

随着科学技术的飞速发展，海洋用户对潮汐潮流的预报也提出更高的要求，他们已不再满足于查书本了解高低潮预报值，而是希望得到一段时间的潮汐潮流的变化曲线，甚至了解某个时刻的水深信息及航行中的即时流速流向，以便控制航向和海洋作业。本系统的建设目的就是要实现这些功能，并且还具有数据压缩功能，信息站的管理检索功能，对任意时刻、时段的潮汐潮流预报功能，潮高和水深的迭加功能及支持图形用户界面和绘图功能。

主要信息产品有：

（1）潮汐表（含电子版本）。

（2）潮汐潮流分析预测图、表。

6. 海洋法规和科技情报信息服务

以国家海洋信息中心现有国内外海洋法规资料为基础，建立由国家海洋信息中心、中央有关部委及沿海省市海洋执法管理部门所组成的海洋法规信息网。采用先进的软件和科学的数据处理方法，实现法规信息的规范管理，建立海洋法规数据库和信息点的联机检索系统。

产品形式：

（1）海洋法规信息联机查询、检索。

（2）科技情报全文检索自动化。

7. 海洋科技文献服务

建成全国联网的、计算机查询检索的、多文种服务的文献情报流通管理自动化和服务系统。并能通过Internet，联机查询国内外大型文献数据库，能为海洋经济开发和科研生产部门、管理决策部门提供全面的文献服务。

产品形式：

（1）海洋文献信息自动化管理服务。

（2）海洋文献全文检索自动化。

8. 公共技术支持环境

国家海洋信息系统公共技术支持环境的远程广域通信网络将依托国家公共通信网络ChinaPAC(X.25)、DDN和PSTN来实现国家海洋局机关、各信息采集点、各分局等的远程联机。建设海洋信息Internet C级站，实现Internet国际联接；建设海洋信息WWW服务器，为国际海洋信息交换、为海洋信息及其产品的广泛服务提供先进的方便的联机手段。

国家海洋信息系统通信网络系统将提供以下功能：

（1）完整的Internet服务(E—mail、FTP、WWW、Gopher、Telnet、USENET)。

（2）资源共享。包括：磁盘共享（含光盘库等）；外设共享（打印机、绘图仪等外设）；软件共享(Oracle、Arc/Info、Erdas、SAS等)；应用共享(Telnet、Rlogin、Rexect等)。

（3）远程作业递交。

（4）自身开发的网络应用。包括：图书文献查询系统；海洋信息、信息产品查询系统；共享软件库（图形处理、文字处理、图像处理等）；综合办公系统等。

综述
Summary

“八五”期间，特别是后3年，海洋信息系统的建设与服务工作取得开拓性的进展。

1. 海洋信息系统的框架和系统的国家中心已经初步建成，基础设备也已到位。以国家海洋信息中心为主的国家海洋信息系统已加入全国经济信息系统的8项系统化业务中心中的4项，即宏观综合经济信息系统、国家与地方经济文献与法规信息系统、国际宏观经济信息系统、国土资源信息系统；配置了系统中相应的业务部门（系统化组织）：海洋宏观综合经济信息子系统与世界海洋经济信息系统，海洋法规信息系统，海洋文献业务管理自动化系统，海洋地图数据库及数字制图系统，海洋国土信息系统，潮汐潮流与海平面预报系统，海洋环境和灾害系统，海洋资料更新处理系统，国家海洋经济信息系统通信网络与联机服务系统等9个部分，并已落实到人，开展进一步的研究和开发。同时正在实施青岛、上海、广州三个地区的子系统，北京的国家海洋管理部门子系统及它们与国家海洋信息主系统之间的通信网络的建设。

用于整个海洋信息系统运行的设备已于1995年全部到位，主要有：Sun 1000服务器4台，Sun工作站17台，586微机93台，可读写光盘机2台，彩色激光、喷墨等各类打印机30台，高精度扫描仪2台，彩色胶片记录仪1台、HK—877影像冲洗机—放大机1台，一个广播级电视片制作系统，以及用于接收卫星资料的ERDAS图像处理系统、ARC/INFO地理信息系统及其外部设备。为了掌握新设备并进行系统的开发工作，国家海洋信息中心早于设备到位之前就安排人员培训，其间在国内开办4期培训班共有200人(次)参加，派出到国外培训9人。

2. 为国家的海洋综合管理和经济建设开展公益服务与研究。其中，1995年全面完成了历时10年的《渤海、黄海、东海海洋图集》的整编和出版工作。该图集所选用的资料主要是建国以来至1987年期间全国各单位海上调查获得的海洋资料，由海洋水文等5个专业图册组成，共1 979幅图，被称为是中国“迄今最为完整、系统的大型基础性海洋图集。”1993年10月编制出版了由沿海和中央涉海部门共同制定的《全国海洋开发规划》。《规划》是全国国土规划的5项专题规划之一，侧重解决战略目标、总量控制、资源配置、开发布局、结构调整、开发与保护的关系等重大问题，成为制定“九五”到下世纪20年代的各项海洋开发工作的纲领性文件。由国家海洋局牵头，沿海省区市参加，国家海洋信息中心具体负责编写的《中国海洋功能区划报告》，历时4年于1993年完成。整个区划工作强调自然属性，注意整体效益，将全国分为开发利用区、治理保护区、自然保护区、特殊功能区和保留区5种型类，总共划分出各种功能区3 642个。《报告》对开发海洋、发展海洋经济具有重要的指导意义。1995年完成了两个国家攻关项目："非工业源CO_2排放通量的测定和预测"，并绘制了世界大洋海一气CO_2交换通量正负区域分布图；"气候变化对沿海地区海平面变化的影响及相应对策研究"，提出了中国海平面变化的预测模型。此外，在海洋政策法规研究、海洋资产评估、海洋经济技术预测、海洋防灾减灾等方面也提出了多项咨询研究报告。

3. 三年来已建和在建的几个重要的海洋信息库成为海洋信息系统建设的基础和为海洋经济服务的依托。1993～1995年，完成和已经开展的有中国"大陆架及邻近海域资料信息库"、"大洋矿产资源数据库"、"全国海岛调查数据库"、"全国海洋统计资料信息库"、"中文海洋文献数据库"、"海洋科学基金数据库"、"海洋资料清单数据库"以及南森站、海洋站、海洋化学、海洋污染等资料数据库。其中"大陆架库"和"大洋矿产库"是已建成的两个大型数据库，其涉及面广、内容丰富，包含海洋环境信息、海洋资源信息、海洋文献信息，甚至社会、经济、法律等信息。"大洋矿产库"入库数据20多类400多个数据项，数据总量达80多兆字节；"大陆架库"有37个数据录入格式，数据总量达350兆字节。上述数据库的建设坚持了边建设边服务的原则，尽快发挥其社会经济效益。如"大洋矿产库"已为两次大洋多金属结核调查制订勘探计划提供了多套工作用图，另外还多次向从事大洋锰结核调查、科研等部门提供了资料和资料产品的服务。

4. 加强对新型海洋资料处理技术的研究，以适应现代海洋监测技术的发展，提高海洋信息技术水平。声学多普勒流速剖面仪（ADCP）、电导率—温度—深度仪（CTD）、盐温深自动仪（STD）、海洋浮标所测得的海洋资料常见于国际资料交换之中，中国参加的国际海洋调查也都使用这些先进的观测仪器设备。因此处理和利用这些仪器设备测得的大量资料成为当务之急。国家海洋信息中心在"八五"后三年经过努力对ADCP声学连续测流资料的处理技术取得突破，并达到国际先进水平。固定浮标资料处理技术不仅已在国内广泛应用，而且还协助国外有关部门完善了它们的处理和服务系统。CTD、STD资料处理技术也已基本达到海洋发达国家的同等水平。

1992年底国家海洋信息中心建立了极轨气象卫星和静止气象卫星地面接收站，可实时接收NOAA系列气象卫星、中国"风云一号"气象卫星和日本GMS系列气象卫星资料，用于对中国近海及海岸带地区的资源和环境监测。1994年利用美国的GEOSAT高度计资料，进行了大量的海洋动力学研究，开始了"台风浪空间结构的卫星遥感研究"课题的工作。1995年正式启动"区域海洋地理信息示范系统"，对"滩涂环境遥感信息系统研究"进行了航空模拟飞行试验。

5. 开展国际合作与交流，促进海洋信息工作的发展。国家海洋信息中心已与37个国家和地区的126个单位开展了海洋信息载体的交换。三年间共收到书、刊和其他出版物2 735册（份），磁带228盘，光盘80张，软盘45片，平片42份。这三年交换来的磁带、光盘和软盘比前三年（1990～1992年）分别增加2.85倍、3.2倍和45倍。

在开辟国际合作渠道、扩大中国海洋工作影响方面取得新进展。1994年10月国际海洋学院中国业务中心正式在天津国家海洋信息中心挂牌成立。国际海洋学院（IOI）为非政府、非赢利的民间机构，其宗旨是帮助发展中国家培训海洋专业和管理人才，总部设在马耳他。随即组成了国际海洋学院中国业务中心的指导委员会。国家海洋局副局长陈炳鑫任主任，中国业务中心主任、国家海洋信息中心主任侯文峰等6名专家为委员。中国业务中心成立后积极开展工作，1995年举办了一期国际深海采矿管理培训班，有9个国家16名学员参加学习，5个国家的8名教师进行授课。国际海洋学院中国业务中心挂牌确立了中国作为东南亚地区海洋专业和管理人才培训中心国的地位，扩大了中国在国际海洋界的影响。

中国于1985年加入联合国水科学和渔业情报系统（ASFIS）之后，认真履行协议，按时提交大数量、高质量的国内海洋与水产英文文摘，成为ASFIS核心出版物水科学和渔业文摘（ASFA）条目的主要供应国，尤其是结合中国地域辽阔、通信相对落后的状况，在国内开设10个ASFA服务分中心的创举，以及在历次ASFA咨询委员会会议上维护发展中国家权益的立场与态度，表明了中国对ASFIS和ASFA发展的贡献。在这种背景下，1994年10月在天津国家海洋信息中心成功地举办了第23届ASFA咨询委员会会议。这是ASFIS系统1970年第一届咨询会以来首次在发展中国家举办，说明了该系统各国际组织各个成员国对中国10年来所做工作的肯定，显示了中国对开展国际合作的诚意和能力。ASFIS总负责人联合国粮农组织（FAO）官员称："这次会议将开辟ASFA的新纪元。" （陈伯镛）

海洋资料管理与服务
Marine Data Management and Service

【海洋资料管理与服务】 为更好履行管理职能，把对海洋资料的管理推上规范法、法制化的轨道，受国家海洋局委托，国家海洋信息中心于1995年就加强海洋资料管理、促进海洋信息共享，草拟了4个有关海洋资料管理和一个海洋资料共享的文件，并提交于同年8月召开的国家海洋局系统海洋资料工作座谈会讨论。会上提出了许多修改意见。会后按海洋局的要求海洋信息中心组织人员进行重新修订。

海洋资料管理任重而道远，国家海洋局已将对海洋资料的法规化管理列为全国海洋工作管理的重点项目。

【海洋资料服务】 为了适应海洋科学研究和海洋资源开发的需要，在"八五"后期，海洋资料服务已进入了以加工综合环境数据为主要产品的新阶段，在一些"八五"攻关等国家经济建设重要项目中被广泛应用。

作为海洋资料服务基础的数据库建设，也是海洋资料产品产出的第一道工序，“八五”期间在国家海洋信息中心得到了迅速发展，到1995年止已建成几个大型数据库。其中有大洋矿产资源数据库：完成了大洋矿产资源数据库技术报告和大洋矿产资源数据操作手册的编写，使“大洋矿产资源数据库应用子系统”应用模块得以逐一实现，并新增“馅饼图”系列产品。该数据库实现了边建设、边完善、边服务的方法，并已对外提供了交流及图件服务。大陆架及邻近海域资料信息库：编写了数据库总体设计技术报告、数据文件格式和代码、数据库使用手册和数据库加载实验报告等。该信息库包括环境库、资源库、大事记库、岛屿库和图形库。

除应用已建的和在建的数据库开发资料产品外，随着国家经济建设中海洋开发项目的迅速增加，海洋资料以不同的产品形式开展日益广泛的服务。主要海洋资料产品形式包括：(1)《中国海洋环境年报》和《中国海洋环境公报》；(2)三大洋及国内各港口的潮汐表；(3)《太平洋及中国近海表层海流图集》。

近三年来已经完成的主要服务项目有：(1)广东大亚湾第二核电站海域工程区海洋水文气象分析报告；(2)与大港油田共建中华第一人工岛海洋观测站并承担观测工作；(3)汕尾电厂煤港可行性研究水文气象分析；(4)全国沿海港口平面图的编绘与印制。

【中国信息协会海洋分会成立】 经过几年来的筹备，中国信息协会海洋分会(以下简称“分会”)于1994年12月2日在天津正式挂牌成立，其办公室设在国家海洋信息中心。这是国内首家跨越沿海省市(含海岛)、由12个国家部委局系统的百余家包括地方政府、海洋管理部门在内的各涉海企事业单位组建而成的海洋信息交流社团。

“分会”由国家海洋信息中心主任、研究员侯文峰任理事长、国家海洋局监测服务司司长、高级工程师叶人秒任常务副理事长、国家海洋信息中心副主任、高级工程师刘法孔任秘书长。

“分会”以涉海企事业单位为依托，积极收集，并组织交流海洋决策管理、海洋科研开发、海洋工程建设、海洋高科技产业发展等方面的信息，以促进海洋信息向生产力的转化。

“分会”编辑出版《海洋信息快报》(不定期，内部资料)，与国家海洋信息中心共同出版《海洋信息》(月刊，国内公开发行)。 (徐志道)

海洋情报服务
Marine Information Service

【概况】 海洋情报工作直接为海洋管理、海洋开发服务。1993～1995年，海洋情报研究逐渐由低层次向高层次方向发展，研究水平逐渐提高，研究手段逐渐完善，研究成果较为明显，海洋情报信息服务一步步走向市场。在海洋规划方面，完成了《全国海洋开发规划》、《海口市海洋开发规划》及《连云港海洋特殊开发区发展规划》等。在海洋功能区划方面，完成了《中国海洋功能区划报告》、《中国海洋功能区划图集》和《中国海洋功能区划指标体系研究(送审稿)》。在海洋发展预测研究方面，完成了《大洋固体矿物勘探开发前景研究》、《中国海洋经济预测研究》和《国外海洋工作现状和发展趋势》等。在海洋政策、海洋立法和执法研究方面，完成了《国外海洋政策研究》、《海洋立法及法规体系研究》、《海洋立法背景情况调研》、《中国海域巡航执法业务系统可行性论证报告》和《中国海域巡航执法业务系统技术方案》等。在海洋资源开发和海洋经济研究方面，完成了《中国海洋自然资源》、《国内外海洋开发对比研究》、《国外海洋开发技术情报》、《海上油气藏早期评价方法情报调研》、《海洋资源核算初步研究》、《海洋资源评估研究》、《海岸带资源性资产经济评估研究》和《国外海洋经济研究》等。在海洋减灾研究方面，完成了《海洋灾害对渤海石油开发影响的研究》和《海平面变化对社会经济的影响》等。在海洋信息统系统建设方面，完成了《全国海岛数据库建设》和《大洋矿产资源数据库建设》等工作。另外，国家海洋信息中心还编辑出版了《中国海洋统计年鉴(1993)》、《中国海洋统计年报(1993、1994)》、《海洋文摘》、《海洋通报》、《国际海底开发动态》等定期情报刊物；完成了《海洋专业英语》和《汉英海洋科技词典》等的编写和出版工作。

【海岛资源调查与开发研究】 1.全国海岛资源综合调查报告。它是全国海岛资源综合调查工作的系统总结，也是对调查的全部资料进行深入分析研究后得出的成果。为了编写好这个报告，1993年5月在厦门市召开了全国海岛资源综合调查报告编写工作会议。会后，在系统收集、分析研究沿海11个省(区、市)和3个计划单列市的综合调查报告、专业调查报告、资料汇编和海岛名录的基础上，由30多位专家执笔分别进行编写，完成了送审稿，提交1995年12月12～14日召开的全国海岛资源综合调查领导小组审查验收和鉴定委员会的评审，并均获得顺利通过。《全国海岛资源综合调查报告》由绪论、自然环境、自然资源、社会经济、综合评价和开发利用设想5篇，共34章组成。另外，《全国海岛资源综合调查报告(资料汇编)》和《全国海岛资源综合调查报告(海岛名录)》则是用表格的形式来反映调查的成果。

2.全国海岛资源综合开发试验报告。它总结了1993～1995年全国海岛资源综合开发试验的成果，贯穿了科技要上岛，海岛调查要面向海岛经济；边调查、边开发；在调查中结合开发试验，以加快和推动海岛资源的开发、社会进步和海岛经济发展的方针。反映了调查如何与开发结合，如何转化为生产力所取得的成果。全书分两大部分，第一部分综合介绍了全国海岛资源开发试验的指导方针、组织实施、试验项目和效益、试验经验及发展规划设想要点。第二部分分别介绍了沿海各省(区、市)海岛资源综合开发试验的情况。

【几项海洋工作的可行性论证报告】 1.中国海域巡航执法业务系统可行性论证报告。由国家海洋局下达任务，国家海洋信息中心承担。中国海域巡航执法业务系统是国家海洋局"九五"重大建设项目。该报告已于1995年上报国家计委。

2.中国海域巡航执法业务系统技术方案。由国家海洋局下达任务，由国家海洋信息中心等国家海洋局系统8个单位人员组成的课题组负责完成该项目工作。该方案已于1995年底上报国家计委。

3.中国海洋资源开发与管理年报可行性论证报告。由国家海洋局管理司下达任务，国家海洋信息中心承担。全部任务于1995年5月完成。　　(艾万铸)

海洋文献服务
Marine Literatures Service

【海洋科技查新服务】 海洋科技查新服务是指通过手工检索和计算机检索等手段，动用综合分析和对比等方法，为海洋科技研究立项、成果、专利、发明等评价提供科学依据的一种情报咨询服务工作。

国内科技信息界的查新工作开始于80年代中期。1990年，国家科委发文推荐了第一批科技查新咨询单位。1993年，国家科委制定了《科技查新咨询工作管理办法》(讨论稿)。1994年10月26日，国务委员兼国家科委主任宋健签发了国家科学技术委员会令第19号——《科学技术成果鉴定办法》。其中明文规定："申请科技成果鉴定，应当具有经国家科委或者省、自治区、直辖市科学技术委员会或者国务院有关部门认定的科技信息机构出具的查新结论报告。"这些办法和规定，不仅使科技查新工作逐步走上了稳定协调发展的轨道，而且使查新工作成为科技管理工作中不可缺少的环节。

国家海洋信息中心是国内首家开展海洋专业科技查新的信息研究单位，于1991年初开始正式对外开展海洋科技查新服务。经过两年多认真的工作，已完善了查新工作程序，建立起用户信誉，并在不断总结工作经验的过程中逐步提高查新工作质量。因此，1993年被国家海洋局正式批准为国家海洋局科技查新单位。从1993年到1995年的三年中，国家海洋信息中心共为国家海洋局、国家教委、中国科学院、农业部、交通部、冶金部、中国船舶工业总公司、沿海各省市等系统近28个单位的136项海洋科研成果进行了科技查新，所提交的查新报告得到了有关部委科技成果主管部门和有关专家学者的认可，并在有关成果评定过程中发挥了作用。

所谓查新，就是要查出项目的新颖之处或者创新点。科技查新过程中，要求情报检索范围应体现全面性、系统性、连续性；查出的对比文献要具有代表性、针对性、可比性；查新结论要具有科学性、客观性、正确性。可见查新服务是一项难度较大的文献情报咨询服务工作。它要求查新单位不仅具有先进的情报检索手段和丰富的馆藏文献资料，而且还要具有一支业务素质较强的查新队伍和学科专家咨询力量。国家海洋信息中心的海洋科技查新工作虽然取得了一定的成绩，但也存在着一些问题，如海洋文献资源不足、文献检索系统不够健全等。这些条件有时也影响到查新工作的发展。今后有关部门应加强研究改进这方面的工作。

【海洋文献重点用户跟踪服务】 鉴于海洋科学研究人员查找图书资料困难、而图书情报部门读者又逐渐减少的情况，国家海洋信息中心文献馆从1991年起开展海洋文献重点用户跟踪服务工作。具体实施办法是：承担重点海洋科研项目的科技人员向国家海洋信息中心文献馆提出申请并交纳一定的注册费后，文献馆则安排比较熟悉此项专业的馆员专门为其收集有关文献资料并进行定题服务。其服务内容包括向用户提供与其研究课题有关的海洋文献信息或资料目录，向用户寄发海洋信息中心中、外文海洋数据库的定题检索结果，为用户代查、代找、代复印所需要的文献资料等。1993～1995年共为28位用户提供文献题录约2.4万条。

开展重点用户跟踪服务密切了图书情报人员与海洋科研人员的关系，可以根据研究工作进展需要随时调整文献检索策略。通过扬长避短，通力合作，大大提高了查找文献资料的效率，促进了科研工作。因此这项服务受到了用户欢迎，收到了较好的效果。　　(潘学良)

海洋档案管理
Marine Archives Management

【海洋档案管理法规建设】 为加强海洋调查观(监)测档案的规范化管理，国家海洋局1995年2月20日发布了行业标准(HY029.3—1995)《海洋调查观(监)测档案业务规范》(1995年7月1日实施)。该《规范》的发布与实施，对提高海洋调查观(监)测档案质量，实现档案工作规范化，更好地发挥海洋调查观(监)测档案的作用提供了法律依据。

该《规范》除对海洋调查观(监)测档案的同一性问题作了规定外，还分篇章对海洋断面、海洋专项调查档案，海洋监测、海洋航空监视档案，海洋浮标观测、海滨观测档案，船舶水文气象测报档案作了专门规定。该《规范》易学，好操作。

【海洋档案事业情况统计】 作为专业统计，是档案部门管理档案、用户利用档案的重要工具。主要包括"机构、人员"、"档案年度存档"、"档案年度利用"等情况统计(详见表1～3表)。

表1 海洋档案事业机构、人员情况一览表 （国家海洋局系统）

年度	处、科、室(个)	全部档案工作人员(名)	兼职(名)	大专文化以上(名)	中专文化以下(名)	备注
1993	24	79	3	39	40	1个单位成立了综合档案室
1994	24	72	13	34	38	1个单位成立了综合档案室
1995	24	77	8	40	37	2个单位成立了综合档案室

表2 海洋档案事业机构档案年度存档情况一览表 （国家海洋局系统）

年 度	档案全宗(个)	案 卷(卷)	单 件(件)	音 像(盘)	照 片(张)	底 图(张)	全引目录(册)	案卷目录(册)	分类目录(册)	资 料(册)
1993	20	7 140	2 858	72	1 010	324	85	70	331	1 471
1994	20	9 035	408	530	1 200	250	91	61	4 148	7 825
1995	20	9 850	518	284	7 719	7 495	134	197	4 788	6 315

表3 海洋档案事业机构档案年度利用情况一览表 （国家海洋局系统）

年度	利用人次	编史修志		工作查考		学术研究		经济建设		其他		档案资料复制
年	人次	卷次	件次	卷次	件次	卷次	件次	卷次	件次	卷次	件次	页数
1993	7 717	1 813	567	3 341	1 518	1 143	756	356	516	286	305	79 635
1994	7 215	1 114	852	3 580	1 729	1 704	955	384	610	286	208	78 103
1995	3 429	2 036	380	2 251	1 638	2 557	397	452	858	360	177	81 215

（张连秋）

海洋新闻与出版
Marine Journalism and Publishing

海洋新闻
Marine News

【中国海洋报】 1993～1995年,《中国海洋报》社借鉴前两年办报的成功经验,紧紧围绕“增强民族海洋意识、促进涉海各业发展、荟萃沿海经济信息、展示环宇海事风云”这一报道思路,对版面和栏目设置进行了不断的补充和调整。1993年将二版辟为沿海经济版,同时推出“月末版·世纪潮”,在四个版分别设立了“大海之子”、“热点透视”、“闻风而论”、“曝光台”、“市场广角”、“经营之道”、“科教之窗”、“海与法”、“实用技术”、“军事角”等覆盖海洋各个产业和各个侧面的栏目。这些做法使中国海洋报社在指导性、可读性、知识性的统一上又向前迈出了可喜的一步,办报质量明显提高。3年中,共出版报纸312期,其中月末版36期。

1994年,为了贯彻中宣部关于加强爱国主义宣传的意见,进一步增强全国人民的海洋主权意识,《中国海洋报》利用纪念甲午海战100周年之际,与海军政治部宣传部、中央人民广播电台联合举办了“纪念甲午海战100周年”征文活动,共收到来自沿海省市和内陆地区的应征稿件1 000多篇,发表34篇。历时半年的征文活动在社会上引起了强烈反响,中央电视台、中央人民广播电台等首都新闻单位都进行了专门的报道,收到很好的效果。

为了反映祖国海洋事业30年来的光辉成就,回顾广大海洋工作者顽强进取、建功立业的艰辛历程,在国家海洋局成立30周年之际,在全局范围内开展了“我最难忘的一件事”征文活动,得到了局内职工的热烈响应。这一活动不仅宣传了国家海洋局的工作,也使局外人士通过一个侧面了解了国家海洋局。

1995年,为配合纪念反法西斯战争及抗日战争胜利50周年,在一版开辟“记住昨天”专栏,以报道中国海军、盐工、渔民的抗日事迹,在同时期的同题材报道中独树一帜;为配合农业部七八月份在东海、黄海的全面伏休,推出“伏休动态”专栏,发表稿件20余篇,受到农业部等有关部门的好评;在“世界妇女大会”召开之际,“大海之子”栏目中系统介绍了海洋战线巾帼英雄的风采;为配合国土资源的合理开发利用,在四版与首都10家报社联合主办了“林德叉车杯全国首届国土资源开发保护报告文学征文”活动,该报有3位作者获奖。

在宣传爱国主义、热爱祖国的万里海疆方面,《中国海洋报》除了经常刊登有关文章外,还重点组织了介绍西沙官兵以苦为乐、戍守海疆的系列报道“南行漫记”,发表文章12篇;刘华“徒步考察万里海疆纪行”系列报道80余篇;报道了身患癌症却仍然一心扑在祖国南沙考古事业上的民族大学教授王恒杰;并发表了介绍南沙守礁部队事迹的报告文学《在那遥远的地方》等。这些文章均受到读者的好评。

除此之外,该报还广泛宣传海洋战线上的各行各业先进人物的模范事迹和一些优秀典型,如国家海洋环境监测中心主任、中国工程院院士丁德文,国家海洋局十杰青年刘旭东,交通部全国劳模、抓斗大王包起帆,海军英雄人物刘志艳等,均给读者留下了深刻印象。

为了体现海洋与社会主义现代化建设的密切关系,该报除了在一版刊登有关领导就海洋开发发表的重要讲话、涉海各业取得的成绩外,还专门在二版“沿海经济”版上,以较多篇幅报道沿海各地发展海洋经济的情况,受到沿海地区经济界人士的重视。

《中国海洋报》对国际海洋方面的重大事件、国家海洋局的中心任务和重要会议作了重点宣传报道。比如:针对《联合国海洋法公约》生效,有计划地组织了《联合国海洋法公约》系列专论,共发表12篇由专家、权威人士撰写的稿件,对《联合国海洋法公约》作了详实的介绍;根据在不同时期海洋工作的需要组织或约请国家海洋局各业务司室领导撰文,就海岸带资源资产化管理、海域有偿使用、海岸带的综合管理等问题发表见解;对沿海各地在海洋综合管理和海洋开发方面的成功经验和存在问题,一直积极给予报道,曾发表了“海南省海洋工作纪实”、“辽宁省绥中乱占海域事件普遍存在”、“广西上党乡围海造地纠纷的反思”、“宁波市县领导在舟山勘查管辖海域”等几十篇文章,对各地的海洋开发与管理起到了一定的指导和借鉴作用。另外,国家海洋局南海分局、北海分局、海洋技术所等单位成立30周年,南极长城站建站10周年,中国海洋21世纪议程,海洋高新技术立项,“大洋1”号多金属结核调查,全国海洋功能区划及全国海洋开发规划等国家海洋局的重大事件均在显著位置予以报道。特别是在人大、政协会议期间,报社特派记者就如何加强海洋综合管理问题从不同侧面采访各位代表、委员,写出了“海洋需要高层次的综合管理”、“国家应有一部统管全局的大法”等文章。

海军是保卫祖国海洋主权的重要力量,《中国海洋报》每年刊登海军的稿件都占有很大比例,约为500多篇。1995年,四版还专门开辟了“军事角”专刊,面向广大部队官兵及军事知识爱好者开设的“军营好儿女”、“军中一绝”、“舰船博览”等栏目,受到广大部队官兵的喜爱。

海洋水产是涉海人员最多的海洋产业。特别是近两年海水养殖业的不景气,已引起上至中央领导、下至养殖户的普遍关注。从1993年全国对虾养殖大面积滑坡以来，报社除了针对不同时期养殖特点，组织有关专家撰写具有指导意义的文章外，还有目的地组织水产专家座谈会，及时分析养殖业所出现的病害原因及解决方法，连续刊登“专家谈对虾病毒、病害综合防治技术”、“对虾病毒病害综合防治技术用户意见反馈”等文章，并推出了专题报道“养虾生产与病害防治”，深受沿海广大养殖户的欢迎。同时，在三版开辟了“实用技术”栏目，专门刊发养殖技术，指导生产。此外，报纸还就东海、渤海渔业资源馈乏问题及广大渔民的呼声，采写了“西滩行”、“踏访渤海湾，忧愤话渔殇”等系列报道，呼吁沿海地区要重视近海渔业资源的保护，社会反响也很强烈。

在盐业宣传方面，除了针对盐业现状，在头版头条位置发表了“盐业如何走出困境”一文之外，还重点抓了非碘盐和打击私盐的报道，写出了“大决战，围剿非碘盐”、“私盐为何打不绝”等文章，引起有关主管部门的高度重视，他们迅速组织力量查禁私盐，使问题得到圆满解决。

海上交通运输是中国较大的海洋产业，涉及沿海港口码头、海运企业、港建港工等方面的稿件，在该报均有一席之地。

《中国海洋报》与新华社国际部合作，创立了具有海洋特色的海洋“国际新闻”版，并已形成了自己的特色。世界各沿海国家管理、研究、开发、利用海洋的经验、消息、通讯、报道等，为中国的海洋事业发展提供了生动、详实的参考借鉴材料。“国外海洋工作一瞥”、“外军动态”、“科技珍闻”、“异域风情”等栏目的设立，大大丰富、开阔了人们的眼界。可以说，在中国部委局所办的专业报纸中，海洋“国际新闻”版独树一帜。

副刊由“蔚蓝色”、“海洋大观”和“军事角”三个专版组成，力求体现知识性、趣味性，增强思想性、服务性，已在广大读者中树立了良好的形象，拥有了固定的读者群。

“月末版·世纪潮”经过对版面和内容的不断调整，在可读性上有了很大提高。一版的稿件大都是本报独家报道，既有可读性，又有一定深度。“刘公岛百年大祭奠”、“与死神的较量”、“中山舰打捞遥遥七年终有期”、“大陆渔民怒目问苍天”等文章，因内容详实、视角独特而受到广大读者的喜爱。（魏红涛）

【中国海洋石油报】 该报从 1993 年 9 月创办伊始就意识到，中国海洋石油工业的大发展是以海洋国土权益的坚决捍卫为基本前题的，而维护海洋权益的实践迫切需要全民族海洋意识的觉醒。为此，从 1994 年开始中国海洋石油报就开始筹划进行蓝色国土意识的宣传。回顾这三年海洋宣传方面的工作，重点做了两件事。

一是 1995 年历时一年的“我爱蓝色国土征文”活动。这次活动由《中国海洋石油报》和《人民文学》联合举办。组委会主席由著名作家徐迟、中国海洋石油总公司总经理王彦担任。一年间由中国海洋石油报社牵头组织了渤海笔会、南海笔会及海军作家笔会等三次大型活动，中国海洋石油总公司专门出动了轮船和直升飞机组织作家深入渤海和北部湾体验生活。前后有包括李国文、张锲、蒋子龙、叶楠、梁晓声、金敬迈、柳溪、徐刚等在内的 100 多名专业作家参加了征文活动。征文共收到包括美国、德国、香港等地在内的来稿 1 020 件，在《中国海洋石油报》和《人民文学》相继发表。此次征文自始至终受到海内外传媒关注，中央各大新闻单位、沿海地方新闻单位及海外一些报刊都进行了不同程度的报道，在文学界刮起了一股向海洋文学进军的旋风。

二是 1995 年 10～12 月与中央人民广播电台《新闻纵横》联合采制了“来自蓝色国土的报道”。中国海洋石油报记者王一新和中央人民广播电台记者胡国华组成两人采访小组沿祖国沿海跋涉了一个多月，围绕海洋问题进行了深入采访。共采制了十个专题，涉及海洋意识、海洋管理体制、海洋环保、海洋渔业、海军生活、海洋石油、大西南的出路、海洋发展战略等方面。节目在中央电台早 7 点、晚 7 点的《新闻纵横》中播出后，在社会上引起很大反响。国家海洋局局长张登义在节目最后接受了记者专访。

中国海洋石油总公司非常重视和支持《中国海洋石油报》开展的“我爱蓝色国土”系列活动。1995 年中国海洋石油总公司新闻宣传工作会议明确提出，要把“蓝色国土”宣传作为企业爱国主义教育的重要内容，要为国家为民族的海洋意识觉醒做力所能及的工作。为了加强对这项工程的领导，中国海洋石油总公司专门成立了以党组成员、纪检组长姜英成为组长的蓝色国土宣传领导小组，设立了常务的蓝色国土宣传办公室，拨付了专门的蓝色国土宣传费用。（中国海洋石油报）

【《中国船舶报》对海洋意识的宣传情况】 造船是与海洋密不可分的一个行业，只有全民海洋意识提高了，中国造船业才有可能真正得到发展。《中国船舶报》创刊以来一直把宣传海洋意识作为自己的职责，作为办报宗旨之一，几年来坚持不遗余力地在呼唤全民海洋意识方面做工作，并取得了一定的成绩。

1995 年对《新三字经》缺乏海洋意识的宣传便是其中最有声势、最有成效的一次。

1995 年正是各种《新三字经》宣传与发行搞得火热的时候，各种版本的《新三字经》作为对青少年进行爱国主义教育读物，发行量高达数千万册。然而，《新三字经》对中国国土的描述上却丢掉了祖国的海洋国土，忘掉了海洋权益，有的甚至出现错误的宣传。

原海军装备部部长郑明针对各种版本《新三字经》出现的问题撰文数千字，投书本报。本报主编立刻意识到这是一个不容忽视的问题，也是一个呼吁国民增强海洋意识的重要契机。于是本报召集了来自国家海洋局、交通航运、造船、海军等方面权威人士对《新三字经》所反映出的“国土”观的混乱与错误、海洋意识淡漠等问题进行座谈，并及时予以重点报道。在头版头条刊发消息的同时，对相关内容连续组织了几个整版的稿件，使报道完整而又形成了气势。

这组报道发表后，在社会上引起很大反响。“中央人民广播电台”、《报刊文摘》、《工人日报》、《解放军报》等新闻媒介纷纷对“《新三字经》缺乏海洋意识”、“中国到底有多大”等相关报道予以转载。中国海洋学会也组织各方面人士进行座谈，与会人员对本报率先在这方面做的工作给予了充分肯定，称赞《中国船舶报》做了一件利国利民的大好事。之后，本报又开辟了以宣传海洋意识为宗旨的“面向大海”栏目，请各方专家就海洋自然观、国土观、经济观、防卫观等方面一抒己见，并与读者探讨了《国际海洋法公约》有关问题。

对《新三字经》等启蒙读物缺乏海洋的报道，是本报在宣传海洋意识方面的一次成功操作。本报对中国300万平方公里海洋国土的强化宣传在一定程度上深入人心。同时这组报道受到了有关领导和出版部门的重视，要求《新三字经》增强海洋意识宣传的内容在今年两会期间被列入全国政协的提案；同时，京版、粤版等几个著名的《新三字经》版本都作出了对相关内容进行增改的承诺。有关报道还在产业报协的评奖中获得二等奖。

（由淑敏）

海洋出版 Marine Publishing

【概况】 目前，中国出版海洋图书和期刊的除了海洋出版社以外，中央级科技出版社还有科学出版社、地质出版社、气象出版社、农业出版社、测绘出版社等，大专院校出版社有青岛海洋大学出版社、河海大学出版社、厦门大学出版社等。近几年，有些地方的科技出版社也相继出版了一些海洋图书。

1993～1995年，中国共出版海洋图书约500种，海洋期刊50余种。在所出书刊中，质量有所提高，重点图书和系列图书的比例大大增加，如海洋环境系列图书、海洋开发系列图书、南极考察系列图书等在国内外均产生了较大影响，为海洋工作做出了贡献。

由于受价格、经费以及其他因素的影响，近几年来海洋专业书刊的发行数量明显减少，加之成本上涨，主管部门的政策性补贴没有增加，这给有些科技专业出版社经济上带来许多困难。各有关出版社在国家出版政策的指导下，在努力探索求生存、求发展的新路子。

【海洋出版社】 海洋出版社1978年6月成立，直属于国家海洋局。其主要任务是：出版海洋综合管理、开发研究方面的科技著作；应用技术和知识性图书；与海洋相关的基础科学、通用技术图书；科普读物；工具书以及海洋专业大专院校教材和职工培训教材。出版大科技方面的图书和有关海洋期刊；对外发行书刊和港澳台合作出书。海洋出版社现有职工120余名，其中编辑人员60余名。现设有海洋专著、海洋科普、高技术与工具书、美术设计、外文等5个图书编辑室以及《海洋学报》、《海洋世界》、《海洋开发与管理》3个期刊编辑室，设有出版处、发行处以及总编室、财务处、办公室、人事处，还有印刷厂和书店各一个。

18年来海洋出版社共出版图书4 500余种，1 235万册，其中重印再版图书450种。在国内外图书评比中，先后获得省部级以上优秀奖50多种。该社还出版中文版期刊15种，均在读者中具有广泛影响，其中《海洋学报》在全国自然科学核心期刊中排名第8位，在海洋学术期刊中排名第一位。

在党的改革开放方针指引下，海洋出版社积极开展对外出版工作，先后与10多个国家和地区15家出版社（公司）签定了40多项出版合同，出版了英、日、意等文种的海洋及各类专业图书92种，出版英文版学术期刊14种，与世界4大洲27个国家和地区建立了书刊贸易关系。在北京首届国际图书博览会上，德国施普林格出版公司总裁对李鹏总理说：“我同中国出版界的合作是同海洋出版社开始的。”

1993～1995年，海洋出版社共出版图书800余种，200多万册。其中出版的海洋环境科学、海洋工程、南沙科学研究、南极科学研究、中国海岛调查研究等五大系列图书以及著名海洋科学家曾呈奎、汪品先、郑重等专家的文集、专著，以其高质量、高品位在国内外产生了广泛影响，取得了良好的社会效益，并形成了自己在海洋方面的出版特色。国家“八五”重点图书《中国海湾志》（13册）、《中国海洋蟹类》、《渤海、黄海、东海海洋图集》（5册）等20余种图书分别获得了国家级和省部级优秀奖。《联合国海洋法公约》等书还被定为全国人大用书，为中国的海洋立法工作做出了贡献。

（王铸之）

【科学出版社】 科学出版社是中国科学院所属的综合性科学技术出版机构，成立于1954年。该社以出版高层次、高水平和高质量的自然科学和技术科学各学科领域的图书和期刊为主，并增加了音像制品和软件的出版，同时也十分重视科普读物的出版。

该社的7个图书编辑室负责出版数、理、化、天、地、生、农、医、技术科学，以及科技史、科学家传记、科学研究思想方法、管理科学及交叉科学诸领域的专著、基本资料、基础理论、应用技术、论文集、工具书和科普读物。在整个出版物中高水平、高质量、高层次的出版物占有相当比例。1993年底荣获“全国优秀图书出版单位”称号。该社第三编辑室出版与海洋有关的图书，近几年来出版的《中国海区及邻域地质地球物理特征》、《海洋定位重力测量及其地球物理解释》、《海平面上升对中国三角洲地区的影响和对策》等海洋专著均产生了良好的影响。

该社出版156种期刊，其中与海洋有关的期刊有《海洋与湖沼》、《海洋科学》、《热带海洋》等。

【青岛海洋大学出版社】 青岛海洋大学出版社成立于1989年4月，座落在美丽的海滨城市——青岛。社长兼总编谢洪方。该社设有社会科学、自然科学、综合编辑室以及美编室和总编室，有办公室、出版部、发行部、财务部，有读者服务部、全国高校图书代表站和激光照排中心，形成了编辑、出版、发行的完整系统。

该社办社宗旨是为教学、科研服务，出版与本校所设学科、专业课程有关的教材、专著、译著、参考书和工具书等。青岛海洋大学是一所以海洋、水产为特色，包括理、工、农、经、医、中外文、哲学等8个学院，21个系的综合性重点大学。青岛海洋大学出版社就是以此为依托，立足本校，面向全国。几年来共出书700多种，形成了哲学和社会科学、海洋科学、经贸类、外语类等6个系列，其中出版海洋科学图书60余种，并有近百种图书获各种优秀奖。

【河海大学出版社】 河海大学出版社于1986年11月成立，位于元朝古都南京。河海大学是全国重点大学之一，包括理、工、经济、管理、社会科学以及人文科学等学科。河海大学出版社以河海大学为依托，立足本校，面向全国，在本校所设专业范围内，出版教材、学生参考书和学术专著。出版范围包括：水文、水电、电力、交通、能源、农业、海洋、环保、建筑、机械、电子、力学、地质、测量、计算机、应用数学、政治、经济、法律、管理、教育、外语、体育、档案、图书情报、人事、文秘和社会科学等。

近几年来，河海大学出版社出版了一系列海洋方面的图书，其中由中国科学院院士、工程院院士严恺教授主编的《中国海岸工程》一书是国内第一部全面系统论述中国海岸工程的学术专著。该书先后获得了江苏省优秀图书精品奖、第七届全国优秀图书二等奖、第二届全国高校出版社优秀学术著作特等奖。 （吴劭文）

【海洋大辞典】 《海洋大辞典》中文版，是继美国的英文版《世界海洋百科全书》、俄罗斯的俄文版《海洋百科全书》及日本的日文版《海洋的事典》之后，世界上第四部海洋学工具书，也是中国第一部海洋学工具书。

该书由原国家海洋局局长严宏谟任主编，辽宁省海洋局局长邹德臣、国家海洋环境监测中心副主任董须瑜等为副主编。国务委员、国家科委主任宋健为该书作序。

该书于1991年9月10日在大连召开了第一次《海洋大辞典》编辑工作会议。会议通过了纪要、顾问委员会、编辑委员会。编辑部设在国家海洋环境监测中心，编辑部主任韩见高，总编纂李铭五。在4年多的时间里，先后召开6次编委员，该书经三审六校，于1995年初完成全书的编纂工作。

由全国30多个科研、大专院校、企业的189名专家、教授、企业家、科技人员组成的编委会，经过精心撰写，全书汇集5 000余词目，约200多万字，1 025幅插图，附22幅彩照。这是一部以应用为主，普及与提高相结合为宗旨的大型工具书。

全国著名科学家曾呈奎、秦蕴珊、刘瑞玉、邱大洪、严恺、苏纪兰、丁德文、陈伯镛、董全海等对本书的编撰作出了重要贡献。 （钟耀阁 李铭五）

1993～1995年出版的主要海洋图书

书名	编著者	出版单位	出版时间（年）
中国近海气候	阎俊岳等	科学出版社	1993
海洋定位重力测量及其地球物理解释	宋文尧等	科学出版社	1993
海洋浮游生物学	山东水产学校	农业出版社	1993
海洋捕捞技术	集美水产学校	农业出版社	1993
太平洋海盆微结核研究	李扬等	地质出版社	1993
郑重文集	郑重	海洋出版社	1993
中国全新世海岸演化与海面变化(英文版)	赵希涛	海洋出版社	1993
山东海洋志	山东海洋志编委会	海洋出版社	1993
中国海湾志(四、八分册)	海湾志编委会	海洋出版社	1993
俄汉海洋学词汇	施正铿等	海洋出版社	1993
海洋调查仪器使用手册	海洋技术所	海洋出版社	1993
海洋化学辞典	崔清晨等	海洋出版社	1993
海岸河口动力学	赵今声等	海洋出版社	1993
沿岸水域物理海洋学	陈茂廷等	海洋出版社	1993
黄河口河口海洋化学(英文版)	张正斌等	海洋出版社	1993
中国海洋浮游生物图谱	束蕴芳等	海洋出版社	1993
航海学	施祖烈等	海洋出版社	1993
海洋交通与文明	孙光圻	海洋出版社	1993
中国港口大全	阎庆彬等	海洋出版社	1993
海洋中的生物过程和废物	张兰芬等	海洋出版社	1993
海洋测量定位与计算	彭光宇等	测绘出版社	1993
中国海洋科学研究及开发	周海鸥等	青岛出版社	1993
对虾生物学	陈楠生	海大出版社	1993
南海晚第四纪古海洋学研究	业治铮	海大出版社	1993
海洋气象导航论文集	王景明等	海大出版社	1993
水产养殖工程学	杜守恩	海大出版社	1993
海产贝类的苗种生产	于端海等	海大出版社	1993

海平面上升对中国三角洲地区的影响及对策	中科院地学部	科学出版社	1994
航海	林焕章	科普出版社	1994
太平洋中部多金属结核及其形成环境	许东禹等	地质出版社	1994
海域油气勘查方案优化研究	侯贵卿等	地质出版社	1994
海洋气象学	周静亚等	气象出版社	1994
厄尔尼诺和南方涛动动力学	巢纪平	气象出版社	1994
海洋高技术	中国科协	上海科技出版社	1994
海洋新浪潮	孙立广	安徽教育出版社	1994
海洋技术	朱大奎	江苏科技出版社	1994
中国海湾志(第七、十二分册)	海湾志编委会	海洋出版社	1994
海冰观测与模式	余宙文	海洋出版社	1994
海滨观测仪器使用手册	海洋技术所	海洋出版社	1994
中国海洋生物种类与分布	黄宗国	海洋出版社	1994
海洋科学中若干前沿领域发展趋势的分析与探讨	韩晓鹏等	海洋出版社	1994
养殖环境中的生态因素	程波	海洋出版社	1994
曾呈奎文选	秦蕴珊主编	海洋出版社	1994
赤潮灾害	华泽爱	海洋出版社	1994
海岸地貌学	王颖等	高教出版社	1994
海洋工程钢结构设计	聂武	哈工大出版社	1994
船舶操作与避碰	陆儒德等	海潮出版社	1994
中国海洋浮游动物—浮游端足类	陈清潮等	海洋出版社	1995
船舶管理实务	雷海	海洋出版社	1995
中国沿海环境变迁	赵希涛	海洋出版社	1995
珍珠科学	谢玉坎	海洋出版社	1995
中国海洋浮游介形类	陈瑞祥等	海洋出版社	1995
中国海洋药物辞典	姜凤梧等	海洋出版社	1995
联合国海洋法公约		海洋出版社	1995
英汉海军词典	顾士芬等	海洋出版社	1995
南海海洋化学(英文版)	韩舞鹰等	海洋出版社	1995
中国湖泊环境(一、二、三)(中、英文版)	金相灿等	海洋出版社	1995
马里亚纳海槽海底热液烟囱物研究	吴世迎等	海洋出版社	1995
嵊泗渔业史话	郭振民	海洋出版社	1995

【海洋科技期刊】 据不完全统计,全国共出版与海洋有关的科技期刊上百种,其中国家海洋局系统出版的海洋科技期刊近20种,台湾省出版的海洋科技期刊也有10余种。下面列出54种主要的海洋科技期刊。

《海洋学报》 中、英文版 双月刊(中)、季刊(英)
- 主办:中国海洋学会
- 主编:苏纪兰
- 出版:海洋出版社

《海洋与湖沼》 中、英文版 双月刊(中)、季刊(英)
- 主办:中国海洋湖沼学会
- 主编:秦蕴珊
- 出版:科学出版社

《海洋工程》 中、英文版 季刊
- 主办:中国海洋学会、南京水利科学院
- 主编:窦国仁
- 出版:海洋出版社

《热带海洋》 季刊
- 主办:中国科学院南海海洋研究所
- 主编:甘子钧
- 出版:科学出版社

《水处理技术》 中、英文版 双月刊(中)、季刊(英)
- 主办:国家海洋局杭州水处理技术开发研究中心
- 主编:程义方
- 出版:中国海水淡化与水再利用学会

《海洋科学》 双月刊
- 主办:中国科学院海洋研究所
- 主编:秦蕴珊
- 出版:科学出版社

《黄渤海海洋》 季刊
- 主办:国家海洋局第一海洋研究所
- 主编:陈则实

《东海海洋》 季刊
- 主办:浙江省海洋学会
国家海洋局第二海洋研究所
- 主编:梁景洲

《太平洋学报》 季刊
- 主办:中国太平洋学会
- 主编:于光远
- 出版:太平洋学报杂志社

《海洋技术》 季刊

主办:国家海洋局海洋技术研究所
主编:惠绍棠
出版:海洋技术编辑部
《台湾海峡》 季刊
主办:国家海洋局第三海洋研究所
福建省海洋学会
福建省海洋湖沼学会
主编:张金标
《海洋预报》 季刊
主办:国家海洋局环境预报中心
主编:包澄澜
出版:海洋出版社
《海洋通报》 双月刊
主办:国家海洋信息中心
国家海洋局北海分局
国家海洋局东海分局
国家海洋局南海分局
主编:侯文峰
《海洋信息》 月刊
主办:国家海洋信息中心
中国信息协会海洋分会
主编:陈伯镛
《海洋文摘》 双月刊
主办:国家海洋信息中心
主编:陈伯镛
《海洋环境科学》 季刊
主办:国家海洋环境监测中心
中国海洋环境科学学会
主编:丁德文
《海洋湖沼通报》 季刊
主办:山东海洋湖沼学会
主编:王彬华
出版:山东海洋湖沼学会
青岛海洋湖沼学会
《南海研究与开发》 季刊
主办:广东省海洋湖沼学会
广东省海洋学会
中国科学院南海海洋研究所
广东省海洋资源研究发展中心
编辑:《南海研究与开发》编辑部
《海洋开发与管理》 季刊
主办:国家海洋局海洋出版社
中国海岸带开发与管理研究会
主编:任美锷
出版:海洋出版社
《海洋世界》 月刊
主办:中国海洋学会
主编:谭 征
出版:海洋世界杂志社
《南极研究》 季刊
主办:国家海洋局南极考察办公室
中国极地研究所
主编:刘东生 许世远
出版:科学出版社
《海洋地质与第四纪地质》 季刊
主办:地矿部海洋地质研究所
地矿部第四纪地质研究中心
主编:梁名胜
编辑出版:《海洋地质与第四纪地质》编辑部
《中国造船》 季刊
主办:中国造船工程学会
主编:方文均
编辑出版:《中国造船》编辑部
《船舶知识》 月刊
主办:中国造船工程学会
主编:王义山
出版:国防工业出版社
《船舶工程》 双月刊
主办:中国造船工程学会
主编:丁 玮
编辑出版:中国造船工程学会《船舶工程》编辑部
《航海》 双月刊
主办:上海市航海学会
主编:林文春
编辑出版:《航海》杂志社
《中国航海》 半年刊
主办:中国航海协会
主编:邱 民
编辑出版:中国航海学会《中国航海》编辑部
《中国水产》 月刊
主办:中华人民共和国农业部渔业局
主编:刘统锦
出版:《中国水产》杂志社
《科学养鱼》 月刊
主办:中国水产学会
主编:戈贤平
编辑出版:《科学养鱼》编辑部
《海洋渔业》 双月刊
主办:中国水产学会
中国水产科学院东海水产研究所
主编:陈思行
出版:中国水产学会《海洋渔业》编委会
中国水产科学院东海水产研究所
《水产养殖》 双月刊
主办:江苏省水产学会
江苏省淡水水产研究所
江苏省海洋水产研究所
主编:陈 彤
编辑出版:《水产养殖》编辑部
《海洋测绘》 季刊
主办:海军海洋测绘研究所
中国测绘学会海洋测绘专业委员会

主编:孔令户
出版:海军司令部航海保证部
《气象与海洋仪器》 季刊
主办:中国仪器仪表学会、气象水文海洋仪器学会、中国海洋学会、机械工业部长春气象仪器研究所
主编:王锡科
《海湖盐与化工》 双月刊
主办:中国轻工总会制盐研究所
主编:葛文明
出版:中国轻工总会制盐研究所
全国海湖盐工业科技情报站
《青岛海洋大学学报》 季刊
主办:青岛海洋大学
主编:文圣常
出版:青岛海洋大学学报编辑部
《中国海上油气》(工程) 双月刊
主办:中海石油工程设计公司
主编:李丕德
编辑出版:《中国海洋油气》(工程)编辑部
《中国海上油气》(地质) 双月刊
主办:中国海洋石油总公司
主编:杨甲明
编辑出版:《中国海上油气》(地质)编辑部
《海岸工程》 季刊
主办:《海岸工程》编辑部
主编:陈则实
出版:山东海岸工程学会
青岛市海岸工程学会
国家海洋局第一海洋研究所
山东省筑港总公司
山东省航运工程设计院
《海洋地质动态》 月刊
主办:地矿部海洋地质研究所
地矿部上海海洋地质调查局
地矿部广州海洋地质调查局
出版:地矿部海洋地质研究所
《水动力学研究与进展》 双月刊
主办:中国船舶科学研究所中心 26 个单位
主编:周连第
出版:海洋出版社
《水产学报》 季刊
主办:中国水产学会
出版:中国水产学会
《水产科学》
主办:辽宁省水产学会
主编:吴敬南
《现代渔业信息》 月刊
主办:中国水产科学研究院
东海水产研究所
主编:谢营梁
《中国水产科学》 季刊
主办:中国水产科学研究所
主编:王民生
出版:中国水产科学研究院
《远洋渔业》 季刊
主办:中国水产学会海洋渔业资源委员会
中国水产科学研究院东海水产研究所
主编:赵传絪
《港口工程》 双月刊
主办:交通部第一航务工程局
主编:柴长青
出版:天津港湾工程研究所
《河口与海岸工程》 季刊
主办:浙江省河口海岸研究所
主编:戴泽蘅
编辑出版:《河口与海岸工程》编辑部
《海洋经济》 季刊
主办:山东社会科学院
中国海洋学会海洋经济分会
主编:高洪涛
编辑出版:《海洋经济》编辑部
《国外海上油气》 季刊
主办:中国海洋石油总公司海洋石油勘探开发研究中心
主编:宋健人
编辑出版:海洋石油勘探开发中心《国外海上油气》编辑部
《海洋地质》 季刊
主编:陈邦彦
出版:地矿部广州海洋地质调查局
《中国海洋药物》 季刊
主办:中国药协会
山东省海洋药物科学研究所
主编:关美君
《养鱼世界》 月刊
社长:郑焕生
发行所:养鱼世界杂志社
《台湾水产学会刊》
主办:台湾水产学会
总编辑:廖一久
出版者:台湾水产学会编辑委员会
《海洋科技会刊》 季刊
主办:台湾海洋科技学会
发行人:陈镇东
出版者:台湾海洋科技学会

(张德山)

海洋科技与教育篇

Marine Science and Technology & Marine Education

海 洋 调 查
Marine Survey

【全国海岛资源综合调查与开发试验圆满结束】 全国海岛资源综合调查与开发试验是国务院批准的国家重点项目，1988年1月开始实施，1992年转为国家"八五"重点科技攻关项目，1995年12月通过国家级评审验收，1996年5月在北京召开总结表彰会并举办成果展览会。

该项目是一项多学科综合性的科学基础调查和应用性较强的科学实验相结合的系统工程。调查研究与开发应用是它的基本特点。

海岛资源调查对象是高潮时露出海面的面积等于、大于500m²的岛屿的陆域和周围10～20m等深线以内的海域，以及面积虽小于500m²但有特殊意义的少数岛屿。重点是乡级以上的岛屿。

调查的目的是为海岛的研究、开发、保护、管理和维护海洋权益收集最新基础资料。具体目标是查清海岛的数量、面积、地理位置、环境和资源状况和乡级以上海岛的社会经济条件。

调查的基本内容包括海岛的陆域、滩涂、海域3个区域的13个专业共200多个基本要素的观测、取样。调查按不同要求分综合调查(详查)、概查和专项调查。详查在乡级以上岛屿进行，要求进行规定的全部项目，概查在除乡级以上岛屿以外的全部岛屿进行部分规定的必测项目。专项调查只在个别岛屿进行。

调查贯彻统一领导、统一计划、统一技术的原则，采取统一领导、分区实施的方式，成立了全国海岛资源综合领导小组及其办公室和技术专家组；沿海11个省、自治区、直辖市和3个计划单列市分别成立相应的组织机构和调查队、专业组。全国海岛资源综合调查领导小组由国家科委任组长，国家计委、农业部、国家海洋局(常务)、总参谋部任副组长，沿海14个省、自治区、直辖市和计划单列市为成员。

调查投入了大量人力、物力。参加工作的有100多个单位的共13 400余人，科技人员6 700余名(其中高级人员752名)。

调查共完成了海上和陆上观测断(剖)面共3 545条，观测站(点)45 677个，航(测)程686 600多千米，调查面积约20万km²。共获得各类原始数据1 841万个，各种标本88万个。

海岛资源开发试验是利用调查资料和阶段性成果，结合当地条件，选择适当海域进行水产增养殖等开发试验。

项目取得的主要成就：(1)编写出版了各种调查报告、专业专题报告共计约5 400万字，资料汇编2 500余册，档案10 000余卷；建立了数据库、档案库和大批照片、录相带和软盘；(2)通过开发试验建立了6个国家级开发试验区和一批省(区、市)级开发试验区；(3)基本查清了中国海岛数量，6 961个岛屿的面积、位置、岸线长度、岛区海洋环境和气候情况，乡级以上岛屿的陆域环境、资源和社会经济状况，为海岛的开发利用、保护管理、维护海洋权益提供了科学依据；(4)获得直接经济效益13亿元以上，间接经济效益约54亿元，并取得影响深远的社会效益。调查资料和成果已在实际工作中应用，提出的开发设想和建议已部分被当地政府和有关部门采纳。参加该项目评审验收的专家和领导对项目的成果给予很高评价。

由于众所周知的原因，此次没有对台湾省和港澳地区的海岛进行实地调查，有待今后适当时候进行补查。

(钮因义)

【大洋多金属结核资源调查】 根据大洋协会"大洋多金属结核资料研究勘探'八五'计划"，国家海洋局组织实施了DY85—4航次，"向阳红9号"调查船于1994年4月8日～11月18日，对东太平洋中国勘探区进行了多金属结核勘查，工作区位于141°22.5′～154°52.5′W，7°22.55′～11°07.5′N范围内。本次综合调查以资源勘探为主，涉及海洋地质、地球物理、海洋物理、化学、生物、水文、气象等多学科。取得了大量的测深、浅地层剖面、重力、磁力、地震、ADCP、CTD、照相、气象等数据资料，还取得了丰富的地质、化学、生物样品，并进行了现场快速鉴定及分析。基本查明了工作区内多金属结核资源的区域分布情况，并为基础地质及环境的研究工作提供了保障，是国家海洋局调查史上时间最长的一次。航次任务由国家海洋局北海分局及第一、二、三海洋研究所等单位共同完成。航次总指挥魏文良、何元成，首席科学家眭良仁，船长魏文良、滕征光。

1994年5月9日，"海洋四"号科学调查船离广州港赴东太平洋，在中国的开辟区执行DY85—3航次的勘探任务，历经203天，航程59 000多千米，圆满超额完成了设计任务，于11月28日凯旋至羊城港。

DY85—3航次在开辟区完成了37 823.7km地球剖面测量，其中测深和多频探测为13 492.5km，完成地质测站313个，采样984次，8个测站的海流测量，采获近1t多金属结核，1.66t表层沉积物，6kg岩石，总长37.49m的柱状样，156个分层水样和149个表面水样，有效海底照片464张。

中国大洋协会在国家海洋局、地质矿产部等有关部门的支持下，组织实施了大洋多金属结核调查DY85—5航次，于1995年7月27日～12月13日，对东太平洋中国勘探区进行了以地形测量为主的多项调查，工作区位于141°～155°W，7°～11°N的范围内。本航次试验使用了

开发”并按预订目标完成了攻关任务，通过了国家科技攻关计划的验收。在海水作为冷却用水的利用方面，掌握了碳钢缓蚀剂、阻垢分散剂等药剂的制作技术，成果属国际先进水平，为大规模开发海水直接利用工程提供了良好的技术。在苦卤深加工技术方面，开展了苦卤制取硫酸钾和硫酸铵法两项工艺技术的研究，经过两年的时间完成了试验研究、工程设计、设备加工、土建施工、设备运转调试和全流程投产的全部工作。年产 5 000t 中试装置和年产 10 000t 工业试验装置都能打通全流程，一次试车硫酸钾产品全部达到优级品规格。海水蒸馏淡化方面，天津淡化所开展了多种技术的研究，与美合作攻关的“30t/d 回旋管蒸发压气海水淡化装置的开发”专题，取提了阶段性成果，掌握了回旋棒蒸发制冷技术，为进一步开展压缩蒸馏淡化海水装置的开发提供了经验。该所利用低温单效技术为大连长海县研制了一台 30t/d 的海水淡化装置，从 1993 年交付使用，到目前运转一直正常。目前，该所已掌握了低温压汽蒸馏与低温多效海水淡化技术，可开发日产 30t 以上，乃至万吨级的海水淡化装置。该所还与有关单位合作开发了海岛太阳能淡化器，产水指标为 10～15kg/m³·d。在利用超滤技术制作水处理设备、生产家用净水器、溴及溴化产品，该所均有系列产品。

由国家海洋局主持，国家海洋局杭州水处理技术开发中心为主要承担单位的“八五”国家科技攻关计划“高性能膜材及其应用研究”课题，其研究成果已分别于 1995 年 12 月和 1996 年 2 月按照国家有关规定通过了鉴定和验收。

该课题下设 7 个专题，共取得 16 项科技成果，并建立了国家海洋局第一个国家级“国家液体分离膜工程技术研究中心”。在 16 项成果中，有 6 项属国内先进，8 项属国内领先，2 项属国际先进水平。

成果主要表现在以下 4 个方面：

1. 用反渗透技术，研制成功了在海水与高盐苦咸水淡化中所需的高性能反渗透复合膜与组器，并建立了一条中试生产线。此项研究成果填补了国内空白，使中国成为世界上除美、日等国外，能够生产此类膜产品的少数几个国家之一。

2. 研制成功了高性能有机分离膜新品种 11 种（其中反渗透膜 2 种、微滤膜 4 种、超滤膜 5 种），有机分离膜组器 10 种，建立了膜及组器中试生产线 6 条。为膜技术在化工、医药、卫生、食品、电子、纺织、石油、环保等行业的广泛应用提供了新产品。

3. 实施了膜技术改革一些传统产业生产工艺的示范工程研究。“八五”期间，在北京协和医院和安徽繁昌制药厂开展了膜技术在医药卫生纯水中的开发应用研究两个示范试验工程。经现场进行考核、检测，产品水质完全符合中国药典 95 版和美国最新药典 23 版注射用水的各项理化指标。如采用此技术，会有效降低药厂制纯水的生产成本并有节能效果。此外还开展了油田注水精细过滤用膜元件的研制，其研制的膜元件技术指标达到了美国同类产品的水平，并建成了每小时 100t 的油田注水工业性示范工程。研制成功了啤酒过滤专用膜元件，经生产厂家实际应用表明，卫生学指标、浊度与应用进口膜元件的性能相当，完全可以替代进口。

4. 建成了国家级“国家液体分离膜工程技术研究中心”。在工程中心建设过程中，得到了国家科委、国家海洋局、浙江省、杭州市政府的重视与支持。该工程中心建成 4 条中试生产线，年生产能力 2 000 万元以上，开发出 23 个系列产品，获专利 17 件，成果转化率达 80%，带动相关企业的年产值近 3 亿元，共建成应用点百余个，总造水能力为 45 000t/d。

在“八五”期间，杭州水处理中心集基础研究、应用研究、开发研究于一体，着力抓了科技成果的转化，除了抓住水处理工程与装置外，还开展了“南极泉”家用净水器、多功能饮水器的研究开发，由于该产品耗电少、价格廉、功能优，深受消费者的欢迎。（冯长益）

物理海洋学
Physical Oceanography

【温盐结构及水团分布】 **厄尔尼诺与海温异常** 近年来，海洋与大气的长周期变化越来越引起广大海洋、气象学家和气候学家的重视，每 3～7 年发生一次的厄尔尼诺事件更是研究的焦点。中国海洋学家对厄尔尼诺现象与中国近海海温变化关系进行了研究。周发秀、胡敦欣等研究地处于热带西太平洋相联的南海，发现了南海海温的异常与厄尔尼诺现象存在着密切联系。钮智旺研究了南海表层水温的长周期振荡与厄尔尼诺的关系，进行了水温功率谱的分析，发现南海与秘鲁外海表层水温都存在 3.3 年的长周期变化，且南海变化滞后 5 个月。陈锦年、乐肯堂研究了黄、渤海水温变异特性及对厄尔尼诺现象和气温变化的影响，发现了一些新的联系。张秋庆、黄荣辉等对 30 年间热带西太平洋海表温度变化及其与赤道东太平洋海表温度变化的关系进行了分析，发现热带西太平洋海表温度存在准 2 年周期且与厄尔尼诺活动相联系，厄尔尼诺年表层海温距平位于峰值，反厄尔尼诺年海表温度位于谷值。热带西太平洋与赤道东太平洋表层海温变化存在弱反相关关系。汤懋苍分析并模拟了赤道太平洋海温的东西振荡。刘秦玉等用 EOF 法分析黑潮大弯曲、厄尔尼诺及北太平洋 SST 时空分布。还有一些学者研究了厄尔尼诺发生年热带西太平洋近赤道海域断面上水团特征，海温异常的时空结构及月平均海平面变化等，得到一些有益结论。

温盐预报模式的进展 “八五”期间青岛海洋大学和中科院海洋所等提出了有限海域海水表层温度数值预报改进模式，研究出中国海与西北太平洋两个海区短期海表温度数值预报模式，是一个海洋上混和层动力学与物理学相耦合的二维原始方程组，动力数值预报模式首创了海洋资料初值化及客观分析方法，有效地解决了海气模式衔接，西边界流区与大陆架海域环境机理的复杂性及初始场资料不足等难题，使预报模式在先进性、稳定性、省时预报业务方面具有很大优越性，使海表温度预报，除数理统计方法外，又开辟了动力数值预报途径。

杨殿荣等提出了浅海热盐结构的三层模式，不仅能预报温跃层深度，而且能预报温跃层的其他全部要素，以及上下两个混和层的温度和盐度。

孙已阳等的黄、渤海盐度准三维数值预报模式综合考虑了海面风和热输入的强迫作用及流场的平流、侧向混合、底层混合及径流、蒸发、降水的作用，能够客观地反映盐度分布及变化的物理过程。王宗山等研究了黄、渤海底层盐度的预报方法。金梅兵、王宗山、徐伯昌等进行了黄、渤海温度垂直结构三维数值预报。

“八五”期间，还取得以下成果：(1)研制了中国海异常海温数值预报模式；(2)用伴随法改进最优差值的客观分析；(3)自行设计三维温流耦合数值模式实验研究。

近海、河口温度、盐度和水团的特征分布研究 渤、黄、东海、南海及台湾海峡的温盐分布及水团特征一直是中国学者研究的热点．于慎余等使用1958～1987年COADS资料对南海全区表层水温进行分析，发现存在准2年周期振荡且振荡主要发生在深水海盆区，并且与季风异常有密切关系。丁宗信等对黄海、东海春冬温度类型的分布进行了详细研究，认为春季主要有平流、对流、风和冷暖水相互入侵，而在冬季主要是暖平流的作用。袁业立等研究了黄海冷水团的结构及形成机制，得到冷水团的环流结构。翁学传对近40年连续水文观测资料的分析表明：渤海、东海日平均水温变化在夏季最大、冬季最小；变幅以渤海为最大，北黄海次之，南黄海和东海最小。黄自强用水文化学要素聚类方法分析台湾海峡西部水团，发现台湾海峡西部水团主要有闽浙沿岸水，粤东沿岸水，闽江、九龙江、韩江冲淡水，台湾海峡混合水，粤东上升流等，且各水团明显表现出季节性消长变化。刘树勋等分析了渤、黄、东海水团多月平均分布与变化。

赵保仁等考察了长江口四季的水文特性，指出有引起台湾暖流沿坡底上升作用。谷国传等发现了长江口高盐水入侵边界的多年平均位置与长江水下三角洲的东边界大致一致。入侵的高盐水主要源于台湾暖流。并阐述了高盐水入侵时对泥沙输运和长江口水下三角洲的发育起控制作用。陈子桀等分析了珠江口温度分布特征及附近物质输运特性。

此外侍茂崇、吴增茂、吴德星等参加TOGA－COARE国际合作研究，写下的《TOGA－COARE》专辑对西太平洋暖水区的海温、盐度、海流及气象特征有详细论述。吴国雄研究了降水对热带海表温度异常的邻域响应。

（侍茂崇　高郭平）

【海浪】 近年来，海浪研究在理论、实验研究手段和应用方面均取得很大进展，现分别介绍如下：

海浪谱研究 谱在海浪理论和应用中占有重要地位。文圣常等首次由能量平衡方程导出谱以后，“八五”期间又使这项研究更加深入，构造出深水充分成长和非常年轻的风浪谱，并将它们线性叠加后提出适应于深水风浪成长全过程的谱。引入尖度因子P，能有效地确定谱形，使研究得到的谱和观测资料符合良好。在浅水中同样适用，是迄今已提出的适用范围最广的谱，有明显的应用价值。对于和频谱密切相关的方向谱也由解析方法导出，使方向谱的结构随风浪成长状态变化，从而使风浪频谱和方向谱相互协调。管长龙基于交叉谱矩阵可以按本征值划分为信号和含有噪音部分的思想，提出一种用直接测量数据，估计海浪方向谱的方法。在这些方面取得的研究成果处于国际领先地位。

侯一筠、王涛等研究了风浪频谱中的特征量。孙孚、余宙文、丁平兴等深入研究了二阶谱的特性并将这一随机过程的数学工具应用于实际。海浪过程的非线性研究为国内首创，显示了广阔前景。利用导出的有限水深，一维随机波动的二阶功率谱，准确给出了二维深水随机波动，二阶功率谱函数在不同区域取值，还利用Stokes摄动展开法严密导出均匀水底准随机波动精确至三阶的解，严格导出了均匀水底上二维随机波面二阶谱的解析形式，并用实验资料验证。吴中进行了现场波浪方向谱估计方法的研究。李玉成、董国海等对缓坡上波浪谱的变形及破碎进行了研究。孙孚等还根据实验自己提出了海浪能量外观分布的概念，简明地推导了Bretschneider谱并订正了条数。

沈正给出了Stokes波的一种新的近似解法，得到了与经典三阶以上Stokes波不同弥散关系的波面函数，被证明是一种更好的逼近解析解，对精确确定Stokes波解特别是确定高阶Stokes波的表达式有重要应用价值。

海浪实验研究 程展等利用实验手段详细讨论了风浪与逆行涌浪并存时，逆行涌浪引起的风浪谱变化，发现了逆行涌浪拓宽风浪谱这一新现象，涌浪将改变风浪的能量或改变风浪能量在各频率间的分布。这对海浪预报模式是有益的。

孙孚等利用现代化大型水槽设计并进行不同坡度水底上多种风浪实验，根据实测资料重点讨论了波高与周期的统计规律，发现坡度对波高分布有明显影响。坡度增大会加剧理论结果与实验间的差异，但坡度对周期影响不大。

海浪业务化数值预报 海浪，特别是灾害性海浪数值预报模式及业务化预报产品在“八五”期间有较大进展。文圣常、张大错、吴增茂等建立起包括海浪资料客观分析与同化、数值预报模型运行和预报结果自动输出的业务化预报系统。主要成果为：(1)建立了海浪资料同化、初值化到数值预报产品图像自动显示的可供业务化使用的海浪数值预报系统，并对该系统进行了广泛的性能检验；(2)完成了常规及卫星遥感海浪资料 同化方法的研究，为国内首创；(3)进行了新的海浪预报全谱模型的研究，克服国际上有代表性的WAM(第三代)模式的主要困难，且有较高的预报精度。

侯一筠在三阶海浪非线性波高分布模式的基础上，给出了反映风浪不同状态的波高分布特征，同传统的瑞利分布相比，该结果具有更广泛的实用价值。徐德伦在对平稳随机过程包络的特性进行理论分析的基础上，提出了一种以给定波面位移谱和波面包络谱为靶谱的波群模拟方法，在概念上合理且模拟结果与实测值符合良好。袁业立等改进了LAGFD－WAM海浪数值模式，使预报结果更令人满意。

与海岸工程相结合的近岸海浪应用　海浪不规则波在不同床面上的传播特性在工程中有重要意义，赵子丹等研究了不规则波在浮泥床面，沙质床面和淤泥质床面上的传播特性。通过实验给出了在不同床面上的不同传播特性，特别是在波浪水槽中进行的浮泥水面上不规则波的传播实验，用宾汉体模型计算的特征波的沿程衰减，与实测值符合良好；秦崇仁研究了沙纹床面摩阻引起的波高沿程衰减。李荣庆分析了规则波和不规则波作用下消波建筑物前的波高特征。

在波浪的折绕射研究方面，蒋德才等提出了均匀流场中随机波传播的折射模型和折绕射模型，给出了波流同线或斜交的解和不同流速值的顺、逆流传播波动的数值解，给出了不同情况下折射或折绕射模型的计算方法，并研究了缓坡破碎带联合模型。

董艳秋等采用多项伽僚金法和综合数值解法，研究了深水张力腿平台的张力腿在波流联合作用下涡街激起的振动。王运洪对近海域浅水波衰减计算进行了研究，给出各种能耗影响下波浪衰减的计算公式。

此外，常征分析了大窑湾海域波浪方向性，郭佩方对深水风浪相关函数进行了研究，黄树毛给出了南麂海域海浪分布特征及南麂站定常波风浪波高与风速的经验关系，还有一些学者研究了锦洲湾、琼洲海峡、渤海等的海浪特性，丰富了中国海浪研究工作。

（侍茂崇　刘　齐）

【潮汐潮流】　潮汐潮流数值计算和预报方法的研究　陈宗镛等提出潮波空间问题的一种非线性模型，它不仅包含天文原潮波，还包括各阶浅海分潮波，提出了潮流垂直分布的解析表达式，使得采用边值方法模拟浅海分潮波成为可能，实现了渤海 M4 和 MS4 浅海分潮的数值模拟。该模型还可以研究潮余流，并结合中国的实际引入摩擦效应给出浅海潮波的理论模型，确定无潮点近似计算公式，系统地说明中国许多潮汐现象。在国内首次实现中国海 4～7 个主要分潮的数值模拟，第一次做出中国海许多港口的潮汐响应分析，得出一系列新的结论，建立起 170 个分潮的分析、推算软件系统，导出 59 个交、近点订正 j.v 公式，较国外的 f.u. 订正系统准确。

极浅水域的潮汐潮流数值计算往往存在不稳定问题，张存智等通过对以往浅水环流数值模型进行改进，建立了适用于极浅水域且分辨率高的潮汐环流数值模拟，改进海底摩擦项表达式，克服了二次方律不稳定，用逆风格式处理平流项，抑制了岸边界移动带来的数值短波扩散，较好地解决了稳定性。而李燕初等将活动边界法用于 ADI 潮汐模型，模拟滩涂随潮起潮落的淹没与干出，为适当选择不同离散边界及参数做了大量研究。对于小水域，朱耀华、方国洪等给出了二维和三维嵌套的水动力模式，可以只对感兴趣海域进行三维计算，同时又可避免因区域小而导致开边界条件不宜确定问题，在工程中有较大应用价值。

对悬浮物质随潮流扩散问题，近年来也取得较大进展，许多数值预测模式均能在一定程度上解决污染物扩散问题，但细微的扩散过程还有待于实验验证。

海平面变化的研究　海平面变化的研究一直是海洋学家十分关注的问题，随着中国沿海地区开发和海岸带建设及海洋经济活动的日益频繁，近几年来展开了深入的研究和探讨，并进行了大量基础性工作，包括海平面变化自身规律的研究和海平面变化时对沿海水工建设的影响。

海平面的变化是一个和物理、化学、地质、海洋诸多因素密切相关的问题。本世纪全球范围内的学者们从不同方面着手，探讨海平面的变化规律，近来更多的研究表明海平面呈增长趋势。李从先研究了海平面上升对中国沿海低地的影响。于继业、陈上及等研究了热带太平洋月平均海平面低频变化的传播规律及其与厄尔尼诺的关系。黄立人等分析了全球 914 个验潮站月平均海面观测序列，对其中有长期观测纪录的 414 个验潮站分别求出了各验潮站的局部视海面平均增长，并认为全球平均海平面每年上升 1.25～1.45mm，且区域间存在差异，就海平面的变化原因及对变化趋势的预测的大量研究表明，中国海海平面变化受黑潮和厄尔尼诺的影响。厄尔尼诺对中国沿岸海平面起补偿平衡作用，黑潮的增长使中国沿海海平面有明显抬升。海平面上升对黄河、长江和珠江三大三角洲及滨海平原有重大影响，受害区域估计达 35 000km²。另外，海平面上升对沿海城市如广州、上海及苏浙沿岸城市有严重影响。海平面上升将给沿海地区带来水位升高、河床淤积、土地受淹、咸水入侵、地下水位升高等自然环境影响；对城市环境建设、生产、生活、交通和社会经济等方面影响重大，预计仅广州 2004 年高水位将使市区受淹面积为 582km²，经济损失为 151.84 亿元。因此在未来城市的规划建设中，必须在河口整治规划、海滩设计与建设、滩涂围垦、防潮、防咸及排灌工程等方面做出相应的对策。

沿岸海区水文特性研究　随着沿海经济开发的逐步深入，详细了解区域性潮汐、潮流特点是必须的，在对中国沿海区域性海洋环境的综合调查研究中，国家海洋局、中科院海洋所和青岛海洋大学对区域性海洋环境中的潮汐、潮流观测和数值模拟方面都做了大量工作，提出了改进的模式和预报方法，为促进地方经济发展做出贡献。

钱成春等采用 ADI 方法对南海西南海域 M2 分潮波进行了数值模拟，发现在此海区存在 3 个无潮点和 3 个明显的潮波腹点。在其附近以腹点为中心流场呈放射状分布。汤毓祥等分析了渤海 M2 分潮与潮流脊发育的关系。

与渤、黄、东海相比，人们对南海潮波的了解相对较少。已有的南海北部陆架、北部湾和泰国湾的潮流分布就整个南海而言还不完整。方国洪等用数值方法对南海潮波进行计算，采用分辨率比较高的网格，范围也很广大，首次给出了南海全海区的潮流和余流分布，与现有实测潮流比较表明，结果令人满意。M2 分潮振幅的平均误差为 4cm，迟角为 7°。M4 分潮振幅的平均误差为 9cm，迟角为 12°。根据计算结果给出了南海 M2 和 M4 分潮的潮汐、潮流、潮余流和潮能通量分布图，丰富了南海潮波运动资料。

此外，许多学者对大连湾、北隍城、钱塘江、南黄海、辽东浅滩等都进行了详细的数值模拟，使中国近年来沿岸海区潮汐潮流资料得以极大丰富，潮汐、潮流数值模拟方法得到极大发展。

【海流】 近海海流数值预报和基础研究 中国科学院海洋所和青岛海洋大学等根据预报的气象要素进行渤、黄、东海海流（包括潮流和非周期性流）短期数值预报，考虑了天体引潮力、海洋热盐效应和气象因素所产生的流动。对尺度不同的海区分别用不同尺度的模式做计算，对超浅海的预报主要考虑浅水分潮和潮汐余流，对东海考虑协振潮、天体引潮力直接产生的潮汐和低频效应，对于海峡采用边值模式进行预报性计算，建立了有特色的三维动力学模式，有众多子模式，不同空间步长、时间步长，有数量巨大的数据和资料，除预报潮流和风生流外，还能预报热盐流。李荣凤、曾庆存等对冬季中国海及其临近海域海流系统作了数值模拟。杜兵等还建立了东海冬季环流的四层诊断模式，较好地模拟了东海冬季流场的水平与垂直特征，台湾暖流北上途中的反气旋涡旋。梁湘三、苏纪兰等提出东海环流的两层模式。朱耀华等提出的陆架和浅海环流的三维斜压模式，在渤海、东海模拟了冬夏风生环流，解释了黄海暖流的可能成因及台湾暖流对对马暖流的贡献。黄大吉研究了浅水锋面的流场。

南海海流系统与环流形势也有了更深入探讨。刘卓、曾庆存等将自适应网格法应用于大气海洋，研究了南海日平均流。李荣凤模拟了南海上层海流。绘制了表层海流图、深层密度流和风海流图以及东北、西南两大季风时期海流形势。对冬季表层海流特征有了更大范围的了解。冬季盛行西南漂流，整个南海为一个反时针环流，主要流系有广东沿岸流、南海暖流、黑潮南分支，构成了南海自身的环流系统。

对黑潮的研究继续深入。对黑潮的流态特征动力学研究表明，日本以南海域的黑潮急流对上游速度响应有以下特点：在V小于45cm/s，黑潮路径呈现弯曲，在大于60cm/s，呈现平直路径；在V大于45cm/s小于60cm/s范围，呈现双流态，且急流具有准稳定性。万邦君、郭炳火提出一种横穿锋面的断面上流场结构的计算方法，发现黑潮锋左侧存在较强的上升流，锋右侧表现为海水的下降运动，垂直流速为$(1\sim20)\times10$cm/s的量级，水平流速为$1\sim3$cm/s，以夏冬季跃层附近最强。汤毓祥等详细分析了东海黑潮流量的分布特征及变化规律，发现东海黑潮流量多年平均值为$22.7\times10m^3/s$。春、夏和冬三季流量多年平均值相差甚少，东海黑潮流量的分布存在一定的区域性差异，与通过G－PN断面的流量相比，台湾东侧海域的黑潮流量较大，而吐噶喇海峡的流量略小些。对台湾海峡暖流成因，张庆华给出了更精确的解释，沿岸海面坡度是台湾海峡暖流的主要驱动力之一，沿岸方向的水位下降和岸边的阻挡强化台湾海峡暖流；夏季偏南风加强台湾海峡暖流，冬季偏北风削弱台湾海峡暖流。

孙湘平研究了对马暖流“东海段”的流路与流速，卢中发等将模糊多元分析方法用于分析对马暖流源区水团及锋面涡旋，王钟君等对东海对马暖流的来源作了数值模拟，加之其他学者的努力，基本上摸清对马暖流源区的水文状况及其季节变异的特征，给出了对马暖流源区冬夏季的环流图式，以多种论据阐述九州西南海域部分黑潮水脱离主干的方式，对对马暖流的来源问题提出多源的概念，阐明沿岸水、陆架混和水和黑潮水，在四季中对对马暖流贡献的季节交替过程。

用调查船观测并捕捉到屋久岛的西海域的黑潮锋面涡，获得了有关锋面涡的水文、化学、生物多学科、多层次的资料，这在中国尚属首次，对锋面涡的特征与结构及锋面涡转化衍变为暖丝的过程有了较全面认识。首次在黑潮海域进行了系统的海洋大气边界层观测研究，揭示了黑潮海域边界层具有典型的对流边界层特征，并阐明了热通量的变化规律。发现东海黑潮海温变异与厄尔尼诺现象之间的相关，并存在滞后关系。利用黑潮海域海洋要素的变异预测中国东部气候取得良好效果。

世界大洋海流的研究 侍茂崇等用4°S处实测的赤道暖池区表层流长系统资料，通过能谱分析指出，海流的方向变化存在明显的3.9天周期与赤道重力陷波$n=2$相对应，它是南纬3°－4°范围内海流的一种重要波动；还用表层实测资料研究了西风暴发与海流对它的响应，指出，东向流的出现和增强是由西风暴发而引起，但是初冬与深冬这种响应关系是不一样的，深冬要强于初冬。在西风暴发时可导致79m以浅深度上东向射流的出现，使平均混合深度加深8m以上。

吴德星研究了赤道深层急流的动力机制，提出联系不同密度水体输运的局部浮力振荡所产生的波动以及关联的能量辐射和沿赤道产生的局部能量辐聚，是形成赤道深层急流的主要动力机制。何云、袁业立等进行了中尺度涡旋特征的数值模拟分析。吴德星、冯士筰研究了赤道深层射流对深层浮力源响应解的特征，确定了线性连续层化海洋中浮力源驱动环流与浅水系统中质量源驱动环流间的关系。张荣华建立了一个自由表面热带太平洋环流模式并对其进行了应用。蒲书箴、蒋松年等研究了赤道太平洋西部的上层环流。 （侍茂崇 高郭平）

【海洋内波与细结构】 中国对海洋细结构的研究尚属起步阶段。近几年的工作中，首先阐明了海洋细结构的概念，方欣华等结合季节性跃层的厚度尺度认为1～10m的尺度范围作为研究季节性跃层处和浅海域细结构特性较为合适，并对细结构的类型及成因进行了深入探讨，在细结构的产生过程中内波起重要作用，认为有两种不稳定形式，会直接导致内波的破碎及串流不稳定和剪切不稳定，海洋的结构表现出很强的随机性。研究表明当相位差很小时是可逆细结构。研究得最深入的是温度结构的谱特性。到目前为止，可以这样认为垂向温度梯度谱可分为三个波数段，它们分别有不同的动力学过程。波数小于$0.01m^{-1}$的区域，被近似指数平均温度梯度所控制；介于$0.01\sim5m^{-1}$之间谱受不规则空间高梯度区控制；大于$5m^{-1}$是微结构区域；大约在$5m^{-1}$存在弯曲，即出现最低谱密度；随后在较高的波数时有一个极大值。对其他物理量细结构谱特性的研究目前不如温度谱那样深入，但随着观测仪器的发展和海洋小尺度研究的需要也将不断深入。海洋细结构影响着海洋的物质、能量和动量的传输及能量的耗散，影响着内波观测资料的处理，由于非线性作用问题的复杂化，细结构与大中尺度过程的关系至今尚未得到满意解决。

与海洋细结构研究密切相关的内波的研究也得到较大发展，方欣华等根据1990年初夏南海西南部水域的两个连续站CTD和多层海流计资料及50多个大面站CTD资料的分析研究，得到一些关于该海域的内波和细结构特性。它包括等温、盐、密度面起伏的特性，盐度双跃层和逆盐层等共存性细结构，温度COS数所在的概率密度函数及流速频谱的特性，COS数和温度脉动垂向的波数谱的一般品性及随水层和地域的变化规律等一些较有实际意义的成果。　　(侍茂崇　韩树宗)

【风暴潮】　在"八五"期间建立了相应的风暴潮数值预报攻关专题，全名为"风暴潮客观分析、四维同化和数值预报产品研究"。该专题与"七五"风暴潮数值预报专题的不同之处在于：(1)专题所属攻关项目为"灾害性海洋环境数值预报及近海环境关键技术研究"，因此它侧重于预报可能成灾的较为严重的风暴潮；(2)该专题比"七五"相应专题的一个本质提高是该方案以非线性模式预报风暴潮与天文潮的耦合增水，而"七五"专题未考虑天文潮的耦合效应；(3)该专题另一个本质的提高是增加了在潮滩海岸预报风暴潮漫滩的功能，这一预报方案使经典的固壁岸界模型不再适用，而必须采用变边界模型。此外，增水预报的精度指标，也由"七五"的25%(相对预报误差)提高至20%。该专题承担单位是青岛海洋大学，合作参加的单位是厦门大学、国家海洋局第二海洋所、中国科学院海洋所和南海所。

通过三年多的研究和试验也验证了一个理论，即：对于风暴潮(特别是严重成灾的风暴潮)，其剧烈的湍耗散效应，迅速消除了初始场能量，从而使预报的精度基本上只取决于预报时刻前后的风场预报精度。鉴于此，也鉴于在中国陆架上掀起风暴潮的热带风暴是自南向北移行且多在南方登陆，它所诱发的沿岸南行的边缘波、陆架波不足以与风暴潮相比，所以预报方案中对初始场的客观分析及资料四维同化等手段对预报精度的提高均无作用。

"八五"攻关项目中还有一个课题"巨浪、风暴潮、海冰及相应的海面气象要素各区域中心业务化数值预报系统"。在此课题中以区域划分专题，从而对青岛区域、上海区域、广州区域、海口区域四个重要城市沿岸进行了小范围的风暴潮预报方案的研制，并在各预报台站进行业务预报。

此外由青岛海洋大学主持的国家自然科学基金"浅海风暴潮数值预报模式的基础研究"于1993年底已结题。该项目主要在变边界问题上进行了较深入的研究：(1)发现了使用较多的干湿网格方法，其边界条件不符合流体运动学原理；(2)给出了运动岸边界的普遍形式的边界条件；(3)采用微分坐标变换的边界自适应网格对黄河口风暴潮漫滩进行了数值模拟，其论文"A variable boundary model of stormsurge flooding in generalied curvi－linear grids"，已被国际科学期刊"International Journal for Numerical Methods in Fluids"接受。

1994年4月底，全国风暴潮与海啸研究会在杭州召开了本届研究会的一次较大型的学术交流会。

(孙文心)

海洋气象学
Marine Meteorology

【北太平洋爆发性气旋的气候学研究】　温带气旋的爆发性发展是海洋强气旋的特有现象。气旋从生成到强盛时期，正常情况下中心最低气压平均12小时下降6.0hPa，24小时下降9.3hPa，但是在爆发性发展阶段，平均12小时下降18.5hPa，24小时下降27.0hPa，其突发性和强烈性是普通气旋所无法比拟的，因而受到中外学者的广泛关注。近10年来，在其发生发展内在演变的物理机制、结构特征、诊断分析、数值模拟和预报以及一系列海洋风暴试验等各个领域都取得了丰硕的研究成果(见《年鉴》93卷)。中国毗邻太平洋西岸，一些气象工作者还着重对出现在北太平洋的爆发性气旋做了全面系统的气候学研究，以满足日益拓展的远洋运输、捕捞、科学考察及其他海洋工程的需要。主要内容有以下几方面。

1. 爆发性气旋的发生频率。活动在北太平洋的温带气旋31%经历过爆发性发展阶段，集中出现在冬季，占48%。以1月份频率最高，占17.6%。这与Sanders和Gyakum对北半球海洋气旋统计的结果相符。夏季频数很少，占2%，7月份是全年的低谷，只占0.3%。气旋的爆发时间存在有日变化，白天为47%，夜间53%。国外的统计分别为44%和56%。白天略低于夜间这一结论国内外是一致的。频率的年际变化与赤道附近的海面温度有密切的遥相关关系。Hanson的研究得出厄尔尼诺年比正常年份高20%，强厄尔尼诺年又比一般厄尔尼诺年偏高。国内从气旋频率的自身变化发现似乎存在有5年最长7年的周期振荡。这表明除厄尔尼诺现象外，可能还有其他长期影响爆发性气旋频率的因素，有待于今后深入研究。

2. 气旋爆发性发展的位置分布。遍布于30°N以北的太平洋洋面，频数呈西高东低的不均匀布局，爆发点密集区在千岛群岛东南海域。统计表明，北太平洋气旋最容易发生在日本本州岛以东，最容易在千岛群岛东南方爆发，爆发后向偏东方向移动，在阿留申群岛中段以南洋面减速并发展到最强阶段，中心气压平均在970hPa以下。此后快速东移减弱，最终大多消亡在阿拉斯加地区。四个成长阶段构成了北太平洋气旋一个完整的生命过程。从纬度分布看，99.6%的爆发点在30°～60°N，并从南北两侧向中间密集。40°～50°N这一狭长地带占57%，其中40°～45°N高达30%。这与Sanders和Roebber的结论一致,但 Sanders 将爆发性气旋的标准纬度定在 60°N,看来偏高了些,40°—50°N 较为合适。欧阳子济认为应定在 42.5°N。随着季节推移,气旋爆发点的南北进退很明显,这与 Murty 的结论相反。统计表明,隆冬南界达 30°N,盛夏北缩到 50°N,正与一年内高空极锋锋区的南北摆动一致。从经度分布看,130°E 以西的东亚近海极少有气旋得到爆发性发展,这一事实已为国内外研究所公认。130°E 以东频率迅速增加,84%的爆发点分布在 140°～170°E,其中 145°～155°E 高达 23%。将经纬度分布区叠加起来可看出,高频中心在 40°～50°N、145°～155°E,这正是前面提到的千岛群岛东南侧海域。

3. 爆发性气旋的强度和风浪场。国内外普遍采用固定时段内中心气压加深率作为衡量气旋爆发的标准。气旋在爆发前 24 小时中心气压都比较高,平均 998hPa。爆发后降至 971hPa,加深了 27hPa,达 1.1 个贝吉龙。爆发后中心气压有 79%在 955～980hPa,以 965～970hPa 频率最高,占 28.3%,最低曾到达 928hPa。一般来说,气旋爆发前的风力在 6 级上下,爆发后猛增至 10 级,平均为 25m/s。93%达到 20～31m/s,7%是极少数特强气旋,爆发后风速达 32～40m/s,具有强台风的强度和破坏力。爆发性气旋的大风主要分布在气旋的西南象限,占 55%。其次是东南象限,为 25%,西北象限 13%,东北象限 8%。大风范围有时可覆盖半个洋面。长的风时和风区必然导致洋面上的大浪场。爆发性气旋浪高 3m 以上的范围一般达上千海里,6m 以上的狂涛区有 15 个纬距。冷锋后部尤其是气旋中心南侧波高达 9m 以上,最高超过 12m。

4. 爆发性气旋与其他天气系统的配置。常被三大高压系统所环绕。西南侧为东亚大陆冷高压的分裂体,占 90%,平均 1032hPa,中心在 34°N,124°E 附近。东南侧是入海变性暖高压,占 91%,平均 1024hPa,中心在 30°N,180°E 附近。东北侧是北美大陆冷高压,占 91%,平均 1035hPa,中心在 68°N,144°W 附近,它与爆发性气旋之间常存在衰老的弱气旋环流,这是与前两种情况的不同之处。气旋爆发前 12 小时对应 500hPa 长波槽平均位于 50.3°N,151.2°E、38.5°N,149.3°E、28.7°N,140°.4°E 三点连线附近,距地面爆发点平均 8～9 个纬度。97%的爆发点处在长波槽前,其中槽前东北方频率最高,有 83%。

5. 气旋爆发前 12 小时 500hPa 形势场。按太平洋高压脊的生消进退分为五种流型。(1)北美高压型(NAH),脊线平均位于 110°W 附近,占 28.8%。(2)东太平洋高压型(EPH),脊线平均位于 140°W 附近,占 26%。(3)中太平洋高压型(MPH),脊线在 175°W 附近,占 16%。(4)白令海阻高型(BBH),太平洋高压脊的中低纬部分消失,高纬部分在白令海阻塞,占 8.2%。(5)太平洋低压型(PL),该型中太平洋高压脊完全消失,整个北太平洋变成一个宽广的低槽区,占 20.5%。(齐桂英)

【台风强度突变的研究进展】 近年来,在台风强度突变的机制及其诊断预报方法的研究上取得了显著的进展。应用天气动力学原理和非线性动力学理论,采用理论研究、数值试验、诊断分析和观测研究相结合的方法,对台风环境流场、台风结构、台风内核以及下垫面(陆地和海洋)对台风强度突变的影响进行了比较系统的研究。

1. 依据对 1949～1990 年资料的分析,分别建立了中国近海和西北太平洋台风强度突变的新标准。对强度突变的台风进行了天气、气候分析、统计分析表明,台风强度突增集中在闽浙沿海、珠江口西侧沿海到北部湾北部以及南海中、北部,且主要发生在海表温度(SST)超过 28℃ 的海面上。迅速加强的台风集中在 5～10 月,以 9 月最多。135°E 以西迅速加强的台风几乎全部影响中国海域,其中 71%登陆中国,以 7 月最多。一般台风在登陆前 15 小时开始衰减,在距岸 1°纬距内减弱超过 90%,并在登陆前后衰减最快。台风突然加强主要表现为低层大气现象,且多数发生在稳定的路径中。台风眼变小的台风中只有 1/3 伴有台风风速的增大,故不能简单地用眼区变小判别台风风力的加强。台湾附近是诱生低压的高频区,容易出现台风运动异常。

2. 环境场的影响。数值试验结果表明,尽管环流以外地区的要素变化对台风强度有些影响,但未发现它们对台风突然加强有直接的作用。台风环流内强降水造成对流层中低层风速的突然加大是台风突然加强的触发机制,台风突然加强时有大的辐散风动能向旋转风动能的转化。

3. 台风变性的影响。对北上越过 25°N 的 21 个登陆中国台风的合成分析计算结果确定了判断登陆台风是否变性的关键因素。台风登陆后的变性过程是一个旧的热带气旋消亡与一个新的温带气旋在一定环境下的再生发展过程。台风环境场的斜压结构可显著影响台风变性过程中所表现的"气压波"、"动能波"和热力非对称结构,从而导致台风变性涡旋的加强。

4. 台风变性机理。对于变性台风的突然加强,非线性动力学系统数学模型指出了变性台风北上过程系统环境场以及下垫面动量、水汽条件发生渐变、变性台风侧边界、下边界动量、热量、水汽的输送因素可以作为系统的外源状态,且在某些环境条件下,台风平衡系统变化可随上述外源条件进入平衡状态、曲面折叠,即发生系统突变。

5. 结构与结构变化的影响。台风垂直轴的倾斜对台风登陆后强度的长时间维持及其造成的重大风雨灾害起重要作用。数值模拟得到台风中积云对流在垂直方向的结构变化影响台风强度突变、风雨强度变化以及反馈影响高层大气的重要因子,此外,还发现当台风经向辐合强度随时间增大时台风得到加强。

6. 下垫面的影响。数值试验结果表明,SST 的增加或者在一定的 SST 水平梯度下,台风均可突然加强,其响应时间一般为 10 余小时。海—气耦合模式的模拟表明,台风和海洋的相互作用必将削弱台风本身的强度,并且台风过境后的 SST 冷尾将使后续台风强度减弱移向变化。台风对海洋的影响在其过境后可持续 7～10d。

不同地形与岛屿对登陆台风强度衰减的影响各异,但也有台风在登陆或登岛后仍加强或维持不变,其原因是动能和非绝热加热加大、水汽供给充分，水平通量输送是重要的涡源和动能源，说明低空急流对台风强度的维持有重要作用。

7. 台风非对称风力结构和尺度变化机制。研究澄清了台风结构以及尺度变化的一些基本理论问题。利用SPECTRUM-90资料对台风内核(眼壁区)和外围中层对流层、边界层和溶出层进行了物理量诊断分析，发现台风各区风力和其他物理量各不相同；分析了台风和外围加热对其强度突变的影响，指出引起内核强度突变需兼备非线性动力过程和非线性加热过程，而引起外围强度突变则需兼备非线性动力过程和定常加热过程。根据对台风内核与外围的波能量方程的分析，指出了影响台风发展的物理因子在各区的异同，这些因子与重力波适当的移向相配合，可使台风能量增大、强度加强。应用非线性动力系统的定性理论，指出内核与外围环流强度在热成风平衡和不平衡的一定条件下，可发生突变，而大气层结稳定和台风内核对流加热则是引发台风突变的重要因子。

通过研究可将台风突然加强的一种可能机制归纳如下：台风突然加强主要是由28℃以上的较高海表温度或台风环流区及台风眼壁的强凝结加热，通过台风内核与其外围的环流在热成风平衡和不平衡的一定条件下，使得与强降水相联系的台风环流区较大范围内的风力突然加强，造成超梯度风的出现和维持，促使台风域辐散风动能向旋转风动能的转化增大，从而使台风突然加强，而台风内辐散风动能除大部分来自台风内的凝结加热和位能外，还有一部分来自台风外环境的位能向台风域内的输送，此外，外环境的水汽输入对台风突然加强起到支持作用。　（秦曾灏）

【台风路径突变研究】　近年来，关于台风路径的突变研究取得了明显进展。尤其是通过“八五”国家科技攻关项目85—906—07课题中有关台风路径突变的科学试验和理论研究取得了许多重要的研究成果。

1. 根据对台风历史资料的天气、气候统计分析进一步了解了台风异常运动的天气、气候背景和时、空分布特征，及其物理解释，并完成和出版了西北太平洋台风突变的气候图集。

2. 1994年组织实施的台风现场科学试验成功地选定了三个具有路径突变特征的目标台风，收集整理了高空、地面加密观测资料，建立了目标台风加密观测资料库，其中除常规资料外包括每小时地面观测140 464站次，高空加密观测(0600和1800UTC)206站次，每小时雷达回波观测1 876次以及每小时红外云图、云顶温度和TOVS以及洋面温度资料。

3. 采用理论分析、诊断分析、数值模拟与实验室模拟等方法和科学试验加密观测资料对台风路径突变问题的研究获得以下理论结果：提出了台风路径突变与大尺度环境基本气流状态及大尺度系统调整间相互作用的新观点；用数值分析法揭示了大尺度基本气流速度变化在一定条件下可导致台风移向的突变；采用等值线动力学方法模拟了台风在副热带高压、季风槽、二维鞍形场中的异常路径；对台风涡旋非对称结构特征的研究揭示出台风结构包含动力和热力两类非对称因素，均对台风路径突变有重要作用，发现台风外区热力结构的非对称特征对台风路径突变影响显著，且台风外围的强层结不稳定区对台风运动具有显著的“吸引”作用；提出了运动曲率数学模型可描述的台风路径突变成因的合成概念及其突变机理，用数值模拟和实验室模拟得出地形对台风路径异常的作用及其动力成因；关于台风突变可预报性问题的研究结论是可预报时间为1天左右。

【台风数值预报】　用数值预报台风路径是提高其预报正确率的根本途径。“八五”国家科技攻关项目85－906－03课题对台风数值预报方法进行了重点研究。解决了区域资料四维同化、非绝热非线性正规模初值化、模型台风的构造、物理过程的完善、模式嵌套技术等关键问题，在此基础上于1994～1995年研究建成了台风业务数值预报系统，包括在国家气象中心巨型计算机上运行的双重嵌套有限域台风路径预报主系统，模式内区的水平格距为0.4688°(纬距)，垂直方向为15层，用以预报进入105°～150.9°E，10.3°～41.25°N范围的台风路径、时效为72h。同时，还研制了在上海和广州区域气象中心小型计算机上运行的东海和南海台风路径数值预报子系统。前者以中尺度模式(MM4)为框架建立了移动型单重嵌套十层模式(格距分别为150km和50km)，后者以广泛十层有限区域模式为框架建立了单重嵌套台风路径预报模式(格距分别为333km和111km)。对进入东海和南海区域的台风路径预报时效均为48h。此外，还以中尺度模式MM4为框架研究建立了适用于华东和华南地区的台风降水数值预报模式，完善了物理过程，改进了水平扩散方案和下垫面参数(海陆及植被差异，实时分析地表温度、地形真实高度等)。水平格距为45km，预报时效为24～48h。1995年系统准业务运行稳定可靠，在台风预报服务中发挥了重要作用。台风降水预报的TS评分有相当提高。台风路径预报正确率达到24h、48h，距离误差小于200km和400km。　（朱永禔）

【热带气旋灾害】　热带气旋是中国沿海地区的一种主要自然灾害。热带气旋所带来的狂风、暴雨、风暴潮等，严重威胁着海上作业及沿海工农业生产和人民生命财产的安全。但它带来的丰沛降水，有时又大大缓解南方的旱情，使农业生产受益。

1993年，西北太平洋和南海上共有28个热带气旋(此指热带风暴、强热带风暴、台风，下同)生成，其中有7个在中国登陆，均接近常年。该年初台登陆在6月27日，接近常年；末台登陆在11月4日，较常年偏晚近1个月。登陆地点均集中在广东、海南两省。广东共登陆6个，且5个集中在阳江至珠海之间200多公里沿海，其登陆个数之多、登陆地点之集中、灾情之严重在该省历史上是很少见的。

据不完全统计，1993年受热带气旋影响，全国累计受灾面积5 000多万亩,倒损房屋140多万间,死亡100多人,直接经济损失100亿元以上。与近10多年情况相比,1993年热带气旋影响范围较小,造成的人员伤亡较轻,但经济损失较重,总的看属一般灾害年份。

1993年影响最大的是9309号台风。此台风8月17日在西北太平洋上生成,21日4～5时(北京时间,下同)在广东省阳西县沿海登陆,登陆时中心附近最大风力达12级。受其影响,广东沿海大部、海南北部沿海及广西东南局部出现了7～10级大风,部分地区风力达11～12级;广东大部、广西中南部及海南中北部普降大雨、暴雨,部分地区降了大暴雨或特大暴雨;沿海出现高潮,部分地区潮位高出正常潮位1.5m左右。广东、广西、海南三省区共计受灾人口1 374万人,死亡26人,受灾农作物1 190万亩,倒房7万间,损坏房屋75万间,直接经济损失约33亿元。

1994年,西北太平洋和南海上共有37个热带气旋生成,比常年偏多9个,个数之多仅次于1967年(40个)。其中有11个在中国登陆,个数之多仅次于1971年(12个)。该年初台登陆在6月8日,比常年偏早约半个月;末台登陆在9月12日,比常年偏早近1个月。8月共登陆5个,个数之多居建国以来同期之首位。登陆地点主要集中在华南沿海,广东、海南、台湾、福建4省约占80%。

据不完全统计,1994年受热带气旋影响,全国累计受灾面积1.2亿亩,倒损房屋430多万间,死亡1 800多人,直接经济损失560亿元以上。与近10多年情况相比,无论从影响范围,还是从造成的人员伤亡或财产损失看,1994年的热带气旋灾害都是最严重的一年。

1994年危害最重的是9417号台风。此台风8月15日在西北太平洋上生成。21日22～23时在浙江省瑞安市沿海登陆,登陆时中心附近最大风力超过12级。受其影响,浙江大部及福建、上海、江苏等省市部分地区出现8～10级大风,台风中心经过的附近地区风力达10～12级,上述地区并普降大雨、暴雨,部分地区降了大暴雨或特大暴雨。台风登陆期间,正值天文大潮期,浙江瑞安、温州等地出现历史最高潮位。由于风、雨、潮三碰头,加之台风在夜间登陆、登陆地区人口稠密等原因,以致造成的灾害极为严重。仅浙江省就有1 393万人受灾,217万人一度被洪水围困,死亡1 126人,失踪300多人,受灾农作物753万亩,绝收123万亩,倒房20万间,损坏房屋93万间,直接经济损失达177.6亿元。

1995年,西北太平洋和南海上共有23个热带气旋生成。比常年偏少5个。其中有9个在中国登陆,比常年偏多2个。该年初台登陆在7月31日,比常年晚1个多月;末台登陆在10月13日,基本接近常年。8月共登陆5个,为建国以来同期登陆最多的年份之一(与1994年相同)。登陆地点主要集中在华南沿海,广东、广西、海南3省区占了90%。

据不完全统计,1995年受热带气旋影响,全国累计受灾面积3 000多万亩,倒损房屋70多万间,死亡200余人,直接经济损失150亿元以上。与近10多年情况相比,1995年热带气旋影响范围较小,造成的人员伤亡较轻,但经济损失较重,总的看尚属一般灾害年份。

1995年登陆最强的是9509号台风。此台风8月27日在西北太平洋上生成,31日15时前后在广东省惠东至海丰一带沿海登陆,登陆时中心附近最大风力超过12级。受其影响,广东南部沿海出现10～12级大风,两广普降了大雨、暴雨,局部降了大暴雨或特大暴雨。初步统计,两广共有1 009万人受灾,死亡72人,受灾农作物580多万亩,倒房6万间,损坏房屋30万间,直接经济损失38亿元。　(徐良炎)

【近海海洋气候学研究进展】　海洋气候学是现代气候学的一个分支,它是专门研究海洋上气候的形成和变化、气候要素的分布特征、海洋气候资源评估和气候参数应用的学科。近年来,随着全球气候系统的研究深入,以海—气相互作用及其对全球气候影响为中心的海洋气候学研究,已成为地球学科中十分活跃的领域。

海洋气候学的具体内容包括4个方面:海洋气象观测资料的采集、统计、整理,编制气候图志;海洋气候形成及变化的物理机制研究;海洋气候诊断分析、数值模拟及预测研究;海洋气候资料及知识在海洋开发中的应用研究。

近年中国邻近海域海洋气候学研究发展很快,这一方面是因为海洋开发需要,海洋气候学作为基础学科显示了巨大的经济和社会效益;另一方面鉴于海洋在全球性、区域性气候变化中的地位和作用,一些大型海洋气候研究计划和试验蓬勃开展,新的观测事实分析和模拟结果大大丰富了海洋气候学理论宝库。《中国近海气候》(科学出版社,1993,10)、《中国近海与西北太平洋气候》(海洋出版社,1993,12)、《中国内海及毗邻海域海洋气候图集》(气象出版社,1995,1)、《渤海黄海东海海洋图集(气候)》(海洋出版社,1993,10)、《热带西北太平洋海气相互作用综合研究》(海洋出版社,1993,7)等著作的出版,就是近年海洋气候学迅速发展的标志之一。它反映了海洋气候学研究的下述特点:

气候要素分布特征研究趋向于全面、细致。海洋船舶观测记录整理已形成了1860～1992年序列,长序列、高密度的探测资料,为全面的气候诊断分析奠定了基础;近年进行的海—气边界层探测使得海面辐射收支、热量收支及水汽、动量交换估算精度大大提高。因此,海洋上基本气候的诊断分析趋向于更全面、更系统、更细致。中国近海大部分气候要素已采用$1^{\circ}\times1^{\circ}$网格统计,过去研究甚少的气候现象,例如降雪、雷暴、龙卷等已能够诊断分析;过去认识不清的气候现象例如雾区的范围等由于高分辨率的资料获得了更为清晰的轮廓。

海洋环境评估和气候参数应用获得显著效益。近年来中国海洋开发事业呈现一派兴旺景象,海洋运输、水产、油气开发等产业发展尤为迅速,海洋环境保护任务也日趋繁重,这就要求海洋环境评估及气候应用工作提供强有力的支持。特别是近海油气开发业,由于海洋环境条件较陆上困难得多,工程耗资巨大,投资风险甚高,故而要求环境评估及设计参数计算更科学更可靠。1993年完成的《中国近海大风和波浪极值计算研究》等课题，在东海平湖油田设计、莺歌海天然气田开发、渤海油田、黄海FN—23钻井作业中，为海洋气候评估及参数计算发挥了很好的作用。

气候变化、海—气相互作用研究取得了可喜成果。中国近海是西北太平洋边缘海，海上气候与东亚大陆气候紧密联系，并互为控制因子。揭示海上气候变化规律，对于认识及预测陆上气候变化有重要意义。近海气候变化研究也分三个时期进行：根据海底钻探资料基本上复原了上新世以来古气候概貌；6000年来的海平面升降及海陆变迁，沿海各地的史料记载，特别是500年来风暴、海冰资料，反映出历史时期海上和大陆基本同步的冷暖变化趋势；沿海城市及岛屿上的观测记录、海面船舶观测资料已有100余年，这些资料为现代气候变化研究提供了依据。分析表明：由于黑潮暖流影响，东海两侧百年来温度变化趋势有所差异；东海中部与中国东南沿海大陆上气温变化相似，而南海中南部气温变化与赤道西太平洋气温变化相似；东海水温具有6年左右的变化周期，南海水温具有2～3年的变化周期。

中国海洋气候学研究在1993～1995年间虽然取得了大量成果，但有许多问题例如陆—气、海—气相互作用、热带气旋、温带气旋发展机制以及与季风爆发有关的许多科学问题仍没有得到解决，近海数值模拟和试验刚刚起步，这有待于未来研究中特别是结合南海季风等试验研究进一步加强。 （阎俊岳）

【90年代长ENSO事件】 根据国内外对热带海洋大气状况的监测，自90年代以来，热带太平洋长期持续异常状况，维持ENSO循环的暖位相特征，发生了百年罕见的长ENSO事件。其特征是：自1990年2月至1995年8月赤道中太平洋海温持续增温（SSTA≥0.5℃）长达5年之久；热带南太平洋海平面气压距平持续西高东低异常型，南方涛动指数（SOI）5个月滑动平均持续负值自1990年10月至1995年8月接近5年；赤道中太平洋地区对流活动异常活跃也持续了4年多时间；大气海洋表征ENSO事件的主要气候变量都反映出强的ENSO信息，但是所有这些变量的时间序列的演变都同时呈现出类似于年周期变化特征的三次明显的振荡，发生了1991/1992年，1993年，1994/1995年三次ENSO事件。其中1991/1992年ENSO是近半个世纪以来仅次于1982/1983年，1986/1987年的强事件。1993年ENSO事件则是在1991/1992年强ENSO信号之后，紧接着出现一次间歇，但各项指数还未出现明显反向变化就继之而来的一次弱事件。根据国家气候中心每月《气候监测公报》分析，这次事件自1993年4月开始，初夏进入盛期并达到顶峰，秋季开始衰减，12月基本结束。不少学者认为这次事件是1991/1992年ENSO事件的延续。然而1993年和1994年两次增暖事件的间歇期间，多数指标曾出现较大的反向变化，因此1994/1995年的增暖是继1991～1993年ENOS事件后发生的一次新的事件，该事件于1994年初夏形成，10月发展到盛期，12月达顶峰，1995年1月开始迅速衰减，3月份各项指标已接近或达到正常，事件强度属于中等。在1994/1995年ENSO事件中，值得注意的是反映这次事件特征的某些参数指标很强烈。如太平洋东部近海海面高度在事件的盛期上升20cm，接近1982/1983年ENSO事件中达到的高度值；中太平洋日界线附近出现最大西风距平超过$10ms^{-1}$，其强度仅次于1982/1983年和1991/1992年；赤道中太平洋对流异常活跃，外逸长波辐射（OLR）最大负距平中心值低于$-75W \cdot m^{-2}$，其强度超过1986/1987年和1991/1992年，并且12月份OLR指数值达-2.9，这是OLR指数有记录以来的最低值。总之，自1991年以来连续3次出现的长ENSO事件，在历史上是十分罕见的。历史上也曾发生过几次持久的厄尔尼诺事件，例如1939～1942年，1911～1913年，1878～1880年和1854～1856年，相比之下，90年代以来ENSO循环暖位相持续时间是最长的。直至1994/1995年ENSO事件结束，热带海洋大气状况才逐步转入正常，并于1995年秋季开始进入ENSO循环的冷位相。

受长ENSO事件的持续影响，世界和中国气候灾害频繁发生，与ENSO有关的主要气候异常事件有：1991年江淮地区夏季发生了自1949年以来罕见的大洪水；1993年日本和中国大部特别是黄淮、江淮地区出现罕见的"低温"凉夏，日本、中国的吉林、四川等省农作物遭受严重冷害。同期美国中西部发生了百年不遇的特大洪水，经济损失达120亿美元。1994年夏季高温热浪席卷了东亚、欧洲至北美大陆的大片地区，日本、韩国和中国中部干旱严重。美国中西部春季、东南平原秋季、中国南部、北部和印度、巴基斯坦等地区季风雨季暴雨频繁，洪涝灾害严重。相反，印度尼西亚、巴西东北部、澳大利亚、南非干旱严重，其中澳大利亚东部由于受长ENSO的直接影响，实际上干旱已持续了4年之久。初步估计，因长ENSO事件在全球所造成的经济损失至少在400亿美元以上。

ENSO事件形成机理十分复杂，目前国内外一些研究已初步揭示了ENSO是多时空尺度全球海气非线性相互作用的结果。90年代长ENSO事件成因为ENSO研究和预测又提出了新的挑战。 （周琴芳）

海洋物理学
Marine Physics

【海洋声学】 **声信号在海洋声道中的传播** 中国科学院声学研究所的张仁和等与俄罗斯科学家合作，在西太平洋海洋声道进行了声传播研究。在大洋中观测到高强度的声道会聚区，得到远程传播资料。在此基础上，用广义相积分（WKBZ）简正波理论，考虑海面相移修正，提出计算声道内声场的数值计算方法，比国外通用的PE方法计算速度提高2个数量级。对水平缓变声道中的传播，引入绝热条件，考虑声道会聚区和海底影区两种情况的贡献，得到与实验所得资料相吻合的结论。同时还研究海洋声信道的响应函数，用自适应滤波方法进行声场匹配。

该所还研究了复杂声信号(脉冲)在海洋声道和浅海中传播问题,在声道中推广广义相积分简正波理论,在浅海中应用波束位移射线一简正波脉冲传播理论,两种情况均得到与实验结果符合得很好的结果。这项研究使声场物理研究与声信号处理研究紧密结合。还用此理论研究了浅海混响。

中科院声学研究所用短垂直阵的简正波分解快速迭代算法进行匹配简正波声源定位,收敛速度快,声源距离与深度定位的准确度提高。此方法经过计算机模拟与海上实验验证。

声信号在颗粒介质及沉积物中的传播 中国科学院声学研究所在理论和实验两方面系统地研究了声在颗粒介质中的传播和宽频带介质参数的反演方法。考虑多次散射波、粘滞波的相互作用、混合作用,及颗粒粒径分布和非球形的影响,建立了较完整的浓颗粒介质声衰减理论。这个理论与国内外大量实验结果符合较好,而且统一了国外两派学者在衰减的频率关系方面的长期争论。对高浓度气泡介质,考虑到气泡间的多次散射相互作用和气泡的尺寸分布,解释了振动阻尼显著增大及共振峰分裂现象。用这个理论对海洋沉积物和气泡幕的有关参数进行反演,理论与实测结果符合较好。

中国科学院南海海洋研究所在南沙群岛及其邻近海区进行了长期海洋声学调查,总结了南海海底混响、散射、海水声速及其季节变化,指出南沙群岛海区海底存在着高、低声速沉积物分布,有沉积物声道存在的条件。经过深入的分析研究,认为影响沉积物声速的主要因素是其含水量、孔隙度和液限的大小,总结出中国沿海海洋沉积物物理参数与声速的相关关系,探讨了用声学方法识别沉积物土力学性质的可能性,提出用波速比方法判定沉积物软硬程度的方法及用频谱分析测量声速的技术。

青岛海洋大学的林俊轩等用参数法实时遥测液态沉积层的声学特性。中国科学院声学所北海研究站唐应吾把海底沉积物看做紧密的湿颗粒介质,研究其对声平面波的反射,还根据泥、砂的不同流阻、结构因子来分辨两种沉积物。国家海洋局技术所在实验水桶内对不同浓度的悬浮泥砂声散射进行测量,研究用声散射反演悬浮物浓度的定标问题。

海洋中目标的反射和散射 哈尔滨工程大学研究了水下目标的回波特性,提出了目标的亮点模型。研究了瞬态信号、线性调频信号的回波特性。发现斜入射情况下有限长弹性圆柱壳的 Rayleigh—Lamb 波再辐射回波,理论上研究了共振散射谱及吻合频率和临界角对共振散射特性的影响。提出了一种界面附近目标散射的理论,对解决沉底、掩埋目标探测提供理论基础。

中国科学院声学所应用数值模拟方法研究水中刚性球目标散射近场特性,计算了平面声波和球面声波入射声的稳态散射近场特性和脉冲声波入射的瞬态散射近场特性,获得近场回波扩展规律和回波形成机理,发现了目标的曲率表面产生回波特征,即出现脉冲的时间扩展和脉冲尾部的阶跃脉冲,为水下目标识别提供了理论依据。

声场起伏 杨士莪等研究了声场起伏对定位系统检测性能的影响。陈庚等在西太平洋声道中对多途信号的时空相关性的变化作了实验,发现相干部分占 40%。

噪声场 中国科学院声学所研究浅海环境噪声场的空间相关与垂直方向性。根据统计独立分布的指向性海面噪声声源与分层介质海水的模型建立简正波理论。同时用数字式水声浮标在海上测量。该所在海上测量得到大量舰船辐射噪声资料,并在其基本参数、物理特征和舰船目标识别三方面作了深入的工作。青岛海洋大学的林俊轩等作了水下目标噪声线谱分析工作。哈尔滨工程大学的王育生等计算了流线型突出异型腔的流激振荡和声辐射。

非线性声学 南京大学研究了含气泡水的强非线性声学特性,建立其物理模型,讨论了发生共振时的非线性问题、二次谐波声压源的问题。鲁志铀、龚秀芬等研究了海水非线性声学参量 B/A 的计算和测量。

【海洋光学】 **海洋光学研究** 中国科学院南海所、国家海洋局第一海洋研究所等在南沙海区进行了海洋光学研究。改进南海海洋研究所研制的 OMC—1 型海洋光学多参数测量仪,使仪器工作更可靠,数据回放和处理速度提高。承担了南沙海区背景辐射和海上目标物识别、南沙海区初级生产力、南海海水中太阳能分布特征、南海海水光谱反射率及其水色分布状况、近海太阳辐射通量的测定、地物波谱特性测量、不同类型海水光学衰减模式等研究课题,在中美合作项目西太平洋海域海一气相互作用研究中进行了有关的海洋光学研究。青岛海洋大学研制了海水光谱透射率仪、海洋光谱辐照仪。

南海海洋水色谱 根据光谱反射率最大值相应的特征波长的位置把南海海洋水色谱分为 4 种类型,与国外学者归纳的大洋蓝色水、大洋绿色水、湖水类型类似。总结了各种类型水色谱在南沙海域的地理分布。水色谱的日变化有两种类型,一种光谱反射率随太阳天顶角增大而减小,另一种与太阳天顶角度变化规律与波长有关。钟其英等考虑到叶绿素受太阳照射产生荧光的影响,对普遍采用的水色谱计算 Gordon 公式加以修正,与实测值相当符合。依据同步测量的叶绿素浓度和表层太阳光谱辐照度数据,用回归统计方法研究了水下太阳辐照比及其与叶绿素 a 浓度之间的相关性。

南沙海洋水下辐照度 李武等将南沙海域水下辐照度比随深度的变化分为正峰、负峰、梯度、均匀等 4 种类型。杨跃忠等整理出半经验数学模式。曹文熙等发现某些站位的资料有异常尖峰,推算了可能出现异常情况的条件。

海洋生物—光学模式 曹文熙等采用 Morel 模式依据南沙海域水下辐照度和叶绿素 a 含量的实测值估算了初级生产力,用统计相关方法研究真光层深度与叶绿素 a 平均含量的关系,得出适合于南沙海域的模式。

海面目标物的可见光识别 钟其英等根据大气光学和海洋光学理论给出不同观察方向海面目标物的光谱对比度公式,得出主要影响参数是大气衰减系数、大气散射相函数和水色谱。

激光脉冲在海水中的传输 吴廷芳等用蒙特卡罗方法模拟计算了不同水柱深度、目标漫反射率、水体光学衰减系数、散射相函数条件下激光脉冲的回波特性。还研究了多次散射光、激光束脉冲的加宽、界面影响、生物发光的影响等问题。

激光发声 冯绍松探讨了强激光在海水中发声及用此声波探测水深、水中目标的问题。

用激光布里渊散射实时遥测海洋要素 激光在海水中产生布里渊散射，散射的频移与海洋要素有关。北京师范大学刘大禾在美国作博士后时，在Fry指导下，由美国海军和能源部资助，用Fabry－Parot干涉仪作为信号检测装置，测得脉冲激光在海洋的布里渊散射光谱。在此基础上，又用分子吸收池检测信号，实现的准确度为：在水下100m深处，温度±0.1℃，盐度±1，声速±1m/s。

【海洋电磁学】 武汉大学侯杰昌等用研制的轻便型近海海面状态参数探测雷达（OSMAR）在广西北海市用高频电磁波探测大面积海面状态，观测到海洋雷达回波，获得回波多普勒频移谱，积累了海面状态的原始数据。由每个距离环的4个天线对应的4个多普勒谱信息，依据特定的到达角算法求出每个方位上的海流速度径向分量，从而得到径向海流图和海流日变化曲线，编制了必要的软件。从理论上分析了从回波中提取海流、海浪、海冰和风场信息的方法。 （李允武）

海洋化学
Marine Chemistry

【海洋物理化学】 中国海洋物理化学研究在1993～1995年取得很大进展。张正斌等（1994）较系统地研究了黄河口的泥沙含量和泥沙的性质，指出黄河口沉积物中碳酸钙含量多于世界上其他著名河口，但其界面化学性质并不特别异常，这是因为碳酸钙的界面性质与伊利石相似之故。并对黄河口沉积物的电泳特性和“台阶型”化学动力学曲线及其生成条件和规律作了较深入的研究。张正斌和刘莲生等（1995）通过大量实验总结出海洋中化学过程的三种主要介质效应，即有机物（络合）效应、pH效应和盐度（或离子强度）效应。

海水中固液界面上阴离子交换吸附的研究 张正斌、王江涛等在研究海水中钼酸根离子与固体粒子的相互作用时，发现了三种类型的交换百分率E（%）－pH曲线，分别为新发现的M型曲线，以及峰型和反S型曲线。其中N型曲线在阴离子交换吸附文献中尚未见报道，并提出用“静电交换和分级离子/配位子交换共同作用”的观点作理论解释。峰型和反S型E（%）－pH曲线可用固－液界面上负离子交换吸附作用解释。钼（VI）与粘土矿物相互作用得到一种具有极大值的N－型曲线，钼（VI）与水合氧化物相互作用则得到具有一个拐点和两个台阶的“台阶型”等温线。N－型等温线的产生是因溶液中钼（VI）的复杂存在形式和负离子交换机理复合作用的结果。“台阶型”等温线的形成则是氧化物表面存在几类能量不同的羟基分级交换吸附的结果。俞志明等对海水中磷酸盐和硝酸盐在粘土矿物上的吸附行为进行研究时发现，海水体系中高岭土对磷酸盐的吸附能力大于蒙脱土。酸改性蒙脱土可提高吸附磷酸盐的能力，对高岭土则恰好相反。硝酸盐在通常条件下在粘土矿物上的吸附百分率均在6%以下，可以忽略。

东海陆架边缘海洋通量研究 国家自然科学基金“八五”重点项目“东海陆架边缘通量研究”在1995年底完成，其中海洋物理化学部分取得重要成果：建立了海水中DOC和TCO_2的测定方法和实验装置，东海陆架碳的地球化学，东海沉积物的液－固界面化学研究，东海泥沙运动规律等。韩思山研究了东海沉积物的界面性质及固液相互作用，并推导了相应的理论模式。蒋国俊、张志忠根据长江口细颗粒泥沙絮凝沉积实验和长江口一年的实测阳离子浓度资料，分析了阳离子浓度对细颗粒泥沙动水絮凝沉积的影响。

浅海原油净化过程研究 王永辰等进行了浅海原油净化过程的模拟实验－分散油的挥发降解过程的研究。刘华等从界面热力学理论方面证明了海上溢油分散剂主要是通过降低溢油与海水间的界面张力（IFT），减少分散过程所需的自由能从而使溢油的分散易于实现。陈国华等用相图方法研究正已烷（代表轻质油）/油水微乳液的形成，分别研究了表面性剂类型，油及醇含量和海水盐度对微乳液形成的影响。

海洋电腐蚀研究 张经磊等在室内模拟条件下发现钢铁试样在海泥－海水跃变区产生电偶腐蚀，电偶极性在实验期内发生逆转。季明棠等在室内条件下，用牺牲阳极保护浸泡于海水中的多种钢筋混凝土试件，测试不同试件中钢筋极化与阳极布局，涂层质量、涂层厚度及试件浸水情况的关系。此外，张经磊等还进行了海水盐度对铝极电化学性能的影响；郭公玉等用正交实验的方法得出不同Zn、In、Bi、Ti含量时，Al基牺牲阳极的各项性能的最佳值。杨芳英等研究了海洋用钢在不同区带的腐蚀行为，朱相荣等研究了钢在海洋飞溅带的腐蚀与防护。

海水物理－化学性质研究 张经等用膜隔离的两室体系研究某些天然水体中化学元素的地球化学行为，模拟并预测污染物对环境产生的影响。丘耀文等使用无机离子交换法研究珠江口水体中铜与悬浮颗粒物的相互作用，铜与悬浮颗粒物相互作用的pH曲线呈S形，等温线为“台阶”型，并用沉积物离子交换法测定了珠江口海水的络合容量。

中国南海中海洋物理化学的研究 张正斌等（1993～1995年）研究了南沙群岛及邻近海区的化学过程，通过出海现场调查和实验室研究，获取了大量有关南沙海区化学过程的基础科学资料。主要研究成果为：（1）在海洋微表层研究方面，发现“海洋微表层无机物Gibbs吸附的异常”，黄自强等的研究也与该结果一致；（2）在化学物质海－气通量研究中，提出基于海洋微表层研究成果的一种计算物质通量的新建议；（3）对DMS和DOC等十几种化学要素的地球化学进行了研究；（4）对南沙海域沉积物的液一固界面作用进行了研究；(5)对7个站位(0～1 000m)的Cu、Cd、Pb的络合容量和稳定常数作了测定，其断面图属Whitfield分类中的“清除作用型”。与海洋中DOC的断面图类似，有相关关系。

韩舞鹰等(1995年)研究了中国南海碳酸盐的饱和度。在垂直方向上，压力是影响碳酸盐饱和度的主要因素；在水平方向上，碳酸根的浓度则是影响碳酸盐饱和度的主要因素。韩舞鹰等(1995年)研究了中国南海C、O、P、N、Si等化学物质的通量，其中包括这些物质输送到大气、陆地、海底、外部大洋的净通量以及在海水内部循环的净通量。并对影响这些物质通量的因素，如深层海水的上升速率、陆地径流速率、降水和蒸发速率、光合作用速率、沉积速率以及这些物质在外部大洋中、河水中和雨水中的含量等进行了讨论。

(王江涛　杨桂朋　刘莲生　张正斌)

【海水分析】 据1993～1995年国内主要分析化学、海洋学杂志统计，海水分析方面所发表的论文有42篇，仍以痕量元素分析为主，占40%之多。

痕量元素的形态分析是海水分析发展的方向之一。潘用树等(1993年)用氢化物发生冷阱捕集原子吸收法测定了海水中的有机和无机砷的形态。李静、陆贤昆等(1994年)做了海水中甲基锡和丁基锡的形态分析。崔仙舟等(1995年)论述了气相色谱测定Se(－Ⅱ,0,Ⅳ,Ⅵ)、Cr(Ⅲ,Ⅵ)、CH_3Hg^+等物质的方法和色谱条件。

李静等(1993年)提出了海水钼的催化光度—流动注射分析方法。杨孙楷(1994年)提出了海水中铬的化学发光分析法，对海水中痕量铬的化学发光条件做了个体探讨，并用原子吸收光谱法、催化极谱法与该方法同时测定了天然海水中痕量总铬量，三者结果相当符合。看来，发光分析在海水分析中具有新的潜力。

李桂华等(1994年)提出了$In(OH)_3$为共沉淀剂，十二烷基磺酸钠和油酸钠为浮选剂，对海水中的Cd、Co、Cr、Cu、Mn、Ni、Pb，并对消除干扰的效果和作用机理进行了探讨。宣维康(1995年)在用石墨炉原子吸收法测定海水中微量碲时，以硝酸钯为改进剂，与碲生成金属间化合物Pd_5Te_4，提高了最高允许灰化温度，改变了灰化机理。殷学锋(1994年)以FIA预富集，石墨炉原子吸收法测定了海水中痕量钼。江祖成(1995年)用聚二硫代氨基甲酸盐螯合树脂分离富集，ICP光谱法测定了海水中V、Nb、Ta、Zr、Hf。孟宪厚(1994年)详细论述了电感耦合等原子光谱法和质谱法相结合而创立的的ICP—MS新方法在海水分析中的应用前景。

海水中汞的冷原子吸收测定法，沈志群(1993年)对冷原子荧光法测定海水中汞的最佳条件的选择进行了详细的探讨。目前海水中汞的测定似应在防沾污、防干扰和分析质量控制方面进行有成效的研究。

袁有宪等(1993年)提出了一种简便快速直接测定海水的Zn、Cd、Pd、Cu的微分电位分析法。检出限为0.02 μg/L Zn^{2+}，0.02μg/L Cu^{2+}，0.01μg/L Cd^{2+}，0.006 μg/L Pb^{2+}。张首临(1993年)用防吸附物理涂汞电极反向极谱测定了海水中Zn、Cd、Pb、Cu。吴国琳(1994年)用阴极溶出法测定了海洋沉积物中硫化物。宋树林(1994年)用电沉积法测定了海洋沉积物中的钚。

王素坤(1993年)用国产C18预处理柱富集海水中微量维生素B_{12}，不需其他富集、净化手段，海水样品经柱后直接注入HPLC柱，测定了海水中的维生素B_{12}，最低检测量为3.2ng/L。胡敏(1994年)提出了海水中二甲基硫的测定方法。崔仙舟(1995年)讨论海洋中烃的分析法。傅天保(1995年)用气相色谱法测定了海洋沉积物中的木质素。

常素霞(1995年)研究了锂的常量测定—过碘酸间接容量法。崔仙舟(1993年)提出了用氯胺丁氧化，六次甲基四胺催化，使Br^-生成溴代丁酮，以环已烷萃取，测定Br^-的气相色谱法。该作者(1995年)又提出了酸性条件下用重铬酸钾将I^-氧化，再与丁酮生成碘代丁酮，环已烷萃取，电子捕获检测，测定海水中I^-的快速气相色谱法。陈立义(1993年)利用B(Ⅲ)与铍试剂Ⅲ形成较稳定的配合物，在滴汞电极上还原产生极谱吸附波，据此用极谱法测定硼。潘教麦(1994年)用新显色剂3－甲氟基－甲亚胺H光度法测定了海水中的硼，加入EDTA和酒石酸掩蔽各种离子，不需分离可直接测定。

滕怀德(1995年)设计制作了RY—3溶氧仪，改进了银电极加工工艺，并对银电极表面进行特殊化学处理，与美国YSI—58溶氧仪传感电极相比，测定结果误差小于0.5mg/L，分辨率0.1mg/L。(陆贤昆　张龙军)

【海洋有机化学】 近几年，中国在海洋有机化学领域的研究主要集中在下述三个方面：以碳和磷为中心的生源元素的生物地球化学研究；围绕碳水化合物、氨基酸、类脂化合物的有机地球化学研究；油类和合成有机污染物的检测和环境影响。

在生物地球化学研究中，1992～1994年实施的东海碳通量研究是迄今中国开展的最全面、最系统的海洋碳循环过程和影响因素的研究计划。此外，马士德等(1995年)对辽东湾海水中的DOC、POC和间隙水的DOC进行了调查；韩舞鹰(1995年)定量研究了南沙群岛海域深层海水碳的垂直通量；洪华生等(1993年)系统研究了台湾海峡南部、罗源湾和厦门港颗粒沉积物及有机碳的垂直通量。林以安等(1995年)发现长江口区生源元素的生物地球化学作用是控制长江口区颗粒物絮凝的重要因素和主要机制。施光春(1993年)利用$\delta^{13}C$研究长江口POC的来源，发现冬季主要是陆源，夏季S>25为海源。磷是另一个进行过系统研究的生源元素，陈水土等(1993年)、陈于望(1993年)对厦门港磷的生物地球化学进行了系统的研究。

在海洋有机地球化学研究方面，郑士龙等(1993年)、唐运千等(1995年)、卢冰等(1995年)分别研究了南海中部和北部沉积物柱样中的氨基酸，探讨了它们与沉积环境和成岩作用的关系。王荣华等(1995年)分离了胶州湾表层和底层海水中的游离单糖、寡糖和多糖，讨论了颗粒有机物的分解过程动力学。李飞永等(1995年)研究了珠江河口水微表层类脂物的来源、富集和迁移。段毅等(1995年)研究了南沙沉积物中醇类化合物的组成和分布,讨论了沉积物甾烷醇的来源。唐运千等(1995年)首次报道了南海岩芯中长链烯酮化合物及其利用$U_{37}^{K'}$计算古海水温度的研究结果。付天宝等(1995年)开展了利用木质素作为陆源有机物的化学标志物的研究。王琰(1993年)研究发现海洋浮游植物分解和代谢产物中的高分子有机物是海水腐植质的重要来源。杨和福(1993年)对东南极爱丝湖的有机地球化学特征进行了详细的探讨。

油类污染是海洋最重要的有机污染之一,近年来从各个侧面进行了大量的研究(如杨庆霄1994年,张和庆1993年,王静芳1994年,朱桂海1994年,张珞平1994年,娄安刚1994年)。在合成有机污染物研究主要包括三丁基锡(党志超1993年,陆贤昆1994年,徐福正1994年,王克欧1994年)、有机氯农药和PCB(张珞平1994年,储少岗1994年)及有机磷农药(唐学玺1995年,陈碧鹃1993年)。 (付天保)

【河口化学】 河口作为陆—海界面物质交换的重要场所、人类活动最频繁和生态结构相对脆弱的海区,河口化学在1993～1995年期间仍颇受海洋科学界的重视。张经(1994年)总结了中国河口地球化学研究的若干进展,阐述了黄河、长江、珠江和闽江等大河口的化学过程:与世界大河相比,营养盐含量相对较高,而痕量元素则显得较低;中国大河流域风化指数由北向南逐渐增加,这同其他地区相似;颗粒态则呈稳定态分布模式。这些规律性同河口高沙泥低污染和水文动力作用相对较弱等因素有关。

河口化学呈较强地域性。近年有关文献仍集中于长江口、九龙江口和珠江口,黄河口报道偏少,这与黄河断流期加长多少有关。杨逸萍、胡明辉(1995年)研究了长江口和九龙江口悬浮物中磷的化学形态分布,包括潜在生物可利用形态,发现盐度增高、缺氧、浮游植物渗出物和海洋细菌等因素均可促进磷向水相的释放。林以安(1995年)探讨了长江口在微生物与浮游生物活动及水—颗粒相界面的生物地球化学用作下,导致生源元素形态变化和物相转移,从而改变了颗粒表面组分、性质和介质成分,影响胶粒分散系的稳定性。黄自强、暨卫东(1994年)总结了长江口总磷、有机磷和磷酸盐的变化特征和相互关系。黄薇文和张经(1994年)表述了长江入东海的化学物质输送的诸项特点,其中认为痕量元素在河口呈非保守现象。茅志昌等(1993年)探讨了三峡工程对长江口枯丰水期溶解物质含量的影响。王允菊等(1995年)研究长江口南槽水体的化学特性,认为水质属碱金属和重碳酸盐型,与弱酸性的河水有明显差异,盐度在影响水质化学成份中起主导作用。华冬(1994年)报道了鸭绿江口这个低磷区中总悬浮物和生物活动对溶解磷的影响,指出该河口主要以活性磷酸盐输入黄海。有关辽河口营养盐的化学特征及其入海通量的资料,由蒋岳文等(1995年)所提供。

陈水土等(1993,1994,1995年)连续报道了九龙江口化学的研究结果,除了阐述重金属元素的生物地球化学外,主要侧重河口磷行为的系列研究,包括无机氮—磷比值的区域变化、溶解磷—颗粒磷的分布与转化、表层沉积物中形态分布及再悬浮过程中的解吸作用,以及生物活动参与下对磷再生、转化和循环的影响。

珠江口化学获得较广泛深入的研究。彭云辉、陈玲娣先后对水体各化学因子之间的关系加以描述,先揭示了有机物与盐度和氮—磷的相关性(1993年)。继而对溶解氧与营养盐的关系,给以定量的描述(1994年)。进而就溶解氧—硝酸盐,叶绿素、硝酸盐与磷酸盐的关系作了探讨(1994年)。苗丰民等(1993年)就磨刀门河口重金属来源作了初探(1993年),发现4个来源当中,以伶仃洋和红水河流域最为突出。对于珠江口及邻近海域水质状况,周燕遐(1994年)采用了指数法加以定量分析。

【水—海底界面化学】 此界面系统是海洋地球化学的重要组成部分,有自身的循环过程,也蕴含着重要的成岩信息。有关这方面的研究,近年仍基本局限于近海。

林荣根、吴景阳(1994年)研究了黄河口沉积物对磷酸盐的吸附和释放,推测除粗颗粒外,沉积物有向上覆水释放磷的倾向。蓝先洪(1995年)系统地比较黄河、长江和珠江三角洲近代沉积物的沉积化学特征,指出黄河三角洲氧化钙含量高,而氧化铝、氧化钛和有机质含量低,长江则以镁、锰氧化物高为特征,至于珠江,则是铁、钛氧化物含量高而氧化钙低。这些都是受地带性的生物气候及河口地球化学环境所制约。

许爱玉(1993年)就湄洲湾表层沉积物中重金属的地球化学加以探讨,发现重金属的来源明显受到陆源输入的影响。黄静伟和洪家珍对厦门港滩涂的沉积化学先后作了研究(1993,1994年),指出由于泥沙不均匀分布和分带性及陆源淡水的不规则渗入,导致铁锰的早期化学成岩过程的复杂化。表层以深的锰含量降低,锰、铁氧化物先后还原与其过程自由能的下降次序一致,他们指出,间隙水磷含量偏低,主要是沉积物中氧化铁组分化学吸附的结果,他们还提出了活性氧化铁沉积物吸附上覆水磷的计算方法。周慈由(1994年)也就厦门港沉积物间隙水中碘的地球化学进行探索,提供了向上覆水迁移的I^-通量的估算,并认为这是海洋碘的主要来源之一。大亚湾沉积物间隙水的无机营养盐的化学,由顾德宇(1995年)所提供,他根据浓度梯度,计算了向上覆水的扩散通量。

张丽洁(1995年)发表了海底水—沉积物界面系统中稀土元素(REE)的变化和配分特征的论文,指出大洋氧化物沉积物间隙水中REE相对于底层水亏损,除铈外,沉积物与多金属结核REE含量较接近。底层水、沉积物、间隙水REE的配分特征极为相似,都表现出中REE相对于轻重REE分离与富集,而铈表现为负异常。

【海—气界面化学】 气溶胶为海—气界面作用的产物,它参与大气运动,同成云过程密切相关,对研究污染物长距离输运和气候效应,有重要意义。刘素美等(1993年)报道了青岛地区大气沉降物中的常量组份比值,指出钾、钠、钙和镁等元素对氯的比值高于大洋水，而阴离子则与河水相近。陈立奇等(1993年)表述了厦门海域大气气溶胶的特征，认为物质来源主要是海水、土壤尘和煤烟尘及燃油尘，由于人类活动的加剧，大气中长期以来形成的自然组成有明显改变。蔡榕硕(1995年)分析了厦门海域大气气溶胶观测站风与气溶胶的关系，指出风速、风向的变化致使气溶胶中元素含量呈季节性变化，该站气溶胶物质来源有别，冬季是陆源，夏季则为海洋源。

陈立奇等(1993年)分析了南极考察和环球科学考察期间采集的海洋气溶胶样品，发现其中铝几乎全来自陆源地壳风化物，而钠、氯则几为海水源，基本上是陆源污染物，可作为陆源污染物的示踪元素。钱粉兰等(1994年)就赤道西太平洋及澳大利亚近海上空气溶胶特征进行分析，发现两海域海盐元素钠、氯、溴含量差别甚小，而地壳元素铁、铝、钪在中等大小粒子中的含量，两海域分布趋势则相反。 (胡明辉)

【海洋生物地球化学】 海洋生物地球化学研究生源物质的来源、归宿及以生命活动为媒介的形态转化过程。1993～1995年，该领域的研究进展，从不同生源元素的角度，可分以下几个方面进行总结。

碳的生物地球化学(含生物生产力研究) 韩舞鹰等(1994，1995年)研究了南沙群岛海域上层、深层海水碳的垂直通量。洪华生、商少凌(1994年)利用动力箱式模式，定量描述了台湾海峡南部的有机碳循环。焦念志等(1993年)提出初级生产力结构概念，将其分为组分结构、粒级结构、产品结构、功能结构，以此来反映初级生产过程的生态学意义；并通过胶州湾的实测结果(1994年)，确定光合产品中颗粒态有机碳(PPOC)和溶解态有机碳(PDOC)的比例，认为PDOC释放主要受光控制；强调原核生物对总初级生产力的贡献。黄邦钦、洪华生(1994年)，高亚辉等(1994年)阐明了厦门海区浮游植物的粒级结构，认为微型浮游植物(3～20μm)是该海区初级生产者中最主要的组成者。王荣(1993年)对海洋生态系碳的生物地球化学进行了综述；徐永福(1995年)报道了二氧化碳生物地球化学循环的进展。

氮的生物地球化学 焦念志等(1993，1994，1995年)全面系统报道了在氮的吸收动力学及其生物地球化学等方面的研究成果，提出以^{15}N示踪－离子质谱法测定新生产力，并研究了胶州湾表层浮游植物群落的NH_4^+－N吸收、再生通量，氮吸收动力学及其粒级特征，指出NO_3^-－N主要由真核生物所吸收，铵态氮和氨基酸态氮主要有原核生物所吸收。

磷的生物地球化学 中国东、南部沿海具有贫磷特征，因此磷的生物地球化学受到普遍关注，并成为1993～1995年期间海洋生物地球化学研究最重要的组成部分。陈水土等(1993，1994年)系统总结了九龙江口、厦门西海域磷的生物地球化学，内容涉及水体中溶解态磷、颗粒态磷的含量、分布与转化，表层沉积物中磷形态分布及在再悬浮过程中的转化，以及生物活动参与下的磷形态转化及磷循环估算。林荣根、吴景阳(1994年)报道了黄河口沉积物对磷酸盐的吸收和释放，认为黄河口沉积物磷释放极其有限。黄自强、暨卫东(1994年)通过研究长江口中总磷、有机磷、磷酸盐的变化特征及相互关系，发现有机态磷在冲淡水中具有重要作用。彭云辉、陈玲娣(1994年)认为磷是珠江口初级生产力的主要控制因素。陈慈美等(1993年)通过研究总结出，厦门西海域磷的生物地球化学过程及其环境容量，主要由悬浮颗粒物的吸附/解吸及生物碎屑的生物－化学分解过程所控制。陈松等(1993年)模拟研究厦门污水排海时，磷在海水－颗粒物界面交换的动力学过程，提供了转移模式并确定了转移速率。洪华生等(1994年)以无载体^{32}P同位素示踪测定海水中浮游植物和细菌吸收磷酸盐的速率，认为厦门港海水中吸收磷酸盐的主体是浮游植物，存在着晚秋小于冬小于初春的季节变化。

黄邦钦等(1993年)阐述了磷酸盐浓度、砷酸盐浓度、温度、光强等对海洋浮游植物吸收磷酸盐速率的影响。王海黎等(1995年)对海洋环境中溶解有机磷化合物的生物可利用性进行了探讨。薛雄志等(1995年)通过研究厦门西海域沉积物中碱性磷酸酶活性，认为可将其作为小区域水体富营养化程度的重要参考指标之一。

重金属及其他微量元素的生物地球化学 程先豪等(1993年)研究了西太平洋及邻近海域碘的地域性分异，认为碘的含量分布在海洋生物地球化学体系中居于保守和生物制约性之间，表层海水有机颗粒的清除及真光层底部有机质的再矿化作用强化了碘在海水中类似于营养盐的剖面特征。陆贤昆等(1995年)描述了胶州湾东部锡的输入、形态特征和生物地球化学过程。高尚德等(1994，1995年)对有机锡的生理效应进行了系列报道，认为三苯基锡和三丁基锡对海洋微藻的光合色素含量、光合作用、呼吸作用有不同程度的影响。张首临等(1995年)报道了Zn^{2+}，Cd^{2+}，Pb^{2+}，Cu^{2+}对三角褐指藻生长的影响。杨逸萍等(1994年)研究了细菌在海水铬的化学形态转化中的作用，发现细菌可将Cr(Ⅵ)先还原成Cr(Ⅲ)，继而转化为有机铬。

这一时期的另一突出特点是重视并开展生源要素生物地球化学循环与赤潮发生的关系研究。洪君超等(1994年)分析了珠江河口水域赤潮发生过程中营养盐的变化，发现在赤潮发生时，PO_4－P下降极快，N/P比值急剧上升，峰值达450。杨炼锋等(1995年)研究了沉积物中营养盐对大鹏湾赤潮的影响，着重探讨了沉积物和上覆水中活性磷酸盐对水体的供给及赤潮的成因。

此外，林以安等(1995年)提出生物地球化学作用是控制长江口区颗粒物絮凝的主要因素和重要机制之一。李飞永等(1995年)研究了珠江河口水域微表层中类脂物质的浓度、成分、组成和富集系数，探讨了类脂物质的来源及其河口迁移。 (王海黎 洪华生)

【同位素海洋化学】 1993～1995年，同位素海洋化学的研究进展分以下三方面加以介绍。

海洋环境中天然放射性同位素的分布及应用的研究 在^{210}Pb及现代沉积速率的研究方面，宋树林、陈懋报道了沉积物中^{210}Pb的测量方法；潘少明、施晓东用^{210}Pb法测出海南三亚港潮汐通道及航道上的沉积速率为0.91～1.24cm/a，外港小于0.4cm/a；全亚荣研究了海口湾和新海湾5个柱样中^{210}Pb的分布，测出沉积速率为0.38～1.04cm/a；李炎、谢钦春研究了庵东浅滩不同沉积分带的基于^{210}Pb的沉积速率；李炎等研究了杭州湾南岸潮滩的^{210}Pb分布及其沉积意义；冯应俊、李炎研究了杭州湾近期环境演变与沉积速率(^{210}Pb)。关祖杰、杨健明测得香港海域8个测站表层沉积物的总α、总β和^{40}K、^{137}Cs、^{226}Ra、^{232}Th、^{238}U的放射性比度(γ—能谱法)。关于^{14}C，蔡慧梅等由^{14}C法得出南沙NS93－12－58柱样是约1万年以来的沉积层；赵焕庭等用^{14}C测年法论述了所考察的南沙岛礁礁体的礁坪形成于全新世中期全球大西洋期海侵后；业渝光进行了南海全新世珊瑚礁AMS^{14}C、$^{230}Th/^{234}U$和ESR年龄的对比研究；谢英宗、陈民本研究了台湾东北海域沉积物中浮游性有孔虫族群所显示之晚第四纪古海洋，由AMS^{14}C法得出OR281－12P的沉积速率为21cm/ka；巴士海峡和菲律宾海沟两侧表层海水中的$\delta^{14}C$由许志峰等所测定。关于Ra同位素，施文远等研究九龙江—厦门湾河口区溶解^{226}Ra的分布；谢永臻、黄奕普等建立了天然水体中^{226}Ra、^{228}Ra的联合富集与测定的新方法，并研究了九龙江河口区水体中的^{226}Ra和^{228}Ra；嗣后，他们又研究了南海东北部海水中的^{226}Ra，描绘出它的水平与垂直分布图像；谢永臻、黄奕普等还研究了南海东北部海水中的^{228}Ra，据此求出水平涡动扩散系数；陈敏、黄奕普等则研究了东沙群岛附近海域表层沉积物中的^{226}Ra与^{228}Ra。关于铀和铀系不平衡，黄奕普等研究了南海东北部铀的浓度、同位素组成和铀盐比，首次采集了深达2 600m的大体积海水，研究了^{238}U和$^{234}U/^{238}U$的垂直分布情况；刘韶等应用$^{230}Th_{ex}$、$^{230}Th_{ex}/^{232}Th$法测定南沙海域部分柱样的沉积速率，并用铀系定年法测定南永1井珊瑚礁年龄；后来刘韶等又提出珊瑚次生变化后的模式年龄，对以往所测南永1井有关层段的年龄作了校正；洪庆章、魏庆琳等应用$^{234}Th/^{238}U$不平衡研究台湾东北部黑潮陆棚混合(KEEP)区表层海水的清除现象。从上所述，不难发现，水体中天然放射性同位素的研究比以往明显增多，且呈上升趋势。

海洋环境中人工放射性同位素的分布及应用的研究　施文远、黄奕普等实测了南海东北部表层海水中的^{3}H，发现^{3}H的区域分布特征；夏复国等以^{14}C吸收法探讨了KEEP海域内之初级生产力；秦学祥介绍了海洋示踪物新种类的区分，指出海洋中^{99}Tc的来源与切尔诺贝利事件后^{99}Tc的示踪行为；近来秦学祥研究了海洋环境中放射性核素的扩散模型，用网格模型对放射性核素的扩散进行了新的数学探讨；林植青、王建林等对大亚湾海域沉积物的人工放射性核素进行了调查研究；王建林、林植青研究了大亚湾近岸沉积物对人工放射性核素^{54}Mn、^{59}Fe、^{60}Co、^{85}Sr、^{134}Cs、^{141}Ce的吸附；蔡福龙研究了中国沿岸海域环境中^{137}Cs的行为特征；霍湘娟等研究了东海近岸海水中的放射性水平；刘成全等调查了大连近海海产品的放射性水平；宋树林报道了海洋沉积物中钚的分析方法；李樟苏等利用放射性示踪沙定量观测长江口北槽航道抛泥区底沙的运动。

海洋环境中稳定同位素的分布及应用的研究　黄奕普等实测了南海东北部近200份水样的$\delta^{2}H$(或δD)值，研究了δD的水平、垂直、断面分布特征，据此探讨了黑潮水是否及如何入侵南海；任建国、王先彬研究了西太平洋上层海水^{3}He的分布及其海洋学意义；刘韶等从南沙NS86－43柱样$\delta^{13}C$的深度分布得出6个冷—暖变化的气候期；李两全等研究了南沙4柱样$\delta^{13}C$和$\delta^{18}O$的变动情况；施光春报道了长江口悬浮POC的稳定同位素；焦念志、王荣等建立了^{15}N示踪—离子质谱法测定新生产力的方法，实测了胶州湾的新生产力；黄奕普等研究了南海东北部^{18}O的水平、垂直与断面分布特征和珠江口的$\delta^{18}O$与盐度的关系，探讨了黑潮水入侵南海的问题；陈绍谋等利用O、Sr、Pb的7种稳定同位素研究南沙海区的古环境和沉积物来源；陈毓蔚等研究了南沙海区4种不同沉积环境中O、Sr、Pb同位素组成的差异；冯伟文、罗又郎研究了南沙3柱样的氧同位素曲线和底界年龄，并据^{18}O和铀系年龄数据将南沙海区近25万年以来的沉积层划分为7个与氧同位素期相对应的层序；汤贤赞等对比研究了南沙海域4柱样的$\delta^{18}O$曲线与剩磁参数曲线，为南沙的古气候变化提出佐证；洪阿实等报道了太平洋和普里兹湾及邻近海域表层海水的氧同位素组成，并对热带西太平洋海水氧同位素组成特征作了初步研究；吴世迎根据SEM观测和$\delta^{18}O$测定研究了马里亚纳海槽热液烟囱的显微构造及形成温度；桂训唐、于津生研究了南沙海域沉积物Sr—O同位素组成与古环境；陈丽蓉等报道了冲绳海槽浮岩的Rb、Sr和O同位素特征及基于铀系不平衡的年代测定；钱建兴、曾成开根据氧同位素等提出南中国海沉积岩芯中古生物地层学的新证据。

(黄奕普)

海洋地质与地球物理学
Marine Geology and Geophysics

【海底构造】　1993～1995年，中国的海底构造方面的研究又有了长足的进展，主要表现在一些复杂地区的理论研究和油气远景区的探讨两个方面。

刘昭蜀等(1994年)与日本东京大学合作测量了南海中央海盆至北部陆坡400km长的地壳剖面，测量到清晰的莫霍界面及其向陆坡抬升。中央海盆地壳厚度8～9km，陆坡为17～18km。刘以宣等(1994年)根据南海及邻域的岩石圈动力学环境，对其构造类型进行了划分，提出本区新构造始于晚渐新世。姚伯初(1994年)、钟广见等(1995年)对南海南部的万安盆地、曾母盆地的新生代构造进行了研究，提出万安盆地为拉张剪切盆地、曾母盆地为前陆盆地。王嘹亮等(1995年)指出万安盆地地层主要受全球海平面变化及区域构造的控制，至今已经历了内陆湖泊、海湾、滨浅海、半深海沉积环境的演化。吴进民(1995年)认为曾母盆地以海退型碎屑沉积和台地型碳酸盐岩为主。杨木壮(1995年)对曾母、万安等南海南部9

个盆地油气地质特征进行了综合分析，认为曾母、万安等盆地具有良好的油气前景。姚伯初等(1994年)利用中美南海联合调查的资料研究了南海北部的陆缘地壳结构，提出该区的地壳在新生代早期为幕式拉张。杜德莉(1994年)认为台西南盆地构造演化也为幕式拉张。毕华等(1994年)认为"弧后盆地扩张"模式和"地体拼贴"模式都不能合理解释东海盆地的演化，而提出"持续拉张—脉动挤压"模式。金振民等(1995年)研究了台湾澎湖列岛上地幔源包体，认为上地幔底辟作用和上涌是导致中国大陆边缘构造裂谷作用的主要原因。栾锡武等(1995年)认为弧后地幔物质上涌导致冲绳海槽的拉张形成，并利用观测热流资料成功地对冲绳海槽的热演化进行了模拟。王丽顺等(1994年)进行了东海西湖凹陷下第三系层序地层的分析，认为西湖凹陷有良好的油气前景。陈建文(1994年)通过松辽盆地、东海陆架盆地的对比分析，指出了东海陆架盆地两个油气远景区。

【海洋地壳热流】 1993～1995年，在积累了大量海洋地壳热流数值的基础上，开始分析研究这些热流数值包含的深层次的地球信息，使海洋地热学又向前迈进了一步。

魏大卫等(1994年)结合东海大巨山岛—菲律宾海地学断面进行的地温剖面热模拟填补了长期以来区内地热学研究的空白。地温剖面等温线有三个显著隆起部位，分别出现在东海陆架盆地、冲绳海槽及岛尻盆地之下，但各自反映的演化历程却并不相同，并赘出深源热的演化在地壳构造演化的研究中有重要的地位。栾锡武等(1994)搜集了东海琉球沟弧盆系历来15个航次，300多个热流数据，对这些热流数据进行整理，发现在该区热流值呈现明显的北东向条带状分布，自西向东依次可分为6个条带，热流分布在南北方向上也有所不同，由此提出整个区域的热流分布呈现东西分带南北分块的格局。汪辑安等(1995年)指出新生代各个历史阶段莺琼盆地、珠江盆地和北部湾盆地的古地温依序降低和现今地温分布特点相似，并指出三大盆地区域地温差异及其变化主要是由于古地温研究区间沉积物热特性不同的结果。李乃胜(1995年)等同日本合作进行热流测量，出版了《冲绳海槽地热》一书，总结了海槽区的热流测量工作，对搜集到的海槽区的热流值进行了统计分析。

(栾锡武 喻普之)

【海洋矿物】 1993～1995年，海洋矿物学研究在研究内容和研究地域等方面都取得了新的进展。

自生矿物 段伟民、陈丽蓉(1993年)进行了黄、东海早期成岩过程中黄铁矿形成史的研究。对黄东海陆架泥质沉积区中的5个岩芯进行了固相沉积物和液相空隙水中不同形态硫含量的测定和硫同位素的测定。通过分析，阐述了在早期成岩作用阶段现代海洋沉积物中硫的成岩变化规律，进而探讨了自生黄铁矿的成因。李安春、陈丽蓉等(1993年)对南黄海H—106柱状沉积物中自生黄铁矿的硫同位素组成和矿物学特征，结合沉积物粒度和地球化学参数探讨了黄铁矿的形成环境与成因。初凤友、陈丽蓉等(1994年)对南黄海沉积物中自生黄铁矿的形态标型进行了研究，对现代海底沉积物中的自生黄铁矿集合体进行了形态分类和成因分类，在此基础上讨论了其特征形态的成因标型意义。杨慧宁、萧绪琪(1994年)对取自太平洋中部海洋沉积物中的多种自生沸石矿物做了研究，认为它们为火山碎屑经海解作用和早期成岩作用所形成。

碎屑矿物 陈丽蓉、张秀荣(1993年)对北部湾X1钻孔岩芯各种沉积相的重矿物组合进行了研究，发现湖相沉积物中自生黄铁矿含量高，滨海相沉积物中稳定矿物(钛铁矿，电气石，锆石)特别富集，浅海相沉积物中则出现大量的自生海绿石。陈华胄(1993年)研究了台湾海峡表层沉积物中的重矿物特征及其物质来源，发现台湾海峡重矿物自西向东递减。碎屑矿物来自海峡两岸，部分片状矿物为海峡以北的物质随浙闽沿岸流进入海峡而沉积。杨雪舞(1993年)根据重矿物分散流分析和沉积物运移方向的定量统计研究了珠江口黄茅海河口湾的泥沙来源和运移过程。石学法、陈丽蓉等(1994年)用X射线衍射法测试了取自西菲律宾海3个柱状沉积物样品的矿物组成。划分出两类矿物组合，一类反映陆源物质较多，火山沉积作用较弱；另一类则相反。徐文强、黄求获(1994年)通过对辽东湾柱状样下部沉积物中石英颗粒表面微结构特征的研究，认为该段岩芯形成于风成陆相沉积环境。

粘土矿物 游仲华、唐锦龙等(1993年)报道了台湾海峡西部10个柱状样的分析结果，探讨了粘土矿物组合及含量变化与沉积环境的关系。唐锦龙、游仲华(1993年)和唐锦龙(1994年)利用粘土矿物组合特征探讨了三都湾和西洋岛海域沉积环境、物质来源和泥沙运移趋向。张德玉(1994年)研究了马里亚纳海槽粘土矿物组成及分布特征。根据7个岩芯粘土矿物的研究，马里亚纳海槽晚更新世以来的沉积物中主要粘土矿物为蒙皂石，其次是少量Fe、Mg绿泥石和伊利石。蒙皂石和Fe、Mg绿泥石主要是海底基性火山物质蚀变形成的自生矿物。石学法、陈丽蓉(1995年)对菲律宾海盆西部3个柱状样的粘土矿物成分、组合、形态和结构等特征进行了研究。采用成因矿物学理论分析了其沉积作用、物质来源、沉积环境和古气候状况。

吴必豪、杨慧宁等(1993年)系统全面地研究了太平洋中部沉积物中的碎屑矿物、粘土矿物和自生矿物等的种类、特征、分布及成因。另外，还对各种宇宙尘的形态与化学组成作了阐述。许东禹、金庆焕等(1994年)研究了太平洋中部多金属结核的矿物成分。对铁、锰矿物的种类、物理化学特征进行了深入研究。

海底火山矿物 申顺喜、陈丽蓉等(1994年)在冲绳海槽南部水深1 500～2 000m的海底沉积物中首次发现了颗粒状α—碳硅石晶体。侯如圣(1994年)对冲绳海槽表层和柱状沉积物样品中与火山有关的斜长石进行了研究，根据斜长石的分布特征和An值演化特征讨论了该区岩浆—火山作用活动特点。

海滨砂矿 张仲英(1994年)研究了粤西海滨第四

纪稀土砂矿，从成矿母岩、水动力条件、分布规律探讨了粤西砂矿的形成发育过程。三个成矿期均为海面上升时期，砂矿的垂向分布为下富上贫。

（李安春　陈丽蓉）

【海洋沉积学】 1993～1995年，中国海洋沉积学研究在区域海洋沉积学和海洋沉积学基础理论方面，研究广度和深度都大为加强。在河口近岸区，围绕经济建设和环境保护，更加重视沉积动力学和现代沉积作用研究；在中国陆架和边缘海盆，海洋沉积学的研究在理论上侧重于古气候古环境沉积记录的识别和提取，在应用上主要是为中国海底资源勘查和海洋权益保护提供依据和方案，在大洋区沉积学的研究主要是围绕多金属结核进行。

河口近岸沉积区　在长江口岸地区，对长江口的潮滩沉积特征和沉积模式（杨世伦等，1994年），长江口最大浑浊带的泥沙特征和输移规律（李九发等，1994年），上海淤泥质潮滩潮锋作用及其形成机制（徐元等，1994年），长江口泥沙的絮凝沉降特征（李炎等，1994年），冰后期长江三角洲的演变特征（陈报章等，1995年）等都进行了深入研究。在黄河口地区，代表性的成果是黄河口水下滑坡体系（杨作升等，1994年）和近代黄河三角洲冲淤演化模式（黄世光，1993年）的研究。在珠江口地区，杨雪舞等（1994年）研究了珠江口水动力沉积和泥沙运动规律，陈培红（1995年）讨论了晚更新世以来珠江三角洲的海进海退问题。

对海湾的研究更加重视。李凡等（1994年）对薛家岛湾的海洋水动力条件、沉积动力学特征及泥沙运动规律进行了研究；李凤昌等（1994年）、符文侠等（1994年）系统研究了锦州湾的沉积物分布特征、物质来源以及沉积环境的变化；全亚荣等（1995年）测定了海口、新海湾的沉积速率，潘绍明等（1995年）测定了三亚湾的现代沉积速率。另外，王文海等（1994年）利用荧光示踪砂和染色砾石进行了海岸侵蚀的示踪研究。

陆架和边缘海盆沉积区　1991～1995年的"八五"国家科技攻关项目"大陆架及邻近海域勘查和资源远景评价"和"八五"国家专项"南沙综合科学考察"取得了丰硕成果，大大促进了中国陆架和边缘海盆的沉积学研究。

南黄海南部海底风成砾石的发现（于洪军，1993年）、南黄海冷涡沉积和通道沉积的研究（申顺喜等，1993年）以及黄海晚更新世黄土的研究（郑铁民，1994年）等成果都从全球变化的角度讨论了陆架海对气候环境变化的响应，引起了学术界的重视。"陆架沙漠化"理论又有所发展，提出了许多新的证据，模式进一步完善（赵松龄等，1994，1995年）。与此同时，在古河道研究方面也发表了不少成果，李凡等（1993年）研究了晚更新世以来黄河、长江入海对南黄海沉积作用的影响，提出南黄海海底北部有古黄河水系，南部有古长江水系的分布轮廓，Yang Qilun（1995年）进一步论证了冲绳海槽古长江三角洲的存在。

中国科学院南沙综合科学考察队发表了系列专著，报道了对南沙海区的现代沉积作用过程、珊瑚礁沉积学、古海洋学、盆地分析等方面的研究成果，阐明了南沙群岛海区晚第四纪以来沉积作用沉积环境及古气候的演变规律，拓展了南海晚第四纪沉积地质学的研究内容，推进了中国边缘海过去全球变化的研究。另外，吴时国等（1994年）研究了南海南部大陆架的残留沉积，唐运千等（1994年）研究了南海北部的颗粒通量和有机化合物，许红等（1994年）研究了西沙群岛中新世生物礁矿物相，吕海滨等（1994年）研究了南海中央海盆的第四纪沉积作用。

在渤海地区，加强了对现代沉积作用和沉积动力学的研究；在东海对于陆架盆地沉积相、砂体类型以及断陷和凹陷期的演化模式等进行了深入的研究（陈建文等，1994年；林志强等，1994年）。秦蕴珊等（1995年）报道了对西菲律宾海风尘沉积物的研究结果，探讨了冰期时古季风对海洋环境的影响。

大洋沉积区　《太平洋中部多金属结核综合研究》丛书出版。该丛书内容主要包括多金属结核的分布规律、多金属结核的特征及成因、多金属结核和沉积物地球化学、多金属结核主要元素地球化学行为、太平洋中部沉积物的矿物组成与沉积作用、微体生物与多金属结核的生物成矿作用、太平洋中部晚新生代古海洋环境及事件、太平洋海盆微结核等。除此之外，陈立奇等（1993年）研究了采自太平洋、南极海域、南大西洋、印度洋上空的气溶胶样品，指出了气溶胶来源示踪元素特征。（*石学法*）

【古海洋学研究】 南海晚第四纪的古海洋学研究取得了重大进展。1994年4～6月，由中德合作在南海南北进行了为期8周的古海洋学专题考察，这次以"追踪季风"为主题的"太阳号"第95航次是中国海域第一次大规模的古海洋学调查，取得了纵贯南海南北的浅地层大剖面，在46个站位共采得500余米长的沉积柱状样，最长的近20m，沉积速率最高的超过60cm/ka，打破以往记录。2年多的研究，已经取得了百年、十年等级高分辨率的古季风、古环境记录，将南海古海洋学推进一个新阶段。有关合作成果将在1996年夏北京举行的国际地质大会上以专题会总结后发表。与此同时，中国科学院南海所等单位通过"南海专项"在南沙海区的古海洋学、珊瑚礁古海洋学研究方面取得重要进展。作为古海洋学的研究成果，继国家海洋局第二海洋研究所发表《南海海洋沉积作用过程与地球化学研究》后，同济大学发表了《十五万年来的南海》专著（1995年）。

古海洋学界是中国参加国际大洋钻探计划（ODP）的积极发起和推动者。从1994年北京的"大洋钻探与中国地球科学"研讨会，到1996年上海的"中国大洋钻探研究方向学术讨论会"，古海洋学都是中心内容之一。中国1995年出版的"地球科学进展"大洋钻探专辑、《大洋钻探与中国地球科学》专著（同济大学出版社）中，也对古海洋学作重点讨论。由全国五个单位专家联合提出的"东亚季风史在南海的记录及其全球气候意义"的大洋钻探建议书，在1996年初ODP三个学术评议组会上一致评为优先项目，使南海大洋钻探实现在望。中国青年学者利用DSDP/ODP材料完成的古海洋学研究成果，赢得了国际学术界的好评，如王律江的“近530万年来低纬西太平洋区的表层水温史”（1994年“古地理、古气候、古生态学报”）和最近苏新对大西洋超微化石的研究。

中国与澳、俄、日、泰、印尼、马来西亚七国共同合作，由中国编制完成的“末次盛冰期西太平洋古地理图”及所附说明书（IOC/WESPAC，1995年出版）中，展示了西太平洋边缘海在冰期旋回中的重大变化，提出了边缘海对于“西太平洋暖池”和全球的气候影响问题。

海峡两岸学术界的紧密合作，构成了近年来中国古海洋学研究的一大特色。不仅在上述南海“追踪季风”的海上调查、古海洋学样品的实验分析中携手合作，并且开始共同提出成果。国际“海洋微体古生物学报”的中国专辑即将出版，其中包含了海峡两岸在南海等海区的古海洋学研究成果。

前第四纪的古海洋研究，取得了前所未有的推进。南京古生物所对早古生代壳相和笔石相地层、晚古生代泛大陆时期的古海洋学研究，北京大学对华南泥盆纪的古海洋学研究，中国地质大学对南海北部含油盆地的第三纪古海洋学研究，在不同程度上将“全球变化”的学术思想与地层古生物的实际材料相结合，向探索“地球表层系统演化”进军。

中国古海洋学工作组在中国海洋研究科学委员会的领导下，组织了1995年11月在河北高碑店市海洋石油研究中心举行的第三届全国古海洋学与古环境研究学术讨论会，连续出版了半年一期的《中国古海洋学与古环境通讯》。（汪品先）

【陆海相互作用】 海岸带陆海相互作用（LOICZ）是90年代初期国际地圈生物圈研究计划开始启动的一项核心计划，旨在研究未来气候变化、土地利用、海平面变化及人类活动等对全球海岸带生态系统功能和可持续利用的影响，提高对于未来变化的认识和预测能力。1993年4月24～25日LOICZ中国工作组成立，工作组由中国科学院、国家教委、国家海洋局和国家基金委的15名专家组成，挂靠在中国科学院海洋所。刘瑞玉、胡敦欣教授先后任主席，同时也是国际LOICZ学术指导委员会的成员。工作组成立以来积极参加了国际LOICZ项目组科学计划的修改和执行计划的制定工作。陆海相互作用研究被列为1995和1996年国家自然科学基金优先资助项目，长江口区陆海作用研究被列为“九五”期间国家自然科学基金项目。

LOICZ项目虽然起步较晚，但近年来曾经进行过大量相关内容的研究工作。除了80年代的全国海岸带调查外，较典型的有三峡工程对长江口区生态与环境影响的调查研究。刘瑞玉、罗秉征指出：三峡10月份蓄水将引起长江口区淡水面积减小、盐度升高、余流减小。POC和DOC将有不同程度的减少，TON的高浓度区相应的向河口靠近，底栖生物分布格局变化，初级生产力受到较大影响，生产量显著降低，乃至渔场中心位置摆动。黄河口及邻近海域陆海相互作用过程强烈，1855～1984年黄河口三角洲新造陆面积2 200km^2，平均20.2km^2/a岸线向海延伸0.17km/a（钱意颖，1993年），J. Zhang（1993年）调查表明，以黄河入海泥沙为主的陆源物质和生物过程每年通过渤海海峡向北黄海的贡献为6.8×10^{6}t。受气候变化和人类活动影响，1981～1989年间黄河平均年径流量和输沙量比1950～1980年分别减少了28%和36%（李凡，1995年），钱意颖预测，至2030年黄河下游来水来沙量将比目前减少28.8%和48.8%（1993），尤联之等预测（1995年）2050年因全球升温、黄河水沙的长周期变化和人类活动对于黄河输水、输沙通量的影响分别为101.2～141.2×10^{8}m^3、18.3×10^{8}m^3、11.2×10^{8}m^{3}和4.39亿t、0.22亿t、0.95亿t。因此，下世纪中期人类活动仍是影响黄河下游来水来沙的主要因素。黄河输水输沙量的巨大变化有可能引起河口海区生态环境发生重大变化，例如河口区M_2和S_2分潮无潮点有可能消失，环流结构将会发生改变（乐肯堂、赵保仁，1995年）。黄创剑、朱嘉濠等（1995年）通过对珠江口区生态学及环境污染的研究指出：有害物质的日趋污染将对生态环境造成不利影响，突出表现在基础生物量的减少，饵料生物结构发生变化。中国科学院地学部于1993年组织部分学部委员以“海平面上升对中国沿海地区经济发展影响与对策”为主题，对中国大河三角洲区进行了考察，其中估算珠江三角洲海平面20年和40年后将分别上升20～30cm和50～70cm，估计了给 经济发展将带来的一系列不利影响，并依此向有关部门提出了对策与建议。（李 凡）

【海洋地质图编绘】 1991～1995年，由地质矿产部下属海洋地质研究所、广州海洋地质调查局、上海海洋地质调查局承担了大陆架及邻近海域基础环境图集编绘任务。由许东禹、刘锡清、陈邦彦、张训华负责主编，完成了比例尺为1：200万地貌图、沉积物类型图、区域构造图、空间重力异常图、磁力异常图和相应的地形图；1：700万海洋流系图以及柱状剖面地层对比图、地壳结构断面图等9种基础地质环境图件。尤以横穿东海北部的地壳结构断面图更是显示了东海新生代构造位置，剖释了穿越东海北部新生界所有的5个一级构造单元。根据实测的地震、重、磁资料演算居里面及莫霍面，解释出新生界层面、下地壳顶面和地幔分界面。并运用海上和陆上资料，拟合划分了9个密度面及岩体位置。该断面的编制对东海陆架盆地的起源、早期断陷发育和原属欧亚大陆的冲绳、琉球地体拉开，冲绳海槽、琉球岛弧及琉球海沟的出现，以及西太平洋独特的沟、弧、盆体系的最终形成，都有独到的认识。而对南海地壳结构断面图则是通过大陆架、海槽、海台、深海盆等构造单元，充分剖释了地壳的纵向分层、横向分块的复杂结构。揭示了新生代沉积的双层结构、前新生代基底性质、断裂体系等以及陆区壳厚幔薄、洋区壳薄幔厚的特征。图集具有覆盖面大、系统性强、编制质量高和拥有更多的新资料。（蔡乾忠）

【海底热液活动及其成矿作用】 目前，有关海底热液活动及其沉积物的研究主要涉及到岩石学、矿物学、地球化学和热液生物学等诸多领域。张德玉（1992年）的研究表明马里亚纳海槽热液硅质烟囱上的自生绿脱石是一种二八面体2∶1型自生膨胀粘土矿物，属低温氧化条件下热液的直接沉淀物。赵一阳等(1993,1994年)依据对中国浅海、半深海以及西太平洋深海沉积物化学元素丰度的研究，指出冲绳海槽海底沉积物中的汞异常是海底热液活动的"指示剂"。吴世迎(1994年)对马里亚纳海槽热液烟囱物的显微构造及形成温度的研究结果显示纯硅质烟囱的形成温度在40℃以下，而与黄铁矿、白铁矿和重晶石等中高温矿物相共生的深色非晶质SiO_2的氧同位素温度普遍较高，大约在50～100℃之间。初凤友、陈丽蓉(1995年)对取自大西洋热液活动区的块状硫化物样品进行了矿物共生组合、矿物形态与成分标型及演化特征的研究。研究发现，大西洋热液成矿作用可划分为5个成矿阶段，主要成矿阶段是热液活动的晚期和沉积期。翟世奎等(1995年)根据冲绳海槽热液活动区玄武岩的矿物学和岩石化学特征，将冲绳海槽热液活动区出露的玄武岩定名为橄榄玄武岩，属拉斑玄武岩系列。马军英等(1996年)描述了冲绳海槽伊平屋海底热液活动区的生物群特征。

在中国，借助水—岩反应实验研究海底热液的形成、演化及成矿作用亦有新的进展。胡凯等(1993年)观察到低温热液体系中有机质直接参与了含金溶液中游离金离子的固定，金的富集分早期凝聚作用和晚期氧化—还原作用。储雪蕾(1993年)的实验表明热水溶液中硫化物硫同位素之间的快速交换实际上是通过硫化物形成多硫化物、多硫化物再歧化为硫代硫酸盐和硫化物的可逆反应过程来实现的。

总体看来，海底热液活动及其成矿作用的研究工作近年发展较快，研究海区也涉及到大西洋中脊、东太平洋海隆、马里亚纳海盆以及冲绳海槽等著名的现代海底热液活动区。另外值得提及的是，现代海底热液活动及其成矿作用研究正在引起国内地学界的广泛关注，并试图与国际上大型的科学研究合作计划(如ODP等)相结合。

(陈志华　翟世奎)

【海洋地球化学】 **河口地球化学**　林荣根等(1994年)进行了黄河沉积物对磷酸盐的吸附与释放研究。发现黄河口海域沉积物有缓慢向上覆海水中释放磷的倾向。张经(1994年)的研究结果表明与世界上的大河流相比，中国河流具有较高的营养元素和较低的痕量元素浓度；流域盆地的风化作用指数由北向南逐渐增加。蓝先洪(1995年)对黄河、长江和珠江三角洲近代沉积物的沉积化学特征进行对比研究，认为由于受地带性的生物、气候及河口地球化学环境制约，三条大河河口三角洲的沉积物地球化学特征差别较大。

浅海沉积物地球化学　赵一阳等(1994年)出版了《中国浅海沉积物地球化学》。首次对中国浅海沉积物地球化学特征进行了系统的论述，重点介绍了60种元素的主要地球化学特征，总结了中国浅海沉积物地球化学的基本规律，论述了若干地球化学模式，提出了元素的五种地球化学效应。蔡清海等(1995年)对福建沿海沉积物中硫化物的分布进行了分析研究。

环境地球化学　林峰(1994年)利用海岸带环境调查资料，对沉积物中总汞、铜、铅、锌、镉、油类、六六六、DDT、硫化物、有机质等要素进行聚类分析用荧光光谱、三维扫描荧光光谱和因子分析，确定了沉积物化学要素的三种主要来源与四种沉积物类型。朱桂海等(1994年)综合研究了杭州湾沉积物中油分布特征和时空变化规律，根据沉积物中石油烷烃色谱指纹图及其地球化学特征，推断类污染物具有陆源特征。李淑媛等(1994,1995年)对比黄海和渤海沉积物中重金属分布及背景值进行了研究，根据细粒沉物中铜、铅、锌、镉的分布特征分别给出了两个海区的环境背景值。鲍永恩等(1995年)针对葫芦山湾沉积物以砂质为主，沉积物中重金属与粘土含量不相关的特点，通过介定理准则分析，建立了金属浓度与沉积物粒度、粘土含量、有机质含量等之间的函数关系，并进行了背景值研究。林祖亨等(1995年)对珠江河口的沉积环境与底质重金属含量分布进行了探讨。

生物及有机地球化学　卢冰等(1995年)通过对南海中部柱状沉积样中氨基酸的研究，指出各类氨基酸有随沉积深度增加，含量减少的变化趋势。薛雄志等(1995年)指出厦门西海域沉积物中碱性磷酸酶的值与水体污染量大小成正比，该值的高低可综合反映水体富营养化程度。

同位素地球化学　陈宗团等(1994年)利用底栖有孔虫的 碳稳定同位素对东太平洋下中新统沉积物进行了研究。李风业等(1995年)探讨了渤海近百年来的沉积环境和沉积格局。潘少明等(1995年)利用^{210}Pb测定了海南岛三亚港潮汐通道、航道及外港浅滩砂洲的现代沉积速率。成国栋等(1995年)利用^{210}Pb法对黄河三角洲的再沉积作用进行了研究。在^{210}Pb的测量方法上，宁树林等(1994年)又介绍了一种快速而又准确的测定方法，并对^{210}Pb自沉积时的最佳条件进行了讨论。王建林等(1994年)测定了近岸沉积物对人工放射性核素的吸附分配系数，探讨了其随悬浮物浓度和示踪剂活度变化的规律。

间隙水地球化学　陈绍勇等(1994年)测定了南海东北部沉积物间隙水中NO_3-N、NO_2-N和SiO_3-Si的含量，探讨了其平面分布特征与垂直分布趋势，估算了其向上覆水的扩散通量。张丽结等(1994年)对东太平洋海盆沉积物间隙水中的K、Mg、Ca、Sr、Ba、Si、Mn、Cu、Ni、Co进行了测定，探讨了元素在沉积物固液两相间的迁移变化及其影响因素，指出间隙水元素浓度变化除与沉积环境有关外，还主要受沉积物早期成岩作用的影响。顾德宇等(1995年)对大亚湾沉积物间隙水及上覆水中的磷酸根、硅酸根、氨氮硝酸根、亚硝酸根的含量分布及时空变化规律进行研究，并根据沉积物界面上营养盐的浓度梯度计算了它们的扩散通量。宋金明等(1995年)研究了南沙群岛海域泻湖及其礁外沉积物间隙水中铁锰的含量特征、沉积物—海水界面扩散通量、沉积类型及其氧化还原环境条件。

(高爱国)

【海面变化】　许多科学家预计，到2100年世界各地气温将升高 1～3.5℃；全球平均将升高 2℃。在这种情况下，海面将升高 15～90cm，全球平均升高约 50cm。也有研究者认为，海面在下一世纪将上升 70～200cm。全球气候变暖还将导致森林面积缩小、荒漠化地区扩大、河流断流时间加长等结果，并影响人类社会的经济发展。

郑文振(1994 年)依据全球 102 个验潮站多年的观测资料，计算出全球海面的年平均上升量为 1.5mm。中国沿岸的年上升量为 1.4mm。由于各地的地质环境背景不同，海面变化的年上升量是各不相同的，如大西洋西岸为 3.6mm；大西洋东岸为 2.1mm，两岸平均 2.9mm；太平洋海岸为 1.0mm；印度洋为 4.0mm。

又据郑文振(1994 年)的统计，中国海面上升情况与世界其它地方的观测资料十分相似，渤海的年上升量为 2.0mm；黄海沿岸为 0.8mm；东海和南海分别为 2.7mm 和 2.1mm；辽宁海岸为 2.6mm；山东的羊角沟达到9.3mm；江苏的吕四为 7.2mm；上海一带为 4.5mm；浙江、福建、广东、广西和海南的年上升量分别为 3.4mm、1.9mm、2.1mm、2.8mm 和 1.7mm。

关于最后冰期最盛时期海面变化对中国陆架环境的影响，在近年的研究中又提出了新的思路，于洪军认为：从全球环境变化来看，冰后期出现冰川消融，使加拿大和欧洲地区出现"地壳均衡回弹"现象(即大约从距今 15 000年的冰消期开始，至今仍在持续中)。亚洲东部陆架区的情况比较特殊，在冰期时期未能出现大陆冰盖，而出现了大面积海退的环境。大幅度的海退是否有可能也会出现"地壳均衡回弹"现象，是值得进一步研究的问题。

此外，还出现了"海面与河口"关系中双向后退说的讨论。长期以来，学术界总以为海面在下降过程中，河口与海面保持同步下降的关系，一直在东海外陆架寻找所谓古黄河和古长江三角洲。新的学说认为：冰期时期长江上游冰川发育，河流径流量减少。长江中游地区也存在冰缘现象，季节性的积雪得以富集。据张兰生的研究，冰期时期的降水情况是：北京为今日的 30%，山西高原与泰山为 40%，长江中下游为 50%。冰期时由于降水量的减少，长江、黄河与海面之间就出现了双向后退的关系。在现在气候条件下，黄河经常发生断流；在冰期时期，黄河更得不到足够的径流而可能变成内陆水系。所以，河口与海面之间这种双向后退的关系，也许是东海外陆架找不到三角洲沉积的真正原因。

【海洋第四纪地质】 近几年来对苏北浅滩的研究取得了新的进展，过去许多研究者认为苏北浅滩是所谓古长江三角洲沉积。根据浅地层剖面仪的测量，海底拖网获得的砂岩标本的分析与研究，可以确认位于南沙隆起附近的苏北浅滩，主要由埋深较浅的第三纪砂岩及其露头所组成。第三纪砂岩的风化产物，是苏北浅滩一带最主要的物质来源，而不是所谓古长江、古黄河三角洲的沉积物。就苏北浅滩沉积的主体来说，当地第三纪砂岩的长期风化产物，构成晚更新世末期陆架沙漠化的物质基础。

申顺喜(1994 年)对南黄海的海底拖网样品，进行了比较详细的研究，发现苏北浅滩的砂岩砾石可分为以下几种类型：含粉沙钙质粘土岩、钙质粉砂岩、砂质灰岩、粉砂质灰岩和钙质泥岩等。最后冰期最盛时期，位于苏北浅滩附近的第三纪砂岩重新出露，在风力作用之下，逐渐降低高度，同时也留下许多"风成石"。它的风化产物汇集起来成为全新世海侵前夕苏北浅滩沙丘群。全新世海侵发生以后，这些沙丘群被海水所覆盖，又在今日潮流作用之下，逐渐形成新的潮流沙脊群，其不稳定性至今仍在继续之中。

据申顺喜的研究(1994 年)，济州岛西南、南黄海中部和北黄海西部都存在较大面积的泥质沉积区，分别与那里的冷涡活动区相对应；在冷涡之间又发现了连接它们的"通道"，形成了具有特殊结构的"通道沉积"，它的走向与黄海暖流的路径基本一致，进入南黄海以后，大体上呈南北向延伸。南黄海中部的泥质沉积至少有两个物质来源区：其一为来自上述的黄海暖流，即冷涡沉积；其二是来自黄河三角洲的前缘，两者共同形成了南黄海中部的泥质沉积区。从沉积物的外观上，这两种不同来源的细粒沉积带有完全不同的色调，非常容易区分开。因为来自黄海暖流的细粒物质带有特殊的绿色色调；而来自黄河的细粒物质带有明显的黄色。据近年的研究证实：上述三个泥质沉积区，是彼此相互连接的统一整体，基本动力系由黄海暖流所驱动，这一新的研究成果，对于论述全新世以来黄、东海陆架环境演化史具有十分重要的意义。

近几年来对晚更新世以来陆架沙漠化环境演化的研究，又有新的进展，陆架沙漠化的发展过程大体上可分为四个阶段：(1)陆架大平原形成时期；(2)风蚀台地形成时期；(3)风蚀洼地形成期；(4)大面积沙丘群出现时期。与此同时，衍生沉积逐渐发育起来，陆架沙漠化及其衍生沉积(海岸或者海底黄土)终于在陆架区形成。

(赵松龄)

【海洋工程灾害地质】 1993～1995 年，海洋工程灾害地质的研究新进展主要表现在两个方面。

区域性海洋工程灾害地质调查与评价 中国科学院海洋所、中国海洋石油渤海公司、国家地震局工程力学研究所等单位共同承担的"渤海南部石油开发区区域性工程地质调查与评价"，调查与评价面积为 4 万 km^2 左右；中国科学院南海海洋所、中国科学院武汉岩土力学研究所与中国海洋石油南海东部公司合作承担的"南海珠江口盆地石油开发区海洋工程地质调查研究"，调查与评价面积约为 2 万 km^2；国家海洋局一所承担的"莺西、涠洲海域工程地质区域性综合调查"，调查与评价面积为 3 万 km^2。该三项研究任务已于 1995 年底完成。由国家海洋局一所承担的"东海石油开发区区域性工程地质调查与评价"现正在进行中。在上述研究任务中，其研究内容都包括：工程物探及灾害地质分析；基础工程地质调查与沉积环境的研究；土工试验和土力学分析；震害预测与区划；海底稳定性(泥沙运移)分析；区域性工程地质分区及评价等。至此，区域性海洋工程灾害地质调查与评价，对中国各海域的石油开发区已基本覆盖完毕。另外，近几年以来，地质矿产部所属海洋地质研究所、上海海洋地质调查局和广州海洋地质调查局，分别就南黄海、东海及南海东部石油开发区的灾害地质，特别是对灾害地质类型划分、时空分布及其对工程评价等方面，进行了较为详尽而又深入的研究。

平台和管线场址的海洋工程灾害地质调查与评价 以UNDP CPR/89/031"近海平台和管线场址调查与评价"项目为代表。该项目经联合国开发计划署和中国国际经济技术交流中心批准并资助，由中国科学院力学研究所、海洋研究所、中国海洋石油南海西部公司及国家地震局工程力学研究所共同承担，已于1994年10月完成。在项目所涉及的领域内，至今已初步形成了一整套海洋工程灾害地质调查与评价的先进技术和方法。它包括：形成了灾害地质学、沉积地层学、土力学、工程力学等多学科的综合调查与评价方法；建立了从资料采集到处理的计算机程序技术系统；制定了调查与评价的国家标准——规范化技术系统。1994年10月，在青岛召开的最终评审会议上，与会各国专家对该项目给予了很高的评价。他们一致认为，不仅在中国建立了一支完全掌握近海平台和管线场址调查与评价一整套先进技术的高水平的科技队伍，而且已完成的二个平台和一条管线三项报告，附加报告二项及"规范"等6项科研成果，均达到了国际先进水平。（黄庆福）

【海洋古地磁】 1993～1995年，利用中国东部沿海平原、渤海、黄海、东海、冲绳海槽、南海、北中太平洋海盆、南极长城站区域及普里兹海域连续沉积岩芯剖面进行高分辨率磁性地层学系统研究，取得了中新世以来地磁极性变化(含磁极游移)的连续记录。利用测得的地磁场方向及相对地磁强度研究地磁场微细结构形态特征及其在全球变化中的意义。在正向极性地层层序系列中，其磁倾角与所在纬度关系显示出角度普遍偏大。在反向极性地层层序系列中，其磁倾角与所在纬度关系显示出角度普遍偏小。由此表明，至少自中新世以来地磁场具有明显的半球不对称性；利用与海洋接邻的广州、上海、北京地磁台自建台以来的观测资料，研究其百年来地磁场微细结构特征及其与气候变化的关系。取得的研究结论是：磁偏角D存在着55、35、27、16、11年的变化周期，磁倾角I存在着118、62、39、30年的变化周期，磁场强度F存在着53、38、31、24、18、14年的变化周期。I及F有明显季节性变化，而且成反向振荡。D西偏将继续波动式增大，2000年将达到峰值，2010年后将进入一个大的波动时期。F也将如此。磁倾角I在2005年左右达到峰值，以后将急剧下降。在周期35～70年的谱段，D较气温(T)变化落后16～35年，I较T变化落后15～32年，F则较T变化超前18～10月，这对气温预报有重要意义。依据地磁场要素变化与气温变化的对应关系，预测中国东部气温将继续升高，在2005～2010年升至高点后将呈波动式下降。

利用地磁极性年表及磁性地层、生物地层、气候地层测量分析，对其北中太平洋海盆等区域沉积间断层时空序列进行研究，取得了中新世以来北中太平洋海盆沉积间断时空层位序列剖面。此类剖面用于全球性异常事件对比分析，可起到异常标准地层剖面的作用。

岩芯古地磁定向方法及沉积磁组构测量分析方法，在预测含油气层的展布及测量深海洋底底层流流向已成为一有广泛的适用性和高效能的成熟方法。对北中太平洋海盆现行的地质历史时期底层流流向的测量分析结果表明，至少自新第三纪以来其底层流流向是呈北东、并西向变化格局，这类变化与南极底层流的形成历史及变化相对应。

在西太平洋边缘海磁异常条带的分析研究中，最新调查资料分析显示，冲绳海槽对称的磁异常条带记录是布容正向极性时(B)—松山反向极性时(M)—高斯正向极性时(G)；布容正向极性时中的布莱克亚极性时，松山反向极性时中的贾拉米洛、奥尔杜威及尼留旺亚极性时、高斯正向极性时的凯纳亚极性时，均显示清晰。（丛友滋）

【海底火成岩岩石学】 1993～1995年，中国对海底火成岩岩石学的研究又有了进一步的发展，主要表现在实际工作和理论探讨的结合上。在研究区域上主要集中在弧后扩张性盆地及沿岸地区。

众所周知，在冲绳海槽分布最为广泛的火成岩是SiO_2含量达70%以上的酸性浮岩。因此，浮岩岩浆的成因及演化是冲绳海槽重要的研究课题之一。翟世奎(1994年)系统地研究了浮岩的矿物学和岩石化学组成在柱状岩芯中的变化，结合同位素资料论证指出冲绳海槽的岩浆活动有自酸性向基性演化的趋势，并提出随海槽的进一步扩张，岩浆活动会加剧，海槽地壳将由过渡型向大洋型发展的观点。

早在1978年Herman就报道在冲绳海槽有玄武岩，张明书(1982年)也报道在海槽采到了玄武岩样品，但直到1995年才见到有关冲绳海槽玄武岩的矿物学和岩石化学的系统性研究成果(翟世奎，1995年)。玄武岩样品采自冲绳海槽中部的现代海底热液活动区，初步的矿物学和岩石化学分析资料证明：冲绳海槽玄武岩的斑晶矿物主要由橄榄石、单斜辉石、斜方辉石和斜长石(An＝69%～86%)组成，副矿物有铬铁尖晶石和磁铁矿，因而被定名为橄榄玄武岩，属拉斑玄武岩系列。同洋中脊玄武岩相比，明显具有E型(富集型)洋脊玄武岩的特征。

马长玲(1995年)详细研究了台湾澎湖列岛上地幔漫源包体的变形结构，组构和橄榄石位错构造，并且根据包体、矿物的化学成分计算了岩浆作用中矿物平衡的温压条件。这一研究成果对于了解台湾海峡上地幔的流变学状态有着重要的意义。

王联魁等(1995年)系统地对比了太平洋东西两岸花岗岩的形成时代、成因类型、地理分布、成矿种类和演化等方面的特征，从而提出相距遥远的两岸花岗岩有着重要类似性的观点，这是从更宽阔的视野来观察海洋及周边邻近地区岩浆岩的新尝试。（翟世奎）

【河口海岸高混浊水沉积动力学】 河口海岸高混浊水体携带着大量的粘性细颗粒泥沙，含沙量一般大于$10kgm^{-3}$，经常形成包括上部混合层、下部浮泥层和淤泥床面的三层垂向剖面，主要分布在具有多沙河流补给或者具有沿海大量细颗粒泥沙补给的河口和海岸。黄河口、长江口及其细颗粒泥沙沉积影响区内的椒江口和杭州湾，存在着典型的河口海岸高混浊水体，是目前中国高混浊水沉积动力学的主要研究区域。

近年来高混浊河口和海岸的工程开发，如黄河口入海河道治理、长江口深水航道治理和港口建设、杭州湾航道试挖、长江口芦潮港人工半岛工程、大型电厂取排水工程，以及通过该类海区的海底管线工程等，都为河口海岸高混浊水体沉积动力学提出新的要求，推动了学科的进展，其中浮泥条件下的适航水深，航道开挖后的回淤过程，以及风暴过程的底床稳定性等方面，已经取得较集中的成果。1993 年完成的国家自然科学基金重大项目“中国河口主要沉积动力过程及其应用”，分别从河口最大混浊带和河口底坡不稳定性两个角度，在沉积动力学方面分析了黄河口和长江口高混浊水体和浮泥层的分布和成因，研究高混浊水影响下的河口现代沉积作用以及相关的底坡不稳定现象。

观测仪器的发展是近年来学科前进的重要基础。除了引进国外技术外，1994 年中国科学院声学所东海工作站与国家海洋局技术所合作研制成功了应用声学后向散射探头的 ASSM 系列悬浮泥沙剖面监测仪，并成功地探测了长江口近底层阶梯状和射流状的高浓度悬浮泥沙分布结构(时钟，1996 年)和椒江口泥跃层精细结构及其高频波动(蒋建华，1996 年)。大量的现场观测成果揭示了各高混浊河口浮泥的时空分布特征。黄河口的浮泥流在洪季形成，高密度的浮泥呈潜流状顺河口射出，延伸到水下三角洲前缘，并部分聚积在河口两侧的烂泥湾(成国栋，1991 年；林振宏和杨作升，1991 年)。长江口的厚层浮泥透镜体一般在风暴过程后适逢洪季小潮才观测到(沈焕庭，1995 年)。椒江口的浮泥层，无论洪季还是枯季均呈斑块状或带状分布，并具有明显向洼地或非主流侧聚积的趋向，因此形成频繁的潮周期横向调整，为河口区保持大量的活动性浮泥(李炎，1996 年)。

浮泥层上界面即泥跃层的精细结构及稳定性是目前的研究热点。继在黄河口用双频测深仪观测到高密度潜流及其泥跃层 $2.5 \sim 5.0 \times 10^3$Hz 的高频内波后(Wright 等，1988 年)，1995 年又应用 ASSM－Ⅱ悬浮泥沙剖面监测仪，探测到椒江口泥跃层位于 1～6s 和 1～15min 两个频段的高频内波，认为地形和底床边界剪切力引起的扰动，由于高粘性界面的抑制作用，首先在界面以内波形式聚积和传输，而后由内波波峰破碎将能量传递至小尺度湍流(蒋建华，1996 年)。关于河口泥跃层的精细结构，时钟(1996 年)利用长江口 ASSM－Ⅱ实测悬沙剖面资料讨论了紊动能量斑块的作用。董礼先(1996 年)通过椒江口底部边界层不服从对数分布的流速实测剖面和数值模型试验，验证了泥跃层界面摩擦阻力减低，上下流体流动特性分离等结论。

中国高混浊河口的悬浮泥沙以细粉砂组分为主，絮团和浮泥均具明显的伪塑性体流变特性，因此絮团的沉降和浮泥层上界面的侵蚀均对流体剪切力有敏感响应。李炎(1993 年)和孙志林(1993 年)均指出，流体剪切力降低过程中，疏松的大絮团迅速发育，短时间形成很大的沉降通量，将河口泥沙捕集在最大混浊带的底层。董礼先(1996 年)用迅速沉降絮团挟带上层低盐水(以孔隙水等形式)进入浮泥层，以及浮泥减阻，高盐水在泥跃层上平流入侵的概念模式，解释椒江口、杭州湾和黄河口观测到的低盐浮泥层等盐度倒置剖面。他还提出，当剪切力达到泥跃层抑制作用的临界值时，除层面的直接侵蚀和剪薄作用外，倒置盐度剖面产生的浮力释放过程，也将以正反馈形式加速剖面的混合。

关于浮泥层下界面的沉积过程，目前仍沿用沉积学和地貌学现象反推和实验室水槽模拟试验。青岛海洋大学海洋地质系运用侧扫声呐和浅地层探测以及实验模拟技术，研究黄河口水下三角洲高密度潜流快速沉积条件下形成的三角洲沉积体及其粉砂流冲沟和塌陷洼地，认为高密度潜流是黄河口水下三角洲沉积物的主要搬运营力(林振宏和杨作升，1991 年)。国家海洋局第二海洋研究所的研究小组结合沉积层序分析和同位素年代学方法，发现椒江口以厚泥层为代表的浮泥高速沉积层的保存率较低，主要产生于上游水库、河口水工设施建设等人为改变边界条件事件后(李炎，1993 年)。采用同样的方法，他们还在三门湾潮汐汊道的深槽底部，找到风暴过程中高密度潜流快速沉积后以高孔隙率、高有机质厚泥层形式保存下来的沉积层序。 (李 炎)

【**海洋重磁研究**】 “八五”期间在中国海进行了大面积大比例尺的重磁调查，这是继 70 年代末 80 年代初中国海进行的大规模重磁调查后，又一次作为重要环境要素调查所进行的大规模重磁调查，调查区位于中国大陆架和专属经济区外缘海区，它填补了中国海重磁研究的空白区。

1994 年中国科学院海洋所在南黄海大陆架中部海域，面积约 7.1 万 km^2 区域内进行了 5 300 测线千米的重磁调查。中国科学院海洋所和国家海洋局第一海洋研究所合作在虎皮礁以东海域，面积为 4.8 万 km^2 区域内，进行了 3 600 测线千米重磁调查。1995 年国家海洋局第一海洋研究所在冲绳海槽中部海域，面积约 6.0 万 km^2 区域内进行了 4 500 测线千米的重磁调查。国家海洋局第二海洋研究所在冲绳海槽南部海域，面积约 6.0 万 km^2 区域内进行了 4 500 测线千米的重磁调查。中科院南海海洋所在马尼拉海沟北部海域，面积约4.9万 km^2 区域内进行了 2 000 测线千米的重磁调查。地矿部广州海洋地质调查局在西沙西南海域 5.1 万 km^2 区域内进行了 2 000测线千米的重磁调查。上述海域完成了 1：100 万比例尺各种重磁图件。1994 年国家海洋局第二海洋研究所在南海北部湾海域，面积约 6.0 万 km^2 区域内进行了 7 000测线千米的重磁调查，完成了 1：50 万比例尺各种重磁图件。

“八五”期间中国科学院南海海洋所在南海南沙海域进行了约 7 000 测线千米的重磁调查，完成了南海南沙海域 1：300 万比例尺各种重磁图件。地矿部广州海洋地质调查局在南沙海域油气资源调查中进行了约 30 000

测线千米的重磁调查。 （吕文正）

【沉积动力学】 沉积动力学的研究最突出的特点是该学科的研究与沿海资源开发利用密切结合。动力沉积条件、泥沙冲淤动态及底床稳定性等已成为沿海港口、航道整治、海洋石油开发、海底管（道）线（电缆）敷设及沿海电厂（火电、核电）选址等工程项目主要的环境条件。沉积动力学研究主要集中在环渤海地区、三大河口区、苏北沿海、各大海湾及海南岛沿海。国家自然科学基金重大项目有：华东师大、青岛海洋大学和中山大学共同承担的“中国主要河口沉积过程及其应用”（陈吉余总负责），南京大学、河海大学和中科院海洋所共同承担的“南黄海海底辐射沙洲形成和演变”（王颖总负责）。“八五”科技攻关项目“长江口拦门沙航道演变规律与深水航道整治方案的研究”（华东师大承担）。另外，通过国际合作，引进新技术、新方法，促使沉积动力学的研究在海岸演变和泥沙冲淤预测、底层沉积层与水体边界层动力过程研究处于国际研究的前沿。南京大学与加拿大贝德福海洋研究所联合进行“海南岛港湾沉积作用与深水港开发研究”；国家海洋局第二海洋研究所与澳大利亚海洋研究所继续进行“椒江口高混浊水沉积动力学研究”；国家海洋局第一海洋研究所与法国布莱斯特海洋研究中心进行“南黄海潮流沙脊研究”；国家海洋局第二海洋研究所、华东师大河口所与荷兰海洋研究所进行“河口、潮滩沉积作用研究”等。研究中强调各种动力要素（风、浪、流）的综合作用，强调河口海岸泥沙场的动态，重视突发事件（风暴作用）和人为因素对底床稳定性的影响。成果中突出了河口海岸的侵蚀和淤积作用，泥沙冲淤和底床稳定性方面的研究热点，应用价值颇高。上述成果归纳在近期出版的著作中：《长江河口最大浑浊带和河口锋研究论文集》（华东师大学报专辑，1995年）、《长江口深水航道整治和港口建设》（华东师大学报专辑，1995年）、《中国的三大三角洲》（任美锷主编，1994年）、《海岛环境和海岸发育》（王颖主编，1992年）。并有“黄河水下三角洲动力沉积特征”（王琦等，1994年）、“长江口底质再悬浮作用”（时伟荣，1995年）及“黄河三角洲^{210}Pb剖面及再悬浮作用”（成国栋，1995年）等大量论文发表。

对于潮汐汊道、潮滩的沉积作用研究，突出了风暴作用和人为因素的影响。这方面的论文主要有“渤海湾淤泥质海岸潮汐汊道的发育过程”（张忍顺，1995年）、“海州湾淤泥质海滩堆积过程的计算模式”（樊社军等，1995年）、“瓯江口南岸潮滩相带时空变化”（谢钦春等，1994年）、“黄河三角洲及邻近区风暴潮沉积”（丁东等，1995年），“利用输沙量预测现代黄河三角洲的面积增长”（孙效功，1995年），以及“湛江港潮汐汊道涨、落潮三角洲动力场模拟和沉积动力分析”（林微等）等。

陆架沉积动力学的研究，重视河海相互作用和河流入海物质的通量。从物质来源、沉积速率及潮流作用对黄、东海全新世以来的沉积作用作了深入探讨，如“渤海东部全新世潮流沉积体系”、“潮流沙脊的水力学问题探讨”（刘振夏，1994、1995年），“黄、东海水团发育对底质沉积物分布的影响”（郭志刚，1995年）等。

（谢钦春）

【海岸地貌学】 90年代以来，中国对海岸的研究力度日益加强和更为深入。王颖（1993年）认为，平原海岸仍然是理论上和实践上的研究热门，潮间带的地貌特征及相应的沉积构造主要由潮能控制。在辽河平原、黄河三角洲、长江三角洲及苏北平原一带，潮滩层理与潮周期的关系、贝壳滩脊（沼泽沙丘）的形成机理及岸线演化、软体动物的分布与古海岸沉积环境等方面的研究均取得了新的进展。

潮汐汊道和潮汐通道在中国东海和南海海岸带广泛发育。因海港工程建设、通海航道开发、海底管线铺设等原因而使不同成因的潮汐汊道和潮汐通道的研究日益引起重视。有关潮汐通道边坡稳定性、水下底床形态的形成机制、潮流沙脊和沙波等数值模拟的研究领域得到国家基金资助，并陆续有成果发表（杨治家，1995年；蒋建华等，1995年）。

风暴潮沉积特征、风暴潮对海岸环境的影响（丁东等，1994，1995年），风暴潮灾难与海岸侵蚀的关系等（张德山，1993年）已成为海洋灾害地质研究的重要组成部分。

国家海洋局第二海洋研究所运用可见光遥感（TM）和微波遥感（SAR）手段探测水下地形和浅海水深的尝试已取得了初步成果（黄韦艮等，1995年）。在雷达图像上水下地形的成像是用流体力学的调制机理来解释的，所有水下礁石、沙洲、沙脊等形态的遥感信息提取为今后合成孔径雷达数据资料的应用开辟了广阔的前景。

（高曼娜）

河口海岸学
Estuarine and Coastal Sciences

【河口综述】 **水文动力** 李镇江等（1993年）提出了河口冲淡水运动理论模式，并作了相应的数值模拟。杨宗严（1991年）作了河口垂向拉格朗日余流研究。马贞信、吴旭光（1994年）用分裂特征线解法作了二维感潮河流污染计算。陆桂华（1995年）进行了感潮地区水文站网的优化分析。茅志昌、沈焕庭（1995年）探讨了潮汐分汊河口盐水入侵类型。卢启苗等（1995年）提出了海岸河口三维潮流数学模式。

泥沙 近几年来中国对河口最大浑浊带的研究取得了显著进展：时伟荣、沈焕庭等（1993年）综述了河口最大浑浊带的成因；孙志林（1993年）论述了中国强混合河口最大浑浊带的成因；孙介民、沈焕庭（1993年）开发了河口最大浑浊带的数据库系统；沈焕庭、肖成猷等（1994年）论述了河口最大浑浊带数学模拟研究的进展；姚运达、沈焕庭等（1994年）运用垂向二维数值模型对部分混合型河口的深度、宽度、拦门沙地形变化以及悬沙浓度对最大浑浊带区域的环流结构、盐度和悬沙分布的影响进行了探讨；沈焕庭（1995年）总结了近年来中国河口最大浑浊带研究取得的新认识。金鹰(1993年)进行了灌河口泥沙的环形水槽试验。徐啸(1994年)探讨了淤泥质海岸河口悬沙回淤模型的相似律。朱慧芳等(1995年)分析了河口切变锋引起的滩槽泥沙交换效应。赵龙保(1995年)研究了流动盐水中细颗粒粘性泥沙的沉降速度。

河口演变 黄胜(1992年)主编了《中国河口治理》,在扼要介绍中国15个河口水文泥沙和动力地貌的基础上着重介绍各河口的治理经验或规划设计思想。金元欢、沈焕庭(1993年)分析了科氏力对河口分汊的影响。张东生、张长宽(1993年)分析了灌河口沙咀的成因和治理。沈焕庭、李九发等(1995年)探讨了河口涨潮槽的演变规律和治理原则。蒋建华、苏纪兰(1995年)对甬江建闸前后的冲淤特性作了数值模拟。许世远、陈中原等论述了中国大河三角洲发育的共同性和差异性。乔彭年、周志德(1995年)编著了《中国河口演变概论》。

河口化学 张经(1994年)论述了中国河口地球化学研究的若干进展。张珞平(1994年)提出了河口港湾水体污染物迁移转化模式。陈敏、陈邦林等(1994年)从界面化学研究了河口颗粒对氮迁移、转化的影响。黄岁梁、万兆惠(1994、1995年)研究了泥沙粒径对重金属污染物的吸附影响和泥沙解吸重金属污染物的动力学模式。王辉、冯士筰(1995年)研究了河口Si的输运过程。杨逸萍、胡明辉(1995年)研究了河口悬浮物中磷的化学形态分布与转化规律。兰先洪(1995年)论述了黄河、长江和珠江三角洲近代沉积物的沉积化学特征。

河口沉积 李炎、谢钦春(1991年)研究了杭州湾庵东浅滩的沉积分带和沉积速率及南岸潮滩的^{210}Pb分布及其沉积学意义。赵龙保(1994年)论述了潮汐对河口沉积的影响。杨思伦等(1994)论述了长江河口长兴、横沙岛潮滩沉积特征及其影响机制。杨作升、陈卫民(1994年)论述了黄河口水平滑坡体系。杨雪舞、王文介(1994年)作了珠江的黄茅海河口湾水动力沉积的统计研究。陈耀泰(1995年)对珠江口进行了沉积分区。刘苍字等(1995年)分析了长江口水下三角洲的沉积结构及沉积作用机制。蒋国俊、张志忠(1995年)探讨了钱塘江河口段的动力沉积。

【长江口】 **水文动力** 陈沈良、王宝灿(1993年)分析了长江河口水位的极值。茅志昌、沈焕庭(1993年)分析了长江口南支南岸水域的盐水入侵来源。赵保仁(1993年)研究了长江口外的上升流现象。张庆华等(1993年)分析了海底地形和沿岸流对长江冲淡水分布的影响。杨桂山、朱季文(1993年)研究了全球海平面上升对长江口盐水入侵的影响。吴正、冯文科等(1993年)评估了海平面上升对长江三角洲和苏北海岸可能的侵蚀。夏朝颐、洪广文(1994年)作了长江口、杭州湾地区波浪要素的推算和验证。茅志昌、沈焕庭(1994、1995年)研究了长江径流变化对南港盐水入侵的影响和长江口的盐水入侵锋。胡方西、胡辉等研究了长江河口的盐度锋。

泥沙 时伟荣、李九发(1993年)分析了长江口浑浊带含沙量的潮流变化,南、北槽输沙机制和浑浊带的发育。赵龙保(1993年)研究了长江口粘性泥沙在流动盐水中的沉降速度,贺松林等(1993年)分析了长江口浑浊带的含沙量分布状态。李炎、王亚琴(1994年)运用分粒级的泥沙垂线分布分析了长江口泥沙的絮凝沉降特征。沈健、沈焕庭(1995年)运用机理分析方法分析了长江口浑浊带的水沙输运机制。潘定安等(1995年)探讨了长江口拦门沙地区的泥沙运动规律。曹沛奎、严肃壮(1995年)论述了长江口悬沙锋及其对物质输移的影响。张志忠、阮文杰(1995年)研究了长江口动水絮凝沉降与拦门沙淤积的关系。蒋国俊、张志忠(1995年)分析了长江口阳离子浓度与细颗粒悬沙的絮凝沉积。关许为、陈英祖(1995年)作了长江口泥沙絮凝静水沉降动力学模式的试验。李樟苏、程和森(1994年)利用放射性示踪沙定量观测了北槽航道抛泥区的底沙运动。恽才兴、时伟荣等(1995年)用遥感手段对长江口通海航道的泥沙场进行了动态分析。李九发、沈焕庭等(1995年)探讨了长江口底沙运动的规律。

河槽演变 朱慧芳、周纪芗(1993年)对长江口航道拦门沙冲淤变化进行了数学模拟与预测。黄卫凯(1993年)提出了长江口拦门沙变化的经验特性函数模型。茅志昌(1993年)分析了长江口台风浪及其对崇明东滩的冲淤作用。陈宝冲(1993年)研究了北支河势变化与水、沙、盐的输移。陈吉余(1995年)论述了长江河口的自然适应和人工控制,拦门沙及水下三角洲的动力沉积、演变和深水航道的治理。王义刚(1995年)讨论了三峡工程对长江岸滩的影响。

河口化学 施光春(1993年)分析了长江口悬浮颗粒有机碳的稳定同位素。黄自强、暨卫东(1994年)研究了长江口水中总磷、有机磷、磷酸盐的变化特征及相互关系。黄薇文、张经(1994年)探讨了长江入东海的化学物质输运的特点。雍国平、陈邦林(1994年)进行了长江口新生相形成的实验研究。林以安、唐仁友(1995年)探讨了长江口生源要素的生物地球化学特征与絮凝沉降的关系。田汝成等(1995年)研究了长江口生物地球化学双重过滤效应。陈邦林、韩庆平等(1995年)研究了长江口浑浊带化学。陈敏等(1996年)研究了长江口浑浊带悬移质、底质微量金属形态分布。夏福兴等(1996年)分析了长江口浑浊带悬浮颗粒中有机重金属的异常。樊安德等进行了长江河口区污染物与悬浮颗粒物的输移途径及其扩散影响研究。

河口生物 王桂山(1993年)、洪君超(1994年)、沈宏(1994年)论述了长江口中骨条藻赤潮的分布与特点,发生过程中的营养盐状况和浮游植物的种群结构。顾新根、袁煤(1995年)进行了长江口浑浊带和羽状锋区浮游植物的生态研究。徐兆礼、陈亚瞿(1995年)进行了长江口浑浊带和羽状锋区的浮游动物生态研究。沈新强、胡方西分析了长江口外水域叶绿素a的分布特征。

工程与河口生态环境 罗秉征、沈焕庭等(1994年)著《三峡工程与河口生态环境》,此书系《三峡工程与生态环境》8本系列专著之一,主要内容有:长江河口盐水入侵、土壤盐渍化,长江河口及邻近海域沉积环境、理化环境、生物环境和渔业资源等，并在此基础上对三峡工程可能给河口及邻近海域带来的影响进行了探讨。

【黄河口】 **水文动力** 黄祖珂(1993年)探讨了黄河三角洲外延对渤海南部海域潮汐、潮流和潮汐余流的影响。陈国华、季荣(1993年)研究了黄河口及渤海湾海水的密度。李广雪、成国栋(1994年)研究了现代黄河口的流场切变带。王以谋等(1995年)分析了黄河口"烂泥"波浪特征。

泥沙 黄海军、李成治等(1994年)研究了黄河口海域悬沙的光谱特征。陈界仁、陈国祥(1995)作了黄河口一维水流泥沙模型。

河槽演变 李泽刚(1993年)探讨了黄河口拦门沙的形成机制。庞家珍(1994年)研究了黄河三角洲顺路的演变及对黄河下游的影响。孙效功、杨作升(1995年)利用输沙量预测现代黄河三角洲的面积增长。

河口化学 韩桂荣、刘玉海(1993年)研究了黄河口海区沉积物柱样中碳酸盐的组分。蔡德陵、蔡爱智(1993年)研究了黄河口区有机碳同位素的地球化学特征。林荣根、吴景阳(1994年)研究了黄河口沉积物对磷酸盐的吸附与释放。

【珠江口】 **水文动力** 顾再仁、姚志坚(1993年)作了珠江口东片网河与伶仃洋潮流的数值模拟。陈子桑(1993年)分析了伶仃河口湾及邻近内陆架的纵向环流与物质输运。李平日等(1993年)、曾昭璇等(1994年)评估了海平面上升对珠江三角洲经济建设的可能影响。田向平(1994年)研究了伶仃洋温度分布特征。应秩甫(1994年)论述了伶仃洋锋的类别及其对沉积的影响。吴超羽(1995年)研究了黄茅海河口小尺度动力结构及其沉积作用。

泥沙 吴小明(1993年)研究了蕉门延伸段悬沙的不淤流速。杨雪舞(1993年)探讨了黄茅海河口湾的泥沙来源和运移过程。尹毅、伸维妮等(1995年)探讨了伶仃洋三角山以北抛泥区泥沙(推移质)运动及其对航道回淤的影响。

河槽演变 卢无疆、金建新(1995年)作了崖门出海东航道挖槽定床浑水淤积模型试验。黄征国、张伟强等(1995年)论述了珠江水三角洲的特征与演化。

河口化学 孙恢礼、王肇星(1993年)分析了珠江口贫氧区沉积物中微量金属元素的地球化学特征。彭云辉、陈玲梯(1993，1994年)分析了珠江口水体有机物与盐度以及溶解氧和氮磷营养盐的关系。丘耀文、王肇鼎(1994年)分析了伶仃洋水域溶解氧的特征。陈金斯、李飞永等(1994年)研究了珠江口水域微表层中的痕量金属。陈耀泰(1994年)研究了伶仃洋表层沉积物的重矿物特征及其对陆架水入侵的反映。丘耀文、张正斌(1994年)分析了珠江口悬浮颗粒物质的电泳性质。郑庆华、何悦强(1995年)研究了珠江口咸淡水交汇区营养盐的化学自净。

【钱塘江河口】 **水文动力** 李身铎、顾思美(1993年)作了杭州湾潮波三维数值模拟。章渭林(1993年)研究了甬江口附近水域潮位与潮流的类型。谭维炎、胡四一等(1995年)作了钱塘江河口涌潮的二维数值模拟。李身铎、孙卫阳(1995年)计算了杭州湾的潮致余流。

河槽演变 冯应俊、李炎(1993年)研究了杭州湾近期环境演变与沉积速率。李炎、谢钦春(1993年)探讨了庵东浅滩地貌演变规律。符宁平、余大进(1993年)探讨了钱塘江河口治江围涂后航道变化及其整治原则。熊绍隆等(1994年)作了杭州湾北岸深槽冲淤变化的试验研究。余祈文、符宁平(1995年)探讨了杭州湾北岸深槽的形成及演变过程。

【中小型河口】 张相峰、魏玉琴(1994、1995年)分析了海河口的淤积形态和演变特性。刘福寿(1993年)论述了现代滦河三角洲的发育特征。钱春林(1994年)分析了引滦工程对滦河三角洲的影响。陈涛等(1995年)作了大沽河口悬浮泥沙遥感模式的实验研究。潘定安、沈焕庭(1993年)研究了闽江口的盐淡水混合。陈水土等(1993、1994年)探讨了九龙江口—厦门西海域无机氮的分析与转化，无机氮与磷的关系，磷的化学形态分布，生物活动参与下磷形态转化及磷循环。施文远等(1993年)、谢永臻(1994年)研究了九龙江口溶解^{226}Ra和^{218}Ra的分布。蔡爱智等研究了九龙江口的新沉积层。陈华胃等(1994年)分析了九龙江口重矿物的迁移及其对厦门西港南部淤积的影响。徐茂泉(1995年)研究了九龙江口表层沉积中的碎屑矿物。

【海平面变化】 黄立人、马青(1993年)论述了近几十年来的全球海面变化。任美锷、张忍顺(1993年)研究了近80年来中国的相对海平面变化。李从先(1993年)分析了海平面上升对中国沿海低地的影响。吴正、冯文科等(1993年)分析了海平面上升对长江三角洲和苏北滨海平原海岸侵蚀的可能影响。季子修、蒋自巽等(1994年)分析了海平面上升对长江三角洲附近沿海潮滩和湿地的影响。韩慕康等(1994年)评估了海平面上升对渤海湾西岸平原的危害性。王颖、吴小根(1995年)论述了海平面上升与海滩侵蚀的关系。杨桂山、施雅风(1995年)论述了中国沿岸海平面上升及影响研究的现状与问题。

【海岸水文动力】 赵今声、赵子丹等(1993年)编写出版了《海岸河口动力学》，此书分海岸动力学和河口动力学两大部分，前一部分包括波浪、潮汐、风暴潮、波浪变形、海岸泥沙运动与岸滩演变、各种动力因素与海岸工程及海滩的相互作用；后一部分主要论述河口潮汐动力学、盐水入侵、河口污染、河口泥沙运动及航道改善。最后还介绍了海岸及河口的模型试验。

波浪与风暴潮 赵子丹、李贺青(1993年)对不规则波在浮泥床面上的传播进行了实验研究。周显初、王剑锋(1994年)探讨了水波在软淤泥底床上的衰减规律。呼和敖德等(1994年)进行了连云港淤泥质海床波浪衰减研究。沈先荣(1994年)作了近岸波浪浅水变形的非线性分析。王运洪(1994年)作了近岸浅水波的计算。竺艳蓉(1994年)作了浅海人工岛波浪爬高的数值计算和实验验证。史峰岩、孙文心(1993、1994年)作了渤海湾局部海域风暴潮漫滩的数值模拟,并对风暴潮漫滩数值预报模式进行了分析与探讨。

流场 吴时强、丁道杨(1995年)作了连云港海岸潮流的数值计算。周发毅、郭勇等(1995年)对大规模多岛屿海域的潮流场进行了数值模拟。邓松、钟汉良(1995年)探讨了琼海沿岸上升流及其与渔场的关系。黄荣祥(1996年)认为闽中沿岸冬季存在上升流迹象。黄大吉(1993年)分析了浅水区锋面的流场结构。

海水入侵 薛禹群、谢春红等(1993年)作了龙口—莱州地区海水入侵含水层的三维数值模拟。刘床书、许劲松(1993年)对辽南海水入侵污染特征及成因进行了分析。吴吉春、薛禹群(1994年)分析了龙口—莱州地区海水入侵的发展与水化学特征。

【海岸泥沙】 曹祖德、王桂芬(1993年)作了波浪掀沙、潮流输沙的数值模拟。陈子燊(1993年)分析了海南岛新海湾海滩地貌状态与海岸泥沙纵向运动特征。蔡爱智(1994年)研究了粤东拓林湾的泥沙来源与沉积环境。王文海(1994)作了蓬莱西庄海滩的示踪砂试验。陈德昌、虞志英(1994年)讨论了连云港深水港建设中有关淤泥质海岸的泥沙和环境问题。窦国仁、董凤舞(1995年)研究了潮流和波浪的挟沙能力。王谅、金鹰等(1995年)进行了汕尾港出海航道波浪作用下底泥回淤研究。蒋国俊(1995年)阐述了潮滩悬沙粒度参数的动力沉积学意义。黄建东、洪华生(1995年)分析了厦门胡里山西侧海滩的沉积物粒度特征。符文侠、刘国贤(1995年)作了锦州湾泥沙运动的研究。杨干然、李春初等(1995年)著《海岸动力地貌学研究及其在华南港口建设中的应用》一书,汇集了作者近10中来的10篇论文。

【海岸带沉积】 符文侠、周永芝等(1993年)作了辽宁海岸带沉积物的化学特性及其相互关系的研究。程波(1993年)作了套子湾表层沉积物地球化学特征的分析。莫永杰(1993年)研究了钦州溺谷湾的地貌、沉积与物质运移。蒋国俊(1993年)作了浙江台州湾潮滩不同粒级悬沙的动力沉积研究。符文侠、鲍永恩探讨了锦州湾的沉积物特征与物质来源。潘少明、施晓东(1995年)研究了海南岛三亚港的现代沉积速率。全荣、梁致荣(1995年)用^{210}Pb法测定了海口新海湾的沉积速率。陈中原(1995年)探讨了苏北滨海平原的沉积特征。吴正(1993年)阐述了中国海岸风沙地貌与沉积研究的新进展。陈方(1994年)分析了海坛岛海岸风沙特征及其分布。吴正、吴志刚(1995年)对华南沿海全新世海岸沙丘进行了研究。

【海岸冲淤演变】 沈剑平(1993年)研究了波浪作用下岸坡与海底的平衡条件。章渭林(1993年)分析了湾顶切向流动成因及其对海岸地貌的作用。张长宽、张东生等(1994年)建立了基于长期波浪序列的沙质海岸演变数值模型。常瑞芳(1993年)研究了山东半岛西北海岸的侵蚀与防护。蒋炳兴(1993年)分析了江苏盐域地区海岸的冲淤动态。虞志英、张勇(1994年)研究了江苏北部开敞淤泥质海岸的侵蚀过程及防护。李成治、黄海军等(1994年)阐述了遥感技术在渤海海岸动态研究中的应用。王文介(1995年)研究了琼东北浪控海岸的发育。黄世光(1993年)讨论了套尔河口湾海域泥沙冲淤特征及黄河改道后三角洲的冲淤变化。刘益旭、朱力康(1994年)研究了滦河废弃三角洲舄湖沙坝海岸的演变与港口建设。符文侠、苗来民等(1995年)分析了辽东半岛黄海沿岸溺谷湾的充填与成陆过程。苗来民、李淑援等(1996年)分析了辽东湾东部砂岸的近期变化及演变趋势。劳治声、陈全等(1995年)分析了潮间带小海湾围堤对湾外水下岸坡的影响。张振克(1995年)分析了人类活动对烟台附近海岸地貌演变的影响。

【海岸带地质】 陈吉余、陈介胜(1993年)主编的《中国海岸带地质》,是中国海岸带和海涂资源调查的成果之一,内容包括前第四纪地质、第四纪地质、水文地质、工程地质、矿产资源和开发设想。李从先(1993年)研究了中国沿岸全新世沙坝—舄湖体系的地层和分布。陆继军(1994年)分析了福建沿岸的晚第四纪孢粉组合、古植物和气候。吴正、廖秉良等(1995年)再次探讨了中国海岸沙丘石英的表面结构特征。吴桑云、王文海(1995年)阐述了山东半岛海滩岩的特征及意义。刘尚仁(1995年)论述了新构造运动对广东海岸线发育的影响和广东沿海的晚更新世沙坝。

【海岸带生物】 李荣冠、江锦祥(1993年)分析了大亚湾潮间带底栖生物的种类组成与分布。蔡如星等(1993年)研究了舟山岩相潮间带动物群落的结构。张志南等(1993年)研究了青岛湾有机质污染带的小型底栖生物群落。刘剑华等(1994年)研究了山东半岛东部海域诸岛潮间带的底栖海藻。张志南等(1994年)研究了大连石槽岩滩的附植小型动物。蔡立哲等(1994年)研究了海谭岛潮下带多毛类的分布。王真良(1995年)研究了大连湾水域浮游桡足类的分布。吕瑞华、夏滨(1995年)研究了廉州湾及其附近水域的初级生产力。黄本胜、赖冠文(1995年)分析了海堤外滩地种树效果及对行洪的影响。

【潮滩】 孙介民(1993年)研究了LOTUS1－2－3在潮滩变形动态特征分析中的应用。章可奇、金庆祥(1994年)作了杭州湾北岸张家库潮滩动态系统的频谱分析。杨世伦、陈吉余(1994年)论述了植物在潮滩发育演变中的作用。张忍顺(1995年)以江苏辐射沙洲内缘区为例探讨了淤泥质潮滩的均衡态。陈子燊(1995年)分析了弧形海岸海滩地貌对台风大浪的响应特征。符文侠、李光天等(1993年)分析了辽东湾潮滩及滨下动力地貌特征。李伯根、谢钦春等(1994年)研究了瓯江口南岸潮滩的沉积动力过程和相带的时空变化。徐元、王宝灿分析了淤泥质潮滩的季节性冲淤动态。时钟、陈吉余(1995年)综述了潮滩盐沼物理过程研究的进展以及盐沼的侵蚀、堆积和沉积动力。

【潮汐通道、潮流脊】 李春初(1993年)研究了渤海湾西南岸大口河的海岸与潮汐通道体系。张忍顺(1994年)阐述了中国潮汐汊道研究的进展。高抒、张红霞(1994年)计算了海南岛洋浦潮汐汊道口门的均衡过水面积。张忍顺、李坤平(1994、1995年)研究了黄渤海沿岸海湾—溺谷型潮汐汊道的地貌,渤海湾淤泥质海岸潮汐汊道的发育过程和潮汐汊道的P—A关系。张乔民、王文介等(1995年)研究了华南海岸沙坝泻湖型潮汐汊道口门的地貌演变。张乔民、林微等(1995年)研究了湛江港潮汐汊道落潮三角洲的沉积动力过程,并对其动力场进行了模拟。杨治家、李本川(1995年)分析了江苏沿海辐射状沙脊群的动态变化。李从先、赵娟(1995年)论述了苏北琼港辐射沙洲研究的进展和存在的一些争论。汤毓祥、姚兰芳等(1993年)分析了辽东浅滩海域潮流运动特征及其与潮流脊发育的关系。刘振夏、夏东兴(1995年)探讨了潮流沙脊的水力学问题。 (沈焕庭 倪海祥)

海洋生物学
Marine Biology

【概况】 1993～1995年这段特定的历史阶段,适逢"八五"攻关结束,海洋生物的研究在生物多样性、初级生产力与新生产力、海洋生态和生物学、海洋生物灾害以及海洋生物工程和实验生物学等方面都有显著成就,也出版了一批新书。 (黄宗国)

【生物多样性】 **中国动物志** 1993～1995年已经完成15卷。(1)谭智源:原生动物门,放射虫目,等辐骨虫和泡沫虫,279种;(2)郑守仪、傅创先:原生动物门,有孔虫目,胶结有孔虫,537种;(3)李锦和:多孔动物门,大放海绵纲;(4)高尚武等:腔肠动物门,水螅虫纲管水母目和钵水母纲,115种;(5)裴祖南:腔肠动物门,海葵目和群体海葵目,109种;(6)吴宝铃:环节动物门,鳞沙蚕目;(7)徐凤山:软体动物门,双壳纲原鳃亚纲和异韧带亚纲,117种;(8)马绣同:软体动物门,前鳃亚纲,宝贝总科,142种;(9)王祯瑞:软体动物门,双壳纲,贻贝科,73种;(10)林光宇:软体动物门,腹足纲,头楯目,120种;(11)刘瑞玉等:节肢动物门,甲壳纲,围胸目,197种;(12)陈清潮:节肢动物门,甲壳纲,端足目,蛾亚目;(13)刘锡兴、王复振:苔藓动物门,被唇纲和裸唇纲唇口目,无卵室亚目、微室亚目、软壁亚目、新唇亚目,274种;(14)廖玉麟:棘皮动物门,海参纲,110种;(15)成庆泰、王存信:鱼纲,鲈形目(I),176种。 (刘锡兴 戴爱云)

物种多样性 内地和港台40个单位、132名科学家对70年来中外学者在中国海域记录的物种进行全面、系统研究和审定,从细菌至兽类,共确认20 278个物种,每种含中拉学名、同种异名、分布、根据文献和隶属的分类系统。1994年海洋出版社出版书名为《中国海洋生物种类与分布》(898页)。此后,在《中国生物多样性》等杂志上,分别发表了"中国海洋物种的一般特点"、"毛颚类物种多样性"、"中国海洋浮游甲藻类多样性研究"、"中国沿海海鞘的物种多样性"等许多专论。这期间,对南沙、南大洋的物种多样性、近海生态调查中的物种也进行许多研究报道。开展了动、植物志的编写。

中国海洋生物多样性国家报告 为履行1992年联合国《生物多样性公约》,履约协调的国家环保局、国家海洋局等9个部委,在联合国开发计划署(UNDP)和全球环境基金(GEF)的支持和资助下,开展了《中国生物多样性国家报告》的编写。1995年2月成立了由30多位专家组成的编写委员会以及20多位专家组成的评审委员会。1996年初完成中、英文稿。

报告分为10章。中国海洋、海岸和沿海岛屿生物多样性一篇中,编写了中国海洋和物种多样性、海洋生态系统多样性、海岸生态系统多样性、海岛海域生态系统多样性、海洋生物多样性受到严重威胁和海洋生物多样性保护。 (黄宗国)

中国海洋生态系统多样性保护技术前期研究 这是"八五"国家重点攻关项目的子课题。内容包括海南清澜港红树林生态系统、辽宁小长山岛潮间带、珠江口海洋生物多样性研究。由国家海洋局第三海洋研究所主持,国家海洋局环保所、大连市环保所和中国科学院南海海洋研究所参加。历时4年(1992～1995年)完成。 (江锦祥)

中华白海豚和其他海洋生物保护 1994年5月,海洋公园鲸豚保育基金在广州召集中国内地、台湾省和香港地区的鲸豚专家,开会研讨中华白海豚的保护策略。会上促成了台湾大学与国家海洋局第三海洋研究所合作研究"厦门—金门海域中华白海豚",台湾大学和公园鲸豚保护基金提供了研究经费。这项研究在厦门港搭观察平台,进行周年逐日观察;出用船只进行调查;台湾学者多次往返金门、台湾、厦门进行现场研究。在国际自然保护同盟鲸类专家组主席Dr. S. Leatherwood的提议下,1994年4月在厦门召开了"闽、港、台鲸豚保育研讨会",27个单位、44人参加。会议交流了三地的研究信息,通过了会议纪要,会议建议分别在珠江口和厦门建立中华白海豚自然保护区。出版了《闽、港、台鲸、豚保育研讨会》专辑。会后,香港已于1995年建立了珠江口大屿山北中华白海豚自然保护区。厦门中华白海豚自然保护区正在筹建。已经完成了建区论证报告,并设立10个点进行监测。在这期间,已建立的12个国家级海洋自然保护区也得以巩固和充实。1995年厦门市建立了"大屿岛白鹭保护区"。 (黄宗国)

生物多样性海洋分部和大亚湾信息源点 这是世界银行贷款项目"生物多样性研究与信息管理"(BRIM)的组成部分,设于中国科学院南海海洋研究所,主要任务是组织协调有关的研究工作,收集海洋生物多样性研究资料，建立相应的信息系统，并负责传输、交换有关的数据资料，安排科技人员参加国内外生物多样性培训学习、考察和出席有关的研讨会。目前已派出10名科技人员参加中国科学院生物多样性委员会主办的各类培训班学习，举行海洋生物多样性学术研讨会及工作会议多次。有关生物多样性研究所需的设备订购及数据库和信息系统建立等工作尚在进行之中。（黄良民）

【初级生产力和新生产力】 **胶州湾初级生产力和新生产力研究** 主要包括7个方面：(1)建立了^{15}N示踪—离子质谱法测定新生产力，取代了以N_2气体形式的方法。(2)提出了海洋初级生产力结构的概念，包括组分结构、粒级结构、产品结构和功能结构4个方面。(3)建立了N吸收动力学及N吸收过程中不同N源互相作用模型。(4)研究了海洋初级生产者光合作用过程中溶解有机碳的生产量及其调控机制。(5)研究了海洋初级生产过程的粒级特征。(6)研究了微生物在初级生产过程中的作用。(7)研究了胶州湾的初级生产力和新生产力。以上均有相应的论文发表。

东海的初级生产力和新生产力 春季东海长江口外的初级生产力200～2 770mgC/(m²·d)，新生产力15～1 372mgC/(m²·d)。用高效液相色谱在线二极管陈列检测器检测原绿藻在东海陆架区大量存在。（焦念志）

初级生产力研究新进展 海洋局一所用光合作用测定仪，建立了山东沿海水域初级生产力数学模式，表明在该海域用传统的^{14}C法测定结果如不进行校正，将有50%左右的误差。该所正在研究微量元素铁在初级生产过程中的作用。（朱明远）

象山港对虾放流海域初级生产力和潜在渔业生产力评估 象山港是一个浮游植物高生物量和生产力的海湾，水域年平均叶绿素a浓度为3.50±5.93mg/m³，年平均颗粒有机碳浓度为444.5±871.0mgC/(m²·d)；浮游植物生物量和生产力和季节高低顺序为春大于夏大于秋大于冬，通常湾口值低于湾顶值。粒度分级结果表明，微微型和微型浮游生物（小于20μm）对浮游植物群落总生物量和总生产力的贡献分别达75%和87%。潮滩的研究结果表明，表层叶绿素a浓度湾顶部高于湾中部和湾口部；由于受光的限制，沉积物中叶绿素a浓度主要分布在0～1cm的表层，随着深度的增大，浓度迅速下降；0～0.5cm层的初级生产力为45.1±46.8mgC/(m²·h)，超过水域值(37.0mgC/(m²·h))。象山港年有机碳的光合生产量，水域为63.6×10³t，潮滩为32.5×10²t，全海域为96.1×10³t，潮滩占35%。

象山港微微型光能自养生物丰度与分布及其环境制约 宁修仁在浙江象山港对海洋微微型光能自养核生物—蓝细菌*Synechococcus*和微微型光能自养真核生物的丰度与分布、环境制约、时空变异及蓝细菌种群的表观增长率进行了观测研究。结果表明，这两类微微型光能自养生物的细胞丰度均为夏季高于冬季。冬季蓝细菌丰度港口部低于港中、底部，而真核生物丰度的空间分布则相反；夏季两类生物细胞丰度在港口部与港中、底部相近。周日连续观测表明，细胞丰度的周日变异与潮汐和悬浮体浓度明显相关。表观增长率夏季高于冬季。实验表明，水温、悬浮体浓度和光的可利用率是制约这两类微微型光能自养生物的主要因子。

南大洋特定海区浮游植物现存量和初级生产力结构 南极普里兹湾及其毗连海域初级生产力、浮游植物现存量和颗粒有机碳及其有关环境参数存在着显著的空间区域化特征。普里兹湾及其毗连陆架和调查海区东、西部的上升流区浮游植物生物量、细胞丰度、初级生产力和颗粒有机碳均高于测区中部和远东部，其形成机制是水体的稳定度—真光层与混合深度的相对差异和温跃层的深度，温跃层越浅越有利于浮游植物群落生物量的增长，同时发现浮游植物对环境的影响存在显著的反馈作用，呈现浮游植物参量与盐度、营养盐深度及真光层深度成负相关，与水温、颗粒有机碳浓度和溶解氧浓度及其饱和度成正相关。粒度分级初级生产力和现存生物量的首次研究表明，研究海区微型和微微型浮游生物对浮游植物群落生物和初级生产力有较大贡献，而且微微型浮游生物高的光合生理活性揭示了微型生物环在南极海洋生态系中的重要性和传统食物链的缺陷；查明制约不同粒度浮游植物生物量和生产力空间分布的因素；发现南大洋浮游植物群落的地理学演替并阐明了其成因。

（宁修仁）

【海洋生态学和生物学研究】 **南沙群岛及其邻近海区海洋生物多样性与生物资源** “八五”重点课题，共设7个专题，包括海洋生物分类区系与生物地理特征、重点海区和岛礁生态与生物多样性、海区初级生产力、海洋生物活性物质、渔业资源潜力与评估、渔业资源开发与管理、海洋生物标本库等。1992～1995年进行了4个航次出海调查，采获大量的生物标本、样品和资料，经分析研究，共出版专题论文集5集，论著3册和图集1册，论文报告106篇。各专题均按合同规定完成了任务，达到了考核目标。（陈真然 陈清潮 黄良民）

珊瑚礁生态系统多样性的结构、功能与恢复机制研究 这是“八五”国家科委基础性重大关键项目的内容之一，目前完成的主要工作及成果有：(1)解决了用于造礁石珊瑚群落演替的关键性研究方法，构建了鹿回头岸礁石珊瑚群落演替的马尔可夫模型，从而对群落演替全过程进行了分析和预测。研究发现，在不受人为干扰的自然条件下，鹿回头岸礁退化珊瑚礁群落恢复到区域性顶极群落需100年以上，至亚顶极群落需60年左右。(2)采用多时空尺度的研究途径，在生态演替的时间尺度和不同类型生境的空间尺度上，探讨了造礁石珊瑚群落结构的动态。(3)进行了群落多样性、外貌与垂直分层、种间更替、种间联结、种群分布格局等方面的研究。目前正在进行促进退化珊瑚礁恢复试验研究。该专题已写出研究论文报告10多篇，研究工作按计划进行。（邹仁林）

大亚湾核电站试运行阶段海洋生态调查研究 广东大亚湾核电站于1993年7月开始试运行，1994年5月两台机组正式投入满功率商业性运行。国家海洋局三所于1993年7月～1994年12月在核电站附近海域进行了两年(夏季与冬季)4个航次的海洋生态影响综合性调查与研究。内容包括温度场、海流、水化学、残余氯、有机质、微生物、细菌活性、初级生产力、叶绿素a、脱镁色素、浮游植物、浮游动物、潮间带生物、潮下带底栖生物、鱼卵、仔鱼与幼鱼、渔业生产统计、虾类资源试捕和取水系统的机械效应与氯效应等。共获得7万个现场实测数据，撰写了34万字的调查研究报告。　(吴启泉)

大亚湾海洋生物研究　开展了大亚湾增养量生物技术及其环境调控、生态系统结构功能及其优化模式研究，人工养殖鲍鱼溃疡病致病机理及控制，海水网箱养殖石斑鱼等经济鱼、虾、贝类病原生物学及病害防治，华贵栉孔扇贝人工诱导三倍体及高产育苗技术，合浦珠母贝四倍体和雌核发育二倍体的培育，河蟹种质资源和系统发育，大亚湾核电站温排水对珊瑚群落影响及其运转前后海洋生态环境中放射性水平变化和海洋放射性指示生物，石油烃的存在形式与生物效应，水环境变化与浮游植物生长的动态模式，海洋生物的穆斯堡尔谱学，污染物引起贝和鱼DNA损伤的研究等。发表了大亚湾鱼类及其生物学图志、大亚湾海洋生物综合研究论文集等论著一批。

(陈东娇)

珠江口海洋生物研究　中国科学院南海海洋研究所与香港中文大学合作，承担Croucher基金项目，于1991～1994年进行了珠江口对虾多样性、分布及产量的研究；承担国家自然科学基金项目，1992～1994年研究了珠江口基础食物链结构及其与环境的关系，完成以上两项课题，发表论文20多篇，于1994年在香港举行珠江及沿岸环境学术研讨会，1995年出版珠江及沿岸环境研究专集，包括生态学、富营养化及赤潮、环境污染与环境管理等四部分内容，着重对珠江口的生态与环境作了较深入的研究论述，为珠江口环境整治、生态保护与管理、资源利用等提供了科学依据。　(黄良民　陈清潮)

南海海洋生物研究　1993～1995年，中国科学院南海海洋研究所等单位承担了一批国家、部门或地方委托的科研项目，主要有南海大陆架及邻近海域生物资源初步评价，沿岸工程建设项目及石油开发区海洋生态环境影响评价，海岛生物资源、潮间带生物、浅海滩涂增养殖渔业环境及资源，热带珊瑚礁鱼类，深海鱼类，甲藻，红珊瑚，海湾鱼类志，贝类种苗生物学，海洋生物分类区系，富营养化及赤潮，鱼、虾、贝、藻的人工育苗、养殖技术及病害防治，人工诱导石斑鱼性逆转，海水螺旋藻大面积工厂化养殖与深加工，海洋生物的药用成份筛选，海藻多糖与微量元素络合物研制，角叉藻细胞、组织培养和卡拉胶提取，粘皮藻活性物质的药理及化学成份，甲藻毒素污损生物，海湾渔业增养殖声学新技术及其应用，多媒体在海洋生物学中的应用，生物技术制品等。　(黄良民)

大洋沉积物中细菌及其在锰氧化还原中的作用的研究　该研究查明了大洋深海铁锰结核区沉积物、铁锰结核和上覆水中各类细菌的丰度、菌群组成和优势类别及其与有关环境条件的关系。在沉积物中细菌的丰度分布范围在10～10^3个/g，比铁锰结核和上覆水中的丰度高出一个数量级。异养细菌的菌群组成和优势类别因样品的类别而异。细菌对锰、铁金属离子的转化作用实验结果表明，在好氧培养条件下，锰细菌能使可溶性的Mn^{2+}氧化为Mn^{4+}；在锰细菌的生长繁殖过程中，其环境的pH值不断升高，更有利于锰的氧化；环境温度升高可加快细菌对锰的氧化速度。锰细菌在含低价铁的培养液中可以较快地把Fe^{2+}转化为Fe^{3+}，它的氧化速度要比锰的氧化速度快；在厌氧的条件下，锰细菌可将溶液中高价铁还原为低价铁，而且使其环境中的pH显著下降。

(史君贤)

【海洋生物灾害】　中国东南沿海赤潮发生机理研究　1990年3月被国家自然科学基金委员会批准为重大项目。历时4年。该项目首席科学家为齐雨藻。暨南大学、中国科学院海洋所、南海海洋所、国家海洋局东海分局、南海分局、国家海洋局第三海洋研究所、中国水产科学院南海水产研究所和中山大学等8个单位的100多位科技人员参加了该项目的研究工作。

该项目在中国东南沿海赤潮生物的生物学、赤潮生物增殖的实验生态学、赤潮发生的全过程及其主导因素的分析和赤潮生物的数学模式等方面开展了广泛的研究。在国内外有关刊物和国际学术会议上已发表论文100多篇，并著有《中国赤潮研究》一书。1994年12月项目通过了国家基金委组织的专家验收。　(林　昱)

北方沿海赤潮研究　中国科学院海洋所和海洋局第一海洋研究所发现崂山、胶南不少地区发生过赤潮，而且有上升趋势。1994年还在胶州湾的贝类中测出过腹泻性贝毒。

(李瑞香)

对虾暴发性流行病及其防治研究　1993年在中国的对虾养殖中，普遍地发生了对虾暴发性流行病，有关部门组织联合攻关，对病原、病因、病理特征及其传播途径、快速诊断方法及综合防治技术等展开了全面研究。国家科委下达了“对虾暴发性流行病防治技术研究”的“八五”应急攻关计划，并建立了辽东东港、山东寿光、青岛崂山和福建漳浦4个示范区。此外沿海各省市也结合当地的情况组织研究。取得了如下进展：(1)基本查清了暴发性流行病的病原主要是一种具有双层囊膜和双层被膜但不形成包涵体的杆状病毒引起的(暂定名为皮下及造血组织坏死杆状病毒)，此外还发现了肝胰腺细小病毒及斑节对虾杆状病毒等在对虾暴发性病中起一定作用。除病毒外还发现了细菌(主要为弧菌)、枝原体和立克次氏体等病原生物。(2)初步建立了病毒病原生物检测、鉴定技术。(3)病原生物传播途径的研究取得进展。研究结果表明病毒主要是通过海水、饵料、底泥等传播至对虾幼体内的水平传播，而对于垂直方向的传播尚有不同看法。(4)研究结果普遍认为现阶段对虾疾病的防治应采取以防为主、防治结合的方针，通过加强健康管理达到预防目的，并认为以下的措施是有效的：①封闭式或半封闭式和鱼、虾、贝混养模式；②施用漂白粉或其他消毒剂消毒海水以防止病毒通过海水的横向传播；③彻底清淤、曝晒池底泥土；④提高饵料质量，禁用受病毒污染的鲜活饵料。

(陈其焕　孙修勤)

对虾杆状病毒　在厦门市科委和国家“八五”攻关项

目的资助下，国家海洋局第三海洋研究所生物工程实验室从斑节对虾和日本对虾中分离并纯化出杆状病毒包涵体，此方法的建立可作为虾病病因的快速诊断方法。已经通过“八五”攻关验收，并撰文刊于《台湾海峡》期刊。

毛蚶甲肝病毒检测 水产品甲肝病毒的检测是该领域中的国际难题，海洋局第三海洋研究所生物工程实验室率先建立快速检测毛蚶甲肝病毒的RT—PCR法，并撰文发表在国际刊物《病毒学方法杂志》。

此外，还建立了海洋重金属污染生物效应的酶标检测法，并分别在海洋学报、环境科学学报发表论文，介绍了这种方法。 （徐 洵）

【海洋生物工程和实验生物学】 中国科学院海洋研究所实验海洋生物开放实验室 该实验室于1987年建成并对外开放，著名海洋生物学家曾呈奎和刘瑞玉分别任第一届主任和学术委员会主任。设置4个研究方向：发育生物学与基因工程，海藻光合作用与微藻生物技术，海藻种质与种苗生物学，海洋动物繁殖生物学与遗传学。

该室这期间资助了37个课题。有“优良藻种的选育和培养条件的研究”、“海珍品饲料新技术研究”、“胶州湾对虾人工放流增殖效果和最佳放流量的研究”等9项研究获奖。与美、英、日等多个国家开展了合作研究。有一名博士后出站，15名博士和硕士毕业，15名在读。受国际藻类学会的委托，1994年6月承办了“第五届国际藻类学术大会”，来自36个国家和地区的450名代表参加。 （相建海）

鲈鱼生长激素的基因工程 生长激素可以促进鱼的快速生长。国家海洋局第三海洋研究所生物工程实验室从厦门海域的鲈鱼、鲫鱼和葛鲳鲉三种鱼中，分别制备了生长激素基因，测定了其c DNA全长序列，并将它转移到大肠杆菌中，构造可以生产鱼生长激素的工程菌，表达产物具有促鱼生长的生理活性。分别撰文刊于《生物化学与生物物理学报》及《亚洲水产学术会议论文集》。 （徐 洵）

中国对虾多倍体育苗技术的研究 该项研究从1990年开始，先后得到国家自然科学基金、山东省科委重点项目、国家“八五”科技攻关项目、科学院重大项目和瑞典国际科学基金的支持。

从理论上推测三倍体可能不育。三倍体诱导是采用物理或化学的人工操作，暂时阻滞受精卵第一极体或第二极体的释出，从而多保留了一套母系染色体，而四倍体则是阻滞正常的第一次有丝分裂的进行，使加倍后的染色体留在卵细胞中，恢复正常卵细胞分裂即可形成四倍体。四倍体与正常二倍体杂交，可望产生100％三倍体。该项研究解决了两个技术关键：(1)中国对虾排卵的人工控制：将对虾排卵的行为学特征与光控原理结合起来，摸索到一套行之有效的人工控制对虾在白天产卵的技术，从而得到成百上千万的适时受精的卵。在人工控制下，80％的虾在白天9：00～16：00时产卵，确保了多倍体诱导的进行。(2)染色体倍性检测：染色体倍性的鉴别和判定是多倍体诱导的另一关键技术。中国科学院海洋所逐渐探索出切实可行的染色体制备和检测的方法。在1988年就确定了中国对虾的染色体数目，之后又完善了染色体制备技术，采用不同组织如胚胎、幼体、中肠、精巢、触角腺等制备出染色体，使从实施染色体操作不久开始，直到成体阶段均可以检测对虾和染色体倍性。在此基础上，重点进行了四倍体和三倍体的诱导研究，五年来取得了如下进展：(1)成功地诱导了四倍体的中国对虾。共育出0.7cm以上的四倍体虾苗4万多尾；四倍体诱导率最高达67％；(2)已将四倍体养成至性成熟，数量2万尾左右，初步证实四倍体可比二倍体体长增加10％～15％；(3)成功地诱导了三倍体中国对虾，已育出苗近8万尾。发现了一种毒性较低、能降低成本、提高诱导率的新型诱导剂，三倍体最高诱导率已达75％；(4)有近3 000尾三倍体实验虾在室内养至10cm左右，在大田试验了5万尾，在虾病肆虐的1994年和1995年重灾区养成了上万尾虾。初步分析，三倍体可比二倍体增长25％左右。抗病力有较大提高。

上述成果通过了专家鉴定，认为“该研究成果达到了国际领先水平，并具有很好的应用和推广前景”。目前，此项研究被列入国家海洋863首批启动的项目，得到了强化支持。 （相建海）

硅藻繁殖生物学 厦门大学林均民等自发表了“双突角毛藻休眠孢子的形成和萌发”等文后，这期间在硅藻繁殖生物学方面又发表了10多篇论文，阐明了三方面问题：(1)关于硅藻细胞分裂的研究，实验获得两种中心硅藻每天的细胞分裂呈现不同的节律性，细胞分裂频率受不同的温度、光照（光强度和光周期）和盐度等条件的影响，建立了培养种群的生长与环境因子关系的多元回归动态模型，分析各个种类的生态特征；(2)关于硅藻休眠孢子的研究，揭示两种沿岸性中心硅藻在氮贫乏时能以无性方式形成休眠孢子，和在氮营养、光照充足条件下孢子可立即萌发；(3)关于硅藻有性生殖的研究，表明许多中心硅藻有性生殖发生是与细胞大小和某些理化条件变化相关，生殖中既达到基因重组又获得最大细胞重建。 （林均民）

海洋医学
Marine Medicine

【潜水医学】 1995年9月1～10日，交通部海洋水下工程科学研究院与美国汉米尔登(Hamilton)研究所联合组织，在上海海科院的饱和潜水舱群中进行了模拟25m氮氧饱和—80m氦氮氧巡回潜水实验研究。目的是结合海洋开发及救捞工作实际，对氮氧饱和—氦氮氧巡回潜水新作业方案进行实验验证，积累经验，为实用打下基础。

先将饱和居住舱建立25m氮氧环境：总压350±2kPa（绝对压，下同），氮分压318kPa，氧分压32kPa，CO_2分压小于1kPa；舱温29±1℃，相对湿度70±10％。1日09时，4名职业潜水员进入水舱（下半部注水高3m）后，用压缩空气将水舱加压到25m，开启水舱与居住舱间过渡门，再从水舱进入居住舱。在25m氮氧环境中饱和停留的8天期间，每天上下午各有一组2名潜水员同时自居住舱进入水舱进行巡潜作业。其中1名着潜水装具潜入水中进行“湿式”巡潜；另1名戴全面罩留在水舱上半部进行“干式”巡潜，并照顾下潜潜水员。巡潜时呼吸管供给氦氮氧混合气（He50%、$N_2$36%、$O_2$14%）。下潜潜水员到水底后，用压缩空气将水舱加压到58m或78m（加上水位相当于60m或80m），在水底进行负荷为75W的体力作业，每活动10min，休息10min。水底作业完毕后，按事先计算的“巡潜减压方案”将水舱逐步减至饱和深度（减压时间60m为72min，80m为97min）。然后从水舱回到居住舱。60m及80m各巡回16人次，干湿各半，共32人次。实验第8天，在最后一组巡潜结束时，将水舱压力从60m减到40m；与此同时，居住舱内则用压缩空气从25m加压到40m，并大量通风换气，将氮氧环境置换成空气环境。潜水员在水舱卸装后回到居住舱。根据在减压前如预加一个较高压力，可消除减少体内“气核”，能有助于安全减压的学说，在饱和减压之前设置了一个“预减压”程序。“预减压”于8日15：14时从40m开始，采用分阶段等速减压法，经9h31min减至25m饱和深度；然后于9日00：45时转入饱和减压，经43h50min于10日20：35时减至常压出舱；总减压时间53h21min。

按医学保障安排，每晨起床后测心率、呼吸、血压、体温、体重，各值始终保持稳定。减压期间监测多普勒超声心前区气泡音，在第6、7、8天巡潜后，潜水员中有2人出现活动时的史本塞(Spencer)Ⅲ级气泡音；在最后一次巡潜后1人又出现活动时Ⅲ级气泡音。在饱和减压过程中4人均监测到静止或活动时的0～Ⅰ级气泡音。第7、8天在60m巡潜后，虽有较长时间减压仍出现了较多和等级较高的气泡音，值得重视。由于超声气泡音能反映血管中有流动着的气泡，所以临床上虽未观察到减压病症状和体征，但不应忽视其在体内可能产生的远期影响。巡潜期间累计肺型氧中毒计量达878单位、“预减压”期间达690单位，均无氧中毒症状和体征。X线胸片亦均正常。肺功能监测无明显异常。

采用25m氮氧饱和主要是为了减少高分压氮和氧对人体的不利影响；采用氦氮氧巡潜虽价格较昂贵，可在一定程度上增加巡潜的极限深度和水下作业时间；在采用25m氮氧饱和一空气巡潜时，其“不减压”极限巡潜深度和作业时间是75m为17min或60m为36min。而在同一氮氧饱和深度，改吸氦氮氧巡潜时，极限深度可延伸至80m，作业时间可延长到40min；或在60m延长到70min。但在每次巡潜后回居住舱过程中必须分别经过较长时间减压才能保证安全。整个实验进行顺利，积累了宝贵技术资料。

【航海医学】 主要进展有：1. 创办了《中华航海医学杂志》。经多年申办努力，已于1993年6月由国家科委批准创办，明确为全国性正式公开发行的医学学术性期刊。杂志的主管单位是中国科协；主办单位是中华医学会总会，属中华医学系列杂志之一；具体编辑出版工作委托海军医学研究所承办，编辑部挂靠在该所。

2. 编著出版了中国第一部《航海医学》专著。由海军后勤部卫生部及中华医学会航海医学学会组织领导，龚锦涵任总主编，聘请全国14个主要航海医学专业单位的87位专家执笔撰写，供航海医学专业人员参考。全书共5篇19章，包含了航海医学领域的20个专业学科内容，插图100幅，159万字，由人民军医出版社出版。人大常委会副委员长吴阶平为专著题了词；联合国世界卫生组织及国际劳工组织所属海员卫生联合委员会主席哥德(Goethe)为专著写了序言。

3. 中华航海医学会承担并完成了《航海医学》专业名词的审定，并编就了汉英、英汉对照索引。

（龚锦涵）

海洋经济学
Marine Economics

【海洋开发规划研究】 资源和环境是现代经济活动中不可忽视的重要因素。正确处理海洋资源与环境的关系，对海洋经济协调、持续发展至为关键。在这一基本思想原则指导下，国家计委、国家科委和国家海洋局1993年10月共同完成了《全国海洋开发规划》的编制工作。这是中国第一部中长期海洋开发规划，其总体构想可以用“一、五、五、三”四个字加以概括，其含义是：建立一个与国民经济发展和现代海洋开发相适应的海上交通运输体系，开发利用5种主要的海洋资源（港口、水产、油气、海水、滨海旅游资源），发展5个重点滨海开发区（环渤海、长江口—杭州湾、闽东南沿海、珠江口、北部湾）和3个特殊开发区（图们江口、连云港区、南沙海域）；分两个阶段实现发展目标：到2000年，中国海洋经济总产值达到3 000亿元，年平均增长率保持在11%～13%，国家海洋经济实力达到国外90年代初的水平；到2020年，海洋开发再上一个新台阶，沿海地区人均国民生产总值率先达到中等发达国家水平，总体经济实力跨入世界先进行列。在《全国海洋开发规划》编制过程中，1993年，由国家海洋信息中心等单位开展了《海洋开发规划专题研究》，分别就海洋开发目标、重点、产业结构、区域布局、重大开发项目筛选、国土整治和环境保护、海洋服务以及海洋开发对策和措施等开展深入调研，提供有关意见和建议，为全国海洋开发规划的编制提供了科学依据。

【连云港海洋特殊开发区规划】 连云港位于江苏东北部“黄金海岸”，地处新亚欧大陆桥东桥头堡地位，区位条件十分优越，《全国海洋开发规划》将连云港列为全国3个“特殊开发区”之一。1995年，连云港市科委和国家海洋信息中心组成编写组，开始了连云港海洋特殊开发区发展规划编制工作。该规划包括9部分内容，在全面分析连云港海洋特殊开发区独特的区位条件、海洋资源优势、产业基础设施、海洋产业结构和布局之后，提出了连去港市海洋经济的发展目标，到2000年，该区海洋产业总产值达到60亿元以上，海洋经济保持18%左右的增长速度；到2010年，海洋经济总产值在1995年的基础上翻两番，使连云港市步入国际先进港口城市行列。规划还就重点开发区的建设、海洋环境保护、减灾防灾及其他重大政策措施提出一系列建议。

【海口市海洋开发规划】 1994年11月，海口市人民政府发文编制《海口市海洋开发规划》，组成了以海口市海洋管理局为主的规划编制组。《海口市海洋开发规划》包括6部分内容，在分析、评价海口市的资源条件、自然条件、区位条件、海洋开发现状和潜力、海洋产业结构和区域布局之后，提出的海口市海洋经济发展目标是：海口市海洋经济产值到2000年超过190.13亿元，2001～2010年，海洋经济产值年均增长率为9.1%，2010年产值达到455亿元。规划还就海洋国土整治与环境保护，以及保障发展目标实现的关键问题提出6条政策和措施。

【海洋科技产业化】 海洋科技产业化一直是中国海洋经济的薄弱环节，据调查，目前中国海洋科技成果被产业界应用、转化为生产力的平均不到10%。海洋科技贡献率的低下已成中国海洋经济持续增长的制约因素。为了加速海洋科技产业化进程，1994年11月，中国高科技产业化研究会海洋分会在北京成立。它的职责是：密切海洋科技界和产业界的合作关系；促进海洋高科技产业化；加速海洋经济的发展。

1995年，杨金森等完成"海洋技术产业化的新领域和基本措施"专题研究。从分析当前中国海洋科技成果推广应用的现状及制约海洋科技成果转化为生产力的因素出发，提出了加强应用开发研究，建立科技兴海周转金制度和贷款制度，建立一批海洋科技产业化示范基地和企业集团，转变政府海洋科技管理职能等项建议和相应的政策措施，并根据市场前景、技术成果先进性和经济价值，详细论证了中国最有产业化发展前景的三大海洋科技领域，即：海洋食品和保健品技术、海洋医药技术和海洋化工、海水利用技术。 （吴克勤）

【海洋经济研究】 1995年12月，中国海洋学会和海洋经济分会在天津共同主办了"科学技术促进海洋经济发展学术研讨会"。海洋经济研究、海洋产业、海洋科技以及有关大学的专家学者出席了会议。会上交流了近年来的24篇论文和报告，内容涉及海洋经济发展战略、海洋科技产业化、海洋经济与科技等领域。会议还专门就科技与经济相结合，促进海洋经济发展，加速科技成果转化等问题开展了深入的讨论并提出了有益的建议。

（许启望）

【区域海洋经济研究】 1991～1995年，国家自然科学基金资助完成了三项区域海洋研究项目，即："渤海开发与保护"、"环渤海区海洋资源开发与经济发展战略研究"和"中国海岛县经济类型和分区研究"。

环渤海地区是中国经济比较发达的地区，在"九五"计划和2010年远景规划中，环渤海地区被列为对外开放、开发的重点地区，将成为继珠江三角洲和长江三角洲之后中国第三个经济快速增长的热点地区。蒋铁民、谢宗墉等于1991年完成的"渤海开发与保护"项目，分析、评价了渤海地区海洋资源开发现状、开发特点和存在的问题。该地区的海洋开发既存在水产、旅游、石油开发、盐业等行业之间的矛盾冲突，也存在岸滩、岸线、岸段利用的矛盾，还存在污染以及水库、电厂等设施对海洋产业的干扰和破坏。针对上述问题，该项研究提出了建立辽东湾和莱州湾生态渔业区、组建渤海湾综合开发区、防灾减灾、治理海洋污染、加强海洋管理等具体建议。关于渤海地区海洋开发的发展，提出了实现三个转变的观点，即实现传统开发向现代化开发，从单纯的开发利用向以保护和管理为中心的开发利用，从规模扩大型向技术、资金密集型的战略转变。这项超前研究对渤海地区综合开发整治及综合管理的增强，对环渤海地区列为国家重点开发区，均起到良好的作用。

1994年，陈则实等完成了"环渤海区海洋资源开发与经济战略研究"，从4个方面研究了加速本地区经济发展的战略。这4个方面是：环渤海区海洋自然环境的基本特征与资源状况，环渤海区海洋开发在中国经济发展中的地位和作用，环渤海区海岸带及黄河三角洲海洋资源的开发战略和发展预测、环渤海地区海洋经济发展战略。实施有效的经济发展战略后，至下世纪初，环渤海区经济发展可实现以下目标：(1)基本形成对内、对外全方位开放的经济体系和市场体系，成为中国北方地区面向东北亚、环太平洋和世界其他地区进行经济交往的前沿阵地；(2)基本建成便捷、现代化的国内外海、陆、空立体交通网络；(3)建成具有全国意义的北方金融、信息、商贸、物资集散和国际风景文化旅游中心地带；(4)基本建成经济繁荣、技术先进、教育和文化发达的经济区域。到2000年，环渤海地区海洋产业总产值达到345.81亿元；到2010年达到1 158.55亿元。

张耀先等开展了"中国海岛县经济类型与分区研究"。在中国6 500多个海岛中有人居住的海岛420多个，海岛经济协调、持续发展对中国海洋经济乃至整个国民经济的发展都具有重大意义。此项研究采用三元结构图、三轴图和主成分—聚类分析方法，运用海岛经济特征、国民经济三次产业结构、海洋产业部门结构等多项指标，将中国12个海岛县分为北方海岛经济区、东部海岛经济区、东南部海岛经济区和南部海岛经济区4种经济类型，以便于对海岛产业结构的动态变化实施监测。据分析，目前中国海岛经济属于资源型经济，产业结构较简单，以资源直接利用的初级产业比较发达，而以资源深加工的相关产业和服务业较薄弱。此项研究为中国海岛产业结构调整提供了科学依据。

【海洋资源核算研究】 1993年5月，《国家海域使用管理暂行规定》正式颁布施行，结束了长期以来中国海域无偿、无序、无度使用的历史，有关海洋空间和海洋生物资源、非生物资源的价值成为人们共同关心的问题。在国家科委的主持下，1993～1994年，许启望、杨金林等开展了“海洋资源核算的初步研究”，探讨了海洋资源核算的对象和内容、海洋资源的基本计价理论和方法，并初步核算了海洋渔场、浅海滩涂、大陆架油气和滨海砂矿等资源的实物量和价值量。此后，在个别地区开展了海洋资源财产登记和核算试点，为中国海域使用管理制度的确立，为海洋综合管理步入科学和法制轨道将产生积极的影响。

（吴克勤）

（上接第212页）洋法公约》，属于中国管辖的大陆架面积可达300多万平方千米，约相当于中国陆地面积的1/3，其内蕴藏着丰富的生物与非生物资源，这是中国国民经济发展的重要物质基础。为了保护海洋环境，合理开发和有效管理陆架资源，几十年来已投入大量人力、物力开展了一系列调查研究。按时间顺序大体可分成三个时期，即：50～60年代为近海概查时期，调查活动基本集中于内陆架海域；70～80年代为系统调查研究时期，调查范围扩展到整个陆架区，项目比较齐全，是全面科学积累的重要阶段；90年代为深化和提高时期，是陆架调查向深层次发展的阶段。三个时期中主要的综合性大陆架调查研究有：全国海洋普查（1957～1960年）、渤—黄—东海陆架地质地球物理综合调查（1975～1980年，1984～1985年）、南海地质地球物理综合调查（1973～1984年，1983～1985年）、中国邻近海域勘查与资源远景评价（1991～1995年）和南海西北部海洋环境与资源调查（1994～1995年）等。

国家海洋局各研究所和分局，在1975～1980年和1984～1985年期间，先后对渤海、黄海和东海等海域进行了地质地球物理调查，撰写出综合调查报告3卷，编绘出各类图件约200幅。国家海洋局根据调查结果及其他数据归纳编绘出《渤海黄海东海海洋图集》（地质地球物理分册共含11个图组、82幅图件）。国家海洋局二所编出1：100万比例尺的东海地形图、地貌图和沉积物类型图，并出版80多万字的《东海海洋地质》专著等。

中国科学院南海所于1973～1978年，1979～1982年和1984年，分别对南海东北部和南部，以及西沙、中沙附近海域开展了综合调查，编写出版了调查报告和系列图件。国家海洋局二所与南海分局于1983～1985年对南海中部进行了水文、气象、生物、化学、底质、重力、磁力、水深、声速及环境质量等多学科综合调查，撰写综合调查报告73万字，编绘系列图件320幅。国家海洋局二所与南海分局又于1994～1995年对南海西北部开展了海洋综合调查，撰写综合调查报告31万字，编制各类图件214幅。

国家海洋局、中国科学院、地矿部和教委系统的10多个研究所和院校于1991～1995年，对中国邻近海域进行调查，研究重点为海洋自然环境与演化特征，生物资源的种类分布与资源总量及油气资源类型与远景储量等，撰写出专题研究报告26卷，综合报告10卷，编绘出邻近海域自然环境与资源等系列图件近100幅，并建立起邻近海域海洋数据库与文献库等。

在此期间还进行过大量专项调查研究，主要有3方面：①以油气等矿产资源为目的的专项调查。迄今已查明中国海有12个新生代盆地具油气远景，油气田可分成3类、13个亚类。发现61个含油气构造，评价证实12个油田，2个气田。②以科学为目的的专项调查。例如：中美东海海洋沉积作用过程联合调查，中美渤海及黄河口沉积动力学合作调查，中法长江口生物地球化学作用合作调查，中德南海地球科学联合调查，中日黑潮合作调查等。③以海洋工程为目的的专项调查。例如：中日海底电缆路由调查，中日美海底光缆系统路由调查，东海陆架输油管道路由勘测，珠江口海洋工程地质调查和东海西部凹陷海洋工程地质调查等。

（王先兰）

海 洋 技 术
Ocean Technology

海岸工程技术
Coastal Engineering Technology

【大丰港建港起步】 大丰港(原王港)位于江苏盐城市大丰县沿海王港河北侧,岸外濒临辐射沙洲主要潮汐通道——西洋水道中段,主槽水深达－15m以上,－13m线与外海贯通,－10m线宽6km以上,区位条件好,水域掩护好,陆域开阔,离城镇近,集疏运方便,省沿海港口布局规划列为中部港口群中心港。2020年大丰港总规模可达2 900万t,主要货类为煤炭、矿建材料、粮食、化肥等,需进行分期建设。

建港起步工程定为两个5 000吨级(杂货和多用途)泊位,1995～1996年分别通过了预可和工可研究报告审查。适应潮滩宽8km以上的特点,采用高滩围涂加引堤加栈桥同高桩码头连接的型式。港口总体布置和起步工程由交通部水运规划设计院完成。大丰港总体布置和起步工程的引堤与栈桥对周围流场的影响,南京水利科学研究院通过西洋潮流物理模型进行论证分析,主槽流场变化不明显,码头前沿流场有新增强,布置方案可行,引堤长度作了优化。起步工程实施后使大丰港获得年吞吐量73万t的能力,适应大丰县经济发展的迫切需要并为大丰港的建设打下基础,填补江苏900km海岸线上的港口空白,促进苏北腹地交通运输和外向型经济的发展。 (薛鸿超 陶 莹)

【洋口港兴建大型燃气轮机电厂】 华东地区电力供应紧张,调峰荷能力低,确定中外合资在洋口港兴建240万kW燃气轮机电厂,投资达24亿美元。洋口港位于江苏南通市如东县沿海长沙港外,辐射沙洲主要潮汐通道黄沙洋水道中部与烂沙洋水道交接处,离岸16km处有一西太阳沙,北临烂沙洋深槽水深达－30m,－15m线基本上与外海贯通,水域掩护好,含沙量低,潮差大,为江苏沿海能建10万～20万t泊位的优良港址。燃气轮机电厂需建造靠泊大型液化天然气专用船码头,船舶总舱容量为12.64万m^3,吃水11m以上,进口天然气供发电用。

燃气轮机电厂已通过工程可行性研究审查。交通部第一航务工程勘察设计院对专用船码头提出了人工岛方案,在西太阳沙上建一座0.32km^2的人工岛,北侧为墩式码头,岛上设液化天然气接受站,适应短距离输送的要求,经过处理后的气态天然气用管道输送到岸上电厂发电调峰。河海大学等有关单位对港址区开展了综合调查研究,通过现场勘测、物理模型、数值模拟、卫星遥感技术、地理信息系统分析等手段,证明烂沙洋深槽和西太阳沙是稳定的,建造人工岛和码头不会对深槽产生明显影响,西太阳沙为细粉沙,建造人工岛是安全可行的。

(严以新 周树立)

【上海芦潮港人工半岛】 上海南汇县在浦东新区以南,长江口和杭州湾汇合处的南汇边滩,包括沿长江的宽阔东滩和沿杭州湾的南滩,主要集中在芦潮港镇沿海。0m(理论基面)以上滩涂面积达23万亩,0～－5m达77万亩,总计约100万亩。上海市水利局原副局长兼总工王振中1992年提出芦潮港围垦滩涂和建造港口的设想,从芦潮港筑30km长导堤到大戢山岛,拦截长江口泥沙,堤北侧淤积形成人工半岛,堤南侧可形成深水岸线。1994年9～10月海洋局东海分局完成了导堤轴线邻近海域1 500km^2以上,17条垂线同步水文测验。1994～1995年河海大学完成《芦潮港建设人工半岛技术可行性研究报告》。华东师范大学等还完成了导堤对周围环境影响,芦潮港建设深水港区设想等研究报告。

研究报告表明,建设人工半岛是一项具有深远意义的改造自然工程,一项很有价值的开发方案。长江口和杭州湾及其外海百年沉积特征、大戢山—嵊泗—大黄龙一线断面特点及其两侧涨、落潮流路趋势等清楚指明导堤轴线正位于长江口—杭州湾的天然分界,选择人工半岛作今后新分界,大戢山岛作为新南汇咀是合适的。近百年来长江入海泥沙80%沉积在长江口和杭州湾及其外海－50m等深线内3万余平方千米的海域,长江口一侧占2/5,杭州湾一侧占3/5。近50年来沉积在杭州湾一侧泥沙的比重不断增长。百年来长江口外平均淤高0.80m,向外延伸3.33km;杭州湾平均淤浅1.15m。近10年导堤轴线－10m和－8m线以内平均每年向杭州湾一侧输送的泥沙达1.59和1.31亿m^3。这表明,芦潮港—大戢山导堤将有效地拦断长江口南岸大量泥沙输入杭州湾的重要通道,有利于导堤北侧人工岛淤积成陆。按预测的人工半岛年回淤强度,预计10年或更短的时间内约50万亩可以成陆,3～5年导堤附近高滩10万亩可以成陆,成陆需要辅以相应的促淤和吹填措施。

研究成果还表明,人工半岛形成后对长江口北槽航道无影响,对南槽航道,由于南侧部分缩窄了河床,集中了水流,航行将改善;对杭州湾,由于显著地拦截了长江来沙,环境条件将逐步改善,奉贤一带岸滩可能侵蚀增强,总的利多弊少。

1995年9月,上海市农业委员会批准成立了"上海人工半岛建设发展有限公司"。与此同时芦潮港南滩加快促淤造地工程,从南汇角水闸口向东修筑了近4km促淤潜坝,坝内淤积情况十分良好,8个月平均抬高1.5m以上,很快将形成1万亩陆域。促淤工程正继续进行。芦潮人工半岛的形成，其丰富的土地资源和优良的深水岸线将对浦东、上海飞速发展具有十分重要的意义。

【杭州湾深水航道试挖】 上海发展南部金山深水港区，接纳第三、四代集装箱船，需要开辟杭州湾通海深水航道。航道要求深度12～12.5m，宽度350～400m。为了判断开挖成槽和疏浚维护的可能性，需在现场进行试挖回淤研究。试挖槽布置在规划的中线航道浅段上，浅段不足12m达50km以上，以滩浒岛为界，东、西两段水深、泥沙、动力条件差异，设东、西两槽，分别距金山咀东东南58km、东南23km。

1993年2月8日～4月13日挖槽竣工，东、西槽滩面平均水深为7.65m、8.95m，槽底为12m、12.7m，槽长为2 000m、1 500m，宽度都为80m，横向与纵向边坡都为1∶10与1∶20。一年后观测结果，东槽淤高到9.58m，363天共淤高2.42m，平均回淤强度6.77mm/d；西槽淤高到10.35m，362天共淤高2.35m，平均回淤强度6.5 mm/d。1995年又进行了二年后的观测，回淤的特点与第一年相近。

试挖槽回淤研究还配合进行了水文测验，并委托上海航道勘察设计研究院等单位进行数值模拟、泥沙分析等。研究成果表明，杭州湾深水航道成槽条件较好；挖槽回淤基本上为悬沙落淤，不同季节呈强、弱淤积交替；波浪掀沙不致于产生严重淤积。关于深水航道回淤预报方法各单位取得共识，结合试挖槽回淤资料，计算得到－10 m航道的年维护量为1 000万m^3左右，在杭州湾开辟－10m深水航道技术上可行。东槽试挖施工后期采用集中、大量的边抛，对－12m深水航道的回淤分析造成了困难。估计边抛对回淤影响为50cm左右，计算得到－12m航道的年维护量为3 000万m^3左右，可供在杭州湾开辟－12m深水航道研究时参考。深水航道试挖回淤研究成果清楚地表明，杭州湾北岸金山深水港区建设前景良好，北岸的深水岸线须注意保护，严格控制使用。

（薛鸿超）

【钱塘江海塘北岸险段加固】 钱塘江是举世闻名的强潮河口，平面收缩显著，垂向形成沙坝，最大潮差达8.93 m，涌潮作用强烈，最大流速实测12m/s，最大冲击压力达70kPa。历史上钱塘江海塘常发生塘溃海溢、咸水入侵、庐舍人畜漂流无数的惨重灾害。钱塘江海塘南、北岸总长336km（北岸160km）保护着萧绍宁平原、杭嘉湖平原及苏州、松江南缘地区，人口1 000万、耕地1 000万亩和年产值1 000亿元（1992年价格）。

30余年来按治江和围涂相结合的方针，治理杭州闸口至海宁十堡64km江道，稳定了宽浅淤荡河段，提高了大部分海塘安全度，增加了近百万亩土地，丰富了整治强潮河口经验。但目前钱塘江南、北两岸海塘有100km低于百年一遇洪潮防御标准，北岸44.7km险情尤为突出，包括海宁著名明清鱼鳞石圹、海盐部分海塘和杭州老城区海塘等安全度最低。海塘建筑塘基偏高、塘身结构存在薄弱环节、主流临塘频繁，加上工程老化，维护经费不足，致使险象环生。1994年17号台风在温州登陆危害严重，北岸险段也有毁坏，如登陆向北偏1°～2°，后果不堪设想。浙江省提出加强北岸险段海塘标准塘的建设，十分必要，及时和紧迫。

标准塘建设采用百年一遇最高洪、潮水位和台风风浪的标准，不同岸段海塘还需选取不同的塘脚滩面高程，保证工程安全。海宁、海盐、杭州三险段海塘位置不同，所受动力作用各有侧重，分别以涌潮、台风浪、径流为主，各险段也采用不同结构型式，使工程更经济合理。海宁险段动力条件十分复杂，老海塘加固将遇到很大困难，通过大量现场试验和物理模型研究，进一步落实塘前丁坝群布置、塘前坦水排水桩置换成混凝土板桩、丁坝头部用"挂桩"保护等重要工程措施，加固切实可行。

（潘少华）

【福建黄岐渔港新型防波堤】 黄岐渔港位于福建连江县黄岐半岛黄岐湾，湾口面向东南，潮高浪大，又靠近闽江口，泥沙运移活跃，淤泥深厚，建造防浪建筑物条件复杂、特殊，采用常规的结构型式难度大、投资大，且不一定见效。河海大学海工科研所通过物理模型，探索采用透空式轻型防波堤，为渔港部门采用。

透空堤由下部斜桩群和上部多排档板架组成。斜桩群在淤泥海床适用，通过计算分析，比垂直桩群能大幅度提高水平承载力，比单桩柱更安全可靠。多排档板架能显著地消减波浪，并可用于消减较大尺度的波高，突破了透空堤仅适用于小尺度风浪水域的经验。通过物理模型对多排档板架的排数、排孔尺度与布置进行了优化，获得的消浪效果显著地优于以往的研究成果。

通过技术经济比较分析，采用透空堤可显著地降低造价；堤后掩蔽良好，适合渔船避风；透空堤改变原海域流场较小，潮流照样吞吐，不易造成港内泥沙淤积，渔港有效水域也易于维护；透空堤也有利于港内环境保护。总之，透空式防波堤对黄岐渔港发展是一个优良的方案。

（曾小川　谢怀东）

近海工程技术
Offshore Engineering Technology

【滩海石油工程建设标准】 中国石油开发的战略方针是"稳定东部、发展西部"，为了贯彻这一方针，近年来，中国石油天然气总公司正在加大对中国东部沿海（特别是山东、河北、辽宁等省沿海）滩海油气田的勘探、开发力度，以补充东部陆上油气田递减的产量，并已取得一批成果。为了严格把握好滩海油气工程中的建设标准，总公司于1994年起组织了所属胜利、辽河、大港等油田的主要技术力量，并聘请了国内部分专家在标委会领导下着手编制《滩海石油工程建设标准》，经过二年多的工作，目前已完成终审稿，不久将以中华人民共和国石油天然气行业标准的形式由中国石油天然气总公司予以发布。

【海上边际油气田的勘探开发】 中国正在开发的海上油田基本上都是年产100万t以下的中、小油田。它们是渤海的渤中28—1、渤中34—2/4、绥中36—1,辽东湾的锦州20—2、锦州9—3,珠江口的陆丰13—1、陆丰22—1、西江24—3、西江30—2,北部湾的涠10—3c、涠11—4等油田,这些油气田中大部分是属于边际性油气田,因此有关各油气公司多半从经济角度入手,通过各种渠道,以大量减少开发投资费用达到可开采的目的,而对于其中的断块油气田还采取联合开发工程的模式,把分散、个别的断块构造连结起来开发。已发现的渤西油田群有歧口18—1、18—5、17—2和17—3四个边际区块,现正以歧口18—1构造为集输中心,在周围形成一个水下集输管网,以半海、半陆式进行滚动的联合开发。该工程分两期进行,包括三座海上平台、100km海底输油管线及一座陆上终端油气处理厂。第一期工程将在1997年年底前投产。

(邢至庄)

【南海西部崖城13—1天然气田建成投产】 南海崖城13—1气田位于南海莺歌海盆地,是1983年中国海洋石油总公司和美国阿科公司合作发现的,气田地质储量1 077亿m^3,经济可采储量850亿m^3,是目前国内发现的最大的海上天然气田,在世界上也是储量很大的气田。年产天然气34亿m^3,其中29亿m^3送往香港作为发电燃料,另外5亿m^3送往海南建设发电厂和大化肥厂,并至少保证供气20年,对香港的经济繁荣和稳定及海南岛的经济发展和环境保护将起十分重要的作用。

该气田于1992年3月由中国海洋石油总公司和美国阿科公司及科威特国家石油公司合作投资建设。工程包括两座海上生产及处理、生活平台,一条至香港长788km(Φ711)和一条至海南三亚长92km(Φ355)的海底输气管道。项目总投资11.3亿美元。经过三年多的建设,已于1996年1月1日和3月1日分别向香港和海南送气。1996年1月10日在北京举行了投产庆祝活动,江泽民、李鹏等党和国家领导人分别会见了中外石油公司的领导人,以及专程前来参加庆祝活动的美国前总统布什。

(张日向)

【南海流花11—1深水油田开发工程建成投产】 流花11—1油田位于南海珠江口,距香港东南约220km,水深300m,地质储量约2亿m^3,由美国阿莫科东方石油公司、中国南海东部石油公司和Kerr McGee流花公司三方合作开发。开发工程分三大部分:①一座由半潜式钻井平台改装的浮式生产平台(FPS);②一套包括20~24口井的组块式水下生产系统和三条与浮式生产储油装置(FPSO)连接的海底管线;③一艘由14万吨级油船改装的FPSO。所有生产井在油层中都采用了水平井。该油田自1987年春发现到1996年春投产,历时整整9年,它是中国目前在海上投入开发的水最深,也是产量最大的油田之一。日高峰产油量约为6 700~7 700t。

(邢至庄)

【埕岛中心一号桩基液压自升式固定采油平台】 该平台是胜利石油管理局钻井工艺研究院承担的中国石油天然气总公司的重大技术攻关项目。平台技术设计于1993年3月完成,1994年10月建造完工,11月在海上插桩就位,1995年4月采油成功,到1995年底累计产油5万多吨。

该平台主体结构长50m,型宽20m,型深4m,4根桩腿直径均为2.5m,每根长48m,适应水深2.5~8m,可按需加大工作水深。平台采用液压插桩自升方式,定位后船体插桩至预定深度,再升离水面作为采油平台,并采用可搬迁的升桩动力和控制模块。该平台具有采油、集输处理、储油、注水和修井等多项功能,作为与单井平台、井口平台、海底管道集输和外输等配套的中心,在浅海早期开发生产中具有重要作用和良好的推广应用价值。

这座平台已于1996年1月通过中国石油天然气总公司(部级)鉴定。审议认为:该平台的研制成果在浅海石油开发中属于国内首创,与国外浅海同类平台及相关系统比较,接近国际先进水平。

【跨山东半岛、辽宁半岛的火车轮渡运输系统】 随着经济的高速发展,东北地区与山东省经由铁路的物资交流逐年增加(年增幅超过10%),由于线路过于繁忙,相互间的物资交流十分困难。而且东北地区物产丰富,进出关货流居高不下,加大了京沈线及南下的津浦线、胶济线、蓝烟线的紧张状况,因此唯有开辟新的运输通道以缓解运力和运量的矛盾。

从地理位置以及发展综合运输的角度考虑,建设大连至烟台线的火车轮渡是理想方案之一。首先它部分避开陆上运输的紧张区段,利用海上运输连接东北及关内有关的铁路网;其次大大缩短了辽鲁之间的运输距离,具有运量大、投资省的特点。

连烟线火车轮渡系统已于1994年5月进行了论证,需建设两岸的引线和轮渡码头,建造8艘渡轮。预计火车轮渡进出关量由2000年的240万t和180万t增至2010年的900万t和800万t。

火车轮渡设计船型为单甲板、五股道、载车数51节,推荐船型不载汽车和旅客列车,设计载重量约4 000t,营运天数300d/a。铁路轮渡系统总计投资约22.2亿元。

【琼州海峡跨海工程的前期工作】 海南岛有丰富的矿产资源,海岸线长1 530km,管辖200多万平方公里的海域,具有良好的发展沿海水产养殖业和港口经济的条件,又是全国唯一的热带山海旅游胜地。但是因过去各种原因(包括交通阻塞)致使海南岛的经济比较落后。

周恩来总理生前就曾提出在琼州海峡建造跨海工程的意见。1984年,邓小平同志也指出"还要开发海南岛","先把交通、通讯搞起来"。1988年全国七届人大批准海南建省和经济特区,更需发展交通。海南省背靠大陆,面向海洋,面向世界,需要陆岛联系,建设跨海工程不但具有局部区域的经济作用,也具有全国性总体布局的整体效果,是国道主干线的主要工程,具有划时代、跨世纪的意义。1995年3月由海南和广东两省共10家单位联合进行琼州海峡跨海工程(永久性固定式)的预可行性研究。

预可行性研究中挑选出三条线路,五种方案:分组连续悬索桥，连续斜拉桥，悬索桥，沉管隧道，桥隧结合等方案。建议此跨世纪工程2010～2020年为建设工期。各方案估算总投资在430～900亿元。 （张日向）

海洋生物技术
Marine Biotechnology

【概况】 海洋生物技术又称海洋生物工程，是以海洋生命科学为基础，利用海洋生物工程体系和工程学原理改造海洋生物遗传特性、开发生物制品和保护海洋环境的综合性科学技术。它主要包括海洋生物的基因工程、细胞工程、蛋白质（包括酶）工程和发酵工程。这个定义所指的是狭义的海洋生物技术学。1982年在美国麻省理工学院召开了“海洋科学中的生物技术学”学术会议以来，海洋生物技术学有了很大发展，但仍然远远落后于医学生物技术学和农业生物技术学，仍处于初始发展阶段，因此海洋生物技术学除应包括上述的四大工程外，还应在较广的范围进行探索和研究。1993年世界银行发表了题为“海洋生物技术学与发展中国家”的调查报告。报告指出目前海洋生物技术学应包括下列内容：(1)海洋水产养殖生物技术；(2)海洋动物健康；(3)海洋天然生物产物；(4)生物粘膜及生物污着；(5)海洋污染的生物治理；(6)海洋动植物细胞培养；(7)海洋生物传感器；(8)生物海洋学；(9)海洋生物技术在陆地农业中的应用等。

【海洋水产养殖生物技术】 中国贝类养殖及遗传育种研究主要有三个方面：苗种培育、多倍体诱导和综合养殖技术。贝类苗种培养，如扇贝、牡蛎及鲍等，已建立了规模性的生产体系。在亲贝培养、苗种繁殖技术方面取得了一系列进展。如温度对海湾扇贝性腺发育的影响（马莹，1994年），海湾扇贝控温育苗采卵时间的预报（毕庶万等，1995年），海湾扇贝亲贝室内越冬的研究（田传远，1994年）；在底栖贝类的苗种培育取得重要突破，郑家声（1994年）进行了泥蚶的性腺发育和生殖周期研究，田传远等（1995年）报道了泥蚶工厂化育苗技术，解决了一系列底栖贝类苗种培育的技术难点。陈冲（1993年）采用双重网箱进行了文蛤育苗取得了较好的结果。王昭洋等利用肾上腺素处理使牡蛎幼虫不变态附着，获得牡蛎不附着苗种培育技术并已用于生产。有益微生物在贝类苗种培育中的应用日益受到重视，徐怀恕等（1994年）报道了有益微生物在扇贝幼虫变态附着中的作用并用于生产。宫庆礼报道了光合细菌在扇贝人工育苗中的应用研究并获得增产作用。

蔡惠萍等（1994年）报道杂色鲍的精液保存技术，结果表明精液在室温下（25℃）存放4小时，受精卵孵化为零，添加8%二甲基亚砜和5%葡萄糖，则可增加精液的保存期和孵化率。贝类多倍体诱导技术研究，已在扇贝、牡蛎、皱纹盘鲍等贝类获得成功并应用于生产。技术手段有热休克、冷休克及细胞松弛素B(CB)处理。孙振兴等（1993年）报道皱纹盘鲍三倍体的诱导率为53.3%。曾志南等（1994年）报道僧帽牡蛎三倍体的诱导率为53.6%～87.5%。梁英等（1994年）报道大连湾牡蛎三倍体诱导率为70.5%。林岳光等（1993年）报道三倍体合浦珠贝母培育珍珠，能缩短育珠期并提高珍珠的产量和质量。利用三倍体苗种生产贝类可以提高生长速度、增加肉重、获得丰产。目前三倍体培育苗种研究，重点放在诱导四倍体牡蛎，再通过与二倍体交配产生三倍体。当前利用细胞融合技术、基因工程操作培育贝类优良品种的研究，贝类的遗传多样性及其利用的研究日益受到重视（张福绥，1993年）。

包振民等（1995年）报道了对虾精子在海水中存留时间对受精的影响。精子在海水中15分钟对受精率没有影响，而在海水中50分钟以后则难以受精。戴继勋等（1994年）报道用^{60}Co γ射线照射中国对虾的精子，使其遗传失活后再进行人工授精，观察对虾的雌核发育。蔡难儿（1995年）用紫外线照射精子后人工授精，同时用温度和细胞松弛素B(CB)处理卵子，受精卵可发育到蚤状幼体或3～3.5cm的幼虾。戴继勋等（1993年）利用温度休克处理，对虾三倍体的诱导率达43.8%，并能发育到蚤状幼体。包振民等（1993年）利用细胞松弛素B处理，对虾三倍体的诱导率达62.5%，并能发育到蚤状幼体。这些研究为培育全雌对虾，及对虾优良品种的培育打下了良好基础。

海水鱼类基因工程育种的研究工作在中国起步较晚，蒋耀青（1993年）报道了从黄盖鲽体内分离出抗冻蛋白基因和克隆，并在大肠杆菌中得到表达。张培军等（1995年）将含鲑鱼生长激素基因和λPL启动子的表达质粒转化给大肠杆菌后，再用热诱导条件实现高效表达。用表达产物配制浸泡液，浸泡鲤鱼苗，经过110天养殖，实验组比对照组平均增重28.8%，表明鲑鱼生长素基因的表达产物，可以促进养殖鱼类的生长。

目前中国海水养殖业已由单一品种养殖技术向综合多品种养殖技术方面转变。贝虾混养，贝藻间养，贝参混养等广泛推广采用。坑道集约化养鲍可以获得较高的产量。随着养殖规模的日益扩大，人们开始重视海区养殖容量的研究。刘庆等（1993年）报道了紫贻贝养殖的环境容量。方建光（1993年）对桑沟湾的养殖生物容量进行了系统的调查研究。养殖容量的研究有助于海水养殖业的持续稳定发展。

【海洋动物健康】 1993年中国的养殖对虾发生了暴发性流行病，全国210万亩养虾池中发病面积达168万亩以上。产量由1991年的最高值21.98万t降到5.8万t。1993年底国家在“八五”攻关课题“对虾病害防治研究”的基础上，又下达了“对虾暴发性流行病防治及控制技术研究”的应急攻关课题。组织全国有关专家在辽宁东港市、山东寿光市、青岛市崂山区及福建漳浦县设四个示范研究点进行联合攻关研究。到1995年底已查明这场暴发性流行病害的主要病原是一种非包涵体的杆状病毒。病毒具双层囊膜、短杆状、大小为90～110nm×310～340nm。该病毒主要侵染皮下及造血组织，引起细胞及组织坏死。另外1994、1995年，薛清刚、陈棣华等对球状病毒，严隽其等对痘状病毒在对虾流行病中的作用进行了研究报道。致病细菌如副溶血弧菌、气单胞菌等在对虾红腿病（徐怀恕等，1994年）、对虾败血症（俞开康等，1994年）、肌肉白浊病、黄鳃病（邓欢，1993年）的发病过程中的作用已基本查清。随着海产贝类鱼类养殖规模的不断扩大，这类养殖动物病害的发生也越来越频繁。近几年扇贝、鲍的病害主要由细菌病原引起。沈亚林（1993年）报道副溶血弧菌对文蛤的致病性及其防治。张永嘉等（1994年）对广东沿海的鲷科鱼类的细菌性病害进行了调查研究。聂丽平（1995年）报道了皱纹盘鲍病害的防治研究。

对于海产动物病害的诊断技术，近两年中国在新技术新方法的应用研究取得了明显的进步。徐怀恕等（1994年）首先采用了病原细菌核糖体16S亚基编码基因的PCR扩增技术进行对虾细菌病害的诊断。黄捷报道了单克隆抗体在对虾杆状病毒的检测及应用。上海生化所和农业部动物检疫所分别开发了应用于对虾杆状病毒的PCR检测技术。周建玲等进行了DNA探针快速检测鱼类传染性肝胰腺坏死病病毒IPNV的研究。王雷等（1994，1995年）报道了多糖类免疫药物在中国对虾病害防治中的应用研究。战文斌（1994年）报道了新一代喹酮药物防治对虾幼体细菌性疾病的试验研究。

【海洋天然生物产品】 海洋天然生物产物具有很大的医用价值，近年来开展了较多的研究。姜国辉等（1994年）报道了甘糖酯的抗血栓作用及其作用机理，认为PGMS可通过抑制凝血系统和激活纤维蛋白溶解系统而发挥抗血栓功能。刘成玉等（1994年）报道了PGMS和PSS具有明显改善白细胞变形能力的作用，对改善急性脑梗死患者的微循环，增加脑组织的血流量，缩小梗死面积具有重要意义。周文华等（1994年）报道了PSS具有抑制蛋白激酶C的激活作用。姬胜利等（1994年）报道了鱼油多烯脂肪酸甲酯和乙酯对家兔血脂及血流变学的影响试验，证明多烯脂肪酸有软化血管的功能。一种治疗皮肤溃疡的海洋药物研究（刘万顺等，1995年），通过了"八五"国家重点科技攻关专题验收，评价为国内首创、国际先进水平，在中药剂型和疗效上是一个创新。该药物对刀口创伤、机械损伤、烧伤、叮咬等多种原因引起的皮肤溃疡有显著的治疗效果，治愈率达98.4%，创面愈合快，治愈后创面不留疤痕。该药物为水基质性涂膜膏剂，属新的中药剂型。

【生物粘膜及生物污着】 生物粘膜及生物污着研究在中国已有30多年的历史。杭州大学在舟山枸杞水域进行了跨年度挂板试验，共记录了135种污着生物，但其种群结构与10年前相比没有显著变化（蔡如星，1994年）。中国科学院南海海洋所在湛江港进行了浮筏挂板试验，共记录了59种污着生物。其附着量的变化：表层月板为10.0～250.0g/m^2，底层月板为3.0～5 686.5g/m^2（严岩等，1993年）。中国科学院海洋所进行了中国海污着生物区域性差异的研究（黄修明，1993年）。广西科学院对广西沿海红树林区污着生物调查，发现有11种红树树干上有大型污着生物附着，其附着有选择性，位于开阔海岸的红树林受害最重（范航清，1993年）。

中国科学院南海所对湛江港不同位置的浮标上的污着生物进行了调查，共记录了93种污着生物，其覆盖率均达98%以上，附着厚度为21～71mm（严岩等，1994年）。国家海洋局第三海洋研究所对汕头港的码头浮标污着生物的种类组成、附着量和分布等进行了调查研究（郑成兴等，1990年）。中国科学院海洋所与渤海石油公司联合对渤海石油平台上的污着生物进行了调查，记录了25种污着生物（黄修明，1994年）。该所还与中国船舶总公司合作对航行在渤海、黄海及东海的397艘舰船上的污着生物和腐蚀进行了调查研究（马士德等，1996年）。青岛海洋大学研究了海洋细菌及其活性物质对海湾扇贝幼虫变态附着的影响，结果表明某些细菌粘膜促进扇贝幼虫的变态附着，其代谢产物γ-氨基丁酸和黑色素是这些细菌产生的，能够促进扇贝幼虫的变态和附着。用这些细菌处理扇贝幼虫附着基可以提高种苗的产量和质量（生菊等，1994年）。

【海洋动物细胞培养】 海洋动物的细胞培养与应用研究已在中国展开，并取得了不同程度的进展。童裳亮等"海水养殖鱼类的细胞培养与病毒病研究（1994～1996）"已建立起牙鲆、真鲷及海鲈等海水养殖鱼类的细胞系。其中牙鲆的鳃细胞系已传代81次，已完成细胞学、遗传学及生理学方面的特征测定，不久将成为商品细胞供有关部门作为海水鱼病毒病的检疫工具。真鲷和海鲈的细胞系已分别传代38次和46次。童裳亮、孔杰等的"对虾的细胞培养、病毒病原诊断与流行病学研究（1994～1998）"已取得进展。黄捷、宋晓玲等的"对虾组织培养和动物试验用于中国对虾病毒病的研究（1992～1995）"已研制成适合中国对虾细胞生长的培养基MPS。采用这种培养基对虾细胞生长非常迅速，可在3天内长成单层，为诱导对虾细胞转化和建立永久性细胞系奠定了基础。王爱民等的"试管珍珠的研究"（1992～1995年）项目对海洋马氏珠母贝外套膜组织的原代培养已获成功，细胞能存活65d以上，并能旺盛地分泌珍珠质，并建立了体外珍珠囊的培养技术。　（徐怀恕　戴继勋　童裳亮　纪伟尚
郑家声　刘万顺　包振民　陈西广）

水声工程技术
Marine Acoustic Engineerig Technology

【水声工程技术研究】 中国科学院声学研究所李启虎等研究了时域数字多波束成形，用并行流水线、数字滤波、升采样、最优加权等结合，得到高精度延时补偿。还用DICANNE（数字式干扰消除自适应零网络设备）抵消强干扰。该所侯朝焕提出实现快速傅里叶变换的VLSI结构，用基4流水运算方式完成4点数字傅里叶变换运算

乘旋转因子。朱维庆用自适应格形滤波器估计非平稳混响过程，递归最小二乘法优于随机梯度法和快速卡尔曼法。

吴国清针对水下被动定位问题，研究 x^2 检验法在自适应卡尔曼滤波中的应用。

声学研究所研究了声图像解释及建模技术，结合海底水声成像的物理背景，通过对水声图像统计特性的研究，提出了若干适合于水声图像的处理方法，包括声图像预处理、声图像压缩、水声目标特征提取、水声目标检测和参数计算、水声目标形状分析、水声目标识别的人工神经网络方法等。在物理分析、硬件设计和算法研究基础上，针对无缆水下机器人的具体要求，研制了声图像处理系统，完成声图像压缩和妨碍航行的障碍识别等功能。

声学研究所东海研究站张叔英研究了声学地层剖面记录的图像识别，提取图像的各种特征，提出穷举搜索策略和模糊集两种建立专家系统的方法。用此方法可以根据地层剖面记录的特征识别出海底各层沉积物的类别，有相当高的置信度。

哈尔滨工程大学研究了水下智能机器人的视觉信息处理和理解技术，开发了适合于声图像特点的数学形态学图像处理和人工神经网络声图像目标识别等技术，设计的硬件与软件，满足实时高分辨声图像获取、识别与跟踪要求。还研究了图像水下声传输问题，设计了有特色的编码(跳频、多频、多频与调相混合、DCT压缩、矢量量化及人工神经网络压缩)、解码(自适应测频、高速谱分解、自适应均衡)、纠错码(精密图像同步、卷积码编码、维特比解码)技术，实现了水平长距离传输。

哈尔滨工程大学发展了 Pattern 编码技术，使水声通信、导航、定位、遥控系统能在复杂的海洋环境下工作，不受海洋多途干涉的困扰。通信速率达 350bit/s，误码率达 10^{-4}，作用距离比传统技术提高 30%，达数十公里。船载跟踪定位中使用了分裂阵自适应定位技术，使距离提高到 10km，精度 6%～1%。

哈尔滨工程大学应用自适应线谱增强器(ALE)和由 ALE 改进成的 ALECA(自适应相干累加器)用于主动、被动声呐，提高其探测距离和全景搜索能力，亦用于水中运动物体的跟踪与定位。由其发展而成的 APSE 技术(自适应脉冲序列增强器)和 APSECO 技术(自适应脉冲序列增强和相关联合处理器)可以增强任意复杂波形的周期性脉冲序列，适用于多途信道，能显著地提高作用距离。

哈尔滨工程大学还用窄带 PIC (波束形成后干扰抵消器)对拖线阵海试数据进行自适应处理与分析，使用了梯度算法、协方差矩阵递归直接求逆算法和克莱姆—施密特修正递归误差反馈算法。西北工业大学用空间预滤波和无约束自适应噪声抵消器构成主瓣约束的自适应旁瓣抵消器。用 FIR 数字滤波器实现高精度时延，用于宽带数字波束形成、自适应时延估计及目标回波的时域分析。

中船总 715 研究所宫先仪等研究了 MVDR (最小方差信号无畸变响应)，得到波束形成信号与干扰噪声和之比增益最大，但受信噪比影响。提出用调节波束形成器权向量中的增强因子的办法改进分辨方位的能力。

东南大学黄建人根据 6 基元阵声程差进行多通道广义相关时延估计，并讨论了其 DSP 实现。

同济大学耿建华等用声波方程对海底回波数据进行逐层折射校正，以消除成像中的横向声速变化影响。

（李允武）

【水声设备研究】 中国科学院声学研究所为中国第一艘无人无缆深海机器人“探索者”号研制了声学系统，使机器人具有搜索、观测、导航和水下信息传输的功能。采用了适用的声像压缩、恢复技术和数字信号处理(DSP)技术，实现了水下信息快速传播，有独创性。它包括多部声呐，多普勒声呐可同时测量运载体速度和流速；侧扫声呐既可快速搜索，又可近距离观察；测距声呐可测量目标与运载体距离和相对姿态。

中国科学院声学研究所研制的测深测潜仪，集测深、测潜、测冰、测波 4 种功能于一体。还有用两种不同频率测深的功能，并能在水下测量海情海况，用于潜艇，可增加其隐蔽性。采用多计算机协同工作，实现了数据的数字实时处理和声速梯度的修正，提高测量精度。

声学研究所研制了高分辨率谐波图像声呐。此声呐具有导航、搜索、识别功能。声呐将线性与非线性技术相结合，以基波声场解决目标的远距离搜索，以谐波声场解决目标的近距离识别。采取技术措施，解决在浑浊水域工作的问题。用步进电机驱动系统保证高的定向精度和低的噪声级。使该声呐有轻、小、成像速度快、低噪、低磁、分辨率高等特点，适于在潜水器上使用。

声学研究所研究了宽带多普勒测速技术，研制了宽带声学多普勒流速剖面仪(BBADCP)。用宽带声脉冲信号，一次发射对每一流层即可得到足够的样本数目求统计平均，因而可得多普勒频移的有效估值，同时提高了测速的精度和距离分辨率。

声学研究所东海研究站研制了 D&Z 声参量多频海底测绘系统，适用于海底地形和海底表层地质构造的测绘以及海底掩埋小目标和航道浮泥探测。它采用声参量阵，以一个小尺寸的声换能器阵实现高低频两种信号的高指向性发射，通过对多频接收回波的处理，以“双迹”或“混合”形式提供高低频的回声测距记录，从而同时得到由清晰的海底线描绘的海底地形图和层次清楚的海底表层沉积物的分层构造图。此系统已在国内航道浮泥探测和澳大利亚海底掩埋物体探测中得到成功应用。

声学研究所东海研究站在海洋局技术所的协作下完成了 ASSM 型声学悬浮泥砂观测系统的研制，可在不干扰现场的条件下，自动连续和长时间地实时观测水下悬浮泥砂浓度的垂直分布和随时间变化的过程。该系统是根据声反向散射原理反演，现场观测悬浮泥砂浓度的设备。在信息处理上，设置了可变窗口的时空平均处理，实时反映泥砂变化的动态过程，采用 16 种彩色屏幕显示得出三维图像。此系统用各种不同浓度泥砂样品标定，在长江口测得泥砂运动规律的资料。

哈尔滨工程大学研制了水声声强测量系统，是一种线列阵水下声强扫描测量系统。主要用于船舶等水中结构水噪声特性分析和主要噪声源的判断、对水下辐射效率的估算、水中航行体减振降噪成果的检测及安静型船舶的研制,用作检测手段。在研制中进行了消声水槽和水池中双水听器声强探头空间自动控制测量的实验研究,湖上用双水听器线列阵对实船水下噪声测量和声源定位的研究,实船水噪声阵列式双水听器声强探头基阵的声强分布研究,结合远近场分析,研究船舶主要辐射噪声源的判断及其水下辐射效率的估计。

【水声换能器与换能器基阵研究】 哈尔滨工程大学李东林用有线元— Helmholz 法结合,对有限长圆柱形水声换能器的电声特性进行分析计算。

北京大学栾桂冬等论述了灌注成型 PVDF 薄膜复合圆管水听器的特性,这种水听器灵敏度高、加速度响应好,一致性好。陈航研究了弯张换能器壳体的振动特性。周利生研究了圆柱形压电振子的多维耦合换能器理论。袁易全探讨了浅海石油开发用的 PVDF 圆管内贴水听器。哈尔滨工程大学周福洪研究了单模光纤水听器,研究其相位漂移补偿,结构上的防水包层问题。这种新型水听器的灵敏度比现有的水听器高 20dB。哈尔滨工程大学王育生和613厂陈景德等研究了离散的三叠层宽带散射矩形反声障板,阵元接收面朝向障板,基阵阵元稀疏排列的布阵技术。

声学研究所解宝兴等研究了用于噪声定位的 25 元垂直水听器阵。耿成德等作了声呐用圆柱声透镜的实验研究。 (李允武)

潜水和水下工程技术
Diving and Submarine Engineering Technology

【6 000m 深海拖曳式观测系统及深海光学观察系统】 在中国大洋协会和国家海洋局有关部门组织和领导下,1995 年海洋科学考察船"大洋一"号圆满完成太平洋国际海底 15 万 km^2 开辟区资源勘查及首台水下 6 000m 多金属结核观测系统的试验。多金属结核分布于深海,海底环境复杂而且不明,使得多金属结核的水下采集及输送作业难度更大。对结核资源的分布、海底环境进行调查勘探是开采前期的必要工作。6 000m 深海拖曳式观测系统是完成这一工作的主要设备,它既能完成大范围的普查,又能进行定点详查。除从国外引进必要的设备外,上海交通大学研制了该系统的深海光学观察系统,由于运用数字传输和图像压缩等先进技术,确保了系统性能优良可靠,在"大洋一"号的太平洋试验中,共获得 22h 的海底录像资料和近 200 张照片。

【水下机器人】 由中船总 702 研究所、709 研究所等单位研制的"8A4"水下机器人是一台重型缆控作业水下机器人,工作深度为 600m,长为 2.18m,宽 1.54m,高 1.44m,开架式结构,空气中重为 1.84t,推进总功率为 36.775kW(=50 匹马力),前进最大速度为 3kn,能进行航向、深度、高度、横倾的闭环控制。备有水下摄像机和成像声呐,具有 5 自由度锚定机械手一只,6 自由度主从式作业机械手一只,并配有钢缆切割器、低压水枪、冲击锤、专用扳手等水下工具。"8A4"水下机器人可应用于海上油气开发,海底施工监测,海底管道监测,沉物打捞和水库作业等。

【水下机械手】 华中理工大学船舶和海洋工程系研制成两型遥控水下机械手——作业机械手和定位机械手。这是中国通用的水下重型作业型水下机器人的核心配套设备,主要用于海洋油气开发等作业。该两型机械手具有作业能力强、举力/重量比大、抗冲击性能好、控制功能齐全、使用方便、外型美观等特点。工作深度为 600m,作业机械手为 6 自由度,举力为 365N,重 367N,用主/从式液压伺服微机控制,定位机械手为 5 自由度,举力为1 040 N,重 480N,开关控制。

【水下无缆机器人】 中国第一台无缆水下机器人"探索者"号由中国科学院沈阳自动化研究所,中国船舶工业总公司和上海交通大学等单位经 4 年努力于 1994 年 11 月研制成功,并通过专家验收。这台机器人是国家"863"计划自动化领域部署的重点研制任务之一。该水下机器人的工作深度为 1 000m,活动范围可达 12n mile,其设计要求是在指定海域探索目标,并记录数据和声呐图像,可对失事目标进行观察、拍照和录像,并能自动回避障碍,具有水声通讯能力,可将需要的数据和图像传至水面监控台显示。

中国第二台无缆水下机器人"CR—01"号由中俄两国科学家合作研制成功,并于 1995 年 8 月于太平洋 5 200m 水深完成了深海试验。该机器人的工作深度达 6 000m,使中国具有对除海沟以外的占全世界海洋 97% 面积的海域进行详细探测的能力,为中国 21 世纪开发海洋资源又提供了一个强有力的技术手段。

【无人潜器】 中国科学院沈阳自动化研究所在 Recon—Ⅳ—SLA 型无人遥控潜器的基础上,研制成功了 YQ—2 型无人遥控潜器。该潜器由潜水器、主控台、辅控台、中继器、吊放系统、系缆和脐带电缆等部分组成。潜水器工作水深 300m,空气中重量 600kg,电机推进,功率5.884 kW(4×2 马力),应用微机进行自动定深、定航向等自动控制。潜器配有彩色和黑白电视摄像机、磁通门罗经、声像声呐等观通导航设备以及一只 6 自由度作业机械手和一只 4 自由度定位机械手。 (朱继懋)

海洋遥感技术
Marine Remote-Sensing Technology

【机载海洋遥感器】 **91 波段机载成像光谱仪** 中国科学院上海技术物理研究所于 1993 年研制成功机载高光谱分辨率成像光谱仪的样机一台,并于 1994 年初在东海海区进行了飞行试验，结果表明该仪器已达实用水平。该仪器共有91个波段，其中可见光64个波段，中红外24个波段，远红外3个波段，波长范围为0.4～1.04μm，2～2.48μm，3.55～3.92μm，10.3～11.3μm，该超多波段成像光谱仪是国际上光学遥感器发展的前沿，它在海洋、陆地和大气观测中具有广泛的应用领域。

128波段机载成像光谱仪 上海仙通信息技术研究所薛永琪等1995年研制成功机载128波段成像光谱仪的实验样机，波段范围0.4～1.11μm。该仪器采用硅CCD面阵元件和平行推扫技术，具有体积小、重量轻的特点，它是“863”计划的一项预研成果。该仪器研制成功后，由核工业部地质研究院进行试用，表明仪器功能正常。在此基础上，研制实用化、模块化、体积小、重量轻的机载或星载高光谱成像光谱仪已指日可待。

HG－1型机载雷达高度计 中科院空间中心姜景山、郑斌强等人开展了“八五”重点项目“机载雷达高度计研制”工作。经5年努力，于1995年底研制成功HG－1型机载雷达高度计的试验样机。该仪器中心频率9.0GHz，带宽330MHz，脉冲宽度5ns，采样窗12个，脉冲压缩比600。该仪器研制完成后，由海洋局一所潘家祎等人协助，采用从法国引进的“超黄蜂”直升机装载，进行试飞，并对探测数据进行处理。结果表明，该仪器的技术指标达到预定设计指标，海洋探测数据反演结果也较满意。

【海洋波谱测量分析和海洋要素真值测量试验】 **海洋光谱分析处理系统** 这是一项国家重点项目，由海洋局技术所承担建设。该系统建成后，系统可对超多光谱仪现场测量数据、航空遥感成像光谱仪数据、卫星图像数据等进行波谱分析处理，并建立符合国际标准的海洋光学波谱数据库。

该系统硬件系统和通用软件系统已于1995年底通过阶段验收。该系统硬件环境由以SGI INDY R4400作为主处理机、字符、图像/图形终端和微机构成。软件环境以UNIX为操作系统，并集成美国Clorado大学地球空间研究中心(CSES)SIPS波谱分析软件包、加拿大PCI公司遥感图像处理软件、ORACLE 7.1数据库以及交互数据语言IDL等软件。

综合性大规模海洋、陆地、大气航空遥感试验 在国防科工委的支持下，由国家海洋局牵头，由中国科学院、中国气象局、国家教委、总参等16个所属有关单位参加的航空遥感试验分别于1995年8～9月和1996年1～2月在黄海、大青山、东海、唐山、渤海等5个场区进行。这次试验利用多光谱、微波等机载、船载、陆基遥感设备对陆地、海洋、大气进行同步遥感探测，获得大量第一手观测数据，为我国开展遥感基础技术，海洋水色、水温和海冰观测，地球生态环境和地质环境，大气要素探测等领域研究提供了丰富的波谱数据和地球物理数据。

【中国卫星辐射校正场综合论证】 在国防科工委的领导下，由国家卫星气象中心牵头，组织中国资源卫星应用中心，总参二部技术局，中国科学院空间科学与应用总体部和国家海洋局科技司等单位专家于1993年10月开始了中国卫星辐射校正场综合论证工作。为建立多卫星共用的国家级遥感卫星辐射校正场，以满足我国遥感卫星可见光、近红外波段的辐射校正和现场真实性检验工作的需求，经过有关各方的多次论证和试验场实地调查，于1995年完成综合论证报告，并上报国家有关部门，现已批准实施。

【海洋水色卫星和卫星数据应用】 **海洋水色卫星总体方案论证** 国家海洋局于1994年成立海洋水色卫星总体方案论证组，开展了卫星用户需求和技术指标、接收站布局及设施、数据预处理和后预处理系统以及卫星数据应用研究等方面的论证工作，在论证组一年多工作的基础上，由国家海洋局向国家卫星计划主管部门申请发射海洋水色卫星，现已列入国家“九五”卫星发射计划，并计划于1999年适当时候发射。这是国内第一颗海洋卫星，主要用于探测海洋水色环境要素，为海洋渔业、环境保护、沿岸工程、河口治理等方面提供基础数据和科学依据。

国家海洋局海洋卫星总体部成立 为适应中国“九五”期间发射海洋水色卫星的需要，国家海洋局决定成立海洋卫星总体部，该总体部直属于国家海洋局领导，办公室设在国家海洋局科技司。总体部任务是在1994～1995年论证工作的基础上进一步开展卫星立项论证工作，着重于开展海洋水色卫星综合技术经济论证，同时开展必要的关键技术预研，以求总体方案及其相关各部门的技术方案做到万无一失。目前论证工作正在进行之中，计划于1996年10月份前完成综合论证报告。

SeaWiFS数据实时接收与处理系统 美国NASA计划于1997年上半年发射海洋水色卫星SeaStar，星上装有宽视场海洋水色扫描辐射计(SeaWiFS)，这是美国继1978年后发射的第二台海洋水色仪。海洋局第二海洋研究所已获美国NASA的批准，可以免费实时接收该卫星下行数据，为此，国家海洋局在国防科工委的支持下，在原杭州气象卫星接收站的基础进行上扩建，以适应SeaWiFS数据接收和处理的需要。

SeaWiFS数据实时接收与处理系统以SUN SPARC STATION 20/SX/MODEL 51工作站为主处理机，Solaris 2.4(Unix)为操作系统，Open Windows用户界面，装有图像处理系统软件(ERDAS)、数据库软件(SYBASE)和地理信息系统软件等。该系统采用以太网集线器和Netware Sunlink网络管理软件构成本地网络系统。

该系统硬件系统和通用软件系统已通过国家海洋局和国防科工委的验收，目前正在运行过程中。

【海洋微波遥感】 **雷达高度计资料提取大地水准面信息** 海洋局第一海洋研究所潘家伟等人开展了利用雷达高度计资料进行大地水准面信息提取方面的研究，该项研究目前正在深入开展，已取得阶段性成果。1994年，利用Geosat高度计50个ERM周期2.3年数据对东海海域进行了大地水准面反演计算，采用时间平均处理法有效地抑制了海洋时变引起的高度偏差，并用两种计算模型得到了大地水准面。1995年，利用Geosat高度计海面高度数据开展提取海面动力特征信息方面的研究，重点放在黑潮流系方面的研究上。该课题用Geosat高度计数据反演大地水准面，其误差为5～10cm，分辨率50～100km，得到了黑潮流系的三个不同模态(ENSO模态，弯曲模态和季节变化模态)及它们之间的相互关系。

微波散射计在风场测量中的研究 海洋局第三海洋研究所孙瀛、林明森等人开展了微波散射计在风场测量中的应用研究，已取得了阶段性成果。以往对二波束散射计反演中的伪风向排除，通常借助其他气象资料诸如：气压分布、卫星云图或流线分析等。对反演带来的困难，该课题提出一种新的风场反演多解排除法，充分利用多解风场中风速不存在模糊的性质，以风速等值线图及局部多解风场图案为基本结构，进行多解排除。利用这一方法，对Seasat－A二波束散射计资料进行了反演，选取了平流、涡流及锋面等典型风场进行计算，并对结果进行了对比验证，取得了令人满意的结果。

航天SAR在海洋上的应用 由海洋局第二海洋研究所承担的“863”计划中“星载SAR的海洋应用研究”专题经过近五年的跟踪研究和重点攻关，于1995年全面完成，并通过鉴定验收。该专题在海浪，浅海水下地形，海岸带，海面目标和近海动力特征等方面取得了一系列开拓性成果。

【卫星在海岸带调查中的应用】 海南岛资源环境综合调查 由国防科工委和国家海洋局共同资助的“海南岛资源环境综合调查”项目经过近3年的工作已于1995年完成，1996年初全部通过了验收。该项目共由10个课题组成，包括海南岛岸线特征研究，红树林和珊瑚礁资源调查，海口湾和海口港环境调查，琼州海域水文气象环境分析，琼州海峡轮渡码头选址，海南岛海区渔海况速报，清澜港和三沙地理环境综合调查，海上试验场和气象、陆地资源卫星数据海上订正研究等。该项目的实施是在海岛和海岸带资源与环境调查工作中应用卫星遥感新技术手段代替传统调查手段的一次成功的尝试，为海南省重点岸带地区的海洋开发和利用提供了翔实的数据。

长江口通海航道泥沙动态分析 华东师范大学河口海岸研究所恽才兴等利用NOAA气象卫星和Landsat资源卫星的时序系列图像对长江口通海口悬浮泥沙分析规律进行了研究，并与现场定点观测资料相结合，对长江口的泥沙进行了估算，以及拦门沙对航道的影响作了评估。该课题是国家八五科技攻关项目“长江口拦门沙航道演变规律与深水航道整治方案的研究”的子课题，已于1995年底通过鉴定和验收。 （吴培中 刘 挺）

海洋观测技术
Ocean Observation Technology

【海洋资料浮标】 海洋资料浮标实际上是海洋环境自动观测平台。按其工作状态它可分锚定在所选海区进行长期连续观测及发报的锚泊浮标和漂浮于海面靠卫星定位传输非限定海区的实时观测资料的漂流浮标。

FZF2－2型海洋资料浮标 FZF2－2型海洋资料浮标是山东省科学院海洋仪器仪表研究所承担的国家“七五”攻关项目。其主要技术指标如下：风向测量范围：0～360°；气温测量范围：－5～＋40℃；气压测量范围：850～1 050hPa；表层水温测量范围：－3～＋35℃；波高测量范围：0.5～20m；可根据用户要求增减测量参数；采样次数：定时采样，每天8次；资料平均有效接收率：不小于80％(短波通讯)，卫星通讯接收率：不小于90％；系留深度：200m；浮标直径：10.0m；通讯距离：1 000km；连续工作时间：14个月；电源：采用9N500型电池。

FZS2－1型海洋资料浮标 FZS2－1型海洋资料浮标是由中国科学院南海海洋研究所研制并锚泊于2 000～4 000m水深的深海浮标。它采用圆盘状钢制壳体和单点系泊方式。主要技术指标如下：风速测量范围：1～60m/s；风速测量精度：±(0.5＋0.05V)；最大风速测量精度：±(0.5＋0.5V)；风向测量范围：0°～360°；风向测量精度：±5°；气温测量范围：－5～＋45℃；气温测量精度：±5℃；水温测量范围：0～35℃；水温测量精度：±0.2℃；气压测量范围：850～1 050hPa；气压测量精度：±1hPa；表层流速测量范围：0.05～2.5m/s；流速测量精度：±3％；表层流向测量范围：0～360°；流向测量精度：±10°；波高测量范围：0.3～70m；波高测量精度：±10％；波周期：3～25s；波周期精度：小于±0.5s。

FZS3－1型漂流浮标 FZS3－1型漂流浮标是海洋局技术所研制的随海流自由漂移而进行大尺度海流测量的一次性使用仪器。其技术指标如下：表层水温：测量范围－3～＋35℃，准确度±0.5℃；测流方法拉格朗日法；定位精度：±300m；数据传输：ARGOS定位与数据传输系统，6个月连续数据，接收率大于90％；工作极限条件：水温大于－5℃，气温－20～＋50℃，有效波高16m，水深大于15m，投放高度小于10m。

【海洋气象观测技术】 ZQA4－2型自动气象遥测系统 该系统是海洋局技术所研制的，可广泛用于气象观测站、气象资料收集中心、海洋站、石油平台、水利灌溉等方面。其技术指标如下：气温观测温度：－20～＋50℃，测温误差小于0.3℃；气压观测范围：860～1 060hPa，测压误差±1hPa；空气相对湿度：0～100％RH，测湿误差：±5％；风速测量范围：0～60m/s，测风误差：±(0.5±0.05V)m/s；风向测量范围：0°～360°，测向误差：±7°。

测量要求：按气象观测范围正点进行自动观测，正点后向用户站和资料收集中心传送一次。也可按用户特别要求进行加密观测和数据传送。

数据存储：机内设有2片存储器，可存放3个月的连续气象观测资料数据。

实时打印功能：用户接收站于正点时自动开动接收遥测站发来的实时气象观测资料，并自动打印记录。

后处理要求：用户站带有标准RS－232C接口，可与站内的PC机接轨，并提供月报表和单项气温、气压、相对湿度及风速、风向统计报表的软件。

传输方式：短波ARQ方式。

数据平均有效接收率不小于85%～95%。

ZQC2－1型船用气象数据采集和航海保障系统 该系统是海洋局技术所研制的船用气象仪器。它可在海洋考察中对海面风、气压、气温等海洋气象数据以及GPS数据进行采集和处理。其技术指标如下：

(1)海面风：可装配重型或轻型以及轻重型海面风传感器，视用户要求而定。

风速：重型测量范围：1.5～90m/s；轻型测量范围：0.3～60m/s；精确度：不大于10m/s时为±0.5m/s，不小于10m/s时为±10%V；

风向：重型128个方位，精确度为±3°；轻型64个方位，精确度为±6°；

起动风速：重型为1.5m/s，轻型为0.3m/s；

抗风强度：重型不小于90m/s，轻型不小于60m/s。

(2)大气压测量范围：800～1 060hPa；气压测量精确度：±1hPa(当船摇摆不大于35°时，最大误差不超过±0.5hPa)；

(3)气温测量范围：－50～＋50℃，精确度为±0.5℃；

(4)相对湿度测量范围：0～100%RH，精确度不大于±4%RH；

(5)经纬度：精确度取决于GPS的测量精度；

(6)航向航速：精确度取决于GPS的测量精度和船的运动状态；

(7)环境温度：数据采集处理器－30～＋60℃；传感器：除气压传感器环境温度为0～45℃时，其他均为－40～＋50℃；

(8)环境湿度：数据采集器不大于95%RH，气压传感器不大于95%RH。

XQA1－1型气象卫星数字信号微机实时采集和处理系统 该系统由国家海洋环境预报中心研制。该系统和天线接收机配合，可完成对NOAA卫星HRPT信号或GWS卫星展宽数字信号的实时采集、存储，经微机处理后产生IB标准磁带资料，定量应用于数值预报和图像预报。可用于海洋、气象、农业、水利、渔业、森林防火、资源监测等领域。系统的主要技术指标如下：

(1)首次用微机实现HRPT全部信号的实时接收处理，全分辨率1.1km，全精度10bit并包括AVHRR数据的定位、定标信息和TOVS数据、DCS数据等；

(2)实时接收处理GMS卫星展宽数字信号S－VISSR，红外分辨率5km。可见光1.25km，存入全数码流信息88.7兆字节；

(3)与接收机联机的接口板设计成两用的，用软件选择接收NOAA或GMS卫星的信号并可适用于多种天线和接收机；

(4)采用300Mbit大容量磁盘带，存取数据率10Mbit/s；

(5)具备通用图像处理功能，图像处理子程序达150多个；

(6)软件环境以MB－DOS为操作系统，用FORTRAN汇编C语言，系统控制软件和各种应用软件是独立编写的，结构模块化，可用于不同用户；

(7)接口软件保证实时存盘和显示；

(8)IB带制作软件，根据星上数据完成定位及定标计算，在无地标准修正的情况下，定位精度约5km；

(9)海面温度分析软件具有高分辨定量计算功能，海面温度测量精度小于1℃；

(10)图像处理软件提供方便的交互方式，用5122真彩色或伪彩色显示方式，完成多种图像处理功能。

此外XQA1－2、XQA1－3型产品均为普及型。

XEA2－1型测风仪 该测风仪是由海洋局技术所研制的台站气象仪器。其特点是可自动打印测风数据、并能扩展测量数据(温、湿、气压)，能自动打印8个整点前2min的平均风速及最多风向，可自动打印24h内24个整点前10min平均风速和最多风向；可测24h内10min平均最大风速，对应最多风向、出现时间；可测24h内阵风极大值(3s平均)、对应风向、出现时间，还可进行大风报警。可随时显示所测数据有：按键前35min的阵风风速和风向、2min及10min平均风速和最多风向、开机以来到按键前出现的极大风速及对应风向和出现的时间。其主要技术指标如下：风速测量范围：0.4～60m/s，准确度：±(0.5＋0.04V)；起动风速：不大于1.1m/s；风向测量范围：0～360°，准确度：±10°；时钟误差：±10s/d；采用不间断电源连续供电56h(可选择)。

低功耗自动定时打印测风仪 该仪器是由青岛海洋大学针对海上无人、无电、风险大、测点多的特殊环境要求研制的，并获得国家实用新型发明专利的海上自动测风仪器。它采用独特程控方式和低功耗器件，充分利用计算机打印功能，并确保低成本和低功耗。主要技术指标如下：

风速测量范围：1～20m/s，测风误差：小于0.2m/s；采样时间：3min，采样时间间隔：10～10.5s；定时精度：小于3s/d，电源电压：6V；平均功耗：小于7mW。

JDWO1型长期自记雨量计 该雨量计是由南京水利水文自动化研究所研制的，适用于长期自记遥测降雨量。它可同时用于水文资料收集和水文自动检测系统。该仪器采用了双翻斗、双信号输出(0.1mm和1.0mm)及微机软件纠错和防止堵塞等一系列措施。

【温、盐、深测量仪器】 **SZC12－1型数字温盐计** 该仪器是由海洋局技术所研制的，用来进行河口乃至远海海水盐度和温度现场定点测量的仪器。其测量参数直接以数字形式显示。主要技术指标如下：盐度测量范围：2～35，测盐精确度：±0.2；温度测量范围：－5～＋40℃，测温精确度：±0.1～0.2℃；测量深度：表层～100m。

SZC12－1(A)型数字温盐计 该仪器是由海洋局技术所研制的，用于海水盐度和温度的现场定点测量仪器。它可进行实时、自动测量和即时测量，并能终端显示、打印、存贮温度和盐度数值及时间；可与系统机通讯。其技术指标如下:盐度测量范围:25～35,测盐精度:±0.2;温度测量范围:－5～＋30℃,测温精度:±0.1℃;测量深度:表层～50m;供电方式:AC220V,50Hz,DC12V。

温度探测器　该仪器是中国科学院声学研究所研制的一种新型实用的温度剖面记录系统,可用来检测海洋中不同深度层的水温变化。温度计采用密集式线阵结构,具有互换测温高、反应速度快、抗干扰能力强、现场易修理和更换、实时同步显示、直接监视数据等特点。该探测器可满足海洋环境数值预报同步性的要求,为海洋环境数值预报和灾害性海况遥测提供监测技术,并可作为内波和生物养殖的监测手段。

HYD1－1 型多路水温测量仪　该测量仪是海洋局技术所研制的,可用于江河湖海中水温、气温的多点同步测量,具有定时自动测量、显示及打印功能,并配有RS232C 串行接口,可与系统机联网。其技术指标如下:温度测量范围:－20～＋60℃,准确度:±0.1℃;传感器个数:最多 28 个;电缆长度:50m(也可按用户要求定)。

YQY1－1 型水温传感器　该仪器是海洋局技术所新开发的,用于江河湖海各种水域的定点水温测量器件。其技术指标如下:温度测量范围:－3～＋35℃,测量精度:±0.1℃;输出形式:0～5V 直流电压,采用 DC±12V 供电。

SZF1－1 型数字式遥测波温仪　该仪器是中国科学院海洋所受海洋局北海分局委托研制的海洋波浪和表层水温测量用的仪器。在仪器浮体和接收机内都采用单片机、CMOS 集成电路、数字通讯等技术。仪器可无人值守,工作可靠性高、功耗低,能同时测量波高和水温。采用无线电通讯方式,遥测距离 5～10km。仪器既可随船使用,也可定点系留使用。

高精度温度记录仪　该温度记录仪是青岛海洋大学研制的、能满足海洋调查要求的高精度数字式温度记录仪。它以低功耗、单片机、液晶显示器和 V/F 变换接口为基础,采用干电池供电。由于它具有串行通讯接口,因此可作为综合性数据采集系统的一个智能化部件。其探头耐压性好,可用于表层和深海测温。仪器测温范围为－3～＋37℃,室内检验精度为±0.03℃,对用户保证的精度为±0.05℃;分辨率为±0.01℃。

SYA2－1 型实验室盐度计　该盐度计是由海洋局技术所研制的,用于精确测量盐度的新型仪器,可广泛用于实验室及调查船。其主要技术指标如下:盐度测量范围:2～42,准确度:±0.05;温度测量范围:3～35℃,准确度:±0.1℃;水样消耗:40mL(冲洗 3 次);使用环境温度:3～35℃。

【流、浪、潮测量仪器】　**SLY6－1 型一维声学多普勒海流计**　该海流计是中国科学院海洋所研制的,用于江河湖海水流测量的仪器。其技术指标如下:流速测量范围:1～300cm/s,准确度:均方根误差:0.77%;流向测量范围:0°～360°,准确度:±5°;工作水深:300m;工作温度:0～30℃;工作及输出方式:(1)现场观测时数码显示打印输出;(2)自容测量时历时 3 个月,测量结果通过读出器输出;电源:12V 4W;重量:传感器 3kg,终端 2kg。

SLC7－1 型海流计机芯　该机芯是由海洋局海洋环境监测中心和大连铁路电子所联合研制的、采用微机技术的电子机芯。它可直接取代原海流计的机械芯,用以进行海流的流速、流向及水温测量。其流速传感器采用 N3040 集成霍尔传感器;流向传感器采用 YLS2－1 型电位计式磁罗盘;温度传感器采用 AD590 型集成传感器。机芯采用一片 80C31 单片机来完成数据的采集、存储和读出工作。其主要技术指标如下:传感器:流速、流向、温度传感器;程序存储器:8KB;数据存储器:32KB、存储流速、流向及温度测量数据 5 400 组;读出方式:通过打印机接口由打印机打印输出,通过 RS－232C 接口读出;测量间隔设定:10～100min 以内,以 10min 为时间间隔任意设定;使用温度:－2～＋40℃。

机芯与印刷海流计配合后印刷海流计达到的指标:流速测量范围:0.035～3.00m/s,准确度:绝对误差:不大于±1.5cm/s,相对误差:不大于±1.5%;起动流速:小于 0.035 m/s;流向测量范围:0°～360°,准确度:±0.5℃;工作水深:250m;水下连续工作时间:1 个月(设定 10min 间隔)。

SSA2－1 型便携式潮位仪　该潮位仪是海洋局第一海洋研究所研制的、适用于大洋测绘验潮、海洋工程验潮、河道水位测量、沿海台站验潮的一种无井验潮仪。它主要由微机、水下探头、电缆、内外导管等组成。它可实时进行大气压力、温度、盐度、重力、涌浪、海流要素补偿,能立即打印准确潮位值。其技术指标如下:最大测量潮位:10m,准确度:± 1cm;时间精度:10s/min;工作温度:0～＋40℃;工作湿度:相对湿度小于 96%;岸用信号传送距离:1km;滤波误差:不大于 2mm;流速影响误差:不大于 2mm;可送入零点值和打印潮位改正值及年、月、日、时、分潮位值,可进行盐度、"自校测量"及含沙量"自校测量"。

SCA5－1 型水位自记仪　该水位计是由海洋局技术所研制的,适用于连续测海洋潮位变化以及江、河、湖、水库、地质井的水位测量。仪器主要由水位系统装置、数据转换装置、水位显示器、数据处理终端和不停电电源组成。仪器终端采用两种形式:(1)单一潮位显示器(只显示瞬时水位);(2)采用小型微机自动采集、处理潮汐资料,自动显示打印潮位数据,自动绘制潮汐曲线,自动存储录制潮位数据,可独立与计算机系统通讯绘制潮汐报表。仪器具有自纠错功能,适用于无人管理台站。其技术指标如下:水位测量范围:0～10m,精密度:±1cm;测量分辨率:1mm;数据存储:32KRAM;打印输出:16 行微打;数据回放:与计算机通讯直接打印报表;传输距离:不大于 5km;输出方式:RS－232 串行输出;工作电源:AC220V,DC12V。

SCA6－1 型声学水位计　该水位计由海洋局技术所研制,适用于江河湖海及水库的水位测量,特别是无验潮井的海域。这种非接触式水位测量仪器是采用声学回声测距原理,其组成包括主机系统、探头、声管、外护管等。仪器终端采用 8031 单片机和 HX20 微机,自动完成控制、数据采集处理；并能按要求打印出日平均潮高、24h正点潮高、潮时，24h内低潮潮高、潮时。仪器采用数字滤波、自校准和温度补偿技术，从而提高了系统准确性和可靠性。同时仪器避免了因机械磨擦导致的误差。其主要技术指标如下：

水位测量范围：0～10m，测量精度：±1cm；分辨率：1mm；采样速率：1～2次/s；测量时间间隔：6min；工作方式：24h连续工作，每6min显示打印一组潮时、潮位值；传输方式：有线传输1.5km，有线载波传输：10km，无线传输：视电台功率定；电源：AC220±22V，50Hz，DC12±1V。

SSA1－1型声学水位计　该水位计由海洋局第三海洋研究所研制，可用来进行海洋、河流、湖泊水位的非接触测量。其主要特点是不需要水井，实现了以单片机系统为核心的信号自动定时采集、温度补偿、数据处理等一系列功能。其技术指标如下：

水位测量范围：3～10m；测量精度：不大于3cm；分辨率：0.1cm；采样间隔：10，20，30，60min，定时精度：3s/d；工作环境温度：－10～＋40℃；相对湿度：不大于90%；功耗：小于10W。

【海洋理化及环保仪器】　HZC1－1型便携式现场水质仪　该水质仪是由海洋局技术所研制的一种适于海洋污染调查、水质分析、水产养殖、环境保护部门直接测量水质参数的仪器。其主要技术指标如下：

溶解氧测量范围：0～5mg/dm³，准确度：±0.5mg/dm³，pH值测量范围：1～13pH，准确度±0.1pH；水温测量范围：0～35℃，准确度：±0.1℃。

LRY1－1型溶解氧测定仪　该仪器是由山东科学院海洋仪器仪表研究所研制的，用于测量海水溶解氧含量和水温的分析仪器。可用于农业、水产养殖、生物工程及环境监测等领域的现场观测和实验室测定。其主要技术指标如下：

溶解氧测量范围：0～10mg/dm³，0～20mg/dm³，准确度：±0.5mg/dm³；温度测量范围：0～40℃，准确度：±0.5℃；电源：4F22型电池2节（DC6V 2节）。

LGC4－2A型水中照度计　该照度计是由海洋局第一海洋研究所研制的，用于测定水中或空气中光照度的仪器。它是目前水产科学研究及养殖中不可缺少的仪器。其技术指标如下：

水下测量深度：0～50m；光谱范围：400～700nm；测定范围：0.1～3×10⁵ lx，示值误差：±4%FS；供电方式：DC9V。

LGC3－1型走航式海面照度计　该仪器是由中国科学院海洋所研制的。主要用于海面照度的走航、连续、自动测定。其主要技术指标如下：

测量范围：100～15×10⁴ lx，分三档，自动换档；测量方式：每5s显示且读数一次，每4min记录一次此段读数的算术平均数，在走航测量时每4min传输一次卫导的船位和时间数值；记录方式：数字打印和磁带记录；测量误差：±10%。

LGC2－1型海洋光学参数测量仪　由中国科学院南海海洋研究所研制的光学参数测量仪，是用于海水光学性质及水下光场测量海洋生物和海洋初级生产力研究、海洋遥感与海洋光学理论研究的水光学仪器。其主要技术指标如下：

海水光速透过率：水中光程长度为961mm，准确度：在5%～95%范围内非线性误差不超过±20%；水下接收面水平面上下照度：动态范围为4个数量级，准确度：室内测量线性和重复性优于±5%；海水散射：20°固定角散射，动态范围3个数量级，准确度：稳定性和重复性优于±5%；测量深度：0～200m，准确度：±1%；工作方式：自容式每个测站可连续工作，连续记录数据量为300KB内；数据记录与自理方式：盒式录音机磁带，以TP801B记录速率和格式记录，经接口进入微机处理；数据采集时间：16次/s。

LQA2－1型光电测沙仪　该仪器是由海洋局技术所研制的、适用于江河湖海中水样含沙量测量用仪器。其主要技术指标如下：

测量范围：0～10g/l，准确度：±(1～10)%；输出形式：直流压输出；供电方式：220V 50Hz，DC12V。

LQS1－1型悬沙测定仪　该仪器由国家海洋局第一海洋研究所研制。它对于海岸带开发利用、港工建设、航道疏浚、江河治理、水体稀释扩散、自净能力研究，遥感研究及环境评价等有重要意义。其技术指标如下：

测量范围：5～2 000mg/l，精确度：±20%；投放深度：40m；拖曳速度：不大于5km；采样间隔：0.1～15s；内存时：9kbit，外存不限；电源：AC220V 50Hz或DC12V；功耗：小于40W；电缆长度：50m。

船用声学悬浮物监测仪　该仪器是由天津市科委组织、海洋局技术所研制成功的、用于进行河流或沿海河口悬浮泥砂浓度测量的仪器。它利用声学原理进行快速实时观测，能得到无扰动性破坏的真实悬浮物浓度剖面分布及其二维、三维立体分布图。其主要技术指标：

工作水深：30m（粒径大于10μm），10m（粒径小于10μm）；泥沙浓度测量范围：10mg/L～10g/L，泥沙粒径测量范围：10μm～20mm；浓度随水深一维分布图：水平分辨率：20cm（表示深度），水平分辨率：5mg/L（示浓度）；二维等值分布图：水平分辨率：半小时测点（示时间），垂直分辨率：20cm（示深度），浓度间隔视需要定，也可提供二维彩色条带分布图；工作频度：200kHz；发射功率：30W；脉冲宽度：0.1～1ms（可分5档）；脉冲重复率：人控100～500ms，计算机控制可任选；输出方式：实时计算机屏幕显示一维分布及打印输出数据，后处理给出二维分布图。

6 000m深海着底式拖曳照相系统　该系统是由哈尔滨船舶工程学院在原有深海相机基础上将定点式照相作业改进为拖曳式作业的照相系统，目的在于提高照相成功率和工作效率。整个系统由浮体、框架和撬板三大部分组成。由于采用3台照相机同时工作，不仅大大提高了照相质量，同时也增加了拍摄面积，从而也提高了海底调查速度和勘探作业效率。　　（刘令梅）

海洋工程防腐防污技术
Anti-Corrosive and Anti-Fouling Technologies for Marine Works

【海洋工程防腐蚀技术】 海洋工程腐蚀技术进展较快，主要表现在海港、码头、栈桥、防波堤、人工岛、管道电缆铺设、海上采油平台、各种工程船、浮标、潜水器等建造方面，已经加大了防腐技术的投入，所用防腐材料向新品和高档品靠拢，其中最令人关注的是海洋工程防腐涂料的多样化、规范化和功能化，上海的南浦和浦东大桥工程就体现了海洋工程防腐蚀意识的强化——从钢材、水泥到涂料都考虑到海洋的影响，为沿海城市建设提供了经验。

多样化：防腐涂料不再是醇酸树脂涂料，氯磺化聚乙烯和环氧沥青涂料等传统品种，而是向多样化迈进，改性环氧树脂涂料、高氯化聚乙烯、聚氨酯防腐涂料、丙烯酸—聚氨酯涂料等高性能防腐涂料开始进入市场。

规范化：近年来市场竞争激烈，许多防腐涂料面临品牌、质量、效果等多向综合实力的较量，因而规范化日益显得重要，不仅要求涂料技术指标明确，还应有权威性检验结果报告和用户的应用报告以及应用效果的音像资料，这一程序已成为厂家进入市场的法宝，从而加速防腐涂料规范化进程。

功能化：单一功能或简单防腐效果的初级型防腐涂料已经不太吸引用户，防腐涂料的开发开始向功能化倾斜，价廉不再是起点目标。涂料性能多功能性，标志防腐涂料进入成熟期。

海洋工程防腐涂料，已经成为一类产品，很受人们关注。其中国家海洋局海水淡化与综合利用研究所研制的TH—906海洋工程防腐涂料，在青岛海洋腐蚀研究所海洋腐蚀现场检验已取得实海检验5年全优的良好结果。该涂料在海洋考察船"向阳红7"、"向阳红9"号应用效果良好，仍在运行当中，并在海岸护堤、码头、浮箱等工程方面有很好的应用前景。淡化所研制的TH—911高氯化聚乙烯防腐涂料和TH—920抗静电防腐涂料于1993年底通过局级鉴定，1995年先后在天津南疆码头油罐外防腐和大港天津炼油厂航空油罐内防腐应用，经与国内多家涂料平行对照检验，效果最佳。在国内居领先水平。

在海洋工程防腐方面较有影响的科研单位及院校还有：广州重防腐涂料有限公司（中国科学院南方技术产业集团）、武汉时代科学研究院、武汉高校新技术研究所、中船总公司725所、中国海洋石油设计公司、中船总第十一研究所，化工部海洋涂料所、海军舰船维修研究所、南京河海大学等。

重防腐涂料生产厂家明显增多，除原有的上海开林造漆厂、无锡造漆厂外又增加了近10家：广东狮山化工厂、江苏兰陵船舶涂料厂、石家庄特种涂料厂、天津东光特种涂料厂、江苏扬州金陵特种涂料厂、江苏丹阳凤凰涂料厂、河北任丘华西防腐涂料厂、江苏建湖县轻化厂。天津关西涂料化工有限公司投资3 500万元，1993年4月投产生产船舶涂料、集装箱涂料和钢铁重防腐涂料，规模3 000t/年。此外，正在建设的合资企业有：上海浦东"上海国际油漆有限公司"投资7 000万元，生产船舶涂料、游艇涂料和钻井平台专用涂料；湖北的"中鄂制漆有限公司"投资4 000万元，生产重防腐涂料；浙江宁波"宁波伯爵油漆有限公司"投资5 000万元，主产船舶涂料、重防腐涂料和专用涂料。

在国内颇有影响的海洋与重防腐涂料品种有以下几种：

1. 用于造船、海洋石油设备、海洋设施的有STIC 9086防腐涂料（海洋设施）、TH—911高氯化聚乙烯防腐涂料（造船、海洋设施）及HCPE特种带锈防锈防腐涂料（造船、海洋设施）；

2. 用于钢结构、钢桩码头、码头设备的有H—52系列防腐涂料（码头设备）、STIC 9082重防腐涂料（钢结构）、88GA氯化聚酚烯涂料（码头设施）及NJ—930底漆9302面漆（钢结构）；

3. 用于输油、输气、输水管道、港口工程的有STIC 9081重防腐涂料（输油气管道）、LM—IV型涂料（港口工程）及DICEP无溶剂环氧涂料（港口工程）；

4. 用于海运集装箱、工程船舶的有LK氯醚防腐涂料（集装箱）和TH—906海洋工程防腐涂料（考察船）；

5. 其他特种用途的有STIC 9081重防腐涂料（自动卸盐车）、STIC 9083重防腐涂料（油罐内防腐）、STIC 9088环氧地坪漆（甲板）、NW—92耐高温防腐涂料（船用高温管道）和HL—100防蚀涂料（压水舱）。

【防污涂料技术进展】 防污涂料近年来发展平缓，主要是面临转轨，考虑到防污效果、环境允许程序和价格等因素，需要做许多调整。1993年国家海洋局海水淡化与综合利用研究所在"向阳红7"号和"向阳红9"号船首次采用聚氨酯型防污涂料，在低毒毒料方面采用二溴碱类海洋药剂，在国内属于先例。青岛海洋涂料所在天津大港电厂输海水管道内施涂防污涂料效果良好，减少了清污费用，提高了管道运行效率，很受电厂欢迎。郑州黄河水科院研制并生产的8511防腐涂料，防腐和防污性能均优于现有涂料，其抗海盐腐蚀性、抗海生物附着性、抗磨阻垢性兼顾一身，价格适中，是很有前景的涂料。天津机械涂层研究所1995年在海上采油平台试用新研制的防污涂料，效果不错，正在扩大应用领域。海洋渔业的发展，使近年来渔船渔网和养殖网箱的防污涂料需求日增，急需新品种的防污涂料，国内多家科研单位正在进行筹划。

【钢塑复合管技术】 该技术近年来在海洋工程与船舶上应用已进入市场，其优点逐渐为人们所认识。多年来在海洋环境中的镀锌钢管尤其是远洋船舶上的管道一年半左右就坏损，因腐蚀造成损失很大。广州造船厂和文冲船厂已在万吨级以上大船上采用涂塑钢管技术，取代普通镀锌管。南海石油总公司也在油轮上采用涂塑钢管，结果表明可延长使用寿命4～5倍，其经济效益明显，从1994年开始已大量采用此项技术。 （阎明久）

海洋教育
Marine Education

综述
General

【概况】 由于科技进步，使人们对海洋资源潜力的认识在加深，海洋经济开发领域不断扩大，海洋教育的范围也在不断扩展，海洋教育已不仅仅只局限于对海洋自然科学知识的传授，现在几乎在自然科学领域及工程技术领域重大的最新科研成果和技术发明，都很快地在海洋研究与开发方面得到推广应用。因此，现代海洋教育并不是人们通常理解的行业教育，它比大多数部门的行业教育要宽泛得多，实际上包括众多涉海部门的相关的各类教育内容，与有关部委如交通、船舶工程、水产系统的行业教育更有着直接的交叉（兼容）关系。海洋教育概念的内涵也由传统的海洋自然学科领域延伸为包括海洋自然科学、海洋交通运输、海洋工程技术、海洋水产四大领域的众多相关部门。据上述四个部门统计，中国目前涉及海洋学科领域的高校有青岛海洋大学、大连海事大学、哈尔滨工程大学、上海水产大学等37所高校的院、系和学科专业，涉及海洋教育领域的中等专业学校有29所，上述大、中专学校与开展学位教育的各类海洋研究所构成了中国现行海洋教育体系的主体，每年为海洋科技应用领域培养了大批的专业技术人才。

在1993～1995年三年间，各类涉海学科专业在校生人数比以往有较快增长。通过对海洋学科、海洋交通运输和海洋工程技术三类教育的统计，在读研究生从952人增加到1 337人，年均增长率为18%；在校大学生从18 663人增加到20 816人，年均增长率为6%；在校中专生从12 526人增加到15 737人，年均增长率为12%，均高于同期国家招生增长率。在此期间，各类涉海成人教育也取得了进展，国家海洋局在加强局系统海洋管理人才培养的同时，还为沿海省市海洋管理机构培养了海洋监察员393名，加强了沿海省市的海洋执法管理工作。农业部渔业局对海洋捕捞、水产养殖加工等20余个专业技术岗位上的渔民开展了技术资格证书培训（通称为绿色证书），7 882人取得了绿色证书，提高了渔业劳动者的科技文化素质。对青少年加强海洋国土意识教育也得到了国家的重视，1995年下半年全国海洋界对粤版《新三字经》的修订意见引起了新闻界和社会的广泛关注，新修订的粤版《新三字经》增补了海洋国土的内容，并且作为附录收入全国小学六年级语文课本。

海洋教育这三年得到较快的发展，得益于以下几个有利条件：首先，国家实施“科教兴国”战略来促进科技、教育与经济的紧密结合，并且依靠科技进步和提高劳动者素质，促进国民经济持续、快速、健康发展。海洋作为高技术产业，必然对海洋教育的发展起着引导作用。这种引导一方面表现在促使海洋教育行业注重高层次人才培养，瞄准世界海洋科技前沿，加强基础性学术研究。另一方面则促使海洋教育领域改善各类教育结构，尤其是高等教育结构，提高教育质量，促进各类高等学校合理分工，分层次、分期分批、有步骤地实施“211”工程。其次，教育法及相应的教育行政法规为海洋教育的健康发展提供了有力的法律保证。1995年经八届人大三次会议审议通过的《教育法》以国家法律的形式确立了优先发展教育的原则和教育的战略地位，对涉及教育的全面性的重大问题，如教育方针、教育原则、教育的法律责任等作出了明确的规定。《教育法》的颁布为中国教育事业注入了新的活力，使教育事业走上了法制化的轨道。海洋部门应依据《教育法》的规定，进一步明确各级行政部门在教育管理中的职责、权限和行政程序，认真转变职能，加强宏观管理，把海洋教育的发展落到实处，努力使海洋教育工作上一个新台阶。第三，全国海洋经济的快速增长为海洋教育提供了广阔的人才需求市场。据统计，“八五”期间中国海洋产值以每年20%以上的速度增长，远高于中国平均10%的增长速度。海洋经济产值也将由占国内生产总值的3%提高到2000年的5%以上。但增长速度虽高，主要仍为投入性增长，而非效率性增长，只有加大技术、人力资源的投入，加速发展海洋教育，才能真正实现海洋事业可持续发展。第四，中国海洋教育体系已基本形成，经过近十年的努力，各类海洋高等教育、职业技术教育与成人教育都已具有相当规模，初步形成了与中国海洋事业同步发展的运行机制。各部门近三年提供的各类教育统计数据也充分证明了以上的结论。

分析1993～1995年各类海洋教育的现状，海洋教育应在以下方面进一步发挥作用。在海洋高等教育方面，要继续加大改革力度，在内部优化结构，调整专业培养目标，发挥各自学科专业特色，根据社会需求，为海洋经济建设培养各类高层次的基础与应用人才。在外部走共建、联合之路，增强办学活力，使现有的教育资源得以充分运用。进一步实行产、学、研结合，直接为海洋经济与技术发展作出贡献。在海洋职业教育方面，要扩展现有专业学科的适应范围，围绕各类新兴的海洋高新技术应用领域及时调整专业设置。加强实习环节，突出专业技能训练，切实为海洋第一线培养留得住、用得上的专业技术骨干。在海洋成人教育方面，要把提高现有从业人员的文化素质与提高岗位技能结合起来，还要通过海洋环境教育、海洋法制教育、海洋国土观念教育，使全社会都来关心、爱护、支持各类海洋事业。

如果说，在本世纪末的最后几年内，经过各涉海行业、部门教育工作者的努力探索，形成中国海洋教育的基本框架。那么，进入21世纪的中国海洋事业将会有一个坚实的发展基础，也许到那时，我们可以说，海洋教育为实现两个根本转变及中国海洋事业可持续发展作出了应有的贡献。（庄 进）

海洋科学教育
Education in Marine Science

【青岛海洋大学】 1.高等海洋教育的改革与发展

(1)高等海洋教育结构调整。青岛海洋大学是 所以海洋和水产学科为特色，包括理、工、农、文和社会科学的综合性大学。随着"中国教育改革和发展纲要"贯彻实施，高校教育教学改革的不断深化，青岛海洋大学的高等海洋教育已经形成了大学本专科—硕士—博士的完整的人才培养体系，研究生与本科生的比例达到1∶3。一些学科交叉，相互渗透，新的学科生长点不断涌现，如海洋药物、海洋生物工程、环境海洋等等。1994年正式建立了药物化学（海洋药物）本科专业。目前，学校有2个国家重点学科，5个省级重点学科，3个国家教委开放研究实验室，4个省级重点实验室。1995年通过国家教委"211工程"部门预审，进入"211工程"重点建设。

(2)教育体制改革。走"共建"、"联合"之路，改革办学机制。实现了国家教委与山东省人民政府双重领导、共同建设的联合办学机制；与中国科学院海洋所、国家海洋局一所、黄海水产研究所等研究机构合作，成立了青岛海洋大学海洋生命科学学院、海洋科学研究生培养中心，实行资源人才共享、条件优势互补的联合培养研究生的办学模式，并在山东威海、烟台、蓬莱、青岛等地市建立了实习基地，实行了产、学、研三结合的办学模式。

发挥学科特色，为社会发展和地方建设服务。积极参与山东省建设"海上山东"和"综合开发黄河三角洲"两大跨世纪工程建设，学校领导亲自率领有关学者、专家赴黄河三角洲进行考察、论证，签订协议，提供科技依托。

(3)师资队伍建设。根据党中央提出的"造就一批进入世界科技前沿的跨世纪学术和技术带头人"的战略任务，学校注重加强师资队伍的建设，实行依法建设、依法管理，涌现出一批学术造诣较深、教学科研成果显著、具有良好思想品质和职业道德的跨世纪学科带头人和优秀青年骨干，在海洋教育领域，现有45岁以下跨世纪人才19名。

(4)办学条件和教师工作、学习、生活条件的改善。为适应学校学科发展的需要，改善办学条件，学校在麦岛校区建成了8 144m^{2}的学生宿舍楼，缓解了校本部学生宿舍的紧张局面；筹建了6个教学用实验室及图书馆，通过挖潜改造更新增加了20个教室，国家投资9 000多万元建造了3 500吨级的"东方红2"号综合性新型海洋实习调查船，使学校海洋类学科的教学、科研条件接近了国际先进水平。1994年以来，建成3 000多平方米的单身宿舍，14 026m^{2}的职工宿舍，3年中共解决273名职工的住房问题；改造校幼儿园，开通上下班班车，为教职工解除了后顾之忧，稳定了教师队伍。

2.学位与研究生教育

青岛海洋大学现有的博士点已覆盖了所有的海洋科学专业。遵循人、财、物资源共享，优势互补加速海洋高层次人才培养的原则，海洋大学已于1994年在国家教委支持下，会同驻青的海洋研究单位成立了海洋科学研究生教育中心，在联合培养高层次人才上迈出了第一步。

3.成人教育

青岛海洋大学成人高等学历教育和非学历教育由成人教育学院负责组织实施。高等学历教育的主要形式是函授和夜大学。分别由函授教育部和夜大学教育部负责管理工作。函授设置的与海洋和水产学科有关的专业有：水文与气象、水产养殖、渔业管理、环境保护和水产加工等5个本科专业。近年还举办过数期水产养殖和渔政管理专业证书教育。（于宜法）

【厦门大学】 厦门大学是国家教委直属的重点综合性大学，1995年通过国家教委"211"工程预审。"面向海洋"是厦门大学办学特色之一，厦门大学现有涉海专业和研究机构4个：海洋学系、亚热带海洋研究所、环境科学研究中心、国家教委海洋生态环境开放实验室。它们于1996年4月正式组成厦门大学海洋与环境学院。

海洋学系、亚热带海洋研究所是厦门大学主要从事海洋教育和科学研究的单位，分别成立于1946年和1983年。海洋学系是国务院学位委员会首批批准的博士、硕士学位授予单位之一。1995年又获准成立了海洋科学博士后流动站。该系设有海洋物理学、海洋化学、海洋生物学三个专业和物理海洋学教研室及海洋地质学研究组，另设海洋化学国家教委重点实验室一个。海洋学系和亚热带海洋研究所还是国家教委批准接受国外海洋科学留学生和高级访问学者的单位，近年共接受来自德、法等国人员20多人。至1995年，有在职教职员工97人，其中教授11人（博士生导师4人）、副教授27人，其他高级职称3人。在校本科生188人，大专生23人，各类高级进修人员11人。博士生10人，硕士生25人，外国留学生3人。

海洋学系积极贯彻"全国理科教育工作座谈会"精神，落实"加强基础、重视应用、分流培养"的原则。积极培养应用型理科人才。1993年，主持编写"高等学校海洋生物学专业基本培养规格和教学基本要求"，由国家教委颁布实行。1994年经国家教委批准成立"国家理科基础科学和教学人才培养基地、生物学（含海洋生物学）专业点"。根据社会对应用型人才的需求，1993年招收"海洋水产"大专班，培养社会尤其是基层单位急需的科技人才。根据招生制度的改革，贯彻"缴费上学，自主择业，双向选择"的原则，扩大生物学（含海洋生物学）基地专业点生员保送范围，把"基地班"招生安排在重点录取之前，吸引一大批优秀中学毕业生报考基地专业点，使入学新生质量有明显提高。1995年承担国家教委高等教育重大研究课题“面向21世纪高等理科教育教学内容和课程体系改革研究”,已取得阶段性成果。

在办学机制方面,厦门大学得到福建省、厦门市政府的大力支持,国家教委拟与福建省政府共建厦门大学“海洋与环境学院”。积极参予地方经济建设,为地方培养各类急需人才。

厦门大学环境科学研究中心成立于1992年4月,国家教委海洋生态环境开放研究室亦挂靠于此。中心现有4个研究室:海洋生物地球化学研究室、环境影响评价及治理研究室、海洋生态研究室和分析监测研究室,一个环境海洋学硕士点。现有教学科研人员31人,在学博士生5人,在学硕士生11人。

学科建设方面,环科中心在搞好基础理论和应用研究的同时,致力于海洋资源开发、环境工程等方面的研究,发展争取良好的社会经济效益。在引入人才方面,环科中心将注重引入开发应用型的人才。在教书育人方面,环科中心将着意培养知识面广、应用性强的硕士人才,并在此基础上,培养学术素养好,针对性强的博士人才。

经过四年的建设,并希望通过本世纪末的5年的建设,环科中心力求使自己的人才结构基本合理,使自己的年龄段和专业面的分布基本适宜。

(杨圣云 袁东星)

【国家海洋局海洋教育】 **研究生教育** 国家海洋局下属7个研究所和6个海洋类业务中心,现有各类专业技术人员5 070人,其中高级科技人员1 023人,研究员(工程技术带头人)293人,中国科学院院士和工程院院士5人。国家海洋局的研究生教育从1982年开始,至今已培养硕士学位研究生237名,并与有关高校、研究所合作培养在职海洋学科博士生25人,全局共有硕士学位授予单位6个,12个学科专业硕士学位授予点。博士生兼职导师18名,备案硕士生导师近百名。初步形成了一个以研究所为基地的学科门类较为齐全的海洋科学技术研究生教育体系。

国家海洋局在研究生招生工作中把关严格,生源来自国家和行业重点院校,教学中注重发挥该局科研优势和设备优势,使学生从理论和实践的结合上得到充分的锻炼和提高。研究生培养形式多样,广泛开展局内外、国内外的合作培养,发挥了研究生教育出人才出成果的作用。研究生教育已成为海洋局培养各级各类人才,加强学科建设,促进海洋科技发展和优化科研机构学术环境的重要手段,毕业的研究生成为在海洋科研与管理岗位上的骨干力量。部分人员已成长为各单位新一代海洋学科的学术带头人。

职业技术教育和岗位职业培训 局属宁波海洋学校根据沿海地区城市水资源匮乏和工业水处理人才紧缺的现状,首次在国内增设了“海水淡化与工业水处理”专业,投资扩建了水处理综合实验室,为沿海和内地培养水处理急需的实用专业技术人才。海洋局成人教育中心承担了海洋局系统内部以及沿海省市、自治区、计划单列市海洋管理机构的干部、职工的职业教育工作,包括函授、岗位培训等教学任务。三年来开办了海洋污染监测培训班、海洋监察员考证培训班、高级船员英语强化培训班等。其中为国家海洋局下属单位以及浙江、福建、辽宁、广西、海南等省和自治区海洋管理机构培训海洋监察员数百名。

经交通部批准,设在宁波海洋学校的宁波国际海员培训基地,为社会开办船舶类成人职业教学培训班,培养船舶驾驶、轮机管理人才和国际海员。长期举办现职船员海上求生、救生艇筏操纵、船舶消防、海上救生4项基本技能培训班。培训“四小证书”船员达2 146名。1995年学校还举办了海船船员适任证书考前培训班。

成人教育和继续教育 海洋局成人教育与继续教育在此期间也有较大的发展。根据海洋局船员的专业技术现状和学历层次,开展了船舶驾驶和船舶轮机管理两专业的中专函授教育。为配合系统内专业技术职务评审外语考试,1994年在全局开展了海洋专业《英语》函授教学,全局1400多名在岗专业技术人员参加了函授学习。各单位根据科研和管理的需要,对科技人员和管理人员进行了多种层次的计算机和外语培训,有些单位还较好地执行了继续教育进修制度,使科技人员的专业知识不断更新,促进了各项海洋科研和管理工作。

留学工作是科研人员继续教育的重要途径。海洋局的留学工作认真贯彻了国家“支持留学、鼓励回国、来去自由”的留学政策。根据“按需派遣、保证质量、学以致用”的原则,历年共派出各类留学人员503人(另有通过国际合作与双边交流外派的合作研究、进修人员近200人),累计已有近300人学成回局服务。最近几年公派留学人员回国率在80%以上。 (庄 进 赵 萍)

【中国科学院研究生教育】 **中国科学院海洋所的研究生教育** 中国科学院海洋所成立于1950年,是中国规模最大的多学科综合性海洋研究机构。现有职工800余人,科技人员近700人,其中研究员80人,中国科学院院士2人,第三世界科学院院士1人,博士生导师30人。该所 设有博士研究生招生专业点3个,硕士研究生招生专业点9个,并设有海洋科学博士后流动站。现有在读博士、硕士生102人,在站博士后研究人员6人。为开拓研究生视野,该所在资助研究生参加学术会议的同时,还每两年在青岛主办一次海洋科学方面的青年学术讨论会。

海洋研究所为青年科技人才提供了良好的学习工作条件和宽松的成长环境。近年来向10多个国家派出150余名留学访问人员,并将派出的重点向在科研第一线的、具有一定水平的青年科研人员倾斜,为他们创造与世界先进国家、先进科研机构进行交流的条件。同时,所内注重青年科技人才的培养,并对其中的优秀青年委以重任,使一大批青年科技人才脱颖而出。自1993年以来,先后提升了40余名45岁以下的青年科技人员为研究员和副研究员;有2人成为所级领导,8人为研究室的领导,还有一批课题负责人。 (戴敏英)

南海所的研究生教育 中国科学院南海海洋所是中国科学院直属综合性多学科的海洋科学研究机构,建于1959年。至1995年底,全所共有职工606人,其中高级科技人员162人,中级科技人员187人,初级科技人员

85人。设有11个学科专业研究室，拥有2艘远航海洋科学考查船、1个海洋科学图书馆、4个临海实验工作站，其中深圳大亚湾实验站是中国科学院的开放实验站和生态网络系统重点站。

该所现有5个硕士学位授权专业点、1个博士学位授权专业点，目前在学人数15人，均为博士学位研究生。

（冯穗生）

海洋工程教育
Education in Ocean Engineering

【中国船舶工业总公司教育概况】 中国船舶工业总公司现有普通高等院校2所：哈尔滨工程大学、华东船舶工业学院；普通中等专业学校4所：九江、渤海、武汉、杭州船舶工业学校；中国舰船研究院培养研究生。所属企业办技工学校44所。船舶总公司还设有北京船舶工业管理干部学院。所属企业设有职工大学6所。上海、九江船舶工业公司设有职工培训中心。

1993～1995年是船舶教育改革和发展的重要时期。院校扩大招生、办学规模，1995年在校研究生、本科生、中专生比1992年分别增加了66.1%、39.9%、63.7%、技工学校在校生基本持平；调整专业结构，增设了一些新专业，以适应国民经济建设和社会发展的需要；深化教育教学改革，严格教学管理，建立激励机制，加强政治思想品德教育，提高了教育质量；贯彻教师法，加强师资队伍建设，教师的职称结构趋于合理。到1995年高校专任教师高、中、初级职称的比例为26：40：34，中专校专任教师高、中、初级职称的比例为17：40：43；院校实施了内部管理体制改革，精简机构和人员，实行聘任制，调动广大教职工的积极性，提高了工作效率，科研实力有了较大增强，在开发海洋方面有了一批技术储备；院校的校办产业有了一定的发展。

职工教育稳步发展，为提高船舶系统职工队伍的思想道德和科学文化技术水平发挥了重要作用。遵循“按需施教、突出实用、讲究质量、确保实效”的原则，努力探索与建立现代企业制度相适应的培训机制，紧密围绕生产、经营、科研，开展多层次、多种形式的培训。加强了领导干部、后备领导干部和高层次管理人员的培训；在科技人员中积极开展了继续工程教育，制定了船舶工业继续工程教育的课程体系；在工人中广泛开展以提高岗位技能为目标的岗位培训，为适应造船模式的转变，在技术工人中开展了“一工多艺”的复合工种培训；为了加快青年科技、管理和技术工人的成长，在企业中实行“导师制”，采取以老带新的方式，培养科技、管理、工人队伍中的青年骨干。

【哈尔滨工程大学】 该校是一所以工科为主、兼有理科、人文、管理、社会科学的全国重点大学。现设17个系（部、中心），11个科研机构。教职工2 700人，教学科研人员1 220人，其中正高级职称170人，副高级职称490人，中级职称740人，有中国工程院院士1人，博士生导师37人。学校现设博士后科研流动站1个，博士点8个，硕士点28个，本科专业36个，国家级重点学科1个（水声工程）。现有在校全日制学生6 700人，其中博士、硕士研究生600人，夜大函授大学在校生1 680人。学校是中国船舶科技和海洋高科技研究的重要基地。现已通过国家“211工程”审核。

【华东船舶工业学院】 该校是一所以工科为主的高等学校，现设6个系，硕士点5个，本科专业14个，专科专业7个，在校硕士研究生、第二学位、本、专科学生3 100人，夜大、函授生1 800人，现有教职工1 260多人，其中教学、科研人员500多人。其中正高级职称、副高级职称、中级职称分别为23、150、420人。1993年学校被评为江苏省级文明单位。

（施煜泰）

【大连理工大学土木工程系、船舶工程系】 大连理工大学土木工程系设有海岸工程、近海工程和港口航道及治河工程3个学科。其中海岸工程、近海工程两学科均有权授予博士学位，并设有博士后流动站。建有“海岸和近海工程国家重点实验室”。港口航道及治河工程学科有权授予硕士学位。40年来，3个学科培养了一大批从事海洋开发、建设的高层次科技人才。

大连理工大学船舶工程系设有船舶与海洋工程、船舶与海洋工程流体力学、船舶与海洋工程结构力学三个学科。均有权授予硕士学位。在原有土木工程系、建筑工程系、土建勘测设计研究院、船舶工程系、动力工程系为主体的基础上，学校将于1996年成立土木建筑学院和船舶工程学院，以促进原有各方优势的互补与发挥，充分利用资源、提高办学活力和办学效益。

（胡立万）

【上海交通大学造船系】 创建于1943年的上海交通大学造船系，现已发展成为在船舶及海洋工程领域内学科齐全、试验设备完善，教学、科研力量雄厚，在国内外享有盛誉的教学与科研基地，为国家培养了5 000多名高级造船技术人才，为中国船舶及海洋工程事业的发展作出了贡献。该系现设四年制本科船舶工程、海洋工程2个专业，二年半制硕士及三年制博士专业3个，船舶及海洋工程博士后流动站1个，现有教职员工160名，教授22名，副教授40名。系内有海洋工程国家重点实验室、船舶及海洋工程设计研究室、水下工程研究所、结构力学研究室、流体力学研究室、港口与水利工程研究室，并建有配套的实验室群。

（范　斌）

海洋运输教育
Education in Marine Shipping

【概况】 中国航海教育分全日制普通高等航海教育、全日制普通中等航海教育、航海成人教育三种形式。现有航海普通高校5所：大连海事大学、上海海运学院、集美航海学院、武汉交通科技大学航运学院和轮机学院、广西航海高等专科学校；航海普通中专10所：大连海运学校、南京海运学校、上海海运学校、南京航运学校、哈尔滨航运学校、南通航运学校、威海水运学校、广东省航运学校、浙江省交通学校、福建船政学校；航海成人教育：大连海事大学成教学院、上海海运学院成教学院、上海海运职工大学、青岛远洋船员学院。

1993年，为适应国际航运业对人才的竞争，中国高等航海教育实施了培养与国际接轨的复合型航运人才的培养方案，执行了“船舶驾驶与通信导航合一”、“船舶轮机与船舶电气合一”的教学计划，这种复合型人才的培养受到航运界的欢迎。为促进交通部航海科学与技术的发展，1993年，中国航海教育的特色学科“航海技术”博士点在大连海事大学设立。1995年9月交通部所属大连海事大学顺利通过教委“211工程”预审。（肖宝家）

【大连海事大学海洋环境工程学院】 科教兴国与加速教育体制改革为海洋教育事业提供了契机，1995年7月，大连海事大学与国家海洋局海洋环境保护研究所联合成立了大连海事大学海洋环境工程学院暨大连海洋环境科学与工程研究院，设有海洋环境工程本科专业，并具备硕士学位授予权，现有在读本科生25名，硕士研究生4人，教学管理人员2人，专职教师10人，其中教授5人，副教授2人。该学院将有计划地不断扩大专业领域，提高办学条件，扩大招生规模，并根据社会需求和自身能力对相关领域的在职人员进行培训。在“211工程”的远景规划中，环境海洋学将成为学校理科类带头学科，联办双方将本着资源共享、产权明晰、优势互补的原则共建教学、科研单位，在各自原有的教学与科研基础上，产生新的增长点，并有利于教学、科研相结合，培养出更多的海洋事业高级专门人才，促进高新科研工作的开展。

（郎永平）

海洋水产教育
Education in Fisheries

【海洋水产高等教育】 截止1994年，有5所独立的水产高等院校，包括隶属于农业部的上海水产大学、大连水产学院、湛江水产学院、厦门水产学院和省属浙江水产学院。此外，在青岛海洋大学和一些综合大学、农业大学内也设有海洋水产类的学院、系和专业。其中有近70%的专业设置可直接为海洋经济服务。海洋水产类高等人才培养包括本科、专科、硕士及博士研究生四个层次。1993～1995年，4所部属水产院校累计培养海洋类相关专业毕业生3060人，目前有在校生4 521人。

近年，水产院校加大教育改革步伐，在办学体制方面，逐步实现联合办学和体制转轨，上海水产大学与联想集团联合办学，专业数量拓展为30个；湛江水产学院改变隶属关系，划归广东省管理，筹建“湛江海洋大学”；厦门水产学院归并为集美大学水产学院。改革后的海洋水产类专业，在保持原有特色的基础上，焕发出勃勃生机。

在教学改革方面，修订教学计划、调整培养目标、改革课程布局与设置，扩增新的专业方向，突出专业课的实用性和针对性，按需培养应用型人才。1994年，上海水产大学实行了完全学分制与弹性学制，大连水产学院实施按类招生、分段教学、中期分流、按需培养的教学模式，体现出大专业、厚基础、多方向的优势。同时，各院校重视实践技能训练，鼓励学生在校期间获得多种单项技术证书，毕业后很快胜任技术岗位的工作。1994年，部属水产院校开展了教学质量评估，促进了教学质量和教学管理水平的提高。

在招生分配制度改革中，各院校继续进行招收定向生、实践生、对口推荐生的改革。（肖　亚）

【海洋水产中等教育】 全国涉及海洋水产中等教育的有10所学校，均地处沿海省市，主要开设有航海捕捞、航海驾驶、轮机管理、通讯与导航、海洋养殖、海上渔政管理等专业，其年均招生人数在2 416～3 624人之间。

1.教育结构调整。为更好地适应市场经济发展的需要，在办好普通中专班的同时，充分发挥中专学校在职业教育中的作用，灵活多样地举办职工成人中专班、技工班、专修班、函授班及短训班，并联合高等水产院校举办各类大专班与试办高职班。如山东省水产学校与烟台大学联合成立烟台大学水产学院，实行“一校两制”；上海、集美水产学校设立远洋培训中心，培养了大批职务船员。

2.教育体制改革。在办学机制方面，改革招生与分配制度，打破原有的统招统配单一格局；打破行业和地域界限，面向社会，实行联合办学，扩大规模，提高办学效益；改革学校内部管理体制，引入竞争机制。在办学模式方面，调整专业结构，修订教学计划，改革教学内容和方法，实现传统专业学科型教育向职业岗位能力型模式的转化；同时，面向社会，实行多层次、多形式的开放型办学。

针对师资队伍结构、素质、人员方面存在的问题，大力加强思想政治工作，加强师资培训，并把竞争激励机制引入教师队伍建设中，1995年，召开了教师队伍建设的专题研讨会，制订了师资队伍建设的总体规划和发展措施。

3.水产职业技术教育。随着渔业经济的发展，中等水产职业技术教育有了较大的发展。除全日制中专外，各省和各大渔业公司（集团）都有自己的技工学校和职工培训中心。此外，还有大、中专学校内开办的成人中专、函授班以及渔业局在3所中专内开设远洋渔业培训中心等。目前，已基本形成不同层次、不同形式、相互联系、相互支持的中等水产职业技术教育体系，对提高渔民的素质和促进海洋渔业生产发展起到了不可估量的作用。

（阴爱菊）

【水产成人教育】 水产成人高等学历教育主要依托于水产高等院校内的成人教育学院和中央农业管理干部学院各水产分院组织，承担水产管理干部、专业人员的岗位与业务培训以及科技人员的继续教育、成人学历教育和各种非学历培训。有夜大学、函授大学、自学考试、干部或师资专修科等多种形式。其中，水产领导干部的岗位培训是分院的主体任务。

水产成人中等学历教育主要开办于一些水产中专、水产职业中学、国营大、中型渔业企业和生产单位的职工中专、全国水产系统各类成人教育培训机构中。

水产成人继续教育主要有高级研修班、专题研讨班、外语培训班等形式。近年,渔业主管部门针对渔业经济发展中的重点问题,举办多期高级研修班、专题研讨班,培训200余人,并先后委托组办英语、日语培训班33期,培训近千人。"八五"期间,开办水产领导干部岗位培训班32期,培训干部710人;培训渔政业务岗位干部1 555人;培训省级水产技术推广站站长70余人。

此外,还举办了渔民技术资格证书培训(绿色证书)、渔业类专业证书培训、渔船职务船员培训、实用技术培训等一系列的专业培训和岗位培训。 (肖 亚)

表1 海洋教育类院校(部门研究机构)教学、研究人员情况一览表

单位:人

类别	院校(研究机构)名称	年度	教学研究人员												
			合计	管理人员	教师						其他技术职务人员				辅助人员
					小计	教授	副教授	讲师	助教	其他	小计	高级	中级	初级	
海洋科学	青岛海洋大学、厦门大学、中国科学院海洋研究所、南海海洋研究所、海洋局宁波海校	1993	2 418	81	1 125	207	290	487	141	24	1 212	163	687	319	43
		1994	2 493	82	1 140	251	344	442	103	21	1 271	178	778	264	51
		1995	2 542	85	1 141	302	377	387	125	42	1 316	293	655	309	59
海洋工程	大连理工大学	1993	87	4	55	15	20	18	2		28	4	10	4	10
		1994	93	4	58	19	23	16			31	5	12	4	10
		1995	97	4	62	21	25	14	2		31	5	12	4	10
海洋运输	交通部所属院校、部门研究机构	1993	6 506		6 506	155	906	2 457	2 988						
		1994	6 793		6 793	168	950	2 573	3 102						
		1995	6 959		6 959	207	974	2 674	3 104						

注:(1) 海洋教育工程类统计中未包含中国船舶工业总公司所属院校、部门研究机构情况。
(2) 海洋教育水产养殖类情况空缺。

表2 海洋教育类院校(部门研究机构)在校生情况统计表

单位:人

类别	年度	研究生教育				普通教育						成人教育					
		博士		硕士		本科		大专		中专		学历教育		专业培训		岗位培训	
		毕业	在校	毕业	在校	毕业	在校	毕业	在校	毕业	在校	毕业	在校	毕业	在校	结业	在校
海洋教育科学类	1993	13	68	80	259	661	3 032	174	751	184	341	105	227	860	125	135	21
	1994	14	98	78	321	808	3 344	950	969	48	736	36	145	890	61	124	42
	1995	21	115	74	355	733	3 749	687	665	211	1 018	102	26	703	87	109	89
海洋教育工程类	1993	16	54	151	495	1 317	6 087	174	1 408	1 220	6 256	353	3 093				
	1994	6	85	153	571	1 397	6 603	197	2 102	1 275	7 543	308	2 734				
	1995	10	138	164	627	1 433	7 288	997	1 994	1 643	8 749	371	3 297				
海洋教育交通运输类	1993		6		70		3 750		3 635		5 929						
	1994		8		95		3 800		3 547		6 070						
	1995		12		90		3 800		3 320		5 970						

注:海洋教育水产养殖类情况空缺。

(赵 萍)

表3 海洋教育研究生学位授予单位

专业名称	博士研究生培养单位	硕士研究生培养单位
物理海洋学	青岛海洋大学、中国科学院海洋研究所	青岛海洋大学、中国科学院海洋所、南海海洋所、海洋局一所、海洋局二所、海洋局环境预报中心
环境海洋学	青岛海洋大学	青岛海洋大学、厦门大学、中国科学院海洋所、南海海洋所、大连海事大学、海洋局一所、海洋局三所、海洋环境监测中心
海洋气象学	青岛海洋大学	青岛海洋大学、中国科学院海洋所、海洋局环境预报中心
海洋物理学	青岛海洋大学	青岛海洋大学、厦门大学、中国科学院海洋所
海洋化学	青岛海洋大学、厦门大学	青岛海洋大学、厦门大学、中国科学院海洋所、海洋局一所、海洋局二所
海洋生物学	青岛海洋大学、厦门大学、中国科学院海洋所、南海海洋所	青岛海洋大学、厦门大学、中国科学院海洋所、南海海洋所、海洋局一所、海洋局三所
海洋地质学	青岛海洋大学、中国科学院海洋所	青岛海洋大学、中国科学院海洋所、南海海洋所、海洋局二所
水产养殖	青岛海洋大学	青岛海洋大学、中国科学院海洋所
水产品贮藏与加工	青岛海洋大学	青岛海洋大学
捕捞学		青岛海洋大学
渔业资源		青岛海洋大学、中国科学院海洋所
近海工程		青岛海洋大学、海洋局技术所
环境生物学		中国科学院南海海洋研究所
海岸及近海工程	大连理工大学	大连理工大学
海洋工程		大连理工大学
港口及航道工程		大连理工大学
船舶与海洋工程		大连理工大学
船舶与海洋工程结构力学	哈尔滨工程大学、中国船舶研究院	哈尔滨工程大学、中国船舶研究院、华东船舶工业学院、大连理工大学
船舶与海洋工程流体力学	哈尔滨工程大学、中国船舶研究院	哈尔滨工程大学、中国船舶研究院、大连理工大学
航海技术	大连理工大学、武汉交通科技大学	大连理工大学、武汉交通科技大学、上海海运学院
轮机工程	大连理工大学、武汉交通科技大学、哈尔滨工程大学、中国船舶研究院	大连理工大学、武汉交通科技大学、哈尔滨工程大学、中国船舶研究院、上海海运学院、华东船舶工业学院
电力传动及自动化		大连理工大学、上海海运学院
通信与电子系统	大连理工大学	大连理工大学
船舶与海洋工程结构物设计制造		哈尔滨工程大学、中国船舶研究院
船舶与海洋工程特辅装置与系统	哈尔滨工程大学	哈尔滨工程大学、中国船舶研究院
水声工程	哈尔滨工程大学	哈尔滨工程大学、中国船舶研究院
惯性技术及其导航设备		中国船舶研究院

极　地　篇

Polar

极地考察
Polar Research

中国极地考察机构
Chinese Polar Research Organizations

【南极考察办公室】 1994年1月10日，国函办(1994)3号文《国务院办公厅关于撤销国家南极考察委员会的通知》，国家南极考察委员会办公室更名为国家海洋局南极考察办公室，承担南极考察的具体工作，编制和经费渠道不变。1994年12月25日，国家海洋局《关于国家海洋局南极考察办公室机构编制的批复》(国海人发(1994)554号文)，国家海洋局南极考察办公室是承担中国极地考察工作的职能部门，内设"秘书处"、"计划处"、"科技处"、"条保处"、"财务处"、"外事处"等六个处级机构。基本任务是：组织协调和管理中国极地考察研究工作，其主要职责为：(1)组织拟定中国极地工作的发展战略、方针、政策；统一组织协调中国极地科学考察工作；研究极地工作的重大问题，向国家海洋局提出建议和报告。(2)组织拟定中国极地考察工作规划、五年计划，年度计划报经国家海洋局批准后组织实施。(3)负责中国极地工作经费的申报、领拨、分配，财务规章制度的制定和财务管理监督工作。(4)负责建立、购置和管理中国极地考察基地及其设施、设备，管理南极训练基地。(5)负责组织和参加中国同各国极地考察机构的交流，代表国家参加国际极地机构和国际极地合作活动。(6)负责协调国内有关部委、高等院校的极地科学考察计划并对其进行业务指导；组织科学考察成果的鉴定和交流。(7)承担中国极地考察队的组织工作。(8)具体负责南极事务日常性工作。(9)负责中国极地考察工作咨询委员会的具体事务。(10)承担国家海洋局交办的其他工作。

【中国极地考察咨询委员会】 经国家科委批准，1994年10月14日成立了中国极地考察咨询委员会，作为主管极地考察工作部门的咨询机构，委员会主任由中国工程院院士丁德文担任。委员会的主要职责是就极地考察工作向政府主管部门提供咨询，组织学术交流，并对极地考察工作进行科学技术咨询，评价科学技术成果，指导科学考察活动。秘书处设在国家海洋局南极考察办公室。

【中国极地研究所】 1993～1995年，中国极地研究所承担了国家"八五"南极科考计划中的"南极冰雪圈特征与全球天气气候"、"南极乔治王岛柯林斯冰芯物理化学分析"、"南极中山站近岸海冰生态学研究"、"极区电离层不均匀性结构和动力学模型研究"、"极光和极区扰动的综合研究"、"南极日地系统观测信息综合分析和数据库建立"等课题，先后派出8名研究人员赴南极现场考察，其中4人参加中山站越冬考察，分别实施上述课题的研究计划。已在国内外学术刊物上发表中、英文学术论文50余篇，1995年12月通过了各研究项目的专家验收和鉴定。1993年还承担国家海洋局极地档案行业标准制定任务。"中国极地档案分类法"(HY030.1－93)和"中国极地考察档案著录细则"(HY030.2－93)两个国家行业标准于1993年12月发布，1994年7月1日实施。1991年6月开始承担"中国南极信息系统"(CAIS)建设任务。1995年承担国家自然科学基金项目2项，国家海洋局青年科学基金项目4项。

1993年以来，极地所加大科研设施建设力度，先后建成了低温实验室和洁净实验室，先后引进美国LOWELL大学研制的DPS－4数字式电离层测高仪、WATERS毛细管电泳仪、COULTER微粒分析仪、德国ZEISS和瑞士LEIKA多功能高级光学显微镜等一批大型仪器设备，为高水平完成上述国家"八五"南极科考课题提供了硬件。结合多层次、多渠道的人才培养和引进措施，稳步加快极地专业学科和队伍建设。

极地所十分重视国际合作研究并逐年拓宽极地国际合作研究领域。1993年派出杨惠根博士参加日本第34次南极考察队并在日本昭和站开展极光观测研究，成为第一位在该站越冬研究的外国学者。1994年8月正式签订了为期五年的"中国极地研究所和日本国立极地研究所在中国南极中山站科学研究的合作协议"。并于1994～1995年开展了中山站高空大气物理学的实质性合作研究，中日双方共同投资120万美元在中山站部署一系列先进的高空物理观测设备，使中山站成为国际上装备最先进的南极日地物理观测站之一。此外，极地所还与澳大利亚南极局、德国韦格纳极地和海洋研究所、新西兰国际南极信息研究中心、美国新罕布什尔大学等国外重要极地研究机构在极地冰川学、极地高空大气物理学、极地海冰区生态学、极地数据和信息管理等领域开展广泛的合作研究、学术交流和人员互访。

1993～1995年，每年出版《南极研究》中文版4期、英文版2期和《南极考察数据报告》2期。开展文献情报服务业务，已与国外56个机构、国内79个单位建立了文献情报协作和交换关系，具备了为全国直接和间接参与极地科学研究的机构和科研人员提供广泛的文献情报服务功能。

【中国南极考察训练基地】 中国南极考察训练基地位于黑龙江尚志市亚布力滑雪场，北纬44.6°、东经128.5°，海拔高度为1 374.8m，冬季比较寒冷，1～2月份平均气温在零下25℃左右，最低气温可达零下33℃。该地区降水量丰富，每年10月中旬开始降雪，直到翌年5月初山顶仍然有积雪，每年的积雪期可长达半年之久。该滑雪场为承办第三届亚洲冬季运动会而进行了重大改造，开通了距哈尔滨 260km 的高等级公路，交通十分方便。中国的南极考察越冬队员都在这里训练。

【中国南极考察智利公寓】 中国南极考察智利公寓主要承担中国南极考察长城站考察队员交接，以及为站上进行食品和急需物资的补给，加强与南美国家的南极考察合作。1993～1996 年先后派驻代表郎英杰和朱增新。1995 年度的第十二次南极考察，对公寓进行了维修。

南极和南大洋考察
Research on the Antarctic and the Southern Oceans

【中国第十次南极考察队】 中国第十次南极考察队由长城站队、中山站队组成。长城站队 26 名队员乘飞机前往，其中越冬队员 18 名，度夏队员 8 名，长城站队队长王永奎。中山站队选派 12 名越冬考察队员乘飞机赴澳大利亚，然后搭乘澳大利亚南极局“极光”号南极考察船赴中山站，中山站队队长阎寿光。两站总人数 38 人。

长城站考察队分别来自全国 21 个单位，于 1993 年 11 月 25 日抵长城站开始考察工作。根据国家“八五”南极科学考察计划，长城站共安排了南极大陆及陆架盆地岩石圈结构、形成、演化和地球动力学研究；晚更新世晚期以来气候与环境演变及现代环境背景的研究；南极与全球气候环境的相互作用和影响；南极地区日地系统整体行为研究和人体医学、生物生态等 14 项科学考察研究课题。经过一年的努力，取得丰富的观测资料和大量样品。特别是在生物、生态系项目中的大型哺乳动物考察中，为获取海豹生长、繁殖全过程，获取宝贵、完整的科研资料，决定将度夏改为越冬连续观测。在一周年的系统考察中，该项目完成了约 1 300km 的野外观测路程，获取了完整、宝贵的第一手资料，使该项研究取得了良好的效果。在站务建设、维修方面，完成了 1 号栋、2 号栋、科研栋共 600m² 屋顶防水材料的铺设工作。与此同时，加强了对有关设备的维修保养，增强了站务保障工作。越冬队于 1994 年 11 月 25 日开始与十一次队交接，于 12 月中旬回到北京。

中山站考察队由来自国家海洋局、中国科学院、中国气象局、中国人民解放军总参兵种部、协和医院、电子工业部等 6 个系统 11 个单位的 12 名考察队员组成越冬队。其中 6 名站务生活保证人员，6 名科考人员负责“八五”项目的气象、臭氧层观测、固体潮观测和南极地区日地系统整体行为研究等 12 个课题。1993 年 11 月 15 日，12 名考察队员在闫寿先站长带领下，由北京飞赴澳大利亚霍巴特，1993 年 11 月 19 日搭乘澳大利亚“极光”号南极考察船赴中山站，于 1993 年 12 月 3 日抵中山站。12 名队员与九次队越冬队进行了紧张的交接工作，九次队 23 名越冬队员于 12 月 7 日离站，搭乘澳大利亚南极考察船回国。12 名越冬队员进站后，马上投入了紧张的工作。在人员少、岗位多、任务重的情况下，提前抓了组织建设和从严调整了各项规章制度的执行，细化了十次队安全越冬规定和考察队员工作、生活细则，建立了安全检查日制度。为了保证安全越冬，重点维修了莫悉湖的引水桥，清洗了发电栋的 4 个循环水罐，疏通了整个下水管道，并对整个上下水管道进行了保温防冻处理。为了保证不停电，发电人员对发电机组按技术规则要求进行精心细致的维修和保养，严格地执行值班制度，采用不间断电源换机 35 次，安全运行 8 832 小时。1994 年 12 月 3 日完成与十一次队交接，顺利完成越冬考察任务，于 1995 年 3 月 6 日乘“雪龙”号船回到上海。

【中国第十一次南极考察队】 中国第十一次南极考察队由两站和“雪龙”号船组成。即长城站队、中山站队和“雪龙”号南极考察船。十一次队领队陈德鸿，“雪龙”号船船长沈阿坤，船长顾问魏文良，长城站考察队队长薛祚宏，中山站考察队队长钱嵩林。长城站考察队队员 29 名，乘飞机前往。中山站考察队队员 101 名，其中：船员 49 名，考察队员 52 名(含 2 名日本科学家)。中山站考察队乘“雪龙”号船前往中山站并在航渡中进行南大洋调查。十一次队总人数 130 名。“雪龙”号船经过了第一期改装，首航南极中山站。

长城站考察队 根据中国南极科学考察“八五”研究计划及各项目进展情况，中国第十一次南极考察队长城站队安排了切实可行的科学考察任务，共执行了“八五”计划中 5 个大项目的 8 个课题，其中重点安排了测绘、环境、生物生态、地质、气象、高空物理和地球物理等主要研究项目。较好地完成了“八五”科考计划中最后一次外业考察，为国家“八五”南极科学考察研究重点科技计划(攻关)项目的完成，提供了可靠依据。1994 年 11 月 17 日，中国第十一次南极考察队长城站队员由北京出发，经东京、洛杉矶、迈阿密、圣地亚哥、彭塔阿雷纳斯等地，于 1994 年 11 月 24 日到达长城站。此外，经南极考察办公室批准，美籍华人摄影师马中欣先生随十一次队到达长城站进行南极摄影创作，澳大利亚工程师 Gras 随队到长城站修理、标定气象仪器，这两名外籍人士完成各自任务后离站。

在站务工程方面，主要是维修和治理环境。对各种设备、冰柜进行合理归位，对备件、器材、材料、备品等登记就位，使第九次队新建的综合库、食品库投入合理使用。

中山站考察队 第十一次中山站考察队由 51 名考察队员组成，他们承担着“八五”南极考察计划的最后一次外业考察，其中 2 名日本科学家首次参加我国中山站的中日高空物理合作研究。为此，新建了中日合作高空大气物理观测栋。将中日合作观测研究用的数字化测高仪、极光分光计、单色光 TV 摄像机、多波段扫描光度仪、全天候照相机等国际一流的先进仪器在中山站投入使用。在科学考察方面取得的主要野外成果是：使用 TMT(系留式气象塔)观测系统，在拉斯曼丘陵和陆缘冰上进行一系列观测取得国内外少有的、最高达 1 000m 的大气要素廓线资料等；使用KC—120E型低频率中流量采集器，在航渡和中山站区接收大量空气飘尘和沉积样品；证明了利用美国TM卫星影像资料进行遥感地质野外踏勘复核；在冰盖气象观测方面，在南极大陆冰盖上进行了29个极昼的辐射平衡、超声风等气象要素梯度观测，获100多兆观测数据，为完成冰雪与大气相互作用及其物理过程的研究迈出关键一步；在测绘方面，进行中、澳南极大地测量的戴维斯站、莫森站和中山站GPS同步联测和统一座标系统的中山与长城两站GPS联测；在地质踏勘、古地磁学采样方面，进行野外填图和采集样品，圆满地完成了地质野外素材的采集；在南大洋综合考察中，进行航渡、连续、大面观测，采集到大量生物、磷虾、孚网、表层水样和CTD资料，经现场实验室分析获大量数据，为完成“八五”攻关项目奠定了基础；在普里兹湾海域，为完成晚更新世沉积取样，使用NS—2型无扰动式重力活塞取样管进行6次取样，最大作业水深达到2 000m，最大取样长度为264cm，获得了非常珍贵的海洋沉积样品。此外，还承担固体潮、气象地面观测、高分辨卫星云图接收、地震地磁和激光雷达等常规越冬观测项目。

“雪龙”号船 国家海洋局于1994年6月29日下达“雪龙”号船执行第十一次南极、南大洋考察运输补给任务。该船经过紧张的第一期改装后，于1994年10月28日～1995年3月6日，首航南极执行中山站和普里兹湾考察任务，历时131天，航行17 186.2n mile。是继1984年首次大规模南极考察以来的第8个航次。“雪龙”船的主要任务是运送第十一次南极考察队中山站越冬和度夏队员，补充各类物资和油料，接回第十次队越冬队员，组织协调中山站度夏考察，实施南大洋调查。1994年12月20～25日，“雪龙”船在中山站附近海域每天破冰12小时左右，累计破冰航行79小时39分钟，破冰距离11.33n mile，耗油110t。在距俄罗斯油罐约1n mile处，铺设输油管2 350m，在24小时之内输油300t，其他物资由直升机吊运到中山站。经过“雪龙”号船首航中山站并进行破冰试验，硬是闯出了一条冰路，填补了中国极区破冰的空白，是中国航海破冰史上的一个里程碑。

【中国第十二次南极考察队】 中国第十二次南极考察队由长城站队，中山站队和“雪龙”号船组成。遵照国家海洋局的决定，实施“一船两站”考察计划。此次队由来自全国40个单位共131名船、队员组成。其中长城站36名，中山站46名(含2名日本科学家)，“雪龙”号船49名。国家海洋局东海分局局长王胜利担任领队，南极考察办公室副主任王德正担任科考队长，东海分局副局长沈阿坤兼任船长，长城站站长刘书燕，中山站站长王耀明。

长城站考察队 长城站考察队36名队员乘“雪龙”号船于1995年12月27日抵长城站。根据计划和任务，全体队员经过近3个月的忘我工作，基本上达到了预期目标，彻底改变了长城站的站容站貌。在科学考察方面主要安排了气象地面观测、高分辨卫星云图接收、地震地磁、高空物理等常规项目。

中山站考察队 中山站考察队因“雪龙”船火灾事故，经国家海洋局批准，改变了执行计划。经联系请澳大利亚南极局协助支援，澳方及时为中山站补充桶装燃油30t，食品及应急物资5t。中国选派12名队员组成越冬队，在王耀明站长带领下，由智利首都圣地亚哥飞往澳大利亚霍巴特，1996年4月2日乘澳大利亚“极光”号船赴南极，于4月13日抵中山站。经过一天紧张而有序的交换，顺利接替了十一次队的工作。

“雪龙”号船 “雪龙”船于1995年11月20日从上海启航，途经新西兰克赖斯特切奇港补充燃油及部分物资，于1995年12月27日抵长城站。在十二次队临时党委的领导下，按照计划，全队投入了紧张有序的各项工作。1996年1月1日7时15分，“雪龙”船1号发电机突发故障，引起火灾事故。船员和考察队员奋力灭火，在极度艰苦的条件下，克服了意想不到的困难，边抢修、边卸货，抢时间、争速度，卸运了建房物资、车辆、食品以及站用燃油和部分韩国站物资。为了确保船舶、人身安全，“雪龙”船被迫于1996年1月5日21时45分撤离长城站，驶往南美洲麦哲伦海峡锚地抢修。经国家海洋局批准，撤销了赴中山站执行考察运输任务的计划。(杨志华)

【第十次南极科学考察】 根据《中国南极考察科学研究“八五”计划》各项目的进展情况，长城站的科学考察安排了4项常规观测，4项“南极菲尔德斯半岛及其附近地区生态系统研究”项目的现场考察，3项“南极大陆、陆架盆地岩石圈结构、形成、演化和地球动力学以及重要矿产资源潜力的研究”项目的现场考察，2项“南极环境对人体生理、心理健康及劳动能力的影响和医学保障”项目的现场考察。中山站科学考察安排了6项常规观测。

长城站科学考察

地面气象常规观测和卫星接收 在越冬期间继续进行了连续多年的气象地面常规观测和预报，同时利用第九次队安装的NOAA卫星高分辨率资料接收处理系统进行云图接收和数字化资料的接收记录工作。

地磁常规观测 地磁三分量的相对及绝对观测，地磁脉动观测，哨声与甚低频观测，地磁资料的初步处理，地震三分量的观测。

地震常规观测 继续越冬进行地震的常规观测。

电离层观测 越冬进行继续多年连续的电离层测高仪测定电离图、宇宙噪声接收机测量电子浓度随时间变化、多普勒测量电离层TEC、短波场强及低频相位变化的观测。

南极菲尔德斯半岛及其附近地区生态系项目考察

1.鸟类生态考察。对长城站附近区域的鸟类区系组成及分布，优势鸟类分布与数量，企鹅食性和生物学特性进行考察。

2.哺乳动物考察。对长城站鳍脚类哺乳动物主要是海豹等，进行换毛、繁殖过程及食性、发声等的考察与研究。

3.潮间带生态考察。对长城站附近潮间带生态系统的营养阶层，优势种小红蛤的摄食、呼吸和排泄，以及帽贝种群生态进行考察。

4. 典型污染物生态效应考察。对长城湾海水中石油、COD、阴离子洗涤剂等典型污染物的现状及其生态效应进行现场样品采集、处理和分析。

5. 浅海初级生产力考察。对长城湾内的营养盐、叶绿素A、初级生产力，浮游动物，微生物等进行现场样品采集。

南极大陆、陆架盆地岩石圈结构、形成、演化和地球动力学以及重要矿产资源潜力的研究项目考察 (1)中新生代构造岩石演化(兼)。在长城站附近区域进行火山岩年代学样品的采集。(2)晚更新世晚期以来南极气候与环境演变及现代环境背景研究项目考察。湖相沉积环境过程：为项目综合分析研究进行第四纪地质地貌综合调查，并进行环境样品的采集。现代环境与自然背景：主要针对重金属开展了人类活动对土壤、植物和水的环境影响，以及湖相沉积中对全球变化的反应等进行了考察。

南极环境对人体生理、心理健康及劳动能力的影响和医学保障项目考察 人体医学：进行了越冬的人体生理免疫测定、心理测试、营养学和调查环境微生物检测等方面的工作。

中山站科学考察 *地面气象常规观测和卫星接收* 在越冬期间继续进行了连续多年的气象地面常规观测和预报，同时利用第九次队安装的NOAA卫星高分辨率资料接收处理系统进行云图接收和数字化资料的接收记录工作。

地磁常规观测 地磁三分量的相对及绝对观测；地磁脉动观测；哨声与甚低频观测；地磁资料的初步处理；地震三分量的观测。

电离层常规观测 安装天线需60m×60m场地，需推土机平整场地；天线到观测房需挖电缆沟；GPS测高仪发射天线尽可能使用原发射天线，如使用单独的临时天线，则需在科研栋与宿舍栋间架设对称偶极天线，需长5m直径为50mm左右的钢管8根。安装RIOMETER接收天线，及调整仪器。

固体潮常规观测 持续观测，资料初步处理，对仪器进行检定。

BREWER臭氧观测 进行中山站地区臭氧总量，NO_2，SO_2，及UVB等要素的观测，观测内容存入磁盘。

【第十一次南极科学考察】 根据《中国南极考察科学研究"八五"计划》各项目的进展情况，长城站的科学考察安排了4项常规观测，5项"南极菲尔德斯半岛及其附近地区生态系统研究"项目的现场考察，1项"南极大陆、陆架盆地岩石圈结构、形成、演化和地球动力学以及重要矿产资源潜力的研究"项目的现场考察，1项"晚更新晚期以来南极气候与环境演变及现代环境背景研究"项目，1项"南极环境对人体生理、心理健康及劳动能力的影响和医学保障"项目的现场考察。中山站科学考察安排了5项常规观测，2项"南极大陆、陆架盆地岩石圈结构、形成、演化和地球动力学以及重要矿产资源潜力的研究"项目的现场考察，1项"南极与全球气候环境的相互作用和影响"项目现场考察，4项"南极地区日地系统整体行为研究"项目现场观测(其中包括1项中日合作观测)。南大洋考察安排了"南大洋磷虾资源开发与综合利用预研究"项目现场调查和"晚更新晚期以来南极气候与环境演变及现代环境背景研究"项目中的海底沉积物取样工作。

长城站科学考察 *地面气象常规观测和卫星接收* 在越冬期间继续进行了连续多年的气象地面常规观测和预报，同时利用第九次队安装的NOAA卫星高分辨率资料接收处理系统进行云图接收和数字化资料的接收记录工作。

地震观测 进一步完善观测环境，继续进行地震的越冬常规观测。

地磁观测 继续多年来连续进行的越冬地磁仪、磁变仪观测，地磁脉动及哨声的观测记录。

电离层观测 越冬进行继续多年连续的电离层测高仪测定电离图、宇宙噪声接收机测量电子浓度随时间变化、多普勒测量电离层TEC、短波场强及低频相位变化的观测。

南极菲尔德斯半岛及其附近地区生态系项目考察

1. 陆地生态系。土壤剖面取样，补充九次队工作做植被图，重点是阿德雷岛联合采样。

2. 淡水生态系。对不同水体中浮游动物及底栖动物的多样性和丰度进行了调查，对各类环境中藻类及大型植物种类组成及PG，CHI A的测定，对水质类型及水质特点进行观测和分析。

3. 浅海及潮间带生态系。对长城湾附近海区生物多样性、丰度、叶绿素a和环境因子进行测定，并对菲尔德斯半岛附近潮间带进行了生物多样性调查。

4. 系统进行了实地考察、测量、分区、定位，并对各生态系统中的生物组分进行功能团的划分。协调与其他学科的合作，取得了生态系分析所需的气象、地理生态、水文、水质等环境数据，为建库和建模提供了第一手资料。

南极大陆、陆架盆地岩石圈结构、形成、演化和地球动力学以及重要矿产资源潜力的研究项目考察

1. 南极半岛南美洲南部对比关系研究。对乔治王岛LOW HEAD渐新世冰海沉积地层进行了详细采样，考察了西北平台剖面二条，并对纳尔逊岛及双峰岛、化石山、半三角进行了地质考察。

2. 火山沉积盆地精细剖面研究。对长城站附近火山沉积岩做了进一步的研究。在尤巴尼站附近进行了野外火山岩考察，并对纳尔逊岛进行了考察。赴海军湾(波兰站附近)测定了剖面。

3. 地壳形变监测。进行了菲尔德斯半岛形变网复测和国际GPS联测。

4. 南极环境对人体生理、心理健康及劳动能力的影响和医学保障项目考察。

5. 极地心理学研究。通过越冬考察对极地考察人员进行生理生化，免疫及心理调查。生理及心理需每天观测；内分泌及免疫需取血样及收集尿样。

6. 极地劳动保护措施的研究。完成了南极夏季考察队员心理，脑力，神经系统功能，免疫功能检查；基础代谢测定，饮食营养调查。探讨医学卫生综合保障措施。

中山站科学考察 气象常规观测 中山站气象，海冰观测。高分辨卫星资料接收，处理，存档，并提供服务。

地磁常规观测 地磁三分量的相对及绝对观测；地磁脉动观测；哨声与甚低频观测；地磁资料的初步处理；地震三分量的观测。

电离层常规观测

固体潮常规观测 持续观测，资料初步处理，对仪器进行检定。

BREWER 臭氧观测 进行中山站地区臭氧总量，NO_2，SO_2，及 UVB 等要素的观测，观测内容存入磁盘。

岩石圈项目现场考察

1. 中山站地壳演化及矿产资源研究。对站区附近的花岗岩，混合岩进行考察，并对重点工作地区进行大比例尺填图；采集古地磁样品，并对站区及附近岛屿采集岩石化学及同位素分析样品，并进行地质填图。

2. 宇宙尘现场采样。站区冰雪宇宙微粒的搜集，沉积物布点采样，实验室熔化、抽滤、烘干、挑选与鉴定；利用站上交通工具在冰盖上搜集陨石；提取湖泊沉积物，分离宇宙尘物质，航渡期间如能借到采集器，则收集空气飘尘。

南极与全球气候相互作用及影响项目现场考察 边界层研究数据采集：利用软式气象塔及进行低高层冰（雪）一气通量交换的研究；在途中海冰状况和考察船允许的情况下，在海冰上进行边界层实验；在中山站冰盖上开展连续观测。

南极地区日地整体关系研究项目现场考察

1. 太阳活动观测。利用国产 10cm 射电望远镜进行太阳活动观测。

2. 平流层气溶胶及臭氧探空观测。辐射及地面大气电场观测；大气臭氧探空；利用激光雷达对大气进行日常探测，取得平流层气溶胶的资料。

3. 太阳辐射及大气电场。利用 RIOMETER 获取宇宙噪声资料。

4. 中日合作极光及极区扰动综合研究。安装观测房；仪器安装，调整。越冬观测。

【南大洋科学考察】 中国南极第十一次队南大洋科学考察以执行“八五”南极考察科学研究计划中的“南大洋磷虾资源考察与开发利用预研究”项目为主，结合进行“晚更新世晚期以来气候与环境演变及现代环境背景的研究”项目中的沉积取样工作。开展普里兹湾及其临近海域的综合性海洋调查。并充分利用条件，开展航渡途中的海洋观测。十一次队是“雪龙”号考察首赴南极地区进行考察。

考察中进行的磷虾与生物海洋学工作主要包括：IKMT 斜拖网采样、浮游动物、浮游植物垂直拖网、测区内磷虾幼体航渡采集（高速采集器）、初级生产力测定、利用特殊网具捕捉磷虾进行船上活体培养。化学海洋学方面的工作主要有：航渡及测区营养盐、溶解无机和有机氮、磷、溶解氧、POC、DOC 等的测定，氟的地球化学研究。物理海洋学方面的工作主要有：CTD 观测、表层温度、盐度走航观测、海况、海冰与气象观测。

沉积取样主要是取柱状样和表层样。

【第十二次南极考察】 **长城站科学考察** 常规地面气象观测 安装了自动站；在整个越冬期间进行每天 4 次气象观测并发地面报；每月做一次月报表并做气候月报，进行太阳辐射的观测。

天气预报卫星图像接收及海冰监测 进行 NOAA 卫星高分辨资料的接收；气象传真图接收及长城站地区天气预报；长城站附近区域海冰实况监测；地面气象常规观测。十一次队对气象卫星高分辨资料接收处理系统进行了更新并安装了一套新型接收天线系统。

电离层常规观测 继续开展电离层观测，同时开展 VLF 信号相位测量、短波场强测试和标准里欧计的测试工作。

地震常规观测 继续进行地震越冬的常规观测。

中山站科学考察 常规地面气象观测天气预报 安装自动站；每日进行 4 次气象观测并发地面报；每月做一次月报；进行辐射项目的观测。进行高分辨卫星云图接收；气象传真图接收；进行中山站附近区域海冰实况监测。

臭氧观测 在臭氧洞活动最强的季节进行每日的臭氧观测。

高空大气物理观测 进行了中日合作极光、地面臭氧等观测。进行了中澳合作感应式磁力仪的观测。利用目前世界上最先进的数字化电离层测高仪进行电离层观测。

地磁观测 主要进行三分量地磁场观测，同时开展地磁脉动和哨声观测。

南大洋科学考察 1995 年根据上报国家计委的“雪龙”号极地科学考察船的改装方案，对“雪龙”号船进行了改装。由于是改船工程后的第一个航次和“八五”项目业已完成，十二次队南大洋考察在测区和考察目的等方面均作了相应的调整，主要完成了 ADCP、CTD 等新加装仪器设备的测试工作，延续进行了部分磷虾考察工作，同时还安排了协助新西兰科学家进行大气采样工作。

（秦为稼）

南极考察后勤条件保障
Logistic Support for Antarctic Research

【长城站】 1993 年中国第九次南极考察队在长城站新建了食品库、综合库各一栋，总面积为 806m²。特别是保温墙板采用了涂塑技术，大大增强了防腐能力，为今后中国南极建筑提供了宝贵经验。

1993 年中国第九次南极考察队更换了长城站 75kW 的旧发电机组，用贵州柴油机总厂生产的 6135 型 120kW 三台发电机组取代。提高了站上的供电能力。考察队为长城站增置了中国四川省泸州市中国长江起重机厂生产的QY16C型汽车起重机一台，中国厦门工程机械厂生产的ZL—40型轮式装载机一台，使站上的装货、起吊能力有了明显改善。考察队在长城站共卸货1 700t，其中站用燃油300t，食品近10t，其他为设备、建筑材料等。考察队对长城站运输车辆、船艇进行了初步的维修保养。对站上旧建筑进行了初步维修。

1994年中国第十次南极考察队乘机赴站，主要完成了一号栋、二号栋、科研栋共600m²屋顶防水材料的铺设工作。但因这一年无船去站，大量的维修材料无法带到站上，给站的维护保养带来了一定的困难。考察队所需物资近30t，部分通过智利空运到站，部分通过国际海运由韩国租用的考察船协助运到长城站。考察队仅对长城站的设备、管路进行了一般性的维护保养。

1995年中国第十一次南极考察队乘机赴长城站，对站上的上、下水管路进行了维护保养，越冬期间对三台发电机组进行了大修工作，保证了站上的发电工作正常进行。1995年越冬后期，因上水管路故障，架设了临时管路保证了站上用水。越冬期间对发电栋进行了堵漏处理。考察队对长城站的主要设备进行了检修，将3台冷库移到新建的食品库内，另将万能车床、刨床等设备移到新车库，使其恢复正常工作状态。考察队对长城站通讯天线进行了简单维护、保养，保证了通讯工作正常进行。

1995年度长城站因两年未能去船，给食品补给、垃圾处理带来了一定的困难。

庆祝长城站建站十周年 南极办分别于1994年10月14日和1995年2月20日举行了隆重的纪念邓小平同志为南极考察题词十周年和南极建站十周年活动。以国家海洋局局长严宏谟为团长的中国政府代表团于1995年3月3日抵达长城站。1995年3月4日上午在长城站举行了隆重的建站十周年庆祝仪式。会上，严宏谟局长对长城站建站十年来在各方面所取得的成绩作了总结。参加庆祝仪式的有智利、俄罗斯、乌拉圭和韩国等友邻站的代表，他们分别在会上致词，祝贺中国南极长城站所取得的成绩。截至1995年，中国已派出12支南极考察队，先后有5条远洋考察船11次赴南极，航行了25万n mile，运送了2 000多人次科学工作者和工程技术人员赴南极考察，建成了中国南极长城考察站和中国南极中山考察站，先后完成了中国首次南大洋科学调查、“七五”和“八五”南极科考计划，开展了包括气象学、地球物理学、高空大气物理、电波传输等常年观测以及冰川、地质、地貌、环境、测绘、地矿、生物学、人体医学、海洋学等多学科考察与研究，采集了大量宝贵的资料、标本、数据。发表了数十部极地研究专著，填补了国内空白，有些研究成果达到了国际先进水平。

（陈立奇）

【中山站】 1993年中国第九次南极考察队为实施内陆断面考察计划，为中山站购置了德国KASSBOHRER公司生产的PB240D型大型雪地车3辆，15t雪撬2架，8t雪橇1架。考察队在中山站新建了气象激光雷达观测室和臭氧观测室两栋新建筑，总面积近70m²，这两栋建筑由中国华东建筑设计院设计，上海钢结构厂和上海晓宝轻质建材有限公司负责施工安装。1993年夏季由第九次队完成外部安装，冬季完成内装修，正式交付使用。这两栋建筑采用混凝土基础、钢结构框架、涂塑保温墙板高架组合式。

1993年度中山站附近冰情较严重，给卸货带来了很大困难，中山站卸货采用了两种方式，用直升飞机卸货，和第二次用驳船卸货。经过努力于2月26日将近300t物资、设备运送到站。

1994年中国第十次南极考察队因“雪龙”船改装未完成，由澳大利亚南极考察船帮助将我人员和物资运送到站。站上仅进行了一般的维护保养。

1995年度“雪龙”船首航南极中山站，中国第十一次南极考察队在中山站新建了空间物理观测室，面积37m²，该建筑由上海晓宝轻质建材公司设计，中国极地研究所负责施工，1995年完成交付使用。这栋建筑采用混凝土基础，钢结构，涂塑墙板高架组合式。考察队对中山站3台卡特比勒发电机组进行了大修保养，对站上车辆进行了维护保养。

1995年度因冰情不好，无法放艇运输，通过直升飞机运到站上各类物资近100t。卸油近300t。原定的站上垃圾处理工作未能进行，站上维修工作也进行了调整。

【“雪龙”号船】 “雪龙”号船是中国第三代南极考察、运输补给船。1993年3月25日由乌克兰赫尔松船厂建造，中国购买后于1993年7月12日接回到上海。“雪龙”船长167m，宽22.6m，满载吃水9m。最大航速18kn，冰区通过能力为1.2m当年冰、20cm雪、航速0.5kn。船体结构和上层建筑设计环境温度−50°C，蒸发量4 000kg/h的锅炉可保证全船用气。该船设计为A—2级破冰船。该船具备先进的导航、定位、自动驾驶系统和能够容纳两架大型直升飞机的平台、机库及配套系统。国家计委先后投入3 100万元资金，使该船改造成为科考和运输两用船。“雪龙”号船经过二期改装，增加了新的考察队员生活区，新增床位51个。改装配备了大洋考察试验室200m²，引进、安装CTD和ADCP等国际先进的大洋调查仪器设备，使“雪龙”船具备了南极考察活动站的能力。该船先后执行第十一次和十二次南极考察任务。

1994年对“雪龙”船进行了一期改造方案的论证工作，并部分开始实施。

1994～1995年“雪龙”船进行了第一期改造工作，完成了800W电台的更换工作，增设了低分辨卫星云图接收设备及全自动常规气象观测设备，对原住仓进行了改造，增加了48人考察队员床位。船尾部安装了A型架的吊车设备，6 000m绞车，3 000m绞车各一部。使其初步具备了极地考察能力。

（李　果）

北极考察
Arctic Research

【概况】 北极地区通常是指北极圈(66°33′N)以北的区域,包括北冰洋的绝大部分水域、格陵兰岛、冰岛等岛屿以及欧亚大陆、北美大陆的北部地区,总面积约 2 100 万 km^2,其中陆地近 800 万 km^2。也有学者以最热月陆地 10℃等温线、海域 5℃等温线作为北极地区的南界,总面积约 2 700 万 km^2,其中陆地近 1 200 万 km^2。

北极地区的土著居民是因纽特人,总人口近 500 万人,包括拉普人等 19 个分支,主要分布在北冰洋沿岸,属蒙古利亚人种。

北极是全球气候变化的"启动器"之一,海冰、洋流和气团的变动直接导致全球变化或异常跳跃。北极地区广达 1 300 万 km^2 的苔原带,是全球最大的固碳地,近 200 年来该带北缩 300~480km,已使大量的固碳氧化进入大气层,加剧了温室效应的节奏。近 100 年来,北极苔原带平均升温 2~4℃,已对周边地区产生难以估量的影响。北极脆弱易变的自然环境,使其成为全球变化重要的"指示器"。极光、哨声、磁暴等太空对地球的作用信息,只有在极区才可捕捉到,不仅为日地关系研究而且也为空间科学提供了天然的"实验场"。人类历史上三次大规模的挺进北极,不仅形成独特的冰雪文明,而且也提供了人与自然相互作用的典型样板,尤其在人类面临生存与发展这一共同命题的今天,探索解析北极人地关系更显其重要。北极酸雨和烟雾等环境污染已开始向中低纬区扩散,我国也已受其侵害,研究其集散机制和路径可为我国 21 世纪生存环境调整提供科学依据。

北极丰富的自然资源,将是新世纪重要的资源尤其是能源基地,而对北极资源的开发必然产生诸多环境问题,研究环境的脆弱性,制订科学合理的开采计划,已成为全球人类共同关心的问题。

北极的发现、北方航道的开通其实渗透了我们祖先的智慧,哥伦布船队的目的地是黄金铺路、丝绸如山、香料遍地的古老中国,不料在阴差阳错间发现了新大陆,引发更多的西方探险家怀揣发财梦探寻驶向东方文明古国的北方航道。1920 年 2 月 9 日英美等 9 国在巴黎签署了《关于斯匹茨卑尔根群岛的条约》,之后中国等 42 国相继加入,该条约于 1925 年 8 月 14 日生效,其中规定,一切缔约国的公民有权自由进入该地并在此"从事一切海洋、工业、矿业和商务活动"。

【中国首次北极点科学考察队】 国际北极科学研究已有上百年历史,几乎涉及到全部的学科领域。在此过程中,中国已有少数科学家通过各种形式参与了部分考察研究项目,然而中国正式组队的考察则始于 1995 年。1993 年 3 月 10 日,由中国地理学会等 7 个全国性学会发起,经中国科协批准成立了"中国北极科学考察筹备组"。6 月 24 日,孙枢、周秀骥、马宗晋、陈运泰等科学院院士和有关极地专家,全面论证了筹备组提出的《北极科学考察与全球变化断面研究的计划与设想》,并一致同意将其作为中国北极科考的长远规划,其宗旨是开展北极与全球变化研究,为中国 21 世纪生存环境的调整提供科学依据。1994 年 2 月 24~26 日,筹备组召开了首届中国北极科学考察研讨会,孙鸿烈、周秀骥、马杏垣、李廷栋等科学院院士和有关极地专家,审查通过了《中国北极科学考察的优先领域和重点项目》,拟定了 1995 年和 1996 年两阶段科考的路线、项目和实施方案,在此基础上,经有关研究机构和学术团体的反复酝酿,形成了首次北极点科学考察队的工作内容和执行计划,即围绕全球变化这一核心,开展冰雪、海洋、环境、遥感遥测、生物生态等项研究。1994 年 8 月 26 日,浙江电视台组织"中国北极考察摄影组"一行四人赴美国、加拿大、格陵兰、挪威、芬兰等国的北极地区,深入到北纬 79 度,采访了北极研究机构和专家,拍摄了北极独特的人文景观。

1995 年 1 月 19 日~27 日,在东北松花江冰面上开展了封闭模拟训练,检验了所有预备队员的身心状态及仪器设备的可操作性。中国首次北极点科学考察是由中国科协主持。中国科学院组织的大型境外科学考察活动,以政府支持、民间集资方式运作,得到了新闻界、科学界和以南德经济集团为代表的企业界的大力支持和广泛参与。科学考察队由 25 名队员组成,除 1 人来自香港外,其余分别来自全国七大部委、涉及 18 个单位。考察队总领队:位梦华;政委:翟晓斌;副领队:刘健;北京指挥部主任:刘小汉,副主任:马长林、张晓军;队长:李栓科。

1995 年 3 月 31 日,全体队员离境,经美国赴加拿大哈德逊湾开展负重滑雪和驾狗拉雪橇训练。4 月 22 日 7 名科学考察队员由设在加拿大北极群岛孔沃利斯岛上的雷索柳特基地(74°N)出发,沿西经 80°的冰面自 88°N 向北极点进发,跨越了波弗特海环流区和贯极点洋流带这两大北冰洋的重要系统,于北京时间 5 月 6 日上午 10 时 55 分到达北极点。共采集各类样品 542 个,取得观测数据上万组,拍摄典型样点图像上千幅,还有大量的文字和电视记录资料。这次科学考察任务的完成,填补了中国自然科学研究领域上的空白,证明中国科学家有能力深入北冰洋腹地开展科学考察观测和取样。部分科研成果及野外执行情况已提交 1995 年 12 月 21 日在美国召开的第二届国际北极科学大会,为我国加入这一国际组织奠定了基础。

【北极科学考察】 中国首次远征北极点科学考察队自 1995 年 3 月 31 日离京,至 5 月 11 日返回,历经 40 天。圆满完成了各项科考任务。采集各种样品 542 个,取得观测数据上万组,拍摄典型样点图像上千幅。这次境外极端环境下的科学考察是以民间方式开展的。以南德集团为代表的中国企业界有识之士出巨资支持了这一活动;新闻界参与了推动和宣传过程。

宗旨:全球变化研究 北极作为地球整体系统的一部分,直接影响全球尺度的大气对流和大洋环流,成为全球气候变化的"启动器"之一;其脆弱的环境特征,成为对全球变化具有较高灵敏度的"指示器"。正因为如此,在当代全球变化研究的浪潮中，北极成为各国科学家竞相追逐的热点地区。北极地区的环境变化直接影响中国经济与社会的发展。北极酸雨和烟雾已不再只限于极圈附近，而是在大踏步地向中纬区扩散；北极的增温与苔原带的收缩已在中低纬沿海区产生了诸多影响。

方案：两步实施 1994年2月24～26日，在首届中国北极科学考察研讨会上，马杏垣、孙鸿烈、孙枢、周秀骥、马宗晋、李廷栋等科学院院士和秦大河等国内著名极地专家，就国际北极研究的动态，中国开展北极科学考察的目标、方式、实施方案进行了认真分析论证，审查通过了“中国北极科学考察的优先领域和重点项目”，拟定了1995年和1996年两阶段科学考察的路线、项目以及实施手段的具体方案。在此基础上，经有关研究单位和学术团体的协同工作，形成了首次远征北极点科学考察的具体内容和执行计划，即围绕全球变化这一核心，开展冰雪、海洋、环境、遥感遥测、生物生态学等研究。

路线：保障科学考察 要在冰面上开展冰雪、海洋、环境、遥感等项观测取样，唯有步行最为理想，而滑雪和狗拉雪橇则是不可替代的交通和物资仪器运输工具。北冰洋的冰情和天气变化，决定了每年4月中旬到5月中旬是进入极点附近地区仅有的黄金季节。此次科学考察沿西经80°自北纬88°到达极点，跨越了波弗特海环流区和贯极点洋流带，这是北冰洋两大重要的系统，大体在北纬89°附近交汇，形成著名的剪切带，以南海区冰裂缝与挤叠起来的冰障呈紧密的环列状，以北海区冰障与冰裂隙大都呈网状或线状排列。这段地区可以说是整个北冰洋自然特征的缩影。在后勤支撑条件有限的情况下，这一路线是保障人员安全和保证既定科学考察计划实现的最佳选择。

人员：再三挑选 参加此次考察队的科研人员精通自己的专业，所提出的研究课题符合队考察内容，实施方案切实可行，具有强壮的体魄和良好的心理素质，富有团队协作精神。1995年1月19～27日，松花江的模拟训练，检验了所有预备队员的身体和心理状况。

期待：有所突破 国际北极科学研究已有几十年历史，而我国则刚刚起步，不可能全面赶上或超过世界先进水平。但是，由于我们选择了极富代表性的路线，抓住了学科的生长点，野外考察取样密度大精度高，再配以严密的室内实验分析，在冰雪地球化学过程、两大洋流系的理化特征、现代农药污染、海冰漂移的遥感监测等方面有望获得高水平的成果。

雪冰化学考察 初步查明了北冰洋表层雪冰中化学元素的组成特征及其环境意义；与亚北极地区表层雪冰化学成分的对比表明，现代环境污染不仅在亚北极地区和北冰洋腹地有较高浓度的集聚，而且呈现逐年上升的趋势；雪冰中储存的环境信息还表明，近年北极地区气温有不断升高的现象；与南极地区的表层雪冰研究结论相比，北极地区不但表露出人工环境要素扰断自然过程的现象，而且还存在对人类活动敏感度降低的特征。

海洋和极冰考察 初步揭示了Beaufort涡旋区流场的分层特征、断面特征、剪切特性和水体平衡；较全面地了解了该区的温盐特征，对水系和水团范围进行了划分；研究了海洋微循环及其垂直稳定度和对流特征；水体营养元素和化学元素的分析，揭示了该区重金属元素和营养物质的分布特征；水体化学元素对北冰洋环境具有重要的示踪意义。极冰动力学的研究表明在北纬89度附近跨极点洋流和Beaufort海涡流交汇区，海冰的漂移速度最大；基本掌握了极点附近海冰漂移规律、冰厚分布及其与历年的差异，配合海洋学研究，探讨了北冰洋海水与海冰的热力学过程。

自然环境特征及其变化过程研究 全面认识该地区的自然环境结构和演变过程；在北冰洋区域，记录每日的气象要素，采集表层冰雪样品，分析人类活动对极地海洋的影响；收集大气气溶胶样品，分析不同地带气溶胶的特征；不同地理单元中重金属元素的组成反映了第二次世界大战以来全球工业发展对北极地区环境的影响强度及其变化过程；寒区环境自净能力存在明显的地带性差异，这将是极区持续发展中值得特别关注的问题；沉积物研究表明，近代北极地区的气候有逐渐变干暖的趋向；与其他地区相比，北美北极区似乎有时段上的超前性和变幅上的放大性特征，是全球变化重要的预警区。

陆地生态系统和生物多样性研究 调查了苔原带和苔原—荒漠过渡带的生物群落组成及其地理分布，测量了植物群落的CO_2代谢量；监测生态环境因子的近期变化；进行土壤样方调查，采集各类土壤样品，分析极端环境下的地球化学过程；不同地带生物多样性与生态环境因子的调查研究，揭示了极地地区生态环境因子之间的相关性；极地生物多样性信息库的建立，为生态系统的研究提供了基础。

自然环境遥感动态监测研究 获取典型样点的表面图像，进而利用地球卫星影像实施动态监测。记录冰表面的颜色和粗糙度，判断海冰的年龄以及含盐度；测量表层积雪的深度，分析积雪中的含水量，并与积雪的颜色和状态进行耦合，从而获得卫星影像解析标志；极地植被与永久冻土的分布和变化关系密切，利用样方统计资料，分析这些特征的影像表现，从而实现动态监测；利用各类温度计，进行海面和冰面温度测量，建立极区温度场的数学模型。获取SAR数据，结合野外样点模型，建立完整的极区自然环境动态监测系统。

定位及空间对地观测 对重要点位进行反复卫星定位测量，获取较高精度的经度、纬度和高程数据；利用大地测量和遥感技术建立极区空对地的观测系统。

【斯瓦尔巴德地区的考察】 **大气物理学研究** 建立了该地区周、月时间尺度精度高达80%的降水量预测模型；估算了挪威北极区雪水的数量比率；收集和整理了有关高纬山地地区的降水资料，分析了各地的降水特征，建立了高精度的区分降水量中降雪与降雨比率的数学方法；基于对冰雪—大气界面的观测，包括地表和大气底层的监测，探讨了热量交换和通量特征。

冰雪理化过程研究 调查了冰雪圈的结构、地区分布以及时空变化特征；表层雪层中的化学特征揭示了人类活动的显著影响。

【北美北极地区的考察】 **阿拉斯加北坡自治区的考察** 研究了现代环境特征及其与各种水体化学成分的相关性；从苔原湖泊沉积恢复了过去200，2 000和10 000年气候和环境的变化历史；重建了过去不同时间尺度气候环境的记录，阐述了现代环境状况，进而对下个世纪的环境变化趋势进行了预测；调查了海洋哺乳动物（弓头鲸、海豹等）的种群组成及其时空迁徙规律；研究了海洋哺乳动物种群的历史变化及其捕捞量；实验室分析研究了海洋哺乳动物的细胞学特征。

加拿大北极群岛的研究 观测研究了现代冰雪的分布和变化特征；研究了极地水文过程；对永久冻土地区的地表过程和能量系统进行了卓有成效的调查研究；有关全球变暖引起苔原带可能变化的分析引起国际学术界的广泛关注。（李栓科）

国际极地合作
International Cooperation in Polar Research

【南极条约协商国会议】 自第十七届南极条约协商国会议（ATCM）以后，协商国会议改为每年举行一次。第十八和十九届南极条约协商国会议分别在日本京都和韩国汉城召开。

在第十七届协商国会议上侧重讨论了以下几个问题：《关于环境保护的南极条约议定书》规定设立由各协商国派代表组成“环境保护委员会”。会议达成协议，设立第十九届协商国会议“临时环境工作组”，在《议定书》生效前，承担“环境保护委员会”的工作任务。关于南极旅游和非政府活动问题，会议提出了“南极旅游者指南”和“南极旅游及非政府活动组织者指南”。会议还讨论了《关于环境保护的南极条约议定书》责任附件问题、南极视察问题、环境监测和数据管理问题。

第十九届南极条约协商国会议在韩国首都汉城召开。会议分为两个阶段进行，第一阶段召开了临时环境工作组和法律专家工作组会议；第二阶段是大会的第一和第二工作组会议。这次大会共通过了5项措施、2个决定和8个决议。

对关于环境保护的南极条约议定书责任附件以及实施议定书、加强南极环境保护的讨论是这次会议的热点。在法律专家工作组会议上，出现了一些国家要求对南极环境损害进行高额赔偿的倾向，同时要求国家承担剩余的赔偿责任。一些国家积极主张在下次会议上通过该责任附件。另一些国家认为责任附件目前还存在许多难以解决的法律问题。会议同意将此项议题继续列入第二十届大会议程。

到第十九届大会开始时止，26个协商成员国中已有16个国家批准了关于环境保护的南极条约议定书，其他国家也表示正在加快批准程序。

大会委托国际南极科学研究委员会和国际南极局长理事会在1996年第二十届南极条约协商国会议前召开两次南极环境保护研讨会，为协商国大会制定南极环境保护的标准和办法提供法律和科学方面的依据。

为配合关于环境保护的南极条约议定书的生效和实施，澳大利亚、英国、新西兰等国已制定和颁布了相应的国内南极环境保护法和规定。

十九届大会审议了各成员国历年来根据南极条约第七条对南极各国考察站的视察工作。认为南极的这种视察有利于保护南极环境，有利于促进各国南极站的环境保护、管理和科学考察工作。会议强调今后必须加强对船只、倾废场以及避难所的视察工作。

大会要求国际南极科学委员会和国际南极局长理事会发挥协调作用，促进各成员国在南极重大和前沿科研课题方面的合作。国际南极科学研究委员会向大会通报了如下的重大和前沿课题：

1. 南极浮冰区海豹研究计划（CAISP）
2. 海岸陆架生态系和海冰区研究计划
3. 东南极内陆架东方站冰下湖泊研究计划

大会要求各成员国对从事的科学研究计划加强先期环境评估和后期的综合环境评估，并制定行之有效的保护和恢复措施与办法。大会要求各成员国采取行动，保证其南极站上不存留南极条约地区以外的动、植物品种。

近年来，南极旅游日益发展，各成员国对这些活动对南极环境和科学考察工作的影响表示了极大的关注。要求各成员国加强协调，完善南极旅游的登记和报告制度，制定南极旅游者的行为规范，加强对南极特别保护区和特别科学意义区的保护，控制旅游活动的规模和对某些特定地区的访问频率，加强对旅游者的培训和教育，最大可能地减少南极旅游活动对环境的影响。

大会还讨论了南极条约秘书处问题，讨论了秘书处的职能和组织事项等问题，同意将这个议题继续列入下届大会议程。

【国际南极科学研究委员会】 第二十三届南极科学研究委员会会议和南极局长理事会、南极后勤作业常设委员会会议于1994年8月在意大利罗马同时召开。中国派代表参加了大会和该委员会所属8个工作组中的7个工作组的会议。

会上公布了20 000个南极地名，其中中国的有270个地名。

【南极国际合作】 1994年3月，中国极地研究所和日本国立极地研究所签署了《中国极地研究所和日本国立极地研究所在南极中山站高空大气物理学和大气科学的合作协议》。由于两国科学家在南极生物学领域的成功合作和在冰川学等重要领域的共同兴趣，1994年8月，中日两国又签署了《中国极地研究所和日本国立极地研究所南极中山站科学合作协议》，合作期5年。两所在中山站的科学合作于1994年正式启动，并首先在高空大气物理学和大气科学领域开始实施。根据合作协议，将开展以下的合作：极隙区极光粒子和极光发射，与高能粒子沉降相关的极盖区电离层扰动，利用日本昭和站进行雷达观测与中山站极光和电离层地面观测进行高纬电离层相关研究及利用中山站地面观测研究南极地区对流层和平流层的臭氧浓度变化。

【北极国际合作】 近年来，中国部分科学家通过各种途径参加了有关国家的北极考察队，或者在当地现有条件支持下，开展部分研究工作。

自1991年开始，中国科学院大气物理研究所与挪威北极研究所和斯瓦尔巴德大学合作，开展了斯瓦尔巴德地区天气、气候以及大气物理研究。

中国地质科学院的部分科研人员，自1992年起，先后应邀参加了英国、挪威和德国的北极地质考察队。

自1993年开始，国家海洋局第二海洋研究所与德国马普基金会等机构合作，开展北冰洋的生物学和海冰变化研究。

1993年开始，中国科学院兰州冰川冻土研究所与加拿大McMaster大学合作，开展了加拿大北极群岛地区的冻土水文学与冻土环境变化研究。自1994年3月开始，中国科学院地理研究所和兰州冰川冻土研究所与美国阿拉斯加北坡自治区政府合作，开展了阿拉斯加北坡地区1万年以来气候与环境变化的考察研究。自1994年5月开始，中国科学院青岛海洋研究所与美国阿拉斯加北坡自治区政府合作，开展了波弗特海浅海区域鲸鱼种群与生态习性的调查研究。

自1995年开始，中国科学院兰州冰川冻土研究所与挪威北极研究所和斯瓦尔巴德大学合作，开展了斯瓦尔巴德地区的冰川学研究，先后有3人次参加了野外考察。

（张福刚　李栓科　陈立奇）

国际海底篇

International Seabed

国际海底综述
International Seabed

综　述
Summary

【概述】 1982年通过的《联合国海洋法公约》，历经12年之久终于于1994年11月16日生效，依据《公约》有关规定设立的国际海底管理局同日宣告成立。《公约》的生效和国际海底管理局的成立是国际论坛引人注目的重大事件之一，是国际法发展史上的一个重要里程碑；同时它标志着一套公认的国际海底区域制度的最终确立，必将对各有关国家的国际海底区域活动及政策产生重大的影响。

以1994年3月韩国登记为国际海底开发先驱投资者为标志，国际海底多金属结核资源矿区的分配已基本完毕，总计279.9万km^2的多金属结核资源矿区分配如下：

已登记的先驱投资者：法国、日本、俄国各7.5万km^2(已视为完成区域放弃)；中国、印度、国际海洋金属联合组织、韩国各15万km^2。

以美国公司为主的四个国际财团：肯尼柯特财团(KCON)18.2万km^2；海洋矿物公司(OMCO)17.5万km^2；海洋管理公司(OMI)29.2万km^2；海洋采矿协会(OMA)15万km^2。

德国矿物原料开发公司(AMR)：13.7万km^2。

国际海底管理局保留矿区：103.8万km^2。

国际海底区域及其资源是人类共同继承财产。中国作为发展中国家，为维护人类共同继承财产原则，一直积极参与有关国际海底区域制度的制订工作。在《公约》生效前后的1993至1995年，中国政府继续积极参加了联合国秘书长有关国际海底问题的磋商会议、联合国国际海底管理局和国际海洋法法庭筹备委员会会议和尔后的国际海底管理局的组织建设工作，为建立一套公正合理的国际海底区域制度作出了应有的贡献；中国作为在联合国登记注册的国际海底开发先驱投资者，忠实地履行了各项有关义务；以中国的国际海底区域研究开发活动为后盾，中国于1995年3月在国际海底管理局确立了最大海底投资国之一的地位，为中国以最大海底投资国身分竞选国际海底管理局理事席位奠定了物质基础。

以中国大洋矿产资源研究开发协会形式组织协调的中国国际海底区域研究开发活动，在国家计委、财政部、外交部、国家科委等国家综合部门的正确指导和国家海洋局、地质矿产部、冶金部、中国有色金属工业总公司等协会业务依托部门的大力支持和积极努力下，在中国科学院、有关高等院校和中国船舶工业总公司等部门的积极参与下，按照国家大洋专项任务的战略部署，到1995年底已完成第一个五年计划。中国大洋矿产资源研究开发事业以海上勘探、综合地质研究、采矿技术研究、冶炼工艺研究、综合数据资料处理、政策战略研究、人才培养为特色的业务支撑点已经基本形成，着眼于21世纪的深海采矿这一新兴产业的雏形已初见端倪；以采矿、环境等项目为主线的对外合作与交流正在深入开展。

中国在国际海底区域的活动，已初步显示出其长远的战略意义：

——在政治上，维护了中国开发国际海底资源的应有权益，提高了中国在联合国的地位，加强了中国在该领域的国际事务参与能力与国际合作能力。

——在经济上，着眼于两种资源、两个市场，为中国经济可持续发展开辟了战略金属资源的新来源。

——在技术上，促进了中国着眼21世纪深海采矿高新技术产业的形成与发展，推动了海洋调查与开发技术的发展和选冶等传统工艺的革新。

——培养和锻炼了跨世纪的国际海底资源研究开发的管理与研究人才队伍。

深海矿产资源的开发将成为下一世纪的高科技产业。与西方发达国家相比，目前中国的国际海底研究开发工作在资源的勘探程度上和采选冶技术上，仍然存在着一定差距。中国在国际海底区域的研究开发工作虽然取得了积极的进展，但从发展角度看仍然处于起步阶段。与此同时，国际海底区域活动目前正处在一个重要的转折时期，作为《公约》生效前临时安排的先驱投资者矿区登记制度，将逐步纳入到《公约》和《协定》已确立的国际海底区域制度中，如何利用现有的国际机构和国际法律是所有国家面临和正在研究的一个重要课题。为维护中国开发国际海底资源的权益，必须适应国际形势的变化，确立以权益、资源为中心，以技术发展为保障的从事国际海底区域活动的基本政策，并以此指导"九五"期间中国的国际海底研究开发活动，以确保中国在新一轮的国际海底资源竞争与角逐中占有主动。　（金建才）

【海底筹委会】 按照《联合国海洋法公约》及有关决议的规定，1983年3月在牙买加首都金斯敦成立了国际海底管理局和国际海洋法法庭筹备委员会(简称海底筹委会)。委员会由签署或加入《公约》的国家和纳米比亚(由联合国纳米比亚理事会代表)的代表组成。第三次联合国海洋法会议《最后文件》签署国的代表可以观察员身份充分参加委员会的审议，但无表决权。委员会的主要任务是：拟订国际海底管理局大会第一届会议和理事会的临时议程，并于适当时间提出关于议程上各个项目的建议；

拟订大会和理事会的议事规则草案；就管理局第一个财政期间的预算提出建议；就管理局和联合国及其他国际组织间的关系提出建议；按照《公约》有关规定提出关于管理局秘书处的建议；就管理局总部的设立进行研究，并提出建议；拟订有关规则、规章和程序草案，包括拟订关于管理财政和行政的规章草案，使管理局能够开始履行职责；行使关于预备性投资的第三次联合国海洋法会议决议二授予委员会的权力和职责；对于因国际海底区域矿物的生产而可能受到最严重影响的发展中陆上生产国所面临的问题进行研究，以期尽量减轻它们的困难，帮助它们作出必要的经济调整，其中包括设立补偿基金，并就此向管理局提出建议。根据有关规定，委员会可设立为执行其职责所必要的附属机构。委员会的全体会议全面负责委员会的主要工作，并负责草拟有关国际海底管理局及其各机构的规则、规章和程序等。总务委员会为委员会的执行机构，由包括中国在内的36名成员组成，负责委员会会议的协调和安排工作、审查和批准先驱投资者的申请登记等。委员会还设4个特别委员会：即陆产国问题特别委员会(第一特委会)、企业部问题特别委员会(第二特委会)、海底采矿规则特别委员会(第三特委会)和国际海洋法法庭特别委员会(第四特委会)。在海底筹委会第一届会议上，选举了主席和副主席，设立了工作机构，制订了委员会议事规则。此后的各届会议陆续对有关议题和文件草案进行审议，并审议和磋商先驱投资者的登记和履行义务问题。

海底筹委会于1994年11月16日结束工作，并就其完成的各项工作向国际海底管理局提交了工作报告。

【联合国秘书长海底问题磋商会】 海底筹委会自1983年3月开始拟订各项文件和有关规则规章。但公约迟迟不能生效，批准公约的大多为中小国家，各方都开始考虑公约的普遍性问题。首先是77国集团呼吁对话，以解决公约的普遍性问题。经过一段时间的酝酿，联合国秘书长决定出面主持公约第十一部分的磋商，争取工业发达国家批准公约，实现公约的普遍性。磋商于1990年7月19日开始举行。

第一轮前两次磋商都是程序性的，主要由各国发表一般性意见，提出对公约第十一部分存在的问题。磋商的范围较小，约20个国家参加，但主要的发达国家和发展中国家都有代表，包括美国和中国等。磋商采取非正式的形式，不作记录，不发表公报，没有正式文件，只由秘书处提供参考性的背景文件。

在第一轮的8次磋商中，确定了讨论的9个问题：缔约国的费用、企业部、生产限额、补偿基金、审查会议决策程序、技术转让、合同的财政条款和环境问题。第三次磋商讨论了生产限额、补偿基金、合同的财政条款、环境问题。第四次磋商着重讨论了缔约国的费用问题。第五次磋商讨论了决策程序、审查会议、技术转让等3个问题。通过磋商，完成了对9个问题的初步讨论，取得了共识。

自1992年6月起，举行了第二轮磋商。主管海洋法事务的副秘书长易人，由联合国法律顾问代表秘书长主持，对缔约国的费用等8个问题再次分别讨论。

从第二轮第四次磋商开始，有关问题取得了实质性进展，秘书处提出的背景文件，不但包括了实质性问题，而且对程序问题也提出了建议。程序问题是指未来协议的文书形式。秘书处文件中提出了4种供选择的形式：(1)议定书的形式，正式修改公约，具有法律约束力；(2)签订一项解释协定，对第十一部分有关条款进行解释，不正式修改公约。协定由具有法律权威的国际组织通过，也具有法律约束力；(3)就建立初期管理局初期企业部签订一项协定，同时在深海采矿临近时召开一次会议，建立明确的采矿制度；(4)签订一项协定，设立一个小型管理局，作为公约的附件，同公约同时生效。

经过第二轮的9次磋商，达成了《关于执行1982年12月10日〈联合国海洋法公约〉第十一部分协定的草案》，于是秘书长主持的磋商即告结束，决定将协定草案提交第48届联合国大会续会讨论通过。协定生效后，将取代原来公约第十一部分有关条款。两者中不一致之处，以协定为准。第48届联大的续会通过了执行协定(121票赞成、7票弃权、零票反对)，并于1994年7月29日举行了签字仪式，包括中国在内41个国家及欧共体的代表签署了协定。

【国际海底管理局的成立】 根据《联合国海洋法公约》的规定，在公约生效之时即成立国际海底管理局，公约的缔约国为管理局成员，管理局总部设在牙买加首都金斯敦。管理局是缔约国按照公约第十一部分的有关制度组织和控制国际海底区域内的活动、管理"区域"内资源勘探开发的组织。管理局设立大会、理事会和秘书处作为主要机关。管理局的机关还包括企业部，其职能是根据有关规定直接进行"区域"内活动以及从事自"区域"回收的矿物的运输、加工和销售活动。管理局还可以设立认为必要的其他附属机关。大会作为管理局唯一由其所有成员组成的机关是管理局的最高机关，其他各主要机关均按照公约的明确规定向大会负责。大会过半数成员构成法定人数。大会每一成员有一票表决权。大会关于程序问题的决定，包括召开大会特别会议的决定，由出席并参加表决的成员过半数作出。关于实质问题的决定，以出席并参加表决的成员2/3多数作出，但这种多数应包括参加该会议的过半数成员。大会有权依照公约的有关规定，就管理局权限内的任何问题或事项制订一般性政策，并依照公约的有关规定行使权力和职能。理事会为管理局大会的执行机关，由36个成员组成。按照关于执行公约第十一部分的协定的规定，36名理事会成员由5个部分组成：A组4名为最大消费国，B组4名为最大投资国，C组4名为生产国，D组6名为特殊利益的发展中国家，E组18名为地区分配。在1996年3月海底管理局第二届大会第一次会议上已经选出包括中国在内的36名理事会成员。中国以4个最大投资国类进入，任期4年。理事会有权依照公约和大会所制订的一般政策，制订管理局权限范围以内的任何问题或事项所应遵循的具体政策。理事会还设立法律技术委员会和财务委员会。管理局秘书处由秘书长和必要的工作人员组成。秘书长由大会从理事会提名的候选人中选举产生，任期4年，连选可连任。秘书长为管理局行政首长，在大会和理事会以及任何附属机关的一切会议上，以该身份执行职务，并执行此种机关交付给他的其他行政职务。在管理局第二届第一次会议上已经选举斐济的南丹大使为管理局第一任秘书长。管理局应具有国际法人资格以及为履行其职能和实现其宗旨所必要的法律行为能力。为使其能够履行职能，管理局应在每一缔约国的领土内享有公约规定的特权和豁免。 （虞源澄）

【中国大洋矿产资源研究开发协会】　协会理事会换届和二届一次会议　1994年5月6～8日在西安召开了中国大洋矿产资源研究开发协会(以下简称协会)第二届理事会第一次全体会议。会议根据各成员单位的推荐，组成了协会第二届理事会。会议总结并充分肯定了第一届理事会各级机构的工作，修订了协会章程，确定了协会第二届理事会的业务工作重点。根据协会业务工作的发展需要，在协会第一届理事会理事长会议的基础上，会议选举陈炳鑫、陈毓川、李尚诒、钮因健、许光建、潘新伯、陈小宁、孙秀兰、王建文等为协会常务理事，组成协会第二届理事会常务理事会；陈炳鑫为理事长，陈毓川、李尚诒、钮因健为副理事长，王建文为秘书长。会议聘任国家海洋局局长严宏谟、地质矿产部副部长张文岳为协会名誉理事长；继续聘请国务院经济发展中心马洪教授为协会高级经济顾问、地质矿产部张炳熹院士为协会高级技术顾问、北京大学法律系赵理海教授为协会高级法律顾问。

协会理事会二届二次会议　1995年5月14～17日在金川召开了协会第二届理事会第二次全体会议。会议审议了协会第二届理事会第一年度工作报告。审议并原则通过了大洋多金属结核资源第一期发展规划(修订稿)和“九五”计划。根据常务理事会的提议，会议增聘李廷栋院士、王淀佐院士为协会高级技术顾问；增选王志雄、金建才为协会常务理事；增补杨金义、郭世勤为协会理事。

（金建才）

国际海底考察与研究
International Seabed Investigation and Research

【中国在开辟区的活动】　中国在国际海底区域的考察与研究活动，主要是在“七五”工作的基础上，由中国大洋矿产资源研究开发协会依托国家海洋局、地质矿产部、冶金工业部、中国有色金属工业总公司组织协调进行的。根据协会组织制订的大洋多金属结核资源研究开发第一期发展规划(1991～2005年)和“八五”计划，通过协会理事会、常务理事会等决策机制，协会办公室会同联合办公会议、紧密依靠各级专家，主要围绕开辟区海上勘探、采选冶研究、基础地质和环境研究、综合性研究项目展开。

开辟区的活动以查清区内多金属结核贮存情况、资源量、开采的自然条件及环境影响为目的。“八五”期间，开辟区勘探(第一阶段)的目标是在15万km²范围内圈定出10万km²第二阶段勘探目标区。为此，“八五”计划中安排了四个航次海上勘探工作，以常规调查手段为主，以多频探测为先导，逐步加密取样站位，初步查明结核丰度变化和分布规律。由于“向阳红16”船被撞沉没事故，DY85－2航次中途夭折，3个航次完成了“八五”计划规定的4个航次任务。为满足开辟区30%区域放弃工作的需要，协会常务理事会决定“八五”期间再增加1个航次(DY85－5)，利用新购入的“大洋一号”船和新引进的当今世界上先进的多波束测深系统(SeaBeam)对15万km²开辟区进行了详细的海底地形测量。

至1995年底，通过4个航次开辟区的综合勘探工作，完成了30%的区域放弃任务，圈定了10.5万km²第二阶段勘探目标区，完成了“八五”计划规定的多金属结核的储量目标，并使中国大洋多金属结核的勘查能力和总体技术水平逐步接近和达到世界先进水平。

DY85－2航次　DY85－2航次由国家海洋局第二海洋研究所负责，东海分局组织实施，“向阳红16”号执行。该航次计划勘探区域为开辟区东区东块，面积约39 850km²。“向阳红16”号于1993年4月30日离开上海码头，开赴位于东北太平洋的中国开辟区。不幸于5月2日晨在中国东海海域被塞浦路斯籍货船“银角”号撞毁沉没，致使DY85－2航次中途夭折。

DY85－3航次　DY85－3航次勘探任务由地质矿产部广州海洋地质调查局组织实施，“海洋四”号执行。张国桢为航次首席科学家。该航次工作区域为开辟区东区西经143°07′50″以西，面积约50 070km²。

DY85－3航次主要任务为：(1)查明区内多金属结核类型、形状、丰度、覆盖率、品位及其分布规律，并计算结核资源量；(2)查清区内地形、地貌特征，探讨结核分布与地形、地貌、水深的关系，圈出坡度大于5°的地形障碍物；(3)查清区内沉积物类型、结构、分布特征及工程地质特征；(4)观测搜集区内水文气象数据，了解矿区开发的水文气象及地质环境特征。

“海洋四”号船于1994年5月9日离开广州，11月28日胜利返回羊城，历时203天，航程3.21万n mile，共完成各类地球物理剖面37 823km，连续海底照相8个站位，单次照相258个站位，取得有效照片464张。完成地质测站313个，采样984次，获得多金属结核918.8kg，沉积物1 660.9kg，柱状样37.49m。

在该航次中，广州海洋地质局与国际海洋金属联合组织合作，完成了一条长264.6km的综合生态地质剖面，在此剖面上完成了12个CTD站位测量，采集了155个水样，并进行了水深、多频、单道地震、海洋重力、磁力等测量。1995年双方派专家互访，交换了综合生态地质剖面的处理、分析资料并最终形成联合报告。

DY85－4航次　DY85－4航次由国家海洋局“向阳红9”号船执行，北海分局负责组织实施，海洋二所为技术负责单位。魏文良、何元成先后任指挥，眭良仁为首席科学家。由于DY85－2航次中途夭折，两个航次任务合并执行，DY85－4航次由原计划的3.5万km^2增加到6.5万km^2，工作范围为开辟区东区西经143°22′50″以东，和西区西经153°22′50″以西。该航次自1994年4月8日开始至11月18日返回青岛，历时225天，创造了中国大洋调查时间最长的记录。

DY85－4航次完成地质取样站位340个，获得结核样品2 320.9kg，采用自制的自返式柱状取样器，取得8.2m国内最长的沉积物柱状样，完成了21 788km测深和多频测线、1.7万km浅地层剖面，获得有效海底照片5 345张。

DY85－5航次 根据《联合国海洋法公约》的有关规定，先驱投资者从获得批准之日起，8年内需放弃其开辟区的50%。在1994年春季海底会议上，中国政府代表团作出了承诺，1996年3月5日作为先驱投资者5年届满时，中国将一并放弃开辟区的30%。为了确保放弃的区域从地形、结核丰度和品位上都是质量最差的区域，协会二届理事会第二次常务理事会决定："八五"期间增加一个航次（DY85－5），利用从俄罗斯购买的"大洋一号"和新引进的多波束测深系统（SeaBeam），对15万km^2开辟区进行全覆盖详细地形测量，以满足区域放弃工作的需要。

DY85－5航次由协会办公室统一组队，由南海分局实施。朱兆新为领队，郭世勤为首席科学家。

航次具体任务是：(1)对开辟区进行详细的地形测量，圈定出地形坡度大于5度的不利开采区域；(2)对深拖系统验收，并进行一定数量的试验性剖面测量；(3)为国家863计划研制的6 000m水下自控机器人选择适当海区进行试验；(4)对区内水文气象情况进行观测，为矿区开采搜集并积累资料。

DY85－5航次从1995年7月27日～12月13日，历时140天，航程28 770n mile，完成海底地形测量15万km^2，获得20多小时的海底多金属结核录像和100多张高质量的海底多金属结核照片，成功地协助国家863计划智能机器人办公室进行了6 000m水下自控机器人的深海试验，完成了航次现场报告，制定了区域放弃原则并编写了区域放弃报告草案。

该航次先后有18个单位112人分批上船工作，其中包括12名俄罗斯和美国的科学家，充分体现了国内外的大联合和协作。大洋协会办公室跨部门组队也是一次成功的尝试。 （郭世勤）

【采矿技术与设备研究】 未来的商业深海采矿系统将由集矿、扬矿、水面设备、运输船只4个子系统组成。针对中国目前的技术状况，"八五"期间重点组织安排了集矿、扬矿、遥测遥控系统的试验室研究。研究工作主要由冶金部、有色金属工业总公司的下属研究院所——长沙矿冶研究院、长沙矿山研究院、马鞍山矿山研究院、北京科技大学等有关单位承担。

1993～1995年，采矿实验研究工作在查阅了大量文献资料的基础上，吸取了国际上的经验教训，制定了中国开发深海采矿技术的技术路线，确立了中国的采矿系统海上中试方案（指南）。"八五"末，已经研制出实验室模型集矿样机和一定规模的实验室扬矿系统以及与之配套的遥测遥控系统。

集矿 在进行大量水力集矿原理试验的基础上，分别研制出了水力式集矿机和复合式集矿机模型样机，并建立了一定规模的样机试验水池。这两台集矿机均采用了橡胶履带驱动方式，具有较好的适应海底软质沉积物特性的行走性能。水力式模型集矿机将双喷嘴——双导流板组成的结核捕捉系统与水力输送系统有效地结合在一起，具有结构简单、工作可靠、采集率高等优点。复合式模型集矿机将水力采集与链板输送结合起来，具有带泥少、集矿口离地高度在一定范围内可以调整等优点。两台集矿机室内集矿效率均达到85%以上，为中国"九五"深海采矿集矿机进一步研究打下了良好的基础。

扬矿 1993～1995年，长沙矿冶研究院、长沙矿山研究院分别建成了高30m，管径100cm的实验室扬矿系统，较系统地进行了水力（矿浆泵、清水泵、射流泵）、气力多种扬矿方法的实验室研究，取得了一批重要的扬矿输送参数。在矿浆泵提升试验系统上，利用国际海洋金属联合组织提供的太平洋天然多金属结核，采用海水作介质，双方合作进行了提升参数及结核破碎与粉化特性的试验研究，对提升过程中结核的损失及提升废水排放对环境可能产生的影响进行了评估。清水泵提升系统利用给料机向系统加压供料，固体颗粒不经过泵，减轻了颗粒的粉化和破碎，避免了泵的磨损。气力提升系统采用不同的注气深度、不同的体积浓度进行了管道参数的提升试验，获取了注气量、注气深度、扬水量、扬矿量、扬矿浓度的大量参数。同时，还进行了射流泵结构和提升参数的试验分析研究。上述研究不仅得到了大批试验参数，而且从理论上建立了颗粒沉降速度、形状系数、体积浓度、浮游速度之间的定量关系和颗粒群浮游速度计算经验公式，对提升系统设计和参数优化具有重要意义。

遥测遥控 分别成功地研制了适用于两种模型集矿机要求的集散测控系统，对模型机的各种试验参数进行实时测控，实现了地面控制中心主站与水下集矿机本地站之间全部测控信息的双向传送，实现了集矿机的远程测控。扬矿系统的试验过程也由计算机直接采样各种数据，并实时处理。测控系统的研制有效地保证了集矿、扬矿研究的顺利进行。

【选冶工艺研究】 为最终确定适合开辟区矿物特点、适应中国金属产品市场需求，协会在"八五"期间安排了多种流程的小型选冶工艺流程比较研究。在短短几年的时间内，经过研究人员的艰苦努力，打通了全流程，获得了设计的最终产品，铜、钴、镍、锰、铁等金属回收率均超过90%。常温常压硫酸浸出工艺研究，在总结国外研究的基础上，研制出一种浸出新工艺，实现了实验室中变高温高压硫酸浸出为常温常压硫酸浸出。大洋多金属结核熔炼－锈蚀－萃取冶炼加工工艺研究，在国外的熔炼－硫化－氧压硫酸工艺的基础上，做了改进与创新，该工艺可以同时回收铜、钴、镍、锰、铁5种金属。大洋多金属结核特殊选矿工艺研究，在国际上首先推出了使用矿浆离子浮选技术处理大洋多金属结核浸出矿浆的新工艺。通过选冶过程标准分析方法研究，建立起了一整套快速、准确的分析测试方法和手段，并已成功地应用于大洋多金属结核选冶过程物料分析中，获得满意的效果。大洋多金属结核矿及选冶产品、终渣工艺矿物学研究，为结核的采矿、选矿、冶炼工艺研究提供了重要的理论基础。

（刘　峰）

【基础地质研究和环境评价】 大洋矿产资源调查获得了大量样品和数据资料，充分利用这些样品和资料为矿区勘探和评价服务，同时也为海洋地质发展作出贡献。根据上述考虑，"八五"期间大洋协会安排了6个研究课题38个专题，涉及多金属结核的成因、分布规律、结核和深海沉积物矿物、地球化学、沉积年代学、勘探方法和资源评价方法、环境影响评价研究等。上述课题分别由国家海洋局和地质矿产部的有关单位承担，取得了一批研究成果，并于1995年底和1996年初先后通过了鉴定验收。

（郭世勤）

【战略研究】 深海矿产资源的开发是一个正在兴起的具有国际特点的高技术产业领域。战略研究是涉及深海矿产资源研究开发全局性、基础性、长期性的项目。"八五"期间，围绕中国大洋矿产资源研究开发的政策与策略问题，从政治、外交、经济、技术、法律、规划等方面进行了系统的科学研究，为今后更好地规划和部署中国大洋矿产资源的勘探开发工作提供了重要的参考结论和条件。这些研究的主要成果是：

1. 深海采矿的前景预测研究表明：中国21世纪需要的矿产资源量巨大，应多方位多渠道参与国际海底开发，增加中国在国际海底资源的人均占有量；勘探和开发深海资源不仅是国民经济建设带战略性的任务，而且是国际海洋权益斗争的需要；深海采矿事业推动海洋高科技发展所起的战略作用，可能比获得金属资源本身意义更为重大；同时预测中国深海矿产资源大规模的商业开采最早时间是2020年。

2. 对中国大洋多金属结核研究开发经济模式进行了系统的研究，指出中国选择年产300万t干多金属结核的生产规模，应以回收铜、钴、镍、锰4种金属为多金属结核开发项目的发展方向。通过模型计算，进一步指出：整个开发项目中冶金的投资占60%以上，其中，能耗又占冶金投资的70%～75%。因此，建议把冶金工业的研究重点放在高效低耗的加工工艺和设备研制上。

3. 设计和研制了具有世界先进水平的《大洋多金属结核开发经营模式》软件。该软件图像生动、结构合理、数据准确、可操作性强，对有关决策部门和研究人员具有重大的参考价值。

4. 通过对国外深海海底采矿法和《公约》及其实践的研究，结合中国国内有关法规，提出了中国《国际海底区域研究开发和保护管理规定》草案，为中国深海采矿立法研究打下了良好的基础。

5. 为配合中国政府代表团的工作而进行的关于《公约》第十一部分国际海底制度评价的研究，在广泛搜集资料、掌握和分析各国立场观点和关键利益的基础上，为中国参与《公约》第十一部分的磋商，提出了符合中国要求与主张、维护中国正当利益的对策和可行方案，为中国代表团所采用。

（刘　峰）

【多金属结核调查规范】 为统一海上调查和室内分析的方法、手段、技术指标和精度，协会组织了"大洋多金属结核调查规范"的制定和编写。规范分4部分：(1)总则，包括调查方法、作业方式、设计、调查、报告编写和归档的基本要求；(2)海上调查，主要包括定位、取样、多波束海底地形测量及各类地球物理调查方法的要求；(3)试验测试技术，包括水文学、结核和沉积物化学、矿物学分析测试、矿物、古生物鉴定、古地磁、同位素测试等方面的要求；(4)附录，主要包括沉积物、结核分类、结核丰度、覆盖率及资源量计算方法、报告格式、专业术语和概念的统一。

按照规范编写程序，1995年9月已将征求意见稿发送给全国33个单位，意见反馈后进行修改和处理。1996年6月底之前将规范送审稿连同编制说明和意见处理表送达归口单位，以待标准计量委员会安排评审。

【多金属结核及深海沉积物标准物质研制】 海洋地质标准物质研制是计量标准化的重要环节，是海洋地质和大洋矿产资源研究开发中一项重要基础工作，它是质量控制、仪器校准、仲裁分析和国际对比的重要依据。为此，协会在"八五"期间安排了两个多金属结核和两个深海沉积物的标准物质研制。

该项工作由地矿部岩矿测试所负责，经过样品选配、加工、均匀性检验后，选定了一批国内外有影响的实验室参加分析和定值，其中国外有10多个国家的19个实验室参加了该批样品的合作分析。至此，中国研制的6个深海地质标准样品可与国外已有的标样形成完整的系列。

【西太平洋富钴铁锰结壳远景区预测】 大洋富钴铁锰结壳主要贮存在水深800～3 000m的海山上，含钴可达1%，且其中的铜、镍、铂、锰等元素可综合利用，是继多金属结核之后的另一种极具经济价值的海洋矿产资源。70年代以后，发达国家如法国、美国、日本、德国等把多金属结核的调查力量逐渐转向钴结壳调查。前苏联从1986年以后将调查的重点集中在西太平洋的麦哲伦、威克隆起及中太平洋的一些海山区，实地调查了40～50个海山，获得了大量第一手资料。该课题通过中、俄合作，提高研究起点，了解和掌握世界上有关国家调查和研究情况，通过分析总结了钴结壳的成矿规律，预测了麦哲伦海山区、威克海山区、耐克海岭、小笠原高地等6个成矿远景区，为今后中国开展结壳调查研究工作提供了重要依据。

该项研究利用俄罗斯方面提供的资料探讨了富钴结壳成矿物质来源、富集控制因素、钴的积累速率等问题，同时利用俄罗斯提供的结壳样品研究了富钴结壳的物质组成、贮存的水深条件、有用元素含量及在空间上的分布规律，为中国进行富钴结壳的调查研究决策提供了可靠的参考依据。

【大洋固体矿物勘探开发前景研究】 继深海多金属结核之后，发达国家对深海富钴铁锰结壳、多金属硫化物、多金属软泥及磷块岩开展了大量的调查研究工作，资料积累已相当丰富。为了解和跟踪国外除多金属结核外的其他大洋矿产资源的调查研究现状，为中国安排此类工作提供决策依据，协会办公室委托国家海洋信息中心和青岛海洋地质所开展了此项研究。

该课题研究的主要对象是富钴铁锰结壳、多金属硫化物和磷块岩。在阅读、分析了大量国内外文献、数据的基础上，总结了上述矿产的成因、分布、矿物化学组成、资源量、采矿技术、采矿环境影响和技术经济评价，对其开发前景进行了分析预测。课题成果于1996年4月通过了评审验收。 （郭世勤）

【基础建设】 **"大洋一"号船** "大洋一"号船是中国大洋协会所有的一艘以地质地球物理为主的远洋科学考察船。船籍港为广州港，由国家海洋局南海分局代为管理。该船由原苏联列宁格勒尼古拉斯库造船厂1984年建造，排水量5 700t，登记总吨4 430t，船长96.4m，宽16m，吃水10.2m。船上装有SEABEAM多波束测深系统、深海拖曳观测系统等先进的调查手段。

该船原名"地质学家彼得·安特罗波夫(GEOLOG PYOTR ANTROPOV)"，属位于纳霍德卡市的俄罗斯远东地质生产联合体所有，为一艘远洋地质地球物理调查船。原苏联解体后，科学调查任务减少，该船改为货运船使用。1994年6月底交付中国大洋协会并更名为"大洋一"号，1994年7月上旬驶抵广州黄埔长洲岛码头。

设备 中国大洋协会1994年从美国SeaBeam Instrument Inc.引进的SEABEAM2112.360多波束测深系统，为国际上90年代新技术，具有精确、高效、全覆盖测量地形的能力，适宜于任意海洋深度作业。其作业方式为：以121个波束，10～14kn的航速，连续扫描5～7倍水深的海底。该系统由发射和接收声呐阵、波束形成和信号实时处理机柜、计算机网络和外围输出设备、后处理工作站等部分组成。

1994年，协会还从美国SIMRAD公司和DOE公司引进了"6 000m深海拖曳观测系统"。该系统由大型液压绞车、万米铠装电缆、声学拖体、光学拖体、控制和信号处理等部分组成。拖体上载有侧扫声呐、浅地层剖面仪、测深测高声呐、深海摄像机和照相机等观测手段，可对海底微地形地貌、海底沉积物状况、深海生物生态、多金属结核覆盖状况进行详细观测和实时传输。

由国家"863计划"立项同俄罗斯合作研制的"6 000 m自控水下机器人"(AUV)，于1995年研制完成，安装在"大洋一号"船上进行了深海试验并获得成功，使中国深潜技术从1 000m提高到了6 000m。该系统自动下潜，接到母船指令后自动上浮，以海底长基线定位，在10km左右范围内按预编程序确定的方式作业。装载的观测手段与"6 000m深海拖曳观测系统"相同，观测信号储存在拖体内。

数据库 "八五"期间，协会在天津国家海洋信息中心建立了"大洋矿产资源研究开发数据库"。该数据库由资源库、环境库和文献库组成，以Sun 20工作站为载体，以ORACLE为主要软件包。该数据库广泛收集了国内外大洋调查的地质、资源、环境数据和文献资料，信息量大、内容丰富，并具有较强的绘图功能。该数据库已投入使用。同时，为加强大洋矿产资源研究开发情报信息交流，及时反应国内外深海采矿的最新经济、技术、法律信息，通过协会情报信息网编辑的《国际海底开发动态》刊物，到1995年底已出版31期，为管理决策和科学研究提供了大量信息，较好地体现了协会的情报资料工作"各尽所能，平等互助，互通有无，共同受益"的原则。

（何宗玉）

国际海底合作与履行义务
International Seabed Cooperation and Obligations

【多边活动】 1993～1995年，围绕《公约》生效前后的国际海底区域制度的讨论，主要在联合国秘书长主持的海底问题磋商会和海底筹委会两个国际论坛上展开。中国作为发展中国家，一直积极参与国际海底制度的制订与讨论。此外，中国作为在联合国已登记的国际海底开发先驱投资者，积极参加了先驱集团及有关的多边活动，为维护中国开发国际海底的应有权益，体现国际海底区域及其资源作为人类共同继承财产，开展了大量的外交活动。

中国作为最大海底投资国之一地位的确立 1995年2月27日～3月17日，在牙买加首都金斯敦召开了国际海底管理局第一届大会第二次会议，旨在建立管理局的有关机构，特别是选举管理局理事会成员。理事会由A、B、C、D、E五组共36个席位组成，其中B组4个席位来自8个在国际海底作出了最大投资的国家。会议前，中国政府照会各国政府，表明了中国竞选理事会成员国的决心，并表达了中国有意从B组或A组进入理事会的意向。3月8日出席会议的中国政府代表团，与有关国家代表团同时递交并公布了截止于1994年底在国际海底区域活动的投资数额，从而确立了中国作为8个最大海底投资国之一的地位，为中国以最大海底投资国身分竞选国际海底管理局理事席位奠定了物质基础。

已登记的先驱投资者利益集团(RPI) 已登记的先驱投资者利益集团(简称先驱集团)是在联合国海底筹委会会议期间形成的一个利益集团，由在联合国已登记注册的国际海底开发先驱投资国组成，包括印度、法国、俄国、日本、中国、国际海洋金属联合组织(由波兰代表)、韩国等国，法国任该集团的协调员。先驱集团从维护该集团的利益出发，就其所享有的权利和应承担的义务，主要在影响台风中以17号台风影响较大,该台风8月21日在浙江省瑞安登陆,由于台风风力大,范围广,宁德地区灾情较严重,经济损失近亿元。

1993年夏季福建仅有1个台风影响,为历史罕见。9号台风8月21日在广东省阳江市登陆,福建漳州、泉州两市受台风外围云系影响普降暴雨。 (廖信宁)

海洋综合管理
Integrated Marine Management

【综述】 海洋综合管理是地方海洋工作中一项新的重要工作,涉及面广,协调量大,基础工作太多,开展难度较大。这几年来,福建省主要围绕海域使用管理,认真贯彻财政部、国家海洋局颁发的《国家海域使用管理暂行规定》,开展如下工作:

宣传海洋,提高海洋国土意识 海洋往往被人们误视为是自然赐给的。长期以来,在重陆轻海的思想影响下,海域谁使用了就是谁的,国家海洋所有权不仅得不到认可、保障,而且无偿地被占有使用,给海域使用管理工作带来了诸多困难。《国家海域使用管理暂行规定》颁布后,该省把宣传海洋作为一项重要工作来抓,在沿海各地通过各种渠道各种方式加大海洋宣传力度。

认真调研,摸清海域使用现状 1994年,省海洋管理处与省财政厅联合组织有关人员分别深入沿海6个地市有代表性的县、乡(镇)、村,就海域使用现状进行了深入调访。沿海各级政府对海洋资源开发利用日益重视,海域已逐步成了人们争相开发的区域。但由于受传统重陆轻海的思想影响,在海域利用方面还存在矛盾。主要有:海域所有权、开发权和经营权不分;海域使用审批权限不清,导致管理政出多门;海域使用权属未能得到法律保护;行业间用海矛盾;海域未能按其功能合理使用;不经科学论证,盲目围垦、筑堤时有发生;缺乏海域监视,海上发生事故无权威机构协调处理等。

开展综合立法,奠定管理基础 福建省较早开展了海洋综合管理立法工作。《国家海域使用管理暂行规定》的颁布,得到省人大、省政府和有关立法部门的重视。海域使用管理当年就被列入省人大的立法计划。之后,省海洋部门和财政部门联合组织海域使用调查,在广泛调查、模清海域使用大致状况后,组织有关人员赴沿海兄弟省、市学习海域使用管理和立法经验。经过一年努力,于1994年底完成了《福建省海域使用管理办法》,并制定了实施细则,上报省政府请求转发。

选择有代表性区域,开展管理试点 海域使用管理涉及众多的用海单位和个人。几年来,经过调研探索,试探着开发带管理、管理促开发的管理方式,选择了闽东霞浦县、闽中莆田县和闽南漳浦县"科技兴海"示范县进行海域使用管理试点工作。目前,霞浦县海域使用管理工作已在顺利进展中。其他两县的海域使用管理工作也随"科技兴海"示范县建设的深入而逐步开展起来。

培训执法人员,为海域管理提供保障 根据国家海域监察员培训精神,为适应海域管理工作的需要,1994年福建省与宁波海洋学校联合举办全省第一期海洋监察员培训班。来自沿海各地、县的64位学员经过自学和集训两阶段学习,顺利通过国家规定的自学课程考查和考试课程的考试,领到了国家颁发的结业证书和中国海洋监察员证书,取得了海洋监察执法资格,为海域使用管理执法工作提供了人员保证。 (郭运孝)

资料统计
Data Statistics

表5 福建省有关海洋开发统计资料

		1993	1994	1995
海洋捕捞产量	鱼类(万t)	103.29	116.50	132.35
	虾蟹类(万t)	13.33	16.75	17.49
	贝类(万t)	4.67	8.30	10.24
	藻类(t)	1 521	1 600	382
	合计(万t)	122.24	141.79	161.99
海水养殖产量	鱼类(万t)	0.91	1.78	2.02
	虾蟹类(万t)	0.96	1.25	1.65
	贝类(万t)	28.61	31.97	36.95
	藻类(t)	18.46	20.40	19.60
	合计(万t)	49.12	56.04	62.19
海洋货物运输量	沿海(万t)	746	901	1 473
	远洋(万t)	384	549	547
海洋旅客运输量(万人)		115	43	224
沿海主要港口货物吞吐量	福州港(万t)	939.66	914.39	1 032.3
	厦门港(万t)	940.39	1 166.5	1 313.9
	泉州港(万t)	469.54	558.06	680.50
	闽东港(万t)	111.53	139.68	67.80
	漳州港(万t)	153.47	125.47	116.60
海盐生产	面积(万hm^2)	125.35	124.34	122.18
	产量(万t)	84.40	68.20	72.25
海盐化工产量	加碘盐(万t)	7.53	8.88	10.15
	氯化镁(t)	344.00		
滨海砂矿产量	高岭土(万t)			49.56
	石英砂(万t)		1 000.5	1 200.4
	叶蜡石(万t)			105.72
	化岗石材(万m^3)			4 621.6
滨海国外旅游人数	国外(万人次)	88.02	84.45	90.64

(何秀珠)

浙江省
Zhejiang Province

综　述
Summary

【海洋开发成为浙江未来发展的重要战略】　浙江省是一个仅占全国陆域面积1%的小省。人口密度大，煤、铁、石油等矿产资源贫乏制约了经济、社会的进一步发展，但是，浙江省紧靠宽阔的东海，海洋资源丰富，开发海洋，不仅可以获取部分资源，还可借以突破陆域空间狭小和资源配置上的缺陷，推动产业结构的优化和内外贸易的发展。为此，省政府在1993年1月省人大八届一次会议的政府工作报告中明确提出："浙江是个海洋大省，海洋是我省未来的希望"，是"浙江经济新的增长点"；1993年10月又召开了首次海洋工作会议，会议提出了"把浙江省建设成为以国际深水大港为依托，港、渔、工、贸、游综合发展，沿海地带对外高度开放，经济繁荣发达，生态环境优良，人民生活水平不断提高的'海洋经济大省'"的战略目标；1995年编制的《浙江省国民经济和社会发展"九五"计划和2010年远景目标纲要》中专门列入了海洋经济和海岛开发的内容。

"建设海洋经济大省"战略目标的提出，极大地提高了沿海干部群众的海洋国土意识和开发海洋的积极性。宁波市由市长带队，对宁波市沿岸海域进行了考察；舟山市召开了多次海洋开发研讨会；台州、温州在规划的基础上，先后提出了建设"海上台州"、"海上温州"的口号。海洋开发的步伐正在不断加快。

海洋开发战略的确立和海洋开发步伐的加快，使浙江沿海市、县的经济得到了迅速的发展。沿海31个市、县的国内生产总值，1993年较1992年增长55.6%，1994年较1993年增长43.8%，1995年又较1994年增加39.6%，1993～1995年间的平均年递增幅度为47.75%。在第三届（1994年度）全国综合实力评比中，已有绍兴、萧山、鄞县、余杭、海宁、慈溪、余姚、海盐、玉环、上虞、平湖、瑞安、乐清、象山、奉化等15个县或县级市进入了全国百强县的行列，占浙江省沿海县及县级市数的60%，占全省进入百强县数的65%。

【"科技兴海"工程起动】　为了发挥科技在浙江省海洋开发和海洋经济发展中的作用，浙江省科委、浙江省海洋局根据省人民政府的部署，编制了浙江省《"科技兴海"工程纲要和近期实施意见（初稿）》。按照《纲要》，浙江省的科技兴海将围绕着8个技术领域、2个突破重点、建设3类基地、建立3个服务系统展开（即"8233"科技兴海工程）。8个技术领域是：海水增养殖和外海远洋渔业开发技术、海洋油气资源开发技术、海洋工程技术、海水利用技术、海洋生物工程技术、海洋能源利用技术、海洋防灾减灾技术和海洋遥感应用技术；2个突破重点是：浅海和滩涂增养殖技术、海洋生物资源深层次开发利用技术；建设3类基地是：海水养殖基地、海洋药物和功能食品生产基地、重点海洋科研实验室和中试基地；3个服务系统是：科技咨询服务系统、产供销服务系统和开发保障系统。浙江省"科技兴海"工程，1995年已围绕着2个突破点开始实施。

【海岛资源综合调查圆满完成】　历时7年的浙江省海岛资源综合调查和开发试验已于1995年顺利结束。

浙江省海岛资源综合调查包括海岛及附近海域的气候、海洋水文、海洋化学、地质、地貌、沉积物、土壤、植被、海洋生物、环境质量和淡水、土地、港口、矿产、林业、旅游等资源环境要素以及社会经济情况等专业，提交专业和综合调查报告300多篇1 300万字、专业要素图533幅，资料汇编104卷，形成档案4 578卷。调查结果表明：浙江省共有大于500m² 的海岛3 061个。

在海岛资源综合调查的同时，浙江省还选择开展了开发试验12项，实施累计产生推广效益2亿元。

（冯志高）

海洋资源的开发利用
Development and Utilization of Marine Resources

【省政府印发《浙江省海洋开发规划纲要（1993～2010）》】　1994年8月，浙江省政府印发了海洋开发指导性文件《浙江省海洋开发规划（1993～2010）》。

《规划》按照建设"海洋经济大省"的要求，提出了具体的目标和重点。到2010年的具体目标是：基本确立宁波北仑—舟山港在中国中部地区的国际深水枢纽港地位，形成分工合理、优势互补、功能齐全、大中小配套的港口群；基本形成与国际市场对接的比较完善的开放型经济体系；基本建立以港口海运业为主导，海洋水产业为基础，港、渔、工、贸、游为主体的海洋产业体系；基本建成基础设施比较完善、经济比较发达、生活比较便利、两个文明协调发展的海岛环境；基本实现海洋经济与海洋生态环境的良性循环。围绕上述目标，《规划》对海洋重点产业的发展、海岛基础设施建设以及海洋国土的开发、整治等作出了具体的部署。

为促进浙江省的海洋开发，加快海洋产业的发展，《规划》还在进一步扩大沿海市、县的对外开放、扩大海岛地区经济管理权限、鼓励外商投资开发海洋资源、搞活对外、对台贸易、增加海洋开发投入以及加大“科技兴海”政策力度等方面提出了24条政策措施。 （冯志高）

【港口和海运业发展迅速】 浙江省具有发展港口海运业的优越条件。据海岸带和海岛资源综合调查的结果，全省共有在常规工程条件下可建万吨级以上码头泊位的深水岸线290.4km，其中近岸水深在20m以上、可建10万t以上码头泊位的岸线有105.8km；又有多处深水航道和深水锚地与之相配合，因此开发条件十分优越。

表1 1992～1995年港口海运基本情况

项 目	1992	1993	1994	1995
主要港口吞吐量(万t)	5 498	6 684	7 506	8 849
宁波港	4 377	5 322	5 850	6 852
舟山港	268	403	571	883
温州港	437	532	589	601
台州港	393	401	455	475
乍浦港	23	26	41	38
外贸吞吐量(万t)		2 287	2 590	3 180
国际集装箱(万标准箱)	10.1	9.4	15.5	18.8
海洋运输船(艘)		2 957	3 085	3 108
海洋运输船($\times10^4$kW)		56.74	69.73	78.82
客运量(万人)	1 677	1 658	1 693	1 862
客运量(万人·km)	80 176	79 808	80 407	89 885
货运量(万t)	2 163	2 573	3 059	4 082
货运量(万t·km)	146	190	245	337

* 乍浦港为本港吞吐量

1993～1995年，浙江省在初步形成以宁波(北仑)—舟山深水港域为中心，乍浦、海门、温州等港为骨干，辅以沿海各县中小港口的港口群体的基础上，又建成了万吨级以上的深水泊位11个，其中包括25万吨级油码头1座(宁波北仑，扩建)、20万吨级的矿石中转码头1座(宁波北仑)。嵊泗马迹山25万～30万吨级的矿石中转码头已进入设计阶段；六横岛6万吨级修船坞已进入施工。大吨位深水泊位的陆续兴建，使深水岸线的优势得到了进一步的发挥，大中小配套的港口布局渐趋合理，功能更加协调。至1995年，浙江全省已有年吞吐量在万吨以上的海港58个，大小泊位近700个，其中万吨级以上泊位37个，1995年5个主要海港的吞吐量为8 849万t，较1992年增长61%。3年间吞吐量增长最多的为宁波港，增加2 475万t，增长幅度最大的为舟山港，吞吐量增加了229.5%。

浙江省海港吞吐的货种，以煤炭、石油、金属矿石为主。近年来，由于经济的迅速发展和对外贸易的不断扩大，外贸物资的吞吐量增长十分迅速，1995年，主要海港的外贸吞吐量已达到3 180万t；集装箱的吞吐量已达到18.8万标准箱，较1992年增加86.14%。

1993～1995年，海洋运输业发展也很迅速。至1995年，全省已有海洋运输船舶3 108艘，总功率为78.82万kW，净载重量145万t、6.9万客位；全年完成客运1 862万人，货运4 082万t、337亿t·km；国际货运已通达70多个国家和地区的300多个港口；宁波、温州两港已开通至香港、横滨、名古屋的定期航线。

浙江省有3 061个面积大于500m^{2}的海岛，其中居住人口在千人以上的有81个。为了改善海岛与大陆之间的交通联系，促进海岛资源的开发和岛上经济、社会的发展，不仅完成了5 000人以上海岛的码头建设，还先后开辟了舟山—宁波、六横—宁波、嵊泗—上海、岱山—舟山、朱家尖—舟山、金塘—舟山等滚装运输系统，并通过桥梁构通了南田—石浦、大榭—穿山的公路运输；舟山—宁波、嵊泗—上海、洞头—温州间的高速客轮航线也已开通。海岛出门难的情况正在得到大幅度的改善。

（周 卫）

【海洋渔业持续发展产量大幅度增长】 继1993年浙江省第一次海洋工作会议提出“建设海洋经济大省”的奋斗目标以后，万学远省长又在1994年全省水产工作座谈会上提出了“重振浙江海上雄风、建设海洋经济大省”的要求。为建设海洋经济大省，浙江省加大了渔业经营体制的改革，海洋渔村的股份合作制1994年达到了98%；同时积极发展外海、远洋捕捞和海水养殖业，使海洋渔业的产量得到了大幅度的增长。1993年，全省海洋水产品总量为156.1万t，1994年迅速增加到222.3万t，增长幅度高达42.4%；1995年继续增长到278.7万t，又较上年增加了25.4%。海洋渔业产量的大幅度增长，使海洋渔村的人均收入相应地得到了大幅度的提高，1994年人均收入达到3 913元，比1993年增长73.9%；1995年达到4 876元，又增长了24.6%。

外海和远洋渔业 海洋捕捞是浙江省的传统优势。为了能在近海传统渔业资源衰退的情况下继续发挥浙江省海洋渔业的优势，浙江省按照“调整近海、发展外海、开拓远洋”的原则大力发展了外海和远洋捕捞渔业。1994年开辟了浙南外海渔场、浙中外海渔场、浙北济州岛对马渔场，发展了外海拖虾、外海单拖、外海深水流网作业；1995年又推广了流动张网、疏目张网、鱿鱼钓等作业，积极开发利用外海大中型虾类、鲷科鱼类、鱿鱼及底栖鱼类资源，初步形成了远外近渔场结合、钓拖围流作业并举、上中下层资源合理利用的捕捞新格局。全省有7 000多艘渔船(含钢质渔船5 000多艘)常年坚持在外海渔场生产，外海渔获量占海洋捕捞产量的50%。全省投入远洋渔业生产的渔船已发展到237艘，作业渔场已扩展到北太平洋、白令海、南太平洋、印尼及西非等海域；1995年产量12.2万t，年盈利1.5亿元，较1994年增长16%。

海水养殖 浙江省的海水养殖相对较为缓慢。为加快海水养殖发展步伐，1995年省水产工作会议确定主攻海水养殖，“九五”期间重点实施海水养殖“246”工程(20万亩围塘增效工程、40万亩滩涂精养工程和60万亩浅海开发工程),省政府也为此发出了《关于加快发展海水养殖业的通知》[浙政(1995)11 号]。

表 2 1992～1995 年海洋渔业生产概况

单位:万 t

年份		1992	1993	1994	1995
全省合计		140.2	156.1	222.3	278.7
海洋捕捞	小计	122.86	137.02	197.61	247.02
	鱼类		89.02	121.98	165.16
	虾类		35.67	49.04	53.55
	蟹类		5.09	10.80	12.05
	贝类		4.46	9.27	15.43
	藻类		0.09	0.10	0.11
	其他		2.69	6.41	0.72
海洋养殖	小计	17.34	19.05	24.68	31.69
	鱼类		0.11	0.23	0.41
	虾蟹类		0.72	0.66	1.11
	贝类		17.03	22.65	28.91
	藻类		1.19	1.10	1.26
	海珍品		2(t)		1(t)
主要品种产量	大、小黄鱼	1.43	1.29	2.50	4.18
	带鱼	32.29	33.06	43.57	57.99
	鲳鱼		2.40	3.07	7.61
	海鳗		2.23	3.72	4.89
	大型虾		15.96	22.84	27.73
	梭子蟹		2.47	7.61	7.84
	墨鱼	1.94	3.84	6.59	4.08
	鱿鱼				10.39
	缢蛏	10.47	11.80	14.92	17.76
	蚶子	2.66	2.66	4.12	5.55

1994 年,浙江全省海水养殖面积为 4.67 万 hm^2,产量 24.68 万 t,较 1993 年增加 29.59%。海水养殖网箱由 1993 年的 4 600 只增加到 1.02 万只;9 447hm^2 虾塘因受病害侵袭,6 000hm^2 绝收,但因推行虾塘综合利用,仍取得了较好的效益,盈利 1.56 亿元,较 1993 年增加了 15 倍。1995 年全省海水养殖面积 4.67 万 hm^2,总产 31.69 万 t,较 1994 年增加了 28.40%,发展步伐显著加快。0.85 万 hm^2 对虾塘,95%进行了混养,产量比 1994 年增加了 55%。海水养殖品种的培育,已有所突破。1995 年,全省有 40 家育苗厂进行泥蚶全人工育苗,共育出泥蚶苗 20.2 亿颗;浙江水产学院和宁海县水产局合作,育成 3cm 以上的鲈鱼苗 13.67 万尾;浙江省海洋水产研究所育出红鳍东方鲀 23 万尾;此外全省还培育了中国对虾 29 亿尾、长毛对虾 9 亿尾、鲍鱼 150 万头、海湾扇贝 910 万只;羊栖菜的人工育苗也已基本成功,育成的种苗已投入养殖生产。

渔业资源增殖有新发展 浙江省在中国对虾放流增殖上曾取得良好的效果,不仅获得了 7%～8%的回捕率,还在象山港、舟山群岛南部形成了一定的自然种群。1993～1995 年,浙江省海洋渔业资源增殖在品种、数量上均有所增加,累计放流 1～1.7cm 的对虾苗 11.3 亿尾,放流幼海蜇 2.5 亿只,均取得了较好的效果。此外,黑鲷、石斑鱼等的增养殖也已开始。

(尤永生 方佩儿)

【海洋旅游】 1993 年 3 月,桃花岛被批准为省级风景名胜区,景区面积 30.7km^2,其中陆域 22.6km^2,海域 8.1 km^2。

桃花岛位于舟山市普陀区境内,北距沈家门镇 7.8 n mile,全岛 40.37km^2,丘陵山地占 3/4。桃花岛风景多,共有塔湾、安期峰、大佛岩、桃花港、黑鹁鸪等 5 个景区 38 个景点,汇集了砂、石、礁、涯、洞、壁、溪、山、林、花、鸟等自然景观和寺、庙、庵、神话传说、军事遗迹、历史纪念地、名人碑刻、渔乡风情民俗等人文景观。岛上还有舟山群岛第一高峰——对峙山,云雾绕顶,植被良好,种类繁多。全岛森林覆盖率高达 46.4%,有多种国家重点保护植被和名贵珍稀树木、花卉,素有"海上植物园"之称。

九龙山"金海洋城"完成总体规划。九龙山风景区位于杭州湾北岸的平湖市境内,紧靠乍浦港,开发建设时间还不长,但因其环境优美、区位优越,已成为浙江北部主要的滨海旅游区,年接待游客已达 20 万人次以上。

1994 年,香港永成国际集团在调查考察后决定在九龙山投资建设"金海洋城",规划通过筑堤联岛,形成包括有 2.45km^2 海域在内、总面积为 5.3km^2 的旅游度假区。主要项目有国际游艇俱乐部、水上活动中心、球类活动中心、度假别墅、世界特色建筑等 15 个方面,投资总额达 10 亿美元。目前,永成国际集团已投资 6 000 余万港币,建设了一批度假别墅;高尔夫练习场也已在建设之中。规划完成以后,平湖九龙山将成为华东地区乃至全国的一个具有国际水平的滨海旅游度假胜地。 (侯 斌)

【东海陆架油气资源开发步伐加快】 东海陆架盆地面积大、沉积层厚、构造圈闭多,是寻找大型油气田的有利地区。1980 年以来,对东海陆架盆地中的有利地区和重点构造开展了不同程度的普查和勘探,累计完成二维地震调查 12 万余测线 km、三维地震 330km^2,钻探井 29 口,其中 16 口井获高产工业油气流,发现和证实了 3 个油气田、6 个含油气构造,其中平湖油气田已进入开发起始阶段。

随着改革开放的不断深化,1992 年 6 月,经国务院批准,中国宣布东海近海部分海域对外合作招标,先后有 19 个国家 73 家石油公司报名投标,中标的有美国、日本、英国、荷兰、意大利、丹麦及韩国等 7 个国家的 15 家石油公司组成的 9 个企业集团。按合同规定，勘探期投入资金 3 亿美元，7 年内完成 6 万 km 的地震测线、钻探井 51 口；探井若有发现，将继续选址打评价井、生产井。目前，已在完成海上物探的基础上施工钻井 14 口，其中第 14 口井已见较好的油气显示。

为配合东海陆架油气勘探，中国海洋石油公司在浙江省温州市龙湾区建立了勘探作业基地。基地的第一期工程，包括建筑面积为 2 000m^2 的基地服务中心大楼、测井公司大楼以及配套设施等，已于 1994 年 10 月完成，外国石油公司和一大批国内外专业承包公司已进入基地工作，服务中心已成为海上作业通讯和指挥中心。与此同时，龙湾万吨级码头已改造为海上作业船舶停靠、补给和物资运输的专用码头；直升飞机的停机坪、机库等已在温州机场建成，与此有关的基础设施建设亦已大部建成。

（楼颂平）

【海涂资源的开发利用】 根据浙江省海岸带和海涂资源综合调查，浙江省共有滩涂资源 2 890.9km^2，其中分布于海岸线外侧的为 2 443.9km^2，分布于河口的为 447km^2。上述滩涂按行政区划的分布，宁波市为996.7km^2、台州市为 666.5km^2、温州市为 654.1km^2、嘉兴市为 227.3km^2、舟山市为 146.7km^2、绍兴市为130.7km^2、杭州市为 98.9km^2。

浙江省的滩涂资源，具有资源分布相对集中、以淤涨为主及涂面高程较低等特点。三大河口平原（杭州湾及钱塘江河口、椒江河口以及瓯江—鳌江河口）以及三大港湾（象山港、三门湾、乐清湾）的滩涂资源面积分别占全省资源总量的 54.6% 和 23.8%。87.5% 的滩涂分布于淤涨岸段，年平均淤涨增加 25.8km^2。现存滩涂的地面高程大多在小潮平均高潮线以下。对大陆沿岸 74 片涂地高程统计的结果表明，高潮区的面积仅占 8.5%，而中、低潮区的面积分别为 48.1% 和 43.4%。

浙江省滩涂资源的开发利用方式主要有筑堤挡潮（围涂）后开发以及直接利用两种方式。二者均已有千年以上的历史。

1949 年以来，浙江全省通过筑堤挡潮围成土地共 14.7 万 hm^2，钱塘江口和杭州湾是主要的围涂区，占全省围成涂地的一半以上。新围涂地的开发利用，历来以农业（垦植棉花、水稻、柑桔等）和盐业为主。改革开放以来，由于沿海经济发展的需要，乡镇工业在新围垦区得到了较快的发展，港口、工业、城镇建设用地的围涂也在逐步增多。据统计，1993～1995 年，全省新围涂地区的农业产值为 50 多亿元，工企业的产值为 300 多亿元。

养殖水产品是浙江省直接利用滩涂资源的重要方式，主要养殖位于风浪较小、涂地比较软糊的港湾内。据海岸带调查中的统计，全省共有可供养殖的滩涂 5.69 万 hm^2，养殖利用面积已达 5 万 hm^2 左右，主要养殖品种贝类有缢蛏、泥蚶、牡蛎、泥螺、文蛤、青蛤等，藻类有紫菜，1995 年总产量约 27 万 t。

利用砂质滩地发展海洋旅游业也是改革开放以后发展起来的一种滩涂直接利用方式，主要被用作海水浴场，全省已有 10 余处，其中规模较大、接待人数较多的有普陀山、泗礁和九龙山等。

【海岛资源综合开发试验区成效显著】 舟山市普陀区六横岛是国家科委、国家海洋局批准建立的全国 6 个海岛资源综合开发试验区之一。1993 年开始实施，1995 年结束。六横岛资源综合开发试验实施以来，先后在港口、工业、渔业、农业以及基础设施建设等方面实施了 15 个项目。完成了毛纺厂的技术改造；开发浅海养殖 2 000 余亩，滩涂养殖 3 750 亩；完成了泥蚶全人工育苗；建造了钢质渔轮 100 余艘；建起了果、桑基地 5 000 亩；发展了鳗、鳖等高档水产品和海水网箱养殖；改建了岛上公路和至宁波北仑的车渡码头；6 万吨级的修船坞和 5 万吨级的液化气中转基地建设正在实施之中，一个以渔农业为基础、工业为主导、港口为轴心、各业协调发展的海岛经济发展新格局已基本形成。

六横岛资源的综合开发，使全岛的经济、社会得到迅速发展。1995 年，全岛的产值已达到 7.5 亿元，较 1992 年的 3.6 亿增加了 108.3%，年平均递增 27.72%；岛上的社会事业，新建了中学 2 所、医院 1 所，发展形成了三个镇，社会保障事业亦已经展开。 （冯志高）

【嵊泗海底淡水资源开发】 嵊泗县位于舟山群岛北端、长江口外，有着丰富的海洋渔业和深水岸线资源，又是中国唯一的国家级列岛风景名胜区，但是，岛上的淡水资源相当紧缺，制约了资源开发和岛上经济的进一步发展。浙江省地矿厅根据多年积累的水文地质资料，分析认为嵊泗附近海域底部可能埋藏着长江古河道淡水含水层，并提出了在海底寻找淡水的设想。1993 年 1 月，省地矿厅在国家科委、地矿部的支持和前期工作的基础上，在 122°25′25″294E、30°53′35″280N 处设井（嵊泗一井）进行钻探验证，揭穿第四系厚度 258m、基岩 20m，其中有 8 个砂层含水层，自上至下第四、六、七、八含水层为淡水，第四、六、七三层含水层单井日出水量均在 1 000t 以上。验证资料表明，嵊泗海域确有长江古河道存在，其中早更新世含水层有较丰富的淡水资源。

嵊泗一井钻探验证表明：海岛淡水资源有可能从近岸海域的古河道中找到，海岛供水有了新的途径。

（楼颂平）

对外海洋经济合作
Marine Economic Cooperation with Foreign Countries

【概况】 为了学习和了解英国（苏格兰）的海洋捕捞及养殖技术和设备（尤其是网箱养鱼技术和设备）、苗种生产技术、水产品保鲜加工、海洋管理及环境保护，并建立合作关系，应苏格兰国际贸易局的邀请，由国守华任团长的浙江省海洋科技考察团一行 6 人于 1995 年 9 月 10～24 日赴英国进行了为期两周的考察。先后考察参观了 20 个单位并访问了英国政府农业、渔业和食品部。

通过考察交流，苏格兰国际贸易局和浙江省海洋管理局达成了共同负责苏格兰和浙江省之间有关海洋科技交流、贸易往来合作经营方面的联系和协调的合作协议，建立了长期的学术交流和资料交换关系。（国守华）

沿海海洋环境保护
Coastal Marine Environmental

【南麂列岛海洋自然保护和经济建设协调发展】 南麂列岛国家级海洋自然保护区自1991年建立以来，由于贯彻了"物种保护与生态环境保护相结合、重点保护和一般保护相结合、贝藻类资源保护与其他资源保护相结合、保护管理与科学研究相结合、严格保护和适度开发相结合"的建区方针，使自然保护事业和岛上的经济、社会都得了迅速的发展。

在自然保护方面，进行了本底调查；完成了管理局办公楼及保护区碑建设；组建了科研所、开始了贝藻类标本制作；进行了监察管理培训，强化了一级保护区的保护管理，促进了贝藻类生态的迅速恢复。对重点保护地段代表性贝藻类物种生长情况调查结果表明，每平方米的荔枝螺个数和总重量，已较二级区增加23倍和55倍，羊栖菜的总生物量和个体长度，分别增加了25倍和23倍。

在经济建设方面，调整了岛上的经济结构，发展了水产养殖和海岛旅游业，并相应地进行了造林绿化、公路整修和旅游接待设施建设，开通了程控电话。为了推动岛上的海水养殖事业，保护区管理局科研所引进了绉纹盘鲍4万头、海湾扇贝和栉孔扇贝90万只，摸索了一条坑道与浅海相结合的养殖路子。1995年，岛上第三产业的产值在海岛总产值中的比重已达到41.16%；岛上居民的人均收入已达到2 865元，与建区初期的1991年相比，平均年递增89.5%。

【南麂列岛海洋自然保护区本底调查完成】 为了掌握南麂列岛国家级海洋自然保护区建区初期贝藻类和环境的基本面貌，国家海洋局、浙江省海洋局（原浙江省海洋管理局）于1991年开始，组织对保护区的贝藻类和环境进行了本底调查，调查工作已于1994年结束，涉及的内容有潮间带的贝藻类和地质、地貌、海洋水文、海水化学、沉积物类型以及海陆域的环境质量等。调查的结果表明，南麂列岛除陆域地表水受人为影响污染较严重、潮间带除国胜岙及火昆岙鱼粉厂排污口附近外，其余均未超标，海域水质良好，符合一类海水标准。潮间带的贝、藻类，本次调查共鉴定出贝类143种，大型藻类121种，其中属本区首次记录的贝类有18种。贝、藻类在保护区内的分布有着很大的不平衡性，贝类的生物量以隐蔽岩礁区为最高，藻类的生物量以风浪较大的区域为高。较高生物量的分布区除大沙岙西侧龙船礁、门屿尾一带外，贝类尚有大山西北、国胜岙新码头、后垅、上马鞍南岸和三盘尾，藻类有后垅、大檑山东岸、竹屿东南和上马鞍北部等。本次调查，还对潮间带的微小型底栖藻类进行了取样鉴定，共鉴定出4门55属155种。主要为硅藻类，其次为蓝藻类，在总种数中的比重分别为80.6%和17.4%。

（冯志高）

海洋灾害
Marine Disasters

【海洋灾害】 1993～1995年，浙江省的海洋灾害，主要是1994年17号台风引起的台风暴潮。全省因17号台风造成的直接经济损失高达178亿元。

9417号台风于1994年8月15日在关岛西北洋面上生成，8月21日22时30分在浙南瑞安市梅头镇登陆，台风中心气压960hPa，近中心风力在12级以上。台风中心登陆后经文成、青田、云和、丽水、松阳、遂昌、江山、常山等市、县后于22日10时左右离开浙江进入江西省境内。

由于9417号台风风力强（玉环最大风速达50m/s）、持续时间长（12级以上风速的持续时间一般3～4小时，北麂长达22个小时），登陆时又值天文高潮，使登陆区（瑞安至乐清一带）普遍出现了超历史纪录的高潮位（洞头超历史记录17cm，瑞安超33cm，龙湾超72cm，温州超60cm，乐清超72cm，坎门超74cm），瓯江口一带波高在10m以上。台风暴潮的正面侵袭，造成了海塘大量决口，土地受淹、房屋坍塌、人员伤亡。据统计全省损毁海堤520.7km，海水倒灌淹没农田4.88万hm^2，冲毁或淹没对虾塘4 730hm^2，损毁船只1 700余艘，坍塌房屋10万余间，死亡1 200余人。

受9417号台风暴潮影响最大的区域为飞云江以北至乐清湾一线，区内一线海塘基本上全部损毁，沿海1km左右尽遭海水入侵淹没，飞云江北岸海水入浸达7km，受淹区水深一般都在1.5m以上，最深达3m。

（劳根法）

地方海洋立法与管理
Local Marine Legislation and Management

【地方海洋机构逐步完善】 为进一步实施海洋开发战略，加强政府对海洋开发的综合管理，省委、省政府决定并报经国务院批准，将原处级事业编制的浙江省海洋管理局升格为副厅级的浙江省海洋局，由省计划与经济委员会管理。浙江省海洋局是综合管理全省海洋事务的职能机构，内设4个职能处（室）。

【浙江省《国家海域使用管理条例》实施细则基本拟就】

随着浙江省地方海洋机构的逐步完善以及综合管理海洋事务职能的明确，海域使用管理步伐正在加快。《浙江省海域使用管理实施办法》（草案）经省财政厅和省海洋局多次研究修改后基本拟就，省政府已将《实施办法》列入1996年省政府行政规章二类立法计划。通过立法，规范海域使用，逐步建立起综合管理与行业管理相结合的海洋管理体制。（朱家立）

上海市
Shanghai City

综述
Summary

【概况】 1993～1995年,上海市的海洋事业在上海市领导的关心及各行各业的支持和海洋工作者的努力下,又取得了很大的发展。从1994年正式开始的该市沿海地方海洋统计工作可知,1994年上海市海洋产业产值为80.90亿元(统计范围为海洋水产、海洋交通、海滨旅游),占当年上海市国内总产值的4.1 %;1995年上海市海洋产业产值达到325.45亿元(统计范围海洋水产、海洋交通、修造船、滨海旅游),占上海市国内生产总值2462.57亿元的13.2%。浦东的开发开放有力地促进了海洋事业的发展,外高桥、芦潮港、罗泾、漕泾、星火农场等开发区、港口、工业区、现代城镇等在昔日落后、荒芜的滨海地带拔地而起,成为开发的热点。

上海市沿海管理工作走向了有序化和法制化的轨道,1994年制定了"上海市海洋综合管理中近期立法规划",它对中近期上海海洋立法管理具有指导意义;上海市金山三岛海洋生态自然保护区管理办法已完成,并于1994年底报上海市人民政府;目前正在抓紧制定"上海市海域使用管理办法"。

表1 上海市海洋开发资料统计

年份		1993	1994	1995
海洋水产(万t、亿元)	产量	12.42	14.78	16.21
	产值	6.02	8.61	8.93
港口货物吞吐量(万t)		17 596	16 581	16 567
货物运输量(万t)	远洋	2 529	2 605	2 778
	沿江沿海	12 471	12 277	12 067
集装箱吞吐量(万箱)	国际	93.5	119.9	152.7
	国内	6.4	5.9	6.4
旅客发送量(万人)		617	546	512
外贸商品出口总额(亿美元)		73.82	90.77	115.77
海外旅游人数(包括华侨、港澳台胞。万人)			132.18	136.79
沿海海塘投资(万元)		3 537	3 653	3 653
滩涂围垦(亩)		7 100	21 600	11 600
海洋产业产值(亿元)			80.90	325.45

【海岛调查】 上海市海岛资源综合调查于1990年开始进行外业调查,1992年对各专业报告进行审查验收后,1993年11月完成了市科委和市海岛资源综合调查领导小组的市级评审验收,其中各专业课题共完成报告262.8万字,资料汇编13册,崇明、长兴、横沙三岛1∶20 000成果图26幅,在此基础上,最终完成了《综合调查报告》、《图集》和《资料汇编》三项成果。通过调查所取得的主要成绩是:(1)查清上海市海岛数量和面积。上海市大于500m^{2}的海岛有13个,总面积为1 276.06km^2,岸线总长为356.13km。其中河口冲积沙岛有8个,基岩岛4个,人工岛1个;属于乡级岛为2个,县级岛1个。崇明岛是这次全国海岛资源调查中最大岛屿,面积为1 110.58km^2,海岸线长209.73km。(2)摸清海岛自然状况,包括岛屿及其周围水域自然资源、自然环境和社会经济状况。(3)海岛的土地资源成为上海市今后新增土地的主要来源。在海岛调查基础上,1993年起把重点转移到开发试验工作上,其中"崇明县汲浜乡桑蚕种养加工一条龙"项目获国家科委全国海岛办正式批准立项,经国家、地方的资助,桑园面积1993年发展到2 900亩;1994年达到4 000亩;而1995年桑园面积超过5 000亩,为1991年的23倍,桑蚕事业这三年获很大发展。此外,市、县实施了一批海岛开发试验项目,其中有上海市科委在崇明岛建立的"星火密集区",市水利局、崇明县共同投资的"团结沙围垦开发";市农业局进行的"东旺沙围垦开发"等工程,其投资都在100万元以上,它涉及到工业、交通、菜蓝子工程、农牧业、旅游业和市政工程建设等多方面。三年来海岛开发试验,既积累了经验,又有力地促进了岛屿经济的发展。

【沿海对外开放】 上海市这三年中的对外开放已在国际国内产生巨大影响,尤其是浦东新区开发开放所取得的成就令人瞩目,并从基础开发为主转向基础开发和功能开发并举。"八五"计划安排的十大基础工程,包括外高桥新港区、外高桥电厂、杨浦大桥等各项目已提前两年完成。1995年浦东国内生产总值(GDP)完成412亿元,增幅达22%;浦东新区工业总产值达1077亿元;外贸出口总额为25亿美元。到1995年底,浦东新区已累计引进外资项目3 500多家,总投资达142.48亿美元,其中外商直接投资为91.4亿美元。投资浦东的世界著名跨国公司已达60家,包括杜邦、惠普、摩托罗拉、柯达、西门子、日立、松下、索尼等大公司都已抢滩浦东。国内中央各部门及各省市也纷纷进驻浦东。

为使浦东新区实现重塑上海多功能经济中心和现代化国际都市的特殊使命,并成为长江流域进一步走向世界的“桥梁”和实现国际、国内市场接轨的纽带，三年来，已完成对浦东国际航空港建设的规划和安排，并已被上海市人民政府列为90年代第二期十大基础设施，将于1996年开始建设。浦东国际航空港布设在浦东新区及南汇县临海的四个乡，规划用地32km²，其中沿岸陆域20.5km²，利用滩涂11.5km²，这是中国首次大规模利用滩涂建设大型国际机场。此外，浦东的深水港和信息港建设在“八五”期间也开始实施。上海市已把浦东新区及周边的南汇、金山、奉贤沿海几个县作为一个整体——大浦东地区实施对外开放、产业结构重新布向和经济发展。

【重要的海洋科技活动】 1993年12月由中国科学院院士窦国仁、曾庆存等组成的专家验收组一致通过了“中国河口主要沉积动力过程研究及其应用”科研项目。这一个项目是国家自然科学基金会批准立项的第一个属于海洋研究的重大基金项目。它以中国最大的长江河口为主，包括黄河、珠江两大河口进行主要沉积动力过程及其应用的研究，由“最大浑浊带”、“河口锋”、“陆架水入侵”、“底坡不稳定性”4个课题组成，华东师范大学、中山大学、青岛海洋大学共同承担，在陈吉余教授的主持下，从1988年开始到1993年止全面完成了任务，所取得的成果在学术上和应用上都具有重大价值，总体上达到国际先进水平。

1995年12月，河口海岸国家重点实验室通过了国家验收，该实验室建在华东师范大学，是由世界银行贷款、经过5年的积极筹建，向国内外开放的实验室，它将是进行河口海岸研究和培养高级科研人才的重要基地。

国家计委将“长江口拦门沙航道演变规律与深水航道整治方案研究”列入国家“八五”科技攻关计划，在交通部的领导和组织下，上海、南京、杭州等地有关单位近百名科技人员通力合作，于1993年底提前完成了课题研究，在搞清长江口各汊道拦门沙基本特性和演变规律的基础上，通过数学模型计算、物理模型试验和卫星遥感图片等手段，提出了长江口深水航道12.5m整治方案及初步技术经济论证。1994年3月国家计委组织通过验收。

【建设上海国际航运中心】 党中央提出以浦东开发开放为龙头，尽快把上海建成国际经济、金融、贸易中心之一，带动长江三角洲和整个长江流域地区经济的新飞跃。为实现这宏伟目标，必须同时把上海建设成为国际航运中心。1994年5月李鹏总理在上海视察就提出把上海建成国际航运中心，1995年2月底，由国家计委、交通部和上海市人民政府联合主持的长江口深水航道治理的科研成果获得国家评审通过，报告提出用10年左右时间，通过束水整治，使长江口航道水深由－7m达到－12.5m。这一成果的取得，使上海国际航运中心有了现实基础，同时对上海外高桥、5号沟等地区集装箱码头工程的前期工作，对上海拟建的深水港址，这三年来也正在紧锣密鼓开展了周密的论证。三年来，围绕建设上海国际航运中心，除了在深水航道、深水港布局和建设外，还对国际航运中心所必备的船代、货代、理货、金融支撑以及理赔、仲裁等法律机构等进行了深入的研讨、筹备和准备工作。

海洋资源开发利用
Development and Utilization of Marine Resources

【海洋渔业】 上海市海洋渔业生产经历了前几年低谷后，在“八五”期间的后三年开始逐步恢复，1993年海水品产量为12.42万t，占当年水产品总量52.3%；1994年海水品产量为14.78万t，占当年水产品总量54.6%；1995年海水品产量达到16.21万t，占当年水产品总量56%。海水品产量不但逐年稳步增加，在水产品总量生产中的比重也有所上升。海洋渔业生产中近海渔业捕捞仍处于徘徊之中，这与目前近海鱼类资源衰竭有关。同时上海市也加大了在近海渔区禁渔期执法的力度，有利于今后资源的恢复。值得指出的是“八五”期间上海市远洋捕捞迅速发展，1995年远洋水产品产量达到7万t，占到当年全市水产品总量的24%，在当年海洋水产品中占到43%的份额，年创产值4 000多万美元，大大减轻了由于近海渔业资源衰退给上海水产部门带来的压力。到1995年末，上海已拥有64艘远洋渔船，分布在太平洋、大西洋、印度洋和南美海域从事捕捞和水产品生产。经国家有关部门批准还成立了17家海外公司和办事机构，分布在美国、加拿大、西班牙、摩洛哥、阿根廷、毛里塔尼亚等国。远洋渔船队在水产品加工方面已能生产欧美、日本市场的标准加工水产品，直接进入国际市场。

【海洋运输】 1993～1995年，上海的海洋运输事业取得了巨大成就。目前每年进出上海的大小船舶约30万艘次、1.75亿总吨。上海已与世界上180多个国家和地区、500多个港口、600多家航运企业建立了海上运输和贸易往来。有15条国际集装箱班轮航线，每月向50多个国家和地区的80多个港口发出约290个航班，可直达北美、欧洲、澳洲、波斯湾、地中海及东南亚、东北亚等地；还有沿海、长江等11条国内支线，每月58个班次。上海现有水运企业270多家，其中从事国际航运的公司16家，外商航运机构近80家。1995年，上海开通的远洋国际班轮航线从年初的28条猛增至年底的54条。

上海全年港口货物吞吐量于1993年达到了17 596万t，1994年和1995年略有起伏，但也分别为16 581万t和16 567万t，居世界主要港口的前列。集装箱运输是当前国际海运发展的方向，这三年中上海集装箱运输又跃上一个新台阶，1993年全年集装箱吞吐量93万TEU，1994年为120万TEU，1995年又猛增到153万TEU，三年中每年几乎增长30%。1995年上海港已跻身为世界集装箱运输20强之列，是中国最大集装箱运输港口。在海洋运输中，上海的外贸运输逐年增长，到1995年港口的外贸吞吐量比1990年增长129.2%，所占的比重也由21.5%上升到24.7%。上海口岸外贸进出口运量通过上海港的比重达到99%以上。

三年来，上海港口、航道和集疏运条件有进一步改善和发展。到 1995 年止，上海港港区面积达到 3 618.3km²，其中长江口水域 3 580km²，吴淞口内水域 33km²，陆域 5.3km²；上海港共有生产泊位 270 个，其中万吨级泊位 87 个，码头线长约 31km，其中属于港务局的专用生产泊位 140 个，万吨级泊位 68 个，码头线长约 19km。按照把上海建成世界一流水平的现代化城市要求，重视港区与城市环境协调，正在合理调整黄浦江两岸老港区功能和布局，三年来大力开发长江口南岸外高桥、罗泾等三个新港区。此外，宝山钢铁（集团）公司在三期建设工程中的一项重大配套工程——马迹山靠泊 25 万吨级船泊的矿石中转码头，经国家计委批准已在 1995 年开始筹建，该项工程位于长江口东南约 60km 的嵊泗列岛海域。这个大型深水码头的建设，对 21 世纪上海冶金事业持续发展有重大意义。

【海洋工程】　“八五”期间，上海市的海洋石油开发取得突破性的进展，经过几年的积极准备，位于东海水域的平湖油气田将于 1996 年 1 月正式启动。该油气田距上海 400km，是中国在东海海域发现并正式投入开发的以天然气为主的复合型油气田。经国家批准，开发面积为 240km²，首期开发面积为 20km²。由上海市、地质矿产部、中国海洋石油总公司联合组建的上海石油天然气总公司负责东海平湖油气田项目的经营管理，包括建造海上综合平台、钻打油气生产井、铺设海底输油管线、建造天然气处理厂和原油中转站，首期工程总投资约 50 亿元人民币，计划 1998 年底建成，届时将向上海浦东地区每日提供 120 万 m³ 优质天然气，以及相当数量的优质原油。

沿海海洋环境保护
Coastal Marine Environmental Protection

【概况】　近年来上海市重视沿岸水环境治理和保护，作为主要污染源的工业废水治理效果显著，与 1990 年相比较，这几年各项污染指标均明显下降（见表 2），而大型合流污水工程项目建成及苏州河治理的大规模启动，使长江口和东海水质开始得到改善。

表 2　上海市工业废水及主要污染物排放统计

年　份	工业废水排放量 万 t/d	符合标准 M 万 t/d	汞 kg/d	镉 kg/d	铬 kg/d	砷 kg/d	铅 kg/d	酚 kg/d	氰化物 kg/d	石油类 kg/d
1990	364.98	264.23	0.03	0.49	43.64	18.44	26.58	442.38	278.99	19 517
1994	323.63	229.27	0.04	0.56	26.47	26.10	8.75	220.87	140.16	16 822
1995	318.13	244.84	0.02	0.52	20.98	25.54	7.77	193.16	106.33	11 956

（胡　辉　谢以群　沈焕庭）

（上接第 116 页）护区；(6)雷州市白碟贝资源保护区。其中廉江县高桥红树林保护区已上报申请为国家级自然保护区。

海洋自然保护区的建立，有效地保护海区生态环境和自然资源。惠东县港口镇国家级海龟自然保护区面积 14km²，海岸线 4km，为海龟上岸产卵的优良海岸。截止 1994 年，上岸产卵的海龟 586 头次，产卵 344 窝，产卵 37 760枚，孵出小海龟 33 193 只，保护放流 3 098 只。大亚湾水产资源自然保护区和雷州市白蝶贝自然保护区的建立，也对保护大亚湾海洋生物的多样性以及白蝶贝、鲍鱼、龙虾等海洋珍稀名贵物种资源及其主要栖息地和生态环境起积极的作用，取得良好的效果。（杨渡远）

海洋灾害
Marine Disasters

【风暴潮】　据统计，1993～1995 年共有 16 个台风登陆广东省沿海，平均每年有 5 个。以上台风登陆时造成风暴潮灾害，3 年中以 1993 年最严重，超过警戒水位最高，且次数亦多，给广东省造成的直接经济损失高达 84.5 亿元。

1993 年 6 月 27 日，9302 号台风中心附近出现 10～11m 的狂涛区，在香港蒲台岛附近海面，一艘新加坡货轮受台风袭击而沉没，4 人死亡；另一艘珠海市长源公司的“衢江号”货轮在汕头外海沉没。9 月 14 日一艘 7 620t 巴拿马籍“恒运”号货轮遇 9315 号台风狂浪袭击，在南澳岛附近海面沉没。9 月 17 日香港信德服务公司的一艘万吨货轮在桂山岛抛锚，遭受 9316 号台风巨浪袭击，27 名船员除 2 人生还外，其余全部遇难，与此同时，在香港附近海面避风的一艘趸船也被击沉。

【海平面】　近百年来全球气温升高，世界洋面上升。1993～1995 年南海平均海平面较常年（1975～1986 年）升高分别为 6.0cm 和 4.4cm，仍有继续上升趋势。广东省的大部分岸段构造为沉降带，因而易发生海侵，尤其是珠江三角洲平原地势低平，约有 1/4 土地在珠江基准高程 0.4m 以下，主要靠堤围防护。海平面上升使堤围标准降低，因此，低洼地方洪涝威胁增大。（钟欢良）

江苏省
Jiangsu Province

综述
Summary

江苏省位于中国沿海中部，海岸线北起苏鲁交界的绣针河口，南到长江口北支，全长954km，分属连云港、盐城、南通三市的13个县(市、区)。所辖海域3.75万km^2，水深15m以内浅海域面积2.44万km^2。沿海滩涂面积6 521km^2，占全国海涂总面积的25%，且每年还以13km^2的速度不断淤涨，是江苏省重要的后备土地资源。全省可建万吨级泊位的深水岸线130km，在建和已建的大中型港址11处。位于盐城和南通岸外的南黄海储油盆地，其地质储油量在2.9亿t以上，开发前景广阔。沿海13个县(市、区)面积22 080km^2，人口1 283万，分别占全省的21.5%和18%，这些市已被列入中国对外开放地区。随着以上海为龙头的长江三角洲及长江流域地区的快速发展和亚欧大陆桥的贯通运行，江苏沿海地区的战略地位将进一步提高。

近年来，江苏省海洋经济、科技、社会发展以及立法管理等有了新的发展。(1)经济发展跨上新台阶。1994年沿海三省辖市(南通、盐城、连云港，下同)国内生产总值586.55亿元，比1990年增长3倍多，占全省14.46%，比1990年提高1个百分点。1994年沿海三市工业总产值1 154.67亿元，占全省工业产值11.75%，平均发展速度142%，高于全省平均发展速度。农业总产值365.2亿元，占全省农业总产值的27.35%，平均发展速度120.56%，同样高于全省平均发展速度。1994年全省海洋产值为65.6亿元(按国家海洋局统计口径)，比上年增长60%。潮上带滩涂开发1 780km^2，实现社会总产值79亿元，外贸收购额9亿元，产粮食18万t，棉花8 000t，淡水鱼3万t，紫菜干品5 000t，贝类5万t。滩涂开发已成为沿海地区经济发展的新的增长点。在发展中，旧的海洋产业结构开始调整，效益性企业增多，海洋资源利用不断向广度和深度发展。海洋旅游业迅速发展，1994年旅游收入为1990年15倍。以资源深度加工提高附加值的产品开始大批出现，如以烤鳗废弃的鳗鱼骨等所生产的膨化食品，以扇贝为原料的功能食品力贝子、力贝丝，以文蛤为原料的海鲜调味品，以及以鲨鱼软骨为原料的抗癌海生一号鲨鱼软骨胶囊等。一批上规模、上水平、产值上亿元的海洋产业集团，如龙山鳗业集团、海生集团、中洋集团、如意集团等开始形成并发展，为海洋产业壮大奠定了良好的基础。(2)海洋基础设施有较大发展。目前有各类港口7个，深水泊位26个，港口吞吐能力达到3 500万t，货物吞吐量达到206万t，远洋运输船舶已有55艘。连云港建成的5个大型专业化深水泊位及两个现代化集装箱泊位，使连云港得以适应当今世界海运集装箱化发展潮流。1995年建成的顶宽12m、长6 700m的拦海西大堤，彻底解决了全港区防浪掩护问题，并使港口的可用岸线从13km增加到26km，同时调整了外航道轴线使之距深水最近，建成双向、单向深水航道。南通市积极规划进口原油单点系泊及管输工程，建设400万kW火力发电厂、千万吨级煤炭中转基地。盐城市扩建和规划射阳港、陈家港、中山港、王港以及沿海发电厂。沿海公路及邮电通讯也迅速发展，1995年基本完成宁连一级公路，沿海三省辖市电话号码全部升为7位，全面实现程控化。(3)科技投入增加了海洋开发活力。近年来，江苏省科委投入420万元科研经费，安排了76项科研项目，取得了紫菜筏式养殖、高密度工厂化养鳗、南美白对虾人工育苗和养殖等一系列有良好经济效益的科技成果。结合星火计划实施，还投入了6.92亿元安排了130个项目，建立了射阳、如东、连云港三个以海洋和滩涂开发为主的星火密集区，累计新增产值19.5亿元，新增利税4.2亿元，创汇1.02亿美元。江苏省的高等院校、科研院所积极介入海洋开发研究，如对潮汐水道建港、海洋环境保护的研究，海洋功能食品、海洋药物的开发，耐盐作物引种及培育等，对促进海洋产业发展发挥了重大的作用。(4)进一步强化海洋管理。1994年颁发了《江苏省〈国家海域使用管理暂行规定〉实施细则》，大丰、灌云等沿海县进行了海域使用的登记和发证工作，跨出了江苏省海域使用依法管理坚实的一步。

近年来，江苏省加强海洋方面的国际合作与交往，1994年江苏省人大组团赴日考察海洋管理与立法。1995年邀请日方访问江苏，考察了连云港"海上牧场"建设，并于1995年11月在南京举办了"中、日海洋综合管理与资源开发研讨会"，并就海洋资料、信息交换和人员互访、开展经济合作达成了协议，开启了与日本全国海洋产业组织和海洋法学界的交流、合作的窗口。此外还与巴西、西班牙等国进行交往，就盐碱土改造和水产养殖进行广泛交流。

1993～1995年是江苏省海洋工作大发展的几年，配合和推动这一发展，召开了"江苏省海洋科技经济发展和综合管理研讨会"，组建了江苏省海洋统计网，进行了连云港海洋特殊开发区规划等，使江苏省海洋工作展现了新的局面。

江苏省委、省政府高度重视开发海洋资源，发展海洋经济，已确定"九五"末期，全省海洋总产值达到300亿元(1995年价)，占国民生产总值的3.5%，年平均递增20%，2010年海洋产业产值1 500亿元，占国民生产总值的5.5%，相当于沿海三市当时的农业总产值，初步实现建成“海上苏东”的战略目标。全省上下正为实现这一跨世纪工程而努力。（丁国强　吴守海）

海洋资源的开发利用
Development and Utilization of Marine Resources

【海洋水产资源】 海洋渔业是江苏渔业的一个重要组成部分，在江苏海洋经济中占有重要地位。“八五”期间，海水养殖取得了新的发展，一是养殖品种增多，从5个发展到15个；二是养殖区域扩大，从滩涂扩展到浅海；三是养殖方式改进，从粗放型走向集约化。1995年，全省海水养殖面积达到88 000hm²，产量8.38万t。全省沿海已拥有各类育苗室6万m²，大中型渔饲料厂21个，水产品冷库200多座，建成了以对虾、紫菜、文蛤、鳗鱼四大产品为主的生产基地。此外，还积极发展了鲍鱼、太平洋牡蛎、扇贝、羊栖菜等海珍品养殖。在海产品加工方面，从日本引进了一次加工机组141台套，二次加工全自动生产线11条，鳗鱼酥生产线1条，烤鳗生产线4条，同时文蛤保鲜包装、毛蚶深度加工、对虾冷冻等有了新的发展。1994年江苏省海洋水产品加工能力356 257t，水产品加工品总量103 887t，水产品加工值111 918.85万元。1995年海产品加工产值达13亿元，占海洋渔业产值的26%。

在坚持海水增殖和保护近海渔业资源的前提下，通过渔轮更新改造和作业结构调整，不仅稳定了近海捕捞，而且发展了外海捕捞。1995年外海和远洋渔业产量为20万t，比1990年增长120%。全省已拥有适应外海作业的大马力钢质机动渔船842艘，外派远洋轮和冷藏运输船52艘，其中在摩洛哥4艘，尼日利亚4艘，印尼2艘，贝劳4艘，外派远洋渔业船员927人。1995年捕捞和经营水产品超过1万t，创汇1 168万美元。

在科学技术研究方面，已先后突破了海带、裙带菜、紫菜、真鲷、黑鲷、鳗鱼、扇贝、鲍鱼、梭子蟹等品种的人工育苗，并且在对虾养殖连片高产、虾贝混养、滩涂贝类围养、工厂化养鳗等技术上积累了丰富经验，培养了一大批科技人才。（江水文）

【海盐资源】 作为全国四大海盐生产区之一的江苏盐场，分布于连云港、盐城、南通三市，共有盐田面积89 516.82hm²，生产面积67 202.50hm²，职工4.28万人，原盐年产量占全国总产量的10%。作为全省盐业主体的江苏省盐业公司，是一个横跨连云港、盐城两市产销合一型国有大型企业。拥有八大直属盐场，盐田总面积65 285.03hm²，生产面积48 133.75hm²，职工3.43万人，盐产量占全省海盐产量的80%。1993～1995年，全省海盐业工业总值147 620万元，生产原盐757.70万t，其中省盐业公司直属企业产值114 297万元，生产原盐575.47万t。盐化工生产总吨位达37.95万t，其中主要产品氯化钾32 865t，溴素2 613t，氯化镁268 829t。（李道春）

表1　1993～1995年江苏省海盐产、销情况

单位：万元，万t

指标	1993年			1994年			1995年		
	全省合计	省直属企业	地方	全省合计	省直属企业	地方	全省合计	省直属企业	地方
总产值（1990年价）	48 590	39 193	9 397	52 513	40 990	11 523	46 517	34 115	12 402
原盐产量	253.15	202.25	50.90	277.41	212.22	65.19	227.14	161	66.14
加工盐产量	21.95	9.09	12.86	20.49	7.33	13.6	16.48	8.79	7.69
盐化工总产量	10.61	10.61	—	12.25	12.25	—	15.09	15.09	—
氯化钾	0.9157	0.9157	—	1.2081	1.2081	—	1.1627	1.1627	—
溴素	0.1011	0.1011	—	0.0848	0.0848	—	0.0753	0.0753	—
氯化镁	8.7327	8.7327	—	10.3813	10.3813	—	7.7689	7.7689	—
原盐销售	227.54	175.98	51.56	199.68	150.71	48.97	204.41	162.96	41.45

【海洋旅游业】 江苏省海岸线全长954km，以淤泥质海岸为主，自然景观和人文景观独具特色，有连云港云台山国家级风景名胜区、南通狼山及濠河省级风景名胜区和10处自然保护区。近几年来，沿海连云港、南通、盐城三市旅游业起步发展，连云港花果山、盐城珍禽及麋鹿自然保护区和南通如东踩文蛤基地在国内已有一定的知名度。1995年三市共接待海外旅游者3.71万人次，旅游创汇1 474.1万美元；接待国内游客242.8万人次，国内旅游收入13.66亿元。随着江苏省海洋经济发展战略的实施，沿海潜在的旅游资源将得到进一步开发，海洋旅游业

必将成为江苏省旅游经济发展新的增长点。

（王洪舟）

表 2 江苏省海洋开发资料统计

项 目		1994	1995
海洋捕捞产量(t)	合 计	448 110	551 100
	鱼 类	276 880	312 500
	虾蟹类	94 177	102 600
	贝 类	53 030	79 100
海洋养殖产量(t)	合 计	56 702	83 700
	鱼 类	389	66
	虾蟹类	5 327	4 500
	贝 类	50 986	73 200
海洋货物运输量(万 t)	沿 海	1 768.7	
	远 洋	253.3	428
海洋旅客运输量(万人)		281.29	301.6
沿海主要港口货物吞吐量(万 t)	南通港	978.46	1 609
	连云港	1 588.8	1 716
	射阳港	105	182
海盐生产(万 hm^2,万 t)	面 积	1.81(乡镇)	6.72
	产 量	65.2	227.14
海盐化工产量(万 t)		31.97	25.49
滨海砂矿产量(万 t)		710.85	307.4
国外游客滨海旅游(万人次)			2.675

对外海洋经济合作
Marine Economic Cooperation with Foreign Countries

【外向型渔业】 “八五”期间，南通、盐城、连云港三市累计兴办水产三资企业 205 家。合同利用外资 8 700 万美元；引进国外金融机构贷款 3 000 多万美元；以补偿贸易等形式引进紫菜加工机组 60 多台套，折合 1 200 多万美元。启东市、连云港市连云区等地积极发展“海上封关贸易”，组织水产品直接运销海外，现有在册海上贸易船只 21 艘。同时，各地还采取合资、代理等多种形式积极扩大出口创汇，拓展远洋渔业，并以此为依托，大力创办境外企业。1995 年全省出口水产品 2.6 万 t，创汇 1.5 亿美元，比 1990 年增加 2.5 倍。

（江水文）

【洋口港电站】 江苏省电力公司与美国威尔集团合作投资约 24 亿美元，建设装机容量为 240 万 kW 的江苏燃气轮机电厂项目正在考察和可行性研究之中。该项目以液化天然气为燃料，采用大型燃气蒸汽联合循环发电机组，有利于环境保护和提高能源的利用率，并可节约能源。厂址选在如东县洋口港规划区内。该项目建设，对于加快华东电网建设步伐，促进江苏，尤其是沿海地区国民经济发展，具有重要战略意义。

【寅阳风力发电场】 启东市建设投资公司与美国永辉公司就合作建设风力发电试验场签订意向合同。风力发电试验场选址寅阳乡江海农场内，位于长江口北岸启东嘴附近。启东嘴三面环水，形似半岛，是中国东部沿海与长江入海口结合部。该地年平均风速 7.1m/s，极值风速 40m/s，风速大于 10m/s 天数达 190 多天。第一期安装 600kW 风力发电机 100 台，总投资 7 000 万美元，年发电 1.7 亿度，其中美方投资 90%，中方 10%。可行性研究正在进行。

（丁国强）

【南通市】 “八五”期间，南通市充分发挥港口及江海航线的优势，外向型海洋经济有了很大发展。(1)大力组织适应国际市场需求的水产品，特别是水产加工品出口。全市初步形成鳗鱼、紫菜、文蛤、对虾、沙蚕五大出口基地。出口产品从以冷冻品为主，发展到冷冻、冰鲜、活体和精深加工品并举。1995 年全市出口水产品 1.8 万 t，创汇 6 000万美元，其中“天下第一鲜”的文蛤出口 1.5 万 t，创汇 2 000 万美元。(2)远洋渔业发展较快，到 1995 年全市有远洋渔轮 25 艘，9 000 马力，船员 236 名。在境外生产水产品 5 000t，国外营业额 1 700 多万美元。(3)积极引进资金和技术，促进海洋水产业的发展。全市先后利用世界银行贷款 1 658 万美元、国际金融公司贷款 1 500 万美元，并开展了补偿贸易，促进了水产品出口创汇基地的形成。此外，还利用国际商业贷款 219 万美元，发展大马力渔轮。截止 1995 年底，全市累计兴办水产三资企业 110 多家，实际利用外资近 5 000 万美元。(4)大力培育和发展外向型海洋企业集团。全市已涌现一批贸工渔一体化，产加销一条龙的企业集团。海安县水产总公司与新加坡科技集团合资3 000万美元，组建了南通龙洋水产品有限公司，并与日本、丹麦、香港合资分别成立了 4 个公司，引进外资 1 700 多万美元，以此组建了江苏中洋集团。中洋集团创出了享誉日本市场的“南洋”牌子，1995 年实现税利 2 000 多万元，出口创汇 1 200 万美元。如东的海生集团，集水产加工、鳗鱼养殖、鳗鱼系列产品加工于一体，1995 年实现利润1 000多万元，创汇 650 万美元。

（戴泽晖 缪齐贵）

【盐城市】 盐城市射阳县海岸线长 109.6km，滩涂面积 72 600hm^2。近几年来在大力招商引资上取得了很大成绩，现已创办农业合资企业 78 家，实际利用外资近千万美元，建成出口农副产品生产基地 10 000hm^2，1995 年农副产品外贸供货额达 6 亿元。沿海乡镇用补偿贸易形式，引进 11 条紫菜加工生产线，年加工紫菜 1 亿多张。有 3 艘大马力渔轮取得了外捕外销权。临海镇与日本合资成立的星海集团公司，从日本引进 10 多个蔬菜良种以及技术和设备，产品全部出口，一季亩产平均纯收入达 3 000 元。

盐城市宝龙水产食品有限公司与韩国东明水产公司共同投资 6 500 万元，开发大丰县沿海丰富海洋资源。韩方投资 4 500 万元购置 30 艘大马力渔轮，进行远洋捕捞，宝龙公司提供港口、码头、加工、冷藏等设备，就地对海产品进行加工，返销韩国。这是首家外国公司对大丰县投资开发沿海资源。 （朱 宁）

【连云港市】 连云港市是一个具发展潜力的新兴海港城市，是新亚欧大陆桥东桥头堡。连云港有各种泊位 25 个，其中万吨级以上深水泊位 18 个，年吞吐能力2 000万 t。目前已与世界上 120 多个国家和地区约 600 多个港口有贸易、运输往来，已成为一个初具规模，大、中、小泊位配套，散集货并举，运输功能齐全，以外贸运输为主的综合性国际贸易枢纽港。1993～1995 年港口建设累计利用日本贷款 3 000 亿日元。港口还与香港兴利石油有限公司合资成立了散货包装专业公司，引进了先进的包装设备，提高了散货包装质量，增强了港口竞争能力。

截止 1995 年，全市建立水产三资企业 42 家，利用外资 2 200 多万美元。连云区在“八五”期间，利用外资达 1 000 多万元，引进紫菜一次和二次加工机械 35 台套，年加工成品紫菜 2 亿张，实现产值 1.1 亿元，创汇 620 万美元。神仙紫菜有限公司与日本合资，以补偿贸易形式开发紫菜深度加工，年产“神仙牌”紫菜 5 500 多万张，产值 1 350多万元，创汇 120 万美元。 （廉柯纹）

沿海海洋环境保护
Coastal Marine Environmental

【海洋环境状况】 江苏省沿海地区经济相对苏南尚不够发达。沿海除连云港为大型港口外，射阳港、吕四港和灌河口堆沟港均属中、小型港口。由于受陆源污染物排放影响，局部海区水质受到污染。1993 年 5 月，启东市建筑防水材料厂向邻近滩涂排放大量工业废水，造成启东市水产局渔业公司大批文蛤非正常死亡。据统计，1993 年沿海连云港、盐城、南通和淮阴 4 市直接排入海的工业废

表 3 1994～1995 年沿海海域水质环境评价结果

（均值及含量范围单位是 μg/L，超标率为%）

监测项目	年份	含量范围	平均值	平均标准指数	超标率
溶解氧	1994	2.83～8.27	6.93	0.62	3.00
	1995	5.67～8.83	7.18		
化学耗氧量	1994	0.39～1.95	0.98	0.32	
	1995	0.32～0.92	0.66	0.22	
无机氮	1994	38.66～264.32	147.83	1.47	76.00
	1995	25.63～392.91	289.74	2.90	78.26
无机磷	1994	3.10～22.62	11.29	0.75	16.00
	1995	3.98～27.2	19.90	1.27	52.17
汞	1994	0.02～0.01	0.05	0.09	
	1995	0.02～0.09	0.048	0.10	
铜	1994	未检出～4.51	1.57	0.16	
	1995	0.77～4.38	2.82	0.28	
铅	1994	0.11～3.26	1.48	0.03	
	1995	0.02～4.33	2.37	0.05	
镉	1994	0.00～0.17	0.06	0.01	
	1995	未检出～0.14	0.044	0.01	
油类	1994	未检出～0.04	0.02	0.39	
	1995	未检出～0.01	0.01	0.20	
pH	1994	7.99～8.15	8.09	0.32	
	1995	7.91～8.15	8.00		

水为 258.55 万 t(不包括生活污水)。江苏近岸海域设有海洋环境污染监测站点,监测项目有化学耗氧量、溶解氧、无机氧、无机磷、重金属和油类。以无机氮为例,1993 年超标率 51%,标准指数 1.45;1994 年超标率 76%,标准指数 1.47;1995 年超标率 78%,标准指数 2.90,监测结果表明,沿海无机氮的污染负荷呈逐年上升的趋势。此外,无机磷的污染标准指数 1995 年也高于前两年。海域营养盐类的增加,主要与陆上大量生活污水的排放有关。1995 年沿海油类、化学耗氧量标准指数均低于往年,其他项目符合国家海水水质一类标准。

【海洋倾废】 连云港位于南黄海海州湾西南部,是中国大规模扩建中的淤泥质港口。近年来,港口基建和航道维护产生了大量的疏浚物。为处置这些疏浚物,经海洋行政主管部门批准,在连云港附近海域划定了南、北两个疏浚物倾倒区。1993 年疏浚物倾倒量约为 500 万 m^3,1994 年和 1995 年均在 200 万 m^3 左右。1993 年 8 月,对该两个倾倒区监测结果表明,倾倒区水质营养盐类超过国家海水水质一类标准的 2 倍,这与沿岸工业、生活废水及养殖场污水排放有关。倾倒区底质铜、锌超标准分别为 47%和 87%,原因是沿岸污水排放入海及入海后污染物被泥沙吸附所致。准倾倒区因使用年代久,倾倒量较多,对港区外航道造成不同强度的回淤。从现场监测以及流场分析,上述两个倾倒区的倾倒活动对近岸海水养殖区水环境未产生影响。 (叶 敏)

海洋灾害
Marine Disasters

【台风】 1994 年 9414 号强台风对江苏省南通沿海地区影响较大。8 月 3 日生成,8 月 8 日夜间,南通市开始受其外围影响。南通沿海有两个县四个市均在其环流之中。适值农历七月初二至初五大潮汛,风大、潮涌、浪高,如东县沿海连续 4~6 个高潮位超过当地警戒潮位 5.0m(废黄河基面,下同),小洋口 5.52m,东安 4.75m,通州市遥望港 4.45m,启东市大洋港 4.24m,沿江三条港 5.48m(吴淞基面,下同),青龙港 5.58m,天生港 5.44m,沿海浪高达 1.5m 左右。这次台风对江、海堤防造成较大损失。据调查统计,江海堤防 80km 范围内损失土方 21.56 万 m^3,14 处不同形式的堤防护坡工程损坏,损坏石方 9 030m^3,损坏水泥土护坡 1.5 万 m^2,竹筋混凝土护坡 1 400m^2,草皮护坡 11 万 m^2,直接经济损失 200 多万元。

9417 号台风于 8 月 21 日 22 时 30 分在浙江瑞安市登陆。22 日凌晨江苏省受外围环流影响。这次台风的特点是风大雨小,适值农历七月十五长江高潮位。江苏省苏州、南通两市的沿江、沿海风力 8~9 级,阵风达 9~10 级,同时伴有小到中雨,沿江潮位超过警戒线,比正常天文高潮位抬高 40~60cm,台风高潮致使苏州市沿江海塘水毁严重,152km 堤防出现 20 多处险情,其中太仓市浏家港段海塘有 3 处护坡工程被风浪冲击出 45m 长的缺口,鹿河、时思段多处护坡塌陷,平台被毁,并有 1 座涵洞完全毁坏。据调查统计,苏州市、南通市被毁坏的江堤海塘共长 6 795m,损失土石方 4.46 万 m^3,石方 850m^3,直接经济损失 300 余万元。 (沈之望)

地方海洋立法与管理
Local Marine Legislation and Management

【海域使用管理】 为加强国家海域的综合管理,保证海域的合理利用和持续开发,提高海域使用的社会、经济和生态环境的整体效益,财政部、国家海洋局根据国务院的批复,于 1993 年 5 月颁发了《国家海域使用管理暂行规定》。同年 9 月,江苏省财政厅、江苏省科委海洋局联合行文转发了《国家海域使用管理暂行规定》,要求沿海各市县创造条件,积极贯彻执行《国家海域使用管理暂行规定》。与此同时,省科委海洋局会同省财政厅依据《国家海域使用管理暂行规定》精神并结合江苏省实际情况,开始起草制订《江苏省〈国家海域使用管理暂行规定〉实施细则》,并于 1994 年 5 月,由江苏省财政厅和江苏省科学技术委员会联合颁发了《江苏省〈国家海域使用管理暂行规定〉实施细则》。至此,江苏省正式开始实施国家海域的有偿使用和海域使用证制度。为了更好地贯彻执行《江苏省〈国家海域使用管理暂行规定〉实施细则》,江苏省科委海洋局组织进行了一系列的宣传工作。1994 年 9 月召开了江苏省海域使用管理工作会议,部署了海域使用管理工作,提出了"先行试点,积极推动,先易后难,逐步完善"的工作方针,并组织沿海市县对海域使用现状进行调查,在掌握情况后逐步开展海域使用登记和发证工作。1995 年 8 月,江苏省科委海洋局组织了沿海有关市县负责海域管理人员去辽宁进行了业务培训和考察学习,开阔了视野,拓宽了思路,推动了海域使用管理工作的全面展开。

1995 年 11 月 24 日在江苏省大丰县举行了"江苏省海域使用证首发仪式",江苏省科委海洋局向大丰县贝类养殖公司颁发了面积为 600hm^2 的东沙贝类增养殖试验示范区的海域使用证。这也是东海辖区范围内(含福建、浙江、上海、江苏 4 省市)颁发的第一张海域使用证,对加强海域使用的管理起到了示范和推动作用。

(邓仲浩)

【海洋管理交流】 1994 年 5 月 11~12 日,江苏省科委和国家海洋局东海分局在南京召开了"江苏省海洋科技经济发展和海洋综合管理研讨会"。江苏省副省长杨晓棠、国家海洋局副局长陈炳鑫等出席会议并讲话;中国科学院院士施亚风等海洋科技工作者和省涉海部门,沿海连云港、盐城、南通 3 市的代表 70 余人参加了会议。会议以"海洋是待开发的蓝色国土"、"江苏海洋开发优势有待巩固和发展"、"海洋产业是江苏经济发展的新增长点"、"海洋经济发展需要加强综合管理"、"以海域有偿使用为契机,开拓江苏省海洋管理新局面"等共识,向省政府提出了建议,这对宣传海洋意识、发展海洋经济、推动

山东省
Shandong Province

综述
Summary

【概况】 山东省东临黄海，北临渤海，南接江苏。全省陆域面积 15.67 万 km^2，人口 8 700 万人，共辖 17 个市地，139 个县市区，沿海有 7 个市地，36 个县市区。海岸线长 3 121km，有海岛 326 个，岛屿岸线总长 737km。沿海资源丰富，气候适宜，环境良好，具有很好的开发价值和开发条件。省委、省政府高度重视海洋资源的开发，90 年代初提出了“开发半壁江山、建设海上山东”的战略构想，作了建设“海上山东”要依靠科技进步、走科技兴海之路的重大战略部署，加强了组织领导，增加了科技开发的投入，有效地促进了海洋经济的发展。海洋渔业、海洋化工、海上运输、海洋石油、海洋药物和海洋食品、滨海旅游、造船等海洋产业的开发，取得了显著的经济效益和社会效益。1995 年全省海洋产业增加值达到 316 亿元，占全省国民生产总值的 6.3%。

通过实施科技兴海建设海上山东的战略部署，全省的海洋开发意识有了明显的增强。沿海各市地都相继提出了“建设海上东营”、“建设海上潍坊”、“建设海上烟台”和“建设海上威海”等战略设想，制定了科技兴海方案和海洋开发规划，全省上下基本形成了以发展海洋经济为中心的开发利用海洋资源、保护海洋生态环境的大气候。

【滨州地区】 位于山东省最北端，北邻河北省，东邻渤海湾，靠海有无棣和沾化两个县，海岸线长 238.9km，滩涂 1 500 多 km^2，浅海 2 000 多 km^2。该区的滩涂贝类、盐和盐化工资源非常丰富。“八五”期间海洋水产品年产达 4 万多 t，养殖对虾和贝类 9 万多亩，年产对虾 2 000 多 t，晒盐面积达 2 万多公顷，年产原盐近百万吨，已建成两个溴素生产厂，年产溴素 2 000 多 t，硫酸钾、氯化镁、烧碱、石膏等盐化工产品都有较大发展，港口建设和海上运输也较前有所发展，吞吐能力已达 130 多万 t。

【东营市】 位于黄河口，东邻莱州湾和渤海湾，辖有东

江苏海洋管理工作的发展有积极意义，在社会上引起良好反响。

为使江苏省的海洋管理工作走上法制化轨道，保证海洋经济的发展，江苏省人大常委会外事委员会与江苏省科委海洋局于 1994 年 11 月组团赴日本考察海洋的管理与立法。在访问期间拜会了日本外务省海洋课、日本海洋产业协会和日本海洋产业研究会，听取了日方海洋法教授就海洋管理立法与开发利用的讲课，参观了部分海洋工程项目，并就江苏省连云港海州湾海洋牧场建设与日本海洋产业研究会进行了交流。此次访问开启了与日本全国海洋产业组织和海洋法学界交流的窗口，为今后的交往和合作奠定了基础。

1995 年 11 月，以日本丰桥地区日中友协会长伊藤般展率领的海洋立法交流团回访了江苏省，考察了连云港海上人工养殖并在南京参加了中日海洋综合管理与资源开发研讨会，会上中日双方就海洋资源开发和立法、执法进行了交流。江苏省科委海洋局与日本海洋产业研究会就资料、信息交换，人员互访达成了协议。

（邓仲浩　丁国强）

【海洋统计】 根据国家海洋局、国家统计局、国家计委联合下发的《国海计发[1995]067 号，关于沿海地方开展海洋统计工作的通知》，1995 年 4 月 28 日成立了江苏省海洋统计工作网，工作网由江苏省科委（海洋局）牵头，成员单位有省统计局、计经委、水产局、交通厅、环保局、地矿厅、盐务局、气象局、旅游局、农业资源局、医药局。

按照国家二局一委确定并设计的海洋产业统计范围框架，经过协同工作，编印了《1994 年江苏省海洋统计年报》，为省政府和省有关部门制定海洋政策、发展规划，进行宏观决策提供了依据。据此统计，1994 年江苏省海洋产业总产值 65.6 亿元，其中水产 43.6 亿元，交通运输 6.8亿元，盐业 4.9 亿元，砂矿 0.4 亿元，旅游 3 亿元，修造船 6.9 亿元。

（黄　青）

【其他】 为促进地方海洋工作的开展，借鉴海南省和广西自治区的成功经验，江苏省委组织部商国家海洋局东海分局，1995 年 7 月由东海分局选派了 4 名中青年干部分赴启东市、如东县、大丰县、射阳县担任海洋科技副县（市）长。上任后，4 位同志在当地党委、政府的领导和支持下，积极努力地工作，在宣传海洋意识、推动海洋工作及地方经济的发展上做了卓有成效的工作。1995 年 10 月大丰县成立了海洋和滩涂资源开发管理委员会。之后，如东县和射阳县又相继成立海洋管理委员会。这些海洋机构是由县政府领导和有关部门负责人参加组成的协调机构，下设有办公室负责处理日常工作。这对协调和实行海洋综合管理、促进地方海洋经济发展起到积极作用。

（邓仲浩）

城区、广饶、垦利、河口、利津5个沿海县市区。海岸线长350km,适宜开发的滩涂530多km^2,浅海面积4 800km^2。该区石油和天然气资源相当丰富,据探测石油地质储量为32亿t,天然气地质储量232亿m^3。"八五"期间,已形成年产石油3 350万t的生产能力,海上石油已达年产50万t以上。水产养殖业发展较快,已圈滩涂30多万亩,养殖对虾和鱼类10万亩,年产对虾2 000多t,滩涂贝类主要有文蛤、四角蛤、毛蛤和泥蚶等。近些年来,综合治理黄河口取得了显著成效,通过工程导流、疏浚破门、利用水动力冲沙等措施,使黄河定向入海,10年来很少出现尾闾的改道现象,保护了黄河三角洲的开发。在河口北部的五号桩地区规划并开工建设黄河海港。

【潍坊市】 位于山东半岛中部,北邻莱州湾,海岸线113km,有寿光、寒亭、昌邑三个县市区靠海,滩涂宽阔,水产以及盐和盐化工资源十分丰富。卤区面积有1 160km^2,地下卤水储量58.3亿m^3,除含有大量的氯化钠、溴和氧化镁外,还含有碘、硼、锶、铀、金等多种稀有元素。市委、市府组织专家制定了由北向南按浅海水产养殖区、滩涂水产养殖区、海洋化工区、林牧区和粮棉区等5个层次的经济综合开发方案,并决定把海洋化工作为海洋开发的重点项目。现已建成了年产原盐500多万t,溴素2万t,纯碱80万t,烧碱6万t和阻燃剂、灭火剂、医学中间体、染料中间体、感光剂、致冷剂、农药等30多个化工产品的技术开发密集区。另外,该区浅海滩涂、贝类和鱼类资源丰富,适宜养殖对虾、鱼和滩涂贝类。

【烟台市】 位于山东半岛北部,北邻渤海湾口,有莱州、龙口、招远、蓬莱、长岛、福山、芝罘、来山、牟平、海阳、莱阳等11个县、市区靠海,海岸线长702.5km,沿海岛屿70多个,浅海面积6 000多km^2,滩涂300km^2。海洋生物资源非常丰富,仅具有较高经济价值的就有200多种,另外地下卤水储量也达10亿m^3,有港口8处,对外开放港口3处,重点保护文物和名胜区15处。海洋水产、海洋化工、海上交通、海洋旅游等产业发展较快,1993年全市海洋产值已达54亿元,其中水产品产量101万t,产值49亿元;盐产量52万t,纯碱、烧碱及其他化工产品近10万t,产值1.5亿元;海洋旅游1.5亿元,其他产业海上交通、海洋食品及药物、海洋机械等产值2亿元。

【威海市】 位于山东半岛的最东端,北、东、南三面与黄海相邻,有环翠、荣成、文登、乳山等市、区靠海,海岸线长近1 000km,浅海170km^2,滩涂300km^2。沿海水产资源丰富,水产养殖业和捕捞业发展较快,主要养殖品种有对虾、海带、牙鲆鱼、鲍鱼、扇贝、牡蛎等,多年来水产品产量均居全省第一位。1993年全市水产品总产量达126万t,产值132亿元,水产品加工业已达6大系列80多个品种,年加工总量达45万t,产值17.8亿元。现已累计批准水产三资企业131家,引进外资6 400万美元,出口水产品2.62万t,创汇7 074万美元。另外海上交通运输和海洋旅游业等也有较大发展,已开通了至日本、韩国、香港等国家和地区的海上运输航线。

【青岛市】 位于黄海之滨、胶州湾畔,气候宜人,风景秀丽,是著名的避暑旅游胜地。所辖10个县市区,海岸线长730km,浅海面积580km^2,滩涂面积373km^2,天然港湾49处,胶州湾可建3亿t以上的大型海港。沿海生物资源十分丰富,是鱼、虾、贝、藻等多种经济鱼类生活繁衍的良好场所。海洋水产开发取得了较好的效益,1993年全市水产品总量达46.4万t。青岛市自对外开放以来,大力发展旅游业,1993年接待外宾13.2万人次,创汇2.8亿元外汇人民币,接待国内游客560万人次,收入6亿多元人民币。该市的港口建设和海上运输也发展较快,已形成一港三区具有4个万吨级以上码头的大型港口,1993年通过能力达7 200万t,居全国第四位,年吞吐量达3 500多万t,居全国第六位。青岛市海洋科技力量雄厚,有海洋科研、教学、管理等单位22个,海洋科技人员4 500多人,其中高级职称的人员近千人,他们为青岛市、山东省乃至全国的海洋开发做出了巨大的贡献。

【日照市】 是山东省最南边的一个市,南面与江苏接壤,东面是黄海。海岸线长95km,滩涂50km^2,主要的岛屿有平山岛、达山岛、车牛山岛等9个海岛,均为无居民岛。该市沿海水产资源丰富,不仅具有多种食用的鱼类和贝类,而且具有较高经济价值的青岛文昌鱼,这种较珍贵的生物,在其他海域很少发现。日照市的港口和海上运输业也发展较快,已建成2个万吨级以上的码头和2个5 000吨级的码头,1995年海上运输吞吐量达1 600多万t,在山东省排第三位。　　（牛世奎）

海洋资源的开发利用
Development and Utilization of Marine Resources

【概况】 山东省1993年把建设"海上山东"和开发黄河三角洲作为全省的两个跨世纪工程。1994年省人大八届七次会议通过了《山东省科技进步条例》,把"科技兴海"纳入法制化轨道。从此,全省的海洋资源开发展现了新的局面。先后出台了"科技兴海"技术储备计划和"科技兴海"技术开发计划,制定了相应的政策和措施。在"八五"期间,投入科技三项经费2 300多万元,安排了263个技术攻关项目;下达了银行贷款4亿多元,财政周转金1 400万元,支持了225个项目,在海洋资源开发中发挥了重要作用。全省7个沿海市地,36个县(市)区,都先后出台了"科技兴海"方案、规划和措施,投入了一部分经费,保证了"科技兴海"的发展。使新兴的海水养殖业、海洋化工、海洋药物、海洋食品、海洋石油、海洋机械、海洋仪器制造及滨海旅游蓬勃发展,有效地促进了山东海洋经济持续稳定增长。1995年全省海洋产业增加值达到了316亿元,占国民生产总值的比重达到6.3%。

【海洋水产开发】 1. 海洋捕捞。海洋捕捞在山东海洋水产中占有重要的位置。近几年由于近海渔业资源衰退，捕捞产量受到不同程度的影响。根据这一变化，对近海捕捞的作业方式进行了适当调整，增补了部分捕捞船只，革新了网具，开辟了新的渔场，发展外海和远洋捕捞，这些措施，稳定发展了海上捕捞业。1993 年全省海洋捕捞产量为 155.57 万 t，1994 年为 160.82 万 t，1995 年为161.8 万 t。

2. 海水养殖。海水养殖是海洋水产的新兴产业。自 80～90 年代以来，山东的海水养殖业发展很快，不论在养殖面积还是在养殖品种和产量方面均居全国首位。1995 年全省养殖面积已达到 13.187 万 hm^2，产量 165.5 万 t。但由于发展过快和环境的污染，致使对虾、扇贝等主要养殖品种的疾病不断发展蔓延，不同程度地制约了养殖业的发展。对此，通过调整养殖品种结构、控制养殖规模、加强病害防治、治理环境污染等项措施，保证了海水养殖稳定发展。

表 1 山东省 1993～1995 年海水养殖统计表

年份		1993	1994	1995
合计	产量(万 t)	134	144	165.5
	面积(千 hm^2)	117.6	131.57	131.87
对虾	产量(万 t)	2.3	1.646	1.4667
	面积(千 hm^2)	42.27	43.81	41.737
贝类	产量(万 t)	96	106.6	126.1
	面积(千 hm^2)	62.63	74.2	72.56
藻类	产量(万 t)	34.86	35.75	36.1
	面积(千 hm^2)	11.2	11.77	11.72
扇贝	产量(万 t)	13.632	17.6	19.53
	面积(千 hm^2)	58	66.49	74.28
鱼类	产量(t)	1 317	2 599	10 833
	面积(千 hm^2)	0.485	0.789	3.379

【盐业与盐化工开发】 盐业与盐化工是山东海洋资源开发的重点产业，山东省地下卤水资源丰富，储量 74 亿 m^3，列全国之首，主要分布在莱洲湾沿岸。沿海 7 个地级市皆有盐场分布。大型盐场主要分布在莱州湾沿岸，其他地区多为中、小型盐场。近年由于受市场和气候的影响，原盐生产不太稳定，1993～1995 年的产量波动较大。

表 2 山东省 1993～1995 年原盐产量统计

年份	1993	1994	1995
产量(万 t)	702.2	663.8	516.5
面积(万 hm^2)	11.529	11.558	11.867

盐化工产品的开发与原盐生产有着密切的联系，由于部分产品的市场前景较好，生产发展较快。如氯化钾、氯化镁、溴素和以溴为原料的阻燃剂、灭火剂、医药中间体、农药中间体、染料中间体、感光材料等产品的产量和品种都在不断增加，溴素产量已达 2.8 万 t，精细化工产品已发展到 30 多个品种。山东盐化工的发展紧密与市场相结合，走出了适合自身特点发展的路子。在产业结构调整中，继青岛碱厂与盐场实现联产后，1995 年 7 月潍坊纯碱厂与羊口盐场联合成立了潍坊海洋化工集团有限公司，大大促进了盐业和盐化工产业的发展。目前，潍坊北部已形成了占地 2 409km^2、跨越 3 个县(市)、拥有 40 多家企业、从业人员达 5 万多人的盐化工产业开发区，一批具有国际水平的盐化工项目开始创造出可观的经济效益。

表 3 1993～1995 年部分盐化工产量统计表

年份	1993	1994	1995
溴素(t)	19 289.78	25 811.45	28 204.5
KCl(t)	2 725	608	3 320
无水 Na_2SO_4(t)	15 383	10 558	13 409
$MgCl_2$(t)	40 527	33 291	36 050
K_2SO_4(t)	3 000	8 000	
纯碱(万 t)			120
烧碱(万 t)			60.5

【港口建设与海洋运输】 1993～1995 年，山东港口建设有较大的发展，共建成万吨级以上泊位 14 个，5 000 吨级泊位 6 个，3 000 吨级泊位 1 个，1 000 吨级泊位 2 个。具体是：

莱州港：万吨级、3 000 吨级、1 000 吨级盐码头各 1 个；

龙口港：万吨级多用途码头 2 个，5 000 吨级杂油码头 1 个；

蓬莱港：5 000 吨级件杂码头 2 个，5 000 吨级滚装码头 1 个；

长岛码头：1 000 吨级滚装码头 1 个，500 吨级客货码头 1 个；

威海港：2 万吨级件杂码头 1 个，1 万吨级煤码头 1 个(电厂专用)，1 万吨级油码头 2 个(石油公司专用)；

青岛前湾：万吨级散杂码头 4 个；

日照港：万吨级木材码头 1 个；

岚山港：万吨级散杂码头 1 个，5 000 吨级散杂码头 2 个。

现全省共有港口 26 个，其中涉外港口 7 个，港口吞吐能力达 11 128 万 t，是 1990 年的 1.38 倍。开通国际航线 26 条，遍及 60 多个国家和地区的 300 多个港口。1995 年客运量 650 万人次，货运量 1 500 万 t。

表 4 部分港口货物吞吐量

（单位：万 t）

年 份	1993	1994	1995
青岛港	3 544.6	4 212.6	5 103.0
烟台港	1 190.8	1 266.0	1 679.0
石臼港	1 316.7	1 428.5	1 612.0
龙口港	685.3	713.8	853.0
威海港	138.9	295.8	380.0

【沿海旅游开发】 山东沿海气候宜人，自然环境优美，风光秀丽，加之众多的人文景观，为旅游业的发展提供了良好的条件，在过去的几年中，以保护自然环境和历史名胜古迹为主在沿海新建、整修和恢复了部分旅游景点。到目前为止，全省已开放50多处旅游景点，综合接待能力有很大提高。三年来，沿海七市地光是接待国外游客就达67万多人次。分别是：1993年14.5万人次，1994年20万人次，1995年33万人次，1995年旅游创汇1.14亿美元。

【海洋食品和海洋药物开发】 海洋药物、海洋保健食品和风味食品是山东的新兴产业，近三年发展很快，沿海七市地皆有生产厂家，海洋保健食品的开发正由沿海向内地发展。据不完全统计，省内生产海洋药品的厂家已有20多家，主要产品有藻酸双脂钠、甘糖脂、海力特、新澳特、降糖宁、海脉冲营养素、珍贝素等；生产海洋保健食品、风味食品的工厂有60多家，代表产品有牡蛎王口服液、刺参口服液、海威口服液、龙马回春饮、海墨特、海藻王口服液、多稀康胶囊、聪明碘、螺旋藻片、螺旋藻胶囊、鹰嘎肉、牡蛎罐头等。年产值已达15亿元，年创利税1.75亿元。 （于庭芳）

对外海洋经济合作
Marine Economic Cooperation with Foreign Countries

【概况】 1993～1995年，山东省海洋经济对外合作呈现全方位开放、高速度发展、多行业开花的局面，多种形式的对外海洋合作、交流蓬勃发展，成效较为显著。

海洋水产 1993～1995年，山东省海洋水产品出口分别为10万t、16万t和26万t，年创汇额分别为3.5亿美元、4.5亿美元和6亿美元。全省累计派出远洋渔船近百艘，作业渔场已进入世界三大洋的11个国家和地区；直接向国外运送鲜活水产品的渔船已发展到200余艘，年营业额近3亿美元；中外水产合资企业已达460多家，累计引进外资2.2亿美元，合作范围有海洋水产养殖、捕捞、加工等各个方面；并在海外建立合资公司、办事处等海外机构近30处。

海洋运输 全省已有10个港口对外开放，已开通26条国际航线，遍及五大洲60多个国家和地区的300多个港口，1994年远洋运输业年增加值14.3亿元，1995年远洋运输业年增加值19.7亿元。

盐业及盐化工 至1995年底，全省盐业及盐化工合资企业已达20多家。1993～1995年，全省原盐出口分别为40 585t、42 848t和36 032t。有10多家企业、20多种海洋盐化工产品出口10多个国家和地区，其中纯碱占全国出口量的1/3。1995年盐及盐化工出口创汇2 000多万美元。

旅游 全省沿海涉外星级宾馆至1995年已突破30家，1993～1995年，每年接待海外游客分别为14万人次、20万人次和28万人次，年创汇分别为2亿元、2.9亿元和4亿元外汇人民币。

【其他】 其他海洋产业，如海洋食品、保健品、工艺品、矿物、石油等产品及海洋服务业等创汇与合资合作开发已经起步，年创汇近亿美元。 （王成刚）

沿海海洋环境保护
Coastal Marine Environmental Protection

【概况】 山东是海洋大省，沿岸地区经济发达。在开发海洋、建设“海上山东”的同时，注重海洋环境保护，特别是近几年来省内各有关部门密切合作，在环境监测、执法管理、强化环保意识等方面作了大量的工作。沿海各地区严格按照《海洋环境监测规范》、《海水水质标准》等对海洋环境进行监督检查。青岛市于1995年3月16日通过《青岛市近岸海域环境保护规定》，规定在市政府统一领导下，由环保部门具体对本市管辖范围内的污染物排放、废弃物倾倒、海岸工程建设和海滨矿产资源勘探开发及从事其他对海域环境有影响的活动进行有效组织协调和监督管理。

由于措施得力，山东沿海水域条件得到保护，海洋环境质量持续稳定。渤海中部海域连续几年无污染物超标项，是全国污染较轻的地区；赤潮现象逐年减少，没有形成灾害；为保护和保全典型海洋生态环境，在长岛成立了“庙岛海洋自然保护区”，在荣成设立了“成山头海洋自然保护区”，重点保护“暖温带海岛生态系”和“泻湖生态系”；局部地区由于历史上的污染，沿海滩涂绝迹的生物，现又重新出现，数量逐年增多，生态平衡趋于稳定。

随着水产养殖、海洋运输、能源、矿产等行业的兴起和沿岸工业的发展，海洋环境质量受到一定的影响，营养盐、溶解氧和化学需氧量、重金属含量、油类污染等方面都存在一定的问题。特别是胶州湾水域和莱州湾水域，由于受石油开采、水产养殖、船舶运行、工业污水等的影响，污染尤其突出，胶州湾水域无机氮、无机磷、油三项超标严重。1994年6月下旬至7月上旬国家海洋局“中国海监”飞机、船舶，对部分地区进行执法巡航监视，发现胶州湾水域仍受到几条入海河流、城市和附近工厂排放废水

污染。 (赵中华)

海洋灾害
Marine Disasters

【概述】 **1993年** (1)海岸侵蚀。1993年中国北方海岸比较稳定,没有突发性的海岸侵蚀发生,但个别岸段海岸仍有很大蚀退。如日照市韩家营子附近的第三监测面,从1992年11月到1993年11月一年间,海岸后退11m,渔舍及监测用的标志桩前桩均塌入海中。(2)溢油灾害。1993年7月19日,"苏赣海"驳轮违章排污,污染海面3万m^2,造成胶南市古口镇附近的水域污染;同日在青岛22号锚地发现外籍油轮GAMMA号和ROOK EXPRESS号货轮擅自违章排污,污染范围达2万余m^2。

1994年 (1)海浪灾害。黄海北部及渤海海峡沿岸遭台风浪袭击,8月16~17日,第15号台风卷起的台风浪,袭击了黄海北部及渤海海峡沿岸,烟台市报废海水养殖小木船50余只,损坏船只73艘,冲垮码头2处,荣成市冲毁桥涵21座,损坏各种船只355艘,死亡1人,失踪1人。长岛县鲍鱼养殖损失3 500万元;扇贝养殖损失3 000亩;虾夷扇贝损失100亩;损坏小型渔船200只;损坏港口码头11处,直接经济损失1.3亿元。(2)海岸侵蚀。1994年海岸侵蚀也不严重,山东半岛北部海岸比较稳定。但半岛南岸的岚山头以北岸段海岸侵蚀后退速度仍然很大。据1993年7月至1994年5月测量结果表明,在10个月内海岸后退5~7m。由于海岸侵蚀的结果,当地渔屋和测量标志均倒入海中,海岸防护林带已受到威胁。9月1~6日,胶州湾北部大沽河口以东至红岛镇冒岛以西约10km的近海海域大面积污染,城阳区河套、红岛两镇2 133.3hm^2滩涂养殖贝类深受其害,死亡绝产面积已达70%,其中杂色蛤1066.6hm^2,绝产746.6hm^2,占70%;牡蛎560hm^2,绝产393.3hm^2,占70.2%;毛蚶200hm^2,绝产140hm^2,占70%。据初步统计,直接经济损失达1.5亿元,仅苗种损失即达0.52亿元。1994年1~6月份,全省所辖海域共发生各类海难事故37起,造成船只翻沉,渔民落水43人,32人死亡,11人失踪,2人受伤。事故起数比上年同期增长76%,落水人数增长72%,死亡、失踪、受伤人数分别增长256%、下降27%、增长100%,共翻沉船12艘,比同期增长140%。

1995年 (1)海浪灾害。11月7日由寒潮巨浪引发的沉船事故,损失之重为历史所罕见。巨浪袭击山东沿海,使在海上生产作业的青岛渔船出现险情,虽经多方全力营救,仍有两条渔船翻沉,两条渔船失踪,1名渔民死亡,23名渔民失踪,造成重大经济损失。据不完全统计,由于此次寒潮巨浪,山东省共有229艘渔船被毁或沉没,47艘渔船失踪,31人死亡,121人失踪。(2)赤潮灾害。6月6日,在山东莱州湾附近海域发现大面积赤潮,赤潮颜色呈粉红,主要生物种是夜光虫,其最高含量达2.16×10^7个/m^3,主要发生在龙口湾至其西南方向15km处,波及范围达90km^2。 (沙颖文)

地方海洋立法与管理
Local Marine Legislation and Management

【概述】 近年来,山东省海洋开发利用与保护事业有了长足发展,建设"海上山东"和黄河三角洲开发已成为全省的两项跨世纪工程。同时,地方海洋法律制度建设也进入快速发展的新时期,依法管海、依法用海已逐渐成为全省人民的共识。地方海洋法制建设与海洋管理机构的建立、健全具有十分密切的关系,1993~1994年,山东省起草了《山东省科技进步条例》,条例中对海洋开发的目的、任务、要求作了明确规定。条例于1994年4月经省人大八届七次常委会通过。青岛市随着经济的勃兴和创建国际化港口城市步伐的加快,海洋法制建设有了较大突破。市人大分别于1995年3月和5月通过了《青岛市近岸海域环境保护规定》和《青岛市海岸带规划管理暂行规定》两个地方性法规,将近海污染防治、环境整治和海岸带规划管理纳入法制化轨道。为了使胶州湾这一"黄金水域"发挥整体效益,优化区域功能,在听取专家建议和充分调研论证的基础上,青岛市政府发布了《胶州湾及邻近海域功能区划》。此外,市政府发布了一系列行政规章,内容涉及卫生检疫、船舶交易、海上旅游等。

烟台、潍坊、威海等沿海地市也根据本地区的需要,由政府发布了在辖区内有较强约束力的命令、决定等文件,主要有浅海养殖安全生产、盐业开发、娱乐性游钓、水路旅客运输等。尤其是烟台市在全省率先以政府令的形式发布了《烟台市海域使用管理暂行规定》,确立了有偿使用和登记许可证制度,管理初见成效。总体来讲,山东省海洋立法与管理虽然作了一些工作,但进展较慢,在一定程度上影响了该省海洋事业的持续健康发展,致使海洋开发中行业和地区间出现了一些矛盾。无法可依、无章可循、无序无度利用海洋的现象未能从根本上得以扭转和遏制。

【地方海洋管理机构建设】 地方海洋管理机构作为主管海洋事务的行政主体,是推动海洋综合管理步入正轨的先决条件。在这次省级行政机构改革中,山东省委、省府决定撤销省水产局,并以此为基础组建省海洋与水产厅,赋予其主管海洋事务和渔业行政的职能。并于1995年11月16日,山东省海洋与水产厅正式挂牌成立。该厅暂设10个处室,厅长为王曙光。

与此相联,山东省沿海市(地)、县水产局大部分易名,或称海洋与水产局,或称渔业海洋局,据不完全统计,沿海36个市、县(区)有将近一半改换名称。

(胡建廷)

河北省
Hebei Province

综述
Summary

河北省濒临渤海，海岸线长665km，地貌复杂多样，岸段类型明显，气候适宜，四季分明，潮汐多变，差小浪平，港口、石油、海洋生物、盐业、盐化工、旅游、矿产、土地等自然资源丰富，具有广阔的开发前景。

近几年来，随着沿海改革开放的不断扩大和环渤海湾地区开发开放步伐的加快，河北省海洋各个产业都有较大发展，海洋经济有较大增长。海洋科技含量有较大提高。海洋管理、海洋监察、海洋立法正朝向合理化、法制化、正规化轨道方向发展。先后出台了《河北省海域使用管理规定》、《河北省实施"国家海域使用管理暂行规定"细则》、《河北省昌黎黄金海岸国家级海洋类型自然保护区管理办法》；为给海洋监察执法提供保障，1993年国家与省共同投资90余万元，建造了一艘250马力监察船，编号为中国海监201；海岸带资源性资产产权登记（国家试点）工作已圆满完成；依靠科技推动海洋经济快速发展提上了政府的议事日程，省政府召开了全省"科技兴海"会议，制定了"科技兴海"规划，还拨出专项资金用于海洋科技与开发；海洋各产业也得到快速发展，港口产业发展较快，1993年7月17日，北京与唐山两市政府签署联合建港协议，并把王滩港更名为京唐港，一号港池8个泊位现已建成，年吞吐能力为780万t，二号港池也正建设中，建成后年吞吐能力达到3 600万t；黄骅港是国务院批准的运煤大港，整个建设分三期完成，一期将建设3个3.5万吨级泊位，1个5万吨级泊位，吞吐能力3 000万t，二期吞吐能力将达到6 000万t，三期达到1亿t；秦皇岛煤码头，建成7年吞吐量累计完成1 002万t，已成为世界最大能源输出港之一，另外还有一批地方港口正在建设中；盐业及盐化工，盐业企业31个，盐田总面积7.75万hm^2（约116.21万亩），年产原盐409.49万t，产值6.49亿元，盐化工产品有纯碱、烧碱、溴素、氯化镁、氯化钾、硫酸钾等年产值12.21亿元；旅游业，秦皇岛共接待国内游客660万人次，国外游客21 269人，旅游收入1.35亿元；石油，冀东油田共产原油46.01万t，产值5.31亿元；远洋运输企业10家，有大型货轮25艘，货运量359.1万t，货物周转量59.97亿t·km，产值2.29亿元；海洋水产品产量17.47万t，其中海洋捕捞13.32万t，海水养殖4.16万t，海水养殖面积4.87万hm^2（合73.08万亩），海洋水产业总产值15.08亿元；海水综合利用，用海水量28 510万t，节约淡水248万t，节约费用1.9亿元。

海洋资源的开发利用
Development and Utilization of Marine Resources

【概述】 河北省大陆海岸线长487km，岛岸线长178km，有大小岛屿132个，总面积8.43km^2，最大人居海岛石臼坨面积3.42km^2，潮间带面积175万亩，0～20m等深线浅海面积967万亩。具有丰富的生物、矿产、港口、海盐、石油等海洋资源和基岩质、沙质、泥沙质组成的类型比较齐全的海岸线，海洋灾害少，是进行海水增养殖、盐业、旅游、港口建设等产业发展的优良地带，适合进行多种形式的海洋产业开发。近几年，随着沿海经济的发展，对资源利用的深度和广度不断深化与扩大，资源的利用率与利用程度正在增加。

【港口资源开发利用】 在河北省海岸线上建有秦皇岛港、京唐港、黄骅港三个大型港口和9个以散杂货渔业为主的中小型港口。随着秦皇岛港煤四期码头开港使用，秦皇岛港已成为世界最大的能源输出港，1994年有泊位38个，吞吐能力达9 600万t，吞吐量达8 237万t。京唐港已实现国际通航，建有全国最大的原盐储运码头，1994年吞吐能力达210万t，吞吐量145万t。黄骅港也正在加紧建设之中，1994年有4个3 000吨级泊位开始运营，当年吞吐能力达75万t，吞吐量21万t。新开河港、涧河港、山海关港也在扩建之中，"九五"末建成中型散杂货为主的港口。同时还具有建深水大港条件的曹妃甸港址，唐山市政府已组织有关部门进行了前期论证。截止1994年河北省沿海港口共有泊位48个，吞吐能力达亿吨，货物吞吐量8 433万t。

【海洋渔业】 1994年海洋渔业产量17.5万t，比1993年增加1.9万t。海水养殖面积73万亩，比1993年增加5.3万亩，产量4.2万t，比1993年增加1.5万t。在养殖方式上，浅海养殖14万亩，滩涂养殖59万亩。在养殖品种上，对虾养殖26.4万亩，贝类养殖44.5万亩，贝类养殖有了较大发展。海洋捕捞量达13.3万t，比1993年增加0.5万t。近几年流行的虾病和环境污染给海水养殖业造成很大损失，河北省已在引进新品种、实行混养、立体养殖等方面做了尝试，并确定了重点发展方向。1996年将起步筹建的"河北省海洋养殖苗种工程技术研究中心"不仅会使海洋渔业资源得到充分、合理的利用，促进海洋渔业持续、稳定发展，而且将会对中国北方地区海洋渔业的发展产生重大影响。

【盐业及盐化工】 沿海有宜盐荒地约 18 万 hm^2，现已利用的约 7.75 万 hm^2，发展潜力很大。1994 年原盐生产企业 31 个，原盐产量 409 万 t。纯碱产量 63.67 万 t，烧碱产量 15.6 万 t，氯化钾 6 386t，氯化镁 53 467t，溴素 1 611t，比前几年均有较大增长。

【旅游资源及开发利用】 河北省的基岩海岸和砂质海岸有着适宜的气候条件和多种地貌类型，山、岛、沙丘、沙堤与海相连，景色优美，构成了独特的旅游景观。有举世瞩目的长城文化，闻名的北戴河避暑胜地。近年又开辟了由奇特海岸、泻湖及沙丘组成的黄金海岸、乐亭石臼坨岛（快乐岛）、金银滩等风景名胜区。黄金海岸国家级海洋类型自然保护区和已列入保护对象的黄骅、海兴、古贝壳堤已成为科研、教学、游览的场所。1994 年仅秦皇岛市就接待国内游客 660 万人次，国外游客 2.1 万人次，旅游收入 1.35 亿元。

【矿产资源开发】 河北省近海探明石油储量 6 亿 t，天然气 343 亿 m^3，可采地热能 558 430kW。1994 年冀东油田原油产量 46.01 万 t，产值 5.31 亿元。

表 1　河北省有关海洋开发统计资料

项　目		1993 年	1994 年	1995 年
海洋捕捞产量(t)		12.87	13.32	18.65
海水养殖产量(t)		2.7	4.16	5.82
沿海货物运输量(万 t)		271	287.3	336.9
远洋货物运输量(万 t)		49	71.8	73.15
沿海主要港口货物吞吐量(万 t)	秦皇岛港	7877	8207	8382
	京唐港		145.1	306.4
	黄骅港		21	47.8
	新开河港		30.2	78
海盐生产	面积(万 hm^2)	7.75	7.75	7.75
	产量(万 t)	418.06	409.5	333.2
海盐化工产量(t)	纯　碱	63.67	69.8	68.9
	烧　碱	15.6	17.8	26.0
滨海旅游人数(万人次)	国内(万人次)	660	750	841
	国外(万人次)	2.44	3.1	4.3

【海岛资源开发】 河北省海域共有海岛 132 个，总面积 8.43km^2，其中两个较大海岛即石臼坨岛面积 3.4km^2，王庄子岛面积 1.17km^2。在石臼坨岛上已建设了旅游设施，开辟了西滩浴场，年接待游客万余人，收入 30 余万元。在海岛周围滩涂上进行的对虾养殖和贝类养殖，年收入超百万元。王庄子岛进行了畜牧业综合开发，岛上打了淡水井，种植了耐盐碱的大米草、互花米草、苜蓿、大豆等饲草、饲料作物。饲养牛几十头，羊百余只，并利用其特有的自然条件，进行了动、植物优良品种的繁育。

对外海洋经济合作
Marine Economic Cooperation with Foreign Countries

【概述】 沿海地区处于河北省确定的环渤海一线开放区，近几年对外经济合作、交流日益增强。河北省水产研究所在出口河豚鱼苗及成鱼方面与日本进行了良好的合作。养虾技术世界闻名的唐海县也在对虾养殖、新品种引进、水产品深加工方面与巴西、朝鲜、加拿大等国进行了洽谈。昌黎黄金海岸自然保护区派人到美国佛罗里达自然保护区参加了培训学习。1995 年由国家海洋局国际合作司牵头，滦南县与加拿大海洋资源开发公司签署了联合开发利用滦南浅海及滩涂资源，进行人工投苗增殖，精养贝类和引进技术设备进行鱼、虾、贝精深加工意向协议书。1996 年将进一步进行实质性考察，以便尽快实施。

沿海海洋环境保护
Coastal Marine Environmental Protection

【"迎安"号抛泥船无证倾废被查处】 河北省监察大队监察人员于 1994 年 8 月 8 日上午在秦皇岛海域执行巡航监视任务中，登临检查了正在作业的秦皇岛港务局港湾工程公司"迎安"号抛泥船，发现该船没有海洋管理部门签发的海洋倾废许可证，属无证倾倒。另经查实，该船自 1989 年以来的 5 年多时间内，无证向海洋倾倒港湾疏泥达 33 800 多 m^3，严重违反了《中华人民共和国海洋倾废管理条例》。为维护法律尊严，保护海洋环境，省监察大队依法对此事件进行了处理。

【大港石油物探公司擅自进行炸药震源石油勘探作业被查处】 1995 年 5 月 20 日，河北省监察大队唐山中队在巡航中发现大港石油物探公司 2199 队在乐亭海域进行炸药震源石油勘探作业。此时正值鱼、虾产卵繁殖季节，该队又未办理任何手续，违反了"中华人民共和国海洋石油勘探开发环境保护管理条例"及其实施办法。监察人员依法责令其立即停止作业，并予以处罚。

【人造河口海域污染严重】 抚宁县人造河是该县造纸厂、化肥厂、食品厂等 13 家企业的排污通道，年排污 1 500万 m^3，严重污染河口海域和底质。市、县海洋管理部门与市、县环境保护部门多次协调，现场办公，污染状况有所好转。但由于资金设备等问题，污染仍很严重。

【黄骅市采取有力措施保护古贝壳堤】 河北省黄骅市沿海分布的与现代海岸线基本平行的古贝壳堤是渤海湾西岸七千多年来成陆过程中的重要产物。其发育规模、时间跨度以及所包含的地质古环境信息为世界所罕见，在第四纪地质研究中占有重要位置。

近年来，当地群众挖掘古贝壳堤（做饲料添加剂）的现象日趋严重，给古贝壳堤造成了很大的破坏。为加强古贝壳堤的管理，保护好这一海洋地质遗迹，黄骅市人民政府采取了一系列措施，成效显著。

地方海洋立法管理 Local Marine Legislation and Management

【河北省海域管理规定】 1994年8月12日，河北省政府以省长令形式发布了《河北省海域管理规定》。规定明确了海洋行政管理部门的职责：负责海域使用、海洋石油勘探开发、海洋倾废、海底电缆管道的审批、海洋环境管理、监督有关海洋法规的实施，拟定海洋开发规划和自然保护区的选划、建设和管理等。规定对海域的治理保护、奖励与处罚等作出了明确的要求。规定还对省、市、县海洋行政管理部门的管理权限作了划分。

【河北省实施《国家海域使用管理暂行规定》细则】 1995年4月24日，河北省财政厅、河北省海洋局联合发布了“河北省实施《国家海域使用管理暂行规定》细则”。细则对海域使用作了定义：海域使用是指在某一固定海域进行三个月以上的排它性开发利用活动。明确海域使用实行许可证制度和有偿使用制度。细则还对海域使用金的征收范围、标准、方法、减免条件以及违章处罚等都作了明确的规定。

【河北省近岸海域环境功能区划】 1995年6月10日，经省政府批准，省环保局发布了河北省近岸海域环境功能区划。区划面积11 811km²，位置在117°47′E～119°50′E，38°13′N～39°59′N。分五大类18个功能区。第一类为文昌鱼保护区：从秦皇岛市新开河口到滦河口；第二类为盐业、养殖区：从滦河口到长河口，大清河口到涧河口，沧州市歧口到李家堡，赵家堡到狼坨子；第三类为旅游、运动、养殖区：秦皇岛市山海关船厂西1 000m到石河口、新开河西岸到东山浴场西边、汤河口西岸到洋河，洋河到新开河口，长河口到京唐港东边，京唐港西边到大清河口；第四类为备用岸段：秦皇岛市石河口到沙河口；第五类为航运功能区：秦皇岛市山海关船厂西1 000m到辽宁省界、山海关船厂厂区，沙河口到新开河口、东山浴场到汤河口、京唐港区、沧州市马棚口到歧口、李家堡到赵家堡、狼坨子到山东省界。

【河北省海洋局及省海洋监察大队】 1995年5月11日，河北省人民政府办公厅印发河北省海洋局职能配置、内设机构及人员编制方案，明确省海洋局是省政府主管海洋事务的职能部门，赋予省海洋局海域使用管理、海洋监察执法、海洋灾害预报、海岸带及邻近水域和海岛及周围水域的海洋环境监视、组织海洋科技攻关和研究协调组织发展海洋经济职能。方案另设河北省海洋监察大队（正处级，下设秦皇岛、唐山、沧州三个海洋监察中队），在国家海洋局和河北省海洋局领导下，依照国家和省海洋管理有关法规，独立行使监察执法权。

【市、县海洋局】 1995年4月25日，唐山市海洋局成立，为副县级，由市科学技术委员会管理，负责唐山市邻近海域的海域综合管理。唐海县于1994年5月6日成立了县海洋局。目前河北省三市八县四区两农场，三市已全部成立了海洋管理机构，六县两农场成立了海洋局。

【《河北省昌黎黄金海岸国家级海洋类型自然保护区管理办法》】 1995年4月10日经河北省人民政府批准，《河北省昌黎黄金海岸国家级海洋类型自然保护区管理办法》由河北省海洋局发布实施，该办法明确了保护区的范围及保护对象和保护区管理处的职责；科研区、开发区、治理区、监测区各分区界线；进入保护区进行有关活动的审批程序以及禁止在保护区进行对自然生态环境有影响的有关活动，处罚措施和对保护区的建设和管理工作做出突出贡献者给予奖励，违反规定给予处罚等条款，为河北省海洋类型自然保护区建设和管理逐步走向科学化、法制化轨道奠定了良好基础。

海洋科技 Marine Science and Technology

【对虾生物保鲜剂研究】 此项目是国家海洋局联合计划项目，由省微生物研究所承担，科技人员经过两年的试验研究，筛选出了对虾保鲜作用良好的生物菌，通过中试制成了对鱼、肉、虾保鲜效果明显的生物制剂。在此基础上还研制出了防治畜禽白痢的“鲜尔康”，试验证明“鲜尔康”的抗菌消炎作用优于氟哌酸等抗菌素。两种制剂都已进行了小规模商品化试验生产。此项研究于1994年8月通过了省级鉴定验收，专家们一致认为：此成果达国内先进水平，对提高人民生活水平和鱼、虾、肉等产品出口创汇能力具有重要意义。

【河北省近岸海域及虾池赤潮发生和防治措施的研究】 该项目为省科委1990年下达的科研计划项目，由河北省水产研究所、国家海洋局第一海洋研究所和河北大学共同承担，于1993年4月20日通过河北省科委组织的鉴定验收。该项研究紧密结合生产，首次确定本区赤潮生物种，基本掌握了赤潮生物优势种的生物学特性及其消长规律，填补了中国虾池赤潮监视、监测以及预报研究的空白。较好地阐明了气象因子对赤潮生消、水动力与赤潮生物的聚集和扩散的关系，提出了一套适合本地区的赤潮防治和管理方法，具有科学性、实用性和可操作性，对控制赤潮、发展海水养殖具有重要作用。其成果水平居国内领先地位。

【河北省海洋产业结构研究】 此项目是河北省科委1993年下达的科研计划项目，由河北省海洋局承担。研究报告分为4章，计3.5万字(附表格20页，计5 000个数据)，数据1册(30页，约1万个数据)。研究报告全面详实地论述了河北省沿海自然条件、区位条件和作用，海洋资源概况及评价，开发现状和存在的问题，提出了海洋产业开发结构与布局现状、产业结构存在的问题、产业结构与布局调整原则，并阐述了海洋产业结构调整的对策与措施。该项研究成果达国内先进水平，为制定科技兴海发展规划及沿海地区各级政府调整海洋产业结构和布局提供了科学依据，对沿海经济优化发展、人民生活奔小康具有重要的现实意义和指导意义。此项成果获1995年河北省科委科技进步二等奖。

【河北省海洋开发规划】 该规划是按照国家海洋局提供的内容安排和结构框架，由河北省海洋局编制的。充分利用了河北省海域自然属性和社会属性的研究成果和资料，采用定性分析和定量分析相结合的方法，使规划更加切合实际和有可比性。该"规划"对促进海洋资源的利用、海洋产业的开发起到重要的指导作用，对环渤海湾地区和全省经济发展具有战略意义，为领导决策提供了科学依据。

【对虾养成期人工配合系列饵料推广】 该项目是河北省科委下达的科研项目，由河北省海洋办公室等单位承担，采取科研与生产相结合、技术培训与现场指导相结合、行政与技术相结合的方法进行推广工作，取得了明显的经济效益，每亩节约饵料费428.6元，推广应用2.3万亩虾池，共节约饵料费969万元。

【河北省海岛资源综合调查与开发试验研究】 该项调查研究是国家"八五"科技攻关项目，于1994年5月11日通过河北省科委组织的鉴定验收。该项调查采用了目前中国最先进的航空遥感技术，准确查明了河北省的海岛数量、面积、地理位置及岸线长度。首次查明曹妃甸诸岛珍稀鸟类资源和探明并开采了石臼坨和王庄子岛地下淡水资源，在石臼坨设立长期气象站，填补了河北省海岛气象资料空白，对建设曹妃甸离岸大港进行了科学评估，提出了保护生物资源和建设海洋牧场的设想和建议，有较高的科学价值和实用价值。

【河北省海岛资源综合调查及开发试验档案管理研究】 该研究是1993年河北省科委下达的科研项目，由省海洋办公室承担，于1994年4月21日通过河北省科委组织的鉴定验收。该项研究所形成的河北省海岛资源综合调查及开发试验档案管理体系，保证了河北省海岛资源综合调查档案的系统、准确、安全和有效利用。

【光合细菌在鱼虾贝养殖上的应用研究】 该项目是河北省科委1991年下达的研究课题，由河北省水产学校承担，1993年通过省科委鉴定验收。该项研究对光合细菌的培养找到了一个简易、高效、价格低廉的培养方法和培养基配方，明确了光合细菌对鱼、虾、贝幼体有明显的促进生长、防病和治病作用，肯定了光合细菌在养殖水体中能起净化水质的作用。

【对虾育肥油的研究和应用】 此项目是河北省科委下达的研究课题，由中科院农业现代化所承担，1993年4月通过省科委鉴定验收。该成果通过研究中国对虾在养成期对饲料中亚油酸和亚麻酸的营养需要量，为中国对虾配合饲料中这两种脂肪酸的最佳含量提供理论依据，成功研制出国内外第一个中国对虾育肥油饲料添加剂。该研究成果具有重大理论价值和学术水平，社会、经济效益显著。

【泥滩养殖黑鲷技术研究】 该项目是河北省科委下达的研究课题，由中科院海洋所承担，1993年8月通过省科委鉴定验收。黑鲷习于在清水、岩礁、沙泥底质中生活，将它移置到泥滩、混水中养殖成功为沿海滩涂养殖开辟了一条新路子。

【鱼、虾、贝、藻海水立体养殖技术研究】 该项目是河北省科委下达的研究课题，由中国科学院海洋研究所承担，1993年10月通过省科委鉴定验收。该课题改变虾池单一养虾的方式，开展多品种多层次的对虾、梭鱼、杂色蛤、江蓠立体养殖。该课题还探明了生物种类搭配、数量配比及养殖方式。该技术的应用取得了明显的生态效益和经济效益。

【养殖辅助水域及滩涂兰蛤增殖技术开发研究】 此项目是河北省科委下达的研究课题，由沧州市水产技术推广站承担，1993年10月通过省科委鉴定验收。滩涂兰蛤的增殖有利于改善近海海域水质，降低海水混浊度，缓解对对虾的危害。该研究确定适宜放养密度，严格控制采捕量，保证对虾在整个养殖期有鲜活饵料供应，并及时对兰蛤生物量进行监测。

【罗非鱼海水池塘养殖技术开发研究】 该项目是河北省科委下达的研究课题，由沧州市水产技术推广站承担，1993年10日通过省科委鉴定验收。该项研究采取逐步提高盐度的技术措施，使罗非鱼海水驯化成活率达100%，为废旧虾池利用，开辟了海水养殖新途径。罗非鱼对虾池废水适应性好，充分利用了水中肥料，节约了大量养殖费用。

【文蛤土池育苗增殖技术研究】 此项目是河北省科委下达的研究课题，由滦南县水产局承担，1993年12月通过省科委鉴定验收。该项研究通过文蛤土池育苗增殖，恢复和发展了文蛤资源。模拟自然环境条件进行文蛤人工育苗，在室外自然水温下采用人工繁殖生物饵料方法，培育亲体和幼体发育，采用在自然海滩人工建造环境中进行苗种中间培育，提高了苗种的越冬成活率。

【对虾生物饵料】 该项目是河北省科委下达的研究项目,由唐山新立生物饵料公司承担,1993年12月通过省科委鉴定验收。研究出了培养对虾生物饵料的独特技术工艺和复合活性生物饵料,在养虾中使用,具有繁衍快、增殖量大、生长快等特点,能改善养虾池水域环境,促进生态良性循环。该产品成本低,性能稳定,容易保存和运输。

【黑鲷人工育苗研究】 该项目是河北省科委下达的研究课题,由中国科学院海洋研究所承担,1994年6月通过省科委鉴定验收。黑鲷是名贵海洋经济鱼类,是目前替代对虾养殖的优良品种,通过对亲鱼、饵料、水质三个育苗环节的研究,培育出21mm黑鲷种苗85万尾,获纯利50万元,探索出了人工培育黑鲷苗种的新途径。

【《河北省海洋志》】 《河北省海洋志》是《河北省志》的一部分。1994年1月由河北人民出版社出版。该志比较全面地记述了河北省所临的渤海海域及所辖的海岛、海岸带自然环境、海洋资源、经济科技和文化等方面的发生发展和现状。

【《河北省海岛资源综合调查报告》】 《河北省海岛资源综合调查报告》1995年10月由海洋出版社出版,该报告分上下两卷,上卷综合报告约80万字,下卷为专业报告约120万字,该"报告"详细论述了河北省海岛自然环境、自然资源及其评价,分析了社会经济现状,提出了海岛综合开发利用规划设想。

【河北省科技兴海规划(草案)】 此"规划"1995年9月完成,分为海洋科技开发现状、指导思想和基本原则、战略目标和布局、主要任务和重点发展领域、政策和措施5部分,约1万余字,为领导决策实施"科技兴海"工程提供了科学依据。

【河北省海洋产业结构研究报告】 此报告为河北省软科学研究计划项目,于1994年11月10日通过省级鉴定。该报告全面分析了河北省海洋资源开发现状和存在的问题,对河北省海洋产业结构、产业布局进行了优化调整并提出了调整的对策与措施。

【《河北省海洋开发规划》】 此"规划"由河北省海洋局制订,河北省人民政府下发沿海各地执行,内容分为:海洋开发依据、海洋开发与布局、开发对策等,约11万字。

(河北省海洋局)

天津市
Tianjin City

【概况】 天津市海洋工作,在前几年以“起步”与“开创”为主旨的基础上,1995年开始步入海洋综合管理的新阶段。在国家海洋局和天津市政府的直接领导下,结合改革开放的宏观要求和天津市海洋工作的具体情况,努力使海洋综合管理工作过渡到规范化、法制化,使海洋工作紧密结合经济发展,在海域使用管理与海洋监察、海洋自然保护区建设、“科技兴市”基础调研、海洋研究与开发规划、海洋统计等方面都取得了较大进展。国家海洋局张登义局长于1995年12月9日专程访津,就天津市建立海洋局事宜,同市领导交换了意见,进一步推动了天津市海洋综合管理行政机构的建设。

【海域使用管理和海洋监察工作】 1.海域使用现状及实施海域使用管理情况。市海洋办于1993年11月16日被国家海洋局授予天津市海洋监察权,按照《国家海域使用管理暂行规定》、《中华人民共和国海洋倾废管理条例》、《中华人民共和国海洋石油勘探开发环境保护管理条例》、《铺设海底电缆管道管理规定》等法规,对天津市153km海岸线、3 000多km^2近岸海域实施监察管理权。为了贯彻实施财政部和国家海洋局联合颁布的《国家海域使用管理暂行规定》,市财政局和市海洋办联合转发了“规定”,市海洋办根据国家海洋局和市政府领导的指示精神,发出通知,要求全市用海单位按“规定”向市海洋办登记备案。市海洋办率领市海洋监察大队,对海域进行监察巡视,并对用海单位进行全面、细致的调查,基本查清用海单位14个,用海类型为港口、盐田、石油平台、旅游、电厂等。目前,天津市已登记、审查、批准用海单位9个,核发《海域使用证》10个,登记用海面积494万m^2。其中:海上石油平台审批海域使用证2个,用海面积39万m^2;港口(码头)审批海域使用证7个,用海面积410万m^2;旅游设施审批海域使用证1个,用海面积45万m^2。

2.加强海洋执法力度,促进海洋监察工作。市海洋办组织海洋监察大队加强海洋巡航执法,对破坏海洋环境的行为依法予以行政处罚,保护了海洋环境,同时,加强了对倾废船只的随船检查、海洋石油平台的防污检查,使国家的海洋法律、法规得到全面贯彻实施。

【海洋开发研究与规划】 (1)承担市科委下达的“海洋科技成果在塘沽海洋高新技术开发区的应用”软课题研究,已完成送审稿。(2)承担“天津市临港工业区总体布局的方案比选的研究”课题研究任务。市海洋办接受市总体规划修编工作领导小组的委托与市规划局一起组织了天津市临港工业区总体布局的方案比选研究课题组,课题组已完成了汇报稿,并向市总体规划修编工作领导小组做了初步汇报,最终成果将列入修编方案上报市人大批准。临港工业区的选划工作由市海洋办具体负责,组成了领导组、顾问组和课题组。经过课题总体设计、资料收集、方案比选、数模分析、结果论证、起草报告等工作,对建立临港工作区的必要性、可行性做了阐述,并对9个方案进行了比选,最后得出了3个推荐方案。该项工作第一次系统地提出建设临港工业区方案建议,并第一次对海河通航的能力、船型等做了结论。该项目对于安排冶金、石化等工业项目有着重要的指导意义,是天津市滨海新区建设规划的重要组成内容。在南疆建设人工岛、海河有限通航等方面具有创新结论意见。(3)继续海岛综合调查和开发试验工作,筹备全国海岛综合调查与开发试验展览会。根据全国海岛办要求,完成了天津海岛开发试验总结报告的编写,上报全国海岛办。继续进行海岛档案的整理与著录工作,按照统一要求上报全国海岛办档案组。

【海洋统计】 根据国家海洋局、国家统计局、国家计委“关于沿海地方开展海洋统计工作的通知”精神,开展沿海地方海洋统计工作,制定了天津市海洋统计工作计划。海洋统计网络已初步形成,经过对海洋水产、盐业、交运、海洋化工、石油化工、石油天然气等6个海洋产业搜集统计,1994年天津市海洋产业总产值为现价220.3亿元,不变价130.7亿元,占全市工业总产值的8%~9%。

【加速向综合性、国际化港口发展的天津港】 1995年天津港完成吞吐量5 786万t,集装箱吞吐量达到70.2万标箱,在“八五”期间年均递增率分别为22.9%和19.3%。

“八五”期间,天津港完成基本建设、技术改造投资25亿元,比“七五”投资总额增加59%,新增通过能力563万t。1995年底建成了南疆公路大桥,1996年上半年将建成铁路桥,铁路通过能力3 500万t/a。南疆港区供水、供电、道路、通讯等基本完成,具备“五通一平”的大规模开发建设条件,实现了港口建设重点由北疆港向南疆港区的战略转移。

天津港进出口货类主要为件杂货、煤炭、集装箱、粮食、钢铁、矿石和化肥等,尤其集装箱、煤炭的增幅较大。1995年煤炭吞吐量已超过2 800万t,占港口吞吐量的1/2左右,天津正在由单一件杂货港口发展为综合性港口。

“八五”期间,天津港兴办中外合资合作企业34家,投资总额超过1.42亿美元,其中吸引外资9 707万美元。

天津港是中国第一个在港区建立保税区(自由贸易

区)的沿海港口。保税区占地 5km²,已出让土地超过 1.5km²,区内注册的企业已达 2 000 多家,外商投资 20 多亿美元。

天津港同 160 多个国家和地区的 300 多个港口有国际运输往来,已开辟了 30 多条定期班轮航线,同美国、日本、荷兰、澳大利亚、意大利等国家的费城、塔科玛、神户、东京、阿母斯特丹、墨尔本、德里亚斯特等 7 个港口建立了友好港口关系。天津港正逐步跻身于国际大港口之列。

(蒋传林)

【北塘港第一期工程建成并投入使用】 天津市海岛资源综合调查提出了建设北塘港的建议方案,受到了地方政府部门的高度重视,经过可行性论证付诸实施。

北塘港一期工程于 1993 年开始到 1994 年 11 月完工,1994 年 7 月开始试运营。以装卸散货为主,目前主要是原煤外运和回运海砂,同时兼做杂货装卸。第一期工程码头按 3 000 吨级建造,全长 222m,陆域占地面积 17 600m²,港口设计吞吐能力 80 万 t/a。

北塘港在历史上曾是天津的第一个海港,后因天津新港的兴建,北塘港才逐步演变为专业渔港。天津唯一的海岛——三河岛就座落在北塘港附近,此次海岛调查针对三河岛周边地区的开发进行了专项调查,北塘港建设及航道的开发是天津市海岛调查的重点内容之一。

该港二期工程已申报"九五"建设规划。

(阎宪莘)

【滨海游乐城】 天津市塘沽区滨海游乐城位于天津东南海滨,距天津市区 45km。交通便利,环境优雅,是集海水浴、温泉浴、水上运动、赶海拾贝为一体的旅游观光、休闲度假疗养的避暑胜地。

滨海游乐城原址曾是一片未开垦的盐碱滩涂,经过 8 年投资建设,目前国内最大的人工海滨浴场已建设成为旅游服务设施功能齐全、各类建筑造型别致、兼具观赏与实用价值相统一的观光游览区。夏季平均气温 26℃,海水优质无污染,海水浴场可同时容纳 5 万人游泳;赤踝赶海拾贝独具特色;多滑道海水滑梯惊险刺激;温泉游乐宫向游人展示康乐世界;儿童温泉嬉水园令孩子们流连忘返;水上游船娱乐与运动相结合。具有民族特色、可同时容纳 300 人就餐的金海饭店,具有欧洲威尼斯风格的水上客房;温馨舒适的别墅区;休闲度假的沙滩帐蓬区;以海鲜为主的银海商城,能使游客大饱口福。另外,拥有国际三星级标准的假日酒店;会议展览、培训学习的三源电力培训中心,可为游客提供周到服务。

天津塘沽滨海游乐城绿化、美化工程、基础配套设施正日益完善。建设之中的"交通管理培训中心"、"金海洋水族馆",酝酿筹划的"温泉大世界"、"高级别墅",对外招商引资具有 21 世纪水准的"世界环球漫游"等,逐步形成一种更高层次的享受,建立起多层次、多功能、多元化点线结合的国际旅游度假区。

(杨和平)

【盐业及盐化工】 1993、1994 和 1995 年,天津市制盐行业实现工业总产值分别为 41 333.37 万元、42 505.60 万元和 44 155 万元。占天津市国民生产总值 1993 年为 0.44%,1994 年为 0.29%。其中盐业化工总产值为 6 492.29万元、7 211.98 万元和 7 488.51 万元,分别比 1992 年增长 19.56%、32.81%和 37.9%。

原盐产量 1993、1994 和 1995 年分别为 230 万 t、221 万 t、221 万 t。氯化钾产量 1993 年为 1.55 万 t、1994 年 1.74 万 t、1995 年为 1.748 万 t,和 1992 年相比,分别增长 13.29%、27.21%、27.60%。工业溴素产量为 1993 年 2 443t、1994 年 2 453t、1995 年为 2 553t,和 1992 年相比,分别增长 186.06%、187.23%、198.9%。氯化镁产量为 1993 年 12.51 万、1994 年 13.70 万 t、1995 年 13.877 万 t,和 1992 年相比,分别增长 10.79%、22.32%、22.86%。

由天津长芦汉沽盐场和塘沽盐场承担的国家重点攻关课题"85—601—01"、"85—601—02"两个课题中的 8 个子项专题圆满完成,通过了国家计委和轻工总会的鉴定和验收。盐的总销量 1993、1994、1995 年分别为 181.7 万 t、204.0 万 t 和 198.5 万 t,与 1992 年相比基本持平。但销售结构却发生较大的变化。工业用盐由过去的国家统一计划管理改为 1/3 原盐销售推向市场,2/3 工业用盐产销企业直接定货签定合同,由企业间直接结算。食用盐仍由国家统一专营。

天津市长芦盐务管理局直属工业企业 1993、1994、1995 年实现利润分别为 343.7 万元、52 万元、16 万元,较 1992 年均有大幅度下降。

(吴锡富)

【天津古海岸与湿地国家级自然保护区】 天津古海岸与湿地国家自然保护区是 1992 年 12 月国务院批准建立的国家级海洋类型自然保护区,它是在市政府 1984 年 12 月批准建立的"贝壳堤市级自然保护区"的基础上扩展、升级而成的。保护对象由贝壳堤扩展为贝壳堤、牡蛎滩和七里海湿地生态系统,是古海岸变迁的极其珍贵的海洋遗迹。保护区位于渤海西岸、天津地区的东部。范围跨越塘沽、汉沽、大港、东丽、津南、宁河等区县,总面积 9.9 万 hm²。保护区的核心区共选 7 处,贝壳堤为 5 个区域:塘沽区青坨子(第Ⅰ道)、津南区邓岑子(第Ⅱ道)、大港区上古林(第Ⅱ道)、津南区巨葛庄(第Ⅲ)、第Ⅳ道待选,牡蛎滩选宁河表口,湿地为宁河县七里海湿地。上述核心区、缓冲区面积约 1 万 hm²。

平行分布的四道贝壳堤形成于距今 4700～600 年间,牡蛎滩呈带状或斑状分布,形成于距今 7000～2000 年间;七里海湿地位于牡蛎滩分布区域内,是典型的泻湖湿地生态系统。初步调查,水生、湿地植物 12 个群落、6 种,哺乳类动物 10 余种,鸟类 100 余种,鱼类 60 余种,是许多珍稀和濒危野生动物迁徙、繁殖和栖息的基地。

天津贝壳堤、牡蛎滩是全新世以来渤海成陆的两个重要产物和遗迹,贝壳堤是世界著名三大贝壳堤之一(美国圣路易安那州贝壳堤、南美苏里南贝堤);而牡蛎滩,只有泰国曼谷以北 Pathumtani 地区的牡蛎礁可相比。因此,该保护区在海洋、第四纪地质、古气象、古环境的研究领域占有着重要位置。天津地区贝壳堤、牡蛎滩和湿地的研究已有60年的历史,50年代以来,国内外学者竞相来这里考察、研究,并在国内外学术刊物发表了众多的研究成果和论文。这里已成为海洋、地质、地理等系统和院校研究海岸演变、海平面变动、古气候、湿地生态等学科的重要场所。

自保护区建区以来,得到各方面的广泛关注。来此考察的大的团组有,中国科学院十余位地学部院士组成的“中国海平面变动对沿海经济的影响”课题考察团;由美国国家海洋与大气局海岸带办公室主任为团长的“美国海岸带代表团”。

经国家海洋局和天津市政府批准,由天津市海洋办公室(于1996年4月升格为天津市海洋局)归口负责并会同天津市地矿局进行该保护区管理和建设。建区以来,在市科委、海洋办、地矿局的努力和市有关部门、有关区县政府的配合下,保护工作取得了显著成效。完成了《天津古海岸与湿地国家级自然保护区建设方案》的制订、论证并上报市政府得到批准;该保护区列入天津市总体规划和滨海新区规划;完成了保护区的划界;多次制止处理了违法开采。1995年向市政府提出建立保护区管理机构的报告,市编委于1996年6月27日批准建立保护区管理处,定编40人,目前,正在开始筹建;保护区的地面标志已完成设计,在建设中。 (刘旗开)

【养殖盐藻提取天然胡萝卜素及其应用的研究】 中国轻工总会制盐研究所自1984年开展盐藻养殖提取天然胡萝卜素研究,先后承担了四个国家攻关项目和一个联合国计划开发署援助项目。在项目执行期间解决了盐藻室外大面积养殖、采收及天然胡萝卜素提取中的技术难题,确定了生产工艺和设备,建成一个中试基地。该项成果填补了国内空白,达到80年代先进水平,具有较好的经济效益和社会效益。该项技术现已获两项专利权,荣获国家级成果奖两项、部级成果奖一项,并在内蒙吉兰太盐场进行推广应用,由该所与吉兰太盐场合作建成年产500kg(纯品计)天然胡萝卜素生产厂,产品已销往国内外市场。

天然胡萝卜素产品经天津医学院毒理学试验证明天然胡萝卜素属无毒级化学物质,其不仅着色力强,而且在体内可转化成维生素A,作为营养保健食品能提高人体免疫功能,抗衰老,减少化疗及放疗对人体的伤害作用。据资料报道,其防癌、抗癌的独特功能日益受到有关专家的关注与重视。目前该所已研制出天然胡萝卜素口服液、口含片、胶丸、水溶性干粉等产品。 (郭连城)

【塘沽海洋高新技术开发区】 塘沽海洋高新技术开发区于1993年经天津市人民政府批准建立,1995年经国务院批准成立中国第一个海洋类型的国家级高新技术产业园区。

塘沽海洋开发区是天津市高新技术开发产业园区的滨海分区,也是京津塘高速公路高新技术产业带的重要组成部分。总体规划面积24km²,起步区4.54km²。建区以来已批准建立企业700余家,累计实现社会总产值20亿元,实现利税近1亿元,已经成为天津市滨海新区的一个新的经济增长点。

塘沽海洋开发区于1995年提出了新的举措,主要包括:向科研机构无偿提供用于海洋科技开发的土地;成立科技投资公司,直接投资海洋产业;成立中国第一个海洋科技产业创业中心,孵化海洋科技成果。

塘沽海洋开发区,地理位置优越,腹地广阔、交通便利。从建区开始就受到国内外许多单位或媒介的重视。海洋开发区内的“台湾工业园”已经奠基,海洋科技产业创业中心基础工程已经完工,正在按照管理上新的思路筹建之中。

【临港工业区方案研究】 为适应天津市经济发展的需要,配合天津市城市总体规划修编和天津滨海新区总体规划工作,市海洋办公室受市总体规划深化调整领导小组办公室的委托,与市规划局一起组织进行了“天津市临港工业区总体布局方案比选的研究”工作。

研究工作对国际上发达国家临海工业区的发展现状做了详细的调查研究,对中国城市发展进行了详细的对比分析。通过走访中央及天津市有关部门,收集了充分的关于临海临港工业发展的资料,总结提出了9个比选方案。

研究工作采用了信息调研、专家论证、综合分析以及数学模型等方法手段,对各个选址方案进行了论证,特别对港南、港北和海河下游三个方案进行了更深入的研究,经全面分析比较后,得出以天津港为依托,在南疆设置临港工业区的港南方案是经济、合理、现实、可行的方案,做为课题的最终方案推荐给有关部门。

港南方案是以天津港为依托,在南防波堤沿线东延及海河南岸滩地组成,可建设临港工业区、重化工基地。以此与大港区石油化工、塘沽区海洋化工、海河下游的冶金和轻加工工业相呼应,形成滨海地区优化的工业生产配置和总体建设布局。

该项研究已获得有关部门的重视,将对天津滨海经济的发展发挥重要指导意义。 (阎宪苇)

辽宁省
Liaoning Province

综述
Summary

【概况】 辽宁省濒临黄海和渤海。全省海岸线总长2 920km，其中大陆岸线2 292.4km，岛屿岸线627.6km。近岸海域岛屿众多，面积在500m²以上的海岛266个，其中有人岛30个，有97 000多人居住在海岛上。省管辖海域面积6万多km²，拥有海洋岛、辽东湾两大渔场，渔场面积9 000多万亩。滩涂面积310万亩。辽宁濒临海域被辽东半岛、山东半岛、朝鲜半岛环抱，资源丰富，封闭条件好，是东北经济区走向世界的重要海上通道。

全省14个省辖市中有6个分布在沿海，即丹东、大连、营口、盘锦、锦州、葫芦岛市；临海市辖县级市7个，东港、庄河、普兰店、瓦房店、盖州、凌海、兴城市；临海市辖县4个，长海、大洼、盘山、绥中县；临海市辖区7个，旅顺口、甘井子、金州、鲅鱼圈、老边、连山与葫芦岛区。

【海洋经济】 随着全省人民海洋国土意识的不断增强，充分发挥辽宁的海洋优势，加大海洋开发力度，全省海洋经济实力明显增强。海洋产业总产值由1985年的40亿元，占全国海洋产业产值的15%，占辽宁国民生产总值的6%，提高到1995年的250亿元，占全国海洋产业产值的17%，占辽宁国民生产总值的10%，年均增长速度22.6%。海洋产业的产品产量增长速度快。水产品产量由1985年的58.3万t，提高到1995年的197.9万t，年均增长13%；海洋石油、天然气生产，自1985年起进行开发，1995年原油产量已近15万t，天然气产量达到0.4亿m³；1985年海洋运输量为1 253.3万t，1995年增长到2 661万t，年均增长7.8%；海盐产量由1985年的114.3万t，提高到1995年的258.4万t，年均增长8.5%；芦苇产量1985年为21.8万t，1995年达到64.3万t，年均增长8.6%；滨海旅游接待人数，1985年为5.64万人，1995年达到64.3万人，年均增长10.1%。全省海洋产业产品产量居全国的前列。海洋产业结构逐步趋于合理，改变了以往渔、盐、交通运输三分天下的局面，海洋化工、海洋油气、滨海旅游、船舶制造业等都有了长足发展。1995年海洋产业产值中，渔业占45%，旅游业占17%，船舶制造和海洋化工业各占12%，海洋运输占10%，盐业占2%，海洋油气及滨海种植业分别占1%。海洋第一、二、三产业比例为46∶27∶27。

【对外开放与外向型经济】 对外开放进展顺利，海洋经济国际合作与交通日益增多，海洋外向型经济不断壮大。自1988年国家批准辽东半岛对外开放以来，充分发挥沿海优势先后建起国家级经济技术开发区1个（大连经济技术开发区）；省级经济技术开发区2个（锦州经济技术开发区和营口鲅鱼圈经济技术开发区）；边境经济技术合作区1个（丹东边境经济技术合作区）；国家级旅游度假区1个（大连金石滩旅游度假区）；国家级风景旅游区4个（大连沿海—旅顺口风景区、金石滩、鸭绿江和兴城海滨风景名胜区）。全省已兴办各类海洋“三资”企业600多家，累计利用外资达3亿多美元。1995年海洋产业出口创汇额为6.8亿美元，比1985增长3.5倍，海洋产业出口创汇额占全省出口创汇的10%。

（白德禄　钟耀阁）

【海洋科技】 全省海洋方面科技力量雄厚，各类海洋科学研究院所40多个，有高中级科研人员5 000多名。近几年来共获得部省级科研开发成果100多项。在海洋调查、海水利用、海水增养殖、海洋生物资源、海水化工、海洋矿产、海洋环境监测等领域中的技术研究开发居于国内前列，水下机器人的研制居世界先进水平，海洋科技对海洋经济增长贡献份额达40%。

圆满完成了国家“八五”科技攻关项目“辽宁省海岛资源综合调查”。通过了省和国家的审查验收。省内外大专院校、科研院所的240多位专家学者参加，对辽宁省面积大于500m²的海岛及其毗连的7 000km²海域进行了调查，设置站点4 745个，开展了气候、水文、海水化学、地质、地貌与第四纪地质、土壤、植被、林业、海洋生物、环境质量、土地利用、社会经济、资源评价与开发设想、规划等13个专业的调查研究。同时，还根据辽宁海岛开发建设的需要又增设了海岛开发决策支持系统、海岛人口与承载力研究、海岛生态经济等15个专题，进行多学科、多航次、密站位同步或准同步全方位大规模的综合调查。调查研究取得了丰硕的成果。撰写海岛调查专业、专题报告29册425万字，综合报告130万字，整理资料汇编22册500万字，出版了8开本110幅海岛调查地图集300册，测绘印刷长山群岛1∶1万地形图54幅200套。形成海岛调查档案资料690卷，音像带26盘，软件126盘，摄制照片1500多张。海岛资源综合调查坚持边调查研究、边规划设计边试验开发的原则，使资源的开发与保护相结合，经济、社会、生态三效益相统一，重点放在解决岛陆交通、淡水、能源等海岛开发的制约因素。坚持调查为开发服务，坚持科技进岛、兴岛、立岛，不断增强海岛自我发展的能力。利用调查成果在长海县建立的海岛开发试验点海洋牧场“1646”工程，水产养殖三年累计增产44万t，产值13.4亿元。1991～1995年累计投资6.6亿元，实现产值 16.3 亿元，平均投入产出比为 1∶3 以上。

（白德禄　钟耀阁　钱　劲）

【"海上辽宁"建设】　辽宁省人大常委会十分关心和重视"海上辽宁"建设工作。1994 年省人大常委会领导视察省海洋工作，认为海洋是辽宁经济发展的一大优势，大力开发利用海洋资源，努力发展海洋经济，对辽宁省第二次创业，实现本世纪末经济翻两番的战略目标具有重要意义。省人大八届二次会议期间，有 10 名人大代表提出了《关于加速"海上辽宁"建设》的建议，被列为省人大工作重要议案。

省有关部门积极认真贯彻落实省人大、省委、省政府领导关于"海上辽宁"建设的指示精神，召开了全省"加快海上辽宁建设，为辽宁第二次创业做贡献研讨会"。省内外几十位专家、学者、有关部门的领导参加了会议。会议在分析国内外海洋开发形势、发展状况的基础上，结合辽宁省情，对"海上辽宁"建设的总体思路、战略目标、采取的方法、步骤及保证措施等进行了广泛深入的研讨。专家和学者就建设"海上辽宁"的模式、发展辽宁优势海洋产业包括海洋水产、海洋运输、海洋油气、滨海旅游、海洋药物、盐化工、海水利用、海洋服务、海洋信息，提出了许多宝贵的意见和建议。要依靠科技加强传统产业的技术改造，大力发展海洋高新技术产业，加快"海上辽宁"建设步伐。

制定"海上辽宁"建设规划。省长闻世震、常务副省长肖作福等政府领导，对于尽快制定"海上辽宁"建设规划问题多次作了重要批示，指出辽宁省海洋开发工作已落后于国内一些沿海省市，其主要原因是没有一个全省海洋开发的完整规划，缺乏有力的组织措施和手段。要求有关部门和地区尽快拿出规划，组织实施。省计委已经把海洋开发规划作为《辽宁省国民经济和社会发展第九个五年计划和到 2010 年长期规划》的一个组成部分。遵照省政府的批示，省计委和海洋局立即着手组织编制"海上辽宁"建设规划，现已完成《"海上辽宁"建设规划纲要》送审稿。

（白德禄）

海洋资源的开发利用
Development and Utilization of Marine Resources

【海洋生物资源开发】　辽宁省海水养殖始终坚持以提高经济效益为中心，优化产业结构，加大资源开发力度，扩大生产规模，养殖生产有了突破性进展。1993 年全省海水养殖面积达10.9 万hm^2，比上年增长 28.2%，养殖产量 73.8 万 t，比上年增长 12.7%。浅海养殖是全省水产的支柱产业，在巩固黄海老区的同时，大力开发渤海新区。海湾扇贝、栉孔扇贝、虾夷扇贝 3 种扇贝由上年的 5 万台筏增加到10.3万台筏。浮筏间贝藻、贝贝轮套间养规模达 5 万台。

滩涂贝类养殖面积 1993 年达 6.8 万 hm^2，比上年增长 38.8%，产量 15.8 万 t。

1993 年全省海洋捕捞产量 65.9 万 t，增长 15.4%，全省捕鱼是 5.6 万 t，比上年增长 40%。由于受海洋环境的影响，水产资源变化较大，除毛虾产量比上年增长 59.9%外，对虾和海蜇比上年减产 1 835t 和 13 478t。远洋渔业发展加快，全省远洋渔船达 47 艘，产量 7.3 万 t，比上年增长 92%。

1994 年全省海水养殖产量 76.5 万 t，增长 3.7%，占总产量的 45.6%。浮筏养殖 25.6 万台，产量 52.4 万 t，比上年增加 6.7 万 t。对虾养殖仅 4 671t，比上年减产 1.81万 t，直接经济损失 10 亿元。

1994 年海洋捕捞 74.8 万 t，占水产品总产 44.6%。远洋捕捞产量 7 万 t，出口各类水产品 15 万 t，交货值 30 亿元，出口创汇 3.5 亿美元。1994 年大连市鲍鱼产苗 1 亿多头，工厂化养鲍面积 3.3 万 m^2，海上养殖 1 000 台筏，产量达 232t，在全国位居前列。1994 年大力推广虾贝混养、虾蟹混养、虾鱼混养、贝藻混养等立体生态养殖模式，取得较好效益。庄河市虾池混养面积达 1 700hm^2，混养鱼贝产量 3 600t，增加产值 2 327 万元。

辽宁省大连海洋渔业总公司远洋股份有限公司于 1993 年组建了南太平洋船队。1994 年 5 月依靠自己力量耗资 2 000 万元对南太平洋深海水域进行了大规模的勘察、定位、资源调查和群体识别，在取得大量数据资料后，于 1995 年 7 月，驰名中外渔业界的大型滑道加工拖网渔船"耕海"号犁开冰海，仅一个月捕捞鱼类 900t，创汇 300 万美元，填补了渔业领域深海海山捕捞的空白。

（钟耀阁）

【港口建设与海洋运输】　大连港是东北经济区最重要的对外贸易口岸，其所属的大窑湾港是中国在建的四大国际集装箱中转港之一。经国务院批准，由大连港务局与新加坡港务局共同投资建立了集装箱码头合资企业——大连集装箱码头有限公司，投资总额达 40 亿元人民币，注册资本 13.5 亿人民币，其中，大连港务局占 51%，新加坡港务局占 49%。公司合营期限为 50 年，经营范围为大窑湾 3 号、4 号、5 号及后续 6 号、7 号集装箱泊位。

大连港至山东省新港口莱州港客车滚装船线开通。莱州港地处渤海湾南岸，位于环渤海经济圈的黄金地带，地理位置和自然条件优越，腹地广阔，辐射带动作用显著。该航线开通将有力促进环渤海经济发展。

大连海岸电台扩建工程竣工。至此，具有遥控功能的"三址式"（收信台、发信台和中央控制台）海岸电台正式建成，从而结束了大连使用落后的"两址"式海岸电台的历史。目前，这个台开放国际、国内公众船舶电报、船务电报、医疗电报及单边带（SSB）、甚高频（VHF）无线电话和海上遇险、紧急、安全等业务。

旅顺万吨级码头一期工程告捷，两座高 43m、重 210t 的门式起重机，稳稳地耸立在旅顺新港码头上，从而结束了旅顺商港无万吨级码头的历史，这个码头年吐量可增加 35 万 t 以上，进一步缩短了东北与山东的距离，它标志着旅顺新港申报一类口岸的基础设施已经具备。

大连第一套卫星导航设备——DGPS 指向标在大连港外云山岛航标站安装完毕并投入使用。这标志着大连海上船舶导航水平已跨入世界先进行列。DGPS设备可将定位误差缩小到5m以内，为以三山岛为圆心、100n mile为半径范围内的各类船舶导航定位及测量等提供了高精度的全天候服务。

全省沿海主要港口货物吞吐量1993～1995年分别为7 040.0万t、7 464万t和8 444万t，呈上升趋势；海洋旅客运输量1993～1995年分别为853万人、602万人和439万人。皮口港是大陆距离长山列岛最近的陆地口岸，现有泊位4个，最大靠泊能力500t，1993年投资280万元修建新客运场站一处，送运旅客12.3万人次，改善了陆岛的交通条件。

连结渤海"金三角"旅游风景区的烟台—旅顺—秦皇岛高速客船航线将于1996年4月正式通航。这艘拥有304座位全空调高速客轮，海上航行时间仅5个半小时，相当于火车行驶时间的1/5。

【海洋石油勘探与开发】 1993年完成总投资32.59亿元，其中用于勘探的投资5.5亿元，用于开发的投资21.2亿元。投资效益继续保持较好水平，每新增1亿t油气储量和新增百万吨油气生产能力，投资分别为7.8亿元和1.03亿元。

中国目前最大的海上油田——绥中36—1油田于1993年投产。该油田西距绥中县50km，是中国第一个储量超亿吨的海上大油田，含油面积达24km²，储量1.9亿t，加上泛油层，总储量达2.5亿t。整个试验开发区年设计采油能力为100万t，可连续开采25～27年。

1993年油田取得重大科研成果25项，应用新技术、新工艺、推广项目93项，创直接经济效益1.3亿元。1993年辽宁石油和天然气开采完成工业总产值97.23亿元。全年生产原油1 420.1万t，生产天然气20.8亿m³。

1994年用于勘探的总投资达10亿元，是历史上投入最多的一年。新增探明石油地质储量9 519万t，天然气地质储量11.77亿m³。外围、滩海、老区深层三大战略接替区的勘探形势很好。1994年，外围探明储量达5 500万t，成为今后重要的产量接替区。老区深化勘探增储效果明显，7个采油厂勘探投入1亿元，探明储量2 214万t，为稳定老区生产发挥了重要作用。

1994年全省石油行业实现工业增加值150.94亿元。新增原油开采能力250万t，新增天然气开采能力2亿m³，新增原油加工能力228万t。油田完成投资46.6亿元，其中用于勘探7.8亿元，用于开发28.5亿元。1994年辽宁石油和天然气生产大幅度增长，生产原油1 502万t，占全国原油产量的10.3%，排第4位，生产天然气21.15亿m³。辽河石油勘探局年产原油1 502.3万t，净增原油80万t；生产天然气17.6亿m³。

（白德禄　钟耀阁）

【盐与盐化工】 辽宁省盐业经过4年技术改造，在"八五"期间使海盐生产实现连续5年平均产盐250万t以上，根本改变了1985年9号台风后连续4年产不敷销的局面。1993年全省国有盐场完成基本建设与改造投资1.75亿元。1993年全省海盐产量为285万t，精制盐产量为18万t。主要盐化工产品产量氯化钾7 428t，氯化镁5.38万t，溴素620t。全省盐业生产职工总数2.58万人，实现工业总产值4.93亿元，利润总额2 570.7万元。

1994年全省海盐产量275.89万t，精制盐12.92万t，氯化钾7 274t，溴素556.3t，氯化镁53 753t。全省制盐工业总产值5.47亿元，实现工业增加值3.1亿元，利税总额1.19亿元。

全省各级盐业产销部门认真贯彻国务院国函〔1994〕13号文件"食盐实行专营，工业盐实行计划管理"的批复，加强了盐业市场管理，查处各类盐业违法案件。计划投资4 154万元在营口、锦州设立两个加碘盐基地，年加工合格碘盐33万t，在营口、锦州、沈阳、丹东、朝阳设5个碘盐小包装基地，年新增碘盐小包装15万t，加上原有小包装能力，总能力可达30万t，到1995年末，在全省基本实现全部食用碘盐的目标。（钟耀阁　白德禄）

【滨海旅游】 辽宁省滨海旅游业发展很快，并制定了发展战略计划。确定了"一带一区两翼"的开发布局。"一带"即以大连为龙头的滨海旅游带，以沿海景观、近代战争遗址和旅游度假区为骨干。"一区"即以沈阳为中心的辐射型中部旅游区。辽西一翼（葫芦岛、锦州、朝阳、阜新），要建立以山海关风光和文物古迹为特点的旅游走廊。辽东一翼以丹东为主，包括边境游、山水风光、人文古迹，完善一山一水旅游线，争取开辟丹东—桓仁—集安高句丽旅游线。通过重点区域的开发，带动全省旅游业的快速发展。在旅游经营方面以"一业为主，多种经营"，扩大了经营范围和产业规模。

1994年全省接待海外旅游者21.89万人次，比上年增长16.9%。旅游外汇收入1.17亿美元，增长18.7%。国内旅游达3 139万人次，回笼货币52.2亿元。

随着大规模的海岛资源综合调查和开发，拓展了五条岛陆旅游线，长山群岛国家级海岛森林公园、省级风景名胜区在近期内，要以大、小长山岛为中心，以海王九岛和广鹿岛为两翼，建设独具特色的融海岛观光、滨海娱乐、海产美食为一体的旅游和康乐中心。计划可容纳进岛游客达100万人次，实现旅游综合收入1亿元。

【大连金石滩国家旅游度假区】 大连金石滩素有"东北小江南"之称，位于辽东半岛南端的黄海之滨，距大连市中心50km，三面环海，属暖温带半湿润气候。这里四季分明，冬无严寒，夏无酷暑，气候温和，是极好的北方避暑胜地，是中国正式向世界开放的5个国家级旅游度假区之一。

金石滩海滨风光独具特色，由海、滩、礁、山林组成，形态各异的自然地质景观栩栩如生，素有"神力雕塑公园"之称。被美国科学院地质部主席柯劳德称为"天下第一奇石"的龟裂石就在这里，这是一种世界稀有的沉积环境的活标本。

金石滩近期建设以完善三个中心为主：(1)东部半岛高尔夫运动区为主的"绿色中心"。这个占地1.75km²、投资3亿元建造的36洞国际标准高尔夫球场，是中国北方最大的高尔夫球场，包括高尔夫练习场、五星级宾馆、高级别墅等。(2)以中部海滨国际游艇俱乐部为主的“蓝色中心”。占地 $2km^2$，包括水上游艇、帆板、海底猎潜、水上滑翔伞、滑水和海滨浴场等。(3)以西部半岛山区狩猎俱乐部为主的“银色中心”。包括野生动植物公园、狩猎俱乐部、骑士乐园、钓鱼俱乐部、高级别墅、东方梦幻城等。金石滩三个中心主体的形成，标志着大连金石滩国家级旅游度假区的开发建设又上一个新台阶。

大连金石滩国家级旅游度假区采取筑巢引凤，招商引资，先后同美国、英国、日本、韩国等海外企业合作已签订旅游出租汽车联合经营公司、服装模特演出公司等 13 个项目协议，利用外资额 1.3 亿美元，在全国 12 个国家级旅游度假区中名列前茅。 （钟耀阁）

【大连蛇岛医院】 在大连旅顺口区向阳街上的大连蛇岛医院，以其奇特的药源、独具特效的药物以及专门从事蛇毒临床应用研究的医护人才而声名远扬，享誉东南亚和东北亚一带。大连蛇岛医院所属的大连蛇岛制药厂，“化毒为药”，已开发出成品药 20 多种。

为了保护蛇岛药源地，蛇岛医院采毒工作通常在岛上进行。蛇岛现有黑眉蝮蛇 2.5 万多条，每年以 5%的数量递增。蛇岛腹蛇与大陆腹蛇相比，在形态、习性、食性上都有所不同，在药用方面具有特殊价值。蛇被捕捉后立即采毒，毒液新鲜、浓稠，大蛇每条可采干毒 32mg，最多为 46mg。采毒完毕就近释放。

最近，大连蛇岛医院又在院内建起了一座较大的蛇类蛇毒研究所，放养各种活蛇 2 万余条，使该院的科研和制药工作又上一个新台阶。 （钟耀阁 唐正任）

【圣亚海洋世界】 由大连、新西兰、香港三方共同投资 1 亿元兴建的世界一流的海底通道水族馆于 1995 年 8 月在大连建成，它标志着中国的水族馆建设已跻身世界先进行列。

圣亚海洋世界海底通道长 118m，居亚洲第一位，设有海洋世界展厅、海底通道水族馆、舰船展厅、海洋科普厅、海洋文化图书馆、海洋电影院等。海底通道水族馆造型独特、工艺精良。巨大的拱型玻璃做成的展缸，玲珑剔透，极富立体感。200 余种、7 000 余尾形态各异、色彩迷人的珊瑚鱼以及海葵、小虾，畅游在 4 000 余 t 经过净光、调温的海水中，使游人感受到大自然的美丽与神奇。

【长兴岛公园】 距瓦房店西部 63km 处，有全国第七大岛，长江以北最大海岛——长兴岛。岛上自然资源、植被和海洋生物丰富，气候宜人，常年平均温度 10℃左右，冬无严寒，夏无酷暑，素有东北“小江南”之称。岛上自然景点包括“横山远眺”和“龙口甘泉”，皆为复州八景之一。人文景观有大孤山、娘娘宫、长兴岛大桥和长兴岛公园。其中长兴岛大桥，是中国第一座跨海斜张公路桥，起势雄伟，造型精美，十分壮观，令人赞叹不已。

新开发的长兴岛海上公园水质清澈，沙滩细软，海面平静而温顺，是天然的海滨浴场。占地面积 $10km^2$ 的长兴岛公园。有异国情调的高尔夫球场，富有民间传说的拱式鸳鸯彩桥，架在海上双坨岛之间，格调高雅别致。公园大门口有一座跨度 24m、高达 13m 的仿古式琉璃瓦门楼，顶端横卧着两条巨龙，在阳光下闪闪生辉。投资 60 万元的野营区，构筑起上百座“蒙古包”，迎接来自各方的游人，使人大有置身于大草原之感。 （钟耀阁）

对外海洋经济合作
Marine Economic Cooperation with Foreign Countries

【丹东边境经济合作区】 丹东边境经济合作区是 1992 年 7 月 7 日经国务院批准的国家级合作区，全区控制面积 $23.57km^2$。为把合作区建成一座集经贸、旅游、出口加工、信息咨询、保税仓储、港运等多功能为一体的高起点、高效益、高标准的现代化新型城区，从鸭绿江大桥沿江而下至入海口，将全区规划为：商贸旅游区、金泉工业区、大东港保税库区等。

商贸旅游区规划面积 $1.41km^2$。主要修建了商业中心、边境贸易城、旅游娱乐园、度假村和生活服务村等设施，一期工程已全部竣工并交付使用。

金泉工业区规划面积 $11.76km^2$。工业用地 $7.8km^2$，港口用地 $0.32km^2$，公建用地 $2.4km^2$。位于金泉工业区的台湾出口加工区已建成 5.6 万 m^2 工业厂房，设施配套齐全。金泉工业区的连片工业园地，连同土地使用权一并出让或分割出让。

大东港保税区规划面积 $10.4km^2$，其中起步区用地 $2.5km^2$。该区以大东港万吨码头为依托，以保税仓储、高新产业为主，使之成为具有金融贸易、科技信息、出口加工、仓储转运、加工整理、包装、商品展销、观光旅游等多功能的新经济区。现已完成 $0.5km^2$ 的“一通一平”。目前区内注册的企业已达 900 多户，1993 年社会总产值达到 24 亿元。 （钟耀阁 王云华）

【大连经济技术开发区】 大连经济技术开发区是 1984 年 9 月国务院第一个批准开发建设的开发区，位于大孤山半岛北端，距大连市中心 27km。从 1984 年 10 月 15 日建区到 1995 年底的 10 年间，累计出口创汇 27 亿美元，占全国 32 个国家级开发区同期出口创汇总和的 1/2，雄居全国开发区之首。

大连经济技术开发区有两个特点：(1)国际知名大财团、大公司多，如日本佳能、松下、东芝、TDK、欧姆龙、法国的道达尔公司等；(2)外商成片开发。大连开发区已有 32 个国家和地区的外商办企业 1 425 家，投资总额 65 亿美元。1995 年，大连开发区实现总产值 148.7 亿元，工业企业出口创汇 11.5 亿美元，分别比上一年增长 18%和 135%；1995 年税收总额 14 亿元，财政收入 15.1 亿元，比上年增长 43%和 42%。开发区出现新的经济增长点，发展势头好，潜力大，后劲足。目前形成的经济效益仅仅是现已投产的不到 500 家企业创造的，只占该区企业的一小部分。而且，大批待投产企业规模大、技术含量高、创汇能力强，目前投产的企业，还将不断增资开发。

【大连高新技术产业园区】　大连高新技术园区是1991年3月7日经国务院批准的首批国家级高新技术产业开发区。5年来，开发区以市场为导向，充分发挥自身优势，建立独具特色的高新技术产业群体。现园区共开办企业1 100家，认定高新企业224家，实现技工贸总收入55亿元。1995年技工贸收入达20亿元，比上年增长25%。一个以高科技为辐射源，以高效益、高质量、高速度为新经济增长点，以多层次、全方位对外开放为格局的科技先导区已初具规模。

园区内有高等院校11所，独立科研机构40多个，各类科研中心51个，各类实验室256个。园内鼓励将自己研制的高新技术就地以最快速度转化为生产力，使大院大所创办的高新技术企业迅速崛起。他们还精心“选种”、“育苗”、“推广”，把一些看准的高新技术引到园区繁育，使其尽快成长壮大形成规模效益。与此同时，还通过借会、借商、借旅等多种渠道，从国内外吸引高新技术项目来园区落户，实施支柱产业和名牌产品发展战略，仅1995年就创办科技含量高的三资企业33家，总投资达6000万美元。园区初步形成中国华录、科达、三星等较大的高新技术企业集团，并生产出录像机关键件、柔性组合机床、柞蚕素、微生态制剂等一批高新技术产品。

为了加快高新技术产业化的步伐，大连高新技术园区着眼于软环境建设，全力创造良性催化、促进的条件和氛围。园区实施小政府大服务的方针，建立健全了金融、保险、法律等支撑服务体系，出台了吸引人才、吸引项目、创办企业等一系列优惠政策，1995年，开发区颁布了园区管理条例，使园区进一步沿着法制化的轨道发展。

【营口市鲅鱼圈新经济区】　营口市鲅鱼圈区位于辽东半岛西部海岸，是新兴的沿海综合经济区。作为东北地区对外开放之门户，新经济区以鲅鱼圈新港为依托，以辽宁中部城市群、东北三省、内蒙东部为腹地，引进国外的投资和技术，利用资源、交通及政策优势，把这个新兴港口城市建成出口加工、转口贸易、国际金融、国际劳务、科技开发和海、陆、空运输等多功能的综合经济区。

1990年8月联合国开发计划署派遣了高级专家组对营口鲅鱼圈进行了详细论证和规划。1992年3月辽宁省政府宣布鲅鱼圈新经济区试行经济特区政策。

为了完善鲅鱼圈新经济区的投资和旅游环境，繁荣经济，在该区月牙湾建设全国最大的商业城之一——月牙湾商业城。月牙湾商业城距海滨浴场500m处，依山傍海，是商贸、旅游的最佳场所。占地面积11万m^2，总建筑面积13万m^2。商业城博采众之长，以“城”为总体规划主题，以功能不同分区，组成三个子“城”——珍珠城、美食城、游乐城。

【葫芦岛经济技术开发区】　葫芦岛经济技术开发区是1993年建立的省级沿海经济技术开发区。开发区投资近1亿元，完善了几个工业小区的水、电、路、讯、热“五通一平”基础设施。开发区成立了全权负责招商引资的招商局。开发区依据地处关内外咽喉的区位优势，拥有水果、水产、旅游、矿藏等开发潜力巨大的资源优势及全国、省的石油化工、有色金属材料基地的产业优势，提出34个具体投资项目并落实本区配套资金。现全区有合资企业20多家，实际引资3 500万美元，其中因经营良好继续投资的份额占近40%。

葫芦岛经济技术开发区在实施外向牵动战略招商引资过程中，注重实效，营造出独具特色的招商新优势，内外商纷至沓来，开发区呈现出日新月异的喜人变化。

（钟耀阁）

沿海海洋环境保护
Coastal Marine Environmental Protection

【海洋环境污染与治理】　辽宁省近岸海域环境污染形势严峻，海洋环境治理与保护工作任务繁重。全省沿海城镇密集，工业生产高速发展，三废排放逐年增加。由于滨海农业的发展，化肥和农药用量上升，对环境污染日益加重。随着人口增加，生活垃圾和污水严重影响着海洋环境质量。水产养殖及加工业和船舶的发展等都使海洋环境受到越来越大的压力。全省废水排放量每年22.6亿t，其中工业废水排放量为14.8亿t。工业废水中化学工业占20.8%，金属冶炼及加工业占18.9%，矿业占12.6%，石油加工业占9.1%，电力和供热生产业占7.9%。全省工业固体废物排放量每年88万t，其中粉煤灰占40%。全省入海河流30条，其中较大的18条，这些河流大多流经工业密集的城镇，受到严重污染，并将大量污染物带入海中，严重影响了海洋环境质量。

近几年，全省认真贯彻环境与发展十大对策，围绕辽宁“第二次创业”发展战略，努力探索适应社会主义市场经济体制环保工作运行机制，严格执法，强化环境管理，增加投入，促进了经济与环境协调发展。仅1994年，全省用于污染治理资金7.9亿元，安排治理项目1 023个。其中治理废水项目270个。新增处理废水设施116套，全省年处理废水能力达10 493万t。大连市对320多个污染严重企业实行了搬迁和转产，投入资金30多亿元。由于海洋污染物80%来自陆缘，全省沿海、沿河的污染治理，有力地扼制和缓解了全省近岸海域环境污染势头。海洋环境污染问题，逐步引起了社会各方面的关注，强化了对沿海排污口监视监测，控制污物排海量。加强了对大连湾、锦州湾等海湾污染问题的调查研究，提出了一些治理保护的意见和建议。

【近岸海域水环境质量】　辽宁近岸海域水环境质量与滨海岸段城市、入海河流密切相关，并显示出差异。全省6个市滨临的近岸海域水质都超过了国家海水水质Ⅰ类标准。丹东市近岸海域海水为Ⅱ类水质，该海域主要污染物是石油类和无机氮；大连市、营口市、盘锦市、锦州市滨临的近岸海域水质均超过Ⅲ类海水水质标准，海域主要污染物为无机氮。大连和锦州海域无机氮超标不多，营口海域超标3.4倍，盘锦海域超标5.5倍。葫芦岛市近岸海域水质标准为Ⅲ类水质，海域主要污染物是活性磷酸盐。全省沿岸海域无机氮指标上升较快。由于近岸海域水环境质量的降低，给全省海洋水产养殖业造成不利影响，病害严重，赤潮濒仍。（白德禄 钟耀阁）

【鸭绿江口及东港滨海湿地自然保护区】 鸭绿江口及东港滨海湿地自然保护区，是1995年经辽宁省人民政府批准建立的省级自然保护区，位于辽宁省东部东港市境内。沿海岸线从东向西呈带状分布，总面积77 000hm²，包括芦苇沼泽、滩涂和浅海水域三部分。地质构造属新华夏构造的华北陆台、辽东湾台背斜，基底为太古代、元古代的变质岩和古生代的沉积岩。属暖温带季风湿润性气候，四季分明，受海洋影响，冬无严寒，夏无酷暑，年平均气温8.4℃。年平均降水量875.4mm，区内有大小河流12条，径流量247.7亿m³。

该湿地包括芦苇沼泽、滩涂、河口湾、岛屿、浅海海域等多种生态类型。拥有内陆湿地和水域、滩涂、浅海海域的复古生态系统。生态系统健全，各类景观完善。保护区内有芦苇沼泽面积6 133hm²，滩涂面积22 400hm²，浅海海域46 667hm²。环境状况良好，资源丰富，生产力高。区内有高等植物46科302种，鸟类有44科241种，鱼类265种，底栖动物74种，浮游动物54种，浮游植物55种。其中野大豆、圆嘴鸥和斑背大苇莺为世界濒危物种。区内有国家一级保护鸟类7种，二级保护鸟类30种。

鸭绿江口及东港滨海湿地保留了北半球原始滨海湿地的完整性，保持了中国东北地区最南端野生生物种类的丰富性和多样性，保存了北部滨海湿地野生生物的遗传性。保护区不仅可以有效地保护东北地区湿地的珍稀濒危动植物资源，并能起到蓄水防洪、防止水土流失、调节气候、净化环境的作用，具有较高的经济、社会、生态、环境效益。（白德禄）

【蛇岛老铁山自然保护区】 蛇岛、老铁山自然保护区是1980年8月经国务院批准建立的辽宁省第一个国家级自然保护区，主要保护黑眉腹蛇和候鸟。

蛇岛又名蟒岛、小龙山，海岛面积0.763km²，主峰海拔216.9m。蛇岛山峦起伏，沟谷纵横，出露的岩石为震旦亚界中部的硅质岩，四周岩壁陡峭，海蚀地景观鲜明，岛上植被茂密，灌木丛生。经调查有植物209种，其中药用植物30多种，植被覆盖率在70%以上。岛上鸟类15个目，30个科，91种，其中猛禽8种，雀形目鸟类53种。岛上有昆虫58种，是鸟、幼蛇的食源。

蛇岛因有单一种类的黑眉腹蛇而闻名中外，现有腹蛇2.5万多条，每年以5%的数量递增。几年来，保护区管理人员进行了“蛇岛腹蛇种群数量的调查”，并开展了“蛇岛蝮蛇生态和开发利用研究”、“蛇岛蝮蛇增殖途径的研究”和“蛇岛蝮蛇的保护及开发应用的研究”等专项调查和研究。自1988年以来，相继成立了“大连蛇岛医院”、“蛇岛自然博物馆”和“大连蛇岛制药厂”三个实体，生产出蝮蛇抗栓酶、抗癌丸、蝮胃灵、蝮蛇液等一系列用蝮蛇毒为主要原料的药物。（钟耀阁）

【蛇岛自然博物馆】 中国第一座蛇岛自然博物馆，坐落在素有“花园城市”之称的旅顺口新市区。这是目前国内第一家蛇类专业博物馆，也是集科研、科普、旅游等为一体的综合性展览馆。蛇岛自然博物馆共分序厅、蛇岛厅、蛇类厅、蛇的利用厅、科技摄影厅、影视厅、蛇园和迷你蛇苑8部分。

步入蛇岛厅，仿佛进入美丽而神秘的蛇岛。在长13.5m、高2m的全景箱内，蛇岛自然景观逼真地再现出来。

二楼蛇类厅是蛇的家族。南侧展出活蛇24种、蟒蛇一种；北侧摆放了全国各地140余种蛇标本，全面详细地介绍了蛇类知识。据有关资料介绍，眼镜王蛇、眼镜蛇、金环蛇、银环蛇都是剧毒蛇。眼镜王蛇是世界上最厉害的剧毒蛇，人若被咬伤，抢救不及时，能在几十分钟内死亡。

按照蛇岛1%的比例建成的600m²的人造小岛——“迷你蛇苑”，共放养蛇岛腹蛇、金环蛇、银环蛇等2 000余条蛇。

蛇岛自然博物馆面向社会开放以来，平均每年接待游人近30万人次。这里已成为普及大自然保护知识和蛇类科学研究的重要场所。（钟耀阁 唐正任）

海洋灾害
Marine Disasters

【风暴潮】 风暴潮是辽宁海洋灾害之一。1994年8月16日，15号台风北上，经山东半岛顶部在辽宁省普兰店市皮口镇西部登陆，风力为10～12级，辽宁南部、东部和东南部普降暴雨。北黄海沿岸出现了风暴潮，使部分交通设施及码头遭到破坏，大片虾池被冲毁，大量养殖台筏冲走，生产遭受巨大损失，仅长海县海水养殖业损失就达3.5亿元。

【赤潮】 辽宁沿海已成为全国赤潮多发区之一。全省几乎每年都有赤潮发生，发生赤潮的频次和规模呈现逐年上升的趋势。范围也在不断向远离海岸扩展，近几年长山群岛也多次发生赤潮，水产养殖业遭到损失。

1995年8月，在辽西芷锚湾的近岸海域发生大规模赤潮，赤潮发生的范围，西起河北山海关船厂，东到辽宁兴城前所一带海域，呈带状分布，面积在100km²以上。赤潮区水呈桔红色，浓度大的区域，海水类似山楂果茶状。经有关部门测试分析，这次赤潮是由夜光藻形成的。（白德禄 钟耀阁）

【海岸侵蚀】 辽宁省有部分海岸发生严重侵蚀，出现岸线后退，滨岸农田受到破坏，海水入侵，造成沿岸水土流失，水质变坏。营口市盖州市沿海至太平湾长约80km海岸发生严重侵蚀现象，海岸每年后退达5m。其中鲅鱼圈和熊岳部分沿海岸段尤为严重，侵蚀速度每年达 10m 以上，成为辽宁省甚至全国海岸侵蚀的典型岸段。

1995 年 8 月省海洋局对盖州市团山镇北海浴场至盖州归州乡西海村长约 50km 的海岸进行了考察，发现团山镇光辉屯鱼港以南至沙岗镇崴子村之间长约 10km 的岸线，海水已侵蚀到农田，形成 3m 多高的陡坎。海岸线年侵蚀速度 3m 以上，最大可达 5m，发展下去，不仅会使海岸防护林带遭到破坏，而且直接威胁沿岸农田。

造成海岸侵蚀的原因主要有二：(1)自然因素，如海岸结构、海平面上升和风暴潮等；(2)人为因素，不合理的开发利用带来的后果。就目前情况看，辽宁的海岸侵蚀主要是人为因素造成的，即在海滩大量挖沙和修建不合理的海岸工程等。 （钟耀阁）

地方海洋立法与管理
Local Marine Legislation and Management

【海洋综合管理】 加强全省海洋综合管理力度，坚持依法管海，认真贯彻执行《国家海域使用管理暂行规定》和《辽宁省实施〈国家海域使用管理暂行规定〉细则》。辽宁省海洋局和财政厅，遵照省政府领导的批示意见，在全国率先开展了海域使用管理试点工作。采取以点带面、点面结合，使海域使用管理工作在全省逐步铺开。全省受理海域使用登记申请 322 件，申请使用海域面积 94.5 万亩，省、市、县三级政府批准核发海域使用证 174 个，并收取了海域使用金。初步形成了一套用海从申请、登记、审查、批准、发证、收费、核查监督管理到处理纠纷、保护用海者合法权益等的工作程序和制度。为进一步实施海域使用许可证制度和海域有偿使用制度积累了经验，锻炼了队伍。

到 1995 年底，全省登记用海单位 2 182 家，登记用海面积 228.8 万亩，其中养殖用海面积占 61%，海岸工程用海面积占 19%，海水浴场用海面积占 6.5%，其他用海面积占 13.5%。省、市、县三级海洋管理部门对用海申请进行了审查，对符合有关文件规定的 417 份用海申请，送各级政府予以批准。

按照国家海洋局的授权，深入贯彻执行《中华人民共和国海洋倾废管理条例》、《中华人民共和国海洋石油开发环境保护条例》、国务院关于《铺设海底管道管理规定》。开展了海洋倾废区的选划、核发倾倒许可证，批准倾倒量 223 万 m^3。对辽河油田海洋石油开发环保措施办法和溢油应急计划等进行了审查批复。组织有关部门对大连港大窑湾港区生活污水排海工程，进行论证和评审。参与海底电缆路由论证和审批。全省海洋部门的海洋综合管理逐步进入角色。

【海洋立法】 1993 年，辽宁省海洋局与省财政厅联合颁发了《辽宁省实施〈国家海域使用管理暂行规定〉细则》。这是辽宁省海洋管理工作的第一个由地方部门制定的规章，改变了全省海域使用管理无法可依的局面。

1995 年，大连市政府制定颁发了《大连市海域使用管理暂行规定》，这是全国第一个由市一级政府颁发的海域使用管理规章。 （白德禄 钟耀阁）

资料统计
Data Statistics

表 1 辽宁省海洋开发统计资料

项目			1993 年	1994 年	1995 年
海洋捕捞产量	主要品种产量(万 t)	毛虾	2.55	4.1	6.85
		毛蚶	2.02	2.29	2.97
		海蜇	1.77	2.0	4.73
		对虾	0.00	0.1037	0.0674
海洋捕捞合计(万 t)			65.9	74.8	91.15
海洋养殖	主要养殖产量(万 t)	对虾	2.28	0.4671	0.6929
		海带	8.64	9.38	10.8
		贻贝	26.79	18.99	17.79
		裙带菜	4.32	5.41	5.06
全省海水养殖总产量(万 t)			73.8	76.5	87.28
海洋货物运输量(万 t)		沿海	2325	783	1687
		远洋	(未分开)	1579	979
海洋旅客运输量(万人)			553.0	602.0	439.0
沿海主要港口货物吞吐量(万 t)		大连港	5959.0	6212.0	6417.0
		营口港	682.0	764.0	1156.0
		丹东港	100.2	83.0	134.0
		锦州港	120.0	150.0	218.0
全省合计(万 t)			7040.0	7464.0	8444.0
海盐		面积(万 hm^2)	5.7	5.7	5.7
		产量(万 t)	285	275.89	211
海盐化工产量		氯化钾(t)	7 428	7 274.0	4 429.0
		精制盐(t)	18	13.52	12.0
		溴素(t)	620	556.3	326
滨海旅游人数(万人次)		国内	(未统计)	3 300	3 186
		国外	21.89	23.09	26.4

（钟耀阁 郑怀东）

吉林省
Jilin Province

综述
Summary

【概况】 图们江地区处于中、俄、朝三国接壤地带，是东北亚地区的中心部位。同时这里又是经济潜力巨大、国际政治地位特殊的地区，是世界大国政治经济势力交汇地带。因此，图们江下游地区的开发引起国际上的普遍关注。1991年10月联合国开发计划署决定将图们江下游地区开发列为在亚洲的唯一支持项目，计划筹资300亿美元，用20年时间，把图们江下游三国接壤地区建成为世界上第二个鹿特丹和香港。

为了在开发图们江地区的国际竞争中争取主动，中共中央、国务院对图们江地区开发予以了高度重视，江泽民总书记于1995年6月第二次考察珲春并题词，钱其琛、宋健及有关部委领导也曾对图们江地区开发做出重要指示。

吉林省在1993年3月第六次党代会上做出建设发达的边疆近海省的重大决策，实施这一决策的突破口就是加快图们江下游地区开发开放。

为加快图们江地区开发，加强对图们江地区开发的统一领导，吉林省委于1994年1月24日召开第5次常务会，决定成立吉林省图们江地区开发领导小组。下设正厅级建制的吉林省图们江地区开发办公室。在此基础上，吉林省委省政府还采取了一系列措施，促进图们江地区开发。(1)加强与日本海周边国家地方政府及各界的友好往来与合作，加大对图们江地区开发的宣传力度。(2)加大招商引资力度。(3)举办国际研讨会，加强对图们江地区开发的全方位多层次研究。

吉林省还努力加强图们江地区开发的政策法规建设与规划制定。《吉林省珲春边境合作区管理条例》已于1994年6月11日由吉林省人大常委会审议通过，并颁布实施；《图们江下游珲春地区综合开发规划大纲》已于1992年12月由国家计委批准；《吉林省图们江地区1996～2010年发展规划大纲》也将批准，由吉林省政府颁布实施。

图们江地区开发一直为联合国开发计划署等国际组织所关注。联合国开发计划署主持，中、朝、俄、韩、蒙五国参加，分别于1993年5月9日在平壤召开图们江地区开发项目管理委员会(以下简称PMC)第三次会议上起草、1994年7月11日在莫斯科召开的PMC第四次会议上进一步讨论、1995年5月29日在北京召开的PMC第五次会议上草签、1995年12月6日在纽约联合国总部召开的PMC第六次会议上正式签署了《关于建立图们江地区开发协调委员会的决定》、《关于建立图们江经济开发区和东北亚地区协商委员会的协定》和《关于图们江经济开发区和东北亚地区环境准则的谅解备忘录》。这三个文件是图们江地区开发国际合作的法律基础，是缔约各国加强合作的政治承诺。这三个文件的正式签署标志着由中国专家学者倡导、东北亚地区各国积极响应、联合国开发计划署积极参与的图们江地区开发项目已经从研究论证、可行性分析和可行性研究阶段历史性地转变到了具体实施阶段。

【吉林省图们江地区开发交流团访问朝俄日韩四国】 1993年9月3～30日，以中共吉林省委副书记兼延边州委书记、吉林省图们江地区开发领导小组顾问张德江为团长的中国吉林省图们江地区开发交流团一行65人，乘国家海洋局"向阳红9"号船，对朝鲜的咸镜北道、俄罗斯滨海边疆区、日本的鸟取、鸟根、新泻县和韩国的江原道进行了访问。沿途停靠5个港口，航程3 209n mile。这次访问活动进一步增进了日本海周边国家对图们江下游地区开发的了解，在许多方面取得了共识，扩大了贸易，促进了合作。

【吉林省与朝鲜外经委达成有关图们江地区开发协议】 1994年4月1～5日，以朝鲜对外经济委员会副委员长金正禹为团长的访问团到吉林省参观访问。期间，就图们江地区开发与吉林省政府达成如下协议：合建罗津港；利用先锋港部分码头；罗津港对中方实施优惠政策，价格低于大连港15%；适时进行珲春到训戎段口岸铁路建设；铺设珲春至罗津直达光缆；开辟可以经朝鲜先锋、罗津往返第三国的空中、海路航线。

【吉林省与俄罗斯滨海边疆区举行第六次双边混合委员会工作会议】 1995年6月26日，中共吉林省委书记张德江、吉林省代省长王云坤与俄罗斯滨海边疆区行政长官那兹德拉坚科进行会晤，同时举行双边混合委员会工作会议。这次会议的主要议题是如何进一步加强双方的经济技术合作，具体就开通海陆联运航线、利用扎鲁比诺港、开展双边贸易、促进边境旅游和加强人员交往进行了深入交谈。

【吉林省利用朝鲜、俄罗斯港口转运进出口货物的两条新航线正式开通】 吉林省利用朝鲜、俄罗斯港口新开海上运输的两条航线，即由吉林省延边州公路、铁路口岸经朝鲜清津、罗津港到达日本西海岸、韩国诸港的定期班轮航线和吉林省珲春经俄罗斯海参崴港、纳霍德卡港、扎鲁比诺港、波谢特港到达韩国、日本诸港的陆海联运航线，分别于1995年6月底7月初正式开通。这两条航线的开通，使吉林省借港出海的设想变成现实。

【图们江地区开发项目有关会议】 **图们江地区开发项目第三次专家会议** 1993年5月5～7日，联合国开发计划署在平壤主持召开了图们江地区开发项目第三次专家会议。来自中国、俄罗斯、朝鲜、韩国、蒙古的官员和专家参加了会议。会议就通讯、资源和工业布局、交通、环境、金融和投资、机构、核心城市建设、起草图们江地区开发项目合作协议等问题进行了讨论。

图们江地区开发项目管理委员会第三次会议 1993年5月9～10日，联合国开发计划署在平壤主持召开图们江地区开发项目管理委员会第三次会议。来自中国、俄罗斯、朝鲜、韩国和蒙古的代表出席了会议。会议起草了《关于向图们江地区开发股份公司出租土地和建立图们江地区协调委员会的协议》和《关于建立图们江地区开发公司和创建政府间协调和咨询委员会的协议》两个协议草案。会议要求与会代表将上述两个协议草案向本国政府报告，如有异议，于1993年8月10日前通告联合国开发计划署，联合国开发计划署将再度召集各国专家修改协议草案，并定于9月份在俄罗斯签署上述两个协议和公司章程，还将对项目计划进行综合，并对金融前景进行分析和提出战略措施。

图们江地区开发项目第四次专家会议 1994年7月11日，联合国开发计划署在莫斯科主持召开了图们江地区开发项目第四次专家会议，来自中国、俄罗斯、朝鲜、韩国、蒙古等国的专家学者和政府官员参加了会议。会议主要议题是图们江地区开发战略、图们江地区发展规划和图们江地区环境保护。

图们江地区开发项目管理委员会第四次会议 1994年7月11日，联合国开发计划署在俄罗斯首都莫斯科主持召开图们江地区开发项目管理委员会第四次会议，来自中国、俄罗斯、朝鲜、韩国、蒙古等国的代表参加了会议。会议主要讨论并拟草签《关于建立图们江地区开发协调委员会的协定》、《关于建立图们江经济开发区和东北亚地区协商委员会的协定》和《关于图们江经济开发区和东北亚地区环境准则的谅解备忘录》三个文件。由于金日成主席逝世，朝鲜代表会议中间回国而没能最后达成协议。

图们江地区开发项目管理委员会第五次会议 1995年5月29日～6月2日，联合国开发计划署在北京主持召开了图们江地区开发项目管理委员会第五次会议，来自中国、俄罗斯、朝鲜、韩国、蒙古的代表，联合国工业发展组织等国际组织的官员，以及日本、芬兰、加拿大等国的观察员出席了会议。会上，中、俄、朝三国代表草签了《关于建立图们江地区开发协调委员会的协定》，中、俄、朝、韩、蒙五国代表草签了《关于建立图们江经济开发区和东北亚地区协商委员会的协定》和《关于图们江经济开发区和东北亚地区环境准则的谅解备忘录》。这次会议根据各国代表和联合国开发计划署的倡议，还确定了下一步开发计划的优先选择领域，着重讨论了建立图们江信托基金问题。

图们江地区开发项目管理委员会第六次会议 1995年12月6日，联合国开发计划署在纽约联合国总部主持召开图们江地区开发项目管理委员会第六次会议，来自中国、俄罗斯、朝鲜、韩国、蒙古的代表参加了会议。会议正式签署了第五次会议草签的三个文件。这三个文件的正式签署是多国合作开发图们江地区这一跨世纪伟大工程转入起步实施阶段的标志。

【图们江地区陆路口岸及港口会议】 1995年9月5～9日，联合国开发计划署图们江项目办公室在朝鲜罗津、先锋两市召开"图们江地区陆路口岸及港口会议"。中国、俄罗斯和朝鲜三国的代表参加了会议。

这次会议的主要议题是：(1)关于图们江地区三个周边国家的口岸过客和过货问题，持第三国人护照应给予放行问题以及落地签证、口岸公共交通及制定较统一的口岸管理方面的法规等问题；(2)海关、边防验放程序问题，对边境货物征税问题；(3)讨论联合国开发计划署图们江项目办公室提出的关于对图们江地区通关中出现的障碍及对策方面的研究报告；(4)关于尽可能减少各国设立的边防公路上军事哨卡(检查站)的问题；(5)关于在各自口岸设立外汇兑换点的问题；(6)罗津港、扎鲁比诺港口岸扩建计划及港口性能等问题。

三国代表一致认为：图们江地区国际合作开发需要共同配合，中、俄、朝三个国家在图们江地区的口岸通关环境对这一地区国际合作开发具有重要作用和影响，各方口岸在通关手续及管理方面尽可能协调参照国际惯例的做法，使各自口岸减少不必要的检查环节，便利人员和货物人出口岸。经过各国代表充分协商讨论，形成了会议纪要。

【'95中国图们江地区国际投资贸易洽谈会】 1995年10月10～15日，联合国工业发展组织、中国国际经济技术交流中心、吉林省政府、延边州政府在延吉市联合举办了"'95中国图们江地区国际投资贸易洽谈会"。来自五大洲的美国、加拿大、波兰、新加坡、日本、韩国、南非、台湾、香港等29个国家和地区的外商350多人参加了会议。洽谈会期间，共签定合同、协议和意向项目118项，总投资金额8.435亿美元，利用外资金额6.118亿美元；进出口贸易成交额6 364万美元，其中进口1 847万美元，出口4 517万美元。洽谈会后，许多外商继续洽谈项目，到10月20日，又签订了合同、协议和意向项目24项，总投资金额1.111亿美元，利用外资金额9 145.1万美元。

此次洽谈会的成功，得益于图们江地区开发项目管理委员会第五次会议草签的三个文件所构筑的良好的国际背景，更重要的是国家有关部委的积极支持和吉林省的组织筹备工作有力。1995年初成立了以主管副省长为首，吉林省、延边州主要领导参加的洽谈会组织委员会和以延边州主要党政领导为首的执行委员会；1995年6月2日，吉林省政府在北京召开"吉林省图们江地区投资促

台湾省
Taiwan Province

综 述
Summary

台湾省所辖包括台湾本岛、澎湖群岛及 86 个附属岛屿。土地面积 3.6 万 km^2，其中陆地面积为35 961km^2，填海造地面积为 38.84km^2。该岛周围岛屿总面积为台湾省总面积的 1.19%。台湾省海岸线全长1 567km。

海洋资源的开发利用
Development and Utilization of Marine Resources

【海洋生物资源开发】 台湾渔业早期以养殖及沿岸渔业为主，产量历年平均增长率达 7%，为农、林、牧、渔四大产业之首。台湾渔业可分为远洋、近海、沿岸、海面养殖、内陆渔捞及内陆养殖六类，而一般以远洋、近海、沿岸及养殖来划分为四大类。其中，远洋渔业的发展和增长较其他渔业快。四大渔业中以远洋渔业最多，养殖渔业及近海渔业次之，沿岸渔业最少。其产量所占百分比，1993 年依次为 53.8%，23.37%，18.94%，3.7%；1994 年依次为 53.6%、22.9%、20.1%、3.3%。由于受到国际环保生态意识高涨的影响，行政当局自 1993 年元月起禁止台湾渔船从事流刺网作业，影响到当年和之后年份中的渔产量锐减。台湾省 1993 年渔业总生产量实际值为 1 423 971t。1994 年渔业总生产量预估值为 1 248 493t。

1993 年台湾渔业十大要闻有：(1)当年台湾省渔产量大幅减少；(2)自当年 1 月 1 日起禁止渔船从事流刺网业；(3)“农委会”颁布“娱乐渔业管理办法”；(4)“省渔业理事长”首次由女性郑美兰出任；(5)渔业界举行反运毒、反走私大会；(6)渔民节各项庆祝活动在台南市举行；(7)改进渔民平安保险办法，并大幅度提高各项渔民海难救助金；(8)国际渔业展在台北世贸中心举行；(9)鲔鱼出口日本须附水产品产地证明；(10)年初寒流来袭，南部虱目鱼大量死亡，台湾当局采取紧急收购等措施并加强防寒宣传的活动。十大新闻中以渔业产量大幅减产最受瞩目。减产最主要的原因包括：(1)受国际海洋法限制，自 1993 年起大目鱿鱼流刺网不得再使用，并已无产量(1992 年其产量为50 972t)；(2)由于资源管理、国际间保护意识提高，公海捕鱼限制逐渐增多；(3)远洋渔船船员缺乏，影响捕捞作业；(4)收购老旧渔船(减船政策)收效，使作业渔船减少；(5)该省沿海、近海受污染及资源逐渐枯竭，使渔产逐年减少；(6)因鱼苗放流量减少及水源不足的影响，导致生态环境变化使渔业减产；(7)国外市场受限等影响而减产。

在政策方面，台湾当局 1995 年拟定 21 项渔业施政方针：(1)推动渔业发展方案，加强渔业建设，促进渔业发展；(2)积极办理收购老旧渔船，加速渔船汰旧换新；(3)积极推动国际渔业合作，发展远洋渔业；(4)调整沿海、近海渔业生产结构，改善渔民生活；(5)推动“养殖渔业辅导案”，加强渔场登记管理；(6)辅导改进水产加工技术，提高品质，建立产品信誉；(7)拓展多元化运销渠道，提高运销效率；(8)加强培养各级渔业人才，提高人力素质；(9)推动渔业科技研究，促进渔业持续发展；(10)加强船员管理，改善船员福利，促进劳资间更紧密合作；(11)加强渔市场管理，以确立渔产品运销秩序，调节供需，促进公平交易；(12)落实渔业推广教育工作，提升渔业人力资源；(13)配合精致渔业政策，发展技术密集渔业，使渔产品高级化；(14)充裕渔产平准基金，以维持渔产品价格稳定，提高效益；(15)建设富丽渔村，发展休闲渔业；(16)加强渔业资源培育开发利用及自然生态保护，促进渔业发

进说明会”，向外国驻京的企业界、金融界和新闻界 100 多人发布了图洽会的信息；6 月 20 日，北京市欧美同学会和珲春市政府在北京国际会议中心联合召开会议，介绍了珲春的投资环境；7 月在吉林省延边州龙井市召开了“图们江地区国际合作开发企业服务中心研讨会”；7 月，吉林省副省长全哲珠率团在香港召开了“吉林省图们江地区投资促进介绍会”；8 月 17 日，外经贸部、国家科委和国家计委在珲春举行了“中国图们江地区国际合作开发——’95 珲春研讨会”。

【图们江地区开发近期通信研讨会】 受联合国开发计划署图们江地区开发项目办公室委托，吉林省科学技术委员会和吉林省邮电管理局于 1993 年 4 月 10 日至 11 日在吉林省珲春市联合组织召开了“图们江地区开发近期通信研讨会”。来自联合国开发计划署、朝鲜、芬兰和中国国务院图们江开发项目前期研究协调小组、吉林省科委、吉林省邮电管理局、吉林省延边州和珲春市等有关部门的官员和专家出席了会议。这次会议就图们江地区近期通信规划及实施方案进行了研讨，并达成了一致意见。

(孟志光　许学先)

展;(17)查缉取缔非法转售渔船用油的渔船,落实渔船用油补贴措施;(18)健全渔业通讯体系,加强海难救护;(19)建立渔业秩序,改善渔生产环境;(20)加强推动责任渔业;(21)切实推动渔业建设方案。

【海水制盐】 台湾省的盐总产量1993年为390 344t。其中,晒盐产量176 298t,精制盐95 199t,洗涤盐118 847t。1994年总产量为414 712t,其中晒盐产量185 979t,精制盐97 750t,洗涤盐130 983t。

【海洋石油和天然气】 台湾石油及天然气勘探由台湾"中国石油股份有限公司"负责,进行了台湾近海地质构造勘测并在新竹及高雄外海钻探,发现油气井2口。"长恩2"号钻获天然气,日产量可达2.5万m^3,并产凝结油238t。"致胜5"号约日产天然气8.7万m^3。

【滨海砂矿】 1993年,完成台湾西部台中外海海域海砂资源调查,北起苗栗通霄,南至大肚溪口伸港乡北边,在长约35km、宽约4km、水深20~40m的区域。调查结果,砂质海砂蕴藏量为27亿t,泥质海砂为86亿t;而砂质海砂蕴藏量最多的地方是在大肚溪外海离岸边防波堤距离2.5~7.0km的范围。当年7月起进行"台湾西部沿海海砂性质调查"第四年工作,即"台湾北部沿海海砂分布与成分分析调查研究"计划。

1994年,台湾"经济部中央地质调查所"委托台湾大学海洋研究所进行以下工作:(1)进行台湾中部海砂资源调查研究——竹南与香山外海海砂性质及海底地形调查研究。调查区域水深20~58m。(2)完成"台湾西部沿海海砂性质调查"第四年工作,即"台湾北部沿海海砂分布与成分分析调查研究"计划。估计海砂矿储量5.4亿~27亿t。并完成台湾附近海域沉积物分布图。台湾"经济部"并委托工技院能源及资源研究所调查嘉义外伞顶洲海砂资源,进行调查与经济评估分析。1993年已完成600km^2的区域调查,水深调查资料绘成TM2坐标系统1:25 000水深图,完成地貌测绘并采集46件表层沉积物样品进行理化性质分析。继续进行海上浅层反射震测探勘与地质钻探分析、经济评估分析以及环境影响的评估。

【海洋运输】 台湾省因四面环海,又缺乏天然资源,一切重要物资均有赖于海运,对外贸易依存度高,属于典型的海岛型经济地区。因此,当局对水上运输业的规划建设一直不遗余力。截至1993年12月底止,200吨级以上"国轮"计278艘,6 631 095总吨,10 269 696载重吨。1993年新建及购进船舶部分1 000吨级以上计23艘,495 422总吨,594 311载重吨;汰旧部分1 000吨级以上计12艘,167 073总吨,285 662载重吨;200~1 000吨级计7艘,110 436总吨,162 526载重吨。

台湾省1994年执行海运业重要措施为:(1)辅导国际航运公司购建船舶、扩充船队;(2)加强船舶安全管理及适应国际海运发展;3.参与海运会议;(4)推动现职船员各项训练;(5)加强督导船舶航行安全及维护海洋环境;(6)加强海洋测量作业,筹建海洋测量船;(7)加强海难救护工作,推动设置搜救通信系统;(8)积极推动环岛航运,以减少陆上交通流量;(9)改善离岛交通,解决台湾—马祖间海上运输问题;(10)配合内地政策,研拟各项海运配合措施。

船队建设、训练和管理、加强海洋测量力量以及配合内地政策拟订相应措施等,是近年来一直受重视的方面。

截至1994年底止,100吨级以上"国轮"计245艘,5 935 729总吨,9 158 584载重吨。1994年新建及购进船舶1 000吨级以上计13艘,514 978总吨,941 927载重吨;淘旧1 000吨级以上计33艘,769 977总吨,1 286 371载重吨,100~1 000吨级计6艘,3 373总吨,4 522载重吨。

台湾省各航业公司营运船舶,1993年共278艘,6 631 095总吨,10 269 696载重吨,其中,阳明海运公司28艘,956 984总吨,1 092 319载重吨;台湾航业公司6艘,107 543总吨,164 542载重吨;其他公民营航业公司244艘,5 566 568总吨,9 012 835载重吨。1993年,阳明海运公司货运量为2 466万t及2 307亿t·n mile,分别较上年增加0.78%及减少1.63%;台湾航业公司货运量为1 437万t及389亿t·n mile,分别较上年增加4.30%及9.63%;其他公民营航运公司货运量为6 861.3(P)万t及298 7.9亿t·n mile,分别较上年增加11.07%及9.87%。

1994年,台湾省各航业公司营运船舶共245艘,5 935 729总吨,9 158 584载重吨。其中阳明海运公司27艘,938 452总吨,1 063 191载重吨;台湾航业公司6艘,106 910总吨,164 107载重吨;其他公民营航运公司212艘,489 367总吨,7 931 286载重吨。当年,阳明海运公司货运量为2 462万t及2 216亿t·n mile,分别比1993年减少0.16%及3.94%;台湾航业公司货运量为1 408万t及361亿t·n mile,分别较1993年减少2.04%及7.12%;其他公民营航运公司货运量为7 383(P)万t及2 742(P)亿t·n mile,分别比1993年增加3.91%及减少8.31%。

【港口】 台湾主要港口有基隆、高雄、花莲、台中、苏澳等。

基隆港 位置:121°44′22.5″E,25°09′26.5″N;港区面积189.77hm^2,港区围蔽水域3 789 862.56m^2(包括内港985 187.56m^2,外港1 629 738m^2,正滨渔港220 314m^2,八尺门区954 578m^2);港口航道水深20~26m,港区内各主航道水深10~26m;港区船舶停泊能力为68艘;锚地共411 600m^2,可容船舶5艘;浮筒3个(两组),5~6号浮筒,长度200m,船舶载重吃水深在9.1m以下可系泊6 000~10 000吨级船舶,6~7号浮筒,长度200m,船舶载重吃水深在9.4m以下可系泊10 000~15 000吨级船舶;码头共58座,可容船舶58艘。

高雄港 位置:第1港口:120°15′25″E,22°37′01″N(以高雄灯塔位置为准);第2港口:120°18′26″E,22°33′21″N(以北岸信号台位置为准)。港区土地面积

13 899 941m^2；港区围蔽面积 12 763 481m^2；港口航道水深12.5～17.2m，可容 100 000t 船舶出入；港区内主航道水深 10.5～17.0m。港区船舶停泊能力：码头共 95 座，可容船舶 109 艘；浮筒共 24 组，可容船舶 23 艘。

花莲港 位置：121°37′35″E，23°59′11″N；港区面积 93.8hm^2；港区围蔽水域，内港 35.8hm^2，外港 104.2hm^2，合计 140hm^2；港区航道水深 9.7～17.5m，可容 15 000 吨级船舶出入；港区内各主航道水深 10m；港区船舶停泊能力：内港 16 艘，外港 6 艘，合计 22 艘；锚地：共 7 200m^2；浮筒：该港无浮筒设施；码头：共 19 座，可容船舶 19 艘；其他：该港尚有浅水码头 1 座，全长 504m，水深 2.9～4.5m；小船船渠 1 座，计 28 754m^2，水深 2.3m，均供渔船及该港工作船停泊使用；修船滑道 1 座，计 936m^2，目前仅能供 250 吨级上架；沉箱渠 1 座，计 4 580m^2，水深 5.2～5.5m，扩建工程完工后，拟改建为 1 500吨级船坞。

台中港 位置：120°29′27.3″E，24°17′40.3″N；港区土地面积 1495 万 m^2；港区泊地水域 487 万 m^2；港区航道水深(目前)12.5～13m，可容 5 万吨级船舶出入；港区内各主航道水深 13m；港区船舶停泊能力：码头 2 座，可容船舶 32 艘；仓库 8 座，可容纳 16.1 万 t 货物。

苏澳港 位置：121°52′E，24°35′N；港区面积约 90 万 m^2；港区围蔽水域约 284 万 m^2；港区航道水深 24m，可容 8 万吨级船舶出入；港区内各主航道水深 15m 及 10m；港区船舶停泊能力合计船舶 16 艘；锚地共 56 万 m^2，可容船舶 3 艘；码头共 13 座，长 2 610m，可容船舶 13 艘。

1993 年和 1994 年，台湾省港口装卸量为 38 372 万 t 和 40 262 万 t，分别较上年增长 11.13%和 4.92%，转口量为 6 843 万 t 和 7 908 万 t，分别较上年增加 23.16%和 15.58%。

各港营运状况 (1)基隆港：1993 年装卸量为 8 640 万 t，较上年增加 11.32%；转口量为 315 万 t，较上年增加 6.26%；1994 年装卸量为 9 163 万 t，较上年增加 6.05%，转口量为 519 万 t，较上年增加 64.52%；(2)高雄港：1993 年装卸量达 24 361 万 t，较上年增加13.73%，转口量为 6 524 万 t，较上年增加 24.71%；1994 年装卸量达 25 138 万 t，较上年增加 3.19%，转口量为7 388万 t，较上年增加 13.24%；(3)台中港：1993 年装卸量为 3 994 万 t，较上年增加 15.19%；转口量较上年减少 38.73%，为 3 万 t；1994 年装卸量为 4 503 万 t，较 1993 年增加 12.73%；转口量为 1.2 万 t，较上年减少 59.26%；(4)花莲港：1993 年装卸量为 808 万 t，较上年增加 27.87%；1994 年为 900 万 t，较上年增加 52%；(5)苏澳港：1993 年装卸量 670 万 t，较上年增加 18.17%；1994 年装卸量为 558 万 t，较上年减少 2.09%。

【港口建设】 台湾省港口建设方面的目标和正实施的措施有：(1)督导各港扩建工程计划；(2)督导各港加速港埠作业电脑化、标准化；(3)建设台湾成为“西太平洋交通中心”，规划“亚太海运转运中心”；(4)推动海路转运货柜(集装箱)等环岛航运方案；(5)加强离岛交通建设以符运输需求；(6)研修各项法规，检讨港埠费率。

各港扩建工程计划：(1)基隆港东西岸联外道路工程，截至 1994 年底，完成 56.14%；(2)淡水台湾商港第一期工程，于 1993 年 1 月开工，截至 1994 年底，已完成 39.97%；(3)高雄港第四货柜中心与第五货柜中心兴建工程，截至 1994 年底，第五货柜中心工程完成56.1%；(4)台中港口扩建工程，至 1994 年底已完成 93.2%。

未来区域性转口作业将集中在少数条件优良的深水港，而高雄港又为亚洲最佳的深水港之一。故在规划方向上，将优先发展高雄港为海运转运中心。建立现代化航港管理体制方向，加强高雄港转运功能，作为海运货物物流中心。其次，台中港有辽阔港域和足够水深，通畅的联外道路以及大片待开发的土地，并已克服强风淤积问题，故正吸引中外航商在该港投资经营专用码头。另外，基隆港虽因港域狭窄，发展不易，但因接近台湾省政治、经济中心，地理位置优越，可同时发展为海运中心辅助港。

为改善金门、马祖等离岛地区海运交通，正在进行港埠设施建设，(1)金门地区已完成水头码头拓宽工程，九宫码头拓宽延伸工程预计于 1995 年完工。浮动工程已发包兴建。另外，料罗码头延伸工程外防波堤工程正执行中；(2)马祖地区白沙码头新建工程进度已完成 11%，预计一年半可完工。

【海洋灾害】 1994 年台湾省连续遭受“提姆”、“凯特琳”、“道格”、“葛拉丝”、“弗富特”等 5 个台风袭击，造成生命财产的极大损失，特别是渔业遭受了巨大灾祸。另外，海洋污染导致渔业产量下降也见诸报端。

【海洋科学研究规划】 据台湾 1993 年《学科与资源规划报告》海洋科学篇称，1995 年至 1999 年，东海、南海、东部外海将为主要的研究海域，三者合占 75%的经费，其余的 25%则为支持参加国际合作研究计划(WOCE 及 TOGA)、近岸海域研究及自选性的研究计划。

东海研究为延续并扩大台湾在过去 5 年(1990～1994 年)于台湾东北海域执行的黑潮大型计划(KEEP)。研究海域包括长江口以南的东海。该计划主要通过海洋物理、化学、生物三学科合作研究陆源物质经由河川进入东海陆棚并至深海的输送通量，以化学及生物研究为主；南海研究为配合整体海洋开发政策，研究历史海疆。在起始的 5 年内以增加对南海基本环境参数的了解为目标，并建立海洋资讯及资源的资料库，以供未来发展预测模式及资源开发的依据。此项研究将包括物理、化学、地质、生物、渔业甚至人文历史的学者共同参与，而以全面性的基础调查为主；台湾东部海域的研究以地球物理为主，主要目的在研究板块构造与地体动力演化，并将与地球科学学科推动的其他重点研究配合，期望能从海陆两方面共同探讨台湾及邻近海域的板块构造问题。

国际合作以参加 JGOFS，PAGES，WOCE，TOGA 四项研究计划为先，其中 JGOFS 并入东海计划，PAGES 并入南海计划，WOCE 及 TOGA 则均为延续过去几年已订定的工作项目，故不另行规划。

(黄建东　徐　立　洪华生)

香港　Hong Kong
澳门　Aomen(Macao)

综　述
Summary

【概况】　香港位于珠江三角洲的东端，毗邻广东深圳，面积 1 092km²。1995 年年底人口 630.79 万人，人口密度达 5 890 人/km²，是世界上人口密度最大的地区之一。由于其独特的地理位置和历史，香港是当前世界一个重要的国际海运、空运、金融和商贸中心。

澳门位于珠江下游西岸，珠江三角洲最南岛的半岛上，毗邻广东珠海，与香港隔海相望，相距仅 40n mile。澳门包括澳门半岛和凼仔、路环两岛，总面积 16.92km²，人口 40.1 万余人(1991 年)。工业、旅游业、建筑业构成澳门现有经济的三大支柱。

海洋资源的开发利用
Development and Utilization of Marine Resources

【港口建设与海上运输】　香港是全球最繁忙的货柜港，1995 年的货柜处理量约为 1 260 万个标准货柜单位，近几年增长非常迅速，见表 1。

表 1　香港港口进出口商品

(单位:万 t)

年　份		1992	1993	1994	1995
远洋轮船	卸货	5 842.35	6 822.6	7 729.6	8 710.6
	装货	2 579.89	2 787.3	3 458.8	4 151.2
	合计	8 422.24	9 609.9	11 188.4	12 861.8
内河船	卸货	1 162.73	1 178.31	1 617.2	—
	装货	770.58	1 025.5	1 390.7	—
	合计	1 933.31	2 203.81	3 007.9	—

处理这些货物令香港的经济获益不浅。香港统计处及规划署的研究显示，与港口有关的工商企业占本地生产总值的两成，也为劳动人口提供了 35 万个就业机会。

1994 年初发表的港口货物预测显示，到 2011 年，香港每年处理 3 200 万个标准货柜单位，即全年每天 24 小时运作，每秒须处理一个标准货柜单位。为了应付这种需求，香港正计划在大屿山兴建一个新的货柜港，处理量将是现有葵涌货柜港的两倍，新货柜港将建于一个从大屿山向东南延伸的人工岛式平台上，将是世界上最大的土木工程项目之一。新货柜港不但对香港极其重要，对全球工业发展最快地方之一的华南地区，也同样重要，经香港转口的货物，大约六成半运往中国内地。

【渔业】　海鱼是香港最主要的原产品之一，1993～1995 年渔获量列于表 2。香港约有渔船 4 800 艘，其中机动船 4 400 艘，有 21 600 名渔民。渔获包括 150 多种具有商业价值的食用鱼，占本港海鱼消耗量六成以上。最主要的几种海鱼有红衫鱼、大眼鱼、九棍鱼、鱿鱼、瓜核鱼、门鳝鱼、黄花鱼、牙带鱼和黄肚鱼等。

捕鱼方法主要有拖网、延绳钓、刺网和围网等。船身长 10～34m 的渔船约占 46%，主要是拖网渔船、延绳钓艇和刺网艇，在东海大陆架上作业。其余的 54%长度不足 10m，主要在近岸较浅水域作业。

海鱼养殖者在 26 个划定的海水养殖区内作业，这些养殖区大部分分布在“新界”东部的海岸，渔农处负责签发海鱼养殖牌照。1995 年底，共有 1 591 人领有牌照。作业方法是把幼鱼放进笼内，悬在浮排下，饲养长大，最普遍的养殖品种有石斑鱼、鳝鱼和火点鱼。近几年养殖海鱼的产值约为每年 1.8 亿港元。

表 2　香港 1993～1995 年水产产量

(单位:t)

年　份	1993	1994	1995
海洋捕捞	212 350	210 820	195 170
海水养鱼	8 850	8 780	8 130
贝　类	26 630	26 720	22 290

大型的挖掘海沙填料工程、卸泥活动及填海工程，使近岸的海洋环境受到前所未有的压力。除了水质变坏，亦破坏了一大片海洋鱼类赖以生存的海床生态环境。为减低这些破坏的影响，渔农处于 1993 年开始进行一项渔业生境强化计划，旨在利用人工鱼礁来改善有利繁殖商品鱼类的海洋生态环境。当局计划在重要的地区铺设多种人工鱼礁，促使受破坏的海床复原，保护易受破坏的育养场及提高产鱼量。

水产养殖的研究，注重发展更有效的养殖方法和改良饲养技术，以期增加产量及减轻对环境的影响。

当局为渔船操作者举办训练班，教授所需的惯用技术，以便能安全及有效操作渔船，并教授使用较先进的电子辅助仪器，如雷达、气象传真机及卫星通讯。

渔农处管理4项贷款基金，方便渔民借贷，到1995年底共贷出款项2.88亿港元。

沿海海洋环境保护
Coastal Marine Environmental Protection

【概况】 香港人口逾600万，面积只有1 000余km^2。由于过去数十年经济快速增长，现在正面临许多工业化地区曾遇到的问题，就是近岸环境受到严重污染。目前日产污水量约200万t，有一半的污水没有经过任何处理，直接排入海中，估计每天有50万kg的BOD和2 000kg的重金属排入本港水域。

1989年公布的白皮书建议颁布和执行更严格的法规，以清洁香港水域。在1993年发表的白皮书第二次检讨报告中，政府重申保护水质环境及培育各类水生生物的承诺。

环境保护署根据1980年水污染管制条例，将全港水域分为10个水质管制区，这些管制区都有严格的水质指标，向水质管制区排放污染性废物者，必须先向环境保护署申领牌照，否则即属违法。目前，几乎所有全港水域均实施水质管制措施，最近颁布的是维多利亚港(第二期)水质管制区，管制措施已于1995年9月1日生效，余下的维多利亚港(第三期)水质管制区将于1996年颁布。水污染管制条例规定最低的水质指标，使公布的水质管制区内的水体作有益用途。根据此条例，环境保护必须促使达到和维持水质指标，从而在公众利益的大前提下保护和充分利用本港的水体。

香港在1993年1月开始实施“倾物入海行动计划”，规定所有用于在海上倾卸废物的船舶必须设置自动化监察系统，以期阻止这些船只在非指定的倾卸区倾卸废物。一项为切合本地情况而制定的新倾物入海法已于1995年3月颁布，新法例称为“海上倾倒物料条例”，其目的是加强现有对倾物入海活动的管制，赋予倾物入海行动计划明确的法律效力。

“水质污染管制(污水收集)规例”于1994年6月颁布，规定未设置污水渠的物业拥有者必须把污水接驳到公共污水收集系统。新规例又管制私营污水处理设施的操作和维修。此法例将减少污水在未经处理的情况下直接排出，以改善公共污水收集区的水质。

【水质监测及调查】 为评估香港水域的水质情况，以便制订政策、评估管制工作的成效，当局于1986年建立了一个系统化的全面监测计划。计划包括定期监测本港海水、海床、泳滩、避风塘、河流及渠道的水质。新建的“林蕴盈博士”号于1993年2月下水，接替旧监测船的海上监测工作。所有收集到的资料存入电脑的水质及污染量资料系统，以便有关人员迅速查阅及深入分析数据资料。为简化和改善现有海洋及河流水质监测计划及设计，当局于1995年全面检讨这些计划，预计检讨工作可于1996年完成。为使用摇控水底监测仪器一类的设备而展开的新发展工作，亦正迅速进行。采用这些设备后，将可提高监测数据的质量。

海洋工程
Marine Engineering

【机场核心计划】 香港迫切需要一个新机场，因为启德机场只有一条跑道，货客处理已接近饱和。1995年该机场的货、客运量分别为145万t和2 740万人次，分别居世界第二位和第四位。本港的出口、转口及进口货品分别有33%、15%和22%经启德机场处理，预料航空交通会继续有强劲的增长，启德机场将无法应付运量的预测需求。长此下去，香港将蒙受严重的经济损失。

中、英两国政府于1991年签订谅解备忘录，这份备忘录确认“香港迫切需要一个新机场”，并订明香港政府须在1997年6月30日之前，在最大程度上完成机场核心计划项目。

除机场核心计划的赤蜡角新机场和机场铁路(34km长)以外，还有5项道路工程，包括建造多条隧道和桥梁，由中环穿过海港，沿九龙西岸横跨青衣和马湾，一直延展至北大屿山沿岸；西九龙($334hm^2$)和中环($20hm^2$)两项大规模填海计划。这些工程的成本预算总额为1 582亿港元。

新机场位于大屿山北岸相对的岛屿，在香港商业中心区以西25km，因此可以一天24小时运作，不会对市区造成噪音滋扰。新机场启用时，将由两条跑道的其中一条提供服务，预期新机场的实质工程可于1997年完成，届时每年可处理旅客3 500万人次和空运货物300万t。机场设施可以分阶段扩充，配合客运和航空货运量的预测增长，至2004年，客运量和货运量将分别增至8 700万人次和900万t。

历时31个月的填海及挖掘工程业已竣工，面积达1 $248hm^2$的机场平台于1995年6月完成。

(徐立 洪华生)

海洋管理篇

Marine Management

海洋综合管理
Integrated Marine Management

综　述
Summary

【概况】 近两年中国的海洋综合管理主要是围绕着制定海洋政策和法规、完善海洋功能区划和海洋开发规划、落实海域使用管理规定及实施海洋监视监测来开展工作的。

【海洋政策和法规】 1992年联合国环境与发展大会通过的《21世纪议程》把海洋作为重要组成部分。为适应海洋事业发展新形势的需要，促进海洋的可持续开发利用，国家海洋局组织有关人员制定了《中国海洋21世纪议程》。这个议程可作为海洋可持续开发利用的政策指南，全议程共分11章，阐明了海洋可持续发展的基础战略、战略目标、基本对策以及主要行动领域。《中国海洋21世纪议程》是"九五"期间和21世纪初期海洋工作的指导性文件和行动纲领，其编制和推行必然对中国海洋的可持续发展以及沿海地区的社会经济发展起着重要的促进作用。为加强对使用中国海域的管理，国家海洋局和财政部于1993年5月联合发布了《国家海域使用管理暂行规定》，初步建立了中国的海域使用管理制度，加强了国家海域的综合管理，从而保证了海域的合理利用和持续开发，提高了海域使用的社会、经济和生态环境的整体效益，保护了海域使用者的合法利益。海洋环境预报与海洋灾害预报警报是为国民经济服务的重要手段。国家海洋局经国家科委同意，于1993年9月8日发布了《海洋环境预报与海洋灾害预报警报发布管理规定》。该规定的实施已逐渐使中国的海洋环境预报工作走上法制轨道。1994年10月颁布了《中华人民共和国自然保护区条例》。国家海洋局会同有关部门和沿海省、自治区、直辖市海洋管理部门，在总结已有保护区建设、保护与管理成功经验的基础上，制定了《海洋自然保护区管理办法》，并经国家科委同意于1995年5月29日发布施行。

【海洋功能区划】 为了推进中国的海洋综合管理，国家海洋局联合沿海11个省、自治区、直辖市于1989～1995年完成了全国海洋功能区划工作。其主要工作成果包括：沿海11个省、自治区、直辖市的《海洋功能区划报告》、《海洋功能区划登记表》和海洋功能区划图件等，通过海洋功能区划，明确了中国四个海区的整体功能。为海洋综合管理工作建立了一种行为规范的标准。其作用表现为：(1)调控海洋开发利用和治理保护活动，建立海洋各类活动的良好秩序，以达到科学、合理、充分开发利用海洋资源和空间，发挥其综合、整体效益，形成优化的海洋产业结构和生产力布局的目的；(2)为制定国家海洋事业和经济发展战略和政策、编制海洋开发规划奠定科学基础；(3)为协调海洋各产业之间、各行业之间、沿海各地区之间在开发利用海洋各种活动中的各种关系，为加强和有效实施海洋综合管理提供科学依据；(4)为建立、实施海域使用管理许可证制度、有偿使用制度，为重点海域有计划、有步骤地开展整治活动创造必要的基础条件。

【海域使用管理】 1993年5月31日《国家海域使用管理暂行规定》由国家海洋局和财政部联合颁布出台。这是中国对海洋实行综合管理的第一部规范性法规。该规定实施以来在加强国家海域综合管理、保证海域的合理利用和持续开发、提高海域使用的社会、经济和生态环境的整体效益方面发挥了较大的作用。沿海省、市、自治区人民政府根据该规定结合本省市自治区的实际情况，制定了细则、管理暂行办法以及省市的规定等。自1993年至1995年三年期间，有6省市报来了海域使用管理具体情况，它们是辽宁省、河北省、天津市、江苏省、广西壮族自治区、海南省。据统计，全国共发海域使用证794个，审批海域使用面积为459 143亩，收取海域使用金2 079万元。相信在不太长的时间内，其他沿海省市也会逐步到位。通过海域使用管理，使海洋资源得到合理开发利用，海洋环境受到保护，使海洋资源达到可持续利用。

【海洋监察管理】 实施海洋监测监视，是中国海洋综合管理工作的重要一环。近年来，随着中国改革开放的进一步深入和中国海洋事业的蓬勃发展，中国的海洋监察工作有了长足的发展。目前，中国已初步形成了中央和地方相结合的并且有自己特色的海洋监视业务机构体系；初步形成了素质较好、手段较先进、设备较完善并具有一定规模的海洋执法管理专业队伍；在海洋巡航执法监视装备建设方面也有了一些基本的海监飞机、海监船舶和其他监察装备。依靠现有的法律法规，严格执法，实行定期和不定期的在沿岸海域对五大污染源及环境污染状况、海洋资源开发等进行监视和监督管理，为保护中国的海洋环境和海洋资源作出了贡献。 (高战朝)

海洋政策和法规
Marine Policies, Laws and Regulations

【《中国海洋21世纪议程》的制定】 1992年联合国环境与发展大会通过的《21世纪议程》把海洋作为重要的

组成部分之一。中国政府根据1992年联合国环境与发展大会的精神，制定了《中国21世纪议程——中国21世纪人口、环境与发展白皮书》，确立了中国未来的发展要实施可持续发展战略。鉴于中国的社会和经济发展将越来越多地依赖海洋，《中国21世纪议程》把海洋资源的可持续开发与保护作为重要的行动方案领域之一。为适应海洋事业发展新形势的需要，在海洋领域更好地贯彻《中国21世纪议程》精神，促进海洋的可持续开发利用，国家海洋局组织有关人员制定了《中国海洋21世纪议程》。这个议程是《中国21世纪议程》在海洋领域的深化和具体体现，也是《中国21世纪议程》的重要组成部分，可作为海洋可持续开发利用的政策指南。

《中国海洋21世纪议程》共分战略和对策、海洋产业的可持续发展、海洋与沿海地区的可持续发展、海岛可持续发展、海洋生物资源保护和可持续利用、科学技术促进海洋可持续利用、沿海区管辖海域的综合管理、海洋环境保护、海洋防灾减灾、国际海洋事务、公众参与等11章，阐明了海洋可持续发展的基本战略、战略目标、基本对策，以及主要行动领域。各章均设导言和方案领域两部分。导言部分阐述各章的中心内容、主要依据、现状和问题、趋势和展望等。每个方案领域包括三部分，即行动依据、目标、行动。

《中国海洋21世纪议程》是"九五"期间和21世纪初期海洋工作的指导性文件和行动纲领，其编制和推行必然对中国海洋的可持续发展以及中国海洋和沿海地区的社会经济发展起着重要的促进作用。

【《国家海域使用管理暂行规定》的发布和实施】 随着科技进步和经济的发展，中国海洋开发利用的强度不断增大。尤其是改革开放以来，出现外国(或境外)人在中国内海、领海利用固定海域从事一些经济开发活动，且有逐渐增多的趋势。为统一规范开发利用中国海域的行为，维护国家主权和海洋权益，保护海域使用者的合法权益，国务院于1992年5月29日决定："为加强对使用中国海域(包括内海、领海的水体、底土及其上空)的管理，应尽快制定对国内外企业使用我国海域从事生产经营活动的行政管理办法，实行颁发海域使用许可证的制度(由海洋行政主管部门批准颁发)和有偿使用海域的制度(由财政部门或财政部门委托的单位征收海域使用费)。"据此，国家海洋局和财政部于1993年5月联合发布了《国家海域使用管理暂行规定》，初步建立了中国的海域使用管理制度，加强了国家海域的综合管理，从而保证了海域的合理利用和持续开发，提高海域使用的社会、经济和生态环境的整体效益，保护了海域使用者的合法利益。《暂行规定》中对所称国家海域和海域使用作了界定；对海域使用证的申请、审批和发放工作，作了具体的规定；对海域使用金的概念、征收额度、中央和地方财政的分配比例以及减征免征条件等都作了详细的规定。

【《海洋环境与海洋灾害预报警报发布管理规定》的颁布】 海洋环境预报与海洋灾害预报警报是为国民经济服务的重要手段。正确地开展海洋环境预报和海洋灾害预报警报，对于最大限度地减少因海洋灾害给国家财产造成的损失，保护人民的生命财产安全至关重要。为避免和防止非海洋环境预报部门发布海洋环境预报和海洋灾害预报警报对社会造成的不良影响和经济损失，国家海洋局经国家科委同意，于1993年9月8日发布了《海洋环境预报与海洋灾害预报警报发布管理规定》。该规定对发布预警报的方式作了具体规定，明确了国家海洋预报台、青岛、上海、广州海洋预报台以及沿海省、自治区、计划单列市海洋管理机构所属的海洋预报台、站，分别为国家和地方海洋环境预报部门。同时对各级海洋环境预报部门的预报范围做了分工。该规定的实施已逐渐使中国的海洋环境预报工作走上法制轨道。

【《海洋自然保护区管理办法》出台】 科学技术的进步与经济的发展，使得海洋开发利用活动不断增加。与此同时，海洋资源、自然生态环境的保护也提到议事日程。1988年以来，国家海洋局会同有关部门和沿海省市先后建立了15个海洋自然保护区。为加强对已建海洋自然保护区的管理，也为使海洋自然保护区的选划建立、保护与管理工作有章可循，纳入法制轨道，有必要建立相应的法律制度。1994年10月颁布的《中华人民共和国自然保护区条例》规定，海洋行政主管部门负责主管海洋自然保护区工作，并根据《条例》制定海洋自然保护区的管理办法。据此，国家海洋局会同有关部门和沿海省、自治区、直辖市海洋管理部门，在总结已有保护区建设、保护与管理成功经验的基础上，制定了《海洋自然保护区管理办法》(下称《办法》)，并经国家科委同意于1995年5月29日发布施行。

《办法》规定，海洋自然保护区的选划、建设和管理，实行统一规划、分工负责、分级管理的原则；海洋自然保护区分为国家级和地方级；海洋自然保护区可根据自然条件与保护需要划为核心区、缓冲区、实验区或根据保护对象规定绝对保护期和相对保护期。《办法》还对海洋自然保护区的选划标准与条件、批准建立的程序、管理机构的设置与职责以及保护区内活动与行为规范等都作了详细的规定。 (梁金哲)

海洋功能区划
Marine Functional Zoning

【综述】 任何科学、有效的管理都必须具备管理的执法机构、管理法规和管理标准三要素。为了推进中国的海洋综合管理，国家海洋局联合沿海11省、自治区、直辖市于1989～1995年完成了全国海洋功能区划工作。这是一项为海洋综合管理建立管理标准的国内外绝无仅有的首创性的工作。专家评审会对这项工作的评审意见是："具有科学性、开拓性、实用性和可操作性，在国内外具有先进水平。"国务院批准的《中国21世纪议程》已经把该项工作的成果规定为实施海洋综合管理的基本依据。

海洋功能区系根据海洋不同区域的自然资源、环境状况和地理位置，结合海洋开发利用现状和社会发展需求等，所划定的具有特定主导功能、有利于资源的合理开发利用、能发挥最佳效益的区域。海洋功能区划则是按一定的科学方法，根据一定的区划原则，正确、合理地协调好各种关系，划定海洋各种功能区的工作。这次海洋功能区划的工作范围为中国全部管辖海域和必要依托的陆域；所确立的功能区分类系统是把海洋功能区划分为开发利用功能区、治理保护功能区、自然保护区功能区、特殊功能区和保留功能区五大类。

所完成的全国海洋功能区划的工作成果主要有：沿海 11 省、自治区、直辖市的《海洋功能区划报告》、《海洋功能区划登记表》和海洋功能区划图件，以及《中国海洋功能区划报告》、《中国海洋功能区划登记表》和《中国海洋功能区划图集》等。在这次工作中，确立了中国四个海区的整体功能；在渤海区，共划定各种海洋功能区 382 个，其中开发利用功能区 293 个，治理保护功能区 44 个，自然保护区功能区 24 个，特殊功能区 9 个，保留功能区 12 个；在黄海区，共划定各种海洋功能区 536 个，其中开发利用功能区 348 个，治理保护功能区 87 个，自然保护区功能区 41 个，特殊功能区 44 个，保留功能区 16 个；在东海区，共划定各种海洋功能区 932 个，其中开发利用功能区 606 个，治理保护功能区 87 个，自然保护区功能区 58 个，特殊功能区 174 个，保留功能区 7 个；在南海区，共划定各种海洋功能区 1813 个，其中开发利利功能区 1255 个，治理保护功能区 312 个，自然保护区功能区 98 个，特殊功能区 103 个，保留功能区 45 个。

【海洋功能区划在海洋管理工作中的功能和作用】 ①调控海洋开发利用和治理保护活动；建立海洋各类活动的良好秩序，以达到科学、合理、充分开发利用海洋资源和空间，发挥其综合、整体效益，形成优化的海洋产业结构和生产力布局的目的；②为制定国家海洋事业和经济发展战略和政策，编制海洋开发规划奠定科学基础；③为协调海洋各产业之间、各行业之间、沿海各地区之间在开发利用海洋各种活动中的各种关系，为加强和有效实施海洋综合管理提供科学依据；④为保护海洋环境，维护海洋生态环境的良性循环，建立科学的海洋水质标准提供基础依据和指导；⑤为建立、实施海域使用管理许可证制度、有偿使用制度，为重点海域有计划、有步骤地开展整治活动创造必要的基础条件。总之，海洋功能区划在于为海洋管理工作建立一种行为规范和标准。

【所完成的全国海洋区划的功绩】 ①在国内外首次确立了海洋功能区划的理论，并在国内胜利完成了全国性的工作，并在国际海洋管理工作中产生了一定的影响，国外报刊多次报道了中国这次工作；②建立了以协调各种关系和利益为核心的海洋功能区划方法和原则、科学的海洋功能区分类系统，奠定了海洋功能区划工作进一步发展的基础；③确立了海洋功能区划在海洋综合管理中作为海洋各种活动行为规范和管理标准的功能和地位。

【目前海洋功能区划所存在的问题】 ①所完成的工作是普查性的，比例尺太小，应用于海洋综合管理的具体实践还需深化、细化和具体化，开展大比例尺海洋功能区划工作；②全国沿海各地的工作完成得不平衡，有的区域完成得比较深入，应用价值比较大，有的区域完成得比较粗糙，影响了海洋功能区划作为海洋管理行为规范和管理标准的价值；③没有在行政的干预或管理法规的支持下进入实质性的海洋综合管理序列，要做到这一点，还必须做过细、深入的宣传、说服和协调工作等。

（葛瑞卿）

海域使用管理
Management of Sea Area Use

【综述】 随着对外开放政策的贯彻实施，沿海地区经济迅速发展，海洋开发各产业蓬勃兴起，特别是外商在中国海域投资从事多种经营活动，由此产生了国内外企业和个人使用中国海域的管理问题。为此，国务院办公厅以国办通[1992]20 号文件批复通知国家海洋局、财政部：(1)为加强对使用中国海域(包括内海、领海的水体、底土及其上空)的管理，应尽快制定对国内外企业使用中国海域从事生产经营活动的行政管理办法，实行颁发海域使用许可证的制度(由海洋行政主管部门批准颁发)和有偿使用海域的制度(由财政部门或财政部门委托的单位征收海域使用费)；(2)有关上述行政管理办法、申请审批程序和收费标准，请你们商有关部门制定。

遵照国务院的批示，国家海洋局和财政部共同起草了规定。于 1995 年 5 月 31 日，正式颁布了《国家海域使用管理暂行规定》。该规定共分 4 个部分，即总则、海域使用证制度、海域有偿使用制度和其他，总共 34 条。规定规范的主要内容是：海域使用系指使用某一固定海域三个月以上的排他性开发利用活动。规定适用于中国境内外的部门、企事业单位、公司、其他组织和个人。对出让、转让和出租给予界定，强调海域属国家所有，鼓励开发利用，按科学方法做综合分析和科学论证，使用海域实行许可证制度和有偿使用制度；公益性用海不实行有偿使用制度。国务院海洋行政主管部门负责全国海域使用的统一监督管理；县以上地方人民政府海洋行政主管部门，负责本行政区毗邻海域使用的监督管理。同时对有偿使用金的交纳、罚款等做了具体的规定。

【各地方政府出台实施细则】 根据规定，各地方人民政府分别出台了相应规章，结合本省市实际，制定了细则、管理暂行办法以及省市的规定等，先后出台细则和规定的有辽宁、河北、江苏、广东、海南、大连市等省市法规。《国家海域使用管理暂行规定》的颁布，引起了各级地方政府的高度重视。在 1994 年国家机构改革中，浙江省为搞好海洋综合管理设立了副厅级的海洋局，海南省设立了海洋厅，计划单列市大连市亦设立副厅级海洋局，另外广东、山东、辽宁三省将海洋与水产相结合，设立海洋与水产厅。其他省、市、计划单列市虽然海洋行政管理部门没升格，但都列入政府行政或事业序列编制。

【实践中不断完善相应的管理制度】 该规定颁布以来，在开始执行这个规定的省市，在规范海域使用、协调海域的综合开发和利用、协调处理各行业用海之间的矛盾、保护和改善海洋资源和环境、使海域这块空间资源得以向可持续发展利用方向发展，取得了明显的效益。其间国家海洋局、财政部为指导各省市准确的实施规定和国务院办公厅通知精神，相继针对实践中提出的问题海洋局下发了对规定中若干问题的说明和有关问题的通知，财政部下发了对渔民暂缓征收海域使用金的通知，同时两家又下达了开展海域使用管理情况调研工作的通知等等。自1993年至1995年三年期间，有6省市报来了海域使用管理的具体情况，他们是辽宁省、河北省、天津市、江苏省、广西壮族自治区、海南省。其中辽宁省发海域使用证133个，审批海域使用面积314 452.3亩，收取海域使用金196.10万元(游动渔民的使用证未计人)。河北省发海域使用证2个，审批海域使用面积40.88亩，收取海域使用金0.54万元。天津市发证10个，审批面积77 644亩，收取使用金24.55万元。江苏省发证1个，审批面积9 000亩扶持养殖业，未收使用金。广西自治区发证576个，审批面积37 929.5亩，收取使用金299.26万元。海南省发证72个，审批面积20 076.8亩，收取使用金1 576.86万元。全国共发海域使用证794个，审批海域使用面积459 143亩，收取海域使用金2 079万元。目前有的省市正在制定本省的细则、办法或规定，有的省虽已有省级规定出台，但正在办管理人员培训班，有的在省法制局牵头下，正在省内协调中，在不太长的时间内，将会逐步到位。 (刘喜礼)

海洋监察管理
Ocean Supervision and Management

【综述】 作为中国海域巡航监察管理队伍主体的“中国海监”以飞机、船舶为载体，并辅以岸边监察站，基本构成了陆、海、空三位一体的海洋监察体系。依靠现有的法律法规，严格执法，实行定期和不定期的在沿岸海域对五大污染源及环境污染状况、海洋资源开发等进行监视和监督管理，为保护中国的海洋环境和海洋资源作出了贡献。

【海洋环境监察管理】 通过使用配有遥感手段的两架海监飞机配合海监船，进行经常性的、定期的海上巡航监视和应急监视等活动。完成了多起重大溢油事故的执法监视；并对日常巡航中发现的船舶、海上石油平台违章排污、拆船厂、修船厂违章排污、炼油厂、石化厂石油泄漏事故等进行执法监视。通过采用油种鉴别法(指纹法)有效地解决了追查海洋无主漂油肇事者这一难题，不仅为处罚肇事者和进行海洋污染损害索赔提供可靠的依据，而且形成强大的海上执法威慑力量，使油类污染较重海域的状况逐渐得到改善。

【海洋环境监视】 “中国海监”飞机和船舶对发现污染、确定污染出现的位置、范围和类型、为抗污染和执法管理提供了实时信息和永久性证据；同时，也为一些法律制度的贯彻实施做出了极其重要的贡献。

“中国海监”飞机和船舶的执法监视活动从溢油监视开始，很快便发展到涉及海洋环境保护法的5种污染源，涉及对社会、经济和环境有关的广泛领域。如海洋倾废、陆地排海污染源(含热污染)的监视；海洋工程造成的海洋污染损害的监视；赤潮监视；海滨浴场、海洋自然保护区和海上运动场的环境监视和管理等。

1990～1994年的5年间，提高了“中国海监”飞机和船舶对各海区的监视频率，这期间累计出动飞机741架次，航程48万km；出动船舶1 691航次，航程55万km。在巡航过程中共发现船只排污事件419起，平台排污事件65起，其他违规行为为530起，发现赤潮149起。处理或及时向有关部门和单位通报反映的各类事件582起。这些工作对于及时发现海洋环境污染问题和污损事件以及海洋资源受损状况，迅速查清事件的性质、范围、来源，以便采取有效措施，减轻和控制事件的后果和影响都是非常重要的，同时也为执法管理、依法查处违规事件提供了重要的技术数据。

随着海洋产业的发展，海上活动密度和强度的增加以及陆地大量的排污等，海洋环境污染问题日趋严重。切实加强中国海域环境和资源的保护，加强海洋监察执法工作，是中国整个海洋管理工作的重要一环。国内外的经验表明，保护海洋环境和资源，必须要有一套健全的法规和执法管理体系以及高效率的执法队伍予以保证。所以，在建立健全一系列法律法规的同时，应加强中国海监队伍的建设，并配备相应的技术装备，这对保护中国海洋环境和资源、提高中国海洋综合管理水平都将起到重要作用。 (宋义葆)

海洋权益管理
Management of Marine Rights and Interests

【综述】 海洋权益管理是从国家的利益出发，按照有关的法律制度，与邻国划定海域的界线，维护这些海域的权力，保障国家的海洋利益。其主要目的是为了获得更多的海洋资源，并保护这些资源。

【图们江河口开发】 图们江地处东北亚地区的几何中心，也是中国唯一一条流入日本海的河流。恢复中国图们江出海权，开发图们江地区，对吉林省和整个东北亚地区的对外开发和经济振兴、发展内外贸易是十分有益的。图们江地区开放开发受到党中央、国务院的高度重视和国家有关部委的大力支持。十几位党和国家领导人、数十位

海洋资源管理与保护
Management and Conservation of Marine Resources

综　述
Summary

【概述】　目前，中国的海洋资源管理，正处于由部门管理为主向综合管理与分部门分级管理相结合的海洋管理体制的过渡时期。多年来，中国对海洋资源的管理，从中央到地方基本上是根据海洋自然属性及其开发产业，按行业部门进行管理。随着开发活动的广泛深入以及海洋经济和科学技术的发展，为适应海洋资源开发与保护工作的需要，国务院已确定国家海洋局对中国管辖海域实行综合管理，对海洋资源的合理开发利用进行协调管理。近几年来，中国先后开展了一些综合性的海洋资源管理与保护工作，取得了一些成绩。

【制定法规】　依法管理是有效地进行海洋资源开发、保护、管理的依据和准则。中国目前制定了海洋资源管理与保护方面的法规，例如，在海洋渔业资源管理方面，先后制定了《水产资源繁殖保护条例》(1979 年)、《渔业法》(1986 年)及《渔业法实施细则》(1987 年)；在海洋矿产资源管理方面，先后制定了《对外合作开采海洋石油资源条例》(1982 年)和《矿产资源法》(1986 年)；在海洋环境保护方面，先后制定了《海洋环境保护法》(1982 年)、《防止船舶污染管理条例》(1983 年)、《海洋石油勘探开发环境保护条例》(1983 年)和《海洋倾废管理条例》(1985 年)等。这些法规的实施，对保护海洋资源、环境、维护生态平衡，加强海洋资源管理，促进海洋产业和海洋开发利用活动的发展都起重要的作用。1993 年颁布实施的由国家海洋局、财政部联合下发的《国家海域使用管理暂行规定》是我国首次制定的有关海洋资源综合管理的法规。它的实施，从经济上体现了海洋资源属于国家所有，同时解决了各行业用海过程中所产生的诸多矛盾，避免了很多不必要的经济损失，协调各行业开发利用海洋的关系，从而取得了良好的社会效益和经济效益。

【编制发展规划】　我国目前已制定的海洋发展规划，有行业规划和区域规划、交通运输发展规划、渔业发展规划、旅游业发展规划等。例如，原农牧渔业部水产局制定的《水产业"七五"计划及 2000 年设想》、1983 年轻工部盐务总局制定的《制盐工业规划》(1981—2000 年）等都包括海洋产业的发展；区域规划有《胶州湾海洋研究开发保护实验区规划纲要》、《维坊市莱州湾地区分层综合开发规划》、《烟台市海岛开发规划》等，这些规划对海洋资源的开发利用起了一定的指导和推动作用。

【存在的问题】　中国海洋资源管理工作，近年来虽然

省部级领导干部和数以百计的专家学者，都参与了图们江地区开放开发的行动。1991 年 10 月 23 日，联合国开发计划署在纽约总部向全世界宣布了一项被称之为"具有历史意义的创举"即"在联合国开发计划署的赞助下，地处东北亚的中国、苏联、蒙古以及朝鲜北南双方将在中、朝、苏三国交界的图们江三角地区，用 20 多年时间、投资 300 亿美元，在 1 000km² 的土地上，兴建一个多国经济技术开发区"。该开发区将成为未来的香港、新加坡和鹿特丹，使东北亚地区 3 亿人口受益。"同年，国家海洋局和吉林省人民政府组织有关部门对图们江下游及日本海进行了科学考察。1993 年联合国开发计划署在平壤主持召开了图们江地区开发项目第三次专家会议。中国、朝鲜、韩国、俄罗斯、蒙古的专家和联合国开发计划署官员及专家参加了会议，会议就通讯、资源和工业布局、交通、环境、金融和投资、机构、核心城市建设、起草图们江地区发展项目合作协议等问题进行了讨论。图们江地区国际合作开发将转入实际动作阶段，一个繁荣昌盛的图们江地区将在东北亚崛起。

【海上执法管理】　1993～1995 年中国海洋权益受损的事件屡屡发生，特别是在南海，据不完全统计，越南、菲律宾等国侵犯中国领海、岛礁，扣押中国渔船渔民的事件共有 30 余起。作为中国海域巡航监察管理队伍主体的"中国海监"，以飞机、船舶为载体，并辅助以岸边监察站，基本构成了陆、海、空三位一体的海洋监察体系，并依靠现有的法律法规，严格执法。由于采取措施提高了"中国海监"飞机和船舶对各海区的监视频率，这期间累计出动飞机 741 架次，航程达 48 万 km；出动船舶 1 691 航次，航程达 55 万 km。在巡航过程中共发现船只排污事件 419 起，平台排污事件 65 起，其他违规行为 500 起。处理或及时向有关部门和单位通报反映的各类事件 582 起。这些工作对于及时发现海洋环境污染问题和海洋权益受损事件、迅速查清事件的性质、范围、来源，以便采取有效措施，减轻和控制事件的后果和影响都是非常重要的。为保护中国的蓝色国土、维护海洋权益作出了贡献。

（高战朝）

取得了不少的成绩，但也存在不少的问题，主要有以下几点：

1.管理体制不健全，没有形成科学合理的管理体系。多年来，中国的海洋资源管理工作，是一种行业部门分工管理体制，缺乏强有力的综合管理部门，而各行业又自成体系，各行其事，各兴其业，综合协调难度大。

2.按行业进行资源管理，不能充分发挥管理部门的职能。按行业进行资源管理，是生产与管理合一的管理体制，这种政企不分，即抓生产又抓资源管理的体制，不能充分发挥管理部门的职能。在实践中，往往强调开发和生产，忽视了资源、环境的保护和管理工作，使管理处于从属于生产的地位，影响管理工作正常有效地开展。

3.海洋资源开发保护管理法规不健全、不完善。目前制定的海洋资源开发保护的法规，绝大部分是单项行业法，缺乏能约束各家的综合性管理法规和海洋的基本法；有的不配套、不系统，如在海洋矿产资源开发方面，除海洋石油开发以外，现在法规基本上都是陆上法规向海洋的延伸，缺乏对海洋固有特性的考虑，这些都难以作到依法进行管理，在执法过程中有的无法可依，有的有法难依。

4.缺乏海洋资源开发总体规划和总体方针政策。目前已有的部门开发利用规划和政策，多站在本行业的角度，仅根据单一的需要考虑资源的开发利用，不能统筹综合考虑各种资源的综合开发和综合效益。部门之间又缺乏联系。各种不同资源的开发利用发展规划得不到协调平衡，容易产生矛盾，这在布局上表现突出。

（高战朝）

海岸带管理和海岛管理
Coastal Zone and Sea Island Resources Management

【综述】 海岸带管理是把以潮间带为核心，向陆包括必要依托的区域、向海包括一定范围的地带，作为一个整体或统一的管理领域，确立一种综合、协调管理机制。海岸带管理的范围无论在国内还是在国外都没有统一、定型的划定标准和原则。说到海岛管理，因为它们的分散性和不连续性，不能把全国的海岛作为一个整体，建立统一的管理体系，一般的做法是把靠近海岸的海岛纳入海岸带管理系统，把远离海岸的海岛纳入海洋管理系统。对于人口众多、经济发达的大岛建立单岛或独立岛群管理系统，那就不是纯粹的海洋属性的管理问题了。

在国际上，除了美国颁布了一项以补助金计划为核心、鼓励沿海各州编制和实施海岸带管理规划的《联邦海岸带管理法》、做了一些海岸带管理的尝试外，还没有那个国家真正确立了海岸带管理体制。作为研究和讨论课题日益升温，足以说明确立这种管理体制的重要性和紧迫性；进行体制建设困难重重，足以表明存在着严重的制约因素。

在中国，海岸带管理的必要性、紧迫性与制约因素并存，一旦这对矛盾得到妥善解决，将会大大推进中国海岸带管理工作的发展。

为确立中国海岸带管理体制，加强海岸带和海岛管理工作，中国做了大量的准备和尝试工作。1979～1986年开展了全国海岸带和海涂资源综合调查工作；1989～1996年开展了全国海岛资源综合调查工作；1989～1995年开展了全国海洋功能区划工作；1990～1994年开展了全国海洋开发规划编制工作。这些工作作为前期工作，积累了大量的资料，为海岸带管理立法、确立海岸带管理体制奠定了坚实的基础。这些工作都是海岸带管理体制建设和加强海岛管理工作的重要组成部分，尤其是海岸带和海涂资源综合调查工作，在1979年国务院的批示中就明确要求，要把调查工作同管理立法工作衔接起来。

根据国务院的批示精神，《全国海岸带管理条例》列入了国家法制局立法规划，并成立了起草领导小组和起草小组，着手海岸带管理立法和海岸带管理体制建设工作。该法规虽九易其稿，但由于部门间关系协调困难重重而被搁浅。江苏省由省人大通过了一部《江苏省海岸带管理条例》，但是由于没有处理好执法机构问题，在实施中收效不大。另外，天津、山东、海南等省（区、市）都曾开展过海岸带管理法规起草工作，也都因为各种关系协调不下来，遭到搁置。海岛资源综合调查工作也提出了加强海岛管理问题，调查报告也都提出了管理设想，现在的问题是如何推进海岛管理向深层次发展。1993～1995年，是中国海岸带管理比较低沉的时期，除上海市等进行了一些着重滩涂管理的立法工作外，基本上没有多大建树。

中国的海岸带管理工作的协调难点主要是：第一是管理范围问题，海岸带管理必须包括必要依托的陆域才有价值，这就遇到了同土地管理关系的协调问题，土地管理不仅强调海岸线以上不能划归海岸带管理，甚至认为纯海洋属性的潮间带滩涂也应归土地管理，使问题复杂化；第二是综合管理与部门管理问题，中国传统的沿海部门管理是政企不分的管理体制，这种体制不能很好地协调各种关系，影响管理综合、协调职能的发挥，中国要想推进海岸带管理工作，必须首先解决好这两个问题。

加强海岛的管理首先要加强对无人居住的6 000多个海岛的管理。这些海岛虽无人居住，但有些海岛确有很重要的政治意义和战略意义，特别是那些离内地较远的海岛，往往是中国的领海基点，它对于划定中国的内海、领海和管辖海域都起很大的作用。要本着先远后近的原则，安置海岛命名石碑，并建立起有序的海岛巡视制度，切实维护中国的海洋权益和国土利益。对于有人居住的海岛，有些海岛由于开发过度和无序，已使生态环境和海洋环境日益恶化，再加上淡水资源不足、能源不足，人口又处于饱和或超载状态，面临的问题越来越多。因此，对这一部分海岛应适当控制人口增长，做好规划，适度开发，以实现海岛经济的持续发展为目标，强化管理。

（葛瑞卿）

【海岸带资源资产化管理】 海岸带资源是一种重要的自然资源类型，是海洋开发的重点所在。中国《宪法》规定，自然资源除法律规定属于集体所有的以外，都属于国家所有。因此，海岸带资源是一种国有资源性资产。为了适应市场经济改革的需要，在加强海岸带综合管理的同时，必须把海岸带资源作为一种国有资产实行资产化管理。

1993 年 11 月 20 日，国家国有资产管理局和国家海洋局联合下发了《关于在河北省选点进行海岸带资源性资产产权登记（试点）工作的通知》，并确定首先在沧州市进行试点。该《通知》所附的《海岸带资源性资产产权登记（试点）方案》中，明确了试点工作的 10 个主要方面，即：(1)海岸带资源在经济发展中的地位、作用和意义；(2)海岸带开发利用中存在的主要问题；(3)加强海岸带资源性资产管理的目的、意义；(4)海岸带资源性资产产权登记的法律依据和登记对象；(5)登记工作的权责和分工；(6)登记范围；(7)登记表的填报和法律地位；(8)登记表的汇总、上报程序；(9)登记表的保存；(10)罚则。

对国有海岸带资源所有权的日常管理职能和进行资产化管理与经营的试点、推广工作，由国家海洋管理部门代表国家行使；国家国有资产管理部门依据海岸带资源资产优化配置、高效使用和保值增值的要求，对上述各项管理进行指导和监督。

河北省、沧州市人民政府对海岸带资源性资产产权登记（试点）工作给予了高度重视，成立了以常务副省（市）长为组长的工作领导小组，市属各级政府也成立了相应的工作组织；市、县、乡、村层层确定了负责此项工作的人员，并分层次地组织了培训；按照试点任务要求，组织制定了实施方案和登记表格，并认真抓紧实施。通过准备、资产清查、产权登记、汇总、复查验收 5 个阶段，于 1994 年 7 月圆满完成了沧州试点任务。取得摸清了海岸带资源性资产底数、进行了海岸带资源性资产产权界定、建立了海岸带资源性资产实物量帐户、绘制了海岸带资源性资产分布示意图等诸项成果。

同期由沧州海洋局、沧州市国有资产管理局组织开展的“海岸带资源性资产产权登记及界定方法研究”也取得了丰硕成果，并获得 1995 年国家海洋局海洋科技进步三等奖。

1994 年下半年，海岸带资源性资产产权登记工作在河北省其他沿海市县全面推开，秦皇岛、唐山市海岸带资源性资产产权登记工作顺利完成，分别于 1995 年 6 月和 8 月通过验收，从而使河北省沿海各市的海岸带资源性资产产权登记工作得以全面完成。

1994 年下半年，海岸带资源资产化管理第二步价值评估阶段的基准价评估工作渐次展开，以期建立起海岸带资源性资产初步的价值量帐户，探索出海岸带资源资产化管理向纵深发展的经验。沧州市政府下发了工作实施方案，成立了工作领导小组和工作课题组等工作组织。沧州市与国家海洋信息中心相互配合，截止 1995 年底，已取得估算方法确定、抽样调查试验和定级因素确定等阶段性成果。（李谋胜）

海洋自然保护区建设与管理

Construction and Management of Marine Nature Reserves

【概况】 1995 年海洋自然保护区工作在执法、宣传、科研、资源恢复和开发利用等方面取得了较显著的成绩。召开了自海洋保护区建立以来的第一次工作会议，认真总结了 5 年来的工作经验与不足。颁布了《海洋自然保护区管理办法》，加大了立法和宣传力度。通过电视、报纸、杂志、画册、条幅、影前宣传、接待参观等不同形式，在整个社会，尤其在保护区所在地加强宣传，增强了全民保护海洋资源和环境的意识。

加强宣传和立法的同时，在执法方面也加强了力度。1995 年仅南麂、三亚、大洲岛、北仑河口保护区就共出航执法 219 航次，约 650 个小时，夜间出巡 200 多人次，处理违法船只 72 船次，处理大小违法事件近百起，没收了一批炸药、雷管及工具，教育违法人员数百人。与当地政府和公安部门配合，狠狠打击了保护区内的违法行为。

为了提高保护区管理人员的管理素质，提高管理水平，与中国人与生物圈国家委员会联合举办了“全国海洋类型自然保护区管理培训班”。

开展区内资源研究、保护和恢复资源优势是保护区建立的目的之一。1995 年各保护区都加强了这方面的工作：昌黎保护区除常年坚持对区内风况、环境、沙丘进行监测、分析外，还采用埋植风障的方法，控制沙体流失。同时，组织专家对本区陆生植物进行了调查，已发现各种植物 332 种；天津保护区开展了“天津七里海地区保护开发规划研究”工作，同时展开对古牡蛎高附加值利用研究；南麂保护区在建立研究所的基础上，开展栉孔扇贝、海湾扇贝、皱纹盘鲍的人工养殖实验；山口保护区不但建立起 15 亩苗圃试验基地，繁殖红海榄、木榄等红树科优良品种，还开展了“人工江瑶养殖”、“广西英罗港红树林区昆虫物种多样性”、“广西红树林区本底调查”等基础性研究；三亚保护区根据珊瑚自然恢复较慢的特性，开展用生物工程方法和人工方法，加速核心区珊瑚恢复的科学试验；大洲岛保护区开展山口、北仑河口两保护区人工种植红树林 500 亩。

保护区在研究资源、保护资源的前提下，大胆探索区内资源开发、合理利用的新路子，以此带动当地的经济发展。南麂保护区 1995 年引种各种扇贝近 100 万头、鲍鱼 4 万头，并开展经济价值营养含量较高的石斑鱼、海鳗、蟹、螺等海产品的暂养，山口开展了江瑶贝的养殖等，这些举措不仅使保护区获得了一定的经济效益，也极大地启发了当地群众，纷纷争养，为当地致富起到了示范作用。同时，保护区的管理工作也因此得到了当地政府和人民更多的理解和支持。（吕彩霞）

海洋环境保护
Marine Environmental Protection

综　述
Summary

【概况】 1993～1995年，海洋环境保护工作主要围绕着海洋环境的监测监视、海洋倾废管理、海洋石油勘探开发环境保护管理以及重大海洋污染事故的防范几个方面开展工作。加强了对海上倾倒活动、海洋石油勘探开发活动的监督检查以及赤潮和重大油污染事故的监视工作，并加大了有关法规、标准和规范的执行力度。对部分船只在海上的违章排污、违章倾倒活动进行了处罚。根据国家的总体安排，国家海洋局牵头组织了"全国海洋环保'九五'计划和2010年长远规划"的编制工作，并根据海洋环境质量的现状，开展了重点陆源排污口的监测监视工作，获得一批珍贵的数据和资料，为进一步开展海洋环境保护管理工作提供了依据。

【全国海洋环保"九五"计划和2010年长远规划】 "全国海洋环保'九五'计划和2010年长远规划"作为"全国环境保护'九五'计划和2010年长远规划"的重要组成部分，已由国家海洋局于1994年编制完毕，并纳入国家海洋局的"九五"计划和2010年长远规划。依照"可持续发展"原则，以"经济建设和环境建设同步规划、同步实施和同步发展"作为指导思想，以海洋资源可持续利用和环境生态的良性循环作为基本目标编制的全国海洋环保九五计划和2010年长远规划内容包括海洋资源的综合利用、海洋生态保护、环境污染综合防治和单项环境建设项目。通过建立沿海经济与海洋资源、环境保护协调发展示范区，实现建立以海洋资源可持续利用为目的的海洋综合管理机制和海洋环境保护体系，对重点海域实行整治、对沿海大中城市附近海域的主要污染物实行总量控制，并保护沿海红树林和珊瑚礁及其他自然生态系统。

【海洋倾废管理】 1993～1995年，中国的海洋倾废管理工作，重点加强了对海上倾倒活动的监督检查和对海洋倾倒区的监测试点工作。严格审查倾废申请，完善海洋倾废许可证制度。建立了倾废区管理档案，完成了"海洋倾废区选划和监测指南大纲"的编写和审定工作。

截止1993年底，国务院共批复了国家海洋局申报的三类疏浚物倾倒区34个，空中放油区4个，各海区管理部门还批复了一批临时倾倒区。1993年7月重新修订并发布了《关于实行海上倾废活动统计报告制度的通知》，规定海上倾废活动执行《海洋倾倒废弃物季度统计报表》和《倾倒区评价报告表》。1993～1995年，国家海洋局分别在烟台、连云港、舟山、涌江口以及内伶仃附近海域的倾倒区开展监测试点工作。调查后发现，各倾倒区水质状况良好。1993～1995年，中国共颁发海洋倾倒许可证1 599份，其中特别许可证1份，批准的疏浚物倾倒量13 603.07万m^3，三类废弃物17.5万t，碱渣9万t。中国是"防止倾倒废物及其他物质污染海洋的公约"(简称《1972伦敦公约》)的缔约国。1993年11月，中国参加了在伦敦召开的《1972伦敦公约》缔约国第16次协商会议，通过了关于修改公约附件的三项决议。第一项决议禁止一切放射性物质在海上处置；第二项规定，到1995年12月31日前逐步停止工业废物在海上倾倒，并规定了禁止倾倒的工业废物的范围；第三项决议规定，禁止工业废弃物和阴沟污泥在海上焚烧，任何其他废弃物在海上焚烧需获得政府部门颁发的特别许可证。经国务院批准，中国接受了上述三项决议。

【海洋石油勘探开发环境保护管理】 1993～1995年的海洋石油勘探开发环境保护管理工作仍以常规性防污管理为主，重点加强了消油剂的检验核准及各项制度的完善工作，并通过组织执法人员对海上平台的防污工作进行检查、严格审查各类防污报表等一系列措施，推动日常管理工作。针对目前海洋石油开发溢油应急计划的编制、审批中存在的问题，国家海洋局编制了"海洋石油勘探开发溢油应急计划编报规定"，并下发执行。同时组织分局开展了消油剂的核准与检验工作。1995年，召开了第一次全国海洋石油勘探开发环境保护工作会议，对先进个人和先进集体进行了表彰。

【海域赤潮防治】 赤潮是指海水中某一种或多种海洋浮游生物(大多为浮游植物)在一定条件下爆发性增殖或聚集而引起的一种能使局部水体改变颜色的生态环境异常现象。1992年，渤海赤潮联合防治领导小组召开了赤潮防治工作会议，会议总结了前三年的工作经验，提出了1993～1995年联合防治赤潮工作方案，并计划继续围绕赤潮监测、监视、调查、科研、管理和应急措施6个方面开展工作。尽管1993～1995年，海域赤潮现象时有发生，但由于通报及时、防范措施得当，故造成的损失较小，而且未出现大面积死鱼现象，有力地促进了沿海水产养殖和捕捞业的发展和社会稳定。

【重点陆源排污口监测监视】 自《海洋环境保护法》颁布实施以来，国家海洋局依法对中国的海洋环境状况实施了有效的调查、监测和监视，结果表明中国近海海洋污染主要来源于陆源污染物排放。为更准确的掌握中国

海洋技术监督
Marine Technological Supervision

综　述
Summary

海洋技术监督是国家技术监督工作的重要组成部分，又是海洋技术管理和海洋技术服务工作。其内容为：依据国家有关的法规、法令政策制定的海洋技术管理、执法的法规性文件和《中华人民共和国标准化法》制定的各类海洋标准及《中华人民共和国计量法》进行的计量监督管理。主要有法定计量单位的贯彻、执行与监督，海洋计量器具的计量监督与检查，计量规程的拟定与施行以及依据《中华人民共和国产品质量法》对海洋技术进行的质量监督与检查。海洋技术监督工作的指导方针是：以质量为中心，以标准化、计量为基础。其目的是通过规范、统一海洋活动的各个环节，提高海洋调查、监测、监视、预报的质量，提高海洋综合管理效能，从而保证海洋开发利用更合理，使海洋资源环境可持续发展，以造福于子孙后代。

1994 年以来，国家海洋局将技术监督工作划归监测服务司管理，加强了海洋技术监督部门的自身能力建设，理顺了各种关系，出台了一系列海洋管理法规性文件和海洋技术标准，并着手建立海洋技术监督和管理体系，使海洋技术监督工作走上了健康发展的轨道。

目前，中国的海洋技术监督工作已初步形成如下格局：国家海洋标准计量中心及青岛、上海、广州 3 个分站，以国家技术监督局专业计量站——国家海洋计量站（分站）的名义，对中国沿海各个海区通过国家级计量监督员实施计量监督与检查，并配置了国家级计量检定标准，对海洋计量器具进行周期检定。此外北海、东海、南海 3 个分局所属的监测中心分别通过了国家级计量认证，向社会提供的数据资料可使用 CMA 标志，具有了公正性和法律效力。

海洋质量控制和管理
Ocean Quality Control and Management

【ISO 9000 系列标准学习和宣传工作】　ISO 9000 系列标准是当今世界最先进的质量管理理论和方法，它的科学性、指导性、规范性和实用性为世界各国所公认。为了逐步与世界先进标准接轨，国家海洋局于 1995 年开始在全局范围开展 ISO 9000 的宣传工作，先后在国家海洋标准计量中心、国家海洋局东海分局、北海分局等就 ISO 9000 系列标准的基本指导思想和具体内容进行了宣讲，局属各单位的各层次部分管理人员参加了学习。

为了更深入掌握该标准的内容和实质、培养人材，国家海洋局主管部门和海洋标准计量中心分别派出人员参加国家技术监督局主办的《95'中国 ISO 9000 应用研讨会》及《ISO 9000 质量认证研讨班》接受培训。

【宣传《产品质量法》】　1994 年国家海洋局组织了《产品质量法》的宣传，分别在东海分局和北海分局举办讲座，参加

近岸海域环境污染的程度、趋势及原因，客观、直观的反映我国沿岸海域环境污染的严重性，国家海洋局于 1995 年组织开展了重点排污口监测监视工作，对全国陆源污染物排放及重点海区陆源污染物排放对近岸海域环境和资源的损害进行了大规模的调查监测监视工作。监测海域包括大连湾、大连市区南部海域、锦州湾、龙口市沿岸、长江口、厦门和深圳大鹏湾以及湛江港邻近海域等。

该项工作由国家海洋局组织，国家海洋监测中心具体负责，各分局具体实施，共有 350 名环境管理、监测和科技人员参加。动用“中国海监”船泊 40 艘次，飞机 6 架次，采集各类样品 3 000 份，获收据 2 万余个，同时摄录环境录象带 500 多分钟，照片 600 余幅。调查检测资料表明，中国近岸海域环境恶化的趋势仍在加剧，控制陆源排污刻不容缓。

【《海洋环境保护法》修改工作启动】　受全国人大环境与资源委员会委托，自 1995 年下半年开始，由国家海洋局牵头，成立了包括农业部、交通部、海军、国家科委、国家计委、国家经贸委、外交部、中国海洋石油总公司、中国石油天然气总公司等单位参加的修改《海洋环境保护法》领导小组，同时成立了修改工作组。在对《海洋环境保护法》执行 13 年来的基本情况进行充分的调研后，修改工作组结合中国海洋环境质量现状，认真研究了国际法、国际公约以及国际社会在海洋环境保护领域的最新成果，收集整理了大量历史资料，对中国现行《海洋环境保护法》进行了修改。《海洋环境保护法》的修改将进一步促进中国海洋环境与资源保护工作的开展，为使海洋经济的发展、海洋资源的开发与海洋环境保护协调发展提供了更加科学的法律依据。

（方晓明）

人员包括高中初级的部分管理人员。通过宣传教育，使产品产出单位明确了自身义务和责任，用法律约束自己的行为，同时从用户的角度了解自已在产品质量方面的权利，使政府有关主管部门了解法律赋予的职能和职责。通过法律教育强化了人们的质量意识，提高了质量道德和控制质量的行为。

【建立健全质量体系】 质量管理，核心任务是建立并实施质量体系。各海洋服务部门通过ISO 9000的学习普遍重视本部门本系统质量体系的建立与健全。按照标准的要求确定质量方针和目标以及质量体系要素，并做到质量体系文件化，编写出适用于本单位的质量手册、各种程序文件与规章制度，使质量管理进一步科学有序。

国家海洋标准计量中心为进一步提高"中国系列标准海水"的产品质量，于1995年着手编写《系列标准海水质量计划》，该质量计划是按ISO 9000的要求编写的，用质量计划控制标准海水的生产，实施"过程"控制。

国家海洋计量站青岛分站编写出"质量管理手册"，修订"质量控制系统"，使其更便于操作。

国家海洋环境监测中心编写了用于海洋监测的"质量管理手册"和"检测方法实施细则"，组建10个专业组和3个管理组，每个组设一名质量监督员，使质量管理与质量保证体系更加完善。1995年7月在大连市召开国家海洋局监测系统工作会议，局主管部门做题为"海洋环境监测质量法的管理工作总结及1995年工作计划"报告，对近年来海洋环境监测质量管理小组的工作及整个监测系统质量水平的提高给予充分肯定。

国家海洋局第二海洋研究所通过完善的质量保证体系的建立与实施，全面推进质量管理，对各种测试数据和报告实行严格质量控制，严格执行监督、审核与评审制度，在面向社会经济建设、开展技术服务中由于有良好的质量保证使用户满意，未发生过质量纠纷。

国家海洋局南海海洋调查技术中心于1995年7月复建后高度重视质量工作，把加强和深化质量管理列入业务技术发展计划，编写出《南海海洋调查技术中心质量管理手册》，将质量保证作为技术市场开发的生命线，在开展对外技术服务中通过高质量的服务在市场竞争中确立了自已的信誉。

南海海洋环境监测中心确立了明确的质量方针，建立并不断完善质量体系，保障调查和检测工作及进行综合评价的科学性、正确性，保证公证性，对所有用户均提供高质量的服务，不受来自行政或其他方面的不良影响。在质量方针的指导下特别重视质理监控。

海洋标准化
Marine Standardization

【综述】 国家海洋局是国家海洋标准化工作的行政管理部门，海洋标准计量中心是国家海洋标准化工作的技术归口单位。几年来，标准化管理工作取得了较大的成就。现已制定和正在制定的国家标准35项，已发布和完成制定的行业标准37项。另外，对有关国际标准和国家标准进行了宣传贯彻，对1990年以前颁布的行业标准进行了清查、整顿，抓紧了对标准的实施监督工作。

【标准的制定工作】 1994年以来已发布、待发布及正在制定的国家标准、行业标准见表1～表3。

表1 待发布和正在制定的国家标准

序号	标准名称
1	海洋地质学术语
2	海洋中阴离子表面活性剂的分光光度测定法
3	海水中镊的原子吸收分光光度法测定
4	海水中苯并(α)芘的层析——荧光光度测定法
5	海水中马拉硫磷的气相色谱测定法
6	海水中甲基对硫磷的气相色谱测定法
7	海洋环境样品中汞的冷原子荧光测定法
8	海洋环境中总α放射性的测定方法
9	船舶水文气象辅助测报规范
10	沿海防潮警戒水位核定方法
11	海洋功能区划指标体系
12	海洋石油开发工业含油污水分析方法
13	海底电缆管道路由勘察技术
14	污水排海管道工程技术
15	海洋工程测绘技术
16	离岸海上平台水文气象环境工程参数技术
17	离岸海洋平台工程地质勘察技术
18	海水水质标准
19	海洋环境质量生物标准
20	海洋环境质量沉积物标准
21	陆源污水管道排海标准
22	中国海岛名称和代码
23	海洋生物名称分类和代码
24	海洋环境监测规范　总则
25	海洋环境监测规范　数据处理与分析质量控制
26	海洋环境监测规范　样品采集贮存与运输
27	海洋环境监测规范　水质分析
28	海洋环境监测规范　沉积物分析
29	海洋环境监测规范　生物体分析
30	海洋环境监测规范　近海污染生态调查和生物监测

表 2　已发布的国家标准

序号	标准编号	标准名称
1	GB/T 14914—1994	海滨观测规范
2	GB/T 15918—1995	海洋学综合术语
3	GB/T 15919—1995	海洋学术语　海洋生物学
4	GB/T 15920—1995	海洋学术语　物理海洋学
5	GB/T 15921—1995	海洋学术语　海洋化学

表 3　已发布和待发布的行业标准

序号	标准编号	标准名称
1	HY/T 028—1993	海洋浊度标准液的配制
2	HY/T 029.1—1993	海洋科学技术研究档案管理规范
3	HY/T 029.2—1993	海洋局系统机关档案业务规范
4	HY/T 030.1—1993	中国极地考察档案分类法
5	HY/T 030.2—1993	中国极地考察档案著录细则
6	HY/T 031—1993	SLC9—2 型直读式海流计
7	HY/T 027—1993	海洋仪器计数抽样检查程序和表
8	HY/T 032—1994	海洋科学文献分类法
9	HY/T 033—1994	海洋科学叙词表
10	HY/T 035—1994	海流计
11	HY/T 036—1994	温度盐度深度综合测量系统
12	HY/T 037.1—1994	海洋资料浮标作业规范　总则
13	HY/T 037.2—1994	海洋资料浮标作业规范
14	HY/T 037.3—1994	海洋资料浮标作业规范　FZS1 型海洋资料浮标
15	HY/T 037.4—1994	海洋资料浮标作业规范　FZF2 型海洋资料浮标
16	HY/T 037.5—1994	海洋资料浮标作业规范　FZS2—1 型海洋资料浮标
17	HY/T 037.6—1994	海洋资料浮标作业规范　资料处理
18	HY/T 029.3—1995	海洋调查观(监)测档案业务规范
19		系列采水器

【标准的宣传贯彻实施与监督】　1.为提高标准制定、修订工作水平，使标准的编写与国际标准接轨，1994 年 10 月 25～29 日，11 月 7～12 日，分别在天津、杭州两地举办了 GB/T1.1—1993《标准化工作总则 标准编写的基本规定》国家标准宣传贯彻学习班。两个班共有学员 48 人，经过考试，均取得了国家技术监督局颁发的“标准化人员资格证书”。

2.《海滨观测规范》国家标准的宣传贯彻。《海滨观测规范》是在全面系统地总结了国内 30 多年海滨观测经验的基础上，吸收了国内外新的科学技术及有关规定编制而成的。它适合中国当前和今后一段时期的海滨观测的实际需要，并有利于新技术新仪器的推广使用。为提高海滨观测人员的技术素质，1995 年 3 月 21～23 日，在上海举办了有 47 人参加的标准宣传贯彻学习班。为实施标准，举办了多期各种类型的新技术培训班。这些活动，使观测技术人员认识到统一海滨观测技术、强调整个观测过程的质量控制的重要性，对台站人员上岗考核并通过验收起到了促进作用。

3.《海洋调查规范》国家标准的宣传贯彻。《海洋调查规范》国家标准是在修改原“海洋调查规范”的基础上，总结了国内 30 多年来的海洋调查实践经验，吸收了国外先进调查方法，积极采用新技术编制而成的。为贯彻实施该标准，近年来国家海洋局东海分局、南海分局、北海分局分别举办了多次该标准的学习培训班，共一百多人参加。通过学习，学员们找出差距，统一了认识，总结了经验，为今后在工作中深入贯彻《海洋调查规范》国家标准打下了良好的基础。

【标准化情报与咨询】　国家海洋标准计量中心承担着海洋标准的制(修)订技术归口管理工作。中心有专门从事标准信息的收集、研究和服务的科技人员。中心标准、文献资料室收集(藏)海洋方面的国家标准和行业标准，资料较为齐全。此外还存有海洋系统用的国家检定规程、国家计量检定系统、国家计量技术规范，这三部分都属国家计量技术法规，与开展标准化工作密切相关。另外，为方便标准化工作中所需用的其他行业的有关标准，资料室还存有一些综合类、仪器、仪表、环境保护、机械电工、电子元器件与信息技术、船舶、化工等专业的国家标准和行业标准。资料室收存的标准、文献的分类均按国家颁布的标准文献分类法划分。为方便用户查找资料备有标准目录。资料室工作人员除负责用户的查询、查阅资料外，还为用户代购、复制该中心未收存的其他标准。

【水处理技术标准化工作概况】　水处理技术的应用在中国已有 30 多年的历史。近年来，随着经济建设的高速发展，其技术应用领域日益广泛，市场竞争日益激烈。

1990 年国家技术监督局发文批复了国家海洋局海洋标准化工作的归口管理范围，其中规定了“苦咸水处理设备”亦在归口管理范围之内。几年来为促进这方面的标准化工作开展，国家海洋局组织有关部门加强了通用技术方法和管理技术标准的制定，并对各生产厂家的企业标准化工作进行了管理和指导。到目前为止，已发布和报批的水处理技术方面的行业标准见表 4。

表 4　已发布和报批的水处理技术行业标准

序号	标准编号	标准名称
1	HY/T 034.1—1994	电渗析技术　术语
2	HY/T 034.2—1994	电渗析技术　异相离子交换膜
3	HY/T 034.3—1994	电渗析技术　电渗析器
4	HY/T 034.4—1994	电渗析技术　脱盐方法
5	HY/T 034.5—1994	电渗析技术　用于锅炉给水的处理要求
6	HY/T 038—1995	GTL—D 型膜孔径测定仪
7	HY/T 039—1995	微孔滤膜孔性能测定方法
8		蒸馏及膜法水处理装置型号命名方法

海洋计量检定
Marine Metrological Examination and Determination

【计量管理技术法规和行政法规】　JJG(海洋)01—89《FZF2,FZS1 型海洋资料浮标传感器》暂行检定规程，于 1993 年进行了修订，以 JJG(海洋)01—94《FZF2,FZS1 海洋资料浮标传感器》发布。修改后的规程更具可操作性，该规程 1994 年 4 月 1 日付诸实施。

国家海洋计量站根据国家技术监督局“关于清理国家计量检定规程的通知”的要求，对已颁布的在海洋计量工作中应用的 12 项检定规程进行了清理。经清理有 11 项规程继续使用，《机械式深度温度计检定规程》因仪器已停产，但仍有部分仪器在使用，故不马上废止。

【建立海洋检测人员上岗资格考核题库】　为实现海洋调查、监测、监视、测绘人员持证上岗，结合对国家海洋局第一、第二、第三海洋研究所检测机构的计量认证，在国家计量认证海洋评审组组织下，编写了海洋检测人员上岗资格考核题库。题库考核范围限定在必备的、基本的、常用的知识和技能。经过初稿、审查、再修改补充、集中修改、终审、存盘等编写过程，到 1994 年底题库完成，并于 1995 年在三个研究所检测机构的计量认证中正式启用。实践证明，其难易程度、形式完全符合实际需要。

整套题库分为 11 个专业 17 部分。它们是：计量基础知识 350 题，水文专业 90 题，气象专业 110 题，地质专业 85 题，地球物理专业 79 题，海洋测绘专业 100 题，工程地质专业 85 题，海洋生物专业 81 题，海洋化学专业 205 题，环境监测专业 86 题，放射性化学 80 题，紫外、可见、红外吸收分析 14 题，原子吸收分析 40 题，电化学分析 36 题，荧光分析 32 题，色谱分析 38 题，合计 1 411 题。题库现建在标准计量中心。上述三个研究所已有约 400 人通过此题考核取证。该题库将为实现海洋检测人员考核制度化奠定基础。

【建立海洋计量检定人员考核题库】　海洋计量检定人员必须经过理论与操作考核合格，取得计量检定员证书后方可持证上岗执行计量检定测试任务。为提高计量检定人员理论水平和操作技能、保证对计量检定人员的考核质量、维持计量检定人员理论、操作考核的连续性与一致性，按国家技术监督局要求，国家海洋计量站组织编写了《海洋计量检定人员考核题库》。

题库含温度、深度、气压湿度、风速风向、海洋化学、流速流向和波浪潮汐 6 部分。每部分有填空、选择、问答、计算 4 类题，容量达 120 余题，6 部分共含 720 余题。

该题库于 1995 年 2 月通过审查，经国家技术监督局审核批准做为 1995 年国家海洋计量站计量检定人员考核试题集，拟考核后进一步补充完善，报国家技术监督局，待适当时候纳入全国计量检定人员考核题库。现题库建在标准计量中心。

【国家海洋局第一、第二、第三海洋研究所的检测机构获国家计量认证合格证书】　国家海洋局第一海洋研究所海洋环境测试中心、第二海洋研究所检测中心、第三海洋研究所海洋监测技术中心于 1995 年 9 月经国家技术监督局批准，获颁国家级计量认证合格证书。

国家海洋局第一、第二、第三海洋研究所是国家海洋局所属的三个综合性海洋科学研究机构。除从事海洋科学研究外，还从事海洋调查监测、海洋环境评价，为海洋工程建设、海洋综合管理、海上技术仲裁等提供海洋环境数据的活动。

经计量认证正式评审后填写的“计量认证评审报告”报国家技术监督局审核批准后，颁发计量认证合格证书。第一海洋研究所海洋环境测试中心的证书号是 95 量认国字 Z1317 号，认证项目有 14 类 134 项。第二海洋研究所检测中心的证书号是 95 量认国字 Z1318 号，认证项目 12 类 340 项。第三海洋研究所海洋监测技术中心的证书号是 95 量认国字 Z1319 号，认证项目为 9 类 118 项。证书生效期自通过计量认证正式评审之日起，有效期为 5 年。至此，这 3 个单位具有向社会出具公证数据的资格，具有使用 CMA 国家计量认证标志的权力。他们出具的带 CMA 标志的数据，可用于海洋事务管理、海事技术仲裁、科技成果鉴定、海洋环境评价、海洋工程等，具有法律效力。同时他们有保证出具数据公正、准确、可靠的义务，并接受国家计量行政部门的计量监督。

【国家海洋计量站及其分站计量标准和计量授权情况】

按国家专业计量站管理办法，国家海洋计量站的计量标准需经国家技术监督局考核，取得计量标准合格证书方可使用。1994 年国家技术监督局委托天津市技术监督局对国家海洋计量站的计量标准复核。1995 年国家技术监督局授权国家海洋计量站代表国家技术监督局对 3 个分站的计量标准考核和计量授权复核检查，3 个分站取得计量标准合格证书和计量授权证书。国家海洋计量站及其 3 个分站拥有的计量标准和持有的各种证书状况见表 5、表 6。

表5 国家海洋计量站及其分站计量标准情况一览表

单位	国家海洋计量站	青岛分站	上海分站	广州分站
计量标准名称	颠倒温度表检定装置	颠倒温度表检定装置	颠倒温度表检定装置	颠倒温度表检定装置
计量标准证书	(88)国技量海洋证号第005号	(90)国技量海洋证号第010号	(90)国技量海洋	(90)国技量海洋证号第022号
范围	−2～90℃ 0.5～120MPa	−2～65℃ 0.5～60MPa	−2～65℃ 0.5～60MPa	−2～65℃ 0.5～60MPa
不确定度	±0.02℃ ±0.1%	±0.015℃ ±0.1%	±0.015℃ ±0.1%	±0.015℃ ±0.1%
检定项目	颠倒表、表层水温表气象用温度表、温度	颠倒表、温度压压力传感器	颠倒表、温度压力传感器	颠倒表、温度压力传感器
计量标准名称	盐度标准装置	海水盐度计检定装置	海水盐度计检定装置	海水盐度计检定装置
计量标准证书	(88)国技量海洋证号第001号	(90)国技量海洋证号第008号	(90)国技量海洋证号第013号	(90)国技量证号第019号
范围	2～42	2～42	2～42	2～42
不确定度	±0.001	±0.003	±0.003	±0.003
检定项目	标准海水盐度计	盐度计	盐度计	盐度计
计量标准名称	船用pH计检定装置	船用pH计检定装置	船用pH计检定装置	船用pH计检定装置
计量标准证书	(88)国技量海洋证号第004号	(90)国技量海洋证号第007号	(90)国技量海洋证号第0016号	(90)国技量海洋证号第018号
范围	2～14	2～14	2～14	2～14
不确定度	±0.005	±0.005	±0.005	±0.005
检定项目	pH计	pH计	pH计	pH计
计量标准名称	温度深度标准装置	MBT检定装置	海流计检定装置	海流计检定装置
计量标准证书	(88)国技量海洋证号第003号	(90)国技量海洋证号第023号	(90)国技量海洋证号第015号	(90)国技量海洋证号第029号
范围	−2～35℃ 0.1～60MPa	−2～40℃ 0～2.5MPa	0～12m.s^{-1}	0.006～6.5m.s^{-1}
不确定度	±1mk ±0.05%	±0.04℃ ±0.25%	±1%	±1%
检定项目	STD.CTD及其他温.深传感器	MBT、其他温度压力(深度)仪器	旋杯式、旋桨式海流计	旋杯式、旋桨式海流计
计量标准名称		水文气象温度表检定装置	水文气象温度表检定装置	水文气象温度表检定装置
计量标准证书		(90)国技量海洋证号第025号	(90)国技量海洋证号第026号	(90)国技量海洋证号第024号
范围		−30～300℃	−30～300℃	−30～300℃
不确定度		±0.062℃	±0.062℃	±0.062℃
检定项目		表层水温表、各种气象用温度表、船舶气象仪及浮标温度传感器	表层水温表、各种气象用温度表、船舶气象仪及浮标温度传感器	表层水温表、各种气象用温度表、船舶气象仪及浮标温度传感器
计量标准名称		二等气压标准装置	二等气压标准装置	二等气压标准装置
计量标准证书		(90)国技量海洋证号第009号	(90)国技量海洋证号第011号	(90)国技量海洋证号第020号
范围		500～1 070hPa	500～1 070hPa	500～1 070hPa
不确定度		±0.15hPa±0.17hPa	±0.15hPa±0.17hPa	±0.15hPa±0.17hPa
检定项目		水银气压表、空盒气压表、浮标气压传感器	水银气压表、空盒气压表、浮标气压传感器	水银气压表、空盒气压表、浮标气压传感器
计量标准名称		轻便风速表检定装置	轻便风速表检定装置	轻便风速表检定装置
计量标准证书		(90)国技量海洋证号第006号	(90)国技量海洋证号第014号	(90)国技量海洋证号第017号
范围		0～30m.s^{-1}	0～30m.s^{-1}	0～30m.s^{-1}
不确定度		±2.6% ±1.6%	±2.6% ±1.6%	±2.6% ±1.6%
检定项目		轻便风速表、通风干湿表、小型风速传感器	轻便风速表、通风干湿表、小型风速传感器	轻便风速表、通风干湿表、小型风速传感器
计量标准名称		湿度表检定装置	湿度表检定装置	湿度表检定装置
计量标准证书		(95)国技量海洋证号第031号	(90)国技量海洋证号第027号	(95)国技量海洋证号第030号
范围		10%～100%	10%～100%	10%～100%
不确定度		±2.5% (R.H)	±2.5% (R.H)	±2.5% (R.H)
检定项目		毛发湿度表、毛发湿度计	毛发湿度表、毛发湿度计	毛发湿度表、毛发湿度计

表 6 国家海洋计量站及其分站计量标准情况汇总表

单位	国家海洋计量站	青岛分站	上海分站	广州分站
计量检定员人数及项目总数	12 人持 17 项	15 人持 31 项	13 人持 28 项	22 人持 36 项
社会公用计量标准数项	4 项	52 项	5 项	5 项
国家技术监督局计量授权证书号	国计授(1991)第 00008 号	国计授(1991)第 00055 号	国计授(1991)第 00056 号	国计授(1991)第 00057 号
科技成果检测鉴定国家级检测机构授权证书号	科鉴认字第 103 号	国科鉴认字第 123 号	国科鉴认字第 117 号	国科鉴认字第 131 号
授权项目	颠倒表、表层表、MBT、盐度计、海流计 pH 计、STD、CTD 浮标传感器	颠倒表、表层表、MBT、盐度计、pH 计船舶气象仪、浮标传感器	颠倒表、表层表、盐度计、pH 计、海流计、船舶气象仪、浮标传感器	颠倒表、表层表、盐度计、pH 计、海流计、船舶气象仪浮标传感器
计量监督员人数	4 人	5 人	4 人	2 人

由于持有上述计量标准合格证书和计量授权证书，国家海洋计量站及其分站具备了对海洋工作计量器具依法管理和依法检定的资格，具备了对研制、生产、销售、使用海洋计量器具的单位及个人实施计量监督的权力和义务，同时也承担了维护海洋学、海洋环境要素的计量单位制统一和量值准确可靠的义务。

【国家海洋计量站 3 个分站的计量标准装置复(考)核工作】 根据《计量法》和《专业计量站管理办法》并按 JJG1033－92《标准考核规范》的规定，1995 年对 3 个分站已建立的 24 项标准装置进行了复核换证工作。另外为解决海流计、风速仪计量检定工作的需要，对分站新申请的 3 项标准装置进行了考核。它们是上海分站申请的海流仪计量标准装置、广州分站申请的海流计明渠水槽计量标准装置和风速仪计量标准装置。

为完成对计量检定人员的考核，计量站建立了一套《计量检定人员上岗考核题库》。按计划组织了考核小组，于 1995 年 9～10 月按考核规范 4 个方面 14 条的要求，进行考核。经过考核有 23 项标准装置通过，1 项废止，新建 3 项标准亦通过了考核，已报国家技术监督局审核，以便更换和下发标准装置证书。

【国家海洋局 4 个监测中心计量认证检查获得通过】 国家海洋局环境监测中心实验室和 3 个分局监测中心于 1993 年获得国家技术监督局颁发的计量认证合格证书。根据计量法实施细则和国家技术监督局技监呈发[1991]55 号《对已取得计量认证合格证书的检测机构进行监督检查的若干规定》，国家计量认证海洋评审组受国家技术监督局的委托，组织了 4 个检查组分别于 1995 年 9～10 月对以上 4 个单位实施了计量监督检查。辽宁、山东、上海、广州技术监督部门派员参加了有关单位的检查。

4 个单位自通过计量认证以来，有了明显变化，数据质量有了提高，人员持证上岗，质量管理手册运行良好，一套规章制度的建立使业务工作更加标准化、程序化，保持了认证时的水平，顺利通过了检查。

【JCA1－1 型验潮仪(水位计)检定设备研制成功】 水位、潮汐是重要的海洋环境水文要素，尤其对海洋工程、海洋资源的开发利用、海洋环境和灾害预报以及国防建设更是重要的参数。国内目前广泛应用的有浮子式水位计、压力式水位计、声学式水位计。为保证水位和潮汐观测资料量值准确可靠，填补中国水位仪器测量标准装置的空白，国家海洋局已将该检定装置的研制列入“八五”重点项目。国家海洋标准计量中心经过 3 年多努力，于 1995 年正式完成，并按国家科技成果鉴定办法的要求，于 1995 年通过了局级鉴定。该设备可对浮子式、声学式、压力式和自容式等各类水位计(验潮仪)进行检定测试评价。鉴定认为“检定设备在水位测量准确度、CCD 观测系统及检定仪器的种类广泛性等方面，处于国内领先水平”。现正申请建立国家计量标准装置。

【国际实用盐标的复现设备和 KCl 标准溶液制备工艺研究】 为了完善盐度量值传递，建立和复现国际盐度基准并生产国家一级标准海水，逐步替代进口国际标准海水，国家海洋局将“KCl 标准溶液制备工艺研究和建立复现设备”课题列入“八五”重点课题之一。

从 1991 年起经过 3 年多努力，建立了完整的复现 PSS78 的实验室系统，制定了一套 KCl 标准溶液的制备工艺及确定了验证方法，能够准确地配制 KCl 标准溶液。

1995 年 6 月按国家科技成果鉴定办法的要求，召开了局级鉴定会。经过检测和会议鉴定，认为配制 KCl 标准溶液的浓度指标优于原订技术指标。准确度用国际标准海水重新定值法验证，误差优于原订指标，重复一致性也达到了要求。认为制备工艺符合复现 78 实用盐标的要求，填补了中国该项研究的空白。KCl 标准溶液相对电导率测定准确度达到了国际水平，为中国建立盐度基准打下了良好的基础。

(张嫦娥　赵维三　王恒慧　秦嗣仁　杨哲玲)

海洋公益事业篇

Marine Public Welfare Facilities

运行，模式运行稳定，预报结果平均误差为0.7℃。另外，青岛海洋大学研制的短期渤、黄海三维温流耦合模式及近海异常海温预报模式有了突破性进展，可视为这方面研究的又一里程碑。其二，海温分析预报产品发布形式灵活多样，不仅有海况速报，还有大面积旬预报。海洋局各分局所属预报台、中心站也相继开展了责任区的海温分析预报，并以多种方式向社会公众提供服务，取得较好的社会与经济效益。

海冰预报研究 渤海和黄海北部海冰预报是灾害性海洋预报项目之一。为提高预报的准确度和自动化水平，海冰数据库建设列入"八五"国家科技攻关项目。经过专题组的努力，已建成了ACCESS关系数据库管理系统，并可使用WINDOWS操作系统上的各种功能。该库已经在实时预报中发挥了作用，预报准确率也明显提高。另外，经"八五"攻关专题组科研人员的努力，又建立了冰与海洋混合层耦合模式，新模式比原模式分辨率高，同时预报时效也比原模式长，预报产品已直接服务用户，也通过中央电视台向公众播放。

为保障南极科考活动的顺利进行，海洋环境预报中心极地室承担了南极海冰的预报任务。经过"八五"期间的努力，克服种种困难，目前已初步建成南极海冰立体监测系统，建立了海冰历史资料数据库和卫星云图库，研制成功了改进了的WINDOWS系统下的卫星遥感接收处理系统，可将中山站现场接收云图和冰图随时向船上提供，为安全导航提供了可靠依据。同时建立了以统计学为主的南极海冰长期预报技术，开始发布南极海冰长期预报。

海洋气象预报 海浪、海流、风暴潮等海洋环境要素的预报期待着海洋气象预报准确度的提高。海洋局的预报系统也从事海洋气象预报。

近三年，短期气象预报方法有较大进展：预报中心对已有的五层模式进行了改进并耦合了一个二层边界层模式，作海面风预报；在预报中心运行的南京大学研制的海面风场数值预报系统是"八五"国家科技攻关85—903项目的专题之一。整个系统的先进性、实用性达到90年代初的国际水平；同属85—903项目专题之一的台风风场预报系统是预报中心承担的。其模式提供的风场预报，是海浪、风暴潮模式输入的强迫力场，而台风路径的预报达到国际先进水平。

近年来，中、长期海洋天气预报方法不断发展，其中数值预报产品的天气学、统计学应用，在提高预报准确度和延长预报时效方面作用显著。预报的主要内容是灾害性海洋天气和天气系统，预报时效有旬、月和台风年展望，预报受到有关部门的重视和欢迎。

远洋航线预报 预报范围遍及太平洋、印度洋、大西洋的远洋航线预报是预报中心最具特色的预报项目，预报组曾为远洋锰结核调查、黑潮调查、世界大洋环流试验、南极考察等海上活动提供预报服务，保证了航行安全。这期间，初步建立了远洋预报的自动化系统。他们重视远洋航线灾害性天气特征以及南极地区气候特征的分析研究，这些研究成果在历次考察关键时刻的灾害性天气系统的预报中都起到了重要作用，保证了科学考察的顺利进行。 （王喜年）

风暴潮预报
Storm Surge Forecast

【风暴潮灾害】 风暴潮灾害历来为中国海洋灾害之首，近年来日趋加重。据不完全统计，1993～1995年，中国沿海共发生了13次较大风暴潮灾。其中1993年5次，直接经济损失84亿元，死亡和失踪132人；1994年4次，经济损失193亿元，死亡1 248人；1995年4次，经济损失84亿元，死亡与失踪108人。其中特别要提到的是94年8月21日发生在浙江省温州市沿海的9417特大风暴潮灾，此次灾害发生时正值当地农历天文大潮期，由于17号台风登陆，风助潮势，潮借风威，造成浙江省沿海百年不遇的罕见特大潮灾。据调查，浙江省10个地市的1150万人口遭灾，温州市区沿瓯江一带地区水深达1.5～2.0m，龙湾区水深达2.0～3.0m；瑞安、永加、乐清县（市）沿海地区潮水深达1.5～3.0m；位于瓯江口的七都岛、江心屿、灵昆岛均被潮水淹没，岛上水深2.0～3.0m；海水淹没最严重的岸段为瑞安至乐清沿海一带，淹没范围一般为沿海1km的地带，最大的在瑞安飞云江北岸，进水达7km。这次潮灾浙江省死亡1 216人，经济损失124.4亿元，为建国后罕见的大潮灾。

上述的13次较大风暴潮灾，国家海洋预报台及地方省市各级海洋预报区台均及时准确地发布了风暴潮预报、警报，特别是近年发展起来的海洋监测预报系统，在大灾来临时，迅速有效地发挥了监测、预报、传递的功能，将灾害损失减少到最低水平。

随着沿海改革开放的迅猛发展，各沿海省市都加强了对海洋灾害的预报，除原有的青岛、上海、广州、海口4个海洋预报区台外，这几年厦门、北海、温州相继成立了市级海洋预报台，为当地政府提供风暴潮、海浪、海温等海洋预报。

【风暴潮数值模式研究】 为提高上述区域性海洋预报区台风暴潮预报精度，"八五"后期，国家海洋环境预报中心将"八五"科技攻关课题"区域性风暴潮数值预报业务化系统研究"成果分别移植到各预报区台，该课题针对各预报区台负责的海域，将预报中心王喜年、尹庆江等研制的台风风暴潮预报模式进行改进、完善，又经大量的模拟和实时预报检验，并把中国沿海分为5个预报区域，提供给各预报区台使用。该模式有以下几个特点：(1)计算域足够大，把岸边风暴潮严重岸段放在计算域中间，使其受由于水边界条件给出的难以足够准确而产生的对风暴潮的影响尽量减少。(2)经检验模式中所采用的气压场和风场计算方法，对登陆和影响中国沿海的强台风能给出相当准确的结果，而能引起显著风暴潮并造成灾害的也多是这类台风。(3)模式中的各种参数,如风曳力系数、底摩系数、风速计算中的系数,一经确定,不论模拟和预报都不再做调整,减少人为性,保证模式预报的科学性并便于操作。(4)模式计算结果,既有打印输出,也可将其结果图形化,同时还可使模式边计算边屏幕动态显示计算结果,以便预报人员在预报中随时监视风暴潮的变化。

中美双边科技合作的"SLOSH"飓风风暴潮数值预报模式,经过近 10 年双方专家的合作研究,到 1995 年为止,已建立了覆盖整个中国海的 5 个 SLOSH 计算区域,并先后在预报中心计算机上实现了模式预报的业务化。这个模式能计算海水淹没陆地的范围,并对登陆或影响中国沿海的多次显著风暴潮进行了模拟,已在中国防灾预报以及某些海岸工程风暴潮设计参数的计算中发挥了作用。从对多次台风进行实时预报检验的结果看,只要输入模式的预报参数足够准确,模式的预报结果是可信的。杭州湾计算域已推广到上海海洋预报区台使用。

"八五"期间,中国科学院和国家教委科研院所承担的"风暴潮预报模式"研究也都通过了国家验收。

【风暴潮数据库】 国家"八五"科技攻关的另一重要课题,"风暴潮预报产品数据库"于 1995 年 11 月通过专家验收,成为风暴潮灾害预报的重要手段之一。风暴潮数据库是将国家海洋环境预报中心 20 多年来在实际预报中所用到的,沿海近百个站建国后的验潮资料和近年来发展起来的包括数值预报在内的一整套预报技术,通过数据库有机地结合起来,摒弃以往的人工检索和计算,达到实时预报中所需的各种图表及预报产品自动化。

目前预报中心建成的风暴潮数据库,开发了大型机和微机两套系统,库中主要内容有:(1)实时资料库;(2)预报产品库;(3)台风数据库;(4)潮灾天气图库。库中的各项功能均以菜单形式显示,操作实行人机对话,根据屏幕提示,用户可方便地获得库中各种信息及相应的图表。目前该库已在实时预报、科研和生产实践中日益显露出巨大的活力,近年来已给使用单位提供各种预报单近千份,并为数值预报模式研制和开发提供可靠的验证资料,与此同时为生产部门提供了多方面的资料查询、工程计算、环境评价等服务。不仅如此,它还成为每年海洋灾害公报以及各类国家级技术报告编写的最可靠的历史资料查询库,特别在每年的灾害性风暴潮实时预报中更显出不可低估的威力。可以预见"风暴潮预报产品数据库"将成为对外开放的国家级数据库,以更好地满足预报、科研以及工程计算等各方面的需要。 (叶 琳)

海浪预报
Sea Waves Forecast

【海浪预报概况】 1993～1995 年,由国家海洋环境预报中心、广州、上海、青岛和海南海洋预报台及 1995 年新建的厦门和北海海洋预报台一起,组成了中国海浪预报系统;特别是经过"八五"国家重点科技攻关,85—903—01 和 04 课题的研究人员已将 75—76—01—01 专题由文圣常院士等研制的"新型混合型海浪数值模式"和袁业立院士等研制的"LAGFD 区域性海浪数值模式"分别在该海浪预报系统的计算机上,建成了灾害性巨浪数值预报业务化系统。

【海浪数值预报系统的业务化】 国家海洋环境预报中心海浪组将青岛海洋大学文圣常院士等主持的海浪数值预报(即 75—76—01—01 专题)成果与实时预报气压场资料、"海上风的数值模式"三者构成的一种巨浪数值预报方法,在国家海洋环境预报中心的计算机系统上组装成灾害性巨浪数值预报业务化系统。经近 3 年准业务预报检验及改进与完善,于 1993 年 6 月进入国家海洋预报台的准业务预报;经再度检验,并将 75—76—01—01 专题的后报范围 15°～45°N、105°～155°E,扩大到 10°～45°N、105°～155°E,采用 1°×1°网格,1994 年 7 月进入实时业务预报。已对 1994～1995 年 47 次台风浪和 5 次冷空气的巨浪过程进行了数值业务化预报。其中部分数值产品曾在中央电视台午间新闻播出。在 9507 号台风浪袭击东海前,8 月 22 日和 23 日直接向正在东海作业的美国 TCBV(德士古)石油公司传输数值预报产品;其余过程的 0～52 小时的数值预报产品与常规预报产品的综合结果一起,在中央电视台和中央人民广播电台播发。这些数值预报产品,已收到显著的社会和经济效益,在中国防灾减灾中发挥了重要作用。

1995 年先后将该海浪数值预报成果在广州、上海和青岛等 3 个海洋预报区台的工作站的 UNIX 系统上、海南区台的微机 DOS 系统上各组装了一套灾害性巨浪数值预报系统,供日常业务预报使用。

对 1994～1995 年 46 次台风浪过程进行的 18 次大面积数值预报检验,该系统波高不小于 4m 24、48 和 72 小时的综合预报误差(含风的预报误差)分别为 30.3%、35.2%和 36.9%,波高不小于 6m 24、48 和 72 小时的综合预报误差(含风的预报误差)分别为 21.5%、28.0%和 31.6%。

【灾害性海浪客观分析、四维同化和数值预报产品的研制】 它是文圣常院士等主持的 85—903—03—01 专题的研究内容,研制新的海浪模型,仍采用 75—76—01—01 专题提出的"新型混合型海浪数值模式"并加以适当改进;重点解决模式的初值处理,利用船舶报、岸站和浮标海浪观测等常规资料研制的客观分析和四维同化方法及软件已编入预报系统;利用卫星遥感海浪资料的客观分析和四维同化方法为技术储备而未并入预报系统。对 1994～1995 年 46 次台风浪过程进行 10 次的大面积数值预报检验,该预报系统的综合预报误差较"七五"研制的预报系统下降 4%。

【海浪预报产品数据库】 国家海洋环境预报中心海浪组研制的 85—903—05—04 专题"海浪预报产品数据库"于 1995 年 11 月 29 日通过了国家科委和国家海洋局

的验收。

海浪预报产品数据库的研究内容、关键技术包含以下几个方面：

1. 海浪图形的输入、输出，图形的显示与调用，无资料海区的补值处理，入库资料的系列化标准化处理和质量控制。

2. 建立了可供预报人员和科研人员随时使用的历史海浪图形数据库。由于采用底图与要素值分离的先进技术，使总容量为150兆字节，减少到15兆字节的库容量，节省了磁盘空间，提高了查询速度。

3. 建立了近海多海区(6个)、多站位(最多的155个)海浪数据库，并应用ORACLE数据库管理系统进行数据管理。

4. 建立了应用ORACLE数据库管理系统管理的日本沿岸站海浪资料数据库(36个站)，填补了国内这部分海浪资料的空白。

5. 建立了历史上灾害性海浪个例文字记录库，并已应用于许多课题的研究。

6. 完成了4个子库两个操作系统(DOS和UNIX操作系统)的连接和应用程序的编制工作。

该系统的建立，解决了海洋灾害预报中急需历史资料检索的问题。并可按用户需要输出各种产品，为改进统计预报模式和数值预报模式的性能提供可靠的基础。

该系统目前还需要进一步完善数据库的功能，并不断补充新的资料。 (杨春成 许富祥)

潮汐潮流预报
Tide and Tidal Current Forecast

【潮汐预报】 1993～1995年，中国已有国家海洋局、水利部、交通部和海军等所属各预报部门编制出版各种潮汐预报表或发布潮汐预报。

国家海洋信息中心，目前出版第一至第六册潮汐预报表。前三册为中国沿海各港的潮汐预报，后三册为世界主要港口的预报。随着中国沿海地区的开发和海上经济活动的日益频繁，这三年出版的第一至第三册中国沿海各港天文潮预报是用一年实测潮位资料，采用潮汐准调和分析方法，116个分潮进行预报。预报的港口和站点188个，其中有71个站点是逐时整点的预报，这三册潮流预报站点共19个。

为了满足远洋运输、远洋渔业生产的需求，海洋信息中心编制了世界大洋潮汐潮流预报表，分为太平洋及其临近海域、印度洋沿岸(含地中海)欧洲海域和大西洋沿岸及非洲西海岸等海域，共313个港口的潮汐预报，还有按海区划分的潮流预报。

水利部水利信息中心(原水文水利调度中心)与上海计算中心合作，用一年实测潮位资料，采用调和分析法，139个分潮进行预报，从1994年起出版水利部所属部分验潮站潮汐表，共预报16个站点。1995年扩大到46个站点，绝大部分是水利部所属的验潮站。

交通部上海海上安全监督局(原上海航道局)用63个分潮分析的潮汐预报，预报长江口和黄浦江流域共21个站点，并预报长江口的潮流，为海上运输和内河航运服务。

中国人民解放军海军司令部航海保证部从50年代初开始编制出版以军港为主的潮汐表，近3年预报93个港口和站点，其中逐时整点的预报站点有13个。

国家海洋局海洋环境预报中心从70年代起就为各省市防汛指挥部门和当地验潮站提供预报服务。用电子计算机运算后直接输出打印成各站全年逐时整点潮汐预报表。90年代预报中心与青岛海洋大学黄祖珂教授合作，用170个分潮进行潮汐预报，到1995年已能预报140多个站点。并用最新年份的调和常数或受天气系统影响较小的年份调和常数作潮汐预报，该可靠的天文潮预报是风暴潮预报中的必备资料。

【潮流预报】 国家海洋局第一海洋研究所修日晨等经过多年研究编制出版渤海、黄海Ⅰ型和Ⅱ型潮流场永久预报图，经过多次与传统预报结果比较检验和多次现场实践检验，基本方法是把实际潮流的类型分布与变化，分为两种典型潮流场，一是引潮天体位于赤道及其附近时的流场(Ⅰ型流场)，二是引潮天体偏离赤道足够远时的流场(Ⅱ型流场)，然后以星下点处的引潮力为预报参数分别计算编制定时的实时潮流场永久预报图。该图集与相应的潮流场预报表配合使用，可供海防军事、海洋交通运输、海洋工程、海洋渔业、海上救助、海洋资源开发、海洋研究、管理等部门应用。

海洋信息中心每年编写“中国海洋环境年报”，年报中概述当年潮汐潮流特征值和变化状况，并预测翌年潮汐潮流变化状况，为国民经济部门和决策机构提供依据。

【海平面变化】 年平均海面值和多年平均海面值是潮汐的重要特征值之一，这几年许多研究机构把海平面变化列为重要研究课题。海洋信息中心现每隔两年编写出版《中国海平面公报》，就是为有关部门报告海平面的变化状况和提供海平面变化预测服务。

潮位中当地警戒水位的确定是各地防潮标准最基本的，也是预报灾害性风暴潮的基础。到1995年各地防潮警戒水位确定的工作均按预定计划进行。海南省海洋局最早完成该省沿海各港口警戒水位的确定。然后东海分局厦门管区对厦门沿海各港，北海分局对山东省沿海各港，东海分局对江苏省沿海各港已相继确定其警戒水位值，并逐步在实际预报中应用。 (陈祥福)

海温预报
Sea Surface Temperature Forecast

【海水温度分析和预报】 1993～1995年，中国的海水温度分析预报工作在“七五”研究工作的基础上有了新的进展，数值预报模式不断完善，日常的海温分析预报业务州、厦门、泉州、漳州、莆田五个地级市辖区，是国家确立的七大重点规划区域之一，也是党的十四大确定要如快发展的重点地区。闽东南地区面积4.2万km^2，人口2 000万人，与台湾3.6km^2、人口2 100万人规模相近，是福建经济发展最快、基础最雄厚、外商投资最密集、政策最优惠、条件最优越的地区。为尽快缩小海峡两岸差距，加快全省对外开放和外向型经济的发展，省委、省政府提出要通过超常规、跳跃式、大跨度发展，使闽东南地区迅速崛起成为海峡西岸经济繁荣的开发开放地带，并带动全省经济的全面振兴。

【厦门经济特区】 1993～1995年厦门经济特区抓住机遇，加快发展，在社会主义市场经济体制改革方面又上新台阶：(1)基本确立了分税制财政体制，分设了国家和地方税务机构，以增值税为主体的新税制运行正常，财税改革取得阶段性成果；金融体制改革进一步促使专业银行向商业银行转化，新旧外汇体制平稳接轨，汇率并轨，取消外汇流程制，调动外贸企业进出口积极性，调整了粮食、成品油等主要商品价格，进一步理顺了比价关系；(2)综合改革取得较大进展，出台了转换国有企业经营机制的试行方案，初步形成了国有资产营运与管理体系结合，厦禾路旧城改造，把所涉及的52家工厂调整为28个项目进入枋湖工业区，在一些重点项目上实施企业法人负责制；(3)社会保障制度等配套改革取得一定程度的进展，职工养老、失业、工伤保险的暂行规定已出台施行，市场体系建设也有新的进展；(4)特区立法工作有了良好开端。1994年是厦门取得立法权的第一年，在积极慎重的原则指导下，市人大常委会共审议通过了5个法规8个规章，包括《厦门市环境保护条例》、《厦门象屿保税区条例》、《厦门市台湾同胞投资保障条例》等法规，对厦门的发展起到了积极的促进作用。厦门经济特区进一步扩大对外开放，努力改善投资环境，外商投资企业已成为特区外向型经济发展的重要力量。外商投资呈现如下特点：投资结构日趋合理，投资项目以生产型为主，大项目和高新技术项目引进仍呈强劲趋势，投资房地产项目下降明显等。

1993～1994年，厦门经济特区对外贸易又有新发展。进出口总额逐年递增，1993年为40.95亿美元，1994年达56.50亿美元，其中外贸出口总额分别为17.43亿美元和33.9亿美元。

1994年国务院明确海沧100km^2由厦门市统一规划，对外招商，海沧开发享有特区现有政策。6月江泽民总书记视察海沧时，提出要把海沧建设成为吸引台商投资、包括其他国家和地区投资的中心，办成以高新技术为支柱的重要开发区。从此，海沧进入以科学规划为龙头、以基础设施建设为重点、以引进现代化工业为突破口、以创新体制为核心进入了全面开发的阶段。截止1994年底，海沧共累计引进项目28项，投资总额为10.3亿美元，其中利用外资6.2亿美元，实际到资2.6亿美元，已有11项工业项目开工建设。

【福州经济技术开发区】 福州经济技术开发区经过十来年的建设，综合经济实力大大增强，在开放政策、机构改革、保税区建设、科技园建设、第三产业发展和财政收入方面都取得很大成绩。1992年11月19日国务院正式批准在马尾设立福州保税区。保税区规划面积1.8km^2，首期开发的0.8km^2划分为国际贸易区、仓储加工区、出口加工区和保税港区4个功能小区。1993年1月国务院又批准快安投资区为福州经济技术开发区的延伸区，使开发区面积由4.4km^2扩大到10km^2。目前又完成了开发区和马尾区"两区合一"的机构设置工作，新成立的两区合一机构已正式挂牌对外办公。

1992年6月国家科委正式授牌由马尾、洪山、仓山科技园组成的福州科技园区为"国家高新技术产业开发区"。至1994年底，马尾科技园区已拥有40多家高新技术企业，总投资累计达6亿多元，已开发新品158项，其中有7项被列为国家级火炬计划、19项列为省级火炬计划，有41项获省(部)市级科技进步奖，63项通过省部级鉴定。其中达到国际水平的18项，国内首创的6项，有39项达到国内先进水平，1994年马尾科技园区完成工业产值7亿元，增长35%，实现利税5 037万美元，出口交货值797万美元，增长近一倍。 (郑小衍)

沿海海洋环境保护
Coastal Marine Environmental Protection

【海洋环境状况】 目前，福建省近岸海域环境状况总体较好，局部海域受到污染，其污染源主要来自工业、生活、农业、港口船舶等方面排放的废水。

沙埕港 位于闽浙交界处的沙埕为东西北方向狭长深入内陆的典型溺谷型基岩港湾，湾口有南关岛、老鼠埕屏障，风浪小。沙埕湾目前水质较好，达Ⅱ类海水水质，部分站点无机磷、无机氮超标可能是沿海乡镇大量使用化肥和生活污水排人的缘故。但其底质重金属含量较高，超标较严重，尤其是过洋坪、邵厝总汞为0.415mg/kg和0.372mg/kg，超标一倍。

三沙湾 三沙湾是全省最大的天然良港，同时也是海洋生物栖息繁衍的理想场所。水质目前较为良好，主要超标项目有无机磷、无机氮，宁德后湾和碗窑海水中石油类含量发现超过海水Ⅱ类标准10.10mg/l。底质监测未见异常。除个别点位油污染外，无重大污染源，水质较好。

闽江口区 闽江口区指北起黄岐半岛及其南面的定海湾，南至福清湾以北的松下港，及福州城门下的闽江沿岸到闽江口。闽江口区的污染物主要是由闽江所携带。该区域自净能力强，水质除无机氮超海水Ⅲ类标准外，其余均能达到Ⅰ类。底质监测结果表明，闽江口的川石——梅花区域，总汞含量最高(均值0.112mg/kg)，铅和DDT也有所超标。生物体内污染物含量均未超标。由于闽江口开阔，自净能力强，除无机氮超Ⅲ类，其余项目均达Ⅰ类海水水质标准。

湄洲湾 湄洲湾是天然大型深水良港，属半封闭海湾，其自净能力较差。湄洲湾沿岸目前工业污染源较少，水质除无机氮项目Ⅱ类外，其余均能达到Ⅰ类标准，底质监测均未见异常。该区域环境问题主要应是船舶码头排污。目前水质基本能达Ⅱ类海水水质。

泉州湾 泉州湾的特点是口阔底浅，水域面积大，水体交换好。泉州湾水质超标最为严重的主要是无机氮，超Ⅲ类水质标准，这主要是由于晋江水土流失将大量农业污染物带入的原因。石油类也发现超标，潮间带底质中，铅部分点位超标，浅海中生物与底质均未超标。泉州湾主要除水土流失造成营养盐超标外，其余均能达到Ⅰ类水质。

厦门海区 厦门是著名的海港风景城市。厦门海区主要超标项目为无机氮、无机磷、石油类、营养盐类超标严重，主要是生活污水、农业污染源排入，西海域曾有赤潮报道。同时船舶排污也造成厦门港石油类超标。厦门除外海域的水质优良外，岛周围海区无机氮、无机磷超Ⅲ类标准，石油类也有部分点位超标。

东山湾 东山湾是口小腹大的大型海湾。东山湾水质特点主要是有机物指标超过标准，项目为COD油类，均超Ⅱ类海水水质标准，与东山湾内港口船舶排污有关。漳江口红树林区底质铅和DDT含量较高，其原因有待进一步探明。

【沿海防护林建设】 沿海地区历史上由于缺少森林，风沙旱涝等自然灾害频繁，广大人民群众深受其害。建国以来，沿海地区大力植树造林，防风固沙，改善环境，至80年代中期防护林建设已取得了显著成效。

1988年，省委、省政府根据林业部的统一部署，做出全面实施沿海防护林体系工程建设的决定，规划工程建设分两期实施。一期工程从1988开始启动，于1992年提前一年完成了工程建设任务。1993年开始实施二期工程，两年多来，全省投入沿海防护林体系工程建设资金达6 300余万元，造林814万亩，封山育林114.8万亩，幼林抚育186.2万亩。1995年，全省沿海28个县、市、区实现了绿化达标，有林地总面积达2 100万亩，森林覆盖率43%；26个县、市、区达林业部颁发的县级沿海防护林体系建设标准，占28个县、市、区的93%。目前全省沿海已初步建成了一道防灾、减灾的森林综合防御体系。但还存在不少薄弱关节，整体防护功能还不强，主要表现在：

1. 全省沿海基干林带尚未合拢，不少基干林带断带缺口依然存在，部分沙岸林带宽度太窄。

2. 全省已建成的1 100多公里长的海堤，目前还有766km长尚未营造配套的基干林带。

3. 全省沿海还有129个大小风口急需治理，面积达4 826万亩。

4. 50、60年代营造的大量的木麻黄沿海基干林带和农田林网老化，病虫危害严重，林带残缺不全，防护效益下降，急需更新改造。

5. 近年来，随着沿海地区经济的发展，征用防护林地的情况十分突出，沿海基干林带被破坏严重。

【海洋自然保护区】 为使一些海洋自然环境免遭破坏，恢复一些可更新的海洋资源，拯救海洋珍稀濒危的生物物种，建立保护区已迫在眉睫。

海洋自然保护区的建立应以海洋生态系统自然保护为主，以保护具有代表性的各类海洋生态系统的环境及物种多样性。十一届三中全会以后，随着国民经济建设的发展及对外文化交流的增多，各级政府领导和广大群众环保意识的提高，海洋保护区的数量迅速增加，保护区面积不断扩大，类型逐渐增多。截止目前，全省经各级政府正式批准成立了3个海洋自然保护区。其中国家级保护区1处，省级保护区1处，市(县)级保护区1处(表4)。主要保护对象有各自然地带上具代表性的典型生态系统、珍稀、濒危生物；自然历史遗迹；海洋自然景观及风景名胜；自然资源管理等。

为使海洋自然保护区的建立迅速而有序，规划了8个海洋自然保护区。 (张 平)

表4 福建省海洋自然保护区一览表

名称	位置	面积	保护内容	级别
晋江深沪湾海底古森林遗迹自然保护区	晋江深沪湾	$31km^2$	古森林遗迹；牡蛎礁遗迹；地质剖面；旅游点	国家级
厦门文昌鱼自然保护区	厦门东南面	$53km^2$	文昌鱼	省级
晋江石圳海岸地貌地质景观自然保护区	晋江石圳	$3km^2$	变质岩剖面	县级

海洋灾害
Marine Disasters

【台风、风暴潮情况】 1994年，夏季台风活动频繁，季内各月均有台风登陆或影响，给沿海地区造成灾情。危害最大的是6号和7号台风，6号台风7月11日在泉州市沿海登陆，3个县市出现大风，虽然降水时间短，但7号热带风暴尾随6号台风影响福建，造成强降水时间延长，22个县市过程雨量不小于100mm，以拓荣373mm最大，其中8县市出现暴雨，最大暴雨990.0mm(7月10日拓荣)。受6、7号台风及热带风暴的危害，全省39个县市305个乡镇受灾，受灾农田13.77万hm^2，绝收0.52万hm^2，减产粮食8.2万t，倒塌房屋4 764间，经济作物、农业水利设施、交通、通讯等行业均有损失，全省经济损失15亿元。13号热带风暴8月4日在龙海县登陆，最大暴雨201.2mm(8月4日永春县)，28个县过程雨量不小于100mm，12个县市过程雨量不小于200mm，以永春县377mm为最大，漳州、厦门、泉州3地市灾情较重。18号台风9月1日21时在福清市登陆，暴雨强度范围较小，但福州、宁德2地市灾情较重，经济损失达3亿元。此外，联合国秘书长海底问题磋商会议、海底筹委会及尔后的国际海底管理局会议期间，不定期进行磋商、协调立场。1993年10月，在《公约》生效日期已定的国际大背景下，先驱集团在莫斯科首次召开了由所有成员参加的专门会议。会议强调了RPI作为一个利益集团的必要性与重要性，在《公约》生效前的这一非常时刻，有必要加强集团成员之间的协商，使联合国秘书长磋商可能达成的最后文件能充分体现RPI集团的利益。会议研究了美国等国在联合国秘书长磋商会议上提出的案文，并形成了旨在保护RPI利益的有关修正案文。中国作为先驱投资国同时作为发展中国家，从维护深海采矿国利益、体现人类共同继承财产这一原则出发，积极参加了先驱集团的各种磋商和立场协调活动。在联合国秘书长磋商所达成的《协定》有关规定方面和深海采矿的许多具体问题上，中国与其他先驱投资国取得了基本一致的立场。

潜在先驱投资国利益集团(PPI) 它是指以美国公司为主的4个国际财团的西方国家代表组成的利益集团，包括美国、加拿大、英国、德国、意大利、比利时、荷兰等国。该集团对《公约》第十一部分的立场是促使联合国秘书长进行海底问题磋商的主要原因。作为深海采矿国，先驱集团与其具有相似利益。中国在申请登记先驱投资者过程中，于1992年2月与其签订了《关于避免有关深海海底区域重叠和冲突的谅解备忘录》。在1994年联合国秘书长磋商所达成的《协定》生效程序及有关规定方面，中国代表团本着有利、有理、有节的原则，既维护了中国作为发展中国家反对西方垄断的意图，又体现了共同作为深海采矿国的灵活立场。

国际深海采矿管理培训班 根据1993年4月1日中国大洋矿产资源研究开发协会与国际海洋学院在牙买加签订的协议，由双方共同组织的为国际海底管理局培训政策、管理和项目规划人员的国际深海采矿管理培训班将每隔一年在中国举办。首期培训班于1993年10月4日至11月5日在中国举办。联合国海底筹委会前主席、坦桑尼亚前总理瓦里奥巴先生和中国金翔龙教授任该班主任，13名学员来自8个不同国家。培训班在扩大中国影响、提高中国在国际深海采矿界的声誉、培训中国从事国际海底研究开发年轻人才方面获得了成功。国务委员宋健在培训班结束时会见了瓦里奥巴先生和国际海洋学院主席鲍基斯女士，并接见了培训班全体学员及部分教员。

1994年10月国际海洋学院中国业务中心成立后，该类培训班纳入国际海洋学院中国业务中心的业务范围。1995年6月19日至7月21日由该中心与协会在天津联合举办了第二期国际深海采矿管理培训班。斯洛文尼亚前总理瓦图沙和中国侯文峰教授任该班主任，16名学员来自9个不同国家。 （金建才）

【双边活动】 **中俄** 1993年10月～11月，俄罗斯远东海洋地质科研生产联合体和协会代表团进行了互访。根据访问达成的协议，1994年7月，大洋协会从俄购买了“地质学家彼得·安特罗波夫”号远洋调查船，并更名为“大洋一”号。

1994年5月31日～7月4日，地科院矿床所潘家华等3人访问了俄远东地质所。1995年9月4～22日，地科院测试所王毅民等4人组成的中国标样代表团访问了俄罗斯。1995年11月20～25日，以陈炳鑫理事长为团长的协会高级代表团在赴波兰访问“海金联”的途中，应邀顺访俄罗斯。在同样是“先驱投资者”的俄罗斯南方地质采矿联合体总部所在地格连吉克，双方对前一段时期的双边合作进行回顾，理顺了下一步合作的渠道，签订了会谈纪要。

中法 根据1992年协会代表团访法纪要，1993年5月9～16日，法国大洋结核块研究协会主席、勘探专家J. P. Lenoble先生和水下干预专家G. Herrouin先生应邀访问中国大洋协会并在广州和长沙分别进行了有关的专业交流，双方表示了进一步合作的愿望，并争取将有关合作领域纳入中法海洋合作协议框架。1993年协会选派海洋二所李家彪，广州海洋地质调查局第二海洋调查大队杨胜雄参加了法国地质统计培训班。

中国大洋协会—国际海洋金属联合组织(海金联) 1993年4月23日～5月7日，应协会的邀请，以海金联董事会主席V. MAKSIMOV为团长的海金联代表团访华，与承担协会项目的一些单位进行了广泛与深入的交流。在此基础上，双方签订了开展有关合作的文件。

1994年1～2月，海金联副总裁Γ.特卡琴柯博士访华，落实有关合作的具体事宜，分别与广州海洋地质调查局和长沙矿冶院就互派人员参加对方的海洋调查航次和联合提升试验签订合作纪要。广州海洋地质调查局和海金联互派科学家参加了对方在开辟区的航次调查，长沙矿冶院与海金联合作进行了采矿系统的提升试验。

1995年11月25日～12月4日，以陈炳鑫理事长为团长的协会代表团访问海金联，就双方几年来的合作情况进行回顾和总结。双方高度评价了前一时期的合作成果，并就下一步的合作领域和内容达成共识，双方签定了访问纪要。

1995年12月1～2日，协会秘书长金建才、高级工程师周宁参加了在海金联总部举行的深海采矿国际研讨会。

中美 在1993年6月3～26日举行的中美海洋渔业科学与技术合作第11次联合工作组会议上，有关大洋矿产资源的双边合作列入政府间科技合作的框架内。

1994年6月24日～7月8日，以王建文为团长的协会代表团先后访问了夏威夷大学、NOAA的太平洋分部、海洋地质和地球物理资料中心总部和美国内政部矿物资源管理局，并签定了访问纪要。

1995年6月，在中美海洋渔业科学与技术合作第12次联合工作组会议上，由于美方经费上的原因，双方同意双边合作在州政府一级开展。

1995年9月7日，根据夏威夷州经贸和旅游部部长纳亚博士的建议，在“大洋一”号船执行DY85－5航次停靠夏威夷檀香山时，首席科学家郭世勤等与纳亚先生及其助手进行了合作会谈，美方提出愿为大洋协会在夏威夷建立大洋资源开发支撑基地提供行政上的帮助并承诺为中方申请世行或亚行贷款提供帮助。

中德 1994年5月26日～6月9日，根据中德海洋科技合作第七次联合委员会纪要，应德国政府研技部的邀请，以刘峰为团长的协会代表团先后访问了锡根大学建筑机械研究所、汉诺威的BGR和THETIS、不来梅的RF公司、汉堡大学水生生物研究所以及格林的CBG、自由柏林大学和VWS，目的是了解德国的深海采矿技术及其环境保护现状，探讨合作的可能性。并在波恩与研技部的官员讨论了双方合作项目安排，签订了访问纪要。协会与德方的合作经1994年中德海洋科技合作第八次联合委员会讨论，纳入政府间海洋科技合作框架。

1994年3月，长沙矿冶院工程师阳宁到VWS参加有关集矿机方面的合作研究，为期一年。

1994年10月9～21日，汉堡大学海洋水生物专家Thiel教授及其助手Scheiever博士应邀来华访问，先后访问了北京、长沙、厦门等地，就深海采矿的环境问题与中方进行了交流。

1994年11月19～25日，德国VWS水力学专家Pahlke先生来华参观了长沙矿冶院与海金联合作进行的提升试验并进行了学术交流。

1995年2～3月协会选派长沙矿冶院阳宁参加德国为DISCOL项目研究进行的“SONNE”号106航次。

1995年9月，第二海洋研究所的周怀阳博士和第三海洋研究所的陈彬到德国参加CBG举办的为期14个月的海洋生态及环境保护培训班。

1995年9月，德国奥比斯教授作为国务院外国专家局资助的专家，来华进行了两周的访问讲学。

中挪 1993年8月25～28日和12月15～18日，挪威南森研究所所长Willy. Ostreng博士和Jan M. Markussen博士先后两次访华，与海洋局和协会讨论了双方在深海采矿领域合作的可能性，草签合作意向书。

1994年10月2～11日，南森研究所所长一行三人再次访问大洋协会，并先后访问了长沙、无锡等地，与长沙矿冶研究院、长沙矿山研究院、中船总七O二所的专家进行了交流。

1994年11月13～19日，协会代表团黄家桢、杨金森、刘峰一行三人访问了挪威，了解挪威在深海采矿领域的现状、探讨双边及多边合作的可能性。代表团先后访问了3个城市的7家公司和研究单位，签定了访问纪要。

中韩 1993年12月8～12日，应韩国海洋研究所邀请，协会高级工程师金建才等2人去韩国讲学，协助韩国进行国际海底矿区申请前的准备工作。

1995年9月6日，中国“大洋一”号船和韩国“OHNORI”号船同时停靠在夏威夷檀香山，双方首席科学家等进行了互访。

1995年9月24～29日，以韩国海洋研究所黄起亨为团长的韩国深海采矿代表团访问协会并参观了北京矿冶研究总院和长沙矿冶研究院。

1995年12月18～28日，北京矿冶研究总院院长孙传尧（协会理事）率技术代表团访问韩国，与韩国资源研究所签定了有关多金属结核冶金技术的合作协议。

（周　宁）

【履行义务】 根据1992年3月联合国海底筹备委员会通过的《关于已登记的先驱投资者——中国大洋矿产资源研究开发协会及其证明国——中华人民共和国履行义务的谅解》和《联合国海洋法公约》的有关规定，中国作为先驱投资者需承担的主要义务为：为联合国海底筹委会指定人员提供培训，第一批受训人员不少于4人；提交国际海底管理局保留矿区数据软盘；证明国每年定期向联合国海底筹委会提交报告；对开辟区进行定期投入，分期进行开辟区区域放弃工作。

定期报告 出席联合国海底筹委会和国际海底管理局会议的中国政府代表团于1993年、1994年、1995年分别递交了中国大洋矿产资源研究开发协会编制的1992年、1993年、1994年度在开辟区活动的定期报告。报告论述了中国在开辟区海上勘探、采选冶研究、基础地质和环境研究以及综合性研究和人员培训等方面的活动。

人员培训 1993年3月，联合国海底筹委会总务委员会审议通过了协会的人员培训方案。根据海底筹委会培训小组建议选定的4名学员分别为接受海洋地质学培训的阿尔及利亚国民MOURAD KELKAL先生、接受冶金工程学培训的白俄罗斯国民NATALYA CHIGRINOVA女士与大韩民国国民KYUNG－SOO CHOI先生和接受海洋地球物理学培训的苏丹国民IBRAHIM SAROUR BALLA先生。4名学员于1994年5月21日～1995年4月25日在中国接受了为期11个月的培训。

4名学员在完成了各自研究报告与最后报告的编写之后，于1995年4月25日在北京获得了协会理事长陈炳鑫签发的培训证书。协会于1995年8月向联合国秘书处递交了有关培训的各项报告，待国际海底管理局于适当时候进行审议。

管理局保留区数据软盘 1993年召开的联合国海底筹委会第十一届会议接受了中国政府代表团递交的中国关于国际海底管理局保留矿区数据磁盘的说明文件和中国大洋矿产资源研究开发协会组织编制的国际海底管理局保留区数据磁盘。磁盘收集了中国在申请登记先驱投资者时贡献的15万km^2作为国际海底管理局保留区域内236个站位的有关结核丰度、金属品位等资料。

区域放弃 1994年召开的联合国海底筹委会第十二届会议听取了中国政府代表团有关区域放弃的说明。会议认同中国代表团的说明，按照《公约》决议二的有关规定，作出5年内即1996年3月5日前恢复中国开辟区的30％为国际海底区域的安排。根据中国政府的承诺，中国大洋矿产资源研究开发协会已作好了按时提交开辟区30％区域放弃的各项准备工作。

根据《公约》的有关规定，联合国海底筹委会的使命已在1995年国际海底管理局第一届大会期间结束，有关先驱投资者履行义务及《公约》决议二的执行问题将转化为深海采矿承包者与国际海底管理局签订合同的方式继续执行。

（金建才）

国际合作篇

International Cooperation

海洋国际合作
International Marine Cooperation

·专文·

积极开展国际合作，发展中国的海洋事业

毛 彬
（国家海洋局国际合作司，北京）

21世纪将是人类全面认识海洋、开发海洋、利用海洋和保护海洋的新纪元。联合国环发大会通过的《21世纪议程》指出，海洋是全球生命支持系统的一个基本组成部分，也是一种有助于实现可持续发展的宝贵财富。1990年第45届联合国大会作出决定，敦促世界各国把开发海洋和利用海洋列为国家的发展战略。在这种形势下，许多沿海国家都纷纷制定了海洋开发战略，并采取了具体行动。中国是海洋大国，按照《联合国海洋法公约》的有关规定和中国的主张，中国拥有300万km^2的管辖海域。目前，中国有4亿多人口生活在沿海地区。据统计，中国主要海洋产业的产值1995年已达2 200多亿元人民币。另外，海洋环境影响气候变化、降雨量分布和自然灾害的发生，从而可直接或间接地影响沿海地区乃至内陆地区的经济和社会的发展。因此，海洋开发和保护已成为中国人口、社会、环境和开发协调发展的不可分割的主要组成部分，也就是实现中国经济持续发展的宝贵财富。

众所周知，海洋是一个整体。在某一海区出现的生态和环境问题，往往会危及其他海区，有些后期效应，甚至会波及全球。在某一海区发生的某些现象，有可能是发生在其他海区的某一现象在该区域的反映。因此，对海洋的了解和研究，必须将其作为一个整体来考虑。但是，一个国家，无论其海洋力量多么强大，也不可能独立完成对世界大洋的科学考察和研究，只有走国际合作之路。此外，近年来中国海洋事业的发展，尤其是沿海海洋产业的飞速发展，迫切需要积极开展“双引”（引进资金、引进智力）和“双推”（向国际推出海洋科技人材和技术产品）工作，为沿海地区经济的发展开拓更广大的国际空间。

近几年来，遵照国家海洋局领导关于外事工作必须抓住机遇、深化改革、为维护中国海洋权益服务、为局的重点任务服务和更好地为地方经济发展服务的指导思想，采取多渠道、多层次的形式，全方位地开展了双边的和多边的合作与交流。

在双边合作方面，国家海洋局已和世界上几十个国家和地区建立了合作关系，先后与美国、法国、德国、俄罗斯、朝鲜、西班牙、加拿大及韩国签订了政府间海洋科技合作协议或备忘录。同日本、比利时、芬兰、澳大利亚及美国等国建立了所际间合作关系。1995年，中韩在青岛正式成立了“中韩海洋科学共同研究中心”，这是一种新型的双边海洋合作形式。

在多边合作方面，继续加强了与政府间海洋学委员会、伦敦倾废公约组织、联合国海底管理局和国际科联等组织的合作，积极参加了这些组织的重大计划和活动，如热带海洋和全球大气计划（TOGA）、世界海洋环流试验（WOCE）以及全球联合海洋通量研究计划（JGOFS）等。近年来，国家海洋局积极参与了由政府间海洋学委员会倡导和发起的全球海洋观测系统（GOOS）计划。我国还发起包括日本海、黄海和东中国海的东北亚海洋观测系统（NEAR—GOOS），得到了俄罗斯、韩国和日本的支持。在1995年召开的政府间海洋学委员会第17次大会上，NEAR—GOOS被列为GOOS的试验计划。在同年召开的联合国教科文第28届大会上，中国又联合俄国、韩国和日本提出NEAR—GOOS的实施计划，获联合国教科文组织的3万美元资助。

积极将中国的海洋项目推向世界，争取国际组织的合作和经济援助，这是国家海洋局这几年外事工作的重点之一。国家海洋局国际合作司于1994年正式成立了对外经济联络处。该处成立以后，紧紧围绕发展海洋经济这一主题，为沿海省、市海洋经济的发展牵线搭桥，在为地方服务方面取得了开拓性的进展。首先，对国外在华的援助机构的运营机制、援助赠款和贷款的政策条件、标准及申请渠道和程序进行了调研，并在此基础上编写了“国外对华援助机制和国内管理规定”，加强了与国际援助机构如联合国开发署和联合国环境署的联系。积极争取世界银行和亚洲开发银行的技援项目，和有关省市一起开展了海洋生态保护和环境保护项目。例如，“东中国海渔业和海洋资源管理和开发技术援助项目”，从亚洲开发银行争取了60万美元的技援赠款，完成了“舟山渔场渔业和资源保护行动计划”。积极与联合国开发署和国际海事组织合作，建立了“东亚海域海洋污染防治与管理厦门示范区”项目。该项目于1995年5月正式获得联合国开发署和国际海事组织的批准。厦门市已经成立了相应的管理委员会和科学委员会。1995年，该项目已进人全面实施

阶段，资金已到位20多万美元。

厦门示范区的经验引起了沿海省市政府和有关国际组织的极大兴趣，准备将这一经验进行推广。为此，国家海洋局组织广东省、广西壮族自治区、海南省和厦门市制定了“中国南海北部海岸带综合管理项目”，正在向联合国开发署申请资助。

外事工作直接为海洋产业发展服务，为振兴地方海洋经济服务，是国家海洋局外事工作在新形势下的一项新的任务。国家海洋局于1995年组织江苏海洋部门赴西班牙考察海滩盐碱地大棚栽培蔬菜技术。又促成了舟山市与加拿大纽芬兰省的合作，并由此发起了舟山招商会，获得较大的经济效益。国家海洋局将在总结经验的基础上，继续发挥海洋外事主渠道的作用，为发展沿海经济作贡献。

国家海洋局在与先进的海洋国家和国际组织进行合作的同时，也不忘支持发展中国家。1994年，国家海洋局与国际海洋学院签订了备忘录，在天津共建了国际海洋学院中国业务中心。该中心自建立以来，已成功地举办了两期国际培训班，来自近20个发展中国家的35名学员参加了培训。此外，该中心还为独立的世界海洋委员会成功地举办了亚太地区海洋听证会。

联合国海洋法公约的生效，开始了人类全面开发海洋、管理海洋和保护海洋的新纪元，这一新的形势对的外事工作提出了新的要求。近几年，国家海洋局的外事工作紧紧围绕海洋权益问题，开始了一系列的工作，如为海洋划界提供科学依据，并直接参加划界谈判，参加南中国海潜在冲突问题研讨会等，为捍卫国家的主权和海洋权益作出了直接的贡献。

人才培养也是国家海洋局外事工作的一项重要任务之一。通过走出去、请进来的方式，培养所急需的海洋人才。国际合作司建立了对外合作与交流人才信息库，贮存了国家海洋局所属单位副研究员（高级工程师）以上人员的信息，时刻做好向外推出人才和参加国际竞争的准备。国家海洋局还从有限的外事经费中挤出一部分，建立青年外事基金，资助部分有为青年参加国际学术活动。

21世纪是海洋世纪。目前中国海洋事业面临着机遇和挑战，外事工作将针对国家海洋局的中心工作和重点任务，结合沿海经济发展的需要，以联合国海洋法公约生效和1998年国际海洋年为契机，围绕中国海洋21世纪议程所确定的战略目标和重大项目，积极开展对外合作和交流，使国家海洋局的外事工作在“九五”期间更上一层楼。

国际海洋经济合作
International Marine Economic Cooperation

【海洋渔业合作】 自1993年以来，中国积极开展了与有关国家的海洋渔业国际合作。合作的内容涉及经济、科技、海洋渔业法律制度的建立以及海洋生物资源的保护等。合作的对象不仅包括了中国的周边国家，还包括了与中国相距遥远的国家。合作的方式包括双边和多边合作。到1995年年底，中国在34个国家和地区共创办了65个独资、合资和合作经营企业，远洋渔船近1 000艘，外派人员13 000多人，年渔获量约70万t。生产区域主要分布在西非、北太平洋、西南太平洋、南亚和东南亚地区。中国与俄罗斯、美国、日本、毛里塔尼亚有着政府间渔业合作协定，其主要内容是海洋渔业合作。

从1993年开始，中国先后与美国、俄罗斯、日本、韩国和波兰就建立“中白令海狭鳕资源养护和管理公约”进行了多轮谈判，并于1994年2月11日草签了这一公约，该公约已于1995年12月8日生效。这一公约的产生以具体的法律形式保证了中国渔船在中白令海这一公海海域的长期存在，并可使中国在这一海域的捕捞份额从公约产生前的2.2%提高到15%以上。为获得第一手科学资料，1993年，中国派出了“北斗”号科学调查船对白令海（含美国专属经济区）和鄂霍茨克海公海的狭鳕资源进行了调查。中国还每年派出科学工作者参加美、日的白令海狭鳕资源合作调查。1993年3月，联合国主持召开了跨界鱼类和高度洄游鱼类养护和管理大会，经过3年共6次会议，最终于1995年8月4日通过了《执行1982年12月10日〈联合国海洋法公约〉有关养护和管理跨界鱼类种群和高度洄游鱼类种群的规定的协定》（联合国渔业协定）。这一协定是《联合国海洋法公约》的一个重要发展，对规范公海渔业行为有着积极作用。中国是开展公海渔业的国家之一，作业的海域为白令公海、鄂霍茨克海公海和北太平洋公海海域。为维护海洋渔业权益，中国积极参与了联合国渔业协定的制订并发挥了重要的作用。1993年6月和10月，中国、日本、韩国、波兰和俄罗斯5国代表团两次聚会莫斯科，就鄂霍茨克海公海狭鳕资源的养护和管理进行了讨论，但由于意见不一，两次多边磋商未能取得成果，但在会议期间，俄罗斯与中国、波兰和韩国分别探讨了通过双边渠道解决鄂霍茨克海捕鱼问题的可能性。1994年12月，中国派团参加了由南太平洋渔业机构论坛（FFA）召集的高级别渔业多边会议，探讨南太区域金枪渔资源的养护与管理的办法。同年12月，中国开始参与“养护大西洋金枪鱼类国际委员会”的工作。此外，从1993年开始，中国还积极参与了由联合国粮食及农业组织主持制订的《促进公海上渔船遵守国际养护和管理措施的协定》。1993～1995年，中国渔业界除参与了和中国经济利益有直接关系的政府间谈判外，还参加了有关资源保护方面的国际活动。中国参与了国际捕鲸委员会（IWC）、濒危物种国际贸易委员会（CITES）和北太平洋溯河洄游鱼类养护委员会的有关会议。在参加多边国际事务的同时，中国还主办了有关海洋渔业合作的多边会议。1994年3月，由中美两国联合举办的第三届环太平洋渔业会议在北京召开。参加会议的有中国、美国、日本、加拿大、俄罗斯、韩国、菲律宾、印度尼西亚、马来西亚、越南和联合国粮农组织。会议期间，中国分别与美、加、俄、越、日本、韩国代表团进行了双边会谈，扩大了中国与环太平洋国家的海洋渔业合作。

在双边合作中，除中国有关渔业公司通过民间合作获得在其他国家的管辖区内的捕捞配额或许可外，中国政府渔业主管部门在其他各有关部门的支持下，本着平等互利的原则，也积极开展了海洋渔业的国际合作。从1993年开始的中国俄罗斯关于鄂霍茨克海捕捞狭鳕的谈判于1995年6月达成年度安排。1995年9月中国大型拖网加工渔船开始在俄罗斯专属经济区内生产。1993～1995年，中国开展了与韩国就周边海域渔业资源管理的谈判；中国与日本在中日渔业协定的框架下，每年均举行会谈，讨论中日渔业合作问题，特别是海洋渔业合作问题。中国与挪威开展的"北斗"号合作项目进展顺利，使中国在海洋鱼类资源评估方面的研究以较快的步伐进入世界先进行列。1994年，中国与安哥拉签署了中国农业部与安哥拉渔业部关于渔业合作的意向书。1993年12月3日中美签署了"有效执行1991年12月20日联合国大会关于在全球的公海禁止使用大型中上层流网的46/215号决议的谅解备忘录"，1994和1995年两年，中美两国的渔业执法人员在北太平洋公海进行了联合执法，起到了有效地威慑作用，除查获了一起违反联合国大会决议并盗挂中国国旗的伯利兹渔船外，未发现中、美两国的船只有违反联大决议的情况。中国还在1994和1995年，就商签双边渔业合作协定事宜，与密克罗尼西亚、巴布亚新几内亚、智利和阿根廷政府有关部门进行了讨论。（刘小兵）

【海洋油气合作】 **利用外资开展海上风险勘探** 中国海洋石油以对外合作的方式进行海上油气资源的勘探开发，通过与外国公司签订石油合同和协议，积极引进外资，进行义务勘探，并由外国公司独承勘探风险。发现具有商业价值的油气田后，由中外双方按合同规定比例投资进行联合开发。外方可以从生产的原油中回收其投资和费用，并负责开发和生产作业，直至中方在条件具备的情况下接替作业。1993～1995年，中国海洋石油总公司共与外国公司签订了38个石油合同（协议），合同区总面积为187 620km²。1993年外方勘探风险投资为6 839万美元，开发投资35 963万美元；1994年外方勘探风险投资10 939万美元，开发投资57 647万美元；1995年外方勘探风险投资23 164万美元，开发投资37 108万美元。1993年合作完成地震测线6 582km，钻探井7口；1994年合作完成地震测线13 335km，钻探井6口；1995年合作完成地震测线39 401km，钻探井22口。1993～1995年海上有5个中外合作油田建成并投入生产，依次为南海东部陆丰13－1油田、西江24－3油田、惠州32－2、32－3油田、西江30－2油田。

东海近海部分海域对外石油招标 经国务院同意和能源部批准，1992年6月30日，中国海洋石油总公司正式发布通告，进行东海近海部分海域的对外石油招标（也称第四轮招标）。这次招标海域总面积为72 800km²，水深在50～100m，分为北、南两块，其中北块面积为18 800km²，划分为4个招标区块；南块面积为54 000km²，划分为16个招标区块。北块（长江坳陷）和南块（台北坳陷）海域曾作过地震普查和局部构造详查，已发现的构造圈闭，具有较好的生油和储油条件，在部分海域的自营勘探中已有较好的油气发现。第四轮招标的合作方式与前三轮招标相同，采取公开国际招标和签订石油合同的方式同外国公司合作，合同模式与第三轮招标基本相同。到1994年2月底，中国海洋石油总公司共与7个国家17家外国石油公司组成的9个集团签订了18个东海石油合同与协议，占全部招标区块的90%，中标面积64 246km²，占总面积的88%。

拓展国际合作领域 1994年4月25日～5月10日，中国海洋石油总公司总经理王彦一行赴美访问几家著名的外国石油公司，并分别与5家公司签署了合作协议和意向书。

5月3日，在华盛顿与赛德能源公司签订了合作办电协议。协议规定，中外双方成立合作公司，在广东、海南兴建发电站，首期投资额为10亿美元。广东、海南两省也将参与投资。

5月4日，在休斯顿与埃索中国有限公司和壳牌勘探中国有限公司签署了40/01合同区钻井作业协议。协议规定，外方将使用中国海洋石油南海西部公司的钻井船，于1995年在南海文昌19－1构造钻一口评价井。

5月4日，在休斯顿与埃索中国有限公司签署了39/11合同区钻井作业协议。协议规定，双方同意延长39/11合同区石油合同的期限；外方如找到第三方投资者，将使用中国海洋石油南海西部公司的钻井船于1995年在南海文昌9－2构造钻一口评价井。

5月5日，在洛杉矶与大西洋富田（阿科）国际公司签署了销售与购买马六甲海峡合同区产品分成合同权益的协议。协议规定，阿科公司同意将其在马六甲油田中的股份转让给中国海洋石油总公司，双方就销售与购买的有关问题达成了一致。

5月5日，在洛杉矶与阿科公司签署了共同参与研究中国电力工业的意向书。双方在合作进行中国南海天然气勘探开发的同时，将参与中国电力工业的发展建设，为海上天然气寻找市场。意向书表示，中外双方将成立一个小组，评价双方为参与中国电力工业成立合资企业的经济性及相关问题。

实施海外发展项目 经国家计委和印尼国家油公司批准，中国海洋石油总公司购买美国阿科公司在马六甲海峡合同区的产品分成合同权益于1994年9月6日正式成文。合同有效期限为1994年1月1日至2000年8月5日。项目投资总额为1 600万美元。投资回收期约为3年。阿科公司在马六甲海峡合同区总权益中占有32.58%的股权，根据合同规定，该公司将其全部权益转让给中国海洋石油总公司，使中国海洋石油总公司成为该合同区最大的股权者。1994年中国海洋石油总公司从马六甲油田分成原油42万t；1995年分成原油35万t，并首次将部分原油销往国内。（侯小颖）

表1 海洋石油对外合作签订石油合同（协议）一览表（续《中国海洋年鉴》93卷）

序号	合同区	签字日期	批准日期	面 积 (km²)	签约公司名称	执行单位	合同类型
64	17/22	1991.09.13	1991.10.14	120	安波莱克斯公司	南海东部公司	开发研究协议
65	27/10	1991.10.09	1991.12.27	7 100	安纳达可公司 派克顿东方公司	南海东部公司	双边石油合同
66	06/17	1991.11.23	1991.12.27	5 000	德士古玛茨沙皮公司 BHP石油公司	渤海公司	双边石油合同
67	ALF	1992.03.16	1992.04.09	28 770	阿莫科东方石油公司	南海西部公司	航空荧光勘测协议
68	11/19	1992.04.07	1992.05.13	5 600	BHP石油公司 德士古玛茨沙皮公司	渤海公司	双边石油合同
69	17/22	1992.04.10	1992.05.13	120	安波莱克斯公司	南海东部公司	双边石油合同
70	WAB—21	1992.05.08	1992.05.22	25 155	克里斯通能源公司	南海西部公司	双边石油合同
71	埕 北	1992.08.05	1992.08.31	730	日中石油开发株式会社	渤海公司	物探协议
72	16/02	1992.12.09	1992.12.31	2 650	西方石油公司	南海东部公司	联合研究协议
73	03/36	1993.03.23	1993.05.18	6 780	BHP石油（中国）有限公司	南海东部公司	联合研究协议
74	52/12	1993.05.06	1993.05.26	13 990	阿科中国有限公司	南海西部公司	双边石油合同
75	63/28	1993.05.06	1993.05.26	2 615	阿科中国有限公司	南海西部公司	双边石油合同
76	04/36	1993.07.15	1993.08.09	2 500	壳牌勘探（中国）有限公司 派克顿东方公司	渤海公司	联合研究协议
77	33/05	1993.10.27	1993.12.18	2 730	德士古中国公司 阿吉普（海外）有限公司 马士基石油中国公司	东海公司	四轮招标石油合同
78	33/19	1993.10.27	1993.12.18	3 050	德士古中国公司 阿吉普（海外）有限公司 马士基石油中国公司	东海公司	四轮招标石油合同
79	33/31	1993.10.27	1993.12.28	2 370	德士古中国公司 阿吉普（海外）有限公司 马士基石油中国公司	东海公司	四轮招标石油合同
80	33/08	1993.10.29	1993.11.29	1 820	雪佛龙海外石油有限公司	东海公司	四轮招标石油合同
81	25/20	1993.11.12	1993.12.27	3 620	麦克休斯国际能源公司	东海公司	四轮招标石油合同
82	25/31	1993.11.12	1993.12.27	2 420	麦克休斯国际能源公司	东海公司	四轮招标石油合同
83	34/02	1993.11.30	1993.12.27	2 120	埃索中国有限公司	东海公司	四轮招标石油合同
84	41/17	1993.12.08	1993.12.27	2 760	石油资源开发株式会社 帝国石油株式会社	东海公司	四轮招标石油合同
85	42/03	1993.12.08	1993.12.27	3 680	石油资源开发株式会社 帝国石油株式会社	东海公司	四轮招标石油合同

海洋石油对外合作签订石油合同(协议)一览表(续表)

序号	合同区	签字日期	批准日期	面　积(km²)	签约公司名称	执行单位	合同类型
86	26/19	1993.12.10	1993.12.27	3 700	壳牌勘探(中国)有限公司 派克顿东方公司	东海公司	四轮招标石油合同
87	05/31	1993.12.15	1994.03.16	3 090	克拉夫(中国)有限公司	东海公司	物探协议
88	03/06	1993.12.15	1994.03.16	5 850	克拉夫(中国)有限公司	东海公司	物探协议
89	10/06	1993.12.15	1994.03.16	6 190	克拉夫(中国)有限公司	东海公司	物探协议
90	32/32	1993.12.15	1994.03.16	4 580	克拉夫(中国)有限公司	东海公司	联合研究协议
91	04/21	1993.12.15	1994.03.16	3 430	克拉夫(中国)有限公司	东海公司	联合研究协议
92	26/23	1993.12.20	1994.03.28	3 700	韩国国家石油公社 株式会社油公	东海公司	物探协议
93	26/05	1994.02.04	1994.03.28	3 700	菲利普斯石油国际亚洲公司 阿科中国有限公司	东海公司	物探协议
94	25/05	1994.02.04	1994.03.28	5 400	菲利普斯石油国际亚洲公司 阿科中国有限公司	东海公司	物探协议
95	04/36	1994.08.17	1994.09.14	2 280	科麦奇中国石油有限公司 莫菲太平洋地区有限公司	渤海公司	双边石油合同
96	04/32	1994.08.19	1994.09.13	3 640	BHP 石油(中国)私股有限公司	南海东部公司	双边石油合同
97	17/15	1994.11.08	1994.11.22	5 200	东华石油(南海)有限公司	南海东部公司	招商石油合同
98	11/05	1994.12.07	1994.12.13	9 200	菲利普斯石油国际亚洲公司	渤海公司	双边石油合同
99	32/32	1994.12.12	1994.12.27	4 580	超准石油公司	东海公司	双边石油合同
100	63/20	1994.12.19	1994.12.27	510	阿科中国有限公司	南海西部公司	招商石油合同
101	27/35	1995.01.18	1995.02.22	4 800	美国马拉松中国石油有限公司	南海东部公司	招商石油合同
102	16/22	1995.02.08	1995.03.13	3 200	赛敦中国有限公司	南海东部公司	招商石油合同
103	62/23	1995.02.24	1995.04.17	25 200	雪佛龙石油公司	南海西部公司	招商石油合同
104	04/21	1995.03.10	1995.04.15	3 430	克拉夫石油公司	东海公司	物探协议
105	16/01	1995.04.06	1995.06.06	7 900	赛敦中国有限公司	南海东部公司	联合研究协议
106	50/20	1995.07.26	1995.08.23	3 300	雪佛龙石油公司	南海西部公司	物探协议
107	09/18	1995.11.08	1995.11.27	2 340	西方石油公司	渤海公司	物探协议
108	40/18	1995.11.09	1995.11.27	10 000	壳牌勘探中国有限公司	南海东部 西部公司	联合研究协议
109	23/10	1995.11.28		2 945	凯恩能源 PLC 公司	南海西部公司	双边石油合同

【海洋交通国际交流与合作】 1993 年 5 月,交通部副部长刘松金率中国海运代表团访问韩国,正式签署了中韩两国海运协定。1993 年 7 月,交通部副部长郑光迪率交通科技代表团赴美国出席"环太平洋地区交通运输技术交流会议"。1993 年 6 月,格鲁吉亚交通部副部长率团访华,签订了两国政府间海运协定。1994 年中国与俄罗斯签订了中俄政府海运合作协定;中国与乌克兰签订了中乌政府海运合作协定。1995 年 5 月 9 日中国与德国签署中德海运协定;6 月 13 日中国与黎巴嫩签署中黎海运协定;10 月 5 日中国与阿根廷签署中阿海运协定修改议定书;10 月 16 日中国与希腊签署中希海运协定;11 月 24 日中国与智利签署中智海运协定。截至 1995 年底,中

国政府先后与46个国家政府签订了双边海运协定。

1993～1995年，交通部组团出席了国际组织召开的多次国际会议，其中包括“国际海事组织第18届大会”、“国际海事卫星组织第9届大会”、“修订1977年国际渔船安全公约外交大会”、“国际海事组织理事会第70届会议”等重要会议。1993年10月和1995年6月，在国际海事组织第18届大会和第19届大会上，中国均当选为A类理事国；9月，中国在国际海事卫星组织第9届大会上再次当选为地区理事。1994年9月，黄镇东部长出席了在北京举行的“国际航行联合会第8届大会”。

八届人大第6次会议通过加入《统一船舶碰撞某些法律规定的国际公约》的决定。中国于1994年9月28日向该公约保管国比利时政府递交加入文件，该公约于1994年11月18日对中国生效。八届人大第6次会议通过加入《1974年海上运输旅客及其行李雅典公约》以及1976年议定书的决定。中国于1994年6月1日向国际海事组织秘书长递交了加入文件，该公约于1994年8月30日对中国生效。国务院决定接受国际海事组织第17届、第18届大会通过的两个《国际海事组织公约》修正案。经国务院批准，中国驻联合国大使李肇星于1994年8月18日签署了《1993年船舶优先权和抵押权国际公约》。经国务院批准，中国于1994年9月13日向国际海事组织秘书长交存了接受《经1978年议定书修订的1973年国际防止船舶造成污染公约》附则Ⅲ的文件，该附则于1994年12月13日对中国生效。1994年国务院决定加入经修改的《1965年便利国际海上运输公约》。

海洋科技合作
Marine Scientific and Technological Cooperation

【对港澳台海洋科技合作与交流的基本情况】 近几年来，随着两岸关系的不断改善和发展以及香港澳门回归祖国日期的临近，内地同港澳地区及台湾省在海洋事务和海洋科技方面的合作与交流也日益频繁，显示出良好的发展势头，特别是海峡两岸海洋界的民间科技与经济交流十分活跃，促进了两岸海洋事业的同步发展。

一、内地与港澳台专家学者之间的双向交流

1991年以来，国家海洋局先后有100余名学者专家与工程技术人员赴港澳台访问、考察、出席学术会议和进行合作研究。其中，在港台地区逗留1年以上的就有10余人。港澳台的专家学者100多人来国家海洋局和其他海洋单位访问、讲学和参加各类专业会议。特别是江泽民同志1995年春节重要讲话“为促进祖国统一大业的完成而继续奋斗”发表以后，在海内外引起了强烈反响，同时也把两岸的海洋科技合作与交流推向了一个新阶段。

二、海洋环境合作调查研究

国家海洋局所属单位与港台的海洋研究机构和大学之间建立了广泛的联系，签署了一些所际合作协议或意向书。如国家海洋局第二海洋研究所与香港大学太古海洋研究所1994年签署了《海洋科技合作协议》，确定了双方的合作形式和领域；国家海洋局第二海洋研究所、第三海洋研究所、战略所与台湾大学海洋研究所共同开展了南海东北部环流合作调查和南沙的历史、考古等合作研究；内地和台湾省的海洋学家还共同参与了“国际南海季风实验”等大型国际调查活动。

三、两岸各种类型的学术研讨会异常活跃，促进了两岸的民间交流

自1991年以来，在两岸海洋界著名专家学者的共同推动下，在内地和台湾省分别举行了多次海洋科学研讨会，其中规模较大的会议主要有：1991年6月杭州“中国临近海域物理和化学海洋学讨论会”、1991年9月海口“南海诸岛学术讨论会”和1993年8月厦门“台湾海峡及临近海域海洋科学研讨会”等。 （傅鸿才）

【南海季风试验(SCSMEX)】 全球有60%以上的人口生活在季风区，季风活动造成的干旱和洪涝直接影响着该地区的经济建设和社会发展。近年来国内外科学家发现南海夏季风有特殊的活动规律，它联系了南半球季风和东亚中高纬的天气、西太平洋和印度季风以及台风活动。该地区又是世界上季风爆发最早的地区，其季风为中国两广、江淮流域、台湾省和日本、朝鲜的汛期降水提供了主要能量与水汽来源。另一方面从海洋学角度看，南海地区受暖池影响，在夏季其对流异常活跃。因此，南海季风爆发及演变的研究不仅能为改进和提高季风雨和旱涝的预报提供重要手段，而且在大尺度遥相关方面也具有重要意义。

基于这种认识，过去20余年中，国际上先后进行了不少与季风有关的大规模科学试验，但这些试验重点都放在两个极端季节的印度季风，很少注意到过渡季(4～5月)和其他地区季风问题，使得许多季风的科学问题仍然未得到回答。因此为了更好地理解东亚季风早期爆发的机制和进一步提高东南亚和中国南方季风预报能力，将以中国科学家为主在南海地区进行一次较大规模的季风试验。

从科学以及国际、国内环境看，进行南海季风试验的基础和条件也已成熟：(1)中国科学界通过几十年来的工作，在南海季风研究方面取得了许多重要成果，这些成果已成为南海季风试验的科学基础。中国科学家也有能力组织和完成该项试验。(2)国内外正具备举行南海季风试验的技术条件。已有较稠密的地面和高空观测网以及海洋考察船等，并且已经可以由业务和试验卫星提供全球海洋和大气资料，已有不断完善的中期和海气耦合的气候数值模式及区域性中尺度模式，已有较先进的观测资料收集、处理和同化技术以及先进的海洋和大气观测技术和仪器。(3)已有国际大协作的环境。在预定进行南海季风试验的1998年，国际上将进行**GEWEX**的**GAME**试验等。计划同时发射先进的热带测雨卫星，中国也将发射风云二号同步卫星。因而，南海季风试验将和以上国际试验计划同步，相互配合和补充，成为国际大规模试验中的一个重要的区域试验计划。

南海季风试验的主要目标是利用南海夏季风外场试验的观测资料和有关历史资料，研究南海及邻近地区季风爆发与维持的主要过程以及水份和能量循环过程，以提高季风的预报能力，尤其是季风爆发和中国主要雨带变化的中短期预报。试验计划包括两部分：外场观测和前期与后续研究。外场观测初步定于1998年举行，从4月15日～8月31日，两个加强观测阶段(**IOP**)将分别在5月5～20日和6月1～15日，观测网将包括海洋观测船、无人气象飞机、加密的高空探测网和地面观测网、气象雷达观测网、边界层观测系统、辐射观测网和卫星观测等部分。通过上述系统的综合协同观测将获得大量的大气与海洋资料。研究部分将至少为2年(1999～2000年)包括资料库建立、观测资料分析、物理成因研究、数值模式模拟与预报方法研究等方面。

应该特别强调海洋观测部分的重要性。1998年**IOP**时期的海洋观测主要由4条船组成观测阵，并且辅之以从东沙到南沙的**ATLAS**锚定浮标阵的观测。美国的**Doppler**雷达、台湾中央大学的集成探测系统(**ISS**)以及美国**NASA**、日本的热带测雨卫星(**SCSMEX**将被列为**TRMM**应用的一个子计划)等也将起着重要作用。

南海季风试验的主要研究内容：

(1)南海夏季风期间的能量循环及参数化研究；

(2)南海夏季风期间水份循环和参数化研究；

(3)南海夏季风爆发特征及对东亚地区天气气候变化的影响研究；

(4)南海夏季风期间低频振荡的研究；

(5)南海夏季风期间海气相互作用及其对天气与气候的影响；

(6)南海夏季风活动与全球气候的相互作用研究；

(7)南海夏季风爆发及中国降雨带季节变化的预报研究；

(8)南海季风活动长期预测(月～季)研究；

(9)南海夏季风外场试验资料库的建立和四维资料同化研究。

试验的主要技术关键：

(1)建立大规模国际资料库的有关技术；

(2)通过对试验资料分析，改进能量和水份各分量参数化方案；

(3)南海季风爆发、季风低频振荡活动以及季风天气系统发生发展的机制研究；

(4)南海季风活动的中长期预报研究；

(5)适用于东亚的区域细网格和海洋数值模式研制与预报试验研究。

通过这个试验和研究，将大大改进对东亚和南海季风爆发和维持以及能量与水份循环中关键物理过程的认识，在此基础上，可提高东亚地区的大气与气候预测水平。 (丁一汇 巢清尘)

【CLIVAR计划简介】 CLIVAR(气候变率和可预报性研究)计划是WCRP(世界气候研究计划)联合科学委员会(JSC)在其第十四次会议(1993年3月)上正式决定实施的一个计划。它是WCRP在其热带全球海洋－大气(TOGA)计划完成之后，世界海洋环流试验(WOCE)进入分析和综合阶段之际推出的又一研究计划。该计划为期15年，是一项新的、国际协调的、跨学科的关于气候变率和可预报性的研究计划。其研究的问题包括从数月到百年时间尺度的全球气候变率和可预报性，以及自然气候与由人类活动产生的温室气体及大气中气溶胶的变化所引起的气候效应之间的相互作用。作为WCRP的一项新的计划，CLIVAR将以包括海洋、积冰与积雪和陆地表面特征在内的“慢”气候系统为重点。因而，CLIVAR计划将是对WCRP全球能源和水循环试验的完善和补充。它将充分利用TOGA的科学成果，促进全球热带大气、海洋和陆地动力学方面的研究。同时，它也将进一步开展全球或海盆尺度的海洋环流变率方面的研究。

CLIVAR计划的总体目标：

1. 通过收集和分析观测资料，开发和应用耦合气候系统模式，结合其他有关的气候研究和观测计划，描述和认识决定季节的、年际的、以及世纪尺度的气候变率和可预报性的物理过程。

2. 通过对经过质量控制处理的古气候和仪器观测数据的汇编，扩展令人关注的时间尺度的气候变率的记录。

3. 通过发展全球耦合预报模式，提高季节到年际气候预报的时效和准确性。

4. 认识和预报气候系统对辐射性活跃气体及气溶胶的响应，同时将这些预报结果与观测到的气候记录进行比较，以弄清人类活动对自然气候信号的影响。

为了实现上述目标，WCRP联合科学委员会(JSC)下设的CLIVAR科学指导小组(SGG)将CLIVAR计划分为下述三个分计划。

● CLIVAR－GOALS

在TOGA计划取得进展的基础上，通过以下几方面确定季节到年际时间尺度的全球海洋、大气和陆地系统的变率和可预报性：

——提高对描述季节到年际气候变率的观测能力，包括继续维持TOGA观测系统；

——进一步发展关于全球热带地区季节到年际时间尺度的SST和其他气候变量的模式和预报技巧；

——形成认识和预报季风与印度洋、ENSO和陆地表面过程相互作用的能力；

——认识由于热带和温带的相互作用而产生的气候变率及其可预报性；

——探索由于大气与海洋、陆地表面过程及海水过程之间的相互作用而导致的温带季节到年际气候变率的可预报性。

● CLIVAR－DecCen

以海洋在全球耦合气候系统中的作用为重点，通过以下各方面，确定十年到百年时间尺度全球海洋、大气和陆地系统的气候变率及其可预报性：

——描述和认识仪器观测的、古气候的和模拟的数据所反映的全球十年到百年气候变化的形式；

——通过数据恢复，对现有大气、海洋和古气候数据的再分析，寻找新的古气候指标，以及建立新的海洋站等各方面协调一致的努力，扩展气候变率的记录；

——发展和建立适当的描述、认识和预报全球十年变率所需的观测、模拟、计算，及收集与分发数据的系统；

——识别和研究产生十年到百年气候变率的海洋与大气相互作用的区域和过程。

● CLIVAR—ACC

该分计划将通过以下各方面，研究气候系统对人类活动造成的气候变化反应：

——提高模拟和预报气候系统对人为的温室气体的增加和气溶胶变化的反应能力；

——确定人类活动影响气候系统的平均状态及变率的方式；

——在其他两个 CLIVAR 分计划获得的对自然气候变率的认识的基础上，检测与温室气体的增加和其他人为变化的影响有关的趋势和特征。 （庄丽莉）

【东亚海域海洋污染预防和管理项目】 1.概况 东亚海域海洋污染预防和管理项目是由联合国开发计划署(UNDP)和全球环境基金(GEF)资助的区域项目。总经费为 800 万美元。参加该项目的国家有中国、朝鲜、文莱、柬埔寨、越南、菲律宾、印度尼西亚、新加坡、马来西亚、泰国和日本，共 11 个国家。1992 年 12 月至 1993 年 3 月，联合国开发计划署组织考察了东亚诸国并于 1993 年 11 月在中国厦门市召开了该项目的启动会议，制定了项目框架并确定中国厦门市、菲律宾八打雁省、马六甲海峡为项目示范区。

受联合国开发计划署的委托，国际海事组织作为项目执行机构，负责项目的实施和经费管理，聘任蔡程漠博士为项目主任，并在菲律宾首都马尼拉建立了项目发展与管理办公室(PDMO)。

在本项目中，中国政府的执行机构是国家海洋局，地区执行机构是厦门市人民政府。项目的年限为 1994 年至 1998 年，共 5 年。

2.项目目标

针对厦门示范区的特点，拟通过实施海岸带综合管理、制定实施预防和控制海洋污染计划，以减轻海洋污染，为东亚诸国提供示范。

(1)建立海岸带综合管理机制；

(2)建立海岸带法律构架；

(3)改善海洋环境；

(4)建立监测监视系统；

(5)建立信息与培训机制。

3.子项目设置

围绕上述目标，并针对厦门市在海岸带管理中存在的问题设立了 23 个子项目，其中 17 个子项目由厦门市政府承担，其他 6 个子项目分别由项目发展与管理办公室(PDMO)和世界粮农组织(FAO)承担。

4.项目进展

目前，厦门市政府已全部完成所承担的 17 个子项目建议书，并呈交国际海事组织审批。

1995 年 1 月 8 日签署第一批共 4 个子项目合同，包括：

* 厦门示范区执行机构的建设；
* 加强海洋管理处的力量；
* 建立海岸带研究协调机制；
* 编制厦门海岸带环境概况及战略性管理计划。

1995 年 9 月 22 日签署第二批共 6 个子项目合同，包括：

* 示范区公众海洋环境宣传教育；
* 加强海岸带管理立法；
* 海岸带废弃物污染的预防与管理；
* 制定沿岸海水水质标准；
* 沿海水产养殖污染的控制和管理；
* 经济发展对生态和社会经济的影响评价。

1996 年 3 月 25 日签署第三批共 7 个子项目合同，包括：

* 海岸带环境保护基金的筹建计划；
* 污染源管理的行动计划；
* 海岸带功能区划；
* 地理信息系统的应用；
* 杏林区海洋污染预防和管理计划；
* 员当湖综合管理模式；
* 海岸带环境条件及管理成效的监测监视。

5.结束语

厦门是东亚海域海洋污染预防和管理项目三个示范区之一，其核心问题是海洋的污染预防和管理，本质上是一种政府行为。是政府通过组织多学科、多机构的队伍，从社会经济发展计划、法律建设、财政建设的角度强化海洋污染的预防和管理，从这个意义上讲，该项目是行政、科学、法律、财政的结合，更加需要政府强有力的管理和协调。

如果通过厦门示范区的建立来达到这一目的，无疑将促进特区经济持续高速的发展，使投资环境得到进一步改善。为国内和东亚海域的海洋环境保护及海洋的污染和管理提供经验。

【东海渔业及其沿海资源管理和开发】 由亚洲开发银行资助的中国东海渔业和沿岸海洋资源管理与开发项目(舟山项目)，由国家海洋局组织实施，有农业部、国家环保局参加，于 1993 年 4 月 3 日启动，1994 年 2 月 9 日结束，获资助 651 100 美元。本项目是基于近些年来东海渔业资源日益衰退、管理不力的情况下，旨在制定一个保持东海渔业资源良性循环和持续利用的综合性的管理和协调机制，以及战略行动计划，从而提高环境和资源监测的有效性，使海洋渔业资源得以恢复和再生。

本项目的主要成果有：

1.为舟山市政府提出了一套详细具体的战略行动计划和综合性的投资计划；

2.有关舟山渔业资源及其养殖资源的结构分析报告；

3. 举行了海洋渔业及海水养殖资源研讨会；

4. 两批团组分别赴北美和欧洲进行了渔业资源管理和渔业研究部门考察访问；

5. 两组3人分别参加了在菲律宾举行的沿岸海洋环境管理和养殖管理短期培训班。

【黄海大海洋生态系持续利用与保护】 黄海大海洋生态系持续利用与保护项目申请全球环境基金1 200万美元资助，自1992年由中、外有关专家共同发起于1993年获世界银行60 000美元资助，做为制定本项目行动方案启动经费。同时，国际专家曾于1993～1994年分批多次来华和前往韩国，对项目进行实地考察，与中方专家一起，着手进行项目行动方案和项目建议书的编写。为此，于1993年分别在中国青岛和韩国汉城两度举行黄海大海洋生态系持续利用和保护行动方案研讨会。经过中、韩和有关国际专家和共同努力，该项目的行动方案及其项目建议书已于1994年完成，并通过全球环境基金中国政府归口管理部门财政部和国家环境保护局，向全球环境基金国际管理机构联合国发展计划署正式提交了资助申请。随后，即按全球环境基金申请标准及其格式和要求，对项目申请建议书及其行动方案进一步进行修改和完善。同时，于1995年底又向联合国发展计划署提出了项目准备资助34万美元的申请。

黄海大海洋生态系持续利用与保护项目，是一跨部门、跨系统、跨国际的，综合性的海洋生物资源保护和管理项目，其目的是基于目前黄海生物资源急剧衰退，污染严重的现实，制定一个旨在保持黄海大海洋生态系持续利用并使之具有实际意义和长期效益的国际协调机制和综合性管理计划。 （周庆海　牛文生）

双边合作
Bilateral Cooperation

【概况】 近几年来，双边协议执行情况良好，双边科技合作继续稳步发展。在原有协议和已商定项目的基础上，国家海洋局积极开展双边合作的新局面，多渠道、多层次、全方位地推进对外科技合作与交流，在一些有影响的领域取得了明显的成果。

【中美海洋和渔业科技合作】 1993年6月22～26日，中美海洋和渔业科技合作工作组在美国召开了第十一次会议。会上，双方肯定了上次会议以来在该领域合作取得的成绩，特别是1992年11月至1993年2月为期4个月的西太海气耦合试验强化观测期间，中国派出3条调查船、325名科学家和船员，参加了在西太平洋“暖池”区的观测，受到国际组织和美方的赞赏，认为像这样大规模的国际活动，必须有中国这样的大国参加。会上商定了下一两年内的合作项目共24项。

1994年1月，中美生物资源合作协调组第一次会议在中国召开，解决了一度成为双方在海洋和渔业科技合作中的障碍生物种质交换的问题，使得双方在该领域的合作又推进了一步。

1994年4月，中美科技合作联委会第六次会议以后，国家海洋局局长严宏谟行访问了美国有关海洋机构，对如何进一步促进本领域的合作进行了探讨，确定了优先考虑的项目，第二次续签了中美海洋和渔业科技合作议定书。

中美海洋和渔业科技合作联合工作组第十二次会议于1995年6月在天津举行。美国派了15人，中方20多人参加这次会议。会议讨论并商定了下一阶段的合作计划，确定了海洋资料交换、海岸带管理、海洋卫星遥感技术等重点合作项目。

【中加海洋和渔业科技合作】 为推进中国与加拿大两国政府部门间在海洋领域的科技合作，1993年9月13日，国家海洋局局长严宏谟与加拿大渔业海洋部副部长道布尔戴签署了中加海洋和渔业科技合作谅解备忘录。9月17～19日，双方举行了第一次联委会，确定了合作项目53项。1994年10月6～8日，中加海洋和渔业科技合作第二次联委会在北京举行，双方回顾了上次会议以来项目执行的情况，对原商定项目进行了调整，加上新提出的项目，共商定项目45项。目前协议正在执行中。

【中德海洋科技合作】 中德两国之间的海洋科技合作自1986年签署双边合作协议以来一直进展良好。双方政府主管部门和科技人员对此领域卓有成效的合作均表示满意。截止1994年年底，中方已有约37人次去德国进行过半年以上的合作研究业务进修，为中国海洋遥感、地质、生物、海洋技术等领域培养了人才。

1993年6月11～12日，中德海洋科技合作联委会第七次会议在杭州召开。会上，双方强调了今后在气候变化、生态研究、海洋污染评价和监测以及资源研究方面作为共同感兴趣的领域。双方还探讨了德国“太阳号”调查船1994年来华执行南海季风监测试验合作的问题。

1994年，中德海洋科技合作联委会第八次会议在德国举行。同年，德国“太阳号”海洋调查船成功地在南海海域进行了南海季风试验，7名中国科学家参加了这一航次的合作调查，获得了大量宝贵资料，为气候研究提供了科学依据。

【中法海洋科技合作】 根据“中法海洋科技合作议定书”有关规定，中法海洋科技合作联合工作组第一次会议于1994年5月北京举行。会上，双方共同回顾了以往双边合作交流的情况，对“渤海潮流沙脊合作研究”、“贝类养殖技术考察”和“大洋锰结核研究”等合作项目所取得的成果感到满意和鼓舞，并确定了“海洋和气候变化的研究”、“生物和非生物资源持续利用技术”以及“海洋生态环境的检测与保护”等近期内有限合作的领域，审议并确定了9个新的合作项目。

双方原商定的下一次会议于1995年举行，后为结合“中法东海项目”外业调查，经双方同意，推迟至1996年举行。

【中韩海洋科技合作】 中韩建交以来 两国在海洋科技领域的合作与交流日益频繁。1993年9月19～26日，中国代表团访问了韩国。此间，国家海洋局第一海洋研究所同韩国海洋研究所签订了海洋科技合作谅解备忘录。双方表示将在海洋综合管理、大海洋生态系保护、水产养殖技术、海洋政策研究、环境监测和预报、资源开发和利用等方面开展合作。

1994年10月6～15日，以国家海洋局葛有信副局长为团长的中国代表团访问了韩国，同韩国科学技术部签定了"中韩海洋科学技术合作谅解备忘录"。"谅解备忘录"的签署，标志着两国在海洋科技方面的合作翻开了新的一页。"谅解备忘录"共涉及海洋综合管理、政策和法规研究、海洋环境、生物资源的保护、恢复和利用、海岸带开发和管理等10个合作研究领域。"谅解备忘录"还对双方的合作形式、财务安排、行政手续上的支持、知识产权、联委会组成及会议等都作了具体规定。

为有效地推进"谅解备忘录"中合作项目的执行，根据"谅解备忘录"中有关规定，经过双方充分协商，于1995年5月12日在青岛成立了"中韩海洋科学共同研究中心"。这是一种新型的海洋科技合作形式，它将更好地推动海洋事业的发展。

【中日副热带环流合作调查研究】 中日副热带环流合作调查研究项目，是继长达7年之久的中日黑潮合作调查研究结束后，中日两国又一个重要的双边海洋科技合作项目。1995年3月底，中日双力通过外交途径正式签署了"中日副热带环流合作调查研究实施协议"。7月，双方在北京举行了第一次工作组会议，商定了年度海上合作调查计划和研究课题。10月，中方调查船开始第一次调查。同时，参加该项目调查的日方调查船"开洋丸"停靠厦门并访问了国家海洋局第三海洋研究所，从而开始了中日两国之间又一阶段的海洋科技合作。

【中朝海洋科技合作】 中朝海洋科技合作近年来一直在稳步发展。1993年6月，由国家海洋环境预报中心和国家海洋局一所组成的代表团赴朝参加了研讨会，并对今后在海洋环境预报和监测方法研究等方面交换了意见。1995年4月，中朝海洋科技合作第七次会议在北京召开，回顾了前几年的合作，商定了近期的合作项目。

与俄国、西班牙等国近几年的合作项目不多，目前仍在积极探索寻找新的合作领域和交流项目。

（焦永科）

有关海洋国际组织
Related International Marine Organizations

【亚太经济合作组织(APEC)】 **APEC的产生** 随着欧共体和北美自由贸易区等区域性经济合作组织的相继成立，建立亚太经济合作组织的动议时有提出。1989年亚太经济合作组织成立，当时出席会议的12个国家中有6个东盟国家和6个非东盟国家，即新加坡、马来西亚、印尼、泰国、菲律宾和文莱及美国、加拿大、日本、韩国、澳大利亚、新西兰。1991年中国、香港地区、台湾省的加入，1993年墨西哥和巴布亚新几内亚的加入，1994年智利的加入使APEC的成员增加到18个。同时越南、印度、俄罗斯、蒙古和朝鲜也先后要求加入APEC组织。

APEC的活动机制 APEC的最高层活动为18个成员经济体的非正式首脑会议。目前，该会议已经举行了3次，第一次为1993年的西雅图会议，第二次为1994年的茂物会议，第三次为1995年的大阪会议。非正式首脑会议之下为部长级会议。最初为外交部长和外贸部长会议，其后财政部长会议、教育部长会议、环境部长会议、交通部长会议、科技部长会议相继举行，以探讨和扩大不同领域的合作 。

部长会议之下为高级官员会议和工作组会议，其中以高官会议最为活跃，每年会议达4次之多。

APEC组织下辖10个工作组，即：贸易促进工作组，贸易与投资数据综观工作组，投资与 工业科学技术工作组，人材资源开发工作组，地区能源合作工作组，海洋资源保护工作组，通讯工作组 ，交通工作组，旅游工作组和渔业工作组。

APEC组织于1993年2月在新加坡设立了秘书处，该处共有工作人员15人。

APEC的宗旨 APEC的宗旨是通过区域成员经济体的积极合作和采取协调行动，在亚太地区实现与世界贸易组织相一致的贸易与投资的自由化，并以此促进该地区的经济发展。

在西雅图会议上18个经济体的首脑确立了建立亚太经济共同体框架的理想；在茂物会议上通过了以发达国家在2010年发展中国家在2020年实现区域内贸易投资自由化为目标的"茂物宣言"；在大阪会议上制定了实现"茂物宣言"规定的目标的时间表的"行动议程"。

大阪"行动议程"的要点 大阪行动议程包括如下9项原则：

全面性：消除阻碍进行自由和开放的贸易与投资的一切障碍；

一致性：与世界贸易组织的一致性；

可比性：APEC成员将确保各成员采取的自由化措施具有总体可比性；

非歧视性：在APEC成员间实行非歧视性原则；

透明性：APEC成员间确保其贸易法规具有透明性；

维持现状：各成员努力避免提高贸易保护主义的程度；

同时启动：各成员将"同时毫不拖延地"开始实行自由化；

灵活性：鉴于APEC成员发展水平的不同和具有的多样性，自由化的进程可具有灵活性；

合作 ：即积极进行经济和技术合作。

同时APEC成员商定在举行下届首脑会议之前，将在15个领域采取100余项措施。

海洋资源保护工作组(MRC) MRC工作组是APEC框架下所辖的10个工作组之一,国家海洋局为该组的组团单位。到目前为止已举行了8次会议,第7次会议1995年5月在中国青岛市举行,第8次会议1996年4月在中国台北的高雄市举行。海洋赤潮与有害藻华的防治是该组的重要合作项目,目前已进入实施阶段。

【南中国海潜在冲突研讨会】 南中国海历来是中国的主权水域,有关中国人在西沙、南沙诸岛上生活及在这些岛上行使行政管理的历史,史书上均有记载。远在1935年中国就出版了《中国南海各岛屿图》,1947年再次出版了包括东沙、西沙、中沙及南沙159个岛屿的新旧名称对照表。各种文献中都清楚地表明了中国对南海的主权权利。但自60年代以来,由于海洋石油开发的兴起,东南亚一些国家相继进入南海,由资源开发演变成对我南海水域的占领。到目前为止,越南已占领了25个岛屿并在岛上建有机场;菲律宾已占领了北子岛等8个岛屿,在中业岛上有驻军并建有飞行跑道;马来西亚已占领了弹丸礁等12个岛屿并在南海诸岛上发展旅游业;文莱占领了2个岛屿,如此种种构成了对我南海主权的严重威胁。

随着越南等国对我南沙诸岛侵略活动的加剧,环南中国海地区的形势日渐复杂、动荡。同时那些侵占了中国岛屿的国家由于中国经济的蓬勃兴起而感到不安,他们担心中国有一天会强大到一举收复其所被占领的岛屿的程度。于是在加拿大国家开发署的支持下,由印尼外交部研究与开发局出面,从1990年起开始举办"南中国海潜在冲突研讨会",其意在使南海主权问题学术化,使双边或局部问题国际化,从而保证其在南海的既得利益。

中国本着"主权属我,搁置争议,共同开发"的原则,由外交部和国家海洋局组团参加了南中国海潜在冲突研讨会及由此衍生出的几个工作组会议。出席该潜在冲突研讨会的有中国、中国台湾省、印尼、马来西亚、菲律宾、泰国、新加坡、文莱、越南、老挝、柬埔寨和加拿大国际开发署的会务策划人员。虽然出席会议的很多人员系来自外交部等重要部门,但会议明确规定与会者不论职位高低都是以个人身份出席会议,会议结果对各国政府和台湾当局没有约束力。历次南中国海潜在冲突研讨会的情况如下:

第一次　登巴萨　1990年1月22～24日
第二次　万隆　1991年7月15～18日
第三次　日惹　1992年6月29日7月2日
第四次　泗水　1993年8月23～25日
第五次　布吉丁宜　1994年10月26～28日
第六次　巴里八班　1995年10月8～12日

南中国海潜在冲突研讨会下辖海洋科学研究工作组,该组目前已举行了5次会议,由海洋局与外交部联合组团出席会议。该组的目的在于通过南海的科学研究促成区域内的合作,以缓解该地区的紧张形势。该工作组已经确立3个合作项目,即:

1. 南中国海海洋数据与信息网络合作计划(中国为提案国);

2. 南中国海海平面变化监测合作计划(印尼为提案国);

3. 南中国海海洋生物多样性调查合作计划(越南为提案国)。

上述3个合作计划已经潜在冲突研讨会批准,目前已进入筹资和启动项目阶段。　(李占生)

【北太平洋海洋科学组织(PICES)第二、三、四届年会】 PICES第二、三、四届年会分别于1993年10月25～30日在美国西亚图市、1994年10月15～24日在日本根室市及1995年10月16～22日在中国青岛市举行。出席上述会议的有中国、日本、加拿大、美国4个成员国以及俄罗斯、韩国和有关国家及国际组织的代表。约有240人包括政府代表和科学家参加了历届年会。其中俄罗斯、韩国以新成员国身份出席了第四届年会。中国代表团由农业部、国家海洋局、财政部的代表组成出席了以上年会。外交部、国家自然科学基金委员会的代表也出席了在青岛市举行的第四届年会。

年会的主要议题为:

1. PICES各成员国听审秘书处过去一年的工作

2. 审议通过财务审计报告及下一年度的财务预算及会费

3. 研究通过下一年度的PICES科学研究方向和下届会议的学术讨论议题

4. 确定下一届年会的会址和有关费用

5. 其他事宜

在第三届PICES年会上,理事会采取无记名投票方式,一致通过WOOSTER教授连任下届PICES组织主席。会上,中国代表团向PICES主席正式递交了关于第四届年会在中国举行的邀请信。

1995年10月,中国首次作为东道主在青岛市举办了该组织第四届年会,农业部张延喜副部长、国家海洋局杨文鹤副局长、青岛市周嘉宾副市长、国家自然科学基金委员会代表林海教授及有关单位的代表出席了开幕式。

中国作为北太平洋的沿岸国和主要的海洋渔业国家,一直十分重视和积极参与该地区的各项活动。在PICES组织各成员国的友好合作下,将继续加强对北太平洋海域的科学研究,同时鼓励国内科学家将具有前沿性和实用价值的科研课题与PICES的科学活动有机地结合起来,积极参与该区域的科学研究,为政府做出正确的决策提供可靠的科学依据。中国将继续有效合理地利用和保护该海域生物资源,共同为人类的发展做出贡献。

(张　明)

【《1972年伦敦公约》召开修改工作会议】 《防止倾倒废物及其他物质污染海洋的公约》(简称《1972年伦敦公约》)于1972年在英国伦敦国际海事组织签订,它是一个保护海洋环境、防止由于倾倒废物造成海洋污染的国际条约,现有75个缔约国,秘书处挂靠在国际海事组织。《1972年伦敦公约》自生效以来通过逐步停止放射性废物及有害工业废物在海上倾倒,以及禁止海上焚烧有毒液体废物等一系列措施，对保护全球海洋环境发挥了积极作用。进入90年代以来，随着联合国环境与发展大会的召开以及全球环保热潮的兴起，《1972年伦敦公约》也步入了其新的发展阶段。1991年在国际海事组织召开的伦敦公约缔约国第14次协商会议通过了关于修订《1972年伦敦公约》的决议。

1993年、1994年和1995年，伦敦公约缔约国先后召开了3次公约修改工作组会议和3次协商会议，对《1972年伦敦公约》的目标、范围及执行机制等许多方面的问题进行了讨论，目的是在1996年召开一次缔约国特别会议并通过一个修订公约的全新法律文件（议定书）。公约的修改主要涉及：(1)引进预防方法和污染者付费原则；(2)将管辖范围扩大到内水；(3)将纯粹为了处置目的在海上废弃或推倒石油平台活动纳入公约；(4)用所谓"反列名单"方法替代原来的附件一、二、三；(5)增加关于争端解决的条款；(6)加强公约遵守管理等等。围绕这些问题，主张应当科学地利用海洋自净能力的国家和以赞成禁止一切废物在海上倾倒的国家存在原则上的争议。各方经过3年的艰苦谈判，既坚持各自的立场，又都表现出了相当的灵活性，终于制定出一个较为一致的议定书草案文本，提交1996年缔约国特别会议审议通过。

以国家海洋局副局长杨文鹤为团长，由国家海洋局、外交部和交通部等有关部门组成的代表团出席了《1972年伦敦公约》历次修改工作组会议和缔约国协商会议。代表团积极参与了议定书草案的制定，对于一些重要条款的修改，如内水的公约的遵守问题等，还适时提出了谈判的案文供会议讨论。中国代表团在谈判中既维护国家权益、坚持原则，同时又本着合作与妥协的精神作了一定的让步，达到了修改公约的预期目的。

【参加海委会(IOC)大会、理事会】 联合国教科文组织政府间海洋委员会（简称海委会）第17届大会、第27届理事会和第18届大会分别于1993年2月23日至3月11日、1994年7月5～13日以及1995年6月13～27日在教科文组织总部召开。以国家海洋局副局长葛有信为团长的中国代表团参加了上述会议，并在第17届大会上首次当选为海委会副主席，在第18届大会当选执行理事国，这标志着中国在海委会中作用与影响的不断提高。

综观上述会议，海委会正处于变革时期，特别是联合国环发大会通过的《21世纪议程》、《气候变化框架公约》和《生物多样性公约》等，对国际海洋合作提出了新的要求，《21世纪议程》要求海委会就发展全球海洋观测系统、探明海洋在碳循环中的作用和增强国家海洋科技能力等发挥"牵头作用"，同时，联合国海洋法公约赋予海委会在海洋科技领域的"主管国际组织"的职能，为此，在此形势下，随着各国海洋事业的迅速发展，各国普遍关注海委会在推动国际合作中的作用，海委会目前正处于由协调国际海洋调查阶段向发展便于海洋环境监测网络，为资源持续利用和沿岸海洋综合管理服务的阶段过渡，海委会全球海洋观测系统的建立则标志着这一转变。

由中国牵头发起的东北亚（全球）海洋观测系统，经过多年的筹备，包括中国在内的监测资料已输入国际联网，为海洋科学的业务化迈出了可喜的一步，同时为海委会的全球海洋监测系统做出了贡献。（梁凤奎）

【国际海洋研究科学委员会(SCOR)召开第22届、23届年会】 第22届国际SCOR会议于1994年10月17～20日在加拿大西德尼举行，中国科学院院士汪品先教授在会上当选为SCOR副主席，南京大学教授王颖为第89工作组联络员，张仁和院士为第96工作组成员，齐雨藻教授为第97工作组成员，唐启升研究员为SCOR—IOC全球海洋生态系动力学GLOBEC科学指导委员会成员。

第23届SCOR会议于1995年11月14～16日在南非开普敦举行，汪品先院士继续担任SCOR副主席，王颖当选为第106工作组主席，除张仁和、齐雨藻、唐启升继续留在原工作组外，袁业立院士和翟世奎研究员分别成为第108和第99工作组成员。（李占生）

附　录

Appendixes

附录1 “八五”期间国家重大科研项目

年 份	项目名称	下达部门	牵头单位	主要参加单位	备注
1988～1995	全国海岛资源综合调查及资源开发试验	国家科委	全国海岛调查领导小组办公室	沿海各省市区海岛办，中央各有关部门	国家“八五”科技攻关项目85－905
1990～1995	灾害性海洋环境数值预报及近海环境关键技术研究	国家科委	国家海洋局，国家教委，中国科学院	国家海洋预报中心，青岛海洋大学，中国科学院海洋所、南海所、声学所，北京大学，南京大学，国家海洋局一所、二所、三所，国家海洋局青岛、上海、广州、海南预报台，国家海洋局海洋技术所、战略所	国家“八五”科技攻关项目85－903
1990～1995	大陆架及邻近海域勘查和资源远景评价研究	国家科委	国家海洋局，中国科学院，地质矿产部	中国科学院海洋所、南海所，国家海洋局一所、二所、信息中心、战略所，地矿部海洋地质所、广州海洋地质调查局、上海海洋地质调查局	国家“八五”科技攻关项目85－904
1991～1995	高性能膜材科及其应用研究	国家科委	国家海洋局科技司	国家海洋局杭州水处理中心、淡化所，天津纺院膜分离工程研究所	国家“八五”科技攻关项目
1991～1995	南极重点地区生态系研究		国家海洋局一所	青岛海洋大学，中国科学院海洋所等	南极办“八五”科技攻关项目
1991～1995	海洋能利用技术	国家科委工业科技司	国家海洋局科技司	华中理工大学，中国科学院广州能源研究所，国家海洋局海洋技术所，哈尔滨工程大学	国家“八五”科技攻关项目
1992～1995	南沙群岛及其邻近海区综合科学考察	国家科委 国家计委	中国科学院 国家海洋局	中国科学院南海所、海洋所，地矿部海洋地质所、广州地质调查局，国家海洋局三所、南海分局、战略所、信息中心	国家“八五”科技攻关项目
1995～1998	中日副热带环流合作调查研究	国家海洋局	国家海洋局科技司	国家海洋局一所、二所、三所、信息中心，青岛海洋大学	
1995～1999	中韩黄海水循环动力学合作调查研究	国家海洋局	国家海洋局一所	国家海洋局一所	
1992～1995	SAR海洋应用研究		国家海洋局二所	国家海洋局二所	863计划项目
1993～1995	风云一号02批卫星海洋应用预研	国防科工委	国家海洋局二所	国家海洋局二所	国家“八五”科技攻关项目
1991～1995	大洋多金属结核调查勘探研究	大洋办	国家海洋局 地质矿产部	国家海洋局一所、二所、战略所、信息中心、南海分局，地矿部海洋地质所、地矿部广州地质调查局	国家专项

“八五”期间国家重大科研项目(续表)

年 份	项目名称	下达部门	牵头单位	主要参加单位	备注
1994～2002	921－2民用遥感器应用研究	国防科工委	国家海洋局科技司	国家海洋局各有关单位，中国科学院，水利部，总参、气象局有关单位，上海教育学院等	国家专项
1992～1993	中国东海渔业和海洋资源管理和开发		国家海洋局海岛司、国际司，舟山市有关部门	国家海洋局二所，农业部环保局	“亚行”援助项目(59.5万美元)
1991～1995	卫星应用研究		国家海洋局一、二、三所、技术所、信息中心		国家航天办专项
1991～1995	湖泊、海湾渔业增养殖技术研究(编号:85－14)	国家科委	农业部水产司	湖北省水产局，中国科学院水生所，江苏省水产局，中国科学院水库所，浙江省水产局，山东省水产局，辽宁省水产局，福建省水产厅，中国水产科学研究院黄海所	
1991～1995	鱼虾种质资源及病害防治技术研究(编号:85－15)	国家科委	农业部水产司	湖北省水产局，中国水产科学研究院长江所，国家淡水鱼类种质资源与生物技术实验室，浙江省淡水所，中国水产科学研究院黄海所	
1993～1995	对虾暴发性流行病防治技术研究(编号:85－021－03)	国家科委	农业部水产司	福建省水产所，中国水产科学研究院黄海所、中国科学院海洋所，辽宁省海洋所，中国科学院病毒所	属应急攻关项目
1991～1996	南海北部莺－琼盆地天然气富集条件及寻找大中型气田勘探目标评价	国家计委	中国石油天然气总公司	中国海洋石油总公司	
1991～1996	南海大陆边缘盆地分析与油气聚集	国家自然基金委	中国海洋石油总公司	中国地质大学，中国科学院南海所	
1994	长江口拦门沙航道演变规律与深水航道整治方案研究		交通部	上海航道局，南京水科院等	
1991～1995	南极大陆架区中新生代沉积盆地及油气资源远景探测与分析(南85－03－02)	南极办	地矿部广州海洋地质研究所	国家海洋局二所	本课题隶属于南85－03项目
1991～1994	中国南海西南部大气田勘探方向研究(85－902－01－08－05)	国家计委	地矿部广州海洋地质调查局研究所		隶属大中型天然气田形成条件分布规律和勘探技术研究项目

附录 2　1993～1995 年获奖海洋科研成果一览表

表 1　国家海洋局获奖科研成果一览表

年份	项目名称	奖励等级	主要完成单位	主要负责人(前三名)
1993	海洋资料浮标系统	国家科学技术进步奖二等奖	国家海洋局北海分局、海洋技术研究所,山东仪器仪表研究所等	万国铭、许玉昆、王景田
1993	中加合作厦门海洋生态系围隔实验研究	国家海洋局技术进步奖一等奖	国家海洋局三所	侯舒民、陈孝麟、庄栋法
1993	热带西太平洋海气相互作用研究	国家海洋局技术进步奖一等奖	国家海洋局一所	巢纪平、陈则实、王宗山
1993	TH 系列防腐涂料	国家海洋局技术进步奖一等奖	国家海洋局海水淡化所	唐功麒、黄　鑫、吴伟欣
1994	中日黑潮调查研究—中方调查研究结果	国家海洋局技术进步奖一等奖	国家海洋局二所	苏纪兰、孙湘平、袁耀初
1995	中国海湾志	国家海洋局技术进步奖一等奖	国家海洋局一所	夏东兴、谢钦春、陈　峰
1995	文昌鱼生殖内分泌调控系统的发现	国家海洋局技术进步奖一等奖	国家海洋局三所	方永强、张崇理、王　龙
1993	中国—比利时合作研究:油污染环境风险评价	国家海洋局技术进步奖二等奖	国家海洋局监测中心	李龙章、杨连武、窦振兴
1993	长期数值预报的方法研究	国家海洋局技术进步奖二等奖	国家海洋局预报中心	陈英仪、张秋庆、佟建平
1993	FSS1—1 型浅海潜标系统	国家海洋局技术进步奖二等奖	国家海洋局技术所	宋铭航、梁　松、陈德祥
1993	SCA6—1(原 SSJ1—1)型声学水位计	国家海洋局技术进步奖二等奖	国家海洋局技术所	张序芬、刘亦莉、汪克高
1993	SYA2—1 型实验室盐度计	国家海洋局技术进步奖二等奖	国家海洋局技术所	刘　霞、张焕臣、钱邵英
1993	英汉海洋科技词汇	国家海洋局技术进步奖二等奖	国家海洋信息中心	许启望、李桂香、林复旦
1993	杭州湾锋面对悬浮物质和污染物质迁移的影响	国家海洋局技术进步奖二等奖	国家海洋局二所	苏纪兰、王康善、李　炎
1993	发电锅炉给水处理示范工程	国家海洋局技术进步奖二等奖	国家海洋局二所	钟学文、梅　红、程咸新
1993	支序分类学在海洋生物研究中的应用	国家海洋局技术进步奖二等奖	国家海洋局一所	吴宝玲、孙修勤、陆　华
1994	我国海洋浮游桡足类的研究	国家海洋局技术进步奖二等奖	厦门市海洋处	郑　重、李少菁、李　松
1994	中韩海底光缆路由(西段)调查报告	国家海洋局技术进步奖二等奖	国家海洋局北海分局	李逢熙、孙德全、高兴辰
1994	海洋自然灾害及减灾对策	国家海洋局技术进步奖二等奖	国家海洋局战略所	杨华庭、杜碧兰、田素珍

国家海洋局获奖科研成果一览表(续表)

年　份	项　目　名　称	奖励等级	主要完成单位	主要负责人(前三名)
1994	黄海北部五号试验倾倒区碱渣海洋试验倾倒研究	国家海洋局技术进步奖二等奖	国家海洋局环保所	周家义、李龙章、潜琬英
1994	中国海洋统计年鉴	国家海洋局技术进步奖二等奖	国家海洋信息中心	许启望、张玉淑、张原华
1994	港湾疏浚(沉积)物中重金属的溶出和吸附研究	国家海洋局技术进步奖二等奖	国家海洋局三所	陈　松、廖文卓、骆炳坤
1994	厦门港赤潮调查研究	国家海洋局技术进步奖二等奖	国家海洋局三所	陈其焕、张水浸、曾昭文
1994	南沙海洋气象自动遥测系统	国家海洋局技术进步奖二等奖	国家海洋局技术所	陈俊卿、钱邵英、张乃升
1994	近海海洋沉积物成份分析标准物质(EMS—1)	国家海洋局技术进步奖二等奖	国家海洋局二所	陈维岳、黄德佩、李丽霞
1994	东海对外招标区域海洋水文气象参数研究	国家海洋局技术进步奖二等奖	国家海洋局一所	袁业立、潘增弟、华　锋
1995	中子活化示踪沙技术的方法研究	国家海洋局技术进步奖二等奖	国家海洋局一所	尹　毅、常乃环、仲维妮
1995	现代海平面变化及其对策的研究	国家海洋局技术进步奖二等奖	国家海洋信息中心	郑文振、侯文峰、王　骥
1995	海浪非线性与二阶谱结构关系的实验和理论研究	国家海洋局技术进步奖二等奖	青岛海洋大学	孙　孚、丁平兴、余宙文
1995	台湾海峡晚更新世以来的海陆变迁及其环境演变	国家海洋局技术进步奖二等奖	国家海洋局三所	蓝东兆、张维林、于永芬
1995	北部湾划界方案研究	国家海洋局技术进步奖二等奖	国家海洋信息中心	倪　轩、赵恩波、艾万铸

表2　中国海洋渔业获奖科研成果一览表

年　份	项　目　名　称	奖励等级	主要完成单位	主要负责人(前三名)
1993	养殖对虾疾病调查及主要疾病防治的研究	国家科学技术进步奖三等奖	青岛海洋大学	孟庆显、俞开康、战文斌
1993	《海洋监测规范》HY003.1～91,HY003.10－91	国家科学技术进步奖三等奖	国家海洋环境监测中心,国家海洋局三所,国家海洋局一所	张春明、许昆灿、陈维岳
1993	海带苗绳绑漂生产方法	国家发明奖四等奖	山东省荣成市水产局	
1993	北方中国对虾亲虾冰下越冬方法	国家发明奖四等奖	山东省日照市水产研究所	

中国海洋渔业获奖科研成果一览表(续表)

年 份	项 目 名 称	奖励等级	主要完成单位	主要负责人(前三名)
1993	虾贝育苗场综合利用技术	国家星火奖二等奖	山东省水产学校,山东省荣成市水产所,山东省海洋水产所等	魏利平、席振乐、王兴章
1993	对虾促生长剂的技术研究	国家星火奖三等奖	山东省莱州市对虾养殖研究所,山东省莱州市大华水产实业公司	杨学宋、马健康、孙学雪
1993	降低成本的养虾综合技术示范工程	国家星火奖四等奖	天津市农村工作委员会副食品处,天津市水产技术推广站,天津市农学院水产系	吾福荣、宁书辰、荣长宽
1993	鳗鲡优质饲料产品的开发应用技术	国家星火奖四等奖	广东省冠华饲料实业公司粤顺水产饲料厂	胡荣钏、刘荣钏、林庆雄
1993	日本海柔鱼钓渔场调查和钓捕技术研究	1993年农业部科学技术进步奖一等奖、1995年国家科学技术进步奖三等奖	上海水产大学,浙江省舟山海洋渔业公司、中国水产总公司	王尧耕、胡明堉、胡文伟
1993	斑节对虾亲虾资源调查	农业部科学技术进步二等奖	中国水产科学研究院南海水产研究所	钟振如、李辉权、张月平
1993	增养殖育苗水体中重金属的污染防治	农业部科学技术进步奖二等奖	中国水产科学研究院黄海水产研究所	袁有宪、高成年、张渡溪
1993	洗涤剂对鱼类的毒性影响的研究	农业部科学技术进步奖二等奖	中国水产科学研究院珠江水产研究所	郭叶华、余瑞兰、蔡 荔
1993	浙江省滩涂贝类(蛤蛏)养殖高产技术推广	农牧渔业"丰收奖"一等奖	浙江省水产技术推广站	
1993	滩涂贝类增养殖高产技术	农牧渔业"丰收奖"一等奖	广东省水产养殖总站	
1993	外沙滩涂文蛤移苗增养技术	农牧渔业"丰收奖"二等奖	江苏省如东县水产局	
1993	威海市2.5万亩对虾精养高产技术	农牧渔业"丰收奖"二等奖	山东省文登市水产局	
1993	实船测试与网具模型实验	山东省科技进步二等奖	青岛海洋大学	侯思维、王有党、潘辉明
1994	植物生长调节剂TA乳粉在海带、紫菜上的应用研究	农业部科学技术进步奖一等奖	福建省农科院果树研究所,山东省荣成市水产所,福建省莆田市水产局等	刘德盛、陈敏资、刘玉琪
1994	广东省海岛水域海洋生物和渔业资源	农业部科学技术进步奖一等奖	中国水产科学研究院南海水产研究所,中科院南海海洋研究所	李茂照、郭金富、吴进锋
1994	养殖石斑鱼胀鳔病的研究	农业部科学技术进步奖二等奖	中国水产科学研究院南海水产研究所	陈毕生、杨莺莺、陈福华
1994	海渔况速报技术研究及其推广应用	农业部科学技术进步二等奖	中国水产科学研究院东海水产研究所	韩士鑫、沈建华、董玉来
1994	新型、高航速中小型渔政船的研究、设计与建造	农业部科学技术进步奖二等奖	中国水产科学研究院渔业工程研究所,山东省黄海造船厂	车玉堂、薛大川、冯树彬
1994	贝劳海域远洋渔场探察与钓捕技术研究	农业部科学技术进步奖二等奖	中国水产科学研究院南海水产研究所	曾炳光、郭金富、陈恩慈
1994	叶轮增氧机叶轮优化设计	农业部科学技术进步奖二等奖	中国水产科学研究院渔业机械仪器研究所	徐德明、翁以炜、陆家驹
1994	绥芬河大麻哈鱼类资源增殖技术的研究	农业部科学技术进步奖二等奖	中国水产科学研究院黑龙江水产研究所,黑龙江省东宁县水产局	董崇智、赵春刚、金贞礼

中国海洋渔业获奖科研成果一览表(续表)

年份	项目名称	奖励等级	主要完成单位	主要负责人(前三名)
1994	机帆船灯光围网高产稳产技术	农牧渔业"丰收奖"二等奖	福建省漳州市水产局	
1994	我国北方海域小型底栖生物生态学方法学和分类学的研究	国家教委科技进步二等奖	青岛海洋大学	张志南、于子山、钱国珍
1995	文昌鱼生殖内分泌调控系统的发现	国家自然科学奖三等奖	国家海洋局三所,中国科学院动物研究所,山东大学,第四军医大学	方永强、张崇理、王　龙
1995	热带西太平洋海—气相互作用研究	国家科学技术进步奖二等奖	国家海洋局一所,国家海洋局南海分局,国家海洋环境预报中心等	巢纪平、陈则实、王宗山
1995	象山港、东吾洋中国对虾移殖放流技术	国家科学技术进步奖二等奖	浙江省水产局,福建省渔业资源调查和区划办公室,浙江省海洋水产所等	徐君卓、仉正泉、张澄茂
1995	盐藻中提取胡萝卜素及其应用的研究	国家科学技术进步奖三等奖	轻工业部制盐工业科学研究所	林家骅、吴锡海、舒德新
1995	螺旋藻优良藻种的选育和培养条件研究	国家科学技术进步奖三等奖	中国科学院武汉植物研究所,中国科学院水生生物所,中国科学院南海海洋所等	胡鸿钧、俞敏娟、吴伯堂
1995	闽南一台湾浅滩渔场上升流区生态系研究	国家科学技术进步奖三等奖	厦门大学,福建省海洋研究所,福建省水产所	洪华生、丘书院、阮五崎
1995	南海珠江口盆地海洋工程地质调查与研究	国家科学技术进步奖三等奖	地矿部广州海洋地质调查局	冯志强、冯文科、薛万俊
1995	中国北方沿海第四纪滨海相地下卤水分布规律、成因研究及开发	国家科学技术进步奖三等奖	中国科学院海洋研究所	韩有松、孟广兰、王少青
1995	L2502Z 系列中速柴油机	国家科学技术进步奖三等奖	中国船舶工业总公司 7 院 711 所,新中动力机厂,中国水产总公司淄博柴油机厂	张雍源、庄保怡、吴金富
1995	牡蛎大面积养殖高产高效技术	农牧渔业"丰收奖"一等奖	福建省莆田市水产技术推广站	
1995	滩涂贝类增养殖高产技术	农牧渔业"丰收奖"二等奖	河北省水产技术推广站	
1995	浅海滩涂贝类增养殖高产优质高效综合技术	农牧渔业"丰收奖"二等奖	辽宁省大连市水产技术推广总站	
1995	1.25 万亩浅海滩涂贝类增养殖高产优质高效综合技术	农牧渔业"丰收奖"二等奖	广东省阳江市水产养殖技术推广中心站	
1992	对虾疾病防治技术研究	国家教委科技进步二等奖(乙类)	青岛海洋大学	孟庆显、俞开康、战文斌
1992	真鲷工厂化育苗技术研究	山东省科技进步二等奖	青岛海洋大学	姚善成等
1990	一种新发现的细菌特殊存活形式——活的非可培养状态	国家教委科技进步一等奖(甲类)	青岛海洋大学	徐怀恕

表 3　中国海洋石油获奖科研成果一览表

年份	项　目　名　称	主要完成单位	奖励等级	主要负责人
1993	莺歌海盆地东方 1－1 构造评价及探井井位建议	海洋石油总公司一等奖	南海西部公司	张启明
1993	渤西海域油气勘探新成果及油气富集规律研究	海洋石油总公司二等奖	渤海公司	常之瑞
1993	河湖沼泽地区地震采集技术研制	海洋石油总公司二等奖	渤海公司	程国庆
1993	二百四十道实时解编系统	海洋石油总公司二等奖	渤海公司	邵启群
1993	储层横向预测研究	海洋石油总公司二等奖	渤海公司	石国贤
1993	涠 11－4 油田 A13 水平井钻井技术	海洋石油总公司二等奖	南海西部公司	田兆雄
1993	南海北部大陆架油气区第三系研究	海洋石油总公司二等奖	南海西部公司，南海东部公司	李明兴
1993	涠西南凹陷勘探目标选择及井位建议	海洋石油总公司二等奖	南海西部公司	张敏强
1993	VAX/8650 计算机系统增值	海洋石油总公司二等奖	南海西部公司	陈文革
1993	珠江口盆地石油开发区工程地质条件.海底土的工程性质及承载力研究	海洋石油总公司二等奖	南海东部公司	陈　鸣
1993	惠州 21－1、26－1 油田油藏数值模拟研究及利用水驱特征曲线计算惠州 21－1 油田的可采储量	海洋石油总公司二等奖	南海东部公司	方　志
1993	张性盆地构造演化模拟系统	海洋石油总公司二等奖	海洋石油勘探开发研究中心，中国地质大学	丘　琳
1994	锦州 20－2 海上凝析气田工程设计和建造技术中的科技进步	海洋石油总公司一等奖	渤海公司	仰书陶
1994	中国近海油气资源再评价	海洋石油总公司一等奖	渤海公司，南海西部公司，南海东部公司，东海公司，海洋石油勘探开发研究中心	杨甲明
1994	渤海重点探区下第三系储层研究及评价实例	海洋石油总公司二等奖	渤海公司	王茂山
1994	涠 11－4 油田开发工程项目管理	海洋石油总公司二等奖	南海西部公司	张东元
1994	南海台风以及海洋石油勘探开发气象条件研究	海洋石油总公司二等奖	南海西部公司	黄　日
1994	涠 11－4 油田开发井钻井工艺技术研究	海洋石油总公司二等奖	南海西部公司	田兆雄
1994	HB－240 道模拟电缆研制	海洋石油总公司二等奖	渤海公司	王云峰
1994	莺歌海－琼东南盆地 1991 年度地震资料解释	海洋石油总公司二等奖	南海西部公司	朱和安
1994	在复杂地质条件下地层倾角测井资料的应用研究	海洋石油总公司二等奖	测井公司	田　洪
1995	绥中 36－1 油田试验区开发工程	海洋石油总公司一等奖	渤海公司	刘立名
1995	珠三坳陷勘探目标的选择评价	海洋石油总公司二等奖	海洋石油勘探开发研究中心	朱伟林
1995	涠 11－4 油田完井工艺技术研究	海洋石油总公司二等奖	南海西部公司	梁明熙
1995	惠州油田开发实践和认识及惠州 26－1 油田生产历史拟合及油藏数模研究	海洋石油总公司二等奖	南海东部公司	翟龙生

中国海洋石油获奖科研成果一览表(续表)

年份	项目名称	主要完成单位	奖励等级	主要负责人
1995	涠11—4海上油田工程设计的技术进步	海洋石油总公司二等奖	中海石油工程设计公司	吴植融
1995	无固相完井液技术的开发与应用	海洋石油总公司二等奖	中海石油技术服务公司	刘慧明
1995	ISO9002质量体系的建立与实施	海洋石油总公司二等奖	渤海公司	何德祥
1995	天然气地震勘探方法研究——海上高分辨率地震	海洋石油总公司二等奖	南海西部公司	何汉漪

（侯小颖）

表4 海洋地质矿产获奖科研成果一览表

年	项目名称	获奖等级	完成单位	主要完成人员
1993	中国海区及邻域地质—地球物理系列图	地矿部科技成果一等奖，1995年国家自然科学二等奖	地矿部海洋地质研究所、上海海洋地质研究所、广州海洋地质调查局	刘光鼎、雷受旻、王学言、许薇龄、李唐根
1993	中华人民共和国及其毗邻海域第四纪地质图及说明书(1∶250万)	地矿部科技成果一等奖	地矿部上海海洋地质调查局、第一海洋地质调查大队	郑铁生等
1993	南海珠江口盆地海洋工程地质调查项目总报告	地矿部勘查一等奖	地矿部广州海洋地质调查局	冯志强、冯文科、薛万俊、刘宗惠、张锡林
1993	中美南海海洋地质科学联合调查研究中方报告(第一阶段,第一分册)	地矿部科技成果二等奖	地矿部广州海洋地质调查局、第二海洋地质调查大队	姚伯初、曾维军、陈永清、陈艺中、张锡林
1993	中国石油天然气的勘查与发现	地矿部科技成果二等奖	地矿部广州海洋地质调查局等五个单位	吕井华等
1994	太平洋中部多金属结核及其形成环境	地矿部科技成果二等奖	地矿部海洋地质研究所、广州海洋地质调查局	许东禹、金庆焕、梁德华
1994	东海陆架盆地西湖、基隆两凹陷之间鞍部地区的地质构造及含油气性研究	地矿部科技成果二等奖	地矿部海洋地质研究所、上海海洋地质调查局	周才凡、赵金海、肖国林、张金川、蔡 峰
1994	东海宝云亭油气田宝一断块油气地质储量报告	地矿部找矿二等奖	地矿部海洋地质调查局	
1994	东海残雪油气田地质储量报告	地矿部找矿二等奖	地矿部海洋地质调查局	
1995	南极布兰斯菲尔德海区综合地质科学考察成果报告	地矿部勘查一等奖	地矿部广州海洋地质调查局	王光宇、陈邦彦、张国祯、段威武、陈圣源
1995	中国海区1∶50万区域地质编图(大连幅)	地矿部科技成果二等奖	地矿部地矿部海洋地质研究所	蓝先洪、张训华、丛鸿文、马道修、尹延鸿
1995	冀东油田南堡测区海洋工程地质调查报告	地矿部科技成果二等奖	地矿部地矿部海洋地质研究所	李春、张志珣、杨子庚、孙嘉诗、刘洪树

表 5　海洋交通运输获奖科研成果一览表*

年份	项目名称	奖励等级	主要完成单位
1993	大深度氦氮氧饱和潜水科学实验	国家科技进步奖五等奖	交通部、石油部海洋水下工程科学研究院，中国船舶工业总公司七〇一所，中国船舶工业总公司四九一厂
1993	港口工程 CAD 系统开发研究	交通部科技进步奖二等奖	交通部水运规划设计院，第三航务工程勘察设计院，上海海运学院
1993	黄埔新沙港区一期工程 1—5 泊位格型钢板桩结构的设计与施工	交通部科技进步奖二等奖	交通部第二航务工程局
1993	小型无人遥控潜水器	交通部科技进步奖二等奖	交通部、石油部海洋水下工程科学研究院
1993	航道整治工程技术规范	交通部科技进步奖二等奖	交通部水运规划设计院，长江航道局，天津水运工程科研所
1994	水下检测电视系统（HD 浑水电视、SD 便携式清水电视）	交通部科技进步奖二等奖	交通部、石油部海洋水下工程科学研究院
1994	广东省沿海及珠江三角洲港口布局研究	交通部科技进步奖二等奖	交通部水运规划设计院，广东省交通厅
1994	港口工程结构可靠度设计统一标准（国家标准）	交通部科技进步奖二等奖	交通部水运规划设计院、第一、二、三航务工程勘察设计院、第三、四航务工程局、天津港湾研究所，河海大学，天津大学
1995	广东西江航道整治工程	国家科技进步奖二等奖	广东省航道局
1995	国际集装箱运输系统（多式联运）工业性试验	国家科技进步奖二等奖	交通部水运科学研究所，上海市人民政府交通办公室
1995	水下观测系统	国家科技进步奖三等奖	交通部海洋水下工程科学研究院
1995	非对称双艉鳍船型	国家科技进步奖三等奖	交通部上海船舶运输科学研究所
1995	举力 36 000t（15 万 t 级）南通号浮船坞研制	国家科技进步奖三等奖	上海东联船舶工程公司，上陵船厂
1995	船舶积载与出口集装箱数值交换系统	交通部科技进步奖二等奖	交通部水运科学研究所
1995	大型柴油机机舱综合仿真系统	交通部科技进步奖二等奖	上海海运学院
1995	船舶维修保养体系	交通部科技进步奖二等奖	上海远洋运输公司，上海海运（集团）公司
1995	疏浚工程（自航耙吸挖泥船）电子图型监控系统	交通部科技进步奖二等奖	广东航道局，广州水运工程设计研究院

＊资料来源：《中国交通年鉴》。

表6 沿海省市区海洋科技成果一览表

年 份	项 目 名 称	奖励等级	主要完成单位	主要负责人(前三名)
1992	海表温度数值预报研究	山东省科技进步二等奖	青岛海洋大学	苏育嵩、王赐震、李凤岐
1993	中国器测海面和沿岸地壳形变的研究	国家教委科技进步二等奖(乙类)	青岛海洋大学	陈宗镛、周天华、于宜法
1994	浅海变性水团分析和预报研究	国家教委科技进步二等奖	青岛海洋大学	苏育嵩、李凤岐、王凤钦
1994	山东省海岛资源综合调查	山东省科技进步一等奖	青岛海洋大学	史致丽
1994	烟台市城市污水排海工程研究	山东省科技进步二等奖	青岛海洋大学	孙英兰
1993	海洋激光雷达系统及探测机制研究	山东省科技进步二等奖	青岛海洋大学	刘智深、张锦龙、陈文忠
1994	海岛调查	山东省科技进步二等奖	青岛海洋大学	钱树本、王凤钦、沈胃铨
1994	莱州湾开发整治研究	山东省科技进步二等奖	青岛海洋大学	李进道、袁峻峰
1995	黄河口的河口—海洋化学	山东省科技进步二等奖	青岛海洋大学	张正斌、刘莲生、孙秉一

附录3　中国海洋学术团体

【中国海洋湖沼学会】　1950年1月成立，同年8月加入中华全国自然科学专门联合会，1951年3月15日在内务部登记注册；隶属中国科学技术协会；挂靠中国科学院海洋所。现有会员(含外籍会员)近6 500人。下设15个二级(专业)学会和9个地区学会。主办《海洋与湖沼》、《中国海洋湖沼学报》刊物。第六届理事会组成人员如下：

名誉理事长：曾呈奎　刘瑞玉
荣誉会员：刘恬敬　孙玉科　穆广志
顾问：钱志宏　桑毅修
理事长：秦蕴珊
副理事长：刘建康　文圣常　陈吉余　梁瑞驹　陈炳鑫　董金海
秘书长：董金海(兼)
常务副秘书长：顾传宬
副秘书长：方欣华　谢　平
学会办公室主任：顾传宬(兼)

常务理事：(按姓氏笔画为序)
万国铭　尤芳湖　文圣常　方国洪　邓景耀　甘子钧　乐美龙　冯士筰　业治铮　刘永定　刘光鼎　刘建康　苏纪兰　李少菁　李光友　邱大洪　何起祥　佘大奴　汪品先　张正斌　陈吉余　陈则实　陈宗尧　陈宜瑜　陈炳鑫　周名江　周秀骥　胡敦欣　胡鸿钧　施正铿　秦蕴珊　袁业立　唐启升　梁瑞驹　董金海　曾庆存　管华诗　潘荣和

学术交流委员会主任：梁瑞驹
国际学术交流委员会主任：苏纪兰
编辑出版委员会主任：秦蕴珊
科普委员会主任：陈则实
科技咨询委员会主任：陈炳鑫
青年工作委员会主任：李乃胜

中国海洋湖沼学会所属专业学会、地区学会一览表

名　　称	成立时间(恢复活动时间)	挂靠单位	理事长(会长)
藻类学会	1979.10	中国科学院海洋所	刘永定
鱼类学会	1979.10	中国科学院水生生物所	曹文宣
水文气象学会	1979.10	青岛海洋大学	文圣常
海岸河口学会	1980.3	华东师范大学	陈吉余
风暴潮及海啸学会	1980.11	国家海洋环境预报中心	杨华庭
水环境学会	1981.3	中国科学院海洋所	周名江
化学学会	1981.8	中国科学院海洋所	顾宏堪
生态学会	1983.4	中国科学院海洋所	罗秉征
地质学会	1984.7	中国科学院海洋所	赵一阳
海洋遥感学会	1984.9	国家海洋局一所	袁业立
甲壳动物学会	1985.11	中国科学院海洋所	刘瑞玉
贝类学会	1986.10	中国科学院海洋所	齐钟彦
潮汐与海平面研究会	1988.2	国家海洋信息中心	郑文振
药物学会	1988.2	青岛药物研究所	关美君
计算海洋物理专业委员会	1989.7	青岛海洋大学	冯士筰
青岛市海洋湖沼学会	1978.3	青岛海洋大学	
山东省海洋湖沼学会	1978.3	青岛海洋大学	
广东省海洋湖沼学会	1978.3	中国科学院南海所	
上海市海洋湖沼学会	1979.2	地矿部上海海洋地质调查局	
江苏省海洋湖沼学会	1979.5	中国科学院南京地理与湖泊所	
浙江省海洋湖沼学会	1979.7	国家海洋局二所	
福建省海洋湖沼学会	1979.10	厦门大学	
湖北省海洋湖沼学会	1979.10	中国科学院水生生物研究所	
连云港市海洋湖沼学会	1986.1	连云港水产学校	
《海洋与湖沼》		中国科学院海洋所	秦蕴珊(主编)
《中国海洋湖沼学报》(英文学报)		中国科学院海洋所	曾呈奎(主编)

(顾传宬)

【中国海洋学会】 1979年9月成立，隶属中国科学技术协会，挂靠国家海洋局。现有会员1万多人。下设17个二级(专业)学会和6个地区学会。主办《海洋学报》、《海洋世界》刊物。第四届理事会由96名理事(含为港澳台保留的2名)组成。

名誉理事长： 文圣常 任美锷 严恺 罗钰如 曾呈奎

顾问： 刘光鼎 陈吉余 赵理海 秦蕴珊

理事长： 严宏谟

副理事长： 王颖 苏纪兰 杨文鹤 洪华生 胡敦欣 曾庆存 管华诗

秘书长： 郭德喜

副秘书长： 马克美 许星煌 赵炳来 袁晴霏

常务理事： (按姓氏笔画为序)

丁一汇 丁德文 王勇 王颖
王小闯 方德巍 刘思汉 邢至庄
苏纪兰 严宏谟 李润培 杨坚
杨文鹤 杨启伦 范元炳 张发华
张振国 陈锁祥 洪华生 胡敦欣
袁业立 郭德喜 程天柱 曾庆存
窦国仁 管华诗

学术交流工作委员会主任： 关定华

科普工作委员会主任： 李茂和

学报工作委员会主任： 苏纪兰

国际学术交流委员会主任： 王颖

青年工作委员会主任： 沈正

科技开发与咨询工作委员会主任： 李允武

中国海洋学会所属专业学会、地区学会一览表

名称	成立时间	挂靠单位	理事长(会长)
海洋环境科学分会	1979.4	国家海洋局环保所	丁德文
海洋工程分会	1979.8	南京水利科学研究院	严恺
海洋地质分会	1979.10	地矿部上海海洋地质调查局	顾宗平
海岸河口分会	1980.4	上海华东师范大学海岸河口研究所	陈吉余
海洋物理分会	1980.9	中国科学院南海所	张仁和
海洋化学分会	1980.9	厦门大学	陈国珍
海洋观测技术分会	1980.10	国家海洋局海洋技术所	惠绍棠
风暴潮及海啸分会	1980.11	国家海洋环境预报中心	杨华庭
海洋经济分会	1984.11	山东社会科学院海洋经济研究所	蒋铁民
海岸带开发管理分会	1984.11	国家海洋局一所	陈炳鑫
海水淡化与再利用分会	1982.10	国家海洋局二所	高从堦
海洋调查专业委员会	1981.12	国家海洋局北海分局	万国铭
海洋遥感专业委员会	1984.9	国家海洋局一所	袁业立
潮汐与海平面专业委员会	1986.11	国家海洋信息中心	郑文振
海洋生物工程专业委员会	1988.10	国家海洋局一所	吴宝玲
海冰专业委员会	1991.10	国家海洋环境预报中心	徐继祖
海气相互作用委员会	1989	国家海洋局一所	陈则实
*上海海洋学会	1979.2	地矿部上海海洋地质调查局	陈吉余
*浙江海洋学会	1979.7	国家海洋局二所	余国辉
*辽宁海洋学会	1979.7	国家海洋局环保所	
*福建海洋学会	1979.10	国家海洋局三所	张金标
*广东海洋学会	1980.4	中国科学院南海所	孙玉科
*北京海洋学会	1980.5	国家海洋环境预报中心	叶连俊
*广西海洋学会	1988	广西区海洋办	陈振宇
《海洋学报》	1979	海洋出版社出版	苏纪兰(主编)
《海洋世界》	1975.11	海洋出版社出版	谭征(主编)

* 业务指导

(张滨)

【中国水产学会】　1963年成立，隶属中国科学技术协会，挂靠中华人民共和国农业部渔业局。现有会员15 000多人。下设15个专业委员会、研究会和27个地区学会。主办《水产学报》等8种刊物。第五届理事会组成情况如下：

名誉理事长： 费鸿年　曾呈奎　孟庆闻
名誉副理事长： 曲　铭　（台湾省）
理事长： 张延喜
常务副理事长： 钱志林
副理事长： 乐美龙　刘恬敬　刘　筠　刘瑞玉　宋之问　严绍颐　潘金培　潘荣和
秘书长： 迟英杰
副秘书长： 崔　禾
常务理事： （以姓氏笔画为序）
王铁人　王东石　王民生　丘书院　乐美龙　冯瑞峰　刘　筠　刘瑞玉　刘恬敬　张延喜　严绍颐　宋之问　迟英杰　吴敬南　欧阳海　杨丛海　钱志林　唐逸民　郭南麟　鲍金德　潘金培　潘荣和

中国水产学会所属专业委员会、地区学会一览表

名　称	挂靠单位	理事长(主任)
池塘养鱼专业委员会	珠江水产研究所	欧阳海
江湖水库渔业专业委员会	黑龙江水产研究所	张觉民
海水养殖专业委员会	黄海水产研究所	杨丛海
海洋渔业资源专业委员会	黄海水产研究所	邓景耀
渔船和渔业机械仪器专业委员会	渔业机械仪器研究所	丁永良
水产捕捞专业委员会	东海水产研究所	黄锡昌
水产品加工和综合利用专业委员会	浙江水产学院	伍汉民
渔业制冷和水工专业委员会	上海水产大学	冯志哲
渔船驾驶专业委员会	大连水产学院	文　干
图书情报专业委员会	中国水产科学研究院	王民生
科学普及工作委员会	北京市水产总公司	鲍金德
鱼病研究会	水生生物研究所	潘金培
鲑鱼类研究会	黑龙江水产研究所	魏立贤
渔业史研究会	中国水产学会	丛子明
水产名词审定委员会	黄海水产研究所	刘恬敬
北京水产学会	北京市水产总公司	鲍金德
上海水产学会	上海市水产局	束昭生
天津水产学会	天津市水产研究所	梁金符
河北省水产学会	河北省水产研究所	徐绍斌
辽宁省水产学会	辽宁省水产局	韩丕琪
吉林省水产学会	吉林省水产局	柳玉璋
江苏省水产学会	江苏省水产局	周松享
浙江省水产学会	浙江省水产局	张立修
福建省水产学会	福建省水产研究所	王铁福
山东省水产学会	山东省水产局	陈宗尧
广东省水产学会	广东省水产局	黄　辉
广西壮族自治区水产学会	广西壮族自治区水产局	匡纬远
海南省水产学会	海南省农业厅水产处	陈乃书
《水产学报》	上海水产大学	陆　桂(主编)
《中国水产》	中国水产杂志社	杨　坚(主编)
《国外水产》	黄海水产研究所	汪哲夫(主编)
《海洋渔业》	东海水产研究所	

（崔　禾）

【**中国航海学会**】　1965年成立的中国航海学会筹备组，由于眉副部长任组长，1979年学会正式成立，隶属中国科学技术协会，挂靠中华人民共和国交通部，现有会员17 000多人，下设16个专业委员会和21个地区学会。主办《中国航海》、《航海技术》和与上海船舶运输科学研究所合办的《航海科技动态》刊物，学会下设办公室，具体承办学术交流、科普教育、国际交流、财务会计、审计、编委会等日常工作。

中国航海学会是国际航行学会联合会的成员国之一，与日本航海学会建立有双边学术交流活动，由其倡仪发起的"亚太地区海运学术讨论会"从1987年起，每隔二年举行一次。

中国航海学会第三届理事会组成成员如下：

名誉理事长：叶　飞　王首道　邓兆祥　彭德清

理 事 长：林祖乙

副理事长：钱永昌　张序三　方嘉德　罗钰如　石云生　陈德鸿　卓友瞻　陈忠表　张德洪

常务理事：丁荣生　马文金　王宪章　王颂汤　文　干　方嘉德　叶　剑　叶嘉畲　乐天祥　石云生　卢国纪　朱国伟　朱耀庭　刘松金　李士民　李克亮　李克麟　李寅飞　吴景宁　张　超　张士辉　张利民　张序三　张定邦　张树青　张德洪　陈希群　陈忠表　陈祖慰　陈爱平　陈德鸿　金忠明　罗钰如　林玉乃　林平亚　林祖乙　卓友瞻　赵云保　赵国钧　胡景禄　钱维扬　徐华强　黄卫津　黄为民　黄忠秀　龚　鎏　董玖丰　彭彰年　戴金象　戴淇泉　魏家福

秘 书 长：

副秘书长：丁荣生　张利民　林　毅　邱晓青

顾　　问：贺宗升　李维中　高　原　董华民　袁　庚　魏震东　刘延穆　徐文耀　高梦槐　李景森　陈嘉震　李　宁　左文渊　李国堂　陈新丰　张　奇　杨　健　赵　刚　杨大年　杨守仁　何明德　曲　辰

荣誉理事：田　丰　沈肇圻　宋孔祥　周以恒　郑仁周　孟广钜　刘　锷　卢希龄

中国航海学会所属专业委员会、地区学会一览表

名　称	挂靠单位	理事长(主任)
海洋船舶驾驶专业委员会	广州远洋运输公司	洪善祥
内河船舶驾驶专业委员会	武汉水运航海学院	史伯涛
船舶机电专业委员会	大连海运学院	殷佩海
通讯导航专业委员会	大连海运学院	陈祖慰
救助打捞专业委员会	上海救助打捞局	傅明德
船舶防污染专业委员会	交通科学院水运所	梁一如
集装箱运输专业委员会	交通科学院水运所	蔡庆麟
危险品运输专业委员会	交通科学院水运所	张承贤
水运管理专业委员会	上海海运学院	陈希群
水运技术经济专业委员会	交通部水运规划设计院	曹右安
海运法规专业委员会	中国远洋运输总公司	陈忠表
内河港航监督专业委员会	交通部长江航务局	黄建成
内河航运开发建设专业委员会	交通部航务局	唐国英
航标专业委员会	交通部安全监督局	林玉乃
引航专业委员会	交通部安全监督局	林玉乃
航海史研究分会	交通部水运规划设计院	胡家明
广州航海学会	交通部广州海运集团	龚　鎏
山东航海学会	青岛远洋运输公司	李克亮
广西航海学会	广西交通厅	梁承宪
辽宁航海学会	大连远洋运输公司	赵云保
上海航海学会	交通部上海海运局	黄国忠
天津航海学会	天津远洋运输公司	魏家福
江苏航海学会	江苏省交通厅	徐华强
安徽航海学会	安徽省交通厅	于　千
武汉航海学会	中国长江输船总公司	
贵州航海学会	贵州省交通厅	曲　辰
浙江航海学会	浙江省交通厅	张志飞
厦门航海学会	厦门轮船公司	唐忠耀
黑龙江航海学会	黑龙江航运管理局	杨溶东
湖南航海学会	湖南省交通厅	李　安
福建航海学会	福建省交通厅	江德顺

中国航海学会所属专业委员会、地区学会一览表(续表)

名称	挂靠单位	理事长(主任)
四川航海学会	四川省交通厅	胡培根
重庆航海学会	重庆轮船公司	袁奕尧
湛江航海学会	湛江港务局	郭茂辉
深圳航海学会	深圳东鹏实业有限公司	戴淇泉
云南航海学会	云南省交通厅	周传芳
《中国航海》	上海船舶运输科学研究所	黄忠秀(主编)
《航海技术》	上海海运局	黄为民(主编)

(丁荣生)

【中国太平洋学会】中国太平洋学会(前身中国太平洋历史学会,1984年1月3日经国家体改委批准成立)是经民政部1993年12月31日批准改名并予以注册登记成为具有中华人民共和国社会团体法人资格的全国性学术团体。它由热心于研究环太平洋区域的专家、学者、企业家和社会活动家组成。挂靠国家海洋局。其宗旨是从多学科的角度研究太平洋及其周边国家的历史、现状和未来;增加中国人民对太平洋区域的了解和环太平洋各国人民对中国的了解;促进各国之间的文化、经济和科学技术的交流,促进太平洋区域的和平与发展。

学会现有会员1 300余人,下设10个专业委员会、3个地区学会。主办会刊《太平洋学报》。1994年改名换届后的理事会由125名理事组成。

名誉会长: 周谷城

顾　　问: 陈立夫　陈大络　金大中

会　　长: 于光远

副 会 长: 李慎之　肖向前　陈鲁直　张序三　张海峰　罗钰如　贾兰坡　葛有信　谭文瑞

秘 书 长: 张海峰(兼)

副秘书长: 祝效程　陈鸿衡　张　铠　张　敏　刘德潮

常务理事: 于光远　王　殊　王治国　朱厚泽　李学山　李宝恒　李慎之　肖向前　林自新　吴明瑜　陈鲁直　陈高华　杜碧兰　张序三　张海峰　罗钰如　罗荣渠　罗肇鸿　杨义先　杨守正　杨伯达　资中筠　胡　沙　贾兰坡　钱李仁　高尚全　葛有信　龚育之　鹿守本　谭文瑞

中国太平洋学会专业委员会、分会一览表

名称	成立时间	挂靠单位	主任(会长)
太平洋金融专业委员会	1990年5月	广州发展银行	丁励松
太平洋资源开发利用专业委员会	1990年7月	国家海洋局海洋战略研究所	张海峰
黄河文化专业委员会	1990年11月	河南社科院考古研究所	许顺湛
港口与航运专业委员会	1991年1月	大连海事大学港航研究所	司玉琢
太平洋进化与发展专业委员会	1991年9月	上海交通大学	袁随善
古海洋学专业委员会	筹建中		
太平洋民间传统专业委员会	筹建中		
太平洋地区安全专业委员会	1995年12月	军事科学院	张序三
法律专业委员会	1995年12月	中共中央党校	谢邦宇
海洋生物与环境保护专业委员会	1996年4月	成都海洋娱乐有限公司	王荣轩
上海市太平洋区域经济发展研究会		上海交通大学	袁随善
烟台市太平洋历史学会	1986年11月	烟台大学	邱殿辅
青岛市太平洋历史学会	1989年4月	中国科学院海洋研究所	胡延森

(陈鸿衡)

【中国大洋矿产资源研究开发协会】 1990年4月9日国务院国函(1990)28号文批复同意,1990年11月21

日经民政部批复成立，1991年3月5日在联合国登记注册为国际海底先驱投资者，获得了位于国际海底区域的15万km^2多金属结核资源开辟区。1991年4月24日成立。挂靠国家海洋局，业务上主要依托国家海洋局、地质矿产部、冶金工业部和中国有色金属工业总公司。主要职能为组织协调中国在国际海底区域的研究开发活动。协会第二届理事会组成如下：

名誉理事长：严宏谟　张文岳
高级经济顾问：马　洪
高级技术顾问：张炳熹　李廷栋　王淀佐
高级法律顾问：赵理海
理事长：陈炳鑫
副理事长：陈毓川　李尚诣　钮因健
常务理事：陈炳鑫　陈毓川　李尚诣　钮因健　许光建　潘新伯　陈小宁　王志雄　金建才
秘书长：金建才
理事：郭卫平　林泉贞　罗元华　欧阳楚平　岳云龙　韩鸿发　王守道　朱继懋　朱维庆　郭世勤　王建文　张国臣　虞源澄　黄振宗　梁　松　金翔龙　刘法孔　杨金森　曾绍金　萧汉强　刘泽英　陈汝泉　严铁雄　许东禹　吴必豪　陈邦彦　梁德华　朱家骥　牛京考　郭子庭　王运敏　凌　胜　董洪超　何继善　孙传尧　杨金义　高　泉　李杏林
协会办公室：副主任：金建才　总工程师：郭世勤
地质勘探专家组：郭世勤　金翔龙　吕文正　陈泽夏　许东禹　梁德华　杨胜雄
采矿专家组：郭世勤　黄家桢　赵统武　王明和　高　泉　朱继懋　郜焕秋　封锡盛
技术引进专家组：郭世勤　朱继懋　朱维庆　张常娥　张在朝　张国桢　郭纪捷
人员培训工作组：金建才　虞源澄　金翔龙　陈邦彦　郭子庭　廖才英　沈剑平

【中国海洋法学会】　1993年12月3日，中华人民共和国司法部批准中国海洋法学会成立。主要任务是向国家主管部门提供有关制定和完善中国海洋法的咨询和建议，开展海洋法问题的研究和学术交流活动，维护中国海洋权益，促进海洋事业的发展。国家海洋局是其业务主管单位。

1994年8月15日，中华人民共和国民政部予以注册登记，类别为学术性团体，宗旨为完善中国海洋法律制度服务，业务范围为学术交流、咨询服务，活动地域为全国，会址在北京。

1995年2月21～22日，中国海洋法学会在北京成立。

中国海洋法学会第一届理事会组成如下：

名誉会长：黄　华　张序三　罗钰如
会长：倪征日奥
副会长：陈炳鑫　赵理海　许光建　房维廉　李适时　王茂深　林玉乃　杨　坚　曾绍金　陈炳骞　张盘洪　陈德恭
副秘书长：陈德恭
常务理事：沈韦良　虞源澄　鹿守本　金建才　赵恩波　杨金森
理事：张克宁　王宗来　程家川　贾桂德　王　勇　王志雄　刘　峰　邵厥年　曹树培　许东禹　陈邦彦　赵金海　劳　辉　李仁培　高黎明　柳　正　徐杜衡　孟　杨　张　青　金正佳　金兆华　唐福金　沈满堂　贾延景　吴光正　崔文中　高侠卫　林钧鑫　李国强　王可菊　陈正容　孙清标　高智华　李容国　宋　丹　袁玉春　吴天喜　申长敬　沈中昌　孙纯达　陈光琪　牟岳富　赵晖兵　元建胜　陈洪云　巴文伦　陈信礼　罗　笙　刘保良　苏振礼　程　建　杜照禄　曹云石　梁执立　张东元　杜　栩　郭远孝　杨川恒　欧阳鑫　杜敦信　兰海昌　王献枢　邹克渊　李红云　梁淑英　胡增祥　韩小鹰　杨志雄　邹德臣　吴守海　陈德昌　宿东君　吴报定　赵建文　杨圣云　蒋正雄　张杏谷　周洪钧　黄卫凯　汪兆椿　陈立奇

附录 4 海洋界的全国人大代表、政协委员、劳动模范、中国科学院和工程院院士人名录

全国人大代表

丁德文 1941 年 2 月 7 日出生于辽宁省辽阳市。第八届全国人大代表，中国工程院院士，海洋环境工程与寒区热学专家。现任国家海洋环境监测中心主任暨国家海洋局海洋环境保护研究所所长，大连理工大学和大连海事大学教授及博士生导师等。曾经创造性地解决了寒区工程技术方面的重大问题，是中国寒区工程热学奠基者，创立了冻土热学学科。对应用物理、地学、系统科学、应用生态学、环境科学、环境工程学等均有独创的见解。开创了工程海冰学科，拓展了环境海洋学领域，建立和发展了海洋及海岸带资源环境可持续利用的理论基础。目前，在海洋环境保护、海洋资源开发、海洋环境工程和海洋工程技术等领域开展创新研究。是“九五”国家科技攻关项目——海岸带资源环境利用关键技术研究的首席科学家。

刘铁华 1953 年 12 月 13 日出生于辽宁省营口市，1992 年在日本国立电气通信大学获计算机与系统工程博士学位，BAS 学科带头人。第八届全国人大代表。现任国家海洋环境监测中心副主任暨国家海洋局海洋环境保护研究所副所长。曾获得辽宁省十大杰出青年、辽宁省先进科技工作者、辽宁省青年技术拔尖人才、辽宁省劳动模范、辽宁省优秀企业家、国家机电部有突出贡献专家等荣誉称号。多年从事计算机的研究、应用与开发，曾使一个濒临倒闭的研究机构发展壮大为国家重点科研单位。发表国家级以上论文 21 篇，出版著作 3 部，获国家专利一项，有 7 项成果获奖。现致力于海洋环保产业化的开拓与发展。

杜碧兰 1935 年 5 月生，山西太谷人，中共党员，原苏联列宁格勒水文气象学院海洋系毕业。现任海洋发展战略研究所副所长、研究员。第七届、第八届全国人大代表，全国人大环境资源保护委员会委员。在海洋热学、海洋环境预报等方面发表科学论文 60 余篇，多次获国家和省部级科技进步奖。

张念慈 1941 年 6 月 12 日生，杭州人。八届全国人大代表。现在中国水产科学研究院鱼病研究室工作，任室主任，研究员。主要从事鱼病、鱼类细胞生物学和免疫学研究。曾获国家科技进步一等奖 1 项(1993 年)、农牧渔业部技术改进一等奖 1 项(1984 年)和农业部科技进步一等奖 2 项(1991、1996 年)。1993 年获国家级有突出贡献的中青年专家称号，1996 年获浙江省科技进步重大贡献奖。

郭南麟 1937 年 11 月 28 日生。第八届全国人大代表。1962 年 9 月参加工作，从事海洋捕捞专业的研究工作，先后任室主任、助理研究员、副研究员等职，现任中国水产科学研究院东海水产研究所研究员、所长。主持的《东海大陆架外缘和大陆坡深海渔场综合调查》获农业部一等奖，参加首次南极考察获二等功。

洪承礼 1932 年 12 月生。大连理工大学教授。1957 年毕业于大连工学院水利系研究生。长期从事港口工程的教学及规划、设计和建设管理的实际工作。1986 年获国家级有突出贡献中青年专家称号。还获得国家科技进步三等奖、国家级优秀教学成果奖等国家级成果奖。主编有《港口规划与布置》、《土木工程决策经济分析》等书。第八届全国人大代表。

高学兴 1938 年 5 月生于山东省长岛县。1959 年毕业于烟台水产学校海水养殖专业。历任河北省乐亭县水产局技术员、副站长、副局长、县沿海开发管理总公司副总经理、总经理等职，长期在第一线从事水产技术工作。先后获国家科技进步二等奖 2 次，省科技进步一等奖 3 次，省市科技进步奖 20 多次，被授予河北省有突出贡献的专家、省优秀知识分子等称号，是第八届全国人大代表，农业部第三届全国对虾养殖专家顾问组成员，国家首批农业推广研究员。

曾呈奎 1909 年 6 月 18 日生，福建厦门人。1942 年 5 月毕业于美国密执安大学研究生院获理学博士，中国科学院院士、第三世界科学院院士。八届全国人大代表，山东省科协、侨联名誉主席，中国科学院海洋所研究员、名誉所长。长期从事海藻生物学研究，主编《中国经济海藻志》、《海带养殖学》、《中国常见海藻》(英文版)、《中国海洋科学》(英文版)、《海藻栽培学》等著作，发表学术论文 280 余篇，对搞清中国海藻资源、促进中国经济海藻人工栽培事业和海藻化学工业的建立和发展起到关键作用。在海带、紫菜生物学及人工栽培和海藻比较光合作用研究等方面具世界先进水平。

黄忠勇 生于 1935 年 10 月，福建省福清县人。大学文化，1954 年 7 月从印尼归国，1962 年 9 月参加工作，1962 年 9 月～1981 年 12 月在江汉石油管理局工作，任工程师，1983 年 1 月以来先后在南海西部石油公司勘探开发部、研究院工作，现为高级测井工程师。1988 年 4 月加入致公党，现任致公党湛江市主委，1993 年当选为全国人大代表、全国人大华侨委员会委员。

韩曾萃 1936 年 4 月生。浙江省河口海岸研究所所长、总工程师，教授级高级工程师。长期从事水利工程设计、河口动力、泥沙、水环境的科研工作。先后获国家省部委

科技进步奖7次。1984年获全国水利电力系统劳动模范称号，1989年被授予全国先进工作者称号，1991年享受政府特殊津贴。第八届全国人大代表。

彭锦生　1944年12月24日生。江苏省启东市海渔集团公司董事长兼总经理。全国第七届、八届人大代表。由他任董事长兼总经理的启东市海渔集团公司从单一的村级捕捞发展成养、捕、加、出综合发展的企业集团。1996年，集团拥有总资产5 117.69万元，人均分配1.2万元。1982年，他参与开发的桁拖网生产获得农业部"开发奖"；1984年他参与试制的水扩帆张网第一个获得成功，1993年，他所创办的"阳光"牌干海苔获得首届中国食品博览会银质奖，江苏省优秀产品奖。

全国政协委员

朱耀光　1935年12月生于印度尼西亚。1962年毕业于厦门大学生物系海洋生物专业，现在福建省水产研究所工作。担任过资源调查队副队长，室主任和副所长等职。长期从事海洋渔业资源研究，撰写论文报告60余篇，80年代以来获部、省级各种科技成果奖计15项。1987年获"福建省有突出贡献的科技工作者"，1989年获国家级"有突出贡献的中青年专家"称号，1992年获国务院颁发的政府特殊津贴荣誉证书和福建省委、省政府颁发的首批优秀专家荣誉证书。现为第八届全国政协委员，第八届厦门市政协常委，厦门市侨联副主席，中国水产学会海洋渔业资源专业委员会委员，福建省水产学会渔业资源工作委员会副主任委员。

庄启谦　男　研究员。1962年于中国科学院海洋研究所贝类分类学研究生毕业。全国第七、八届政协委员，九三学社福建省委员会副主委，中国动物学会贝类学会副理事长。长期从事双壳类软体动物分类区系和潮间带生态学研究。参加了"西沙群岛海洋生物调查研究"项目，获1987年国家自然科学三等奖(排名第五)。研究双壳类的专家，负责中国动物志一外卷的编写工作。曾多次应邀参加国际双壳软体动物学术讨论会。1993年被英国剑桥传记中心(IBC)收录进国际名人录。

严宏谟　湖北武汉人。1951年在武汉国营第一棉纺织厂参加工作，1952年加入中国共产党。1957年毕业于北京地质学院水文地质及工程地质系。历任北京地质学院助教，驻罗马尼亚、法国大使馆科技秘书，中国科学院外事局负责人，国家科委外事局、国家海洋局副局长，全国海岸带和海涂资源综合调查领导小组、全国海岛资源综合调查领导小组常务副组长，联合国国际海底管理局和国际海洋法法庭筹备委员会中国代表团团长。1985年起任国家海洋局局长。是第三届、第四届中国海洋学会理事长，第一届、第二届中国大洋矿产资源研究开发协会名誉理事长，第八届全国政协委员。

杨　槱　1917年10月出生。现任上海交通大学教授、中国科学院院士、全国政协常委，曾任大连造船厂副总工程师、上海交通大学教务长、中国海洋学会常务理事。长期从事造船教育，船舶设计，水上运输系统、渔船捕捞船队与海洋石油资源开发系统的技术与经济论证工作。曾主持设计巡逻艇、干货船、散货船等多型船舶，领导制定中国第一部《船舶稳性规范》，著有《船舶静力学》、《计算机辅助船舶设计》等专著。

杨尊伟　1945年11月1日生。1970年毕业于上海交通大学船舶动力系，先后在广西梧州船厂任技术员，交通部水运规划设计院任工程师，高级工程师；1993年到中美合资驰通工程咨询公司任副总经理。第八届全国政协委员。长期从事水运行业的技术管理工作。承担过各类船舶的设计、建造工作；船厂规划、设计工作；港口规划、设计工作；技术管理工作。发表过多篇有关船舶技术、港口发展、水运进步等方面的著作。承担了深圳盐田港一期工程全过程的设计、施工。

张叔英　1938年10月生。全国政协委员，中国科学院东海研究站研究员。长期从事水声学和地声学研究。在水声信号处理、声呐设备研制和水下地声探测等方面有多项成就，尤其是对主动声呐检测和海底声探测设备研制有造诣。在国内外发表学术论文60多篇，主持完成科研项目近30项。1978年获上海市、科学院和国家科技进步(或重大科技成果，自然科学)一、二、三等奖共12项。还获12项发明专利和2项实用新型专利。

张德洪　1932年12月生。交通部科学研究院名誉院长、教授级高级工程师。第八届全国政协委员。中国航海学会副理事长。中国远洋运输(集团)总公司顾问。1957年毕业于原苏联列宁格勒水运工程学院工程经济系。曾在中国科学院综合运输研究所、交通部上海船舶运输科研所、交通部科学研究院、交通部科技司任职。1980年主编"运输船舶船型技术经济论证方法"一书，对在中国创建船型论证新学科作出了开拓性的贡献，是船型论证学科的带头人之一。

孟庆闻　1926年11月生。全国政协第六、七、八届委员。九三学社第七、八、九届中央委员，上海市分社第十、十一、十二届副主委。上海水产大学教授。长期从事鱼类学教学和科研工作。著有《中国软骨鱼类侧线管系统及罗伦瓮和罗伦管系统的研究》获1987年国家自然科学三等奖，《鱼类比较解剖》获1992年全国优秀教材奖。1979年获全国三八红旗手，1989年获全国优秀教师称号。中国水产学会第四届理事长，中国海洋与湖沼学会及鱼类学会理事。国务院学位委员会学科评议组成员。

郑守仪　广东省中山人，1931年5月20日生于菲律宾。1954年毕业于菲律宾东方大学，获双学士学位，免试入菲律宾大学研究生院专修生物学。1956年回国，在中国科学院海洋所工作，现任研究员。40年来开创并系统进行中国海现代有孔虫分类与生态研究，已发表和完成250万字的论文和专著，研究成果具国际先进水平。曾获山东省自然科学优秀学术成果一、二、三等奖，中国科学院自然科学一等奖，国家自然科学三等奖。荣获全国“三八”红旗手和全国劳模等称号。曾任青岛市副市长、市人大常委会副主任；现任全国政协常委，致公党中央副主席、山东省主委，山东省政协副主席、省侨联副主席等职。

郑镇安 1933年12月生。1956年毕业于厦门大学生物系并分配到山东大学、山东海洋学院工作，1979年调福建省水产研究所，曾任副所长、所长，现任名誉所长，第七、八届全国政协委员，厦门市第七、八届政协副主席，农业部第二届科学技术委员会委员、国家科学技术奖励评审委员会特邀评审员，中国水产学会及海洋湖沼学会、野生动物保护协会理事，福建省水产学会常务副理事长。长期从事海水鱼类人工繁殖研究。1980年以来，黑鲷、黄鳍鲷人工育苗研究等两项成果先后获福建省科技进步二等奖，鲈鱼人工育苗获省三等奖。1986年被国家科委授予“有突出贡献的中青年专家”，1988年被评为厦门市劳动模范，1991年获福建省委、省政府颁发的首批优秀专家荣誉证书，1992年获国务院颁发的政府特殊津贴证书。

赵法箴 1935年5月生。第七、八届全国政协委员，中国工程院院士，研究员，中国水产科学研究院黄海水产研究所名誉所长。从事对虾生态和养殖学的研究。60年代初首次完成中国对虾的发育形态研究。60年代中期以来长期任对虾养殖研究组组长，先后完成“对虾人工育苗和精养高产技术研究”、“对虾工厂化全人工育苗技术研究”、“中型水面对虾高产养殖技术研究”、“对虾人工配合饵料研究”，分别获全国科学大会奖、国家科学技术进步一等奖和世界知识产权组织特别奖金奖、农牧渔业部科学技术进步二等奖、国家科学技术进步二等奖。还曾获国家颁发科技推广奖、全国对虾养殖科技攻关生产服务一等奖，1986年被授予“国家级有突出贡献中青年专家”称号。

龚锦涵 男，汉族，1927年6月生于上海市。1951年毕业于同济大学医学院。潜水医学专家。第八届全国政协委员。曾任中国海洋工程学会第一、二届副理事长，中国海洋学会第一、二届理事，国家科委海洋学组海洋工程学分组副组长，中华航海医学会常委，《中华航海医学杂志》总编辑，《海洋学报》及《海洋工程》编委。长期从事潜水医学研究工作，是中国潜水医学学科奠基人之一。1981年起任海军医学研究所研究员。在潜水减压病防治、惰性减压病新概念、潜水水面减压法、大深度饱和潜水系列研究等方面做出了显著成绩，先后获包括国家科技进步一等奖在内的国家奖6项，省市部委军队级奖12项。全国科学大会先进科技工作者，海军建设社会主义精神文明个人标兵，全军英模代表，享受国家特殊津贴。著有《潜水医学》、《航海医学》、《职业病》等专著。

中国科学院院士

文圣常 物理海洋学家。1921年11月1日生于河南光山。1944年毕业于武汉大学机械系。1947年毕业于美国航空机械学校。历任中央工业专科学校、湖南大学讲师、副教授，广西大学、哈尔滨军事工程学院、山东大学、山东海洋学院及青岛海洋大学教授，山东海洋学院院长，中国海洋研究科学委员会主席，山东省科协副主席。1993年当选为中国科学院院士（学部委员）。现为青岛海洋学院教授，中国海洋湖沼学会副理事长，中国海洋学会名誉理事，主要从事海浪理论及应用研究，从理论上证明经零阶矩和峰频率无因次化后的风浪频谱为两个不同成长阶段的谱的线性迭加，并依此导出解析形式的谱。还以解析方法导出风浪方向谱，其中能量相对于方向的分布同时取决于频率和风浪成长阶段。针对国际盛行的第三代海浪数值预报模式存在的困难，提出新的混合模式，除论文外，发表《海浪理论与计算原理》专著两部。

业治铮 地质学家。生于1918年3月10日。江苏南京人。1941年毕业于中央大学地质系。1948年获美国密苏里—哥伦比亚大学硕士学位，并获ZX会员称号，继续攻读博士学位。1950年任中国科学院南京地质研究所副研究员。1951年筹建长春地质学院并从事教学，历任教授、系主任、教务长等职。1969年受聘为国家科委海洋组成员兼海洋地质组组长、地质部海洋地质研究所副所长，地矿部南京地矿所所长、名誉所长、研究员，兼青岛海洋地质研究所所长。并任中国地质学会常务理事，岸石矿物学会常务理事，中国海洋地质学会理事长、名誉理事长，中国海洋湖沼学会常务理事。《海洋地质第四纪地质》主编，《沉积学报》副主编。曾任中国大百科全书海洋科学副主编兼海洋地质学科编写组主编，三届UNESCO与IUGS的地质对比计划(IGCP)执行局成员(1985～1988年)，国际沉积学家协会(IAS)国家通讯员(1983～1985年)。1980年当选为中国科学院院士(学部委员)。

任美锷 地貌学、海洋地质学家。生于1913年9月8日。浙江宁波人。1934年中央大学地理系毕业。1939年获英国格拉斯哥大学博士学位。回国后任南京大学教授。1980年当选为中国科学院院士(学部委员)。长期从事地貌学与海洋科学的研究和教学工作。1965年参加华南某军港的整治工作，在中国首次应用潮汐汊道(tidal inlet)理论，解决了海港整治问题。1974年应邀赴大庆油田作系统的沉积相学术讲演，并应用沉积相理论，解决了油田提出的一些理论和实际问题。1979～1984年领导江苏省海岸带综合调查，对淤泥质潮滩沉积动力过程作了较深入研究。1984年以后主要从事黄河三角洲研究，对该区海港建设及区域发展作出贡献。近年来重点研究人类作用对华北海岸带发育的影响。在国内外发表的系列论文，受到国际学术界的重视。

刘光鼎 海洋地质、地球物理学家。生于1929年12月

29 日。山东蓬莱人。1952 年毕业于北京大学物理系。历任地质部海洋地质调查局副总工程师，同济大学海洋地质研究所所长、教授，地矿部海洋地质司副司长，石油地质海洋地质局副局长，中国科学院地球物理所所长等职。兼任中国海洋学会副理事长，中国地质学会石油地质专业委员会主任，中国地球物理学会理事长，《海洋地质与第四纪地质》副主编，《石油天然气地质》主编，《地球物理学报》主编等职。1980 年当选为中国科学院院士（学部委员），第三世界科学院院士。所著"中国海地质构造及含油气性研究"获国家自然科学二等奖（第一作者）。主编的《中国海区及邻域地质地球物理系列图》获地矿部科技进步一等奖、国家自然科学二等奖。1992 年荣获中国科学院竺可祯野外工作奖。1993 年荣获地矿部李四光地质科学荣誉奖。

严　恺　水利专家和海洋工程专家。1912 年 8 月生于福建省闽侯县。1933 年毕业于 交通大学唐山工学院。1935 年至 1938 年到荷兰德尔夫特（Delft）科技大学深造，取得工程师学位。回国后，历任前中央大学水利系教授，黄河水利委员会研究室主任和宁夏工程总队长、上海交通大学教授。1952 年负责筹建华东水利学院并任副院长、院长。1956 年起还兼任水电部南京水利科学研究所所长。1984 年起改任华东水利学院名誉院长和南京水利科学研究院名誉院长。1970 年 11 月在联合国教科文组织国际水文计划第三届政府间理事会上被选为副主席，1981 年 8 月在第四届理事会上又再次当选。著有关于治河工程、河口治理和海港工程等方面的论述和报告等多篇。曾当选为中国水利学会理事长，中国海洋工程学会理事长和国际水文计划国家委员会主席等，并受聘为国际性刊物《水文杂志》（Journal of Hydrology）的顾问编委会委员。曾被选为第三届全国人大代表，中国共产党第十和第十一次代表大会代表。1955 年当选为中国科学院学部委员（院士），1995 年当选为中国工程院院士。

许学彦　船舶设计专家。1924 年 5 月 11 日生，江苏省常州市人。1948 年毕业于上海交通大学。曾任六机部七院八所副总工程师、副所长、高级工程师，船舶工业总公司七院 708 所科技委主任、高级工程师。现任船舶工业总公司七院 708 所技术顾问、研究员。50 年代末主持设计了我国第一艘万吨级远洋货船"东风号"，在载重量、船速和燃料消耗率等方面达国际先进水平。60 年代，主持设计了"62 型"高速护卫艇，该型炮艇在海战中发挥了重要作用，还出口外国。70 年代主持设计了国家"718 工程"，即远洋航天综合测量船队的主测量船"远望号"、海洋调查船"向阳红 10 号"和远洋打捞救生船"J121 号"等三型船舶，均获国家科技进步奖特等奖和国家科技进步奖一等奖。80 年代初主管设计了中国第一艘万吨级出口船——17 500t 多用途货船，为中国造船工业进入国际市场做出了贡献。主管设计的 27 000t 散货船、480 箱全集装箱船和 700 箱全集装箱船分别获国家科技进步奖一等奖和三等奖。1993 年 11 月当选为中国科学院（技术科学部）院士。

邱大洪　海岸和近海工程专家。1930 年 4 月 6 日出生于上海市。1951 年清华大学土木工程系毕业，现任大连理工大学土木工程系教授，土建勘察设计研究院总工程师，海岸和近海工程国家重点实验室主任，中国海洋学会理事、中国海洋湖沼学会理事、中国土木工程学会港口工程学会理事等。主要从事海岸工程、港口工程和近海工程中的应用基础和工程设计方面的研究和技术工作。参加过多项工程的设计、研究和施工。任大连渔港工程技术总负责人，大连新港国内第一座 10 万吨级油轮深水码头设计技术负责人，该工程的设计研究获 1978 年全国科学大会奖和全国优秀设计金奖。进行混凝土海上采油平台的可行性研究，任五高校联合设计组组长和技术总负责人。进行预应力钢筋混凝土大管桩 式新型码头研究，所提出的双排管桩新结构，已于连云港建成试验工程段。主持建设了海岸和近海工程国家重点实验室。1991 年 11 月当选为中国科学院院士（学部委员）。

汪品先　海洋地质学家。生于 1936 年 11 月 14 日。江苏苏州人。1960 年莫斯科大学地质系毕业。同济大学海洋地质系教授。1991 年当选为中国科学院院士（学部委员）。发现南海作为边缘海在冰期/间冰期旋回中环境与沉积变化的古海洋学放大效应；发现河口有孔虫受潮流的搬运、分选作用，及运用化石群特征识别潮汐强度与异地埋葬的方法，指出陆架超微化石群与生物群的差异所在；提出中国东部及海区新生代地层中识别海相、咸水湖与淡水相的标志及其重要性，揭示中国各海区沉积中钙质微体化石的分布格局及其控制因素，对中国海区环境演变研究作出了贡献。同时，引进多种定量古生态研究方法，提出将微体古生物学与沉积学相结合研究微体化石，并系统推广古海洋学和古湖泊学的研究。

汪德昭　物理学家。1905 年 12 月 20 日生，江苏省灌云人。1929 年毕业于北京师范大学。1940 年在巴黎大学获法国国家科学博士。一、二、三、四届人大代表，五、六届全国政协常委，七届全国政协委员，中国科学院声学所所长、名誉所长，一级研究员。中国国防水声科研的奠基人。开创了中国水声学和国防水声学研究，创建、组织和直接领导了有关研究工作，创建和发展了中国第一支水声科技队伍，为中国物理学研究、国防科技和科学事业的发展作出了突出贡献。40 年代在大小离子平衡态研究方面取得出色成果，被称为"郎之万－汪德昭－布里加理论"。数十年来在声学诸多方面取得独创性成果。1957 年被聘为中国科学院院士（学部委员）。

苏纪兰　物理海洋学家。生于 1935 年 12 月 31 日。湖南攸县人。1957 年台湾大学毕业。1961 年获美国弗吉尼亚理工学院硕士学位，1967 年获美国加州大学柏克莱分校博士学位。历任纽约州立大学布法罗分校工程科学系副教授，夏威夷地球物理研究所海啸中心研究员，佛罗里达大西洋大学海洋工程系终身任教。现任国家海洋局二所所长、研究员，《海洋学报》主编，国际海洋科学研究委员会执委，联合国政府间海洋学委员会副主席及西太平洋分委会主席，浙江省政协副主席。1991年当选为中国科学院院士（学部委员）。80年代起主要从事河口港湾及陆架动力海洋学研究。尤其对长江口和杭州湾锋面以及中国近海环流作了系统研究。

杨　樾　见政协委员条。

张仁和　1936年11月5日生，四川重庆人。声学专家。1958年毕业于北京大学物理系。中国科学院声学研究所研究员，声场声信息国家重点实验室主任。对浅海与深海水声物理规律做了系统研究，在国际上领先发表简正波衰减与群速的普遍表式，阐明了浅海声速结构与边界条件对声场影响的规律，给出了清晰的简正波物理图像，已成为射线—简正波理论的基本公式；最先发现负跃层浅海中信号波形的多途结构，给出了简明的计算公式，能准确地预报波形结构；从物理上预言了“在一定距离范围内，浅海声场的空间相关随距离增大而增强，远距离低频声场具有很强的空间相干性”，经海上实验已得到证明，领先获得最大间距达600m、最远距离达130km的空间相干实验结果。1991年当选为中国科学院院士（学部委员）。

赵法箴　见政协委员条。

侯朝焕　声学和信号处理专家。1936年9月29日出生于四川省自贡市。1958年毕业于北京大学物理系理论物理专业。现任中国科学院声学研究所研究员、副所长、数学系统集成实验室主任。兼任中国声学学会秘书长和常务理事、水声学学会副理事长、中国科技大学教授。主持研制了“水声信号起伏统计特性测量系统”，推动了水声信号场和噪声、混响场的研究。提出了“相移多波束基阵信号处理系统”并已成功地应用于工程项目中，获得了显著的社会和经济效益。1987年担任863信息获取和处理专家组副组长，完成多个领域的信号处理理论和方法的研究，具有多方面创新，在国内外信号处理领域有重要影响。曾获三次国家发明奖、二次中国科学院科技进步奖。发表论文125篇。被授予国家级有突出贡献的中青年专家和全国先进工作者称号。1995年10月当选为中国科学院院士。

曾呈奎　见人大代表条。

秦蕴珊　海洋地质学家。山东掖县人。1956年毕业于北京地质学院普查系。1994年5月被韩国仁荷大学授予名誉博士学位。曾任中国科学院海洋所所长、研究员，兼任中国海洋与湖沼学会理事长，《海洋与湖沼》和《海洋科学》主编。长期从事海洋地质研究，是中国海洋沉积学的开拓者之一。编绘了中国第一幅陆架沉积类型分布图，提出并建立了中国大陆架沉积模式。率先在国内开展细颗粒物质的搬运和扩散的研究，提出了新的学术思想。在国内率先发现和研究了深海大洋区的陆源风成沉积，同时开展中国大陆至赤道南太平洋横穿大洋的风尘大断面以及在渤、黄、东海上空低空大气风尘断面的研究，推动了国内海洋风成沉积的研究。提出了中国陆架演化的四个阶段，论证了海侵和海退的速度差异对陆架演化的影响。获国家级三等奖一项，部委级一等奖一项、二等奖三项、三等奖一项（均为第1名）。1995年10月当选中国科学院（地学部）院士。

巢纪平　气象学家。1932年10月19日生，江苏无锡人。1954年毕业于南京大学气象系。1980～1982年在美国普林斯顿大学地球物理流体力学实验室(GFDL)任高级访问科学家。1992～1993年任美国夏威夷大学访问教授。现任国家海洋环境预报中心名誉主任，中国热带海洋和全球大气委员会(TOGA)主席，国家(TOGA)委员会成员。1985～1991年曾任中、美热带西太平洋相互作用研究计划中方首席科学家，1992～1994年任中、美TOGA—COARE试验（海洋大气耦合试验）计划中方首席科学家。在中国数值天气预报、中小尺度大气动力学与积云动力学以及海洋环境数值预报等领域取得了开创性研究成果。对中国海洋预报现代化做出了突出贡献。1995年10月当选为中国科学院（地学部）院士。

曾庆存　气象学和地球流体力学专家。1935年5月4日生，广东阳江人。1956年毕业于北京大学物理系。1961年在苏联科学院获数理科学副博士学位。中国科学院大气物理研究所研究员，兼大气科学和地球流体力学数值模拟国家重点实验室主任。最早提出成功的原始方程求解法，首创半隐式差分法（1961年），后又深入研究了非线性计算稳定性理论和完全能量守恒格式的构造，在数值天气预报、大气污染等数值模拟中广泛应用，并创立了计算地球流体力学；建立了严谨的大气运动的地转适应过程和演变过程理论，发展了波包动力学和连续谱理论，并解决一些地球流体力学方程解的适定性等基本问题；发展了大气遥感理论，提出“最佳信息层”理论和可靠的通道选择方法等，1980年当选为中国科学院院士（学部委员）。

窦国仁　1932年11月16日生，辽宁北镇人。泥沙及河流动力学专家。1956年苏联列宁格勒水运学院毕业，1959年获副博士学位，1960年获技术科学博士学位。南京水利科学研究院名誉院长、高级工程师。在泥沙基本理论研究中，对河流结构、泥沙起动、推移质和悬移质输沙、河床变形等做出较为全面系统的发展。提出了非恒定流不平衡输沙方程式、泥沙沉降的统一公式、河流和河口河床形态方程式等，被广泛应用。发展了全沙物理模型和全沙数学模型。解决了葛洲坝工程泥沙问题，保证了正常通航和发电。提出了河床紊流随机理论，使河床水流、减阻流和高含沙流的脉动结构、时均结构和阻力得到了理论上的概括。研究了长江三峡工程、黄河小浪底工程、长江口和黄骅港等泥沙问题，为这些工程兴建提供了科学依据。1991年当选为中国科学院院士(学部委员)。

中国工程院院士

丁德文　见人大代表条。

刘济舟　68岁　土木工程、水运工程专业,交通部基本建设司。

汪顺亭　生于1935年1月7日。惯性技术与导航设备专业,中国船舶工业总公司七院707所,研究员。1962年毕业于莫斯科包曼国立科技大学。一直从事船舶惯性导航技术科研工作,是我国自行研制舰船用高精度、长寿命惯性导航系统的开拓者之一。他主持设计的舰船惯性导航系统为我国国防建设做出了重大贡献。他所在的集体和他本人多次获奖:1978年全国科技大会奖;1985年国家科技进步特等奖;1993年国家科技进步一等奖,他是主要完成人,排名第一。1995年当选为中国工程院院士。

沈昌祥　54岁　信息系统工程专业,海军计算技术研究所。

张炳炎　生于1934年10月,舰船研究设计专业,中国船舶与海洋工程设计研究院,研究员。1995当选为中国工程院院士。

杨士莪　生于1931年8月9日,河南省南阳县人,哈尔滨工程大学教授。中国工程院院士。创建了中国第一个理工结合的水声工程专业,该专业已成为国家重点学科。组织参加了中国迄今为止的两次大型水声综合考察:1959年中苏联合水声综合考察(任中方副队长)。1994年南海重点海域水声综合考察(任考察队队长、首席科学家)。主持研制的水声定位系统达到国际先进水平。创造性地解决了一系列关键技术,奠定了水声定位技术的理论和技术基础。解决了国际上悬而未决的水洞降噪和测量方法,使中国有关技术跻身世界先进行列。参与国家水声学科建设决策,是国内水声界公认的学术带头人之一。

何友声　生于1931年7月28日,浙江省宁波人,上海交通大学教授,中国工程院院士。中国流体力学著名专家、高速水动力学研究的先驱。50年代已是中国船舶原理研究的开拓者,也是国内水翼及其兴波的水动力设计的奠基人。70年代,他率先倡导研究螺旋桨激振力,及时追逐了国际潮流,使国内船舶的减振性能一跃足与国外媲美。近年来他又开拓导弹与鱼雷高速出入水的研究,突破了水气干扰的重大难题,不仅有力支持水中兵器新型号的开发,还取得上千万元的经济效益,这些成就使他多次获得省部级科技进步一、二等奖,他的研究小组已成为国际上从事出入水研究的重要据点。他还是一位出色的教师,已培养了硕士生24名,博士生8名,博士后1名。

陆建勋　生于1929年9月11日,浙江省杭州市人,中国船舶工业总公司第七研究院研究员级高级工程师。中国工程院院士。中国舰船通信研究领域的开拓者,长中短波通信研究的著名专家之一。他奠定了潜艇"两超"和水面舰艇综合通信的研究方向。创新提出自行研制我国短波瞬间大功率超快速通信系统(900工程),负责系统总体技术协调并成功装备国内核潜艇。开辟我国超长波通信的科研领域,一系列科研成果装备6984.09.039等国家重点工程。主持国家重点工程718岸船、船船通信系统,圆满和完整提供多种通信装备和系统,保证完成了中国洲际导弹海上试验的通信任务。主持中国建国后第一个最大的国防电子系统工程"海军南海自动化作战指挥系统"(920工程),任总设计师。积极发展高新技术,率先在院所建立21项国家级"火炬计划",并主持和组织具有世界先进水平的石油数控测井系统(520工程)研制。1992年被批准享受政府特殊津贴。

袁业立　生于1938年3月29日,山东省荣城市人。国家海洋局第一海洋研究所研究员、所长,中国工程院院士。30年来在中国多项海洋石油工程前期工程研究中,在海洋石油工程环境参数后报统计、海洋石油工程环境评价和海洋(滩海)工程水文地质环境勘探等方面做出了突出的贡献。他独立设计研制的第三代风浪流联合模式、全动力漂油数值模式和联合概率统计方法,解决了海洋石油工程环境数值模拟研究的主要技术关键,通过国际招标承担了全部海洋石油对外合作区的环境参数数值模拟研究,是中国海洋石油工程前期工程数值模拟研究的奠基人和工程技术带头人。以其在海浪理论、环流理论和数值模拟方法方面的创新性研究成果与现代环境科学技术最新领域研究结合,开拓了海洋遥感动力和数值解译技术、海洋遥感资料同化技术和海洋遥感机理研究新领域,是该领域重要学术带头人。

高从堦　生于1942年11月12日,山东省即墨县人。国家海洋局杭州水处理技术开发中心研究员,中国工程院院士。长期从事液体分离膜工程技术研究与开发,是我国膜分离工程技术领域的著名专家,反渗透工程技术领域的开拓者之一,创造性地解决了中国反渗透膜及组件的制造技术问题,为中国反渗透膜工程技术发展作出了重大贡献。在高分子功能膜材料研究方面,在国内首先提出开发三醋酸纤维中空反渗透膜,最先系统地开展反渗透复合膜、荷电膜、多元合金膜研究,已成为中国高分子功能膜领域的学术研究和工程技术带头人。

顾懋祥　72岁　船舶及海洋工程专业,中国船舶工业总公司中国船舶研究中心。

谢鉴衡　70岁　港口航道与治河工程专业,武汉水利电力大学。

管华诗　生于1939年8月,山东省夏津县人。青岛海洋大学教授、校长，中国工程院院士。1967 年参加完成了“海带提碘新工艺规模生产”工程，为我国海带提碘工业奠定了基础。1975 年又完成了“海带提碘联产品——褐藻酸、甘露醇再利用”的重大研究课题(研制成功 4 种新产品并投产)，为巩固促进制碘业做出开拓性贡献。1985 年研制成功中国第一个海洋生物技术制品(海洋药物)—PSS(西药)，1986 年经其工艺设计投产。现国内有 60 几家药厂在生产，累计产值 6 亿多元，利税约 1.5 亿元。近 10 年中研制成功的 4 种海洋药物及设计的三个药厂，为中国海洋制药业雏型的形成做出奠基性贡献。1992 年获山东省科技重奖、美国加州世界成就奖。获得 5 项专利。他是国内唯一的水产品贮藏与加工博士点的博导；创办了海洋药物化学专业，培养了 18 名硕士生、博士生。

潘镜芙 65 岁 船舶工程专业，中国船舶工业总公司武汉船舶设计研究所。

全国劳动模范和全国先进工作者

【1995 年全国劳动模范(海洋界)】

于　江　天津港第一港埠公司装卸三队队长
王成环　河北省京唐港务局总工程师、高级工程师
苏加林　交通部秦皇岛港务局第三港务公司工人、技师
司胜战　大连港客运站服务员
黄恩元　营口港务局局长、高级工程师
马玉峰　黑龙江省航运局佳木斯港务局第二作业区主任、助理经济师
徐富德　上海港煤炭装卸公司工人、工程师
包起帆　上海港南浦港务公司副经理、高级工程师
崔家龙　江苏省南通港务局狼山港务局公司工程师
王绪之　连云港港务局第一装卸公司四队三十五班班长
沃棉康　舟山港务管理局引航管理站站长、二级引航员
张锁珍　宁波港务局引航站副站长、高级引航员
常德传　青岛港务局局长、高级经济师
李康华　海口港集团公司第二港埠公司调度室主任
李曰锐　山东省昌邑市下营港务局航运公司船组长
何耀胜　广西防城港务局装卸队长
陈培林　广东省湛江港轮驳公司航修厂组长、技术员
管　辉　交通部上海航道局东方疏浚工程公司船长
李樵民　交通部天津航道局三处 304 轮轮机长
陈鸿飞　天津远洋运输公司总经理、高级工程师
张良保　上海远洋运输公司船舶轮机长、工程师
沙明宗　青岛远洋运输公司“胶州海”轮船长
徐惠兴　广州远洋运输公司船长
袁立华　上海长江轮船公司“江中 4”轮一级服务员
陆炎南　中国长江轮船总公司武汉轮船公司“长江 26001”轮船长
王嘉玲(女)　中国长江轮船总公司重庆长江旅游公司船长
陈　蓉(女)　交通部长江航务管理局话务员
赵忠英　交通部第三航务工程局第一工程公司分公司经理、工程师
杨小虎　南京江海航运集团公司船工
王进法　苏州轮船公司旅游客运分公司轮机员
张帆芳　宁波海运总公司服务员
祁荣喜　浙江湖州市航运实业总公司“浙运 713”轮驾驶员
傅亚坚　福建省轮船总公司高级船长
刘厚明　湖北省秭归屈原轮船总公司客运主任
谢铭英　汕头市航运总公司潼湖轮轮机长、一级船舶轮机长
邓超强　广东省珠江航道公司轮机长、工程师
车朝纯　上海海兴轮船股份有限公司第二货运分公司高级船长
李文芳　广州海运集团公司兴华公司高级船长
李洪志　天津市渔网集团公司董事长、高级经济师
龚世权　天津港田集团公司总经理、经济师
李正龙　辽宁盘锦大洼县西安生态养殖实验场场长、畜牧师
张　毅　大连海洋渔业总公司总经理、高级经济师
冯思学　上海远洋渔业公司“开创”轮船长
孙信昌　中国水产舟山海洋渔业公司总经理、高级工程师
唐厚运　山东邱家水产集团总公司总经理、高级经济师
张仕怀　广东阳东县水产总公司总经理、助理政工师
尹庆志　天津长芦汉沽盐场科长
顾良圭　中船总公司 716 研究所所长
吴才华　国营武昌造船厂特种船体分厂工人
葛文祺　中船总公司七院第 712 研究所室主任
郭玲华　大连造船厂工人技师
丛菊红　大连造船新厂工人
蔡开仕　中船总公司七院 707 研究所室主任
刘维新　上海江南造船厂高级技师
傅克明　上海船厂造船分厂车间副主任
杨正军　河南洛阳 407 厂工人
胡春山　江苏海鹰集团 B 超室主任、高级工程师
杨均凤(女)　天津大港石油管理局第四采油厂工人
刘桂枝　中国海洋石油渤海公司电焊工
任松辉　中国海洋石油南海西部公司电焊工
梁建中　广东省顺德市勒流特种水产养殖场场长

【1995 年海洋界全国先进工作者】

周志祥　国家海洋局“向阳红 10”号考察船政委
吕洪涛　农业部中国水产联合总公司副总经理
赵洪恩　大连市水产研究所所长、高级工程师
花健武　江苏镇江长江港航监督管理局局长
管华诗　青岛海洋大学校长、教授
周鑫金　广东拱北海关行李物品监管一处调查科副科长、助理关务监督
周刘胜　海口海关调查处副处长、关务监督

附录5 1993～1995年间逝世的中国海洋界知名人士

吴瑜端 女 1927.10～1995.5 厦门大学海洋学系教授，原厦门大学环境科学研究所副所长，曾任国家科委海洋组海洋环境科学委员会委员、中国海洋学会副秘书长、中国环境学会海洋专业委员会委员等职务，为国家培养出一批海洋化学和海洋环境化学高级人才。70年代初，吴瑜端教授把握世界环境科学的发展方向，在中国率先开拓海洋环境化学研究领域。在“六五”、“七五”期间，主持完成多项国家重点课题。先后发表著作3部、译著2部、论文100余篇，多次出席国际学术会议，在国内外海洋环境科学界享有很高的声誉。

费鸿年 男 1900.10.29～1993.5.12 原中国生物学教育家，水产科学家。担任过北京农大动物系教授，中大生物系主任，广西大学生物系主任，农业部参事，水产部副总工程师，南海水产研究所研究员兼副所长，中国水产学会秘书长，副理事长，名誉理事长，中国鱼类学会名誉理事长，中国生态学会顾问，《水产学报》副主编。曾执教于浙江水产中等专业学校、天津水产专科学校、北平大学农学院，主持了中国近代第一次海洋生物科学考察、黄河流域水产资源考察、南海北部底拖网鱼类资源调查等，出版《鱼类学》、《水产资源学》等近20本水产专著。

附录6 本书中法定计量单位稀见符号与文字对照表

a——年
d——天
dB——分贝
eV——电子伏
h——小时
hm^2——公顷
hPa——百帕(斯卡)
J——焦耳
ka——千年
kn——节
m^{-1}——波数(cpm)
MB——兆位
MB/s——兆字节/秒
mPa——毫帕
ms——毫秒
min——分
nm——纳米
ns——纳秒
n mile——海里
N——牛(顿)
RH——相对湿度
TEU——20英尺的国际标准集装箱
W——瓦特
盐度——无量纲
1亩＝0.667hm^2

中国海洋年鉴编辑部

地　　址：天津市河东区六纬路93号
邮政编码：300171
电　　话：(022)24300881－3903，24300872－3903
传　　真：086－022－24304408

图书在版编目(CIP)数据

1994～1996 中国海洋年鉴/中国海洋年鉴编纂委员会，中国海洋年鉴编辑部编. —北京：海洋出版社，1997.7

ISBN 7－5027－4294－8

Ⅰ.19… Ⅱ.①中… ②中… Ⅲ.海洋学－中国－1994～1996－年鉴 Ⅳ.P7－54

中国版本图书馆 CIP 数据核字(97)第 07128 号

海洋出版社　出版发行

(100081　北京市海淀区大慧寺路 8 号)

北京兰空印刷厂印刷　新华书店发行所经销

1997 年 8 月第 1 版　　1997 年 8 月北京第 1 次印刷

开本：787×1092　1/16　印张：23.4

字数：916 千字　　印数：0～2 800 册

定价：88.00 元

海洋版图书印、装错误可随时退换